VIE
DE JÉSUS.

TOME II.

Paris. — Imprimerie de L. MARTINET, rue Mignon, 2.

VIE
DE JÉSUS

OU

EXAMEN CRITIQUE DE SON HISTOIRE,

PAR LE DOCTEUR

DAVID FRÉDÉRIC STRAUSS,

TRADUITE DE L'ALLEMAND SUR LA TROISIÈME ÉDITION

PAR

É. LITTRÉ,

De l'Académie des Inscriptions et Belles-Lettres.

Deuxième Édition française.

TOME DEUXIÈME
Première Partie.

PARIS,
LIBRAIRIE PHILOSOPHIQUE DE LADRANGE,
RUE SAINT-ANDRÉ-DES-ARTS, 41.
1853

DEUXIÈME SECTION.

HISTOIRE DE LA VIE PUBLIQUE DE JÉSUS.

SECONDE PARTIE.

NEUVIÈME CHAPITRE.

MIRACLES DE JÉSUS.

§ LXXXIX.

Jésus considéré comme opérant des miracles.

Trois raisons montrent que le peuple juif, au temps de Jésus, attendait des miracles du Messie; d'abord cela en soi est naturel, puisque, pour les Juifs, le Messie était un second Moïse et le plus grand des prophètes, et que la légende nationale racontait toute sorte de merveilles des prophètes et de Moïse; en second lieu, des écrits juifs postérieurs rendent la chose vraisemblable (1); en troisième lieu, les évangiles même en font foi, Jésus ayant guéri une fois (sans moyen naturel) un démoniaque muet et aveugle, le peuple fut par là conduit à se demander : *Celui-là n'est-il pas le fils de David?* μήτι οὗτός ἐστιν ὁ υἱὸς Δαυίδ (Matth. 12, 23); ce qui prouve qu'à cette époque on considérait, comme un attribut du Messie, le pouvoir de produire des cures miraculeuses. Jean-Baptiste, à la nouvelle des *œuvres* de Jésus, ἔργοις, demanda s'il n'était pas celui *qui doit venir*, ἐρχόμενος; et Jésus, pour montrer qu'il l'est en effet, n'invoque à son tour que ses miracles (Matth. 11, 2 seq., et passages parallèles). A la fête des Tabernacles, que Jésus célébra à Jérusalem, plusieurs du peuple crurent en lui, disant en eux-mêmes : *Le Christ, quand il viendra, fera-t-il plus de signes que celui-ci n'en fait?* ὅτι ὁ Χριστὸς

---

(1) Voyez les passages cités dans le tome 1er, Introduction, § xiv, p. 110, note 1, à quoi on peut ajouter 4. Esdras, 13, 50 (Fabric., *Cod. pseudepigr. V. T.*, 2, p. 286) et Sohar Exod., fol. 3, col. 12 (dans Schœttgen, *Horæ*, 2, p. 541, et aussi dans Bertholdt, *Christol.*, § 33, not. 1).

ὅταν ἔλθῃ, μήτι πλείονα σημεῖα τούτων ποιήσει, ὧν οὗτος ἐποίησεν (Joh. 7, 31).

L'attente populaire avait décidé d'avance, non seulement que le Messie ferait des miracles en général, mais encore qu'il les ferait de telle ou telle espèce. Cela provenait aussi de types et de sentences fournies par l'Ancien Testament. Moïse, par une voie surnaturelle, avait procuré au peuple de quoi manger et boire (2 Mos. 16, 17); on en attendait autant du Messie, ainsi que les rabbins le disent expressément. Sur la prière d'Élisée, aux uns les yeux avaient été surnaturellement fermés, aux autres surnaturellement ouverts (2. Reg. 6); le Messie devait aussi ouvrir les yeux des aveugles. Ce prophète et son maître avaient ressuscité des morts (1. Reg. 17; 2. Reg. 4); le Messie ne pouvait pas être privé du pouvoir sur la mort (1). Parmi les prophéties, c'était surtout celle d'Isaïe (35, 5 seq.; comparez 42, 7) qui avait exercé de l'influence sur ce côté de l'idée du Messie. Il y avait été dit des temps messianiques : *Alors les yeux des aveugles s'ouvriront, et les oreilles des sourds entendront; alors le boiteux sautera comme un cerf, et la langue des bègues articulera*, τότε ἀνοιχθήσονται ὀφθαλμοὶ τυφλῶν, καὶ ὦτα κωφῶν ἀκούσονται· τότε ἁλεῖται ὡς ἔλαφος ὁ χωλός, τρανὴ δὲ ἔσται γλῶσσα μογιλάλων (LXX). Ces expressions forment, à la vérité, dans Isaïe, un contexte métaphorique; mais elles furent bientôt entendues au propre, ainsi qu'on le voit par la réponse que Jésus fit aux messagers de Jean (Matth. 11, 15); il y décrit ses miracles en se référant évidemment à ce passage du prophète.

Du moment que Jésus se donna et fut considéré comme Messie, ou même seulement comme prophète, cette attente devint pour lui une exigence quand, d'après plusieurs passages déjà examinés (Matth. 12, 38; 16, 1 et passages

---

(1) Voyez les passages rabbiniques dans l'endroit du premier volume auquel je renvoie dans la note précédente.

parallèles), un *signe*, σημεῖον, lui fut demandé par ses adversaires pharisiens; quand, après l'expulsion violente des vendeurs et des changeurs hors du Temple, les Juifs désirèrent de lui un *signe* qui légitimât son action (Joh. 2, 18); et quand les gens, dans la synagogue de Capharnaüm, mirent, à la croyance que Jésus exigeait qu'ils eussent en lui comme envoyé de Dieu, la condition de leur montrer un *signe* (Joh. 6, 30).

D'après les renseignements fournis par le Nouveau Testament, Jésus a plus que satisfait à cette exigence que ses contemporains imposaient au Messie. Non seulement une partie considérable des narrations évangéliques consiste en descriptions de ses actes miraculeux; non seulement, après sa mort, ses partisans se rappelèrent, avant toute chose, à eux et aux Juifs, les *puissances*, δυνάμεις, les *signes*, σημεῖα, et les *prodiges*, τέρατα, accomplis par lui (Act. Ap. 2, 22; comparez Luc 24, 19); mais encore le peuple lui-même fut tellement satisfait de ce côté par lui dès son vivant, que plusieurs, pour cette raison, crurent en lui (Joh., 2, 23; comparez 6, 2); qu'on l'opposa à Jean-Baptiste, qui n'avait fait aucun *signe* (Joh. 10, 41); et que même on pensa que le Messie futur ne pourrait pas le surpasser à cet égard (Joh. 7, 31). Ces demandes de signes ne prouvent pas que Jésus ait manqué de faire des miracles, et elles le prouvent d'autant moins, que plusieurs d'entre elles sont faites immédiatement après des miracles considérables, par exemple après la guérison d'un démoniaque (Matth. 12, 38), après la nourriture donnée aux cinq mille (Joh. 6, 30). A la vérité, cette position même fait difficulté; on ne comprend pas bien comment les Juifs ont contesté à ces deux derniers le titre de vrais *signes*, car l'expulsion des démons en particulier était estimée très haut (Luc, 10, 17). Il faudrait donc préciser davantage le signe demandé dans ces passages, à l'aide de Luc, 11, 16 (comparez Matthieu, 16, 1; Marc, 8,

11), en faire un *signe du ciel*, σημεῖον ἐξ οὐρανοῦ, et songer, soit au *signe* spécifiquement messianique *du fils de l'homme dans le ciel*, σημεῖον τοῦ υἱοῦ τοῦ ἀνθρώπου ἐν τῷ οὐρανῷ (Matth., 24, 30), soit à l'interruption du cours des astres, à leur obscurcissement, et peut-être à une voix céleste qui vînt imposer la croyance (1). Si l'on aime mieux rompre toute connexion entre ces demandes de signes et les miracles antécédents, Jésus peut avoir fait de très nombreux miracles, et cependant quelques pharisiens hostiles, qui, par hasard, n'avaient encore été témoins oculaires d'aucun miracle, ont pu demander d'en voir eux-mêmes.

Si Jésus blâme la manie des miracles (Joh. 4, 48), et à ces demandes de signes répond toujours en les refusant, en soi cela ne prouve pas qu'il n'ait fait volontairement des miracles dans d'autres cas où ils lui paraissaient mieux placés. Quand, relativement à la demande des pharisiens, il déclare, d'après Marc, 8, 12, qu'il ne sera donné aucun signe *à cette génération*, τῇ γενεᾷ ταύτῃ, ou, d'après Matthieu, 12, 39 seq. 16, 4, et, d'après Luc, 11, 29 seq., qu'il ne lui sera donné aucun signe, si ce n'est le *signe de Jonas le prophète*, σημεῖον Ἰωνᾶ τοῦ προφήτου, il semblerait que Jésus refusait tout miracle, excepté le signe de Jonas, c'est-à-dire, d'après l'interprétation du premier évangile, sa résurrection. Cependant, comme, d'après la relation moins altérée de Luc, il faut plutôt entendre par le signe de Jonas la manifestation entière de Jésus dans laquelle ses miracles sont aussi compris, Jésus, sans aucun doute, veut seulement dire que cette génération est sans justification en demandant encore un signe particulier pour croire en lui, puisque toute sa manifestation et toute son action renferment assez de choses capables d'inspirer la foi (et parmi ces choses il y a des miracles), pour qu'un cœur tout à fait

---

(1) Comparez De Wette, *Exeg. Handb.*, sur ce passage; Neander, L. J. Chr., S. 264.

endurci puisse seul rester inaccessible à la conviction (1).

Si l'on recherche les documents historiques qui attestent les miracles de Jésus, on peut, à la vérité, trouver surprenant que, malgré tous les récits qu'en font les évangiles, ils aient, pour ainsi dire, complètement disparu dans les Actes et dans les Lettres des apôtres, à part une couple de mentions générales (Act. Ap., 2, 22; 10, 38 seq.), et que tout y soit rapporté à sa résurrection. Mais cela s'explique d'après la relation des Actes des Apôtres, si l'on considère que, dans la première communauté chrétienne, la preuve par les miracles était présente aux esprits, et qu'il était besoin, non d'invoquer les miracles appartenant au passé, mais seulement de faire voir comment les miracles mêmes des Apôtres dérivaient de l'action de Jésus (Act. Ap., 2, 33; 3, 16; 4, 30).

Le don des miracles dura dans l'Église apostolique, même après la mort de Jésus; non seulement l'histoire des apôtres, dont le témoignage pourrait peut-être être contesté, en donne l'assurance, mais encore l'apôtre Paul est un témoin irrécusable dans ses Lettres, où, d'une part, il s'attribue à lui-même une *puissance*, accordée par le Christ, *de signes et de prodiges*, δύναμις σημείων καὶ τεράτων (Rom., 15, 19), une action *en signes, prodiges et puissances*, ἐν σημείοις καὶ τέρασι καὶ δυνάμεσι (2. Cor., 12, 12), et où, d'autre part, il cite, parmi les dons spirituels concédés à la communauté, les *grâces des remèdes*, χαρίσματα ἰαμάτων, et les *efficacités des puissances*, ἐνεργήματα δυνάμεων (1. Cor., 12, 9 seq. 28 seq.). De là on tire une conclusion rétrospective pour Jésus lui-même, conclusion qui n'est pas de telle sorte que nous n'ayons pas, en général, un droit absolu de rejeter dans un endroit ce que nous avons été obligés de reconnaître dans un autre, mais qui contient un argument *a minori ad majus*, c'est-à-dire que nous devons juger l'extraor-

---

(1) Voyez Neander, l. c., S. 265 f.

dinaire plus croyable en Jésus qu'en ses disciples, ou, plus précisément, que nous devons, conformément à l'indication donnée par les apôtres eux-mêmes, trouver, dans lui et dans les dons extraordinaires dont il était doué, la cause productrice de semblables phénomènes en l'âge apostolique.

Maintenant, comment cet examen historique, favorable à la créance du merveilleux raconté de Jésus, se comporte-t-il avec l'exposition philosophique de l'impossibilité du miracle, exposition présentée dans l'Introduction (1)? n'existe-t-il pas, entre l'un et l'autre, la plus complète contradiction? Cela semble ainsi : dans le fait, ils ne se contredisent pas immédiatement; mais, tandis que l'une des propositions nie le miracle dans le sens rigoureux, la seconde proposition reconnaît des effets et des phénomènes au sujet desquels il s'agit d'abord de demander si ce sont des miracles absolus. Que Dieu par Jésus, ou celui-ci par lui-même, ait agi sur des choses finies absolument en créateur, par sa simple volonté, sans être lié par les lois de l'action finie, c'est ce qui demeure inadmissible à notre esprit, et tout ce qui nous serait raconté de semblable resterait incroyable pour nous. Mais les histoires évangéliques des miracles sont-elles de telle nature qu'elles conduisent nécessairement à supposer une action infinie? Quelques unes, à la vérité, pour le dire ici d'avance, telles que la multiplication des pains, la transformation de l'eau en vin, les résurrections des morts, si l'on s'en tient au texte, ne peuvent s'expliquer que par l'action d'un être qui, placé au-dessus de la nature considérée comme l'ensemble de causalités finies et agissant réciproquement les unes sur les autres, y intervient de dehors ou d'en haut. Mais, dans plusieurs autres narrations de miracles, une explication paraît possible, sinon par les forces naturelles ordinaires, telles que l'emploi de médicaments ou

(1) T. I, § xiv.

d'opérations chirurgicales dans les cures miraculeuses de Jésus, comme le disait l'explication prétendue naturelle, du moins par ces forces qui, appartenant à l'ensemble de l'existence finie, y occupent, aux yeux de notre esprit, une place plus haute ou plus profonde; de telle sorte que, se manifestant plus rarement dans leur action, elles se dérobent davantage à l'observation et par là à la trivialité quotidienne.

Pour nous assurer du caractère naturel de l'action de Jésus dans certains actes miraculeux, et de la créance qu'ils méritent, nous devons chercher des phénomènes analogues dans le domaine de ces contingences qui sont regardées comme naturelles; or, ici, le magnétisme animal forme, comme on sait, le point central de toutes les analogies que l'on peut trouver. Nous y avons également une action curative de la main, non de la main qui offre un remède ou qui pratique une opération, mais de la main qui touche simplement, de l'imposition seule des mains, à l'aide de laquelle Jésus aussi guérit si souvent. Ici encore nous avons, sans un contact immédiat, une efficacité de la simple parole, et même de la direction de la volonté du magnétiseur; et cependant, individu qui opère et procédé de guérison, tout empêche de penser à quelque chose de positivement surnaturel. C'est aussi dans ce domaine que, en voyant se rompre les barrières de l'action ordinaire, nous voyons semblablement s'étendre les limites de la faculté de percevoir, et apparaître une lucidité et une vue à distance qui nous rappellent maintes particularités de la vie de Jésus d'après la narration évangélique. Ainsi, d'une part les phénomènes magnétiques, de l'autre l'action de Jésus sur l'organisme malade, nous montrent des points de contact avec ce qui tombe sous l'observation ordinaire et se passe d'une façon naturelle; au contraire, les récits d'une influence de Jésus sur la nature extra-humaine et sur l'être humain frappé par la mort, étant hors de toute analogie, subsistent comme absolument surnaturels, et par conséquent incroyables (1). Cependant, jusqu'à quel point l'action de Jésus, en tant qu'elle a de l'analogie avec les phénomènes magnétiques et semblables au magnétisme, dépasse-t-elle la mesure de l'observation ordinaire, et quelle influence cette différence exerce-t-elle sur la créance des récits ? c'est ce dont il sera temps de traiter quand nous examinerons en particulier chacune des histoires de miracles.

Ici appartient encore une remarque sur la valeur que nous sommes habitués à attacher à de pareilles facultés et opérations, là où elles se présentent ordinairement. D'abord, quant à la force d'agir magnétiquement, nous ne la connaissons partout que comme un don naturel qui, tel que la vigueur corporelle, l'éloquence, etc., n'est que dans un rapport accidentel avec la valeur morale ou la piété de ceux qui en sont doués. La lucidité et la vue à distance se montrent dans le somnambulisme, comme l'admettent les partisans mêmes de cette analogie pour les miracles de Jésus (2), bien plutôt en un état et par un état de dépression spirituelle et de limitation du sens interne. Des phénomènes pareils se trouvent, il est vrai, en dehors du cercle

---

(1) Comparez mes *Écrits polémiques*, I, S. 38 f. 154 f.; Weisse, *Die evangelische Geschichte critisch und philosophisch bearbeitet*, 1, S. 144 ff. 334 ff.; Tholuck, *Glaubwürdigkeit*, S. 90 ff. Le premier fait, à cet égard, une distinction entre le miraculeux et le merveilleux, le dernier entre *miraculum* et *mirabile*. Dans le même sens, Weisse dit (mémoire publié dans Tholuck's *literarischem Anzeiger*, 1836, n° 20, S. 157) : « Pour la croyance aux miracles proprement dits, en tant qu'elle ne trouve pas un point fixe rationnel dans le magnétisme animal, dans la lucidité des somnambules, etc., la philosophie, en acceptant et en maniant la physique spéculative et l'opinion qui considère dynamiquement la nature, ne s'est pas placée dans un autre rapport que celui où l'opinion qui considérait mécaniquement la nature était jadis placée. Au contraire, la répugnance du naturaliste spéculatif à admettre toute interruption extérieure du cours régulier de la nature sera d'autant plus grande, en comparaison de la répugnance d'un partisan de l'opinion mécanique, qu'il a la conscience de reconnaître, dans ces lois, l'essence propre, la substance, l'idée de la nature, qui serait complètement abolie par une interruption des lois ; au lieu que, pour la philosophie mécanique, les lois, n'étant que jointes extérieurement à la substance de la nature, pourraient être également brisées par l'extérieur. »

(2) Tholuck, l. c., S. 94, 98; Olshausen, *Bibl. Comm.*, préface de la seconde édition, p. VII.

proprement magnétique, et en particulier sur le terrain de la religion. Mais ces faits, tels que plusieurs des histoires merveilleuses du moyen âge, là où elles sont appuyées de témoignages, tels que les scènes du tombeau du diacre Paris, ou celles qui se passèrent parmi les Camisards dans la guerre des Cévennes, ne sont nullement des signes caractéristiques du vrai et de l'authentique en matière de religion; ils sont associés, non moins souvent, avec des éléments faux et impurs; ils accompagnent de violentes émotions religieuses, en tant que et aussi longtemps que ces émotions fermentent plus dans la profondeur du sentiment et de la conscience qu'elles ne se développent sous l'œil de la réflexion. En conséquence, ce ne serait dans aucun cas par ces facultés et par ces phénomènes que Jésus se ferait reconnaître à nous comme le fondateur de la vraie religion ; au contraire, c'est parce que nous le connaissons comme tel par une autre voie, que nous devons considérer ces phénomènes dans sa vie comme des phénomènes de santé et de pureté.

Sans doute il peut être naturel, au moment où la vie spirituelle prend de nouveaux développements, d'attendre, dans la nature corporelle, des phénomènes correspondants, résultat de la nouvelle force spirituelle; et, par ce motif, de supposer que le Christ, qui a exercé une action si particulière sur le reste de la nature humaine, aura, par l'intermédiaire de l'enchaînement universel, manifesté aussi une puissance particulière pour agir sur le côté corporel de cette même nature (1). Mais un tel don corporel tient-il à son essence spirituelle par un lien nécessaire? Ce don doit-il le faire reconnaître comme la plus haute personnalité religieuse? Prouver cela (2), ce serait prouver le miracle dans le sens du système orthodoxe; or, cette preuve ne pourra

---

(1) Schleiermacher, *Glaubenslehre*, 1, § 44, S. 102.

(2) C'est ce qu'essaie Weisse, *Die evangel. Gesch.*, 1, S. 387 f.

jamais se donner, parce que non seulement, sur d'autres terrains, les plus grandes époques n'ont point présenté de pareils phénomènes, mais encore parce que, dans l'intérieur même du domaine religieux, ces phénomènes ne sont pas les compagnons exclusifs de ce qui est pur et authentique.

Nous nous en tiendrons à ces généralités sur les miracles de Jésus. Quant à l'examen des miracles en particulier, nous considérerons d'abord, par un motif qui bientôt deviendra clair, les expulsions de démons.

§ XC.

Les démoniaques considérés en général.

Tandis que, dans le quatrième évangile, les expressions *avoir un démon*, δαιμόνιον ἔχειν, *être démoniaque*, δαιμονιζόμενος, ne se présentent que dans la bouche des Juifs et sont des accusations contre Jésus, et des synonymes de *être fou*, μαίνεσθαι (8, 48 seq.; 10, 20 seq.; comparez Marc, 3, 22. 30; Matth. 11, 18), les démoniaques sont, dans les trois premiers évangiles, les objets, on peut le dire, les plus habituels des opérations curatives de Jésus. Dès l'endroit où les synoptiques décrivent les commencements de son ministère en Galilée, ils mettent, en tête des malades que Jésus a guéris, les *démoniaques*, δαιμονιζομένους (1) (Matth. 4, 24; Marc, 1, 34), et ces derniers jouent généralement un rôle principal dans les récits sommaires de l'action que Jésus exerça en certaines contrées (Matth., 8, 16 seq. Marc 1, 39; 3, 11 seq. Luc 6, 18). Jésus accorde aussi à ses disciples, avant toute autre chose, le pouvoir de chasser les démons (Matth. 10, 1. 8; Marc 3, 15; 6, 7; Luc 9, 1), ce

---

(1) Les *lunatiques*, σεληνιαζόμενοι, qui leur sont associés chez Matthieu, ne sont qu'une espèce particulière de démoniaques, dont la maladie paraissait se régler sur les phases lunaires; cela se voit par un passage de Matthieu, où un *démon*, δαιμόνιον, est expulsé d'un *lunatique*, σεληνιαζόμενος.

qui, à leur grande joie, leur réussit en effet à souhait (Luc 10, 17. 20; Marc 6, 13).

Outre ces renseignements sommaires, les guérisons de plusieurs démoniaques nous sont racontées en particulier, de sorte que nous pouvons nous faire une idée assez exacte de l'état spécial de ces malades. Chez celui dont la guérison dans la synagogue de Capharnaüm est placée comme la première de cette espèce par les deux évangélistes intermédiaires (Marc, 1, 23 seq. Luc, 4, 33 seq.), nous trouvons d'une part le sentiment interne altéré de telle sorte que le possédé parle dans la personne du démon, ce qui se reproduit aussi chez d'autres démoniaques, par exemple chez les démoniaques de Gadara (Matth. 8, 29 seq. et passages parallèles), d'autre part nous y reconnaissons des spasmes et des convulsions avec des cris sauvages. Cet état convulsif se rencontre, arrivé à l'état d'épilepsie manifeste, chez ce démoniaque qui est en même temps désigné comme lunatique (Matth. 17, 14 seq. et passages parallèles); car la chute subite, souvent dans des lieux dangereux, les cris, le grincement de dents, l'écume, sont des symptômes connus de l'épilepsie (1). L'autre face de la maladie, c'est-à-dire la perturbation du sens interne, se manifeste particulièrement chez les possédés de Gadara, qui, outre que le démon, ou plutôt une multitude de démons, parlent comme sujet par leur bouche, présentent une folie lycanthropique avec des accès de manie furieuse dont les effets se manifestent contre eux-mêmes et contre d'autres (2). Les évangiles désignent encore plus ou moins précisément, comme démoniaques, non seulement des fous et des épileptiques, mais encore des muets (Matth. 9, 32; Luc, 11, 14; dans Matthieu, 12, 22, le *démoniaque muet*, δαιμονιζόμενος κωφὸς,

---

(1) Comparez les passages d'anciens médecins, chez Winer, *Bibl. Realwörterb.*, 1. S. 494.

(2) Voyez des passages rabbiniques et autres, dans Winer, l. c., S. 492.

est en même temps *aveugle*, τυφλὸς), et des malades affectés de contraction goutteuse du corps (Luc, 13, 11).

L'opinion sur ces malades qui est supposée dans les évangiles, et qu'en effet leurs rédacteurs partagent, est qu'un esprit mauvais, impur (δαιμόνιον, πνεῦμα ἀκάθαρτον), ou plusieurs se sont emparés d'eux (de là l'expression de *avoir un démon*, δαιμόνιον ἔχειν, *être démoniaque*, δαιμονίζεσθαι); que ces démons parlent par leur bouche (Matth. 8, 31; *les démons l'appelèrent disant* : οἱ δαίμονες παρεκάλουν αὐτὸν λέγοντες), et meuvent à volonté les membres des patients (Marc 9, 20, *l'esprit le mit en mouvement*, τὸ πνεῦμα ἐσπάραξεν αὐτόν), jusqu'à ce que, dans la guérison, chassés avec violence, ils abandonnent le malade (ἐκβάλλειν, ἐξέρχεσθαι). D'après les évangiles, Jésus avait le même point de vue. A la vérité, quand, pour guérir les possédés, il adresse la parole aux démons qui résident en eux (Marc, 9, 25 ; Matth. 8, 32 ; Luc, 4, 35), on pourrait à toute force regarder cela avec Paulus (1) comme une manière d'entrer dans l'idée fixe de ces personnes plus ou moins aliénées, condescendance à laquelle le médecin doit s'accommoder pour pouvoir agir, quelque convaincu qu'il puisse être du peu de fondement d'une pareille opinion. Mais il n'en est point ainsi : Jésus, dans ses conversations particulières avec ses disciples, non seulement ne leur dit jamais rien qui ait pour but de saper cette opinion, mais encore il part, à diverses reprises, de la supposition que ces états morbides ont une origine démoniaque, par exemple : outre l'ordre de *chasser les démons*, δαιμόνια ἐκβάλλετε (Matth. 10, 8), on trouve encore un passage explicite dans Luc, 10, 18, et particulièrement celui de Matthieu (17, 21 et parallèles), où Jésus dit: *cette espèce*, c'est-à-dire les démons, *ne sort pas*, etc., τοῦτο τὸ γένος οὐκ ἐκπορεύεται κ. τ. λ. Dans une explication purement théorique, donnée peut-être à ses

(1) *Exeg. Handb.*, 1, b, S. 475; comparez Hase. L. J., § 60.

seuls disciples, il décrit la sortie des démons, leurs courses vagabondes dans le désert, et leur retour renforcé, d'une manière qui se rattache tout à fait aux opinions populaires d'alors (Matth. 12, 43, seq.). C'est donc uniquement rectifier les idées de Jésus d'après les nôtres, que d'admettre, comme le font des érudits d'ailleurs exempts de préjugés, tels que Winer (1), que Jésus ne partageait pas l'opinion du peuple sur la cause de ces maladies, et qu'il ne faisait que s'y accommoder. Pour renoncer à toute pensée de ce genre, il ne faut qu'examiner de plus près le passage noté en dernier lieu. A la vérité, on a essayé d'échapper à ce qu'il a de probant, en le prenant au figuré ou même comme une parabole (2). Mais, si nous laissons de côté les interprétations comme celle que Olshausen répète encore d'après Calmet (3), le sens de cette métaphore prétendue aboutit toujours à ceci, qu'une conversion superficielle à la cause de Jésus entraîne une rechute d'autant plus fâcheuse (4). Mais je voudrais savoir ce qui, en somme, nous autorise à nous écarter du sens propre de ce discours : rien n'indique cette interprétation dans le passage même; rien ne l'indique, non plus, dans le reste de l'enseignement de Jésus, qui, nulle part, ne cache des conditions morales sous l'image de conditions démoniaques; et, quand il parle ailleurs, comme ici, de la *sortie*, ἐξέρχεσθαι, des mauvais esprits, par exemple dans Matthieu, 17, 21, cela veut être entendu au propre. Mais, dit-on, c'est l'enchaînement des pensées qui l'exige. Luc, 11, 24, seq., place le passage dont il s'agit ici, après l'apologie de Jésus contre l'inculpation des pharisiens qui l'accusaient de chasser les démons par Beelzébuth; il le place sans doute d'une manière fautive, comme nous l'avons

(1) L. c., S. 191.
(2) Gratz, *Comm. z. Matth.*, 1, S. 615; Neander, L. J. Chr., S. 293.
(3) *Bibl. Comm.* 1, S. 447. Suivant Calmet, il s'agit du peuple juif, qui fut possédé avant l'Exil par le diable sous forme d'idolâtrie, après l'Exil par le diable encore pire du pharisaïsme.
(4) C'est ce que dit Fritzsche, *in Matth.*, p. 447.

vu ; mais cela prouve du moins qu'il a entendu parler, au propre, de véritables démons. Matthieu met aussi ce passage dans le voisinage de l'inculpation des pharisiens et de l'apologie de Jésus ; mais il intercale, entre l'inculpation et l'apologie, la demande de signes et la réponse qu'y fait Jésus, et il met comme application finale dans la bouche de Jésus, ces mots : *Il en sera ainsi de cette génération perverse*, οὕτως ἔσται καὶ τῇ γενεᾷ ταύτῃ τῇ πονηρᾷ. Si, par là, Jésus donne au discours une relation figurée avec l'état moral et religieux de ses contemporains, il veut, sans aucun doute, que la description précédente du démon, qui est chassé et qui revient, soit entendue, au propre, de possédés ; et ce n'est que par un retour sur cette description qu'il en fait l'image de la condition morale de ses contemporains. Dans tous les cas, Luc, qui n'a pas cette addition, présente le discours de Jésus comme un avertissement, ainsi que Paulus s'exprime, contre la récidive démoniaque (1). La plupart des théologiens actuels, sans être précisément appuyés par Matthieu, et en contradiction positive avec Luc, ne veulent entendre l'expression de Jésus que dans un sens figuré. Mais cela ne paraît avoir son motif que dans la crainte d'attribuer à Jésus une démonologie aussi développée qu'elle se trouve dans ces paroles, si on les entend au propre. On n'y échappe pas cependant, lors même qu'on fait abstraction de ce passage : dans Matthieu (12, 25 seq. 29), Jésus parle d'un royaume et d'une maison du diable, d'une façon qui dépasse évidemment le simple langage figuré ; mais c'est surtout le passage déjà cité (Luc, 10, 18-20), qui est décisif ; car il est tel, qu'il arrache même à Paulus, si jaloux de prêter aux personnages saints de la primitive histoire chrétienne les idées de notre temps, l'aveu que Jésus n'a pas considéré le royaume de Satan simplement comme symbole du mal, et qu'il a admis de véritables possessions

---

(1) Comparez De Wette, *Exeg. Handb.*, 1, 1, S. 120.

démoniaques. Car, dit Paulus avec toute justesse, comme Jésus parle ici, non aux malades, non au peuple, mais à ceux qui eux-mêmes guérissaient, sous sa direction, de pareilles maladies, on ne peut plus, par un simple accommodement aux idées de son temps, expliquer son langage, quand, accueillant ses disciples à leur retour, il leur confirme que *les démons leur sont soumis*, τὰ δαιμόνια ὑποτάσσεται ὑμῖν, et qu'il décrit leur faculté de guérir les démoniaques comme une domination sur la *puissance de l'ennemi*, δύναμις τοῦ ἐχθροῦ (1). Le même théologien, sentant que ceux dont les lumières ne s'accordent pas avec la croyance aux possessions démoniaques, pourraient être choqués de voir que Jésus avait eu cette croyance, y a pourvu avec beaucoup de justesse, en remarquant que l'esprit même le plus distingué peut conserver une idée fausse qui est de son temps, pourvu qu'elle n'appartienne pas au domaine de ses réflexions particulières (2).

Les opinions qui règnent dans le Nouveau Testament sur les démoniaques trouvent un éclaircissement dans celles que nous rencontrons touchant le même objet dans d'autres écrivains plus ou moins contemporains. Les idées générales de l'influence des esprits malins sur les hommes, influence qui avait pour résultat la mélancolie, la folie, l'épilepsie, furent, il est vrai, répandues de bonne heure chez les Grecs (3) comme chez les Hébreux (4). Quant à l'idée plus précise, que les esprits malins entrent dans le corps de l'homme et en prennent possession, on ne la trouve développée chez les Hébreux et chez les Grecs que plus tard, et lorsque la pneumatologie de l'Orient, et surtout de la Perse,

---

(1) *Exeg. Handb.*, 2, S. 566.
(2) L. c., 1, b, S. 483. 2, S. 96.
(3) C'est pour cela que les mots δαιμονᾶν, κακοδαιμονᾶν, sont employés comme synonymes de μελαγχολᾶν, μαίνεσθαι. Hippocrate fut obligé de combattre l'opinion qui attribuait l'épilepsie à l'influence démoniaque. Voyez dans Wetstein, S. 282 ff.
(4) Que l'on compare *l'esprit méchant qui agitait Saül*, רוּחַ רָעָה מֵאֵת יְהֹוָה, d'où vint sa mélancolie, 1. Sam. 16, 14. Son action sur Saül est rendue par l'expression וַתִּצְלַח, *il l'envahit*.

se fut propagée parmi eux (1). De là proviennent, dans l'historien Josèphe, les expressions de *démons entrant dans les vivants, s'y établissant*, δαιμόνια τοῖς ζῶσιν εἰςδυόμενα (2), ἐγκαθεζόμενα (3), et les mêmes idées chez Lucien (4) et Philostrate (5).

Les évangiles ne disent rien de précis sur la nature et la provenance de ces esprits, si ce n'est qu'ils appartiennent à la maison de Satan (Matth., 12, 26 seq. et passages parallèles); aussi ce que fait l'un d'entre eux est attribué à Satan (Luc, 13, 16). Par Josèphe (6), Justin Martyr (7) et Philostrate (8), avec lesquels des écrits rabbiniques concordent aussi (9), nous apprenons que ces démons étaient des âmes de méchants séparées de leurs corps, et des théologiens récents n'ont pas hésité à attribuer cette opinion sur leur origine au Nouveau Testament lui-même (10). Cependant Justin et les rabbins précisent davantage la chose, et

---

(1) Voyez Creuzer, *Symbolik*, 3, S. 69 f.; Baur, *Apollonius von Tyana und Christus*, S. 144.

(2) *Bell. jud.*, 7, 6, 3.

(3) *Antiq.*, 6, 11, 2. Il s'agit de l'état de Saül.

(4) *Philopseud.*, 16.

(5) *Vita Apoll.*, 4, 20, 25. Comparez Baur, l. c., S. 38 f. 42. Cependant Aristote même parle *de gens possédés d'un certain démon*, δαίμονί τινι γινομένοις κατόχοις, *De Mirab.*, 166, éd. Bekk.

(6) L. c., de la Guerre des Juifs : *Car ceux qu'on appelle démons sont des esprits d'hommes méchants qui entrent dans les vivants et qui les tuent, s'il ne se trouve pas de secours*, τὰ γὰρ καλούμενα δαιμόνια... πονηρῶν ἐστιν ἀνθρώπων πνεύματα, τοῖς ζῶσιν εἰςδυόμενα καὶ κτείνοντα τοὺς βοηθείας μὴ τυγχάνοντας.

(7) *Apol.*, 1, 18.

(8) L. c., 3, 38.

(9) Voyez Eisenmenger, *Entdecktes Judenthum*, 2, S. 427.

(10) Paulus, *Exeg. Handb.*, 2, S. 89; L. J., 1, a, S. 217. Il invoque particulièrement Matthieu, 14, 2, où, sur le bruit des miracles de Jésus, Hérode dit : *C'est Jean-Baptiste, il est ressuscité*,

οὗτός ἐστιν Ἰωάννης ὁ βαπτιστής, αὐτὸς ἠγέρθη ἀπὸ τῶν νεκρῶν. En cela Paulus trouve l'opinion rabbinique du עִבּוּר ; cette opinion, différente de celle du גִלְגּוּל ou transmigration proprement dite des âmes, c'est-à-dire passage des âmes défuntes dans des corps d'enfants qui se forment, cette opinion, dis-je, admet qu'à l'âme d'un vivant se joint l'âme d'un défunt, qui ajoute à sa force. (Voyez Eisenmenger, 2, S. 85 ff.) Mais le mot ἠγέρθη, s'il faut l'entendre au pied de la lettre (comparez De Wette), renferme, non cette idée rabbinique, mais l'idée d'une véritable résurrection de Jean-Baptiste ; c'est ce que Fritzsche et d'autres ont montré ; et, quand même il renfermerait l'opinion rabbinique, il n'en serait pas moins question ici d'un tout autre état que la possession démoniaque. Il s'agirait, en effet, d'un bon esprit qui serait entré dans un prophète pour le fortifier, comme, d'après l'opinion postérieure des Juifs, l'âme de Seth se joignit à celle de Moïse, et les âmes de Moïse et d'Aaron se joignirent à celle de Samuel (Eisenmenger, l. c.) ; mais il ne s'ensuivrait nullement qu'on eût cru à la possibilité du passage d'âmes méchantes dans des vivants.

disent que les esprits persécuteurs des vivants sont surtout les âmes des géants, descendants de ces anges qui s'unirent avec les filles des hommes ; les rabbins y ajoutent les âmes de ceux qui périrent dans le déluge et de ceux qui prirent part à la construction de la Tour de Babel (1); en quoi concordent les Clémentines, d'après lesquelles ces âmes de géants, devenues des démons, cherchent, étant les plus fortes, à s'attacher à des âmes humaines et à entrer dans des corps humains (2). Comme, dans le reste du passage cité plus haut, Justin veut démontrer aux païens l'immortalité par leurs propres idées, l'opinion qu'il exprime que les démons sont, en général, des âmes de défunts, ne peut guère être considérée comme la sienne propre, d'autant plus que son disciple Tatien la repousse formellement (3). Quant à Josèphe, son témoignage ne décide rien pour la doctrine qui fait le fond du Nouveau Testament à ce sujet, car il avait reçu une éducation grecque ; et l'on a toute raison de demander s'il reproduit cette doctrine sous la forme primitivement juive ou sous la forme grécisée. Or, s'il faut admettre que la doctrine des démons est passée des Perses aux Hébreux, on sait que les Dèves de la religion zend étaient des esprits essentiellement mauvais et nés avant le genre humain ; de ces deux conditions, la première appartenait au dualisme, et l'hébraïsme put se sentir amené à l'effacer, tandis qu'il n'eut aucune raison pour sacrifier la seconde. De la sorte, dans l'opinion hébraïque, les démons devinrent les anges tombés de Moïse (1, 9), les âmes de leurs enfants les géants, et des grands criminels, avant et immédiatement après le déluge, auxquels l'imagination populaire donna peu à peu des proportions surhumaines. Mais il n'y avait, dans les idées des Hébreux, aucun motif pour descendre au delà du cercle de ces âmes, que l'on pouvait se représenter

---

(1) Justin. *Apol.*, 2, 5. Eisenmenger, l. c., S. 428 ff.   (2) *Homil.*, 8, 18 seq. 9, 9 seq.   (3) *Orat. contra Græcos*, 16.

comme la cour de Satan. Ce motif ne surgit que quand les croyances gréco-romaines se rencontrèrent avec celles des Hébreux. Les premières n'avaient point de Satan, par conséquent point de cortége d'esprits qui lui fussent propres et qui le servissent ; mais elles avaient leurs mânes, leurs lémures, etc., esprits humains qui étaient séparés de leurs corps et qui inquiétaient les vivants. La conciliation des idées juives avec les idées gréco-romaines paraît avoir produit la manière de penser de Josèphe, de Justin, et même des rabbins postérieurs ; mais il ne s'ensuit pas que cette manière de voir se trouve dès le Nouveau Testament. Le fait est que nous n'y rencontrons aucune indication positive de cette opinion grécisée ; et même, en quelques endroits, les démons sont rattachés à Satan comme formant son cortége. En conséquence, les évangiles synoptiques offrant ordinairement, à moins de quelque transformation dans le sens chrétien, les opinions juives dans leur pureté, nous devons leur supposer, sur les démons, l'opinion qui régnait primitivement parmi les Juifs (1).

L'ancienne théologie, on le sait, s'est appropriée, d'après l'autorité de Jésus et des évangélistes, l'opinion d'une véritable possession des hommes par les démons. Au contraire, la théologie plus moderne, surtout depuis Semler (2), considérant la ressemblance frappante qui existe entre l'état des démoniaques du Nouveau Testament et plusieurs malades de notre temps (3), a commencé à attribuer aussi le mal des premiers à des causes naturelles, et à mettre, sur le compte des idées du temps, la cause surnaturelle supposée dans l'Ancien Testament. Aujourd'hui, quand il est

---

(1) C'est ce que dit aussi Neander, L. J. Chr., S. 284.

(2) Voyez ses mémoires intitulés : *Commentatio de dæmoniacis quorum in N. T. fit mentio*, et *Umstændliche Untersuchung der dæmonischen Leute*. — Dès le temps d'Origène, les médecins donnaient des explications naturelles de l'état des prétendus possédés. Voyez Orig., *in Matth.*, 17, 15.

(3) Comparez particulièrement Kerner, *Geschichten Besessener neuerer Zeit*. Carlsruhe, 1834.

question d'épilepsie, de folie, et même d'une altération du sentiment interne, semblable à l'état des possédés du Nouveau Testament, on ne songe plus guère à l'influence démoniaque. La cause en est, d'une part, que, grâce aux progrès dans la connaissance de la nature et de l'âme, on possède plus de moyens et plus d'analogies pour expliquer naturellement ces états, et, d'autre part, que l'on a commencé à reconnaître, au moins d'une manière obscure, les contradictions que renferme l'idée de la possession. Car, indépendamment des difficultés exposées plus haut qui, en général, s'opposent à l'admission de l'existence du diable et des démons, de quelque manière qu'on se représente le rapport entre la conscience de soi et les organes corporels, on ne peut imaginer comment le lien entre les deux serait assez lâche pour qu'une conscience étrangère s'interposât, et, expulsant la conscience propre à l'organisme, prît possession de ce dernier. En conséquence, quiconque examine les phénomènes du temps présent avec des yeux éclairés, et cependant les récits du Nouveau Testament, avec des yeux orthodoxes, arrive à une contradiction, à savoir qu'il faudrait attribuer à des causes surnaturelles du temps de Jésus ce qui est, de notre temps, le produit de causes naturelles.

Pour faire disparaître cette différence inconcevable entre les époques, et pourtant ne rien sacrifier du Nouveau Testament, Olshausen, à qui nous pouvons ici attribuer la qualification de représentant de la théologie et de la philosophie mystiques du temps actuel, nie ces deux propositions : qu'aujourd'hui tous les états semblables soient naturels, et qu'alors ils aient été tous surnaturels. Quant à notre temps, dit-il, si les apôtres entraient dans nos maisons d'aliénés, comment nommeraient-ils plusieurs des malades qui y sont renfermés (1)? Certainement ils donneraient à plusieurs la

(1) *Bibl. Comm.*, 1, S. 291. Anm.

dénomination de possédés, en vertu des idées qui leur étaient communes avec leurs contemporains et leurs compatriotes, et *non en vertu des lumières apostoliques*; de sorte que l'homme de métier qui les conduirait chercherait avec raison à rectifier leurs jugements; et aucune des dénominations qu'ils imposeraient à nos malades ne peut servir d'argument contre le caractère naturel de ces états pathologiques. Pour le temps de Jésus, ledit théologien soutient que les Juifs eux-mêmes faisaient une distinction entre ces mêmes formes de maladies, et que, suivant le mode de production, ils regardaient les unes comme démoniaques, et les autres comme non démoniaques; par exemple, un homme qui serait devenu fou par une lésion organique du cerveau, ou muet par une lésion de la langue, n'aurait pas passé pour démoniaque; ce nom aurait été réservé à ceux dont l'état était le résultat de causes plus ou moins psychologiques. Olshausen nous doit, comme on le pense bien, des exemples d'une pareille distinction faite du temps de Jésus. Où, en effet, les Juifs d'alors auraient-ils pris la connaissance des causes naturelles cachées qui produisent de pareils états, où auraient-ils pris les signes diagnostiques d'une folie ou d'un idiotisme occasionné par une altération du cerveau ou par une condition psychologique? N'étaient-ils pas exclusivement bornés aux phénomènes extérieurs, et à ce que les apparences de ces phénomènes ont de plus grossier? Or, chez un épileptique qui tombe soudainement et à l'improviste, et qui est saisi de convulsions, chez un maniaque qui délire, surtout si, par le contre-coup des idées contemporaines sur son état, il parle au nom d'un tiers, ces phénomènes sont de nature à indiquer une puissance extérieure qui domine le malade; et, si une fois la croyance aux possessions démoniaques règne dans le peuple, tous les états pareils y seront ramenés, comme nous le voyons dans le Nouveau Testament. Au contraire, dans le mutisme, dans la contracture ou dans la paralysie goutteuse, la domination d'une puissance étrangère est déjà indiquée d'une manière moins positive; et aussi ces affections peuvent tantôt être attribuées à la possession d'un démon, tantôt ne l'être pas. En effet, elles ne le sont pas chez les muets dont il a déjà été question (Matth., 9, 32; 12, 22), et chez la femme courbée en deux (Luc, 13, 11); elles le sont au contraire chez le *sourd parlant difficilement*, κωφὸς μογιλάλος (Marc, 7, 32 seq.), et chez les divers paralytiques dont il est question dans les évangiles. Il n'est pas besoin de dire que l'adoption de l'une ou de l'autre opinion a pour cause, non l'examen du mode de production de la maladie, mais uniquement celui des phénomènes extérieurs. En conséquence, si les Juifs et avec eux les évangélistes ont rattaché à l'influence démoniaque les deux espèces principales des états dont il s'agit ici, celui qui se croit tenu à accepter leur opinion, sans cependant vouloir se dérober aux lumières de notre époque, reste sous la nécessité d'admettre avec une inégalité choquante, que les mêmes maladies ont dû être toutes naturelles dans un temps, et toutes surnaturelles dans un autre.

Mais le plus grand embarras est celui que Olshausen a créé en essayant de concilier la démonologie des Juifs et du Nouveau Testament avec les connaissances de notre temps. En effet, l'emploi qu'il fait de ces connaissances s'oppose à l'adoption de démons personnels. Ce théologien, imbu des notions de la philosophie de la nature, s'efforce d'absorber dans un système d'émanation ce qui est représenté, dans le Nouveau Testament, comme une armée d'individus distincts, et de les confondre dans la continuité d'une substance qui produit, à la vérité, hors d'elle-même, des forces isolées, mais qui, ne leur permettant pas de se fixer en des individus indépendants, les ramène, comme autant d'accidents, au sein de sa propre unité. Cette tendance, que nous avons déjà vue percer dans l'angélologie d'Olshausen, se manifeste maintenant plus positivement dans sa démonologie. Des démons personnels sont trop choquants; et, chez les prétendus possédés, comme Olshausen le dit lui-même, l'inclusion de deux sujets dans un seul individu est trop inconcevable pour que l'on puisse accepter une pareille idée. Par conséquent, de toutes parts, on ne parle qu'avec une généralité indécise d'un royaume du mal et des ténèbres; on suppose, il est vrai, que ce royaume a un prince personnel; mais, par démons, on n'entend que les émanations et les influences isolées par lesquelles se manifeste le mauvais principe. Aussi, et c'est un côté par lequel on attaque le plus décidément l'opinion d'Olshausen sur les démons, et même celle de Neander (1), aussi, dis-je, ces théologiens souffrent de croire que Jésus ait demandé au démon qui possédait le Gadaréen, comment il s'appelait; le Christ, disent-ils, ne peut pas avoir supposé, avec autant de précision, la personnalité de ces émanations du royaume sombre, personnalité qu'eux-mêmes révoquent en doute. En conséquence, ils entendent la question: *Quel est ton nom?* τί σοι ὄνομα (Marc, 5, 9), comme la demande, non pas du nom du démon, mais de celui du possédé (2). Cela est évidemment contraire à tout l'enchaînement du texte, car la réponse *Légion*, λεγεών, paraît, non pas une méprise, mais la véritable réponse, celle que Jésus désirait.

Si les démons, d'après l'opinion de ces théologiens, sont des forces impersonnelles, ce qui les meut, ce qui les détermine à des actions diverses, c'est la loi qui règle les rapports du royaume des ténèbres avec le royaume de la lumière. Par conséquent, de ce côté, plus l'homme sera mauvais, plus le lien entre lui et le royaume du mal se resserrera; et le lien le plus étroit que l'on puisse imaginer, c'est-à-dire l'introduction de la noire puissance dans

---

(1) L. J. Chr., S. 296. (2) S. 302, d'après l'exemple de Paulus, *Exeg. Handb.*, 1, b, S. 474.

la personnalité de l'homme, ou la possession, devrait toujours s'opérer chez les hommes les plus mauvais. Or, dans l'histoire évangélique, cela n'est pas; les démoniaques, dans les évangiles, ne paraissent être des pécheurs qu'en ce sens, que tous les malades ont besoin que leurs péchés leur soient pardonnés; et les plus grands pécheurs, tels qu'un Judas, demeurent exempts de la possession. L'opinion ordinaire, avec ses démons personnels, échappe à cette contradiction. A la vérité, elle soutient fermement, comme nous le trouvons, par exemple, dans les Clémentines, que c'est par le péché seulement que l'homme ouvre au démon l'entrée en lui (1); mais ici il reste toujours de la latitude pour la volonté individuelle du démon, qui, par des motifs subjectifs impossibles à calculer, peut souvent laisser de côté l'homme plus mauvais, et poursuivre celui qui l'est moins (2). Si, au contraire, les démons ne sont considérés, comme le veut Olshausen, que comme les actions de la puissance du mal dans les rapports réguliers qu'elle entretient avec la puissance du bien, tout arbitraire, tout accident sont exclus. La conséquence de cette théorie est que les plus mauvais devraient toujours être les possédés, et, visiblement, Olshausen s'est donné beaucoup de peine pour y échapper. Partant de la lutte apparente de deux puissances dans les démoniaques, il arrive à cette issue, que l'état de possession survient, non chez ceux qui se livrent complètement au mal, et qui, de la sorte, conservent l'unité intérieure de leur être, mais seulement chez ceux en qui existe encore une résistance interne contre le péché. Mais cet état, devenu ainsi un phénomène purement moral, devrait se manifester bien plus fréquemment, tout violent combat intérieur devrait se montrer sous cette forme, et

---

(1) *Homil.*, 8, 19.
(2) C'est ainsi qu'Asmodée choisait Sara et ses maris pour les tourmenter et les faire périr, non parce que elle ou eux étaient plus pervers que d'autres, mais parce que la beauté de Sara l'attira. *Tob.*, 6, 13, 15.

justement ceux qui plus tard se livrent complétement au mal devraient y arriver après une période de lutte, c'est-à-dire de possession. En raison de ces difficultés, Olshausen ajoute encore une condition physique, c'est que le mal doit avoir affaibli dans l'homme l'organisme corporel et particulièrement le système nerveux, pour que l'état démoniaque puisse s'établir en lui. Mais qui ne voit, attendu que de pareilles perturbations du système nerveux peuvent se manifester, même sans faute morale; qui ne voit que, de cette façon, l'état qu'on veut attribuer à la puissance démoniaque comme à sa cause spéciale est ramené, en grande partie, à des causes naturelles, ce qui va contre le but que l'auteur voulait atteindre? Aussi Olshausen quitte-t-il bientôt ce côté, et il s'arrête à comparer le *démoniaque*, δαιμονιζόμενος, avec le *méchant*, πονηρός, tandis qu'il devrait le comparer avec l'épileptique et le maniaque, comparaison qui seule peut jeter quelque lumière sur les possédés. Par ce tour d'adresse, qui transporte la question du domaine physiologique et psychologique dans le domaine moral et religieux, la discussion sur les démoniaques est devenue une des plus inutiles que renferme le livre d'Olshausen (1).

Laissons donc de côté les tentatives peu satisfaisantes qu'on a faites pour donner une tournure moderne aux idées du Nouveau Testament sur les démoniaques et une tournure juive à nos idées actuelles, et entendons, en ce point aussi, le Nouveau Testament tel qu'il se donne, sans nous laisser fermer le chemin à des recherches ultérieures par les opinions qu'il renferme, et qui étaient celles du temps et du peuple auquel ses auteurs ont appartenu (2).

---

(1) Elle remplit les pages 280-298.
(2) J'ai essayé d'apporter mon contingent à une conception scientifique de la possession dans deux examens des écrits de Kerner et d'Eschenmayer: *Sur les possédés des temps modernes*, dans les *Jahrbb. für wiss. Kr.*, 1836, juin, n° 102 ff., 1838, février, n° 81 ff. Comparez, en outre, Wirth, *Theorie des Somnambulismus*, S. 811 ff.

Le traitement des démoniaques, particulièrement chez les Juifs, se conforma aux idées que l'on se faisait de la nature de leur mal. La cause morbifique, cessant d'être, comme dans les affections naturelles, un objet ou un état impersonnel, tel qu'un suc impur, une tension ou une atonie morbide, fut considérée comme un être ayant conscience de lui-même. On essaya donc d'agir sur elle, non seulement mécaniquement, chimiquement, etc., mais encore logiquement par la parole. On enjoignit aux démons de s'éloigner, et, pour donner de la force à cette injonction, on la rattacha aux noms d'êtres auxquels on attribuait de la puissance sur le royaume des démons. Aussi le moyen principal contre la possession démoniaque fut-il la conjuration (1) faite au nom, soit de Dieu, soit des anges, soit d'un autre être surnaturellement puissant tel que le Messie (Act. Ap. 19, 13), et conçue en certaines formules que d'ordinaire on faisait provenir de Salomon (2). Au reste, on y joignait des racines (3), des pierres (4), des fumigations et des amulettes (5), conformément encore, pensait-on, aux prescriptions de Salomon. Or, la cause de tous ces maux était non rarement une cause psychologique, ou résidait dans le système nerveux, sur lequel on peut agir d'une façon incalculable par le côté moral ; ce traitement psychologique n'était donc pas absolument illusoire ; mais, faisant naître, chez le malade, l'opinion que le démon qui le possédait était incapable de se maintenir contre une formule de conjuration, il pouvait réellement produire la guérison dans quelques cas. Jésus lui-même accorde que de pareilles cures réussissent parfois aux conjurateurs juifs (Matth., 12, 27). Quant à lui, nous lisons que, sans recourir à d'autres moyens, sans conjurer une puissance quelle qu'elle fût, il

---

(1) Voyez le passage de Lucien, cité p. 18, note 4.
(2) Joseph., *Antiq.*, 8, 2, 5.
(3) Joseph., l. c.
(4) Gittin, f. 67, 2.
(5) Justin. Mart. *Dial. c. Tryph*, 85.

chassa les démons par sa simple parole. Ce sont les guérisons les plus frappantes de cette nature, rapportées par les évangiles, que nous allons maintenant examiner.

§ XCI.

Expulsions des démons par Jésus, considérées isolément.

Parmi les récits isolés que les trois premiers évangiles nous donnent des cures opérées par Jésus sur des démoniaques, trois sont particulièrement saillants; ce sont : la guérison d'un démoniaque dans la synagogue de Capharnaüm, la guérison des Gadaréens possédés par une multitude de démons, et enfin la guérison du lunatique que les apôtres n'avaient pas été en état de guérir.

Tandis que, d'après Jean, la transformation de l'eau en vin fut le premier miracle depuis le retour de Jésus en Galilée après le baptême, ce premier miracle, d'après Marc (1, 23 seq.) et Luc (4, 33 seq.), est la guérison d'un possédé dans la synagogue de Capharnaüm. Jésus avait produit, par son enseignement, une profonde impression, lorsque tout à coup un possédé qui était présent s'écrie, au nom du démon qui était en lui, qu'il ne veut rien avoir à faire avec Jésus, qu'il le reconnaît comme le Messie qui est venu pour les perdre, eux démons; sur quoi Jésus ordonne au démon de se taire et de sortir, ce qui se fit au milieu des cris et des convulsions du malade, et au grand étonnement de la foule, qui s'émerveillait d'une pareille puissance de Jésus.

On pourrait, absolument parlant, se représenter la chose de la façon suivante avec des interprètes rationalistes : le malade, qui était entré dans la synagogue pendant un intervalle lucide, ressentit une vive impression du discours énergique de Jésus; et, ayant entendu l'un des assistants parler de Jésus comme du Messie, il put facilement concevoir l'idée que l'esprit impur qui le possédait était incapable de se maintenir en présence du saint Messie, ce qui le jeta dans un paroxysme et put lui faire exprimer, au nom du démon, la crainte que lui inspirait Jésus ; or, Jésus ayant vu cet homme ainsi disposé, qu'y eut-il de plus naturel pour lui que l'idée d'utiliser l'opinion de ce malade au sujet de sa puissance sur le démon, et d'ordonner à celui-ci de sortir ? C'était attaquer ce fou par son idée fixe, et, d'après les lois de la médecine psychologique, cela pouvait fort bien réussir. Aussi Paulus regarde-t-il ce cas comme la circonstance qui conduisit pour la première fois Jésus à la pensée d'utiliser, pour la guérison de pareils malades, la croyance qu'on avait en lui comme Messie (1).

Mais il s'élève plusieurs difficultés contre cette explication naturelle ; elle suppose que le malade apprit par les gens qui étaient dans la synagogue, que Jésus était le Messie ; or, non seulement le texte n'en dit rien, mais encore il s'oppose de la manière la plus formelle à une pareille hypothèse ; le démon qui parle par la bouche de cet homme, en disant : *Je sais qui tu es*, οἶδά σε τίς εἶ κτλ., exprime manifestement qu'il le connaît comme Messie, non parce que cela lui a été appris accidentellement par des hommes, mais parce qu'il l'a deviné en vertu de sa nature démoniaque. De plus, quand Jésus lui crie : *Tais-toi*, φιμώθητι, cela se rapporte justement à ce que le démon venait de dire sur sa messianité, car il est raconté de Jésus qu'*il ne permettait pas aux démons de dire qu'ils le connussent*, οὐκ ἤφιε λαλεῖν τὰ δαιμόνια ὅτι ᾔδεισαν αὐτόν (Marc, 1, 34 ; Luc, 4, 41), ou qu'*ils le fissent connaître*, ἵνα μὴ φανερὸν αὐτὸν ποιήσωσιν (Marc, 3, 12). Jésus crut, en imposant silence au démon, empêcher que sa messianité ne devînt publique ; il a donc dû penser, non que le possédé en avait appris quelque chose par le peuple qui se trouvait dans la

---

(1) *Exeg. Handb.*, 1, b, S. 422 ; L. J., 1, a, S. 248.

synagogue, mais, au contraire, que le peuple pourrait apprendre le mystère de sa messianité de la bouche du possédé. Et en effet, à l'époque où les évangélistes placent cette aventure, c'est-à-dire dans les premiers temps de sa vie publique, personne ne pensait encore à sa messianité.

Si l'on demande comment, sans communication du dehors, le démoniaque a pu découvrir le Messie en Jésus, Olshausen invoque l'exagération anomale de l'activité du système nerveux, qui produit, dans les démoniaques comme dans les somnambules, une augmentation de la faculté de pressentir, une espèce de lucidité en vertu de laquelle un pareil homme a bien pu reconnaître l'importance de Jésus pour tout le royaume des esprits (1). La narration évangélique attribue cette connaissance, non à une faculté du malade, mais à une faculté du démon qui résidait en lui, ce qui, seul, est en effet conforme aux idées juives d'alors. Le Messie devait apparaître pour renverser le royaume des démons (ἀπολέσαι ἡμᾶς, comparez 1. Joh., 3, 8; Luc, 10, 18 seq.), et précipiter le diable avec ses anges dans les feux de l'enfer (Matth., 25, 41; Apocal., 20, 10) (2); et il allait de soi que les démons reconnaîtraient celui qui était destiné à exercer sur eux un pareil jugement (3). Puisque donc la reconnaissance du Messie par les démons concorde si parfaitement avec les idées populaires, on pourrait supposer qu'en ce point la tradition évangélique ne s'est pas formée purement d'après la vérité historique, mais que ces idées du temps y ont coopéré (4). La tradition s'y trou-

---

(1) *Bibl. Comm.*, 1, 290 f.
(2) Comparez Bertholdt, *Christol. Jud.*, §§ 36, 41.
(3) D'après *Pesikta*, dans *Jalkut Schimoni*, 2, f. 56, 3 (voyez Bertholdt, p. 185), Satan reconnaît de la même manière, avec terreur, le Messie préexistant au pied du trône de Dieu, comme celui *qui me*, dit-il, *et omnes gentiles in infernum præcipitaturus est*.
(4) Fritzsche, *in Marc.*, p. 85 : In multis evangeliorum locis homines legas a pravis dæmonibus agitatos, cum primum conspexerint Jesum, eum Messiam esse, a nemine unquam de hac re commonitos, statim intelligere. In qua re hac nostri scriptores ducti sunt sententia, consentaneum esse, Satanæ satellites facile cognovisse Messiam, quippe insignia de se supplicia aliquando sumpturum. Neander, S. 301, Anm., trouve possible aussi que du moins les confes-

vait d'autant plus portée, que cette reconnaissance de la part des démons était plus glorieuse pour Jésus. De même que, s'il était méconnu par les adultes, il avait, dans la bouche des enfants, sa louange toute prête (Matth., 21, 16), de même qu'il était convaincu que, dans le cas où les hommes se tairaient, les pierres prendraient la parole (Luc, 19, 40), de même il dut paraître naturel que, méconnu par son peuple, qu'il était venu sauver, il fût reconnu par les démons, dont le témoignage était impartial, puisqu'ils n'avaient à attendre de lui que perdition, et certain, à cause de la supériorité de leur nature spirituelle. Cependant on n'est pas, dans le fait, obligé de recourir à cet expédient; des démoniaques, comme des somnambules, peuvent, pendant le paroxysme, entrer en rapport avec des assistants, éprouver ce qu'ils éprouvent, et participer à leurs impressions, à leur disposition, à leur pensée. Ce phénomène a été observé non rarement (1), et, si Jésus venait de parler dans la pleine conviction de sa messianité, le démoniaque, en vertu de rapports magnétiques, a pu en avoir perception.

Du moment que cette connaissance du démoniaque ne fait pas difficulté, sa guérison par Jésus n'en fait pas davantage. Si le malade se représentait Jésus comme le Messie, et s'il avait cette idée, non, comme le veulent les rationalistes, par une communication extérieure, mais par son propre sentiment mis en rapport magnétique avec celui de Jésus, la parole et la volonté de Jésus pour l'expulsion du démon passèrent sur lui avec une force qui s'exerça sans intermédiaire.

Nous avons, dans cette histoire de la guérison d'un démoniaque, un cas de l'espèce la plus simple; au contraire,

sions des démoniaques aient pris, dans la tradition, une forme fixe, tandis que, dans la réalité, le démoniaque n'aurait peut-être adressé la parole à Jésus qu'en qualité de prophète.

(1) Voyez Wirth, l. c., S. 321. Comparez 179 ff.

celui de la cure des Gadaréens possédés (Matth., 8, 28 seq.; Marc, 5, 1 seq.; Luc, 8, 26 seq.) est des plus compliqués, car nous y avons, outre mainte divergence entre les évangélistes, plusieurs démons au lieu d'un seul, et, au lieu de la simple sortie de ces démons, leur entrée dans un troupeau de pourceaux.

Après une traversée orageuse sur le lac de Galilée, Jésus rencontre sur la rive orientale, d'après Marc et d'après Luc, un démoniaque qui se tenait dans les sépulcres de cette contrée (1), et qui sévissait ordinairement contre lui-même (2) et contre d'autres avec une exaspération redoutable; d'après Matthieu il y en avait deux. On a lieu de s'étonner combien de temps l'harmonistique a travaillé avec de misérables subterfuges à montrer que Marc et Luc n'en nomment qu'un seul, parce que celui-là se distinguait particulièrement par sa violence, ou que Matthieu en nomme deux, parce qu'il avait compté le gardien chargé de surveiller le fou, etc. (3), jusqu'à ce qu'enfin on se soit décidé à accorder une véritable différence entre les deux récits. Prenant en considération que de pareils fous furieux sont ordinairement insociables, on a donné la préférence à la notice des deux évangélistes intermédiaires, et l'on a expliqué le doublement du démoniaque chez le premier évangéliste, en disant que la multiplicité des *démons* dont il est question dans le récit était devenue, pour le narrateur, une multiplicité de *démoniaques* (4). Mais l'impossibilité que

---

(1) C'était le séjour favori des fous furieux (voyez Lightfoot et Schœttgen sur ce passage), et des esprits impurs (voyez les passages rabbiniques dans Wetstein).

(2) Marc dit que ce possédé *se meurtrissait lui-même avec des pierres*, κατακόπτειν λίθοις. Attribuer cette action à une pénitence qu'il s'imposait dans les intervalles lucides pour ses fautes, c'est commettre une de ces inexactitudes auxquelles Olshausen a été conduit par son faux point de vue moral et religieux sur ces phénomènes; car il est suffisamment connu que, dans les paroxysmes, de pareils malades sont souvent saisis d'une fureur destructive.

(3) Voyez la réunion de ces explications dans Fritzsche, *in Matth.*, p. 327.

(4) C'est ce que disent Schulz, *Ueber das Abendmahl*, S. 309; Paulus sur ce passage; Hase, L. J., § 75; Neander, L. J. Chr., S. 295, Anm.

deux fous furieux se soient réunis en réalité, ou peut-être aient été seulement réunis dans la légende primitive, n'est pas tellement positive, que, par cela seul, on puisse attribuer une prérogative au récit de Marc et de Luc sur celui de Matthieu. Du moins, si l'on demande lequel des deux récits a pu le plus facilement, dans la tradition, naître de l'autre, qui sera supposé le récit primitif, on trouvera la possibilité également grande des deux côtés. Car si, comme il a été dit plus haut, la pluralité des démons a pu faire naître l'idée de la pluralité des démoniaques, il est permis de dire par un raisonnement inverse : la narration de Matthieu, qui, plus voisine du fait, parle de plusieurs possédés et de plusieurs démons, ne donnait pas un relief suffisant à ce qui est spécialement extraordinaire, à ce qui se trouve dans la narration des deux autres, savoir, que plusieurs démons possédaient un seul individu. On voulut mettre en saillie cette circonstance, et l'on dut, en répétant l'histoire, s'exprimer de manière à montrer que plusieurs démons se sont trouvés dans un seul homme. Cela a pu conduire facilement à mettre le possédé au singulier, tandis que les démons étaient au pluriel (1). Au reste, à ce début, le récit de Matthieu est bref et général, tandis que celui des deux autres est développé et pittoresque ; et l'on n'a pas manqué de conclure de cette différence que le récit des deux derniers était plus près de la narration primitive (2). Mais, lorsque Luc et Marc disent que le possédé ne souffrait sur lui aucun vêtement, brisait toutes ses chaînes et se meurtrissait lui-même avec des pierres, on peut admettre que cette description, dont ils se partagent les détails, est un développement arbitraire de la simple expression : *très violents*, χαλεποὶ λίαν, dont se sert Matthieu, ajoutant comme conséquence que personne ne pouvait passer par ce chemin ;

---

(1) Comp. De Wette, *Exeg. Handb.*, 4, 1, S. 88.   (2) Schulz, l. c.

et cela est aussi permis que d'admettre que l'expression de Matthieu est une abréviation inexacte de la description des autres.

La scène entre le ou les démoniaques et Jésus s'ouvre, comme plus haut, par un cri d'anxiété du démoniaque; le démon déclarant par la bouche du possédé qu'il ne veut rien avoir à faire avec Jésus le Messie, dont il n'aurait à attendre que des tourments. Les rationalistes, pour expliquer comment le démoniaque reconnaît aussitôt Jésus en qualité de Messie, prétendent que dès lors, sans doute, Jésus, sur cette rive du lac, avait été nommé le Messie (1), ou que le démoniaque (dont personne n'osait s'approcher à cause de sa violence!) avait appris de quelques uns de ceux qui avaient traversé le lac avec Jésus, que le Messie était arrivé avec eux (2). Ces deux suppositions sont également dénuées de fondement : Jésus n'avait encore rien dit, et même il avait pris terre à une assez grande distance du lieu où se tenaient les démoniaques; circonstances qui rendent difficile à admettre que cette connaissance ait été l'effet d'un rapport magnétique entre eux et lui; et, plus cela est difficile, plus on peut incliner vers une autre explication, et supposer que l'opinion judéo-chrétienne sur les relations des démons avec le Messie a produit cette particularité de la narration (3). Cependant une divergence entre les récits se manifeste encore en ceci : d'après Matthieu, les possédés, en apercevant Jésus, s'écrient : *Qu'y a-t-il entre nous et toi...? Tu es venu... pour nous tourmenter,* τί ἡμῖν καὶ σοί...; ἦλθες.. βασανίσαι ἡμᾶς. D'après Luc, le démoniaque tombe aux genoux de Jésus, et lui dit en suppliant : *Ne me tourmente pas,* μή με βασανίσῃς. Enfin, d'après Marc, il se précipite en courant au-devant de Jésus, se jette à ses genoux,

---

(1) Schleiermacher, *Ueber den Lukas*, S. 127.

(2) Paulus, L. J., 1, S. 232.

(3) Voyez Fritzsche, *in Matth.*, p. 829.

et le conjure au nom de Dieu de ne pas le tourmenter. Nous avons donc de nouveau ici une progression : dans Matthieu, le démoniaque repousse avec effroi Jésus, dont il n'a pas désiré l'approche; dans Luc, il s'avance en suppliant auprès de Jésus, qui est devant lui ; dans Marc, il court en toute hâte au-devant de Jésus, qui est encore éloigné. Les interprètes, prenant Marc pour point de départ, doivent eux-mêmes accorder que l'empressement d'un démoniaque à courir au-devant de Jésus, que cependant il redoute, a quelque chose de contradictoire; ils y remédient en admettant que le démoniaque, au moment où il se mit en mouvement pour aller vers Jésus, était dans un intervalle lucide, pendant lequel il désirait être délivré du démon, mais que, échauffé par la course (1), ou bien ému par l'apostrophe de Jésus (2), il tomba dans un paroxysme, où, au nom du démon, il demanda qu'on ne procédât pas à l'expulsion. Mais, dans l'enchaînement des mots chez Marc : *Ayant vu..... il courut..... et il se prosterna..... et ayant crié..... il dit*, ἰδὼν..... ἔδραμε..... καὶ προσεκύνησε..... καὶ κράξας..... εἶπε, il n'y a aucune trace d'un changement dans son état, et l'invraisemblance de la narration subsiste ; car un possédé véritable, s'il eût reconnu de loin le Messie redouté, se serait enfui en toute hâte plutôt que de s'approcher de lui ; et, quand même il ne se serait pas enfui, celui qui se croyait possédé par un démon ennemi de Dieu ne pouvait certes pas conjurer Jésus au nom de Dieu, comme Marc le fait faire au démoniaque (3). Si sa narration ne peut pas être ici originale, celle de Luc, qui n'a en moins que les particularités de la course et de la supplique, est trop analogue pour que nous puissions la considérer comme la plus voisine du fait. La narration de Matthieu est sans

---

(1) *Natürliche Geschichte*, 2, S. 174.
(2) Paulus, Olshausen, sur ce passage.
(3) Paulus et Olshausen trouvent aussi cela singulier, et Weisse, bien qu'il regarde, ici aussi, le récit de Marc comme l'original, renonce cependant à le prendre dans son acception textuelle (1, S. 497).

doute celle qui s'est conservée le plus purement. La question pleine de terreur : *Es-tu venu ainsi avant le temps pour nous tourmenter?* est bien plus naturelle à un démon qui, ennemi du règne du Messie, n'avait à attendre de lui aucun ménagement que la prière d'être épargné que rapportent Marc et Luc; cependant Philostrate, dans un récit que l'on pourrait considérer comme une imitation du récit évangélique, s'est tenu à cette dernière forme (1).

On devrait croire, d'après ce qui précède, que les démons, ici comme dans la première narration, ont adressé la parole à Jésus sans aucun acte précédent de sa part; cependant les deux évangélistes intermédiaires, revenant sur leurs pas, disent que Jésus commanda à l'esprit impur de quitter cet homme. On se demande : quand Jésus a-t-il prononcé ces paroles? La première réponse est : avant que le démoniaque lui eût parlé. Or, chez Luc, le mot *il se prosterna*, προσέπεσε, et le mot placé encore plus haut, *ayant crié*, ἀνακράξας, sont si étroitement liés avec le discours du démoniaque, que l'on devrait mettre l'ordre de Jésus avant le cri et l'agenouillement, et le considérer comme la cause de ces deux actes. Mais Luc attribue ces deux actes au simple aspect de Jésus; par conséquent on ne sait pas en quel endroit il faut, chez Luc, placer l'ordre de Jésus. C'est encore pis chez Marc : un semblable enchaînement des propositions reportera l'ordre de Jésus, même avant le mot *il courut*, ἔδραμε, de sorte qu'il faudrait que Jésus eût crié, par une grande singularité, de loin au démon : *Sors*, ἔξελθε. Ainsi, chez les deux évangélistes intermédiaires, ou la série cohérente des propositions qui précèdent l'injonction, ou cette injonction est mal placée. On peut donc se demander de quel côté est plutôt l'apparence du caractère non historique; et, ici, Schleiermacher lui-

---

(1) C'est le récit de la manière dont Apollonius de Tyane démasqua un démon (*empusa*), *Vita Ap*, 4, 35; dans Baur, S. 445.

même, et après lui Neander, ont accordé que, si, dans le récit original, il eût été question d'un ordre antécédent de Jésus, cet ordre aurait été reproduit certainement à sa véritable place, avant la prière des démons, et avec les termes mêmes dont Jésus s'était servi ; tandis que sa position actuelle, sa rédaction abrégée en forme de discours indirect chez Luc, et que Marc seul, d'après son habitude, change en discours direct, autorisent grandement à penser que ce n'est qu'une addition explicative que le narrateur a intercalée dans son récit par conjecture (1). Et dans le fait, cette addition est très malencontreuse, car elle donne rétroactivement à toute la scène une autre forme qu'elle n'avait tout d'abord. Cette scène semblait destinée à montrer que le démoniaque avait reconnu d'avance et supplié Jésus; mais le narrateur, abandonnant sa première idée, et venant à penser que la prière du démon avait dû être précédée d'un ordre rigoureux de Jésus, se reprend, et dit que Jésus l'avait prévenu par son ordre.

A cette reprise se rattache, dans Marc et dans Luc, la question de Jésus au démon : *Quel est ton nom ?* τί σοι ὄνομα; dans la réponse, une multitude de démons se fait reconnaître, et elle se désigne sous le nom de *légion*, λεγεών. Or, Matthieu n'a aucun de ces détails intermédiaires. Que serait-ce donc, si, de même que l'addition précédente était une explication rétroactive de ce qui venait d'être dit, cette question et cette réponse étaient une introduction préalable à ce qui va suivre, et n'avaient également d'autre source que la légende ou l'imagination de l'écrivain? Dirigeons notre examen dans ce sens : le désir exprimé aussitôt par

---

(1) Schleiermacher, *Ueber den Lukas*, S. 123; Neander, L. J. Chr., S. 296 Anm. Schleiermacher explique cette fausse addition de la part de Luc en disant que celui de qui Luc tenait le récit, ayant peut-être été occupé dans le bateau, était resté en arrière, de sorte qu'il n'avait pas assisté au commencement de la scène avec le démoniaque. C'est donner dans une excessive sagacité, en regard de l'opinion vieillie qui admet un rapport aussi immédiat que possible entre les faits et les récits évangéliques.

les démons, d'entrer dans le troupeau de pourceaux, ne suppose pas nécessairement dans Matthieu qu'il y eût plusieurs démons dans chacun des possédés; car nous ne pouvons savoir si un Juif n'était pas capable de supposer un rapport de possession entre deux démons et un troupeau entier; mais un narrateur postérieur put très bien penser qu'il devait égaler le nombre des mauvais esprits à celui des pourceaux. Or, ce qu'un troupeau est pour les animaux, une armée ou une division l'est pour des hommes et pour des êtres supérieurs; et, comme il s'agissait de désigner un corps considérable, rien ne se présentait plus naturellement que la légion romaine : elle est appliquée aux anges, dans Matthieu (26, 53), comme elle l'est ici aux démons. Mais nous n'avons pas besoin de chercher quelque chose de plus précis de ce côté; car, indépendamment du silence de Matthieu, il est tout à fait impossible de concevoir comment plusieurs démons auraient eu leur résidence dans un seul individu. Si à toute force on imagine comment un seul démon, étouffant la conscience humaine, peut s'emparer d'un organisme humain, tout pouvoir d'imaginer s'arrête quand il s'agit de concevoir plusieurs personnalités démoniaques en possession d'un seul homme; comme cette possession n'est rien autre chose qu'un acte par lequel le démon devient le sujet de la conscience d'un seul individu, et comme, dans la réalité, la conscience ne peut avoir qu'un point central, il est absolument impossible de se représenter comment, simultanément, plusieurs démons peuvent prendre possession d'un homme. La possession multiple ne pourrait avoir existé qu'autant que des démons différents seraient successivement entrés dans le possédé; mais jamais elle ne peut être la cohabitation de toute une armée de démons qui occupent à la fois et abandonnent à la fois le corps d'un homme. En conséquence, cette forme de la maladie, qui, du reste, a été aussi observée dans les temps modernes, contient un motif de plus pour être considérée d'une manière rationnelle, et comme une illusion mentale des malades.

Tous les récits s'accordent pour dire que les démons, afin de ne pas être relégués, hors du pays d'après Marc, ou dans l'abime d'après Luc, demandèrent à Jésus la permission d'entrer dans un troupeau de pourceaux qui passait dans les environs; que leur prière leur fut accordée, et qu'aussitôt, par leur action, tous les pourceaux (Marc en fixe le nombre à 2,000; on n'a pas besoin de demander où il a pris cette évaluation) se précipitèrent dans le lac et se noyèrent. Si l'on s'en tient au point de vue des narrateurs, qui croient à des démons véritables, on se demande : comment des démons, à supposer même qu'ils puissent prendre possession d'individus humains, comment des démons, qui, dans tous les cas, sont des esprits doués de raison, ont-ils pu solliciter et obtenir d'entrer dans des corps d'animaux? Les religions et les philosophies qui rejettent la transmigration des âmes, doivent aussi nier, par le même motif, la possibilité d'un pareil passage ; et, avec toute raison, Olshausen compare ensemble les pourceaux de Gadara dans le Nouveau Testament, et l'âne de Balaam dans l'Ancien, comme formant *un scandale et un achoppement* semblables, σκάνδαλον καὶ πρόσκομμα (1). Aussi prétend-il qu'il s'agit ici, non d'une entrée de chacun des démons dans chacun des pourceaux, mais d'une simple action de l'ensemble des mauvais esprits sur la matière animale : c'est esquiver la difficulté, et non la surmonter; car l'expression *entrer dans les pourceaux*, εἰσελθεῖν εἰς τοὺς χοίρους, étant opposée à l'expression *sortir de l'homme*, ἐξελθεῖν ἐκ τοῦ ἀνθρώπου, ne peut absolument signifier rien autre chose, si ce n'est que les démons furent désormais, avec les pourceaux, dans le même rapport que celui où ils avaient été avec les

(1) S. 299. Anm.

hommes possédés. En outre, ce n'était pas une simple action sur les pourceaux, c'était une véritable habitation dans les corps de ces animaux qui pouvait les préserver d'être relégués hors du pays ou dans l'abîme ; de sorte que le *scandale* dont parle Olshausen subsiste. Ainsi cette prière provient, non pas de véritables démons, mais seulement, peut-être, de maniaques juifs qui parlèrent d'après les opinions qui régnaient alors. Suivant ces opinions, les mauvais esprits souffrent d'être sans enveloppe corporelle, parce qu'ils ne peuvent satisfaire, sans un corps, leurs désirs sensuels (1) ; donc, s'ils étaient chassés hors des hommes, ils devaient désirer d'aller dans les corps d'animaux ; et, pour un *esprit impur*, πνεῦμα ἀκάθαρτον, qu'y avait-il de plus convenable qu'un *animal impur*, ζῶον ἀκάθαρτον, tel que le pourceau (2) ? Les évangélistes ne reproduiraient donc ici le fait qu'en ceci : que, d'après leur manière de voir, ils auraient attribué aux démons ce que les malades disaient par un effet de leur maladie. Or, quand, plus loin, ils rapportent que les démons entrèrent dans les pourceaux, ne racontent-ils pas une évidente impossibilité ? Paulus, et même les théologiens surnaturalistes tels que Steudel, pensent qu'ici, comme partout ailleurs, les évangélistes identifient les hommes possédés avec les démons possédants, et qu'ils attribuent à ces derniers *l'entrée dans les pourceaux*, tandis que, dans la réalité, ce furent seulement les premiers qui, d'après leur idée fixe, se précipitèrent sur les pourceaux (3). A la vérité, l'expression de Matthieu, prise en soi, *ils allèrent aux pourceaux*, ἀπῆλθον εἰς τοὺς χοίρους, pourrait peut-être s'entendre d'une course

---

(1) *Clem. hom.*, 9, 10. Comparez une semblable prière d'un démon dans l'*Histoire des possédés* de Kerner, p. 416 et suiv.

(2) Fritzsche, *in Matth.*, p. 332. D'après Eisenmenger, 2, 447 ff., l'opinion juive est que les démons se tiennent de préférence dans les lieux impurs ; et dans Jalkut Rubeni f. 10, 2 (dans Wetstein) on lit : Anima idololatrarum, quæ venit a spiritu immundo, vocatur porcus.

(3) L. c., S. 474, 485 ; Steudel, *Glaubenslehre*, S. 175 ; de même Winer, *Bibl. Realw.*, 1, S. 402.

vers le troupeau; mais, d'une part Paulus lui-même est obligé d'avouer que le mot des deux autres synoptiques *entrants*, εἰσελθόντες, exprime une véritable entrée dans les pourceaux, et d'autre part Matthieu, avant de dire *ils allèrent*, ἀπῆλθον, dit comme les deux autres : *les démons sortant*, ἐξελθόντες οἱ δαίμονες (c'est-à-dire sortant du corps des possédés); ainsi les démons entrant dans les pourceaux sont distingués, avec une netteté suffisante, des hommes hors desquels ils sortirent (1). Tout récemment, Weisse a proposé une manière plus raffinée d'expliquer naturellement cette particularité; sans croire qu'il s'agisse ici de véritables démons, il trouve admissible le transport magique de la maladie sur le troupeau de pourceaux, et il invoque l'autorité de Kieser, qui reconnaît la possibilité du passage d'états démoniaques sur d'autres, et même sur des animaux (2). Une dérivation, sur des animaux, de certaines souffrances corporelles se manifeste, comme l'on sait, dans la médecine sympathique, qui, à la vérité, exige encore l'examen de la critique. Quant au transport, sur des animaux, d'états organico-psychiques, il n'y a, à ma connaissance, d'appuyée sur des témoignages sûrs, que la participation de chevaux et d'autres animaux à ce qu'on appelle la seconde vue des insulaires écossais et danois (3); ce qui est toujours passablement éloigné du récit évangélique.

Une nouvelle difficulté se trouve dans l'effet que les démons produisirent sur les pourceaux : à peine y furent-ils entrés, qu'ils les excitèrent à se précipiter dans le lac; et l'on demande avec raison : que gagnèrent les démons à entrer dans les animaux, puisqu'ils les détruisirent aussitôt et se privèrent de nouveau eux-mêmes du médiocre séjour pro-

---

(1) Voyez Fritzsche, *in Matth.*, p. 330.
(2) Weisse, *Die evang. Gesch.*, 1, S. 497, 499; Kieser, *System des Tellurismus*, 2, S. 72.

(3) Voyez les communications de Bonde Beudsen dans différents volumes des *Archives* d'Eschenmayer pour le magnétisme animal.

visoire qu'ils avaient tant sollicité (1)? Dire que le dessein des démons, en anéantissant les pourceaux, fut d'irriter, par cette perte, les propriétaires contre Jésus (ce qui en effet arriva) (2), c'est une supposition tirée de trop loin. Dire d'un autre côté que les démoniaques se précipitant avec des cris sur le troupeau, et la fuite des bergers saisis de crainte effarouchèrent les animaux et les précipitèrent dans l'eau (3), cela ne suffirait pas (quand même le texte ne s'y opposerait pas, ainsi qu'on l'a vu plus haut) pour expliquer la destruction d'un troupeau de 2,000 têtes d'après Marc, ou seulement d'un grand troupeau d'après Matthieu. On ne peut pas admettre, par un faux-fuyant (4), qu'une partie seulement du troupeau ait été noyée, car Matthieu dit expressément que *tout le troupeau*, πᾶσα ἡ ἀγέλη, se précipita dans le lac et s'y noya; et Marc place son évaluation numérique entre le membre de phrase : *le troupeau se précipita dans la mer*, ὥρμησεν ἡ ἀγέλη εἰς τὴν θάλασσαν, et le membre : *ils se noyèrent*, ἐπνίγοντο. La difficulté ne s'augmente pas peu, quand on considère, ce qui vient facilement à l'esprit, le dommage notable que la destruction du troupeau occasionna au propriétaire, et dont Jésus avait été médiatement l'auteur. Les orthodoxes, voulant justifier Jésus d'une façon quelconque, disent qu'en procurant le passage des démons dans les pourceaux, il rendit possible la guérison du possédé, et que, certainement, des animaux peuvent être tués afin que les hommes vivent (5); mais ils ne réfléchissent pas qu'ils bornent, de la manière la plus contradictoire avec leur propre point de vue, la puissance absolue qu'ils accordent à Jésus sur le royaume des démons. On essaie d'échapper à cette contradiction en disant que Jésus voulut punir les Juifs à qui les pourceaux apparte-

---

(1) Paulus, l. c., S. 475.
(2) Olshausen, S. 801.
(3) Paulus, S. 474.
(4) Paulus, S. 485; Winer, l. c.
(5) Olshausen, l. c.

naient, de leur transgression cupide de la loi (1); qu'en tout cas il avait agi par la toute-puissance divine, qui souvent détruit des choses isolées pour atteindre des buts supérieurs, et qui, par la foudre, la grêle, l'inondation, anéantit l'avoir de beaucoup d'hommes; en quoi il serait stupide d'accuser Dieu d'injustice (2). Mais c'est de nouveau confondre, de la manière la moins permise sur le terrain de l'orthodoxie, l'état d'abaissement du Christ avec l'état de son élévation; c'est dépasser, dans un esprit d'exaltation mystique, les sages paroles de Paul *né sous la loi,* γενόμενον ὑπὸ νόμον (Gal., 4, 4), et *il s'est anéanti soi-même,* ἑαυτὸν ἐκένωσε (Phil., 2, 7); c'est faire pour nous de Jésus un être tout à fait étrange, en le plaçant, relativement aussi à l'appréciation morale de ses actions, au-dessus de la mesure humaine. Si donc l'imputation d'une atteinte à la propriété étrangère ne doit pas peser sur Jésus, imputation que les adversaires du christianisme, profitant de ce récit, n'ont pas manqué de lui faire depuis longtemps (3), il ne reste plus, en supposant, comme le fait l'explication naturelle, ou que les démoniaques se précipitèrent au milieu des pourceaux, ou que l'état démoniaque fut transporté sur eux; il ne reste plus, dis-je, qu'à admettre que ce qui s'ensuivit fut quelque chose d'inattendu pour Jésus lui-même, et dont, par conséquent, il n'est pas responsable (4); mais alors il faut avouer que l'on se met en contradiction avec le récit évangélique, d'après lequel Jésus, s'il n'a pas causé positivement le résultat, l'a du moins prévu de la manière la plus précise (5).

Avec ce tissu de difficultés que le point relatif aux pour-

---

(1) Le même, *ibid.*

(2) Ulmann, *Ueber die Unsündlichkeit Jesu*, dans *Theol. Studien und Krit.*, 1, 1, S. 51 f.; Olshausen, l. c.

(3) Par exemple Woolston, *Disc.*, 1, 32 seq. Pythagore du moins, dans un cas semblable, se serait conduit avec plus de justice, car il paya comptant aux pêcheurs les poissons qu'ils avaient pris, et dont il obtint la mise en liberté. Jamblich., *Vita Pythag.*, n° 36, édit. Kiessling.

(4) Paulus.

(5) Voyez Ullmann.

ceaux crée au milieu du récit, il n'est pas étonnant que cette anecdote ait, de meilleure heure que la plupart des autres anecdotes de la vie publique de Jésus, conduit à révoquer en doute la fidélité historique du récit en général, et en particulier à rompre tout rapport entre la destruction des pourceaux et l'expulsion des démons procurée par Jésus. Une cause à nous inconnue, dit Neander, produit du désordre dans le troupeau, qui, se précipitant du haut du rivage escarpé, périt en partie dans le lac; cet événement persuade au démoniaque que les mauvais esprits l'ont abandonné, qu'ils ont pris possession des pourceaux, et, par leur rage de destruction, précipité ces animaux dans les flots (1). Krug conjectura d'une manière plus précise que les pourceaux avaient été précipités dans le lac par l'orage qui avait éclaté pendant la traversée de Jésus et avant son débarquement; et, lorsqu'il voulut guérir le démoniaque, lui-même ou un de sa suite persuada à cet homme que ses démons étaient déjà entrés dans les pourceaux et s'étaient précipités dans le lac, ce qui fut reçu et répété comme une œuvre de Jésus (2). K.-Ch.-L. Schmidt pense que, lorsque Jésus débarqua, les bergers vinrent au-devant de lui; que, pendant ce temps, nombre de pourceaux abandonnés à eux-mêmes tombèrent dans l'eau; et que, comme à ce moment Jésus avait ordonné au démon de sortir, les assistants établirent un rapport de causalité entre ces deux choses (3). Ces tentatives évasives d'explication ne satisferont pas; mais il faudra, avec Weisse, poser l'alternative suivante : ou le trait le plus frappant de ce récit, c'est-à-dire la dérivation de la maladie des possédés sur le troupeau de pourceaux, est vrai en fait, ou il est une fiction. J'ai déjà exposé en

---

(1) L. J. Chr., S. 297 f.
(2) Mémoire sur l'explication génétique ou formelle des miracles, dans *Henke's Museum*, 1, 3, S. 410 ff. Il faut louer ici le sentiment qu'a eu l'auteur, de la simplicité plus grande du récit de Matthieu, tandis que celui des deux autres évangélistes est plus orné.
(3) *Exeg. Beiträge*, 2, S. 109 ff.

quel sens on pourrait peut-être le rattacher, en tant que fait véritable, à des expériences d'ailleurs connues; mais les analogies alléguées ne sont ni sûres ni complètes; on est donc en droit de se demander en terminant si, au temps de la formation probable des récits évangéliques, il ne se trouvait pas des idées qui permettraient d'expliquer comment le trait relatif aux pourceaux a été imaginé dans l'histoire actuelle.

Nous avons déjà une opinion contemporaine qui s'y rapporte : à savoir, que les démons ne veulent pas être sans corps, et qu'habitant volontiers en des lieux impurs, les corps de pourceaux devaient être ce qui leur convenait le mieux. Mais cela n'explique pas encore pourquoi il est dit que les pourceaux se précipitèrent dans l'eau. Cependant on ne manque pas, non plus, de notions explicatives sur ce point. Josèphe rapporte d'un certain Éléazar, conjurateur juif qui expulsait les démons par les formules et les moyens de Salomon, que, pour convaincre les assistants de la réalité de l'expulsion, il avait placé, dans le voisinage du possédé, un vase plein d'eau, que le démon sortant devait renverser, montrant par là aux spectateurs qu'il était hors du corps de l'homme (1). De la même façon, il est raconté d'Apollonius de Tyane, qu'à un démon qui avait pris possession d'un jeune homme, il ordonna de s'éloigner avec un signe visible, sur quoi le démon s'offrit à renverser une statue qui était dans le voisinage, laquelle tomba en effet, au grand étonnement de tous les assistants, dans le moment où le démon abandonna le jeune homme (2). Ainsi, mettre en mouvement un objet voisin sans contact corporel était regardé comme la preuve la plus sûre de la réalité d'une

(1) *Antiq.*, 8, 2, 5 : Βουλόμενος δὲ πεῖσαι καὶ παραστῆσαι τοῖς παρατυγχάνουσιν ὁ Ἐλεάζαρος, ὅτι ταύτην ἔχει ἰσχύν, ἐτίθει μικρὸν ἔμπροσθεν ἤτοι ποτήριον πλῆρες ὕδατος ἢ ποδόνιπτρον, καὶ τῷ δαιμονίῳ προσέταττεν, ἐξιόντι τοῦ ἀνθρώπου, ταῦτ' ἀνατρέψαι, καὶ παρασχεῖν ἐπιγνῶναι τοῖς ὁρῶσιν, ὅτι καταλέλοιπε τὸν ἄνθρωπον.

(2) Philostr., *Vita Apoll.*, 4, 20; dans Baur, l. c., S. 39.

expulsion démoniaque; cette preuve ne pouvait donc manquer à Jésus; et, si, pour un Éléazar, l'objet n'était éloigné qu'*un peu*, μικρὸν, du conjurateur et du malade, et si, par conséquent, toute idée d'illusion n'était pas bannie, Matthieu, en ceci plus pittoresque et plus précis que les deux autres, écarte jusqu'au dernier reste d'une pareille possibilité, en ajoutant que le troupeau de pourceaux paissait *au loin*, μακράν. L'objet sur lequel se manifesta la preuve de l'expulsion est un troupeau de pourceaux; si ce choix fut dicté par les opinions que les Juifs avaient sur les esprits impurs et sur les animaux impurs, il n'est pas sans un certain rapport avec le fait même, car ici Jésus avait guéri, non seulement de simples possédés, comme celui de la narration précédente, mais aussi des possédés qui se croyaient, comme Marie-Madeleine (Luc, 8, 2), pris par plusieurs démons; pluralité qui, appartenant, d'après toute vraisemblance, dans ce cas aussi, à une base historique, était encore mise davantage en relief par l'opposition de la pluralité des animaux qui composent un troupeau. Quant à l'effet produit par les démons chassés hors des hommes, s'il ne pouvait se manifester sur un vase plein d'eau ou sur une statue plus clairement qu'en renversant ces objets contre les lois de la pesanteur, il ne pouvait, sur les animaux, se montrer plus clairement qu'en les poussant à se noyer, contre le désir de vivre qui leur est inné. En conséquence, quelque peu de motifs que l'on ait pour révoquer en doute, comme fait constituant le fond du récit, la guérison, par Jésus, d'un ou de deux démoniaques affectés d'une forme particulièrement grave de cette maladie; cependant il y a des raisons pressantes pour contester plusieurs circonstances accessoires, et pour considérer nommément la particularité relative aux pourceaux comme une addition de la légende.

La troisième expulsion de démons, et la dernière qui soit

racontée en détail, a cela de particulier, que d'abord les apôtres essayèrent vainement la guérison que Jésus accomplit avec facilité. Les synoptiques (Matth., 17, 14 seq.; Marc, 9, 14 seq.; Luc, 9, 37 seq.) rapportent uniformément que Jésus descendit du haut de la montagne de la Transfiguration avec ses trois disciples les plus intimes, et qu'il trouva ses autres disciples embarrassés de ne pouvoir pas guérir un enfant possédé que son père leur avait amené.

Dans ce récit aussi, se trouve une gradation depuis la plus grande simplicité chez Matthieu, jusqu'au plus grand développement de la description chez Marc, ce qui a été cause de nouveau que l'on a cru devoir accorder aux relations des deux autres une supériorité sur celle de Matthieu, que l'on a jugée être la plus éloignée du fait (1). D'après Matthieu, Jésus, descendu de la montagne, rencontre la *foule*, ὄχλος; le père de l'enfant s'approche de lui, et le supplie à genoux de guérir son fils; d'après Luc, la foule vient au-devant de lui; d'après Marc, enfin, Jésus voit les disciples entourés de beaucoup de peuple et de docteurs de la loi qui disputent avec eux; le peuple, aussitôt qu'il l'aperçoit, court auprès de lui et le salue; Jésus demande sur quoi ils disputent, et le père de l'enfant prend la parole. Nous avons ici de nouveau une gradation relativement à la conduite du peuple: la rencontre de Jésus avec le peuple, qui est fortuite chez Matthieu, est déjà devenue, chez Luc, un mouvement du peuple, qui se porte au-devant de Jésus, et Marc en fait une course empressée pour saluer Jésus, à quoi il ajoute encore la singulière remarque: *ils s'étonnèrent*, ἐξεθαμβήθη. Qu'y avait-il donc de si étonnant pour le peuple de voir Jésus s'avancer avec quelques disciples? Malgré tous les efforts d'explication que l'on a faits, cela reste tellement inexplicable, que je ne puis pas trouver

(1) Schulz, S. 319; Neander, S. 304; Weisse, S. 550 ff.

aussi absurde que Fritzsche la trouve, la pensée d'Euthymius, qui prétend que Jésus, descendant de la montagne de la Transfiguration, avait conservé quelque chose de l'éclat céleste qui l'y avait entouré, comme Moïse quand il descendit du haut du Sinaï (2. Mos., 34, 29 seq.) (1). Que dans cette multitude du peuple il se soit trouvé fortuitement des docteurs de la loi qui attaquaient les disciples à cause de l'insuccès de leurs efforts, et qui les engageaient dans une controverse, il n'y a rien là qui ne soit concevable. Mais, comme cette particularité est jointe aux exagérations relatives à la conduite de la multitude, elle devient suspecte, d'autant plus que les deux autres narrateurs n'en disent rien ; et, si l'on montre de quelle manière le narrateur a pu être amené à l'ajouter d'après ses propres combinaisons, nous aurons toutes les vraisemblances en notre faveur pour la condamner. Dans un cas où il s'agissait de la capacité de Jésus à faire des miracles, il avait été dit plus haut dans Marc (8, 11), à l'occasion de la demande d'un signe céleste de la part des pharisiens : *Ils se mirent à disputer avec lui*, ἤρξαντο συζητεῖν αὐτῷ. Or, ici, où les disciples se montraient incapables de produire un miracle, l'évangéliste fit figurer les *scribes*, γραμματεῖς, qui appartenaient pour la plupart à la secte pharisienne, comme *disputant avec les disciples*, συζητοῦντας αὐτοῖς (2). Dans la description subséquente de l'état de l'enfant, on observe la même gradation relativement au développement, si ce n'est que Matthieu a en propre l'expression : *lunatique*, σεληνιάζεται, dont on n'aurait jamais dû lui faire un reproche (3), car il n'y avait rien d'extraordinaire, du temps de Jésus, d'attribuer à la lune des maladies périodiques (4). Marc désigne l'*esprit*, πνεῦμα, qui possède l'enfant, comme *muet*, ἄλαλον (v. 17), et

---

(1) Comp. De Wette, *Exeg. Handb.*, 1, 2, S. 162.
(2) Comparez De Wette, l. c.
(3) Comme Schulz paraît le faire, l. c.

(4) Voyez les passages allégués par Paulus, *Exeg. Handb.*, 1, b, S. 569, et par Winer, 1, S. 491 f.

sourd, κωφόν (v. 25); cela lui est particulier. On pouvait en effet considérer les sons inarticulés que les malades rendent dans un accès épileptique, comme le mutisme du démon, et l'impossibilité où ils sont de rien entendre, comme sa surdité.

Le père ayant informé Jésus de l'objet du débat et de l'incapacité de ses apôtres à guérir l'enfant, Jésus éclate en ces mots : *Race incrédule et perverse*, etc., γενεὰ ἄπιστος καὶ διεστραμμένη κτλ. Si l'on compare, dans Matthieu, la fin du récit, où Jésus, interrogé par ses apôtres pourquoi ils n'ont pu guérir le malade, leur répond : *Par votre incrédulité*, διὰ τὴν ἀπιστίαν ὑμῶν, et y ajoute la description du pouvoir que de la foi seulement aussi gros qu'un grain de sénevé a de déplacer les montagnes (v. 19 seq.), on ne peut pas douter que cette apostrophe, qui respire le mécontentement, ne regarde aussi les apôtres, dans l'incapacité desquels à chasser le démon, Jésus trouva une preuve d'une foi qui restait encore si défectueuse (1). Luc laisse de côté cette explication finale de l'impuissance des disciples par leur incrédulité, et en cela, Marc non seulement l'imite, mais encore il intercale (v. 21-24) une scène intermédiaire, à lui particulière, entre Jésus et le père, où il revient d'abord sur quelques détails de l'état du malade empruntés soit à Matthieu, soit à sa propre imagination; puis le père est sommé d'avoir de la *foi*, πίστις, et aussitôt celui-ci, versant des larmes, exprime la faiblesse de sa croyance et le désir qu'elle soit fortifiée. Joignant cela avec le renseignement sur les docteurs de la loi et leur dispute, on ne se trompera pas si, chez Marc et même chez Luc, on rapporte l'apostrophe : *O race infidèle!* au public, sans y confondre les apôtres, et même, d'après Marc, au père de l'enfant, dont l'incrédulité est représentée ici comme un obstacle à la guérison, ainsi qu'ailleurs (Matth., 9, 2) la foi des proches est

(1) C'est ce que disent Fritzsche et De Wette, sur ce passage.

représentée comme y étant favorable. Ainsi deux évangélistes donnent cette application aux paroles de Jésus, puisqu'ils laissent de côté, et l'explication de l'incapacité des disciples par leur incrédulité, et la déclaration du pouvoir que la foi a de transporter les montagnes. On demande alors si les places différentes où ils mettent cet apophthegme sur la foi sont meilleures que celle où Matthieu le relate. Or, dans Luc, la déclaration : *Si vous avez de la foi gros comme un grain de sénevé* (ni Luc ni Marc n'ont les mots *par votre incrédulité*, διὰ τὴν ἀπιστίαν ὑμῶν), se trouve, avec la petite variation qu'au lieu d'une montagne il est question d'un arbre, dans le chap. 17, 5. 6; mais elle y est sans liaison, ni avec ce qui suit, ni avec ce qui précède, et ce semble être un tout petit fragment de discours jeté loin de sa place et précédé seulement d'une introduction qui, sans doute œuvre de l'évangéliste, comme ailleurs, Luc, 11, 1, et 13, 23, consiste dans quelques mots des disciples disant à Jésus : *Augmentez-nous la foi*, πρόσθες ἡμῖν πίστιν. Marc fait, de l'apophthegme de la foi qui transporte les montagnes, l'application de l'histoire du figuier maudit, endroit où Matthieu le répète de nouveau ; mais cet apophthegme n'y convient absolument pas, comme nous le verrons bientôt ; et, si nous ne voulons pas complétement renoncer à savoir quelque chose de la circonstance qui y a donné lieu, nous devons considérer comme la véritable place celle où Matthieu le rapporte, car il convient parfaitement à une cure manquée par les disciples. En outre, la nature de la chose permet très bien de supposer comment Jésus fut en droit d'attribuer à la faiblesse de la foi des disciples leur insuccès, mais non comment il put rattacher à la foi du père la possibilité de la guérison du fils ; et même cette dernière tournure que donne Marc à l'affaire ressemble à un malentendu sur le récit original (1).

---

(1) C'est ce que Weisse reconnaît, p. 552; mais il se met en contradiction en soutenant que la relation de Marc est primitive.

Outre la scène intermédiaire avec le père, Marc a essayé de rendre le tableau encore plus frappant, en représentant : le peuple, qui accourt en foule pendant cette scène intermédiaire ; l'enfant, qui, après l'expulsion du démon, devient *comme mort*, ὡσεὶ νεκρόν, de sorte que beaucoup disaient qu'il l'était effectivement ; et Jésus *le prenant par la main*, κρατεῖν τῆς χειρός, comme il faisait ordinairement pour les morts (Matth., 9, 25), le relevant et le rappelant à la vie ; particularités qui pourraient provenir, ou de l'observation même, ou de renseignements exacts.

La cure étant accomplie, Luc, en terminant, signale brièvement l'étonnement du peuple ; mais les deux premiers synoptiques rapportent que les apôtres, lorsqu'ils furent seuls avec Jésus, lui demandèrent pourquoi ils avaient été incapables de chasser le démon ? Jésus répond, dans Matthieu, comme il a été dit plus haut, en imputant leur impuissance à leur incrédulité ; mais, dans Marc, il déclare que *cette sorte de démons ne se chasse que par la prière et par le jeûne*, τοῦτο τὸ γένος ἐν οὐδενὶ δύναται ἐξελθεῖν εἰ μὴ ἐν προσευχῇ καὶ νηστείᾳ, phrase que Matthieu ajoute aussi après le discours sur l'incrédulité et sur la force de la foi, y attachant sans doute le sens que la foi doit se fortifier par la prière et par le jeûne pour obtenir une pareille puissance (1). Qu'un pareil régime spirituel et corporel observé par l'exorciste ait de l'influence sur l'exorcisé, c'est ce qu'à tort on a trouvé surprenant ; on a pensé avec Porphyre (2) que ce régime convenait plutôt au malade, et l'on a considéré *la prière et le jeûne* comme une prescription faite au possédé, afin de rendre la cure radicale (3). Mais c'est une évidente contradiction avec le récit ; car, si le jeûne et la prière avaient été nécessaires de la part du malade pour la réussite

---

(1) Fritzsche et De Wette, sur ce passage ; Neander, L. J. Chr., S. 304 f.

(2) *De abstinent.* 2, p. 204, et 417 seq. Voyez Winer, 1, S. 194.

(3) Paulus, *Exeget. Handb.*, 2, S. 474 f.

de la cure, nous aurions une guérison graduelle et non soudaine. Or, toutes les guérisons que les évangiles rapportent de Jésus sont soudaines; c'est aussi ce qui est désigné d'une façon claire dans Matthieu par la phrase : *Et l'enfant fut guéri à partir de cette heure*, καὶ ἐθεραπεύθη ὁ παῖς ἀπὸ τῆς ὥρας ἐκείνης, et dans Luc par le verbe *il guérit*, ἰάσατο, placé entre : *Jésus ordonna à l'esprit*, ἐπετίμησε δὲ ὁ Ἰησοῦς τῷ πνεύματι, et : *Il rendit l'enfant à son père*, ἀπέδωκεν αὐτὸν τῷ πατρὶ αὐτοῦ. A la vérité, Paulus veut tourner, à son avantage, cette expression de Matthieu, et l'entendre comme si elle signifiait qu'à dater de ce moment, l'enfant revint graduellement à l'état d'une santé parfaite, grâce au régime prescrit. Mais il ne faut que considérer la même formule dans les autres passages où les évangiles la donnent comme finale des histoires de guérison, pour se convaincre de l'impossibilité de cette interprétation. Par exemple, quand l'histoire de la guérison de la femme atteinte d'une perte de sang se termine par cette remarque : *Et la femme fut sauvée à partir de cette heure*, καὶ ἐσώθη ἡ γυνὴ ἀπὸ τῆς ὥρας ἐκείνης (Matth., 9, 22), on ne voudra sans doute pas traduire : *Et, à partir de ce moment, la femme était sauvée peu à peu*, et cela ne peut que signifier : *Elle fut sauvée (elle demeura sauvée) à partir de ce moment*. Une autre circonstance que Paulus invoque pour prouver que Jésus prescrivit ici un traitement qui devait être continué, c'est la phrase de Luc : *Il le rendit à son père;* ce qui, d'après lui, serait superflu, si cela ne signifiait que l'enfant fut remis pour être l'objet de soins consécutifs. Mais le verbe ἀποδίδωμι ne signifie pas immédiatement *remettre*, il signifie *rendre*, et par conséquent la phrase n'a pas d'autre sens que celui-ci : *Jésus rendit guéri l'enfant qu'il avait reçu pour le guérir*, ou bien que, l'ayant arraché à une puissance étrangère, celle du démon, il rendit aux parents cet enfant, qui était ainsi redevenu leur fils. Enfin, quel arbitraire n'y a-t-il pas de la part de Paulus à prendre, dans le verset 21, où l'efficacité du jeûne et de la prière est établie, la *sortie*, ἐκπορεύεται, dans la signification plus étroite d'une sortie parachevée, et à la distinguer ainsi de la sortie préliminaire qui s'était effectuée sur la simple parole de Jésus (v. 18) ! Il est donc vrai qu'ici aussi les évangiles nous rapportent, non une cure qui aurait duré des jours et des semaines, mais une cure accomplie, comme toujours, par un seul acte miraculeux ; et l'on ne peut entendre la prière et le jeûne comme une prescription destinée au malade.

Quant aux autres expulsions de démons racontées plus brièvement, il a déjà été plus haut, à l'occasion de l'imputation faite à Jésus d'un pacte avec l'enfer, suffisamment question de la guérison d'un démoniaque muet et d'un démoniaque muet et aveugle, de même que de la guérison de la femme courbée en deux dans les considérations générales sur les démoniaques. La guérison de la fille possédée de la femme cananéenne (Matth., 15, 22 seq. Marc, 7, 25 seq.) n'a qu'une particularité, c'est qu'elle fut effectuée à distance par un mot de Jésus, ce dont il sera parlé plus tard.

D'après les récits évangéliques, l'expulsion du démon a réussi à Jésus dans tous ces cas. Paulus remarque que cette espèce de cure, bien qu'auprès de la multitude elle ait le plus contribué à fonder l'autorité de Jésus, a cependant été, en soi, la plus facile ; et, de son côté, De Wette admet une explication psychologique pour la guérison des démoniaques, mais seulement pour cette guérison (1). Nous ne pouvons nous empêcher de donner notre assentiment à ces observations ; car, si nous considérons comme le fondement réel de l'état des démoniaques une espèce d'aliénation accompagnée d'une disposition convulsive du système nerveux, nous savons que, sur les maladies psychiques et

---

(1) Paulus, *Exeg. Handb.*, 1, b, S. 438. L. J., 1, a, S. 233 ; De Wette. *Bibl. Dogm.*, § 222, Anm. c.

nerveuses, l'action psychique est la plus puissante de toutes, action pour laquelle Jésus, avec son autorité prépondérante comme prophète et même plus tard comme Messie, réunissait toutes les conditions. A la vérité, on trouve une gradation considérable entre ces états, suivant que l'aliénation s'est fixée plus ou moins matériellement dans les organes du corps, et que la condition morbide du système nerveux, étant devenue plus ou moins habituelle, est plus ou moins passée dans les autres systèmes. Plus le mal était borné à une simple altération du moral, sur lequel Jésus pouvait exercer une action spirituelle immédiate par sa parole, ou à une altération légère du système nerveux, sur lequel il était en état de produire une violente impression par l'intermédiaire du moral, ainsi qu'on le comprend dans la première des histoires que nous avons examinées, plus il était possible que Jésus, *par la parole*, λόγῳ (Matth., 8, 16), et *instantanément*, παραχρῆμα (Luc, 13, 13), mît fin à de pareils états. Au contraire, plus, comme dans les deux histoires suivantes, le mal s'était déjà fixé corporellement, plus il est difficile d'admettre que Jésus ait été en état de procurer un soulagement instantané par une voie purement psychologique. C'est ce que Weisse reconnaît aussi avec raison (1) ; et, en conséquence, il suppose en Jésus une force qui agissait corporellement, à la manière de la force magnétique, puissance dont, au reste, l'efficacité se conçoit moins aisément, puisque, dans aucun des récits très développés sur l'expulsion des démons, il n'est question d'un contact qui ait précédé la guérison. Mais surtout ce que l'on comprend le moins, c'est que, sans user de ce que sa présence a d'imposant, celui qui opère des cures merveilleuses puisse agir à distance, comme on rapporte que Jésus le fit pour la fille de la femme cananéenne. Au contraire, l'accès de fièvre de la belle-mère de Pierre, que Jésus,

---

(1) L. c., S. 354 f.

d'après Matthieu, 8, 14 seq. et passages parallèles, fit cesser en prenant la malade par la main, et, suivant Luc, en menaçant la fièvre, doit être compté parmi les conditions morbides passagères sur lesquelles Jésus a pu agir d'une manière psychologique et magnétique.

Quoique donc on puisse admettre, d'après la nature des choses, que Jésus ait parfois réussi à guérir psychologiquement, par la puissance supérieure de son aspect et de sa parole, et par une force analogue à la force magnétique, des personnes atteintes de démonomanie ou d'affections nerveuses prétendues démoniaques, cependant il n'en est pas moins étonnant que, à nous en rapporter aux évangiles, il n'ait jamais échoué dans une pareille cure. Aussi a-t-on déjà conjecturé que, plus d'une fois, de pareils malades se sont crus guéris, pourvu que l'action de Jésus eût seulement interrompu la crise, et que les évangélistes les ont donnés pour tels, parce qu'ils n'ont pas eu des renseignements ultérieurs sur leur compte, et qu'ils n'ont rien su de la récidive vraisemblable de la maladie (1). En outre, si nous considérons la seconde histoire d'expulsion de démons, nous voyons que, si le fond n'en est pas inadmissible, cependant il a reçu des additions qui dépassent positivement les bornes de la possibilité, quelque loin qu'on les étende. Nous devons donc admettre que, sur ce terrain aussi, la légende n'a pas été oisive, mais que, d'une part, elle a enchéri sur les particularités historiques par des particularités non historiques, et que, d'autre part, elle a peut-être aussi confondu ce qui appartenait primitivement à des histoires distinctes, et ainsi composé les trois grands tableaux de ces sortes de guérisons qui nous ont été conservés.

Si, en terminant, nous jetons encore un regard sur l'évangile de Jean, qui ne parle pas de démoniaques et de leur

---

(1) *Natürliche Geschichte u. s. f.* 2, S. 429; Kaiser, *Bibl. Theologie*, 1, S. 196.

guérison par Jésus, nous remarquerons qu'on a vu plus d'une fois, dans ce silence, un signe de notions épurées, et qu'on en a fait un avantage pour l'apôtre Jean, auteur présumé de cet évangile (1). Mais, dans le cas où cet apôtre n'aurait pas cru à des possessions réelles, il avait, en qualité de rédacteur du quatrième évangile, l'occasion la plus précise de rectifier les synoptiques, s'il est vrai, comme on le soutient ordinairement, qu'il n'ait écrit que pour les compléter. Il aurait ainsi prévenu, en présentant ces guérisons au véritable point de vue, la propagation d'une opinion fausse suivant lui. Mais comment l'apôtre Jean aurait-il rejeté l'opinion que ces maladies avaient leur cause dans des possessions démoniaques? C'était, d'après Josèphe, l'idée juive contemporaine, de laquelle il était difficile que se délivrât un Juif palestin qui, comme Jean, n'avait voyagé qu'à un âge assez avancé en pays étranger; c'était, d'après la nature des choses et d'après le rapport des synoptiques, l'idée de Jésus lui-même, son maître adoré, idée de laquelle le disciple favori n'était, sans doute, disposé à s'écarter en rien. Or, si Jean partageait, avec ses contemporains et avec Jésus lui-même, la croyance à de véritables possessions démoniaques, et si la guérison de pareils malades formait, comme nous l'avons vu, une part principale de la faculté de miracle attribuée à Jésus, comment se fait-il que néanmoins il n'en ait pas parlé dans son évangile? On dit qu'il les a omises parce que les autres évangélistes avaient recueilli un nombre suffisant de semblables histoires (2); mais il serait temps de cesser de tenir ce langage, puisque Jean reproduit plus d'un récit de miracles, déjà raconté par les autres; et, si l'on répond que Jean a répété ces derniers récits parce qu'ils avaient besoin de rectification, nous avons vu, en

---

(1) C'est ce que disent plus ou moins Eichhorn, dans: *Allg. Bibliotheck*, 4, S. 435; Herder, *von Gottes Sohn u. s. f.* S. 20; Wegscheider, *Einl. in das Evang. Joh.*, S. 313; De Wette, *Bibl. Dogm.*, § 269.

(2) Olshausen, *b. Comm.*, 1, S. 292.

examinant les relations des synoptiques sur les guérisons des démoniaques, qu'elles divergent sensiblement entre elles, et que, par conséquent, rien n'aurait été plus opportun qu'une rectification qui les ramenât au simple point de fait. Il ne resterait donc plus qu'à supposer que Jean, pour s'accommoder aux lumières des Grecs de l'Asie Mineure, parmi lesquels on rapporte qu'il écrivit, omit, dans son évangile, des histoires de démoniaques qui étaient incroyables ou choquantes pour eux. Mais un apôtre, demanderons-nous, pouvait-il, devait-il même, par simple accommodement pour les oreilles délicates de ses auditeurs, retenir par-devers lui une particularité si essentielle de l'action de Jésus? Difficilement, si cette particularité lui était connue (1); par conséquent un dilemme embarrassant paraît se poser, c'est que : ou bien les synoptiques ont parlé, sans autorité historique, des expulsions de démons, ou bien le quatrième évangéliste, n'ayant aucune connaissance de ces histoires, n'est pas l'apôtre Jean. Or, nous ne pouvons, d'après ce qui a été dit jusqu'à présent, nous décider à admettre la première alternative, car les récits des synoptiques sur les guérisons de démoniaques par Jésus nous ont paru, au moins quant au fond, porter tous les caractères de la vérité. Ce point formerait donc un argument contre l'authenticité du quatrième évangile. Neander, en partant de l'idée que l'auteur du quatrième évangile se faisait du diable, cherche à rendre vraisemblable que celui qui disait que le Christ était venu pour détruire les œuvres du diable (1. Joh., 3, 8), ait fait entrer en ligne de compte ces maladies; oui certainement, mais à condition qu'il ait su que Jésus avait guéri de pareilles affections. Aussi Neander essaie-t-il de prouver qu'il a pu le savoir en effet, et cependant n'en rien dire ; mais son argumentation revient, au fond, à ce qui a été dit plus

---

(1) Voyez Weisse, l. c., S. 352.

haut, à savoir que, pour concevoir les motifs qui ont dirigé l'évangéliste dans le choix de ce qu'il voulait raconter, il faut supposer existant ce qui était déjà connu par la tradition synoptique; à quoi Neander, par une remarque qui lui est propre, ajoute que, ces guérisons ayant été opérées hors de Jérusalem, cela peut expliquer pourquoi elles manquent chez Jean, qui s'occupe principalement de ce qui se passa dans la capitale. Pourtant il admet lui-même qu'il restera toujours une certaine obscurité sur les motifs de cette omission, que seulement il n'en faut rien conclure de défavorable au quatrième évangile (1). La nature de la chose veut que, sur des divergences et des lacunes semblables, chacun prononce un jugement différent; quant à moi, son silence sur les expulsions de démons me paraît appartenir aux particularités du quatrième évangile qui suscitent les plus grandes difficultés.

§ XCII.

Guérisons de paralytiques. Jésus a-t-il considéré certaines maladies comme une punition ?

Les synoptiques rapportent que, en présence des messagers de Jean-Baptiste, Jésus s'appuya sur ce que, par sa puissance miraculeuse, *des boiteux marchaient*, χωλοὶ περιπατοῦσιν (Matth., 11, 5); et, une autre fois, le peuple s'émerveille de voir, à côté d'autres malades guéris, *des boiteux marcher*, χωλοὺς περιπατοῦντας, et *des perclus rendus à la santé*, κυλλοὺς ὑγιεῖς (Matth., 15, 31). A la place des boiteux, il est question ailleurs de *paralytiques*, παραλυτικοὶ (Matth., 4, 24); et le fait est que, dans les histoires détaillées que nous avons sur cette espèce de malades, par exemple dans Matthieu, 9, 1 seq., et passages parallèles, 8, 5 seq., et passages parallèles, il s'agit, non de *boiteux*,

---

(1) Neander, L. J. Chr., S. 307 ff.

mais de *paralytiques*. Le malade dont il est question dans Jean (5, 5), appartenait sans doute aux *boiteux* dont il avait été parlé verset 3. On trouve, dans le même endroit, des malades *dont les membres sont desséchés*, ξηροί, et Matthieu (12, 9 seq. et passages parallèles) raconte également la guérison d'un homme qui avait une *main sèche*, χεὶρ ξηρά. Mais, comme ces trois dernières guérisons d'individus atteints d'affections aux membres se représenteront à nous sous d'autres chefs, il ne reste plus ici qu'à étudier la guérison du paralytique (Matth., 9, 1 seq. et passages parallèles).

Les définitions que les anciens médecins donnent de la *paralysie*, παράλυσις, se rapportent toutes à une perte du mouvement, mais sans expliquer positivement si elle est totale ou partielle (1); de plus on ne peut pas attendre que les évangélistes se soient tenus rigoureusement au langage médical; il faut donc, à l'aide des descriptions qu'ils donnent de ces malades, se représenter ce qu'ils entendent par le mot de paralytiques. Or, dans notre passage, nous voyons que *le paralytique* a été obligé de se faire apporter sur un *lit*, κλίνη, et que le mettre en état de se lever et de porter son lit fut regardé comme une merveille sans exemple; en conséquence, nous pouvons conclure qu'il y avait au moins impuissance des pieds. Ici il n'est question ni de douleurs ni d'un caractère aigu de la maladie; mais, dans une autre histoire (Matth., 8, 6), cette acuité du mal est évidemment supposée, puisque le centurion dit de son serviteur : *j'ai un de mes serviteurs malade d'une paralysie dont il est fort tourmenté*, ὁ παῖς μου βέβληται ἐν τῇ οἰκίᾳ παραλυτικὸς, δεινῶς βασανιζόμενος. Ainsi, par le mot *paralysie*, nous devrions entendre, dans les évangiles, une affection des membres qui les frappe d'impuissance, mais qui est

---

(1) On peut les voir dans Wetstein, N. T., 1, S. 284, et dans Wahl, *Clavis*, à cet article.

tantôt indolente, et tantôt goutteuse et douloureuse (1).

La description de la manière dont le paralytique fut amené à Jésus (Matth., 9, 1 seq. et passages parallèles) présente une gradation sensible entre les trois récits : Matthieu dit simplement que, Jésus étant revenu à Capharnaüm après une excursion sur la rive opposée du lac, on lui amena un paralytique étendu sur un lit ; Luc décrit exactement comment Jésus, entouré d'une grande foule, et nommément de pharisiens et de docteurs de la loi, enseignait et guérissait dans une maison, et comment les porteurs du paralytique, ne pouvant arriver jusqu'à lui à cause de la multitude qui obstruait la porte, firent descendre le malade à travers le toit. Si l'on se représente la structure des maisons orientales, dont les toits sont plats et communiquent avec l'étage supérieur par une ouverture (2), et si l'on prend en considération l'usage des rabbins, chez qui le *chemin par le toit* (דרך גגין) est opposé au *chemin par la porte* (דרך פתחים), comme n'étant pas un chemin moins ordinaire pour arriver à *l'étage supérieur*, ὑπερῷον (3), on ne peut guère, par l'expression *faire descendre par les tuiles*, καθιέναι διὰ τῶν κεράμων, entendre autre chose, si ce n'est que les porteurs, étant arrivés sur le toit plat de la maison où se trouvait Jésus, soit par un

---

(1) Comparez Winer, *Bibl. Realw.*, 2, S. 225 ff.; et Fritzsche, *in Matth.*, p. 194.

(2) Winer, l. c., à l'article Dach (toit). Neander pense (S. 316, Anm.) que les expressions de Josèphe (*Antiq.* 14, 15, 12) permettent de conclure, non que de pareilles ouvertures existaient, mais qu'en enlevant la couverture du toit, on pouvait arriver dans l'espace qui se trouvait au-dessous, et apercevoir ce qui s'y passait ; car Hérode Ier ayant pris un village où plusieurs soldats ennemis se trouvaient, et une partie de ces soldats s'étant réfugiés sur les toits des maisons où ils furent faits prisonniers, l'historien ajoute aussitôt : *Enfonçant les toits des maisons, il vit qu'au-dessous tout était plein de soldats*, τοὺς ὀρόφους τῶν οἴκων ἀνασκάπτων, ἔμπλεα τὰ κάτω τῶν στρατιωτῶν ἑώρα κ. τ. λ. Mais, quand même il y aurait eu une porte dans le toit, il était difficile que l'on pût, par cette ouverture, découvrir tout l'étage immédiatement inférieur ; en outre les fugitifs l'avaient sans aucun doute barricadée ; et, dans tous les cas, il était nécessaire d'enfoncer le toit pour exécuter ce que Josèphe rapporte ultérieurement ; *accablant d'en haut ces soldats à coups de pierres, ils les tuèrent les uns sur les autres*, τούτους (τοὺς στρατιώτας) μὲν οὖν πέτραις ἄνωθεν βάλλοντες σωρηδὸν ἐπ' ἀλλήλοις ἀνῄρουν.

(3) Lightfoot, p. 601.

escalier qui y conduisait directement de la rue, soit par le toit de la maison voisine, firent descendre, jusqu'à Jésus, à travers l'ouverture existant déjà dans la plate-forme, et, ce semble, à l'aide de cordes, le malade avec son lit. Marc, qui concorde avec Matthieu en plaçant la scène à Capharnaüm, et avec Luc en décrivant la grande multitude, et la nécessité où elle mit les porteurs de monter sur le toit, fixe, en outre, leur nombre à quatre, et enchérit encore sur Luc en disant, sans s'inquiéter de la porte qui existait déjà, qu'ils découvrirent le toit, et descendirent le malade à travers une ouverture qu'ils firent eux-mêmes.

Dans quelle direction cette gradation a-t-elle pu se former? est-ce une progression croissante ou décroissante? La narration de Marc, qui occupe le plus haut degré de cette échelle, présente tant de difficultés, que difficilement on la considérera comme la plus voisine de la vérité; car non seulement des adversaires ont demandé comment on avait pu percer le toit sans blesser ceux qui étaient au-dessous (1), mais encore Olshausen accorde que la destruction de la plate-forme couverte de tuiles a quelque chose d'extravagant (2). Pour échapper à cette difficulté, plusieurs interprètes admettent que Jésus enseignait en plein air, soit dans la cour intérieure (3), soit devant la maison (4), et que les porteurs ont seulement brisé une portion du parapet du toit pour descendre le malade plus commodément. Mais, si la désignation de Luc : *à travers les tuiles*, rend cette explication impossible, les expressions de Marc ne la permettent pas davantage, car, chez lui, ni στέγη ne peut signifier le parapet du toit, ni ἀποστεγάζω la rupture de ce parapet, et ἐξορύττω ne peut s'entendre que du travail destiné à per-

---

(1) Woolston, *Disc.*, 4. Dans l'exemple emprunté à Josèphe, un pareil danger inquiétait peu les assiégeants.
(2) 1, S. 304.

(3) Kœster, *Immanuel*, S. 166, Anm. 66.
(4) C'est ce que Paulus paraît penser, L. J. 1, a, S. 238. Il s'exprime autrement dans *Exeg. Handb.*, 1, b, S. 505.

cer un trou. Si donc la percée de la plate-forme subsiste, elle devient invraisemblable, puisqu'elle était complétement inutile, dès lors que dans chaque toit il y avait une porte. On a essayé de parer l'objection en disant que les porteurs se servirent, il est vrai, de la porte qui était dans le toit, mais qu'elle se trouva trop étroite pour le lit du malade, et qu'ils l'agrandirent en brisant les tuiles dans le voisinage (1). Mais cela n'ôte rien aux dangers de cette opération, et les expressions de Marc signifient une ouverture faite exprès par les porteurs, et non une ouverture simplement agrandie.

Quelque périlleuse, quelque superflue que fût, en réalité, une telle entreprise, on s'expliquera facilement comment Marc, occupé à développer le récit de Luc, imagina cette particularité. Luc avait dit que l'on avait fait descendre le malade, de sorte qu'il arriva *devant Jésus*, ἔμπροσθεν τοῦ Ἰησοῦ. Comment les porteurs, se demanda Marc, purent-ils, si Jésus ne se trouvait pas accidentellement sous la porte du toit, rencontrer justement cette place, autrement qu'en enfonçant le toit dans l'endroit où ils savaient qu'était Jésus (ἀπεστέγασαν τὴν στέγην ὅπου ἦν) (2)? Cette particularité fut d'autant mieux accueillie par Marc, qu'elle mettait, dans un jour plus vif, ce zèle qu'aucun labeur n'effrayait, zèle inspiré aux porteurs par leur confiance en Jésus. Or c'est aussi ce dernier intérêt qui paraît déjà avoir dicté à Luc ce qui distingue son récit de celui de Matthieu. En effet,

---

(1) C'est ce que disent Lightfoot, Kuinœl, Olshausen, sur ce passage.

(2) Voyez Fritzsche, *in Matth.*, p. 52. Cela réfute en même temps l'objection de Neander, qui dit : « S'il avait été possible d'arriver du toit dans l'appartement intérieur sans faire préalablement une ouverture dans le toit, Marc, qui connaissait sans doute la construction des maisons de l'Orient, ne se serait pas exprimé comme s'il n'y avait pas d'autre possibilité (l. c.) ». Il ne s'exprime pas non plus, d'après ce qu'on vient de voir, comme si l'on n'avait pas pu arriver dans l'appartement intérieur sans découvrir le toit; mais il s'exprime comme si l'on n'avait pas pu y arriver, sans cette opération, à l'endroit où se trouvait Jésus; et, dans le fait, on ne pouvait y arriver, même avec une porte dans le toit, qu'autant que Jésus aurait été, par cas fortuit, placé justement sous cette porte.

quoique Matthieu qui raconte que les porteurs amenèrent à Jésus le paralytique par le chemin ordinaire, ait pensé sans doute que le transport pénible de ce malade sur son lit était une preuve suffisante de leur foi, cependant les caractères auxquels Jésus est supposé avoir reconnu leur foi, πίστις, sont mis dans un moindre relief; or, si dans les commencements, cette histoire était rapportée comme nous la lisons dans le premier évangile, on put être facilement tenté d'inventer, pour les porteurs, un signe de leur foi qui fût plus saillant; et, comme la scène était placée au milieu d'un grand concours de peuple, le signe le plus convenable put sembler ce chemin inaccoutumé qu'ils prirent pour porter leur malade jusqu'à Jésus (1).

Le procédé de la guérison, d'après le rapport concordant des trois synoptiques, est simplement ceci : Jésus, avec des paroles amicales et tranquillisantes, annonce d'abord au paralytique le pardon de ses péchés (ce dont je vais parler tout à l'heure); puis, confondant les murmures des docteurs de la loi, il justifie le plein pouvoir qu'il s'attribue de pardonner des péchés, en ordonnant au paralytique de prendre son lit et de s'en retourner, ordre qui est suivi d'un résultat immédiat. On a essayé de représenter ce succès comme naturel, et l'on a dit que l'affection de ce malade n'était qu'une faiblesse nerveuse, à laquelle avait la plus grande part l'imagination du malade, qui pensait que son mal devait durer, étant une punition de ses péchés; on admit en outre qu'un traitement subséquent fut continué pendant quelque temps (2); mais l'un comme l'autre est contraire au récit. On a donc cherché, autour de soi, des analogies empruntées au domaine des faits, qui, bien que rares et mystérieux, appartiennent cependant à l'ordre naturel. Paulus invoque un récit de Tite-Live qui ressemble beau-

(1) Comp. De Wette, *Exeg. Handb.*, 1,1,). 1 2 , S. 40.

(2) Paulus, *Exeg. Handb.*, 1, b, S. 498, 501.

coup à un conte (1); cela est inutile, car on ne paraît avoir aucune objection à faire contre l'observation de la guérison, par la simple force de la croyance, d'une paralysie partielle et d'une contracture qui avaient duré plusieurs années, observation qui est consignée dans la seconde édition du Gnomon de Bengel (2). Des exemples semblables se représentent aussi sans cesse sur le terrain du magnétisme animal. Si donc on admet ces deux conditions à la fois : que, dans Jésus, il y avait une force curative semblable à celle du magnétisme, et, dans le malade, une foi forte et susceptible d'être portée par l'allocution de Jésus jusqu'à l'émotion morale la plus vive, rien n'empêche plus de faire entrer cette histoire de guérison dans le cercle de celles pour lesquelles nous ne manquons pas de points d'analogie dans les observations ordinaires, et que, par conséquent, nous ne sommes pas en droit d'exclure, sans plus ample informé, hors du rang des choses historiquement arrivées. A la vérité, d'un autre côté, comme ce que les Juifs attendaient du Messie a été transporté sur Jésus, il y a une extrême facilité à faire dériver de cette attente le récit en question. Dans le passage déjà cité d'Isaïe (35, 6), il avait été promis pour le temps messianique que *le boiteux sauterait comme un cerf*, τότε ἁλεῖται ὡς ἔλαφος ὁ χωλός, et, dans le même contexte (v. 3), le prophète avait crié aux *genoux paralysés*, γόνατα παραλελυμένα : *Soyez pleins de force*, ἰσχύσατε, ce qui, de même que les autres particularités qui y tiennent, a dû être plus tard entendu au propre, et espéré du Messie comme œuvre miraculeuse, puisque Jésus, ainsi que nous l'avons vu déjà, pour prouver qu'il était celui *qui devait venir*, ἐρχόμενος, s'appuya aussi de ce que les *boiteux marchaient*, χωλοὶ περιπατοῦσιν.

Il faut maintenant examiner de plus près, dans ce récit, un trait qui a déjà été touché. Jésus dit d'abord au malade :

---

(1) Liv. 2, 36.   (2) Gnomon, 1, S. 245.

que tes péchés te soient remis, ἀφέωνταί σοι αἱ ἁμαρτίαι σου; et puis, en preuve qu'il a le pouvoir de pardonner ainsi les péchés, il le guérit. On ne peut méconnaître, en cela, un rapport avec l'opinion des Juifs, qui pensaient que le malheur et, en particulier, la maladie des individus étaient une preuve de leurs péchés, opinion qui, déposée avec ses traits principaux dans l'Ancien Testament (3. Mos. 26, 14 seq.; 5. Mos., 28, 15 seq.; 2. Paralip., 21, 15. 18 seq.), fut énoncée de la manière la plus précise par les Juifs postérieurs (1). Si donc nous n'avions que ce récit des synoptiques, nous serions obligés de croire que Jésus avait partagé, sur ce point, l'opinion de ses contemporains et compatriotes, puisqu'il démontre sa qualification à pardonner des péchés, cause de la maladie, en donnant une preuve de son pouvoir de guérir des maladies, suite du péché. Mais, dit-on, il se trouve d'autres passages où Jésus contredit directement cette idée juive, et il en résulte que, lorsqu'il tint au paralytique ce langage, ce ne fut que pour s'accommoder aux opinions du malade, afin de procurer sa guérison (2).

Le passage principal que l'on a coutume d'alléguer à cet effet, est l'introduction de l'histoire de l'aveugle de naissance (Joh., 9, 1—3), histoire qu'il faudra examiner plus tard. Là, en effet, les apôtres, voyant debout sur le chemin cet homme qu'ils connaissent comme étant aveugle de naissance, posent à Jésus la question de savoir s'il est aveugle par l'effet de ses propres péchés ou des péchés de ses parents. Ce cas était particulièrement difficile pour l'opinion juive sur l'infliction des peines. Quand il s'agit de maux qui ne frappent un homme que dans le cours de sa carrière, l'observateur qui est enclin à considérer les choses à un cer-

---

(1) Nedarim f. 41, 1 (dans Schœttgen, 4, p. 93): Dixit R. Chija fil. Abba: Nullus œgrotus a morbo suo sanatur, donec ipsi omnia peccata remissa sint.
(2) Hase, L. J., § 78; Fritzsche, *in Matth.*, p. 335.

tain point de vue, trouvera facilement, ou du moins supposera, des fautes quelconques qui auront été la cause des maux. Il en est autrement des maux de naissance. A la vérité, l'opinion du vieil hébraïsme (2. Mos., 20, 5; 5. Mos., 5, 9; 2. Sam., 3, 29) fournissait une explication, à savoir que les péchés des ancêtres sont punis sur les descendants. Mais, comme pour le droit humain, la loi mosaïque elle-même ordonnait que chacun ne fût responsable que de ses propres infractions (5. Mos., 24, 16; 2. Reg., 14, 6), et comme, relativement aussi à la justice distributive de Dieu, les prophètes pressentaient une règle semblable (Jerem., 31, 30; Ezech., 18, 19 seq.), la sagacité rabbinique imagina pour les maux de naissance un subterfuge, et dit que, sans doute, ces hommes avaient péché dès le ventre de leur mère (1). C'est, sans contredit, l'opinion que les disciples supposaient quand ils firent leur question (v. 2). Jésus leur répond que ce n'est ni pour ses péchés, ni pour les péchés de ses parents, que cet homme est venu aveugle au monde, mais que c'est pour que la guérison que lui, Jésus, en sa qualité de Messie, allait accomplir, manifestât la puissance miraculeuse de Dieu. Cette réponse est généralement entendue comme si Jésus avait rejeté toute cette opinion, que la maladie et les autres maux sont essentiellement des peines pour les péchés; mais Jésus ne parle ici expressément que du cas qu'il avait devant les yeux, disant que ce mal particulier avait sa raison, non dans une transgression de cet individu, mais dans des vues providentielles supérieures. On ne serait autorisé à trouver, dans ces expressions, un sens plus général, et le rejet de toute l'opinion juive, qu'autant que l'on en rapprocherait d'autres déclarations

---

(1) *Sanhedr.* f. 91, 2, et *Bereschith Rabba* f. 38, 4 (dans Lightfoot, p. 1050) : Antoninus interrogavit Rabbi (Judam) : A quonam tempore incipit malus affectus prævalere in homine ? an a tempore formationis ejus (in utero), an a tempore processionis ejus (ex utero) ? Dixit ei Rabbi : A tempore formationis ejus.

d'un sens plus précis. Or, il se trouve, on vient de le voir, dans les évangiles synoptiques, un récit qui, entendu simplement, renferme une adhésion de Jésus à l'idée dominante ; par conséquent, on peut se demander s'il est plus facile de considérer cette déclaration de Jésus chez les synoptiques, comme un accommodement à la croyance populaire, ou sa déclaration chez Jean, comme ne se rapportant qu'au cas qui était placé devant lui. Cette question sera décidée en faveur de la dernière alternative, par quiconque connaît les difficultés de l'hypothèse de l'accommodement dans son application aux déclarations de Jésus chez les évangélistes, et voit clairement que, dans le passage en question du quatrième évangile, rien n'indique une signification plus générale de la réponse de Jésus.

Sans doute, d'après de justes principes d'exégèse, un évangéliste ne doit pas être expliqué immédiatement par un autre évangéliste ; et, dans notre cas, il resterait fort possible que, tandis que les synoptiques attribuent à Jésus cette opinion qui fut celle de son temps, l'auteur plus éclairé du quatrième évangile la lui fît rejeter. Cela n'est pas cependant, car il n'a rattaché qu'à ce cas particulier la réprobation exprimée par Jésus sur l'idée contemporaine, et l'on en acquiert la preuve dans d'autres paroles qu'il met en la bouche de Jésus. En effet, Jésus, parlant à celui qui est malade depuis trente-huit ans (Joh., 5), et lui disant, après son rétablissement, sous forme d'avis : *Ne pèche plus, afin qu'il ne t'arrive rien de plus*, μηκέτι ἁμάρτανε, ἵνα μὴ χεῖρόν τί σοι γένηται (v. 14), c'est la même chose que lorsqu'il crie à un malade qui attend sa guérison : *Que tes péchés te soient remis*, ἀφέωνταί σοι αἱ ἁμαρτίαι σου. Dans les deux cas, la maladie est considérée comme la punition du péché, et, en cette qualité, guérie chez l'un, présentée comme une menace chez l'autre. Cependant, ici aussi, les interprètes qui n'aiment pas à trouver en Jésus une opinion qu'ils rejettent, savent échapper au sens naturel. D'après eux, Jésus reconnut que le mal particulier de cet homme était une suite naturelle de certains excès, et il l'avertit de ne pas y retomber, parce que cela pourrait amener une récidive dangereuse (1). Mais, pour la manière de penser du siècle de Jésus, il était bien plus difficile de rattacher certains excès à certaines maladies, suites de ces excès, que de rattacher au péché en général la maladie, comme la punition du péché. Il faudrait donc, si nous voulions attribuer aux paroles de Jésus la première signification, qu'elle fût très précisément énoncée dans le passage; or, nulle part, dans tout le récit, il n'est question de quelque excès commis par cet homme. Quand Jésus lui dit : *Ne pèche plus*, μηκέτι ἁμάρτανε, cela désigne seulement le péché en général; et supposer entre Jésus et le malade une conversation où le premier aurait instruit le second sur la connexion de son mal avec un péché particulier (2), c'est faire une fiction qui n'est point du tout dans l'esprit de la conduite ordinaire de Jésus. Quel mode d'explication, quand, pour échapper à un résultat dogmatiquement désagréable, on donne à un passage (Joh., 9) une généralité qu'il ne comporte pas; quand on élude l'autre (Matth., 9) par l'hypothèse de l'accommodement; quand on impose violemment au troisième (Joh., 5) une idée moderne; tandis que, si l'on ne fait pas dire au passage plus qu'il ne dit réellement, on n'a aucun besoin de toucher le moins du monde aux deux autres dans leur signification immédiate !

Mais on rapporte encore un autre passage, et celui-là est pris aux synoptiques, pour prouver que Jésus était élevé, sur ce point, au-dessus de l'opinion populaire. On lui fit un jour un récit sur des Galiléens que Pilate avait fait mas-

---

(1) Paulus, *Comm.*, 4, S. 264; Lücke, 2, p. 22; Neander incline aussi de ce côté, S. 349.

(2) C'est ce que fait Tholuck, sur ce passage.

sacrer pendant le sacrifice, et sur d'autres qui avaient péri par la chute d'une tour (Luc, 13, 1 seq.). Ceux qui lui racontèrent cet événement donnèrent, il faut le croire, à entendre qu'ils regardaient ces accidents comme des punitions divines de la perversité particulière de ces gens. Jésus répondit qu'il ne fallait pas croire que ces gens eussent été pires que d'autres ; que les narrateurs eux-mêmes ne valaient pas mieux, et que, s'ils ne se convertissaient pas, une pareille ruine les attendait. Certes, il n'est pas facile de voir comment, dans cette expression de Jésus, on peut trouver une réprobation de l'opinion populaire. Si Jésus voulait la condamner, il devait dire, de deux choses l'une, ou bien : Vous êtes d'aussi grands pécheurs, bien que, corporellement, vous ne périssiez pas de la même manière ; ou bien : Croyez-vous que ces gens aient péri à cause de leurs péchés ? Non, on peut s'en convaincre en vous voyant, vous qui, malgré votre perversité, n'êtes cependant pas frappés de mort. Au contraire, la déclaration de Jésus, telle qu'elle est rapportée dans Luc, ne peut signifier que ceci : Le malheur qui vient de frapper ces gens ne prouve pas leur perversité particulière, pas plus que l'exemption, dont vous avez joui jusqu'à présent, de pareils accidents, ne prouve que vous valiez mieux qu'eux ; loin de là, des punitions semblables vous frapperont tôt ou tard, et manifesteront votre égale méchanceté : ce qui confirmerait au lieu de renverser la loi de la connexion entre le péché et le malheur de chaque individu. Cette opinion sur la maladie et sur le mal, opinion vulgaire parmi les Hébreux, est en contradiction avec la doctrine ésotérique, à moitié essénienne et ébionite, que nous avons trouvée dans l'exorde du discours de la montagne, dans la parabole de l'homme riche et ailleurs, et d'après laquelle les souffrants, les pauvres, les malades sont bien plutôt les justes en ce siècle. Mais, pour une exégèse sans préjugés, les deux opinions se manifestent positivement dans les expressions de Jésus, et la contradiction que nous trouvons entre l'une et l'autre ne nous autorise pas à donner une signification forcée à l'une des catégories de ces déclarations. Il faudrait plutôt contester l'authenticité de l'une ou de l'autre de ces catégories ; mais nous ne pouvons pas savoir si Jésus n'avait pas concilié d'une façon quelconque, en son esprit, la contradiction des deux différentes opinions sur les choses du monde qu'il trouva chez les Juifs d'alors, et qui étaient le produit de leur culture intellectuelle.

§ XCIII.

Guérisons de lépreux.

Parmi les malades que Jésus guérit, les lépreux jouent un rôle principal, comme cela devait être dans le climat de la Palestine, qui engendre facilement des maladies de peau. Quand Jésus, suivant le récit des synoptiques, renvoie les messagers de Jean-Baptiste aux faits qui prouvent sa messianité (Matth., 11, 5), il cite au nombre de ces faits la *purification des lépreux*, λεπροὶ καθαρίζονται. Quand, lors de la première mission de ses apôtres, il leur donne plein pouvoir de faire toutes sortes de miracles, il met au premier rang la guérison des lépreux (Matth., 10, 8); et les détails de deux cas de pareilles cures nous sont rapportés.

L'un de ces cas est commun à tous les synoptiques, bien qu'ils le placent dans des connexions différentes. Jésus, suivant Matthieu, en descendant de la montagne où il tint le discours connu sous ce nom (8, 1 seq.), suivant les autres dans une position qui n'est pas déterminée, au commencement de son ministère en Galilée (Marc, 1, 40 seq.; Luc, 5, 12 seq.), rencontre un lépreux qui lui demande à genoux de le guérir, et qui obtient sa guérison par un simple contact. Jésus l'invite aussitôt à se présenter aux prêtres, conformément à la loi (3. Mos., 14, 2 seq.), afin d'être déclaré pur. Matthieu et Marc désignent simplement l'état de cet homme par le mot *lépreux*, λεπρὸς, Luc se sert d'une expression plus forte, et dit *plein de lèpre*, πλήρης λέπρας. D'après Paulus, il est vrai, cette abondance de l'éruption est un symptôme de sa curabilité, attendu que la sortie et la desquamation sur toute la peau indiquent la crise par laquelle l'économie se nettoie. En conséquence, ce commentateur se représente, de la façon suivante, la marche des choses : le lépreux sollicite de Jésus, en sa qualité de Messie, un avis sur son état, et le prie, suivant le résultat de l'examen, de lui accorder une déclaration de pureté (εἰ θέλεις, δύνασαί με καθαρίσαι), déclaration qui, ou bien lui épargnera la peine d'aller trouver le prêtre, ou bien servira à lui inspirer un espoir consolateur en y allant. Jésus, se déclarant prêt à l'examiner (θέλω), étend la main pour le palper, sans cependant que le malade, qui avait peut-être encore des propriétés contagieuses, s'approchât trop près de lui; et, après un examen exact, il se déclare convaincu que la maladie n'est plus contagieuse (καθαρίσθητι). Bientôt après, et sans peine (εὐθέως), la lèpre disparut en effet complétement (1).

Avant toute chose, remarquons qu'il y a ici une assertion étrangère au texte : c'est que le lépreux ait été justement à l'époque de la crise de sa maladie; car, dans les deux premiers évangiles, il est question simplement de lèpre, tandis que l'expression du troisième, *plein de lèpre*, πλήρης λέπρας, ne peut signifier autre chose que l'expression de l'Ancien Testament *perfusus lepra*, מצרע כשלג (2. Mos, 4, 6; 4. Mos., 12, 10; 2. Reg., 5, 27), ce qui, d'après le contexte, signifie, dans chacun de ces cas, le plus haut degré de l'éruption. Que le mot *purifier*, καθαρίζειν, ait été employé dans l'usage de la langue hébraïque et de l'hellé-

(1) *Exeg. Handb.*, 1, b, S. 698 ff.

nistique, pour signifier simplement *déclarer pur*, c'est ce qu'on ne peut contester; mais il faudrait que ce verbe conservât cette signification dans tout le paragraphe. Or, après qu'il est dit que Jésus a prononcé le mot *sois purifié*, καθαρίσθητι, Matthieu ajoute : *et il fut aussitôt purifié*, etc., καὶ εὐθέως ἐκαθαρίσθη κ. τ. λ. ; entendre cette addition de Matthieu dans le sens que le malade fut réellement déclaré pur par Jésus, ce serait lui imputer une absurde tautologie, qui est si peu concevable, qu'il faut prendre καθαρίζεσθαι dans le sens d'une purification réelle ou guérison. Mais, si ce verbe a ici cette signification, il l'a aussi dans tout le reste du paragraphe. Il suffit de rappeler l'expression *les lépreux sont purifiés*, λεπροὶ καθαρίζονται (Matth., 11, 5), et *purifiez les lépreux*, λεπροὺς καθαρίζετε (Matth., 10, 8), où ce mot ne peut du moins désigner ni une simple déclaration de pureté, ni rien autre chose que ce qu'il désigne dans le récit actuel. Mais le point contre lequel l'explication naturelle de l'anecdote échoue de la manière la plus positive, c'est la séparation de *je veux*, θέλω, d'avec *sois purifié*, καθαρίσθητι. Qui pourra se persuader que ces deux mots, réunis immédiatement dans les trois récits, aient été séparés par une pause notable, que le mot *je veux*, ait été prononcé pendant ou, à proprement parler, avant le palper; mais que le mot *sois purifié* ne l'ait été qu'après cette opération, quand les trois évangélistes font prononcer à Jésus les deux mots sans séparation pendant l'acte du palper? Certes, si le sens allégué avait été le sens primitif, un des évangélistes du moins, au lieu de mettre : *Jésus le toucha disant : je le veux, sois purifié*, ἥψατο αὐτοῦ ὁ Ἰησοῦς λέγων· θέλω, καθαρίσθητι, aurait mis : *Jésus répondit : Je le veux, et, l'ayant touché, dit : Sois purifié*, ὁ Ἰησοῦς ἀπεκρίνατο· θέλω, καὶ ἁψάμενος αὐτοῦ εἶπε· καθαρίσθητι. Mais le mot *sois purifié*, καθαρίσθητι, est prononcé d'un seul trait avec *je le veux*, θέλω, de sorte que Jésus, par le simple effet de sa volonté, et sans examen intercurrent, produit la *purification*, καθαρίζεσθαι. Ainsi il est impossible que ce mot signifie une déclaration de pureté, laquelle exigeait un examen préalable, et il doit signifier une vraie purification ou guérison. D'après le contexte aussi, le mot *toucher*, ἅπτεσθαι, doit s'entendre, non d'un contact explorateur, mais, comme ailleurs dans de pareils récits, d'un contact curatif.

Pour son explication naturelle, Paulus invoque la règle que, dans tout récit, le cours ordinaire des choses doit être supposé partout où le contraire n'est pas énoncé expressément (1), règle qui est affectée de l'équivoque inhérente à toute explication rationaliste, puisqu'elle ne distingue pas ce qui est ordinaire et régulier pour nous, et ce qui l'était pour les écrivains que l'on veut expliquer. Certes, quand j'ai sous les yeux un historien tel que Gibbon, je dois, dans ses récits, ne supposer, à moins qu'il ne marque expressément le contraire, que des causes et des procédés naturels, parce que, dans l'école où a été élevé cet écrivain, le surnaturel ne se conçoit au plus que comme l'exception la plus rare. Il en est déjà autrement d'un Hérodote, pour qui l'intervention de puissances supérieures n'était ni extraordinaire, ni irrégulière; et, quand il s'agit d'une série d'anecdotes nées sur le sol juif, anecdotes dont le but est de représenter un personnage comme un prophète suprême, comme un homme intimement uni à Dieu, le surnaturel se suppose tellement de soi-même, que la règle des rationalistes doit être retournée : là où un intérêt est attaché à des événements qui, considérés comme naturels, n'auraient aucune importance, les causes surnaturelles devraient être expressément exclues pour qu'on ne supposât pas que l'opinion du narrateur est qu'elles ont été mises en jeu. Au reste, dans l'histoire qui nous occupe en ce moment, le caractère extraordinaire de toute la chose

---

(1) L. c., S. 705, et ailleurs.

est suffisamment indiqué, quand on lit que, sur la parole de Jésus, la lèpre quitta aussitôt le malade. A la vérité, Paulus, comme il a déjà été dit, a l'adresse de transformer cette déclaration en une guérison successive et naturelle, attendu que le mot εὐθέως, par lequel les évangélistes en déterminent la durée, signifie, d'après la différence des contextes, tantôt *immédiatement*, tantôt seulement *bientôt et sans obstacle*. Cela accordé, les expressions qui, chez Marc, suivent immédiatement *il le chassa aussitôt*, εὐθέως ἐξέβαλεν αὐτὸν, (v. 43), signifieront-elles que Jésus chassa *bientôt et sans obstacle* le malade guéri, ou faudra-t-il donner au mot εὐθέως un sens différent dans deux versets qui se suivent?

Ainsi, dans l'intention des narrateurs évangéliques, il s'agit de la disparition instantanée de la lèpre, à la parole et au contact de Jésus. Mais, pour concevoir une chose pareille, la difficulté est bien autre que pour concevoir la guérison instantanée d'un homme en proie à une idée fixe, ou l'effet durable et fortifiant d'une impression sur un malade atteint d'une affection nerveuse. La lèpre, en raison de la profonde altération des sucs, est la plus opiniâtre et la plus maligne des éruptions. Or, rendre instantanément, par une parole et un attouchement, à la peau que le mal ronge, son intégrité et sa netteté, cela est absolument inconcevable, attendu que c'est représenter comme un effet immédiat ce qui a besoin, pour s'effectuer, d'une longue série d'opérations intermédiaires (1). Aussi, quiconque est placé en dehors de certains préjugés (et c'est toujours la position du critique), songe involontairement, en lisant ce récit, au domaine de la fable. Et, en effet, dans le domaine fabuleux de la légende orientale, et plus précisément de la légende juive, nous trouvons des apparitions et des disparitions instantanées de la lèpre. Lorsque Jéhovah donna à Moïse, pour la

---

(1) Comparez Hase, L. J., § 86; Weisse, l. c., S. 478.

qualification de sa mission en Égypte, le pouvoir de faire toutes sortes de signes, il lui ordonna entre autres de mettre sa main dans son sein, et, lorsque Moïse la retira, elle était couverte de lèpre; il la remit encore une fois dans son sein, et, lorsqu'il la retira, elle était nette de nouveau (2. Mos., 4, 6. 7). Plus tard, à cause d'une tentative de révolte contre Moïse, sa sœur Miriam fut soudainement frappée de lèpre, mais l'intercession de Moïse lui procura la guérison (4. Mos., 12, 10 seq.). Mais c'est surtout parmi les miracles du prophète Élisée que la guérison d'un lépreux dont Jésus fait aussi mention (Luc, 4, 27), joue un rôle considérable. Le général syrien Naaman, qui était affecté de lèpre, demanda du secours au prophète israélite; celui-ci lui prescrivit de se baigner sept fois dans le Jourdain. Cela fit en effet disparaître une lèpre que, au reste, le prophète eut plus tard occasion de transporter sur Giesi, son serviteur infidèle (2. Reg., 5). Ces précédents de l'Ancien Testament paraissent fournir complétement la source du récit évangélique. Ce que le premier Goël avait pu faire au nom de Jéhovah, le second, comme il a déjà été dit, devait aussi être en état de le faire, et d'ailleurs le plus grand des prophètes ne pouvait pas rester en arrière d'un autre prophète. Si donc de pareilles guérisons étaient comprises sans aucun doute dans le type juif du Messie, les chrétiens, qui croyaient que le Messie était réellement apparu en Jésus, avaient des raisons encore plus positives pour embellir son histoire par ces traits empruntés à la légende de Moïse et des prophètes. Seulement ils laissèrent de côté, conformément à l'esprit plus doux de la nouvelle alliance (Luc, 9, 55 seq.), la part de vengeance et de punition que renfermaient ces anciens miracles.

L'explication rationaliste est un peu plus spécieuse quand elle prétend que, dans le récit des dix lépreux, qui est particulier à Luc (17, 12 seq.), il n'est pas dit expressément qu'il s'agisse d'une guérison miraculeuse de la lèpre. Ici, en effet, les malades ne sollicitent pas positivement la guérison, ils crient seulement, *ayez pitié de nous*, ἐλέησον ἡμᾶς ; Jésus, non plus, ne prononce pas un mot tout-puissant qui se rattache à leur affection, il se contente de leur prescrire de se montrer aux prêtres. Aussi les rationalistes n'hésitent-ils pas à dire que Jésus, ayant pris connaissance de leur état, les encouragea à se soumettre à la visite sacerdotale, qu'à la suite de cette visite ils furent en effet déclarés purs, et que le Samaritain revint pour remercier Jésus de l'encouragement qu'il leur avait donné (1). Mais, dans l'effusion de sa reconnaissance, le Samaritain *se jette la face contre terre*, ἔπεσεν ἐπὶ πρόσωπον, et ce n'est pas ainsi que l'on remercie pour un simple conseil; encore moins Jésus pouvait-il exiger que, à cause du succès de cet avis, tous les dix revinssent, et revinssent pour remercier Dieu, de quoi? de ce qu'il avait mis Jésus en état de leur donner un aussi bon conseil? Non, sans doute ; en effet, il s'agit ici d'un service plus réel, et c'est ce que dit la narration aussi bien quand elle attribue le retour du Samaritain à ce qu'*il vit qu'il était guéri*, ἰδὼν ὅτι ἰάθη, que quand, expliquant pourquoi Jésus avait attendu un remercîment de tous, elle met dans sa bouche la question : *les dix n'ont-ils pas été purifiés*, οὐχὶ οἱ δέκα ἐκαθαρίσθησαν? On interprète ces deux particularités de la manière la plus forcée lorsqu'on dit que, ayant vu que Jésus avait eu raison de les déclarer purs, l'un revint réellement pour le remercier, et que les autres auraient dû revenir. Mais la phrase avec laquelle l'explication naturelle est en opposition directe, est celle-ci : *en s'en allant ils furent purifiés*, ἐν τῷ ὑπάγειν αὐτούς ἐκαθαρίσθησαν. Si, conformément à l'explication rationaliste, le rédacteur voulait seulement dire que les malades, étant arrivés auprès du prêtre et s'étant montrés à lui,

(1) Paulus, L. J., 1, b, S. 68.

furent déclarés purs, il devait au moins mettre : *ayant fait le trajet ils furent purifiés*, πορευθέντες ἐκαθαρίσθησαν. Mais le choix fait à dessein de l'expression *en allant*, ἐν τῷ ὑπάγειν, montre incontestablement qu'il s'agit d'une purification opérée pendant le trajet. Nous avons donc ici encore une guérison miraculeuse de la lèpre, guérison qui est soumise aux mêmes difficultés que la précédente, mais dont l'origine paraît explicable de la même manière.

Cependant ce récit renferme quelque chose de particulier qui le distingue de l'autre : ce n'est pas une simple guérison, et même la guérison n'est pas la chose principale ; l'objet essentiel gît dans la conduite différente des individus guéris ; et la question de Jésus : *les dix n'ont-ils pas été purifiés*, etc.? οὐχὶ οἱ δέκα ἐκαθαρίσθησαν κ. τ. λ.; (v. 17 seq.), forme tout l'intérêt de la narration, qui, en conséquence, a une conclusion purement morale, et ne paraît être racontée que pour servir d'enseignement (1). C'est un Samaritain qui revient, c'est lui qui est le modèle de la reconnaissance ; cette particularité doit frapper chez un évangéliste auquel appartient aussi en propre le discours doctrinal sur le Samaritain miséricordieux. De même que, dans ce dernier récit, deux Juifs, un prêtre et un lévite, se montrent inhumains, tandis qu'un Samaritain manifeste une miséricorde exemplaire, de même ici neuf Juifs ingrats sont placés en regard d'un Samaritain qui, seul, est reconnaissant. Puisque donc la guérison instantanée de ces malades ne peut pas être historique, pourquoi n'aurions-nous pas ici, comme là, une parabole proposée par Jésus, qui aurait été destinée à représenter, par l'exemple d'un Samaritain, la reconnaissance, comme la première avait représenté la miséricorde, mais qui seulement aurait été entendue historiquement? Ce serait donner, de cette narration, une explication semblable à celle que quelques uns ont

---

(1) Schleiermacher, *Ueber den Lukas*, S. 245.

donnée de l'histoire de la tentation. Mais, relativement à cette dernière, nous avons vu que Jésus ne put jamais se représenter comme figurant dans une parabole, et pourquoi il ne le pouvait pas; or, c'est ce qu'il aurait fait, s'il avait placé, dans une parabole, la guérison de dix lépreux opérée par lui. Si donc nous ne voulons pas renoncer à l'idée qu'il y a ici quelques traces d'une parabole primitive, il faut nous représenter la chose ainsi qu'il suit : d'une part, à l'aide de la légende sur des guérisons effectuées par Jésus dans la personne de lépreux, et, d'autre part, à l'aide de paraboles où Jésus posait, comme dans celle du Samaritain miséricordieux, des individus de ce peuple haï en exemples de différentes vertus, la tradition chrétienne primitive forma le tissu de ce récit, qui, en conséquence, est moitié récit de miracles, moitié parabole.

Il est dit que les malades furent guéris, non immédiatement en la présence de Jésus, mais après qu'ils se furent éloignés de lui; et cela pourrait conduire encore à une autre explication. A la vérité, l'évangéliste ne songe évidemment qu'à un petit éloignement, qui ne fut peut-être même pas de quelques heures de marche (1). Mais on pourrait se représenter cela comme une abréviation non historique, et conjecturer que ce ne fut qu'après un intervalle assez long, que ces individus auraient été débarrassés de leur mal par l'effet de l'influence curative de Jésus; et cette explication, on pourrait aussi la transporter sur l'histoire du lépreux unique. Une action curative semblable à l'action magnétique, telle que celle que nous devons admettre en Jésus, peut-elle s'exercer sur des humeurs altérées comme elle s'exerce sur des affections nerveuses ? C'est une question que, sans doute, nous devons laisser indécise; dans tous les cas, il serait nécessaire d'intercaler un espace de temps pour rendre concevable le succès qui est rapporté.

(1) Compares Neander, S. 837.

§ XCIV.

Guérisons d'aveugles.

Une des premières places parmi les malades guéris par Jésus est occupée, conformément toujours à la nature du pays (1), par les aveugles; et, pour eux aussi, il n'est pas question seulement de leur guérison dans les descriptions générales que les évangélistes (Matth., 15, 30 seq.; Luc, 7, 21) ou Jésus lui-même (Matth., 11, 5) fait de sa puissance messianique, mais encore quelques cas particuliers sont racontés en détail. Il y en a même plus que de guérisons de la maladie précédente, peut-être parce que la cécité, étant une affection de l'organe le plus délicat et le plus compliqué, admettait un plus grand nombre de modes différents de traitement. Une de ces guérisons d'aveugles est commune à tous les synoptiques, les autres (nous ne comptons plus ici le démoniaque aveugle-muet de Matthieu) appartiennent au premier, au second et au quatrième évangéliste, qui en ont chacun une.

Les trois évangiles synoptiques rapportent que Jésus, lors de son dernier voyage à Jérusalem, opéra une guérison d'aveugle à Jéricho (Matth., 20, 29 et parallèles); mais des divergences considérables existent, aussi bien relativement au sujet de la guérison, Matthieu ayant deux aveugles, et les deux autres n'en ayant qu'un, que relativement à la localité, Luc la plaçant à l'entrée dans Jéricho, Matthieu et Marc à la sortie de cette ville; en outre, le second et le troisième évangélistes ne parlent pas de l'attouchement à l'aide duquel, d'après le premier, Jésus guérit les aveugles. De ces divergences, on pourra peut-être concilier la dernière, en remarquant que Marc et Luc, s'ils se taisent sur l'attouchement, ne le nient pas pour cela; mais

---

(1) Voyez Winer, *Realw. d. A. Blinde.*

la divergence relative au nombre des guéris offre plus de difficultés. On a pris pour base du récit, tantôt Matthieu et tantôt les deux autres; quand on a pris Matthieu, on a dit que peut-être l'un des deux aveugles s'était particulièrement distingué, de sorte que, dans la première tradition, il ne fut question que de lui; mais que Matthieu, qui avait été témoin oculaire, compléta le récit et ajouta le second aveugle; que Luc et Marc ne contredisent pas Matthieu, puisqu'ils ne nient nulle part qu'il y ait eu plus d'aveugles que celui dont ils parlent; que Matthieu ne contredit pas non plus les deux autres, puisque là où il y a deux, il y a aussi un (1). Mais si le narrateur parle d'un seul individu (Marc en donne même le nom) auquel quelque chose d'extraordinaire est arrivé, c'est une contradiction, tacite mais évidente, avec le récit où il est dit que cet événement extraordinaire se passa sur deux individus, contradiction qu'il n'avait aucune raison pour énoncer expressément. Si l'on se tourne de l'autre côté, et si, adoptant pour point de départ le nombre donné par Marc et par Luc, on soupçonne que Matthieu, qui sans doute cesse, dans cette hypothèse, d'être témoin oculaire, fut induit en erreur par celui qui lui rapporta les faits et qui prit peut-être le conducteur de l'aveugle pour un second aveugle (2), c'est accorder déjà une véritable contradiction, seulement c'est imaginer, sans nécessité, une cause extrêmement invraisemblable de cette contradiction. La troisième divergence est relative au lieu; suivant Matthieu et Marc, *c'est en sortant de Jéricho*, ἐκπορευομένων ἀπὸ, et suivant Luc, *en s'approchant de Jéricho*, ἐν τῷ ἐγγίζειν εἰς Ἱεριχώ. Cette divergence est inconciliable. Celui que les paroles ne persuadent pas s'en convaincra en lisant les tentatives forcées de conciliation qui ont été faites depuis Grotius jusqu'à Paulus.

(1) Gratz, *Comm. z. Matth.*, 2, S. 328. (2) Paulus, *Exeg. Handb.*, 3, a, S. 44.

En conséquence, les anciens harmonistes (1) ont mieux fait (et aussi des critiques modernes (2) se sont-ils joints à eux), quand, prenant en considération la dernière divergence, ils ont distingué deux événements, et admis que Jésus avait d'abord guéri un aveugle en entrant à Jéricho, d'après Luc, ensuite qu'il en avait guéri un second en sortant de cette ville, d'après Matthieu et d'après Marc. Quant à la seconde divergence, qui est relative au nombre, ces harmonistes croient s'en débarrasser en supposant que Matthieu avait confondu les deux aveugles guéris, l'un en avant, l'autre en arrière de Jéricho, et placé la guérison des deux en arrière de cette ville. Mais si l'on attache assez d'importance au dire de Matthieu relatif à la localité pour admettre, conformément à ce dire corroboré par celui de Marc, deux guérisons, l'une en avant, l'autre en arrière de la ville, je ne vois pas pourquoi la différence en fait de nombre, qui lui est particulière, n'aurait pas autant d'autorité; et Storr me paraît procéder avec plus de conséquence, quand, attachant le même poids aux deux divergences, il admet que Jésus guérit d'abord en entrant à Jéricho un aveugle (Luc), et qu'en en sortant il guérit deux aveugles (Matthieu) (3). Si, de cette façon, les droits de Matthieu sont pleinement reconnus, ceux de Marc sont au contraire sacrifiés ; car, tandis que ce dernier est réuni à Matthieu, à cause de la localité qu'il indique, on fait violence au nombre qu'il fixe, nombre qui devrait plutôt le rapprocher de Luc; de sorte que, si l'on ne veut endommager aucun des renseignements donnés par lui (et on ne le doit pas dans cette manière de procéder), il faut le séparer également des deux. Ainsi nous aurions trois différentes guérisons d'aveugles auprès de Jéricho : 1° La guérison d'un aveugle lors de

---

(1) Schultz, *Anmerkungen zu Michaelis* 2, S. 105.
(2) Sieffert, l. c., S. 104.

(3) *Ueber den Zweck der evang. Geschichte und der Briefe Joh.*, S. 345.

l'entrée; 2° la guérison d'un aveugle à la sortie; 3° la guérison de deux aveugles à la sortie; en tout, quatre aveugles. Maintenant, il est sans doute difficile de tenir séparés le second et le troisième cas; car, si Jésus ne peut pas être sorti à la fois par deux portes différentes, on n'imaginera pas davantage que lui, qui ne faisait que traverser la ville, y soit rentré après en être sorti, et puis en soit sorti encore. Mais surtout on se prête peu à faire coïncider ici trois événements aussi complétement semblables. Si la seule accumulation de ces guérisons d'aveugles doit surprendre, la conduite des compagnons de Jésus est particulièrement inconcevable : ils avaient vu, en entrant dans la ville, qu'ils n'avaient pas agi conformément aux intentions de Jésus, en *commandant à l'aveugle de se taire*, ἐπιτιμᾷν τῷ τυφλῷ ἵνα σιωπήσῃ, puisque Jésus appela cet homme auprès de lui. Or, s'il en avait été ainsi, comment, à la sortie, auraient-ils répété, et répété deux fois cette injonction à l'aveugle? A la vérité, cette répétition n'empêche pas Storr d'admettre au moins deux cas différents; car, dit-il, personne ne sait si ceux qui commandèrent le silence à l'aveugle au delà de Jéricho n'étaient pas autres que ceux qui l'avaient fait en avant de la ville; et quand ils auraient été les mêmes, ajoute-t-il, une pareille répétition, condamnée par l'action de Jésus, aurait été inconvenante sans doute, mais non pas impossible, puisque les disciples qui avaient assisté à la première multiplication des pains n'en demandèrent pas moins, avant la seconde, où prendre du pain pour tant de gens. Mais c'est argumenter d'une chose impossible à la réalité d'une autre chose impossible, comme nous le verrons bientôt en examinant la double multiplication miraculeuse des pains. Ce n'est pas seulement la conduite des compagnons de Jésus, ce seraient encore presque toutes les particularités de l'aventure qui se seraient répétées de la manière la plus incompréhensible. Dans un cas comme dans l'autre, les aveugles crient : *Ayez pitié de nous* ou *de moi, Fils de David!* ἐλέησον ἡμᾶς ou με, υἱὲ Δαυίδ! Les compagnons de Jésus leur imposent silence; il ordonne qu'on les lui amène. Il demande ce qu'ils lui veulent; ils répondent qu'ils veulent voir. Il leur accorde l'accomplissement de leurs vœux, et ils le suivent en le remerciant. Que tout cela se soit répété trois fois ou même deux fois, c'est d'une invraisemblance qui va jusqu'à l'impossibilité; et il faudrait, d'après l'hypothèse que Sieffert emploie dans des cas pareils, admettre une assimilation légendaire de faits différents ou une variation traditionnelle sur un fait unique. Pour décider la question, on peut se dire : Une fois que l'on suppose l'intervention de la légende, laquelle des deux alternatives est la plus facile à concevoir, savoir que la même histoire ait été racontée tantôt avec un seul aveugle, tantôt avec plusieurs, tantôt à l'entrée, tantôt à la sortie de Jéricho, ou qu'il y ait eu réellement plusieurs guérisons d'aveugles? On n'a pas besoin de discuter la seconde alternative, car la première l'emporte tellement en vraisemblance, que l'on ne peut hésiter un seul moment à la supposer véritable. Mais du moment que l'on ramène les faits qui semblent multiples à un moindre nombre, on ne doit pas du moins se borner, avec Sieffert, à les réduire à deux; car, avec ce moyen terme, non seulement les difficultés subsistent relativement à la répétition des mêmes détails de l'événement, mais encore, pour être conséquent, il faut, si l'on abandonne comme peu essentielle une divergence (celle du nombre), traiter de même l'autre (celle qui est relative au lieu). Supposé qu'il ne s'agisse ici que d'une seule histoire, on demandera lequel des différents récits est le récit original. La désignation du lieu ne servira pas à décider la question, car un aveugle a pu s'approcher de Jésus aussi bien en avant qu'en arrière de Jéricho. Le nombre fournira plutôt un argument, et cet argument sera favorable à Luc et à Marc, qui ne parlent que d'un seul aveugle; non pas qu'il faille dire, avec Schleiermacher, que Marc, en donnant le nom de l'aveugle, témoigne une connaissance plus exacte des particularités de l'histoire (1), parce qu'il se complait trop souvent à ajouter, de son chef, des particularités spécifiques pour qu'on se fie beaucoup aux noms qu'il est le seul à donner, mais parce qu'une autre circonstance rend suspect le récit de Matthieu.

Cet évangéliste semble, en effet, avoir doublé l'aveugle à cause du souvenir qu'il eut de la guérison antérieure de deux aveugles (9, 27 seq.) dont le récit lui est propre. Ici aussi, c'est dans un passage de Jésus, c'est-à-dire quand il revenait du lieu où il avait ressuscité la fille du *chef*, ἄρχων, que deux aveugles se mettent à le suivre (ceux de Jéricho sont assis); ils supplient semblablement d'avoir pitié d'eux le fils de David, qui les guérit aussitôt par l'imposition des mains, comme, suivant Matthieu, il guérit ceux de Jéricho. A côté de ces ressemblances, il se trouve, il est vrai, des divergences qui ne sont pas petites; il n'est pas question de l'injonction de se taire faite aux aveugles par les compagnons de Jésus; et, tandis qu'à Jéricho Jésus appelle immédiatement auprès de lui les aveugles, dans l'autre histoire ils ne viennent auprès de lui que lorsqu'il est rentré dans sa maison. En outre, à Jéricho, il leur demande ce qu'ils lui veulent; ici, il leur demande s'ils ont la confiance qu'il puisse les guérir. Enfin, ce n'est qu'ici qu'il leur recommande de n'en rien dire à qui que ce soit. Dans ces dissemblances et ces ressemblances de deux récits, il se pourrait qu'il y eût eu une assimilation, de telle sorte que Matthieu aurait transporté les deux aveugles et l'imposition des mains de la première anecdote dans la seconde, et la forme de l'invocation des malades de la seconde dans la première (2).

Les deux histoires telles qu'elles sont rapportées, offrent

---

(1) L. c., S. 287.
(2) Comp. De Wette, *Exeg. Handb.*, 1, 1, S. 171; Weisse, *Die ev. Geschichte*, 1, S. 571.

peu de prise pour une explication naturelle. Cependant les rationalistes ont voulu en édifier une : Quand Jésus, dans le premier cas, demande aux aveugles s'ils ont confiance en lui, c'est, dit-on, parce qu'il a voulu se convaincre s'ils se fieraient à lui pour l'opération, et s'ils suivraient ponctuellement ses prescriptions ultérieures (1). On ajoute que, rentré chez lui afin de n'être pas dérangé, il examina leur maladie; que, l'ayant reconnue pour curable (d'après Venturini (2), c'était une ophthalmie occasionnée par la fine poussière de ce pays), il leur assura que la mesure de leur confiance serait la mesure du bien qu'ils ressentiraient. Arrivé là, Paulus se contente de dire brièvement que Jésus écarta l'obstacle qui les empêchait de voir; cependant il faut qu'il s'imagine quelque chose de semblable à ce qu'on lit dans Venturini, suivant lequel Jésus frotta les yeux des malades avec une eau active préparée par lui d'avance, les débarrassa de la poussière irritante, et leur rendit ainsi la vue en peu de temps. Mais cette explication naturelle n'a pas la moindre racine dans le texte; car, d'une part, la *foi*, πίστις, exigée des malades ne peut signifier autre chose que ce qu'elle signifie dans des cas semblables, c'est-à-dire la confiance en la puissance miraculeuse de Jésus; et, d'autre part, le mot *il toucha*, ἥψατο, indique non une opération chirurgicale, mais simplement cet attouchement qui se rencontre dans tant de guérisons miraculeuses rapportées par les évangiles, soit comme signe, soit comme conducteur de la force curative de Jésus. En outre, on ne voit aucune trace de prescriptions à suivre ultérieurement pour le parachèvement de la cure. Il n'en est pas autrement de la guérison des aveugles de Jéricho, pour lesquels, du reste, les deux évangélistes intermédiaires ne parlent pas même d'un attouchement.

(1) Paulus, L. J., 1, a, S. 249.

(2) *Natürliche Geschichte des Propheten von Naz.*, 2, S. 216.

Ainsi, les narrateurs ont entendu que, sur la simple parole, sur le simple attouchement de Jésus, les aveugles ont recouvré instantanément la vue, et cela suscite les mêmes difficultés que le cas des lépreux. Un mal d'yeux, quelque léger qu'on le suppose, n'étant pas né sans une série d'opérations multiples, pourra encore moins disparaître immédiatement par une parole ou par un contact; il exige un traitement très compliqué, soit chirurgical, soit médical, et la cécité, dans les cas où elle est de nature curable, n'est pas parmi ces affections la moins difficile à traiter. Comment faudrait-il nous représenter la soudaine efficacité curative d'une parole et d'une main sur un œil frappé de cécité? Nous la représenterons-nous d'une façon purement miraculeuse et magique? mais ce serait renoncer à l'usage de la pensée sur cet objet; d'une façon magnétique? mais il est sans exemple que le magnétisme ait exercé quelque influence sur des affections pareilles; ou enfin d'une façon psychologique? mais la cécité est quelque chose de si indépendant de la vie de l'âme, de si organique, qu'il n'y a pas à songer à une guérison, et à une guérison instantanée, par l'action du principe spirituel. Nous devons, en conséquence, reconnaître qu'il est extraordinairement difficile de concevoir historiquement ces récits; et, tant que nous ne posséderons pas des analogies plus complètes empruntées au domaine des guérisons magnétiques et psychologiques, il doit être permis de chercher à s'expliquer, par la voie de la légende, la formation de ces récits.

J'ai déjà cité le passage où, d'après le premier et le troisième évangiles, Jésus, répondant aux envoyés de Jean-Baptiste, qui étaient chargés de lui demander s'il était celui *qui doit venir*, ἐρχόμενος, invoque ses œuvres, et avant tout s'appuie sur la *vue rendue aux aveugles*, τυφλοὶ ἀναβλέπουσι, ce qui prouve manifestement que ces miracles opérés sur des aveugles étaient attendus du Messie. Ces paroles sont, en effet, empruntées à une prophétie d'Isaïe (35, 5) qui était interprétée messianiquement; et, dans un passage rabbinique cité plus haut, parmi les miracles que Jéhovah opérera dans le temps messianique, il est dit qu'*il ouvrira les yeux des aveugles, ce qu'il a déjà fait par Élisée* (1). Or, Élisée n'a pas guéri, à proprement parler, une cécité, mais il a seulement une fois ouvert à son serviteur les yeux pour une perception qui venait du monde supra-sensible; et, ailleurs, il a fait cesser un aveuglement infligé à ses ennemis par l'effet de sa prière (2. Reg., 17-20). On conçut, sans aucun doute en se référant au passage d'Isaïe, ces actions d'Élisée, comme s'il s'agissait réellement de l'ouverture d'yeux frappés de cécité; nous le voyons par ce passage rabbinique; et, de la sorte, des guérisons d'aveugles furent attendues du Messie (2). La première communauté chrétienne, qui provenait des Juifs, prenant Jésus pour le Messie, devait avoir de la tendance à lui conférer tous les attributs messianiques, et entre autres celui dont il est ici question.

Le récit particulier à Marc d'une guérison d'aveugle auprès de Bethsaïda (8, 22 seq.) est, avec la guérison d'un sourd parlant difficilement, que l'on ne trouve également que chez lui (7, 32 seq.), et que par cette raison nous com-

---

(1) Voyez t. I, § XIV, p. 114.

(2) Nous trouvons aussi ailleurs que, à cette époque, on attribuait à des hommes qui passaient pour des favoris de la Divinité, le pouvoir d'opérer des cures merveilleuses, et, en particulier, de guérir la cécité. Ainsi Tacite, *Hist.*, 4, 81, et Suétone, *Vespas.*, 7, rapportent que, dans Alexandrie, Vespasien, depuis peu empereur, fut abordé par un aveugle, qui, prétendant en avoir reçu l'injonction du dieu Sérapis, le supplia de le guérir en lui humectant les yeux avec sa salive, ce que fit Vespasien, et, instantanément, l'aveugle recouvre la vue. Comme Tacite garantit d'une façon toute particulière l'authenticité de ce récit, Paulus pourrait bien avoir raison en regardant toute l'aventure comme une affaire arrangée par des prêtres flatteurs qui voulaient, à l'aide de malades simulés et subornés, donner à l'empereur la réputation d'un faiseur de miracles, et, par là, lui recommander leur dieu, dont le conseil avait été la cause de l'événement (*Exeg. Handb.*, 2, S. 56 f.). Quoi qu'il en soit, nous voyons ce que, à cette époque, on attendait, même en dehors de la Palestine, d'un homme qui, comme Tacite le dit ici de Vespasien, jouissait de la *faveur du ciel*, favor e coelis, et de l'*inclination des divinités*, inclinatio numinum.

prenons ici dans notre examen, le récit favori de tous les interprètes rationalistes. Si du moins, s'écrient-ils, les circonstances accessoires et explicatives nous avaient été conservées dans les autres récits de guérisons, comme elles nous l'ont été ici, on prouverait historiquement que Jésus n'a pas guéri par de simples paroles toutes-puissantes, et une recherche plus profonde révélerait les moyens naturels qu'il employait dans ses guérisons (1). C'est à cause de ces récits, auxquels d'ailleurs se rattachent des traits isolés provenant d'autres parties du second évangile, que Marc a été représenté dans ces derniers temps comme le patron de l'explication naturelle, même par ceux qui généralement n'ont guère de goût pour ce mode d'interprétation (2).

Quant à nos deux guérisons, c'est déjà de bon augure pour les interprètes rationalistes, que Jésus sépare les deux malades du reste du peuple, sans autre motif, pensent-ils, qu'à l'effet d'examiner médicalement leur état, et de voir s'il était susceptible de guérison. Ces interprètes trouvent une indication de cet examen chez l'évangéliste même, puisque, d'après lui, Jésus mit les doigts dans l'oreille du sourd, reconnut que la surdité était guérissable et produite peut-être par du cérumen endurci, et enleva, avec les doigts, l'obstacle qui empêchait l'audition. On avait entendu d'une opération chirurgicale les mots : *il mit les doigts dans les oreilles*, ἔβαλε τοὺς δακτύλους εἰς τὰ ὦτα ; on entendit de même les mots *il toucha la langue*, ἤψατο τῆς γλώσσης, et l'on dit que Jésus avait coupé le frein jusqu'au degré convenable, et rendu la souplesse à l'organe qui avait perdu la faculté de se mouvoir. De même encore, dans le cas de l'aveugle, l'expression *ayant placé les mains sur lui*, ἐπιθεὶς τὰς χεῖρας αὐτῷ, est expliquée comme si Jésus avait, par la

---

(1) C'est à peu près ce que dit Paulus, *Exeg. Handb.*, 2, S. 312, 394.

(2) De Wette, *Essai pour servir à caractériser l'évangéliste Marc*, dans *Ullmann's und Umbreit's Studien.* 1, 4, 789 ff. Comparez Kœster, *Immanuel*, S. 72. Pour l'opinion contraire, voyez De Wette, *Exeg. Handb.*, 1, 2, S. 148 f.

pression sur les yeux, déplacé le cristallin devenu opaque. Une autre circonstance vient au secours de ce mode d'explication, c'est que Jésus employa la salive deux fois, l'une sur la langue de celui qui parlait difficilement, l'autre sur les yeux de l'aveugle. La salive, en soi (c'était du moins l'opinion d'anciens médecins) (1), a une vertu favorable aux yeux ; mais, comme, dans aucun cas, elle n'agit assez rapidement pour enlever instantanément une cécité et un vice des organes de la parole, on a conjecturé, pour l'un et l'autre cas, que Jésus n'avait employé la salive qu'afin d'humecter un médicament, et vraisemblablement une poudre caustique ; que l'aveugle n'entendit que le crachement, mais ne vit pas la mixtion des médicaments ; que le sourd, d'après l'esprit du temps, fit peu d'attention aux moyens naturels, ou que la légende n'en conserva pas le souvenir. Tandis que, dans le récit relatif au sourd, la guérison est racontée simplement, celle de l'aveugle offre cette circonstance particulière, que la restauration de la vue est décrite en détail comme étant successive. Jésus, après avoir traité les yeux du malade de la manière qui a été décrite, lui demanda *s'il y voyait*, εἴ τι βλέπει. Ce n'est pas là, remarque Paulus, la conduite d'un faiseur de miracles qui est sûr du résultat, mais c'est celle d'un médecin, qui, l'opération terminée, fait essayer au patient si elle lui a été utile. Le malade répond qu'il y voit, mais d'une façon indistincte, de sorte que les hommes lui paraissent comme des arbres. Ici, l'interprète rationaliste peut, ce semble, triompher et dire à l'orthodoxe : Si Jésus disposait de la puissance divine pour opérer des guérisons, pourquoi n'a-t-il pas aussitôt rendu complétement la vue à l'aveugle ? Puisque la maladie lui a opposé une résistance qu'il n'a pas pu vaincre dès la première tentative, n'en résulte-t-il pas clairement que sa puissance était une puissance finie et sem-

(1) Plin. H. N. 28, 7, et d'autres passages dans Wetstein.

blable à celle dont les hommes jouissent ordinairement? Après cette épreuve, Jésus remit la main aux yeux du malade pour compléter la première opération, et seulement alors la guérison fut achevée (1).

Il ne faut qu'une simple remarque pour troubler la joie que causent aux interprètes rationalistes les récits de Marc : c'est que, ici aussi, les circonstances qui rendent possible l'explication naturelle sont, non pas données par l'évangéliste lui-même, mais supposées par les interprètes. En effet, dans les deux guérisons, Marc ne fournit que la salive; c'est Paulus et Venturini qui y mêlent la poudre efficace; ce sont eux qui, de l'introduction des doigts dans les oreilles, font une recherche médicale et puis une opération; ce sont eux encore qui, contrairement à l'usage de la langue grecque, traduisent ἐπιτιθέναι τὰς χεῖρας ἐπὶ τοὺς ὀφθαλμούς, non par *imposer les mains sur les yeux*, mais par *pratiquer une opération chirurgicale* sur ces organes. De plus, si Jésus prend à part les malades, cela s'explique, d'après le contexte (7, 36 ; 8, 26), par le dessein qu'il eut de tenir secret le résultat miraculeux, et non par le désir de procéder, sans être troublé, à l'application de moyens naturels. Ainsi l'explication rationaliste perd tous ses appuis, et celle des orthodoxes peut de nouveau se mesurer avec elle. Ceux-ci entendent le contact et la salive, soit comme une condescendance pour les malades, qui, par là, devaient immédiatement sentir à quelle puissance ils allaient être redevables de leur guérison, soit comme un milieu conducteur de la force spirituelle du Christ, qui cependant n'était pas tenu de s'en servir (2). Quant au progrès successif de la guérison, on essaie de s'en rendre compte, ou en disant que Jésus, par la demi-guérison, voulut d'abord raviver la foi de

---

(1) Paulus, l. c., S. 312 f. 392 ff.; *Natürliche Geschichte*, 3, S. 31 ff. 246 f.; Kœster, *Immanuel*, S. 188 ff.

(2) Hess admet la première explication, *Geschichte Jesu*, 1, S. 390 f.; Olshausen la seconde, *b. Comm.*, 1, S. 500 f.

l'aveugle, et que, lorsque cette foi se fut augmentée, il rendit complétement la vue à ce malade, qui, dès lors, était devenu digne d'un aussi grand bienfait (1), ou en conjecturant qu'une guérison subite aurait peut-être été nuisible à l'aveugle, qui l'était depuis longtemps (2).

Mais, par ces tentatives d'interpréter le récit évangélique, et particulièrement la dernière particularité de ce récit, les théologiens surnaturalistes qui s'y sont laissés aller, se trouvent sur le même terrain que les rationalistes, puisqu'ils introduisent comme eux, dans le texte, des circonstances auxquelles il n'est pas fait allusion, même de loin; car où est, dans le procédé curatif de Jésus, une trace quelconque qui montre qu'il n'ait eu d'abord pour objet que de sonder et de fortifier la foi du malade? S'il en était ainsi, au lieu de lui *demander* (ce qui ne concernait que son état extérieur), *s'il y voyait*, ἐπηρώτα αὐτὸν εἴ τι βλέπει, nous devrions lire comme nous lisons dans Matthieu, 9, 28 : *Crois-tu que je puisse faire cela?* πιστεύεις ὅτι δύναμαι τοῦτο ποιῆσαι. Mais que dire de la conjecture qu'une guérison soudaine aurait pu être nuisible? L'acte curatif d'un faiseur de miracles est (justement d'après l'opinion d'Olshausen) non pas un acte purement négatif qui consiste à enlever un mal, mais en même temps un acte positif qui communique une nouvelle vie et de nouvelles forces à l'organe souffrant. Par conséquent, il ne peut être question des effets nuisibles d'une guérison miraculeuse instantanée. Ainsi il est impossible d'imaginer aucun motif qui ait déterminé Jésus à suspendre volontairement l'effet soudain de sa puissance miraculeuse; il faudrait donc admettre que cette suspension a été, contre son gré, le résultat de la force d'un mal invétéré. Mais cela est contradictoire à toutes les idées des évangiles, qui représentent la puissance miraculeuse de Jésus comme supérieure à la mort même;

(1) Dans Kuinœl, *in Marc.*, p. 110.   (2) Olshausen, l. c.

il s'ensuit que telle n'a pas été l'intention de notre évangéliste. Si nous prenons en considération ce qu'a de caractéristique sa manière d'écrire, nous verrons qu'il n'a pas eu d'autre but que de rendre la scène dramatique. Tout ce qui est soudain est difficilement l'objet d'une représentation. Celui qui veut rendre manifeste à un autre un mouvement rapide, l'exécute d'abord lentement devant lui, et un prompt résultat n'est saisi complétement par l'imagination que lorsque le narrateur l'a fait passer par ses degrés principaux. En conséquence, un écrivain à qui il importe de venir, dans son récit, autant que possible en aide à ses lecteurs, aura de la tendance à créer, partout où cela sera possible, des degrés intermédiaires entre leur imagination et l'effet immédiat qu'il veut décrire, et à ménager, dans un résultat soudain, une certaine succession qui en fasse mieux sentir la grandeur (1). C'est ainsi que Marc, ou celui de qui il reçut ses renseignements, crut faire beaucoup pour le dramatique du tableau en intercalant, entre la cécité du malade et la complète restauration de la vue, une demi-guérison où il voyait les hommes comme des arbres; et le sentiment particulier de chacun dira que ce but est complétement atteint. Mais il faut si peu voir en cela, ainsi que d'autres l'ont déjà remarqué (2), une inclination de Marc à concevoir naturellement de pareils miracles, que, au contraire, il s'efforce non rarement de grossir les miracles : c'est ce que nous avons déjà vu dans l'histoire du Gadaréen, et ce que nous verrons encore dans d'autres circonstances.

Une autre particularité de Marc mérite un plus ample examen. Cet évangéliste parle plus que les autres de l'emploi de moyens extérieurs et de manipulations, dans ces récits, qui lui sont propres, et ailleurs aussi, par exemple, 6, 13, où il remarque que les apôtres ont pratiqué des onc-

---

(1) Comparez De Wette, *Kritik der mosaischen Geschichte*, S. 86 f.

(2) Fritzsche, *Comm. in Marc*, p. xliii.

tions huileuses sur les malades. Ces moyens, et en particulier la salive, ne passaient pas, dans l'opinion populaire d'alors, pour des moyens dont l'action fût naturelle : on le voit par le récit, rapporté plus haut, relatif à Vespasien ; on le voit encore dans des passages d'auteurs juifs et latins d'après lesquels la salive était regardée comme un moyen magique, surtout contre les affections des yeux (1). Ainsi Olshausen est complétement fidèle à cette opinion antique, quand il déclare que le contact, la salive, etc., sont les conducteurs de la force supérieure qui réside dans le faiseur de miracles ; et, si nous ne pouvons nous empêcher de rapprocher l'efficacité miraculeuse de Jésus, en tant qu'on doit s'en faire une idée historique, de l'action du magnétisme animal, qui s'exerce, non pas seulement par le contact immédiat, mais par de pareils conducteurs, nous pourrions être enclins à considérer ces particularités des descriptions de Marc comme des traits spécialement authentiques et lumineux. A la vérité, elles sont liées à d'autres qui sont presque toutes suspectes ; par exemple, quand il rapporte que Jésus prit à part les malades, quand il décrit d'une manière exagérée l'étonnement du peuple (ὑπερπερισσῶς ἐξεπλήσσοντο ἅπαντες, 7, 37), et quand il ajoute qu'il fut sévèrement défendu de rien dire à personne de ces guérisons. Cette obligation du secret donnait à la chose une apparence mystérieuse qui, d'après d'autres passages, paraît avoir eu de l'attrait pour Marc. C'est encore par désir d'augmenter le mystère que Marc, lors de la guérison du sourd, rapporte le mot tout-puissant par lequel Jésus ouvrit les oreilles de ce malade, dans sa forme primitive, c'est-à-dire, en langue syrienne, ἐφφαθά ; de même, lors de la résurrection de la fille de Jaïrus, notre évangéliste est le seul qui dise en syrien : *Lève-toi, jeune fille*, ταλιθὰ κοῦμι. On dit, à la vérité, que ces mots ne sont rien moins que des formules magi-

(1) Voyez les passages dans Wetstein, et dans Lightfoot sur Jean, 9, 6.

ques (1); mais puisque Marc se complait à rapporter ces paroles puissantes dans la langue originale, étrangère à ses lecteurs, à qui il est même obligé de les expliquer, cela prouve qu'il a dû attacher à cette forme originale une signification particulière qui, d'après le contexte, ne peut avoir été qu'une signification magique (2). Maintenant portons en arrière le regard sur ce que nous avons déjà vu, et nous pourrons croire que c'est cette même tendance au merveilleux qui lui a fait mettre dans son livre l'emploi de ces moyens extérieurs qui ne sont pas en rapport avec le résultat; car le mystérieux consiste justement dans l'union d'une force infinie avec une force finie, de l'énergie la plus puissante avec un moyen inefficace en apparence.

Si nous avons trouvé historiquement douteux le simple récit de tous les synoptiques sur une guérison d'aveugles auprès de Jéricho, ce doute est encore plus autorisé pour la description mystérieuse que le seul Marc donne de la guérison d'un aveugle auprès de Bethsaïda. Il nous est difficile d'y voir autre chose qu'un produit de la légende plus ou moins embelli par le narrateur évangélique. Il en est de même de la guérison du *sourd parlant difficilement*, κωφὸς μογιλάλος, qu'il rapporte avec des circonstances semblables; car, pour cette dernière histoire, outre que l'authenticité historique en est attaquée par les motifs négatifs déjà énoncés, nous ne manquons pas de raisons positives qui aient pu en occasionner la formation mythique, puisqu'il y avait, pour les temps messianiques, une prédiction où il était dit: *Alors... les oreilles des sourds entendront... la langue des muets articulera*, τότε ὦτα κωφῶν ἀκούσονται... τρανὴ δὲ ἔσται γλῶσσα μογιλάλων (Isaïe, 35, 5. 6), et qu'elle était entendue au propre, d'après Matthieu, 11, 5.

Autant, au premier aspect, les récits de Marc qui vien-

---

(1) Hess, *Geschichte Jesu*, 1, S. 891, Anm. 1.   (2) Comparez De Wette, *Exeg. Handb.*, 1, 2, S. 148 f. und 156.

nent d'être examinés parurent favorables à l'explication naturelle, autant un récit de Jean (cap. 9) dut, ce semble, lui être funeste et mortel, puisqu'il s'y agit, non d'un aveugle dont le mal accidentel pouvait être plus facile à guérir, mais d'un aveugle de naissance. Néanmoins, les interprètes qui appartiennent à cette école sont sagaces et ne perdent pas promptement courage; aussi ont-ils su découvrir, même dans cette circonstance, bien des choses qui leur viennent en aide. Avant tout, disent-ils, l'état du malade, bien que l'expression *aveugle de naissance*, τυφλὸς ἐκ γενετῆς, paraisse précise, n'est désigné que d'une manière inexacte. Paulus s'abstient, quoique à regret, et quoique, à vrai dire, il ne s'en abstienne qu'à demi, de détruire la fixation de temps que cette expression renferme; mais il ne s'en donne que davantage carrière contre l'état pathologique du malade: τυφλὸς, dit-il, ne signifie pas une cécité totale; et, puisque Jésus prescrit au malade de se rendre à l'étang de Siloé, et non de s'y faire conduire, il faut que celui-ci ait au moins conservé la vue pour pouvoir trouver lui même son chemin. Les interprètes rationalistes découvrent de plus amples secours dans le procédé curatif de Jésus: dès le début (v. 4), Jésus dit qu'il faut agir *tant qu'il est jour*, ἕως ἡμέρα ἐστίν, qu'il n'y a rien à faire pendant la nuit, ce qui prouve qu'il n'a pas eu l'intention de guérir l'aveugle d'un seul mot que la nuit ne l'aurait pas empêché de prononcer; qu'il a voulu entreprendre une opération de l'art médical à laquelle la lumière du jour était nécessaire. La *boue*, πηλὸς, que Jésus fait à l'aide de sa salive, et qu'il applique sur les yeux de l'aveugle, est encore plus favorable à l'explication naturelle que, dans le cas précédent, la simple expression *ayant craché*, πτύσας; aussi leur suggère-t-elle une abondante moisson de questions et de conjectures. D'où Jean a-t-il su, disent-ils, que Jésus n'employa, pour oindre les yeux, que de la salive et de la terre? Y était-il présent lui-même, ou ne l'a-t-il su que par le récit de l'aveugle guéri? Mais celui-ci, à la faible lumière qui le guidait encore, n'a pu voir exactement ce que faisait Jésus ; peut-être même si Jésus, composant un onguent avec d'autres ingrédients, cracha par hasard, s'est-il imaginé que la salive avait servi à faire cet onguent; il y a plus, Jésus, pendant qu'il oignit les yeux ou avant qu'il ne les oignit, n'avait-il pas enlevé, par friction ou par extraction, quelque chose de ces organes, ou, en général, n'y avait-il pas opéré quelque changement que l'aveugle lui-même et les assistants purent aisément considérer comme un accessoire? Enfin il fut enjoint au malade de se baigner dans l'étang; peut-être ces bains durèrent plusieurs jours et formèrent un traitement prolongé, et l'expression *il vint voyant*, ἦλθε βλέπων, dit qu'il revint voyant, non après le premier bain, mais au temps opportun, lorsque la cure fut achevée (1).

Mais, pour commencer par le commencement, on donne ici aux mots *jour* et *nuit*, ἡμέρα, νύξ, une signification qu'un Venturini lui-même a dédaignée (2), et qui, dans le contexte, est en contradiction avec le verset 5, lequel exige que ces mots se rapportent à la fin prochaine de Jésus (3). Quant aux conjectures sur la composition de la *boue*, πηλός, avec des ingrédients médicinaux, elles sont d'autant plus dénuées d'appui, que l'on ne peut dire ici, comme dans le cas précédent, que l'évangéliste ne rapporte que ce qu'il put percevoir par l'ouïe ou à l'aide d'un faible rayon de lumière; car, cette fois, Jésus traita le malade, non pas en secret, mais en présence de ses apôtres. Relativement à l'hypothèse d'opérations chirurgicales antécédentes qui, de la friction et de la lotion seules mentionnées dans le texte, ne font plus qu'un objet accessoire, il n'y a rien à dire, si ce n'est que, par cet exemple, on voit à quelle licence se porte

---

(1) Paulus, *Comm.*, 4, S. 472 ff.
(2) *Natürliche Geschichte*, 3, S. 245.
(3) Voyez Tholuck et Lücke sur ce passage.

l'explication naturelle une fois qu'on la laisse entrer, et comment, à l'aide de ses propres combinaisons, elle expulse les expressions les plus claires de l'original. De ce que Jésus enjoignit à l'aveugle de se rendre à l'étang, on conclut que celui-ci devait encore avoir conservé quelque peu la vue; mais il faut remarquer que Jésus lui indiqua seulement le lieu où il devait *se rendre*, ὑπάγειν, lui laissant le soin de décider comment il y irait, seul ou conduit par un guide. Enfin, disjoindre les mots si étroitement unis de la phrase : *Il y alla donc, il se baigna et il revint voyant*, ἀπῆλθεν οὖν καὶ ἐνίψατο καὶ ἦλθε βλέπων (v. 7, comparez v. 11), et en faire un traitement par les bains qui dura plusieurs semaines, c'est justement comme si l'on voulait traduire la célèbre phrase de César : *Veni, vidi, vici*, de la façon suivante : *Après mon arrivée, j'ai fait des reconnaissances pendant plusieurs jours; j'ai livré, dans des intervalles de temps convenables, un certain nombre de batailles, et, finalement, je suis demeuré vainqueur.*

L'explication naturelle nous laisse donc ici aussi dans l'embarras, et nous gardons un aveugle de naissance guéri miraculeusement par Jésus. Il est tout simple que nos doutes précédents contre la réalité des guérisons d'aveugles reviennent avec une nouvelle force dans ce cas, où il s'agit d'une cécité congénitale, d'autant plus que des motifs particuliers excitent les soupçons de la critique. Aucun des trois premiers évangélistes ne parle de cette guérison. Or, si un jugement quelconque a présidé à la formation de la tradition apostolique et au choix qui fut fait entre les miracles à raconter, ce choix a dû se diriger d'après deux points de vue : d'abord choisir les plus grands miracles de préférence à ceux qui paraissaient moins considérables, et secondement choisir ceux auxquels se rattachaient des explications édifiantes, de préférence à ceux dans lesquels ces explications manquaient. Par la première raison, il est évident que la guérison d'un aveugle de naissance, étant infiniment plus difficile que celle de tout autre aveugle, devait être préférée; et, s'il est vrai que Jésus ait rendu la vue à un aveugle de naissance, on ne comprend pas pourquoi ce fait n'a pas passé dans la tradition évangélique, et par conséquent dans les évangiles synoptiques. La considération de la grandeur du miracle put sans doute entrer plus d'une fois en collision avec l'autre considération, celle du caractère édifiant des discours qui y étaient rattachés; et, de la sorte, un miracle moins frappant, mais plus fructueux, en raison des entretiens qu'il suscita, put être préféré à un miracle plus frappant qui manquait de cette dernière condition. Mais la guérison de l'aveugle de naissance, chez Jean, est accompagnée des conversations, d'abord de Jésus avec les apôtres, puis de l'homme guéri avec le magistrat, enfin de Jésus avec l'homme guéri. Or, il ne se trouve aucune trace de conversations aussi remarquables dans les guérisons d'aveugles que rapportent les synoptiques; et, si la forme dialoguée ne convenait pas aussi bien à la narration des trois premiers évangiles, cette histoire renferme des apophthegmes précieux (v. 4. 5. 39) dont ils auraient dû s'emparer. Il leur aurait donc été impossible de ne pas recueillir, au lieu des guérisons d'aveugles moins remarquables et moins édifiantes qu'ils ont recueillies, la guérison de l'aveugle de naissance, si cette dernière avait existé dans la tradition évangélique à laquelle ils puisèrent. Peut-être serait-elle restée inconnue à la tradition générale, si elle s'était opérée dans un lieu et dans des circonstances peu favorables à sa propagation, par exemple dans un coin du pays et sans témoins; loin de là, Jésus l'opère à Jérusalem, au milieu de ses apôtres; elle excite une extrême sensation dans la ville, une extrême animadversion chez les magistrats; elle devait donc être connue si elle était réelle, et, comme nous ne la trouvons pas dans la tradition évangélique ordinaire, nous soupçonnons qu'elle pourrait bien être une fiction.

Mais, dit-on, celui qui en garantit la vérité est l'apôtre Jean. L'est-il en effet? Outre le caractère incroyable de la narration, que, par conséquent, on attribuera difficilement à un témoin oculaire, il est encore une autre raison d'en douter. En effet, l'écrivain explique le nom de l'étang Σιλωὰμ par le mot grec ἀπεσταλμένος, *envoyé* (v. 7), par allusion, soit à Jésus envoyé de Dieu, soit, plus vraisemblablement, à l'aveugle envoyé par Jésus vers l'étang. C'est, dans tous les cas, une explication fautive, car un envoyé se dit en hébreu שלוח; au contraire, שלח, d'après l'explication la plus vraisemblable, signifie un jet d'eau (1). Mais l'évangéliste choisit la première signification, parce qu'il cherchait un rapport significatif entre le nom de l'étang et l'injonction de Jésus, qui y envoya l'aveugle; et il paraît s'être imaginé que, par une destination spéciale, l'étang avait reçu le nom de *l'envoyé*, parce qu'un jour le Messie, pour manifester sa gloire, devait y envoyer un aveugle (2). Lücke s'irrite beaucoup contre une pareille allégorie, qui, dit-il, frise la folie; par conséquent, il ne veut pas admettre qu'elle soit de Jean, et il la considère comme une glose. Mais comme tous les documents critiques, excepté un seul d'une importance secondaire, offrent ce passage, le dire de Lücke est une pure allégation, et l'on n'a plus que le choix ou de s'édifier avec Olshausen sur ce trait, comme provenant d'un apôtre (3), ou de le compter, avec l'auteur des *Probabilia*, au nombre des caractères qui montrent que le quatrième évangile n'a pas une origine apostolique (4). Le fait est qu'un apôtre, pourvu qu'on ne le suppose pas inspiré, a pu donner une explication grammaticale fausse, et un homme, né même en Palestine, se tromper sur l'étymologie de mots

---

(1) Voyez Paulus et Lücke sur ce passage.

(2) C'est ce que disent Euthymius et Paulus, sur ce passage.

(3) *Bibl. Comm.*, 2, S. 230, où cependant il rapporte le ἀπεσταλμένος au torrent spirituel que Dieu déverse.

(4) S. 93.

hébreux, comme on le voit dans l'Ancien Testament lui-même, dans Justin-Martyr et autres. Cependant il est vrai qu'un pareil jeu sur les mots ressemble plus au travail d'un homme éloigné des événements, qu'à celui d'un témoin oculaire. On est disposé à croire qu'un témoin oculaire aurait trouvé un intérêt suffisant dans le miracle qu'il avait vu et dans les discours qu'il avait entendus ; un homme placé loin de l'événement put seul se laisser aller à de telles minuties, et essayer d'arracher une signification forcée, même aux plus petites circonstances accessoires.

Ce qui vient d'être dit indique déjà quels furent les motifs qui ne permirent pas au rédacteur du quatrième évangile ou à la tradition à laquelle il puisa de se contenter des guérisons d'aveugles rapportées par les synoptiques, et qui l'excitèrent à composer la narration dont il s'agit. D'autres ont déjà fait la remarque que le quatrième évangile raconte de Jésus moins de miracles, à la vérité, mais des miracles d'autant plus forts (1). Ainsi, tandis que les autres évangiles ont simplement des paralytiques que Jésus guérit, le quatrième évangile en a un qui était paralysé depuis trente-huit ans. Tandis que, dans ceux-là, Jésus ressuscite des individus morts tout récemment, dans celui-ci il rappelle à la vie un homme qui était déposé depuis quatre jours dans le tombeau, et chez lequel on pouvait supposer déjà que la putréfaction avait commencé. Par conséquent, ici, c'est en parfaite conformité avec la tendance apologétique et dogmatique de cet évangile, que nous trouvons, au lieu de simples guérisons d'aveugles, la guérison d'un aveugle de naissance, ce qui est un renchérissement sur le miracle. Rien de plus facile que de montrer par quelle voie le rédacteur de l'évangile ou la tradition particulière qu'il a suivie a pu être conduite aux particularités de la narration. L'acte de *cracher*, πτύειν, était ordinaire dans le traitement magique des

(1) Kœster, *Immannel*, S. 79 ; Bretchneider, *Probab.*, S. 122.

maux d'yeux; la *boue*, πηλὸς, était facile à imaginer pour remplacer une pommade ophthalmique, et on l'employait aussi dans les sortiléges (1). L'ordre de se baigner dans l'étang de Siloé peut avoir été suggéré par l'injonction qu'Elisée fit à Naaman devenu lépreux de se baigner sept fois dans le Jourdain. Les conversations qui se rattachent à la guérison proviennent d'une double source : d'une part, elles dérivent de la tendance, déjà remarquée par Storr, qu'a le quatrième évangile d'attester et de rendre authentiques autant que possible la cécité congénitale et la guérison de l'homme, c'est ce qui donne lieu aux interrogatoires répétés de l'aveugle guéri et même de ses parents; d'autre part, elles roulent sur l'interprétation symbolique des expressions *aveugle* et *voyant*, *jour* et *nuit*, τυφλὸς, βλέπων ἡμέρα, νὺξ, interprétation qui, sans être étrangère aux synoptiques, appartient plus spécialement au cercle des métaphores familières à Jean (2).

§ XCV.

Guérisons involontaires.

Quelquefois, dans leurs renseignements généraux sur l'efficacité curative de Jésus, les synoptiques remarquent que des malades de toute nature ont essayé seulement de toucher Jésus, ou de saisir le bord de son vêtement afin d'être guéris, guérison qui résulta, en effet, du contact (Matth., 14, 36; Marc, 3, 10; 6, 56; Luc, 6, 19). Ainsi Jésus opéra dans ces circonstances, non, comme nous l'avons vu jusqu'à présent, en dirigeant positivement son action sur des malades isolés, mais sur des masses entières et sans pouvoir prendre une connaissance particulière de

---

(1) Wetstein, sur ce passage.
(2) Walsse conjecture que le récit de Jean est une transformation du récit des synoptiques sur la guérison d'aveugles à Jéricho (S. 572).

chacun. Sa faculté de guérir paraît ici attachée, non, comme ailleurs, à sa volonté, mais à son corps et à ses vêtements; ce n'est pas lui qui, par son action propre, distribue des forces, mais, involontairement, il se les laisse arracher.

De cette espèce de guérisons miraculeuses, un exemple détaillé nous a été conservé dans l'histoire de la femme qui avait une perte de sang : les trois synoptiques la reproduisent, et, l'entrelaçant d'une façon particulière avec l'histoire de la résurrection de la fille de Jaïrus, ils rapportent que Jésus guérit la femme en se rendant à la maison de ce dernier (Matth., 9, 20, seq.; Marc, 5, 25, seq.; Luc, 8, 43, seq.). Comparant la narration chez les différents évangélistes, nous pourrions cette fois être tentés de considérer celle de Luc comme originale, attendu qu'elle permet peut-être d'expliquer comment furent naturellement réunies les deux histoires dont il s'agit. De même que les trois évangélistes fixent à douze ans la durée de la maladie de cette femme, de même Luc, suivi en cela par Marc, donne douze ans pour l'âge de la fille de Jaïrus. Ces nombres égaux ont bien pu amener, dans la tradition évangélique, le rapprochement des deux histoires ; mais cette raison est beaucoup trop isolée pour motiver, à elle seule, une décision qui ne peut résulter que d'une comparaison complète des trois récits dans leurs détails. Matthieu désigne simplement la malade comme *une femme qui perdait du sang depuis douze ans*, γυνὴ αἱμοῤῥοοῦσα δώδεκα ἔτη; il est probable qu'une perte aussi prolongée se manifestait sous la forme d'une menstruation exagérée. Luc, le prétendu médecin, ne se montre pas ici favorable à ses confrères, car il ajoute que cette femme avait dépensé tout son avoir avec les médecins, sans que ceux-ci l'eussent soulagée. Marc, encore plus défavorable, dit que les nombreux médecins qui l'avaient soignée, l'avaient beaucoup fait souffrir, et que, loin d'améliorer son état, ils l'avaient empiré. Ceux qui entourent

Jésus au moment où la femme s'approche de lui, sont, d'après Matthieu, ses disciples, d'après Marc et Luc, une foule qui se presse. Après que les narrateurs ont rapporté tous trois comment la femme, aussi pleine de timidité que de confiance, s'avança par derrière et toucha le bord du vêtement de Jésus, Marc et Luc disent qu'elle fut instantanément guérie, mais que Jésus, sentant qu'une force sortait de lui, demanda qui l'avait touché. Les apôtres étonnés lui répondent, en lui demandant comment, au milieu de la foule du peuple qui le presse de toutes parts, il a pu distinguer un contact isolé. D'après Luc, il persiste dans son dire; d'après Marc, il promène autour de lui les yeux pour découvrir qui l'a touché. Alors, d'après ces deux évangélistes, la femme s'approche toute tremblante, se jette à ses genoux et confesse tout, sur quoi il lui donne l'assurance tranquillisante que la foi qu'elle a eue lui a été utile. Matthieu n'a point ce long détail de circonstances : il rapporte seulement que, après le contact, Jésus regarda autour de lui, découvrit la femme, et lui annonça la guérison que sa foi lui avait méritée.

Cette divergence est assez considérable pour qu'on ne doive pas s'étonner beaucoup que Storr veuille admettre deux guérisons différentes de femmes affectées d'hémorrhagie (1). Si ce théologien y fut encore déterminé davantage par les différences plus considérables qui se trouvent dans le récit de la résurrection de la fille de Jaïrus, récit entrelacé avec l'histoire de la guérison qui nous occupe ici, cet entrelacement empêche absolument de concevoir que Jésus ait guéri une femme attaquée depuis douze ans d'une perte de sang deux fois, et les deux fois en allant ressusciter la fille d'un *chef* juif, ἄρχων. En raison de ces difficultés, la critique, depuis longtemps, s'est décidée pour l'unité du fait qui sert de base à nos deux récits, et en même temps elle a

---

(1) *Ueber den Zweck der evang. Geschichte und der Briefe Joh.*, S. 354 f.

donné la préférence à ceux de Marc et de Luc, en raison du caractère plus dramatique qu'ils présentent (1). Mais, pour commencer par le commencement, quand Marc ajoute : *mais allant de mal en pis*, ἀλλὰ μᾶλλον εἰς τὸ χεῖρον ἐλθοῦσα, chacun voit qu'il ne fait qu'enchérir par là sur Luc, qui dit : *aucun n'avait pu la guérir*, οὐκ ἴσχυσεν ὑπ᾽ οὐδενὸς θεραπευθῆναι; et, à son tour, Luc paraît avoir complété, par une conclusion qui lui est propre, la phrase que Matthieu reproduit sans aucune addition, et dans laquelle il est dit que *l'hémorrhagie durait depuis douze ans*, αἱμοῤῥοοῦσα δώδεκα ἔτη : puisque la femme, pensa-t-on, était malade depuis si longtemps, elle aura consulté beaucoup de médecins, et, comme, en opposition avec ceux-ci qui n'avaient produit aucun soulagement, la puissance miraculeuse de Jésus, dont l'effet fut instantané, se montrait sous un jour plus brillant, ces additions se formèrent dans la propagation orale du récit. Or, ne se pourrait-il pas qu'il en fût de même des autres divergences? Si la femme, comme le raconte Matthieu, ne toucha Jésus que par derrière, c'est qu'elle désirait et espérait rester cachée; si Jésus la chercha des yeux aussitôt, c'est qu'il avait senti son attouchement. Cet espoir de la femme devenait d'autant plus explicable, et cette sensation de Jésus d'autant plus merveilleuse, qu'il était entouré et pressé d'une plus grande foule; de là vient que son cortége, qui, dans Matthieu, n'est formé que de ses *disciples*, μαθηταί, devient, chez les deux autres, une *foule*, ὄχλοι, qui l'*étouffait*, συντλίβεσθαι. Matthieu ayant dit que Jésus promena ses regards autour de lui après l'attouchement, on put croire que cela renfermait implicitement la supposition qu'il avait senti cet attouchement d'une façon particulière; de là encore vient la description où l'on représenta comment Jésus, bien que pressé de toutes parts, sentit néanmoins cet attouchement isolé, à cause de la force qu'il

---

(1) Schulz, l. c., S. 317; Olshausen, 1, S. 345 f.

lui dérobait; et de la sorte les simples expressions de Matthieu *s'étant tourné et l'ayant vue*, ἐπιστραφεὶς καὶ ἰδὼν αὐτὴν, devinrent un mouvement interrogateur de Jésus, qui chercha autour de lui celle qui l'avait touché, mouvement qui fut suivi de l'aveu de la femme. Enfin on jugea par comparaison avec 14, 36, que ce qu'il y avait de particulier dans cette histoire de guérison, même d'après la forme qu'elle a chez le premier évangéliste, c'était que le contact de l'habit de Jésus avait suffi pour guérir. On s'efforça donc de plus en plus, à mesure qu'on se raconta l'histoire de bouche en bouche, de placer le résultat immédiatement après le contact, et de laisser, même après la guérison, Jésus pendant quelque temps dans l'incertitude sur celle qui l'avait touché, dernière circonstance qui est en contradiction avec la supposition ordinaire d'une connaissance supérieure en Jésus. Ainsi, de tous les côtés, on reconnaît le récit du premier évangile comme antérieur et plus simple, et celui des deux autres comme postérieur et plus orné (1).

Quant au fond commun de ces narrations, les théologiens, aussi bien orthodoxes que rationalistes, ont été choqués, dans ces derniers temps, de ce que l'action curative de Jésus ait été involontaire. C'est trop, disent ici Paulus et Olshausen d'un commmun accord (2), c'est trop faire descendre l'action de Jésus dans le domaine de la nature physique : Jésus ressemble à un magnétiseur qui, par l'attouchement curatif de personnes nerveuses, éprouve une perte de sa force, comme une batterie électrique chargée, qu'un contact suffit pour décharger. Une pareille idée du Christ, dit Olshausen, répugne à la conscience chrétienne, qui se trouve bien plutôt obligée de se représenter la pléni-

---

(1) Comp. De Wette, *Exeg. Handb.*, 1, 1, S. 94.
(2) *Exeg. Handb.*, 1, b, S. 524 f.; b. Comm., 1, S. 318 f.; comparez Kœster, *Immanuel*, S. 201 ff.

tude de force résidant en Jésus comme dominée absolument par sa volonté, et cette volonté dirigée à son tour par la connaissance qu'il avait de l'état moral des personnes à guérir. En conséquence, on suppose que Jésus avait bien reconnu la femme, même sans la voir, et que, considérant qu'elle pouvait être gagnée, spirituellement aussi, par ce secours corporel, il avait sciemment dirigé sur elle un flot de sa force curative, mais que, pour vaincre sa fausse honte et la contraindre à une confession patente, il avait feint de ne pas savoir qui l'avait touché. La conscience chrétienne, n'étant, dans des cas pareils, rien autre chose que le développement religieux de notre temps, qui, en raison de ses progrès, ne veut plus accepter les idées antiques de la Bible, la conscience chrétienne, dis-je, doit se taire là où il s'agit, non de s'approprier dogmatiquement les idées bibliques, mais de les découvrir par une voie purement exégétique. Le fait est que c'est de l'intervention de cette conscience prétendue chrétienne que proviennent la plupart des erreurs de l'exégèse; et, ici encore, pour cette raison, l'interprète dont il s'agit s'est écarté du sens évident de son texte. En effet, d'une part, dans les deux récits plus détaillés de Luc et de Marc, la question de Jésus : *Qui m'a touché ?* τίς ὁ ἁψάμενός μου? question qui, dans Luc, est répétée, et qui, dans Marc, est fortifiée d'un regard inquisitif promené à l'entour, a un sens tout à fait sérieux, d'autant plus que ces deux évangélistes ont pour but principal dans cette narration, de mettre en saillie ce qu'avait de merveilleux la force curative de Jésus, de qui on pouvait obtenir une guérison en touchant simplement avec foi son vêtement, sans être connu de lui et sans qu'il eût besoin de prononcer une seule parole. D'un autre côté, le récit plus bref de Matthieu, par les expressions *s'étant avancée par derrière, elle le toucha*, προσελθοῦσα ὄπισθεν ἥψατο, et *s'étant tourné et l'ayant vue*, ἐπιστραφείς καὶ ἰδὼν αὐτήν, n'indique pas moins clairement que ce ne fut qu'après avoir été touché par la femme que Jésus la connut. Si donc on ne peut démontrer que Jésus ait connu la femme avant de la guérir, et qu'il ait eu une volonté spéciale de la soulager, il ne resterait plus pour ceux qui ne veulent pas admettre une manifestation involontaire de sa force curative, qu'à supposer en lui une volonté de guérir constante et générale, avec laquelle il suffisait que la foi du malade concourût pour qu'il en résultât une guérison réelle. Mais, sans aucun doute, l'idée des évangélistes n'est pas que, malgré l'absence d'une direction particulière de la volonté de Jésus vers la guérison de cette femme, elle aurait pu recouvrer la santé par sa seule foi et sans aucunement toucher son habit; loin de là, dans leur manière de voir, l'attouchement opéré par la malade remplace un acte particulier de la volonté de Jésus; c'est cet attouchement qui, au lieu de la volonté, produit une manifestation de la force résidant en Jésus; et l'on n'évite pas, par cette voie, ce qu'a de matériel l'idée des évangélistes.

Il faut que l'explication rationaliste fasse un pas de plus, elle, qui trouve incroyable, non pas seulement comme le surnaturalisme moderne, une émission de force curative à l'insu de Jésus, mais en général toute émission de pareille force, et qui cependant prétend que ce que les évangélistes rapportent est historiquement vrai. Voici, d'après les rationalistes, comment la chose se passa : Jésus fut déterminé à demander qui l'avait touché, uniquement parce que, en avançant, il s'était senti arrêter. Si deux des évangélistes attribuent sa question à la sensation d'une *force qui sortait*, δύναμις ἐξελθοῦσα, c'est une simple conclusion de leur part. L'un d'eux même, Marc, n'en fait qu'une remarque qui lui est propre, et Luc est le seul qui incorpore cette circonstance dans la question de Jésus (1). La guérison de la

---

(1) Neander (S. 423) concorde en cela avec les rationalistes. Dire que le Christ ait réellement senti une force qui s'échappait de lui, c'est, d'après Nean-

femme fut opérée par sa confiance exaltée, en vertu de laquelle le simple contact du bord de l'habit de Jésus provoqua un frissonnement général dans tous ses nerfs; il en résulta peut-être un resserrement soudain des vaisseaux sanguins dilatés; en tout cas, elle ne put dans le moment que supposer qu'elle était guérie, mais elle ne put en être certaine, et ce n'est que peu à peu, et peut-être par l'effet de médicaments prescrits par Jésus, que le mal aura disparu complétement (1). Mais qui se représentera jamais l'attouchement timide d'une femme malade qui voulait demeurer cachée, et qui avait assez de foi pour être sûre de sa guérison par le plus léger contact, comme une main-mise capable d'arrêter dans sa marche Jésus, qu'une foule de peuple, d'après Marc et Luc, pressait de toutes parts? D'ailleurs, quel fonds ne faut-il pas faire sur la puissance de la confiance, pour admettre que, sans le concours d'une force réelle partie de Jésus, une perte qui durait depuis douze ans ait été guérie ou seulement diminuée? Enfin, s'il faut supposer que les évangélistes ont mis dans la bouche de Jésus une conclusion qui est de leur fait, à savoir qu'une force était sortie de lui, et qu'ils ont décrit une guérison successive comme instantanée, on perd, en perdant ces particularités, la garantie de la vérité historique de toute la narration, et par conséquent il n'y a plus de raison pour

---

der, le mettre en contradiction avec les paroles qu'il prononce un peu plus loin, et où il attribue la guérison à la foi de cette femme; comme si la foi qui la détermina à toucher le bas de l'habit de Jésus ne pouvait pas être considérée comme ce qui sollicita l'émission de cette force. Ici Neander place une double alternative : « Cette histoire, dit-il, ne permet pas de décider si le Christ a guéri volontairement cette femme, ou... (on attend : s'il s'est laissé soutirer involontairement une force; point du tout; Neander continue) ou si ce fut un effet de la volonté divine opérée indépendamment de lui. » Ici l'auteur sent qu'il a trop perdu de vue le rôle spécial que le contact de Jésus joue dans la guérison, et il ajoute : « Cet effet a pu s'opérer d'une façon qui correspondît aux lois générales de la nature. » Mais, derechef, cette manière de voir lui semble trop conforme à celle des rationalistes, et il la modifie en disant : « Toutefois il s'opéra, afin que fût exaucée cette femme pleine de foi. » Je demande au lecteur si, de ces propositions qui se détruisent l'une l'autre, il lui est resté quelque chose de précis dans l'esprit.

(1) Paulus, *Exeg. Handb.*, 1, b, S. 524 f.; 530, L. J. 1, a, S. 244 f.; Venturini, 2, S. 204 ff.; Køster, l. c.

se donner la peine inutile d'en chercher une explication naturelle.

Une décision en ce sens pourrait, dans le fait, nous être suggérée par la comparaison de cette narration avec des anecdotes analogues. De même qu'il est dit de Jésus, ici et dans d'autres endroits cités plus haut, que des malades ont été guéris par le simple contact de son vêtement, de même les Actes des Apôtres rapportent que l'application des *mouchoirs*, σουδάρια, et les *linges*, σιμικίνθια, de Paul (19, 11 seq.), et l'ombre même de Pierre, projetée sur un individu (5, 15), rendirent la santé à des malades de toute espèce; et des évangiles apocryphes rapportent une masse de guérisons procurées par les langes de l'enfant Jésus et par l'eau qui servait à le laver (1). Pour ces dernières histoires, de même que pour les légendes de l'Église catholique relatives à des guérisons, chacun sait en les lisant qu'il se trouve sur le domaine de la légende et de la fiction; mais on peut demander comment distinguer, de ces cures opérées par les langes de Jésus ou par les os d'un saint, celles que produisaient les mouchoirs de Paul, si ce n'est que celles-là proviennent d'un enfant, celles-ci d'un adulte, les unes d'un corps vivant, les autres d'un corps mort. Entre ces guérisons effectuées par les linges et celles qui furent le résultat du contact du bord de l'habit, il ne se trouve non plus, ce semble, aucune différence essentielle; dans les deux cas, il s'agit d'un contact d'objets qui ne sont que dans un rapport extérieur avec le faiseur de miracles; seulement ce rapport est interrompu pour les mouchoirs qui viennent d'être quittés, il dure encore pour le vêtement qui est porté.

Si, par ce parallèle, le critique se trouve enclin à étendre, d'une classe de récits à l'autre, le jugement qui ôte à la première classe le caractère historique, il a cependant, des deux côtés, de grandes précautions à prendre. D'abord, du côté

(1) Voyez l'*Evangelium infantiæ arabicum*, dans Fabricius et dans Thilo.

de la légende catholique, c'est certainement procéder avec trop de promptitude que de rejeter, parce que les neuf dixièmes de ces légendes sont des fables, le dernier dixième comme également fabuleux; car plusieurs de ces histoires de guérisons trouvent, soit une analogie dans des faits récents dignes de croyance, soit la possibilité d'une explication dans le concours de la foi du malade avec une force peut-être analogue au magnétisme chez le faiseur de miracles. Quant aux récits de cette espèce qu'on lit dans le Nouveau Testament, et en particulier dans les Évangiles, il arrive ici de nouveau que le critique qui, en raison des motifs allégués, en conteste la vérité historique, se surprend engagé, à son insu, dans une doctrine qui appartient au surnaturalisme; car ce n'est pas parce qu'une sortie purement physique de forces curatives lui paraît impossible, qu'il la révoque en doute, attendu qu'il accorde expressément la réalité de ce phénomène sur le terrain du magnétisme, mais c'est uniquement parce que cela lui paraît indigne de Jésus. Or, d'où une pareille idée lui peut-elle provenir, si ce n'est d'une supposition empruntée au surnaturalisme, à savoir, que les miracles de Jésus ne doivent être considérés que comme des actes purement spirituels, purement libres de sa volonté, d'accord avec la volonté divine? Déposons ce préjugé surnaturaliste, et, d'un autre côté, rendons-nous bien compte qu'il ne peut entrer dans notre intention de nier, avec les rationalistes, ces forces secrètes de la nature humaine qui se manifestent dans le magnétisme animal, dans l'exaltation religieuse et dans d'autres états d'enthousiasme. Alors, tout en sachant que la légende, dès le Nouveau Testament, a pu imaginer toutes sortes de fictions de ce genre, en vertu de la préférence du peuple pour une manifestation aussi matérielle de la force et de la dignité divines de Jésus (matérielle dans l'opinion d'alors), rien ne nous empêchera de reconnaître, comme historiquement concevable, que l'ombre de Pierre, par l'intermédiaire de l'imagination croyante des malades, que le contact de l'habit de Jésus, outre une force curative résidant en son corps et en ses vêtements, et comparable à la force magnétique, aient produit plusieurs de ces effets dont parlent les Évangiles et les Actes des Apôtres (1).

§ XCVI.

Guérisons à distance.

Les guérisons produites à distance sont, à proprement parler, l'opposé de ces guérisons involontaires. Si ces dernières s'effectuent par un simple contact corporel et sans un acte particulier de la volonté, les premières s'effectuent par la simple direction de la volonté, sans contact corporel ou même sans voisinage dans l'espace. Mais en même temps il faut dire : Si la puissance curative de Jésus était assez matérielle pour se décharger involontairement par le simple contact corporel, elle ne peut pas avoir été assez spirituelle pour être transportée par la seule volonté à des distances considérables; ou, si elle était assez spirituelle pour s'exercer, même sans la présence corporelle, elle ne peut pas avoir été assez matérielle pour se décharger sans la volonté.

Comme preuve d'une pareille force curative de Jésus agissant à distance, Matthieu et Luc nous rapportent la guérison du serviteur malade d'un capitaine à Capharnaüm; Jean, celle du fils malade d'un *seigneur de la cour*, βασιλικὸς, qui résidait aussi dans cette ville (Matth., 8, 5 seq. Luc, 7, 1 seq. Joh., 4, 46 seq.). L'opinion ordinaire sur ces récits est que Matthieu et Luc, à la vérité, racontent le même fait, mais que celui de Jean est différent. Son récit diverge, en effet, de celui des deux autres dans les circon-

---

(1) Comparez, à ce sujet, les remarques de Weisse, *Die evang. Geschichte*, 1, S. 801 f.

stances suivantes : 1° Le lieu d'où Jésus opère la guérison est, d'après les synoptiques, celui de la résidence du malade, Capharnaüm; d'après Jean, un lieu différent, Cana. 2° Le temps où les synoptiques placent cette anecdote est immédiatement après le retour de Jésus de la montagne où il avait prononcé le discours qui porte ce nom; d'après le quatrième évangile, c'est en revenant de la première pâque et de la Samarie, où il avait prêché, que Jésus opéra ce miracle. 3° Le malade est, d'après les deux synoptiques, l'esclave; d'après Jean, le fils du suppliant. 4° C'est au sujet du suppliant lui-même que se trouvent les plus grandes divergences : dans le premier et le troisième évangile, il est un militaire (*centenier*, ἑκατόνταρχος); dans le quatrième, un *seigneur de la cour*, βασιλικός; d'après les deux premiers, un païen (voyez v. 10 et seq. dans Matth.); d'après le dernier, sans aucun doute un Juif. D'après les synoptiques, il est loué par Jésus comme le modèle de la confiance la plus humble et la plus sentie, attendu que, persuadé que Jésus pouvait guérir, même à distance, il l'empêcha d'aller jusqu'à sa maison; d'après Jean, au contraire, il regardait comme nécessaire à la guérison la présence de Jésus dans sa maison, et il fut blâmé à cause de sa faible foi qui avait besoin de *signes*, σημεῖα, et de *prodiges*, τέρατα (1).

Ces divergences sont assez considérables pour que, à un certain point de vue, on insiste sur la différence du fait qui sert de base au récit des synoptiques et à celui de Jean; mais il ne faudrait pas, si de ce côté on examine la chose d'aussi près, s'aveugler sur les divergences qui existent aussi entre les deux synoptiques : ils ne concordent pas absolument, même dans la désignation du patient. D'après Luc, c'est un *serviteur chéri* du centenier, δοῦλος ἔντιμος; chez Matthieu, celui-ci le nomme ὁ παῖς μου, ce qui peut signifier égale-

---

(1) Voyez les explications de Paulus, de Lücke, de Tholuck et d'Olshausen sur ce passage.

ment un fils et un serviteur; et, comme le centenier, dans le verset 9 où il parle de son esclave, emploie l'expression δοῦλος, tandis que la personne guérie est de nouveau désignée, verset 13, comme ὁ παῖς αὐτοῦ, il est probable qu'il faut prendre ici παῖς dans la signification de fils. Quant à la maladie, Matthieu dit que cet homme était un *paralytique cruellement tourmenté*, παραλυτικὸς δεινῶς βασανιζόμενος; Luc non seulement se tait sur cette forme de maladie, mais encore, après avoir dit d'une façon tout à fait indéterminée : *Étant dans un mauvais état*, κακῶς ἔχων, il ajoute : *Il était sur le point de succomber*, ἤμελλε τελευτᾶν, ce qui a paru à plusieurs indiquer une autre maladie que la paralysie, qui, d'ordinaire, ne cause pas rapidement la mort (1). Mais la différence la plus considérable, c'est celle qui règne dans tout le récit, à savoir, que tout ce qui est fait par le centurion lui-même est fait dans Luc par l'intermédiaire de messagers. Ainsi d'abord, au lieu de demander personnellement, comme dans Matthieu, la guérison à Jésus, il la demande par les *anciens des Juifs*, πρεσβυτέρους τῶν Ἰουδαίων; en second lieu, ce n'est pas lui qui l'empêche d'entrer dans sa maison, mais il charge quelques amis de l'en détourner. Pour concilier cette divergence, on a coutume d'invoquer la règle : *Quod quis per alium facit*, etc. (2). Au point de vue des interprètes qui se décident pour cette explication, il est impossible de ne pas dire que Matthieu avait fort bien su que toute chose s'était passée entre le capitaine et Jésus par des intermédiaires, mais que, pour abréger, il les avait fait parler directement l'un avec l'autre, à la faveur de la figure de rhétorique plus haut alléguée. Or, quand on en est là, Storr a pleinement raison d'objecter que, difficilement, un historien

---

(1) Schleiermacher, *Ueber den Lukas*, S. 92.
(2) Augustin., *De consens. evang.*,
4, 20; Paulus, *Exeg. Handb.*, 4, b, S. 709; Kœster, *Immanuel*, S. 63.

quelconque emploierait cette métonymie avec autant d'opiniâtreté durant tout le cours d'un récit, d'autant plus que, d'un côté, cette figure ne se trahit ici nulle part d'elle-même, comme cela arrive quand, par exemple, on attribue à un général ce que ses soldats font, et que, d'autre côté, la circonstance de savoir si la personne a agi par elle-même ou par des intermédiaires n'est pas sans quelque importance pour la connaissance de son caractère (1). Il faut donc louer l'esprit de conséquence avec lequel Storr, admettant, en raison des différences considérables, que le récit du quatrième évangile se rapporte à un autre fait que celui du premier et du troisième, admet également, en raison aussi des différences qu'il trouve entre ces deux derniers, qu'ils ont pour bases deux faits différents. Si l'on s'étonne que, à trois reprises diverses, un cas aussi complétement semblable de guérison ait eu lieu dans le même endroit (car, d'après Jean aussi, le malade résidait et guérit à Capharnaüm), Storr s'étonne, de son côté, que l'on voie la moindre invraisemblance à supposer que, dans la ville de Capharnaüm, en des temps différents, deux capitaines aient eu un serviteur malade, et que, une autre fois, derechef, un seigneur de la cour ait eu un fils malade ; que le second capitaine (celui de Luc), ayant entendu parler de l'histoire du premier, se soit adressé pareillement à Jésus et ait essayé de surpasser en humilité l'exemple donné par son collègue; que de même, le premier capitaine (Matthieu), ayant connu l'histoire antérieure du seigneur de la cour (Jean), ait voulu surpasser la faible confiance qu'avait montrée ce dernier, et qu'enfin Jésus ait guéri les trois malades de la même façon, à distance. Mais examinons en soi le fait tel que Jean le rapporte : Un employé supérieur de Capharnaüm sollicite de Jésus la guérison d'une personne qui lui appartient par les liens du sang; Jésus, à distance, exerce sur elle une action telle,

(1) *Ueber den Zweck u. s. f.* S. 354.

que, au moment où il prononce la parole curative, le malade se trouve guéri dans sa maison ; tout cela forme un ensemble si particulier de circonstances, qu'il est impossible d'en admettre une triple répétition : une répétition double aurait même des difficultés ; en conséquence, il faut essayer si les trois récits ne peuvent pas être ramenés à un seul fait primitif.

Or, ici, le récit du quatrième évangéliste, que l'on regarde comme présentant les différences les plus générales, non seulement est analogue, dans ses traits essentiels, au récit des synoptiques ; mais encore, dans plusieurs particularités dignes de remarque, l'un ou l'autre des deux narrateurs synoptiques concorde plus exactement avec Jean qu'avec l'autre synoptique. Ainsi, tandis que la désignation de παῖς, donnée au malade dans Matthieu, peut, pour le moins, aussi bien être mise en concordance avec la désignation que donne Jean υἱὸς, qu'avec celle que donne Luc, δοῦλος, Matthieu et Jean ont une concordance décisive quand ils rapportent tous deux que l'employé de Capharnaüm s'adressa par lui-même à Jésus, et non, comme dit Luc, par des intermédiaires. Au contraire, le récit de Jean s'accorde avec celui de Luc contre Matthieu dans la description de l'état où le patient se trouvait ; ni l'un ni l'autre ne parlent de la *paralysie*, παράλυσις, dont Matthieu parle, mais ils représentent le malade comme voisin de la mort, Luc disant : *il allait passer*, ἤμελλε τελευτᾶν, Jean disant : *il allait mourir*, ἤμελλεν ἀποθνήσκειν. Le dernier ajoute même (v. 52) que la maladie était accompagnée d'une *fièvre*, πυρετός. En représentant comment Jésus opéra la cure du malade, et comment la guérison s'effectua, Jean est de nouveau du côté de Matthieu contre Luc ; tandis que ce dernier ne rapporte pas une déclaration expresse de Jésus sur la guérison du serviteur, les deux autres racontent d'un commun accord qu'il dit à l'employé, d'après l'un : *va, et qu'il te soit fait comme tu as cru*, ὕπαγε, καὶ ὡς ἐπίστευσας γενηθήτω σοι, d'après l'autre, *va, ton fils vit*, πορεύου, ὁ υἱός σου ζῇ. Matthieu termine le récit par ces mots : *et son serviteur fut guéri à cette heure même*, καὶ ἰάθη ὁ παῖς αὐτοῦ ἐν τῇ ὥρᾳ ἐκείνῃ ; Jean finit le sien en disant que le père, s'étant informé subséquemment, trouva que son fils avait recouvré la santé *à l'heure même*, ἐν ἐκείνῃ τῇ ὥρᾳ, où Jésus avait prononcé les paroles qui viennent d'être rapportées ; et, à tout prendre, ce dire de Matthieu concorde plus avec celui de Jean qu'il ne concorde avec celui de Luc, qui raconte que les messagers, étant retournés, trouvèrent rendu à la santé le serviteur malade. Dans un autre point de cette conclusion, l'accord de Jean avec Matthieu cesse, pour revenir du côté de Luc. Chez Jean et Luc, en effet, il est question d'une espèce de message qui, en dernier lieu, part de la maison de l'employé : d'après Luc c'est une foule d'amis du capitaine qui détournent Jésus de se donner la peine d'entrer; chez Jean ce sont des serviteurs qui, transportés de joie, vont au-devant de leur maître, et lui apportent la nouvelle de la guérison de son fils. Certes, quand trois récits sont aussi entrelacés que ceux-ci, on ne doit pas se borner à en déclarer deux identiques, et à admettre la différence d'un récit à l'égard des deux autres ; mais il faut, ou les tenir tous trois séparés, ou les confondre en un seul, comme Semler l'a fait d'après quelques précédents (1), et comme Tholuck a déclaré que cela était du moins possible ; seulement, ces commentateurs cherchent à expliquer les divergences des trois récits de manière qu'aucun des évangélistes n'ait dit une fausseté. Ainsi, on cherche à faire du *seigneur de la cour,* βασιλικὸς (Jean), un employé militaire dont les deux autres ne font que désigner avec plus de précision la position, en l'appelant *centenier,* ἑκατόνταρχος.

---

(1) Voyez dans Lücke, 1, p. 552 ; comparez aussi De Wette, *Exeg. Handb.,* 1, 3, S. 64.

Quant au point capital, c'est-à-dire la conduite du suppliant, on pense que les différents narrateurs pourraient avoir mis en saillie différentes phases de l'anecdote : Jean n'en aurait reproduit que le commencement, c'est-à-dire les reproches de Jésus sur le peu de foi que le suppliant montra au début, et les synoptiques n'en auraient reproduit que la fin, c'està-dire les éloges que Jésus donne à sa foi promptement accrue. J'ai déjà indiqué comment on a cru concilier, avec encore plus de facilité, la différence principale qui existe entre les deux récits des synoptiques, et qui est relative à la demande faite par le suppliant lui-même ou par des intermédiaires. Cet effort pour concilier à l'amiable les contradictions des trois récits est vain ; ce qui reste, c'est que les synoptiques se sont représenté le suppliant comme un centurion, et le quatrième évangéliste comme un seigneur de la cour ; les premiers comme ayant une foi forte, le second comme ayant encore besoin d'être fortifié dans sa foi ; que Jean et Matthieu ont cru qu'il s'était adressé immédiatement à Jésus, et Luc, que par modestie il avait employé des intermédiaires (1).

Maintenant quel est celui qui rapporte la chose avec exactitude, quel est celui qui la rapporte d'une manière erronée? Si d'abord nous prenons les deux premiers synoptiques, nous voyons que, à l'exception de De Wette, il n'y a qu'une voix parmi les commentateurs sur la supériorité du récit de Luc. Tout d'abord, on trouve invraisemblable que le malade ait été un paralytique ainsi que le dit Matthieu ; car, cette affection n'étant pas dangereuse, le modeste capitaine se serait difficilement décidé à réclamer l'assistance de Jésus dès son entrée dans la ville (2) ; comme si une affection très douloureuse, telle qu'elle est décrite

---

(1) Fritzsche, *in Matth.*, p. 310 : Discrepat autem Lucas ita a Matthæi narratione, ut centurionem non ipsum venisse ad Jesum, sed per legatos cum eo egisse tradat ; quibus dissidentibus pacem obtrudere, boni nego interpretis esse.

(2) Schleiermacher, l. c., S. 92 f.

par Matthieu, ne rendait pas désirable un secours aussi prompt que possible, et comme s'il y eût eu trop d'exigence à prier Jésus de prononcer une parole curative avant qu'il se rendît dans son logis. Au contraire, on sera tenté de renverser le rapport que ces commentateurs établissent entre Matthieu et Luc, si l'on remarque que le miracle, et par conséquent aussi la maladie de la personne guérie miraculeusement, loin de s'amoindrir dans la tradition, ont dû toujours aller en grossissant; aussi le paralytique cruellement tourmenté a dû plutôt être transformé, par la progression croissante, en malade *près de mourir*, μέλλων τελευτᾷν, qu'un malade près de mourir être transformé, par progression décroissante, en une personne simplement souffrante. C'est surtout le double message rapporté par Luc, qui, d'après Schleiermacher, est une circonstance qu'un narrateur ne peut guère imaginer. Mais que dirions-nous, si, justement, cette circonstance se faisait reconnaître, à des signes très manifestes, comme due à l'imagination de l'écrivain? Tandis que, dans Matthieu, Jésus s'offrant à aller avec le capitaine, celui-ci cherche à l'arrêter en disant : *Seigneur, je ne suis pas digne que vous entriez sous mon toit*, Κύριε, οὐκ εἰμὶ ἱκανὸς ἵνα μου ὑπὸ τὴν στέγην εἰσέλθῃς, il fait ajouter, d'après Luc, par ses amis qu'il envoie en message, ces mots : *c'est pour cela que moi-même je n'ai pas cru convenable de venir vers vous*, διὸ οὐδὲ ἐμαυτὸν ἠξίωσα πρός σε ἐλθεῖν, ce qui montre clairement par quelle sorte d'argument ce message a été suggéré. Si cet homme s'est, dit-on, déclaré lui-même indigne que Jésus vînt sous son toit, certainement il ne se sera pas, non plus, regardé comme digne de venir auprès de Jésus; progression d'humilité, qui indique que le récit de Luc est un récit de seconde main. La première suggestion de ce message paraît au reste avoir été fournie par un autre intérêt : il s'agissait de motiver, par une recommandation préalable de ce païen, la bonne volonté que montre Jésus à entrer dans sa maison. C'est en effet la première chose que disent les *anciens des Juifs*, πρεσβύτεροι τῶν Ἰουδαίων ; car, après avoir raconté à Jésus la maladie, ils ajoutent : *il est digne qu'on lui rende ce service, car il aime notre peuple*, etc., ὅτι ἄξιός ἐστιν ᾧ παρέξει τοῦτο· ἀγαπᾷ γὰρ τὸ ἔθνος ἡμῶν κ. τ. λ. De la même façon, dans les Actes des apôtres (10, 22), les messagers de Cornélius, pour décider Pierre à se rendre chez lui, lui exposent que c'est un *homme juste et craignant Dieu, et à qui tous les Juifs rendent bon témoignage*, ἀνὴρ δίκαιος καὶ φοβούμενος τὸν Θεόν, μαρτυρούμενός τε ὑπὸ ὅλου τοῦ ἔθνους τῶν Ἰουδαίων. Mais ce qui fait voir le plus clairement que le double message ne peut appartenir au fait primitif, c'est que cela rend le récit de Luc complétement décousu. Dans Matthieu, tout s'enchaîne bien : le capitaine se borne d'abord à indiquer à Jésus l'état du malade ; puis, soit qu'il laisse à Jésus la liberté de faire ce qu'il voudra, soit que Jésus, en offrant de se rendre chez lui, le prévienne, il refuse, dans les termes que l'on connaît, l'honneur que Jésus veut lui faire. Comment au contraire comprendre sa conduite, si, comme Luc le rapporte, le capitaine fait d'abord dire à Jésus par les anciens des Juifs qu'il veuille bien venir (ἐλθών) et guérir son serviteur, puis, si, au moment où Jésus arrive, il se repent de lui avoir fait cette invitation, et se contente de lui demander une parole qui fasse le miracle ? On a prétendu que la première demande venait des anciens et non du capitaine (1). Mais cet expédient est en contradiction avec les termes précis de l'évangéliste, qui, en disant : *il envoya... les anciens... pour lui demander*, ἀπέσταιλε... πρεσβυτέρους... ἐρωτῶν αὐτόν, exprime que la demande provenait du capitaine lui-même. On a, d'un autre côté, dit que, par le mot *venant*, ἐλθών, le capitaine avait

---

(1) Kuinœl, *in Matth.*, p. 221 seq.

simplement entendu que Jésus voulût bien se rendre dans le voisinage de sa maison, et que, lorsqu'il le vit prêt à entrer dans la maison même, il refusa cet honneur. Mais ce serait mettre sur le compte d'un homme d'ailleurs judicieux une idée trop absurde. On peut encore moins, pour la même raison, le supposer aussi mobile dans ses déterminations que le texte de Luc le représente. Toutes les difficultés auraient été évitées si Luc avait attribué à la première ambassade, comme Matthieu au capitaine lui-même, d'abord seulement la prière directe ou indirecte de la guérison, et puis, toujours à la même première ambassade, le refus modeste de la peine que Jésus voulait prendre en s'offrant à aller dans la maison du malade. Mais l'évangéliste crut devoir motiver la résolution que manifesta Jésus de s'y rendre, par une prière qui la lui suggérât; et, comme la tradition lui avait transmis un refus d'accepter cette peine que Jésus voulait prendre lui-même, il se sentit incapable d'attribuer aux mêmes personnes la demande et le refus, et il fut obligé d'arranger une seconde ambassade. Cela ne faisait que masquer la contradiction, puisque les deux ambassades avaient été envoyées par un seul et même centurion. Peut-être aussi, en écrivant que le capitaine ne voulut pas que Jésus prît la peine d'entrer dans sa maison, Luc se souvint du message qui empêcha Jaïrus de donner à Jésus la peine d'entrer dans la sienne. Car, de même que, d'après lui et d'après Marc, le messager dit à Jaïrus : *n'importunez pas le maître*, μὴ σκύλλε τὸν διδάσκαλον (Luc, 8, 49), de même ici, où, également, il y avait eu une invitation préalable de venir dans la maison, il fait dire à la seconde ambassade : *maître, n'importunez pas*, κύριε, μὴ σκύλλου. Mais le motif d'un pareil contre-ordre n'existait que chez Jaïrus, dans la maison duquel, depuis la première invitation, la situation des choses avait été changée par la mort de la fille; il n'existait pas chez le centurion, dont le serviteur se trouvait encore dans le même état (1).

Ce qui a détourné principalement les interprètes modernes d'*identifier* les trois récits, c'est la crainte de présenter par là Jean comme un écrivain qui n'aurait pas bien saisi la scène, et qui même en aurait omis le trait essentiel (2). Il faudrait donc, s'ils voulaient à tout prix tenter une conciliation, s'attacher à montrer que le quatrième évangile est celui dont le récit se rapproche le plus du fait primitif. C'est cette supposition que nous allons immédiatement examiner, en considérant les récits en eux-mêmes. Si, dans le quatrième évangile, celui qui fait la demande est un *seigneur de la cour*, βασιλικὸς, et non un *centenier*, ἑκατόνταρχος, comme dans les autres évangiles, c'est une particularité qui est indifférente, et dont on ne peut rien conclure ni pour l'une ni pour l'autre partie. Il en est de même relativement à la divergence touchant la position du malade à l'égard de celui qui fit la demande. Cependant, si, au sujet de ce dernier point, on se demande laquelle des trois désignations est la plus propre à avoir donné naissance aux autres, on admettra difficilement que le υἱὸς (*filius*) de Jean soit devenu, en progression décroissante, d'abord, d'une manière indécise, un παῖς (*puer*), puis un δοῦλος (*servus*); et même une progression inverse et croissante est ici moins vraisemblable qu'un terme moyen, à savoir que, du mot indécis, παῖς (= נער), que nous lisons dans le premier évangile, on fit, dans deux directions, un esclave comme chez Luc, un fils comme chez Jean. La désignation de l'état où se trouvait le patient est, ainsi que nous l'avons déjà remarqué, chez Jean comme chez Luc, un renchérissement sur celle de Matthieu, et par conséquent elle est postérieure. La différence relative à la localité, au point de vue actuel de

---

(1) Comp. De Wette, *Exeg. Handb.*, 1, 1, S. 83; Neander, qui suit Luc dans cette circonstance aussi, cherche à rendre convenable le changement de volonté du capitaine (S. 328); on peut voir dans son livre si c'est avec succès.

(2) Tholuck, sur ce passage; Hase, § 68, Anm. 2.

la critique comparative, serait, sans aucun doute, jugée de la manière suivante : on dirait que, dans la tradition où les synoptiques puisèrent, le lieu d'où Jésus opéra le miracle se confondit avec celui où gisait le malade; que Cana, moins connu, fut absorbé par Capharnaüm plus célèbre, et que Jean, qui avait été témoin oculaire, conserva une notion plus exacte des lieux. Mais cela ne paraît être ainsi qu'autant que l'on suppose dès l'abord que le quatrième évangéliste a été témoin oculaire. Si, comme on le doit, on cherche uniquement, dans la nature des récits, un motif de décision, on trouve un tout autre résultat. Il s'agit ici d'une guérison à distance, dans laquelle le miracle paraît d'autant plus grand, que l'intervalle entre le guéri et la guérison est plus considérable. Or, la tradition orale, en propageant la narration, aura-t-elle eu de la tendance à diminuer la distance et par conséquent le miracle? et faudra-t-il voir le récit original dans celui de Jean, qui rapporte que la guérison fut opérée par Jésus d'un lieu d'où le seigneur de la cour n'arrive que le lendemain auprès de la personne guérie, tandis que le récit transformé par la tradition sera celui des synoptiques, qui rapportent que Jésus se trouvait dans la même ville que le serviteur malade? Il n'y a de conforme à l'esprit légendaire que la proposition inverse, et ici encore le récit de Jean porte la marque d'un récit de seconde main. Ce qui a particulièrement le caractère de la fiction, c'est la ponctualité avec laquelle, dans le quatrième évangile, l'heure de la guérison est déterminée. Les simples paroles de Matthieu qui se trouvent d'ordinaire à la fin des histoires de guérison, *il fut guéri à l'heure même*, ἰάθη ἐν τῇ ὥρᾳ ἐκείνῃ, sont devenues une question du père, qui s'informe à quelle *heure il y a eu du mieux*, ὥρα ἐν ᾗ κομψότερον ἔσχε, une réponse des serviteurs qui disent que *la fièvre l'a quitté la veille à la septième heure*, ὅτι χθές, ὥραν ἑβδόμην, ἀφῆκεν αὐτὸν ὁ πυρετός, et enfin la constatation que le malade a été réellement guéri *à l'heure où Jésus dit : Votre fils vit*, ἐν ἐκείνῃ τῇ ὥρᾳ ἐν ᾗ εἶπεν αὐτῷ ὁ Ἰησοῦς· ὁ υἱός σου ζῇ. Parler ainsi, c'est se laisser aller à une exactitude inquiète, c'est se tourmenter avec des calculs qui paraissent trahir bien plus l'effort du narrateur qui veut certifier le miracle, que porter le caractère d'un récit tracé d'après l'événement. En faisant traiter le *seigneur de la cour*, βασιλικὸς, personnellement avec Jésus, l'auteur du quatrième évangile a conservé, plus que celui du troisième, la simplicité primitive du récit. Cependant il offre, ainsi que cela a été remarqué, dans les esclaves qui vont au-devant de Jésus, quelque chose d'analogue à la seconde ambassade de Luc. Mais, quant à la différence principale, c'est-à-dire celle qui est relative au caractère moral du suppliant, on pourrait, en employant notre propre règle, donner la préférence à Jean sur les deux autres narrateurs; car, si le récit le plus légendaire est celui qui montre une tendance à grossir ou à embellir, on pourrait dire que le suppliant qui, d'après Jean, est passablement faible de foi, est devenu un modèle de foi chez les synoptiques. Mais la légende ou un narrateur qui travaille en poëte ne tend à embellir les récits que dans ce qui se rapporte à son but principal, lequel, dans les évangiles, est la glorification de Jésus; et, pour cette raison, on trouvera que l'embellissement est, à deux égards, du côté du quatrième évangile. D'abord, comme il importait surtout de relever la supériorité de Jésus par le contraste de ceux qui avaient affaire à lui, l'évangéliste a pu avoir intérêt à représenter le suppliant plutôt faible que fort de foi; cependant, la réponse qu'il met dans la bouche de Jésus : *Si vous ne voyez pas des signes et des prodiges, vous ne croirez donc pas?* ἐὰν μὴ σημεῖα καὶ τέρατα ἴδητε, οὐ μὴ πιστεύσητε? a pris trop de rudesse, car elle a mis dans l'embarras la plupart des interprètes. En second lieu, il pouvait paraître messéant que Jésus, ayant d'abord résolu d'entrer dans la maison du malade, s'en laissât détourner ensuite, et parût ainsi obéir à une influence étrangère ; on pouvait croire plus convenable de dire que la guérison à distance avait été son dessein primitif, et qu'elle n'était pas, chez lui, l'effet de la suggestion d'autrui ; et, si, comme le rapportait la tradition, le suppliant avait encore prononcé quelques paroles, elles devaient prendre une direction opposée à celle qu'elles ont dans les synoptiques, c'est-à-dire inviter Jésus à entrer dans la maison.

Si l'on demande maintenant comment cet événement fut possible et comment il s'opéra, l'explication naturelle croit se tirer le plus facilement du récit du quatrième évangile. Ici, remarque-t-on, Jésus ne dit rien qui indique qu'il veuille procurer la guérison du malade ; il assure seulement au père que la vie de son fils est hors de danger (ὁ υἱός σου ζῇ), et le père, trouvant que l'amélioration de l'état de son fils a coïncidé avec le temps où il avait parlé avec Jésus, ne conclut pas non plus que Jésus ait opéré la guérison à distance. Cette histoire prouve uniquement que Jésus, à l'aide de connaissances approfondies dans la séméiotique, était capable, l'état d'un malade lui étant décrit, de porter un juste pronostic sur le cours de la maladie. Si l'évangéliste n'a pas rapporté cette description, il ne s'ensuit pas que Jésus ne se la soit pas fait donner ; cette preuve de savoir est appelée un *signe*, σημεῖον (v. 54), attendu qu'elle était un indice d'une habileté de Jésus que Jean n'avait point encore signalée, à savoir, le talent de prédire la guérison d'un homme dangereusement malade (1). Mais, indépendamment de cette fausse interprétation du mot *signe*, σημεῖον, et de cette introduction, en contrebande, d'un dialogue dont le texte ne dit rien, cette manière de considérer la chose place le caractère et même le jugement de Jésus dans le

---

(1) Paulus, *Comm.*, 4, S. 253 f.; Venturini, 2, S. 140 ff. Comparez Hase, § 68.

jour le plus douteux. Puisque nous regarderions comme imprudent le médecin qui, ayant examiné lui-même un fébricitant que l'on tiendrait pour moribond dans le moment même, en garantirait la guérison et hasarderait par là sa réputation, avec combien plus de raison ne trouverions-nous pas que Jésus aurait agi avec témérité, si, sur une simple description venant d'un homme qui n'était pas médecin, il eût assuré que le malade ne courait aucun danger! Nous ne pouvons admettre en lui une pareille conduite, non sans doute à cause d'idées orthodoxes, mais parce qu'elle serait en contradiction avec sa manière d'être et avec l'impression que son caractère laissa parmi les contemporains. Si donc Jésus n'a fait que prédire la guérison du fébricitant sans l'effectuer, il a dû en être assuré d'une manière plus positive que par des conjectures naturelles, il a dû en avoir connaissance par voie surnaturelle. C'est la tournure qu'un des plus récents interprètes de Jean a essayé de donner à ce récit; il pose la question de savoir si nous avons ici un miracle de la science ou de la puissance, et, comme il n'y est nulle part question de l'action immédiate de la parole de Jésus, comme, d'ailleurs, le quatrième évangile se plaît particulièrement à relever le savoir supérieur de Jésus, Lücke se décide à penser que Jésus, par le moyen de sa nature supérieure, a simplement su que, au moment où il parlait, la nature triomphait de la maladie (1). Mais, si notre évangile s'attache souvent à relever le savoir supérieur de Jésus, cela ne prouve rien ici, car il appelle non moins souvent l'attention sur sa puissance supérieure. De plus, quand il s'agit du savoir surnaturel de Jésus, cela est d'ordinaire clairement indiqué (voy. 1, 49; 2, 25; 6, 64); et Jean, s'il avait entendu parler d'une connaissance surnaturelle de la guérison du malade déjà effectuée, aurait fait tenir à Jésus un langage analogue à celui qu'il tint à Nathanaël : par exemple, Jésus

---

(1) Lücke, 1, p. 650 seq.

aurait dit au père qu'il voyait son fils sur son lit et dans un état déjà meilleur. Non seulement il n'est pas question de savoir supérieur, mais encore une action miraculeuse est indiquée avec une clarté suffisante. En effet, si l'on rapporte la guérison soudaine d'un homme *près de mourir*, μέλλων ἀποθνήσκειν, on veut tout d'abord savoir la cause qui a amené ce changement inattendu ; et, quand un narrateur qui, ailleurs, rapporte des miracles opérés par la parole de celui dont il raconte les actes, dit que ce dernier donna l'assurance que le malade vivait, rien ne peut empêcher de reconnaître que ce narrateur a voulu attribuer la cause du changement favorable à la parole prononcée, si ce n'est un désir erroné de diminuer le merveilleux de la narration (1).

Dans le récit des synoptiques, on ne peut pas s'en tirer avec un simple pronostic, car le père y demande une action curative (Matth., v. 8), et Jésus accède à sa prière (v. 13). Cela, joint à l'éloignement qui rendait impossible toute action physique et psychique de Jésus sur le malade, semblait couper court à l'explication naturelle, si une particularité de la narration n'avait offert une ressource inattendue : c'est la comparaison que le centurion établit entre lui-même et Jésus. Lui, n'a qu'à prononcer une parole pour voir les ordres exécutés par ses soldats et ses serviteurs, de même il n'en coûterait qu'un mot à Jésus pour rendre la santé à son esclave malade. On a torturé cette comparaison de manière à y trouver, tant du côté du centurion que du côté de Jésus, l'intermédiaire de personnes humaines. En conséquence, d'après ces auteurs, le centurion a voulu seulement représenter à Jésus qu'il n'avait qu'à dire un mot à un de ses apôtres pour que celui-ci l'accompagnât et guérît son esclave, ce qui fut réellement fait

---

(1) Comparez De Wette, sur ce passage.

aussitôt (1). Mais, comme ce serait la première fois que Jésus aurait fait opérer des guérisons par ses apôtres, et la seule fois qu'il leur aurait donné directement la mission de guérir tel malade, comment cette circonstance spéciale pourrait-elle être tacitement supposée dans le récit de Luc ordinairement si détaillé? Pourquoi cet écrivain, qui n'est pas avare de développements dans le reste du discours des messagers, épargne-t-il une couple de paroles qui auraient tout expliqué, si aux mots *dites une parole*, εἰπὲ λόγῳ, il avait ajouté *à un de vos disciples*, ou quelque chose de semblable? Mais c'est surtout à la fin de la narration où le résultat est annoncé, que l'explication naturelle tombe dans le plus grand embarras, non seulement par le silence des narrateurs, mais encore par une particularité positive que Luc raconte. Luc, en effet, termine en disant que les amis du centurion, revenus chez lui, trouvèrent son serviteur déjà guéri; or, si, comme le veut cette explication, Jésus le guérit en envoyant avec les messagers un ou plusieurs de ses apôtres, le malade ne put commencer à se rétablir que du moment où les messagers furent entrés dans la maison avec les apôtres, mais ils ne purent pas le trouver rétabli dès leur arrivée. Paulus, à la vérité, suppose que les messagers s'arrêtèrent encore quelque temps à écouter les discours de Jésus, et qu'ainsi les apôtres arrivèrent avant eux. Mais il s'abstient d'expliquer comment les messagers se sont arrêtés avec si peu de nécessité, et comment l'évangéliste a tu, non seulement la mission des apôtres, mais encore le retard des messagers. Maintenant, pour ce qui répond du côté de Jésus aux soldats du centurion, soit que l'on suppose des démons auteurs de maladie (2), ou des anges serviables (3), ou simplement la parole et les forces

---

(1) Paulus, *Exeg. Handb.*, 1, b, S. 710 f.; *Natürliche Geschichte*, 2, S. 285 ff.

(2) C'est ce qu'ont dit jadis les Homélies clémentines, 9, 21, et ce que répète Fritzsche, *in Matth.*, 343.

(3) Wetstein, N. T., 1, p. 349. Comparez Olshausen sur ce passage.

curatives de Jésus (1), dans tous les cas il nous reste une action miraculeuse à distance.

Un second exemple d'une guérison à distance est commun au premier et au second évangile (Matth., 15, 22 seq. Marc, 7, 25 seq.). Sur la frontière de Phénicie, une femme païenne pria Jésus de secourir sa fille possédée; il objecta d'abord sa vocation exclusive pour le peuple d'Israël, mais, la mère persistant à l'implorer humblement, il accorda à la force de sa foi l'accomplissement de son désir, acccomplissement qui se manifesta aussitôt par la guérison de la fille. Ce récit a déjà été, pour un premier point, c'est-à-dire le refus préliminaire, examiné dans les recherches consacrées au plan messianique de Jésus (2). Il vient d'en être question pour un second point, c'est-à-dire l'état de possession de la malade (3); enfin, quant au troisième point, c'est-à-dire la guérison à distance par la simple parole et par la volonté de Jésus, il faut la rapprocher de l'histoire du serviteur malade ou du fils malade de l'employé de Capharnaüm.

D'après l'aveu des interprètes mêmes qui, d'ordinaire, ne redoutent pas le merveilleux, ce mode d'opérer de Jésus a cela de particulièrement difficile, que Jésus n'étant pas présent, et l'influence salutaire qu'il exerçait sur le malade faisant défaut, toute possibilité nous est ôtée de concevoir cette guérison par une analogie prise dans la nature (4). D'après Olshausen, cette action à distance a, il est vrai, ses analogies, à savoir, dans le magnétisme animal (5). Je ne veux pas contester absolument cette assertion; seulement j'appellerai l'attention sur les limites qui, autant que je sache, circonscrivent toujours ce phénomène en tant que magnétique. D'après les expériences connues jusqu'ici, l'ac-

---

(1) Kœster, *Immanuel*, S. 195, Anm.
(2) T. 1, § LXVII.
(3) T. 2, § XC et suivants.
(4) Lücke, 1, p. 550; Weisse, l. c., S. 526 f.
(5) *Bibl. Comm.*, 1, S. 264.

tion à distance ne peut être exercée sur la personne en somnambulisme que par le magnétiseur ou par un autre individu qui est en rapport magnétique avec le somnambule ; par conséquent, l'action à distance a dû toujours être précédée d'un contact immédiat, et dans nos récits il n'est pas dit que rien de pareil se fût passé entre Jésus et le malade ; ou bien, un pareil pouvoir, si tant est que les faits soient véritables, n'est possédé que par les somnambules eux-mêmes, ou par d'autres personnes à système nerveux dérangé, ce qui ne peut en aucune façon s'appliquer à Jésus. Une pareille guérison de personnes éloignées, telle qu'elle est attribuée à Jésus dans nos narrations, dépasse de beaucoup les limites les plus extrêmes de l'action naturelle du magnétisme et d'autres phénomènes analogues, et brise tout fil qui pourrait y conduire ; et ces récits, en tant qu'ils prétendent à une valeur historique, font de Jésus un être surnaturel ; mais, avant de nous représenter un tel être comme réel, nous devons, au point de vue critique où nous sommes placés, prendre la peine de rechercher préalablement si ces récits n'ont pas pu se former, même sans fondement historique. Nous y sommes d'autant plus autorisés, qu'ils contiennent des éléments légendaires, ce que l'on reconnaît, au moins pour le premier de ces récits, par les différentes formes qu'il a reçues dans les trois évangiles. Et d'abord, on comprend sans peine que la guérison merveilleuse que Jésus opérait en touchant le malade, et dont nous avons un exemple chez le lépreux (Matth. 8, 3), et chez les aveugles (Matth. 9, 29), a pu, par une progression croissante qui se présentait naturellement, devenir une guérison de personnes présentes à l'aide de la simple parole, comme on le voit chez les lépreux (Luc, 17, 14) et chez d'autres malades, puis devenir enfin la guérison de personnes même éloignées, à l'aide d'une simple parole. L'Ancien Testament offrait d'avance l'analogue de ce genre de miracle. Le général syrien Naaman (2 Reg. 5, 9 seq.) se présente devant la demeure du prophète Élisée pour se faire guérir de la lèpre; celui-ci ne sortit pas pour l'aller trouver; il se contenta de lui envoyer un messager, et de lui prescrire de se baigner sept fois dans le Jourdain. Cette conduite mécontenta tellement le Syrien, que, sans donner aucune attention à l'injonction du prophète, il voulait s'en retourner, déclarant qu'il avait espéré que le prophète s'approcherait de lui, et passerait, en invoquant le nom de Dieu, la main sur l'endroit malade; mais que, puisque le prophète, sans rien opérer sur lui, l'envoyait au Jourdain, il perdait courage ; que, s'il ne fallait que de l'eau, il en pourrait avoir plus commodément chez lui qu'ici. Le traitement régulier (cela se voit par ce passage de l'Ancien Testament) qu'on attendait d'un prophète, c'était que, présent, il guérît par un contact corporel, mais on ne supposait pas également qu'il pût guérir à distance et sans contact. Cependant ce fut de cette dernière façon qu'Élisée opéra la cure du général lépreux : car, pas plus que chez Jean, ch. 9, l'ablution n'eut d'importance pour le malade ; la guérison fut uniquement le résultat de la puissance miraculeuse du prophète, qui trouva bon d'en rattacher l'efficacité à cet acte extérieur, et qui, en guérissant à distance, montra qu'il était un prophète doué de dons particuliers. Or, était-il possible que, sur ce point aussi, le Messie lui cédât quelque chose? On voit donc que nos récits du Nouveau Testament sont des contre-épreuves nécessaires de ceux de l'Ancien. De même que, dans l'Ancien Testament, le malade ne veut pas croire à la possibilité de son rétablissement si le prophète ne sort pas de sa maison pour s'approcher de lui, de même ici, d'après l'une des relations de la première histoire, celui qui prie pour le malade doute de la possibilité de la cure, si Jésus n'entre pas dans la maison ; d'après l'autre relation, au contraire, il est, même sans cela, persuadé de l'efficacité de la force curative de Jésus ; et, les deux fois, Jésus dans les évangiles, comme le prophète dans l'Ancien Testament, réussit à accomplir ce miracle particulièrement difficile (1).

§ XCVII.

Guérisons pendant les jours de sabbat.

Jésus, d'après les évangiles, excita un grand scandale, en opérant non rarement ses miracles de guérison le jour du sabbat. Un exemple en est commun aux trois synoptiques, deux appartiennent en propre à Luc, et deux à Jean.

Dans le récit commun aux trois premiers évangélistes, deux cas de profanation prétendue du sabbat sont réunis : la récolte d'épis faite par les apôtres (Matth. 12, 1 et passages parallèles), et la guérison de l'homme qui avait la main desséchée, opérée par Jésus (v. 9 seq. et passages parallèles). Après avoir raconté ce qui s'était passé en plein champ au sujet de la récolte des épis, les deux premiers évangélistes continuent, comme si Jésus, immédiatement après cette scène, s'était rendu dans la synagogue du même lieu qui n'est pas désigné précisément, et, à l'occasion de la guérison de l'homme à la main desséchée, y avait eu de nouveau une controverse sur la sanctification du sabbat. Mais, évidemment, ces deux histoires ne furent rapprochées dans l'origine qu'à cause de la similitude de l'objet auquel elles sont relatives; aussi faut-il louer Luc d'avoir rompu expressément toute connexion chronologique entre les deux, en ajoutant les mots *dans un autre sabbat*, ἐν ἑτέρῳ σαββάτῳ (2). Il n'est pas besoin de beaucoup s'étendre pour décider lequel des évangélistes a conservé le plus fidèlement

---

(1) Weisse, ici comme ailleurs, aime mieux faire dériver le récit non historique des miracles, d'une parabole de Jésus mal comprise (S. 526 f.); mais il ne nous donne pas une idée nette de cette parabole.
(2) Schleiermacher, *Ueber den Lukas*, S. 80 f.

le récit primitif; une seule remarque suffit : si la question prêtée par Matthieu aux Pharisiens qui demandent s'il est permis de guérir un jour de sabbat, est désignée par des théologiens comme un morceau d'un dialogue fait à plaisir (1), ce reproche peut être, à aussi juste titre, adressé à la même question que les deux évangélistes intermédiaires prêtent à Jésus, et de plus on peut les accuser d'avoir imaginé les détails dramatiques de la description tant louée (2) où ils représentent Jésus faisant avancer le malade au milieu de l'enceinte, et promenant ensuite autour de lui un regard réprobateur.

L'affection du malade était, d'après les récits concordants, une *main sèche*, χεὶρ ξηρὰ, ou *desséchée*, ἐξηραμμένη. Quelque indécise que soit cette désignation, cependant l'explication naturelle se met trop à l'aise quand elle entend par ces mots, ou, avec Paulus, une main seulement endommagée par la chaleur (3), ou même, d'après l'expression de Venturini, une main démise (4). Si, pour préciser la signification du terme employé dans le Nouveau Testament, nous nous reportons, comme cela doit être, à l'Ancien, nous trouvons (1. Reg. 13, 4) qu'une main qui, dans l'acte de l'extension, *se dessèche*, ἐξηράνθη (ויבשׁ), est représentée comme incapable d'être ramenée auprès du corps, de sorte qu'il faut entendre ici une paralysie, une rigidité de la main, et en même temps une dessiccation et un amaigrissement du membre, comme on le voit en comparant l'expression *se sécher*, ξηραίνεσθαι, appliquée à un épileptique (Marc, 9, 18) (5). Ceux qui prétendent que Jésus traita cette affection et d'autres par des moyens naturels, trouvent un argument très spécieux dans le récit que nous examinons ici. On ne défendait, disent-ils, le jour du sab-

---

(1) Schneckenburger, *Ueber den Ursprung u. s. f.*, S. 50.
(2) Schleiermacher, l. c.
(3) *Exeg. Handb.*, 2, S. 48 ff.
(4) *Natürliche Geschichte*, 2, S. 421.
(5) Winer, *Bibl. Realw.*, 1, S. 798.

bat, qu'un traitement qui exigeait une occupation quelconque; par conséquent les Pharisiens, s'ils pensaient, comme cela est dit ici, que Jésus transgressa les lois du sabbat par une cure, ont dû savoir qu'il guérissait habituellement, non par de simples paroles, mais par des médicaments et des opérations chirurgicales (1). Cependant il faut remarquer, comme Paulus lui-même le dit ailleurs, que, le jour du sabbat, la guérison, même par une conjuration d'ailleurs licite, était défendue (2); il faut remarquer encore que, entre les écoles de Hillel et de Schammai, on controversait la question de savoir s'il était permis, même de consoler seulement les malades le jour du sabbat (3); il faut enfin remarquer que, d'après l'observation même de Paulus, les anciens rabbins étaient, sur le point du sabbat, plus rigoureux que ceux de qui proviennent les écrits que nous possédons sur cet objet (4). Tout cela conduit à penser que les guérisons de Jésus, procurées même sans l'intervention de moyens naturels, ont pu être placées par des Pharisiens chicaneurs dans la catégorie des infractions au sabbat. Quant à l'objection principale que l'on fait contre l'explication rationaliste, à savoir que les évangiles ne parlent pas de moyens naturels, Paulus croit y répondre dans ce cas particulier en disant que, à la vérité, aucun de ces moyens ne fut employé dans la synagogue; que Jésus se fit montrer la main pour voir comment les remèdes prescrits jusqu'alors par lui (les rationalistes en imaginent donc) avaient agi; qu'il trouva, examen fait, le membre déjà rendu à l'état de santé; et que le mot dont se servent tous les évangélistes, ἀποκατεστάθη, signifie une guérison opérée antérieurement, et non une guérison qui s'opéra à l'instant même. Mais ici l'aoriste ne peut que signifier : la main *fut*

---

(1) Paulus, l. c., S. 49, 54; Kœster, *Immanuel*, S. 185 f.

(2) L. c., S. 85, ex *Tract. Schabbat.*

(3) *Schabbat*, f. 12, 1, dans Schœttgen, 4, p. 123.

(4) Dans le passage cité en dernier lieu.

guérie (au moment même), à savoir par la parole de Jésus que les évangélistes rapportent, et non par des moyens naturels que les commentateurs sont les seuls à imaginer (1).

La *main sèche*, χεὶρ ξηρὰ, appartient donc aux paralysies, sur lesquelles le contact d'un homme doué de vertus magnétiques (ce dont au reste il n'est rien dit), et peut-être même une simple exaltation de foi chez le malade, sont capables d'agir d'une façon salutaire, comme nous l'avons déjà remarqué. Ainsi on pourrait ici essayer d'arranger une explication naturelle d'une espèce plus raffinée; cependant il faut se demander si l'analogie de la narration déjà citée de l'Ancien Testament (1 Reg. 13, 1 seq.) ne rend pas plus vraisemblable l'origine mythique de l'anecdote évangélique. Lorsqu'un prophète de Juda menaça Jéroboam, qui sacrifiait aux idoles, d'anéantir son autel et son culte, et lorsque le roi, étendant la main, ordonna de saisir le prophète de malheur, cette main se desséeha soudainement, de sorte que le prince impie ne put plus la retirer, et l'autel s'écroula. Mais, sur la demande du roi, le prophète pria Jéhovah de rendre à la main son état primitif; le roi put la ramener vers lui, elle fut comme elle était auparavant (2). Paulus aussi tient compte de cette narration, mais seulement pour y appliquer son mode d'explication naturelle, en remarquant que la colère de Jéroboam avait pu facilement produire, dans la main étendue avec vivacité, une impuissance

---

(1) Fritzsche, *in Matth.*, p. 427; *in Marc.*, p. 79; De Wette, *Exeget. Handb.*, 1, 1, S. 115.

(2) 1 Reg. 13, 4, LXX : Et voilà que sa main se dessécha... Καὶ ἰδοὺ ἐξηράνθη ἡ χεὶρ αὐτοῦ...

6 : Et il ramena la main du roi vers lui; et elle fut comme elle était auparavant. Καὶ ἐπέστρεψε τὴν χεῖρα τοῦ βασιλέως πρὸς αὐτὸν, καὶ ἐγένετο καθὼς τὸ πρότερον.

Matth., 12, 10 : Et il s'y trouva un homme qui avait une main sèche. Καὶ ἰδοὺ ἄνθρωπος ἦν τὴν χεῖρα ἔχων ξηρὰν (Marc, ἐξηραμμένην).

13 : Alors il dit à cet homme : « Étendez votre main. » Il l'étendit, et elle devint aussi saine que l'autre. Τότε λέγει τῷ ἀνθρώπῳ· ἔκτεινον τὴν χεῖρά σου· καὶ ἐξέτεινε· καὶ ἀποκατεστάθη ὑγιὴς ὡς ἡ ἄλλη.

spasmodique et momentanée des muscles. Mais qui ne voit que nous avons ici une légende destinée à glorifier les prophètes prédicateurs du monothéisme, et à stigmatiser le culte juif des idoles dans la personne de son auteur, Jéroboam? L'homme de Dieu prédit à l'autel de l'idole une ruine prompte et miraculeuse ; le roi idolâtre étend une main coupable contre l'homme de Dieu ; la main s'engourdit ; l'autel s'écroule dans la poussière, et l'intercession du prophète est seule capable de rendre au roi la santé. Qui peut, ici où l'on a sous les yeux un mythe évident, discuter sur la manière miraculeuse ou naturelle dont les choses se sont passées? Il est dès lors loisible de conjecturer que l'imitation du récit de l'Ancien Testament s'est étendue à notre récit évangélique, avec cette différence toutefois, que, conformément à l'esprit du christianisme, le desséchement de la main n'y apparaît pas comme un miracle vengeur, mais y est représenté comme une maladie naturelle dont la guérison seulement, et non la production, est attribuée à Jésus. De même encore, tandis que l'extension de la main figure dans l'Ancien Testament comme la cause criminelle de la maladie et comme une punition permanente, et que, par conséquent, l'adduction est présentée comme le signe de la guérison, dans l'évangile la main qui, jusque-là, avait été dans un état d'adduction morbide, peut être de nouveau étendue après la guérison accomplie. A cette époque, dans l'Orient, on attribuait aux favoris des dieux le pouvoir d'opérer de pareilles guérisons ; nous le voyons dans un récit déjà cité, où l'histoire rapporte que Vespasien, outre la guérison d'un aveugle, opéra aussi la guérison d'une main malade (1).

Au reste, ce n'est pas pour le miracle en lui-même que les évangélistes rapportent cette histoire : l'objet principal, c'est que la cure a été faite un jour de sabbat ; et tout le

---

(1) Tacit., *Histor.*, 4, 81.

trait de l'anecdote est dans les mots par lesquels Jésus justifie contre les Pharisiens l'exercice de sa puissance curative pendant le sabbat. Chez Luc et chez Marc, il répond en demandant ce qui convient le mieux pour un jour de sabbat, de faire du bien ou du mal, de conserver ou de détruire une vie. Chez Matthieu, outre une portion de ce discours, il allègue le dicton sur la brebis qui tombe dans une fosse et que l'on en retire un jour de sabbat. Luc, qui n'a pas ici cet apophthegme, le met dans la bouche de Jésus à l'occasion de la guérison d'un *hydropique*, ὑδρωπικὸς (14, 5), avec cette différence qu'au lieu d'une *brebis*, πρόϐατον, il s'agit d'un *âne ou d'un bœuf*, ὄνος ἢ βοῦς, et d'un puits au lieu d'un fossé; récit qui, du reste, frappe par sa ressemblance avec celui que nous examinons. Jésus dîne chez un chef des Pharisiens où on l'observe comme on l'observait dans la synagogue d'après les deux évangélistes intermédiaires (ici : ἦσαν παρατηρούμενοι, là : παρετήρουν). Un hydropique est présent, comme l'était plus haut un homme à la main desséchée. De même que, dans l'histoire de la main malade, les Pharisiens, d'après Matthieu, demandent à Jésus *s'il est permis de guérir un jour de sabbat*, εἰ ἔξεστι τοῖς σάϐϐασι θεραπεύειν, Jésus, d'après Marc et Luc, leur demande s'il est permis de sauver une vie un jour de sabbat, etc., de même, dans l'histoire de l'hydropique, Jésus leur propose la question de savoir *s'il est permis de guérir un jour de sabbat*, εἰ ἔξεστι τῷ σαϐϐάτῳ θεραπεύειν; sur quoi, dans l'une comme dans l'autre histoire, les Pharisiens interrogés gardent le silence (dans l'histoire de la main, Marc : οἱ δὲ ἐσιώπων; dans l'histoire de l'hydropique, Luc : οἱ δὲ ἡσύχασαν). Enfin le dicton sur l'animal tombé dans le puits sert d'épilogue à la guérison, comme chez Matthieu il avait servi de prologue. Luc a encore un troisième récit très semblable qui lui est propre (13, 10 seq.) : Jésus enseigne, comme dans la première histoire, un jour de sabbat, au milieu d'une synagogue; il s'y trouve une femme qui, depuis dix-huit ans, par l'effet d'un *esprit de maladie*, πνεῦμα ἔχουσα ἀσθενείας, était tellement courbée qu'elle ne pouvait plus se redresser. Jésus l'appela à lui, lui annonça qu'elle serait délivrée de son mal, et lui imposa les mains; aussitôt elle se redressa et loua Dieu. Mais le président de la synagogue enjoint avec colère au peuple de se faire guérir les jours de la semaine, et non le jour du sabbat, sur quoi Jésus lui répond en lui demandant à son tour, si chacun, un jour de sabbat, ne détache pas de la crèche son bœuf ou son âne, et ne le conduit pas à l'abreuvoir.

Ces trois histoires ont une ressemblance toute spéciale. Si les personnes guéries et les maladies diffèrent, la position dans laquelle Jésus opère la guérison et l'application morale qu'il en fait sont identiques, même dans la forme. Il est donc naturel de demander si nous avons ici trois histoires différentes ou seulement des variations différentes d'une seule et même histoire, ou enfin, si du moins nous pouvons admettre que trois événements qui, dans l'origine, n'étaient pas aussi semblables, ont été assimilés l'un à l'autre dans la tradition. Sans doute, avec la manière de voir que Jésus avait sur la célébration du sabbat en opposition à celle des Pharisiens, avec la disposition où il était d'employer à la guérison des maladies la force particulière qu'il possédait, le cas qui fait la base de nos trois récits put se représenter plus d'une fois; sans doute encore Jésus put trouver bon de répéter la sentence frappante relative aux soins que les animaux domestiques exigent le jour du sabbat, et de la répéter avec les modifications que nous avons remarquées dans les trois histoires : cela n'est pas contestable. Toutefois, comme tout roule ici, non sur une guérison particulière, mais sur le jour où elle fut opérée, et sur l'attaque et la justification dont elle fut l'objet, on ne peut nier non plus la possibilité de modifications que la tradition aurait fait subir à ces circonstances accessoires, et la création de cadres différents propres à recevoir l'apophthegme immortel et vraiment populaire sur l'animal domestique qu'il faut sauver ou panser, même un jour de sabbat. Une circonstance vient à l'appui de cette dernière hypothèse, c'est que le premier des trois récits semblables, celui de la main sèche, est seul commun aux synoptiques, tandis que Luc est l'unique garant des deux autres. Et, à leur tour, ces deux autres, qui ne sont séparés que par un court intervalle, ont une similitude tellement frappante, que Schleiermacher juge que, si le second de ces deux récits provenait originairement du même auteur que le premier, cet auteur se serait nécessairement abstenu de le reproduire, et s'en serait référé au premier; que, puisqu'il n'en est pas ainsi, il faut admettre que Luc a puisé, à deux sources écrites différentes, les deux récits qu'il a consignés dans son évangile (1). Mais, dans ce cas, combien n'est-il pas possible que l'objet de la célèbre guérison dans un jour de sabbat ait été désigné à l'une des autorités de Luc comme étant une femme courbée, et à l'autre un homme hydropique ! On pourrait sans doute concevoir que ces deux malades, de même que l'homme à la main desséchée, aient été tous réellement guéris par Jésus, et que la légende n'ait manifesté sa force assimilatrice qu'en transportant toutes ces guérisons dans un jour de sabbat. C'est le dernier point de vue auquel il nous faut examiner ces guérisons; et, à cet égard, nous demanderons si toutes, ou seulement quelques unes, et dans ce cas laquelle, peuvent être conçues comme vraies historiquement. Nous avons déjà vu, au sujet de la main desséchée, qu'une guérison magnétique et psychologique de cet état n'est pas inconcevable; mais nous avons également trouvé possible que tout ce récit eût une origine mythique, et eût été formé sur le modèle

(1) *Ueber den Lukas*, S. 196.

d'une histoire de l'Ancien Testament. La guérison de la femme courbée admet également une conception historique; et pour celle-ci nous n'avons pas, comme nous avions pour l'autre, un motif de chercher une origine mythique; mais la durée de la maladie (dix-huit ans) est une condition qui fait difficulté. Quant à la guérison de l'hydropique, elle offre des obstacles à peine surmontables. Ici, en effet, il ne s'agit pas seulement, comme dans les deux autres cas, d'une disposition morbide, mais il s'agit (si la maladie est décrite avec exactitude) d'une matière morbide, d'un liquide amassé sous la peau, dont on ne peut concevoir la disparition subite que par une opération chirurgicale (1), ou par un miracle, dans le sens rigoureux de ce mot. Or, nous excluons tout d'abord cette dernière explication; mais la première est contraire au mode de procéder que suivait ordinairement Jésus. Nous ne pouvons donc considérer ce récit tel qu'il se comporte comme un récit fidèlement historique, mais nous devons y voir une élaboration libre du thème des guérisons pendant le jour du sabbat.

Des deux guérisons opérées le jour du sabbat, que le quatrième évangile rapporte, nous avons déjà considéré l'une avec les guérisons d'aveugles; la seconde (5, 1 seq.), admissible parmi les guérisons des paralytiques, a pu, attendu que le malade n'y a pas reçu cette qualification, être réservée pour ce chapitre. Sous les galeries de l'étang de Béthesda, à Jérusalem, Jésus trouva un homme malade depuis trente-huit ans : c'était un paralytique, comme on le voit par la suite du récit. Jésus, d'un seul mot, le mit en état de se lever et de remporter son lit; mais, comme c'était un jour de sabbat, il s'attira l'inimitié des chefs juifs. Depuis Woolston (2), plusieurs ont cru se tirer de cette histoire, en disant que Jésus avait ici, non pas guéri un

---

(1) Comparez l'explication naturelle de Paulus, *Exeg. Handb.*, 2, S. 341 f.

(2) *Disc.*, 8.

véritable malade, mais démasqué un malade simulé (1). Le seul motif que l'on puisse alléguer avec quelque apparence en faveur de cette explication, c'est que l'homme guéri désigna Jésus à ses ennemis comme étant celui qui lui avait commandé de porter son lit un jour de sabbat (v. 15, comparez v. 11 seq.), circonstance qu'on ne prétend explicable qu'autant que Jésus l'aurait blessé en quelque chose. Mais l'homme guéri fit cette déclaration, ou à bonne intention, comme l'aveugle de naissance (Joh., 9, 11. 25), ou du moins dans l'intention innocente de détourner de soi la faute de la transgression du sabbat, et d'en rejeter le blâme sur un plus fort que lui (2). Quant à la réalité de la maladie, et même à sa longue durée, toujours est-il que l'évangéliste y a cru, puisqu'il désigne cet homme comme *étant malade depuis trente-huit ans*, τριάκοντα καὶ ὀκτὼ ἔτη ἔχων ἐν τῇ ἀσθενείᾳ (v. 5). Aussi Paulus, qui d'abord avait proposé une explication forcée d'après laquelle les trente-huit ans se rapportaient à l'âge de l'homme et non à la durée de la maladie, a été obligé récemment de renoncer à la défendre (3). En considérant la maladie comme feinte, on ne comprendrait pas non plus les paroles que Jésus, rencontrant cet homme plus tard, lui adressa : *Vous voyez que vous avez été guéri, ne péchez plus, de peur qu'il ne vous arrive quelque chose de pire*, ἴδε ὑγιὴς γέγονας· μηκέτι ἁμάρτανε ἵνα μὴ χεῖρόν τί σοι γένηται (v. 14). Paulus lui-même se voit contraint par ces paroles de supposer chez cet homme une incommodité réelle, mais peu importante, c'est-à-dire d'avouer que l'opinion qu'il s'est faite de cette anecdote est insuffisante ; il nous reste donc ici un miracle qui n'est pas un des moindres.

Quant à la créance historique que mérite le récit, on

---

(1) Paulus, *Comm.*, 4, S. 265 ff. L. J., 1, a, S. 298 ff.
(2) Voyez Lücke et Tholuck, sur ce passage.
(3) Comparez sa *Vie de Jésus*, 1, a, S. 298, avec son *Comm.*, 4, S. 290.

peut avant tout trouver singulier qu'un établissement de bienfaisance aussi considérable que Béthesda, d'après la description de Jean, ne soit mentionné ni par Josèphe, ni par les rabbins (1); d'autant plus que l'opinion populaire rattachait à cet étang une vertu curative miraculeuse (2). Mais cela ne décide pas encore la question. La description de l'étang renferme, il est vrai, une croyance populaire à une fable, et cette croyance semble approuvée par le narrateur; car, lors même que le verset 4 serait interpolé, ce qui n'est nullement décidé (3), la supposition de la même croyance est renfermée implicitement dans l'expression : *dès que l'eau en a été agitée*, ὅταν ταραχθῇ τὸ ὕδωρ (v. 7). Mais cette croyance fabuleuse rapportée par l'évangéliste ne prouve rien contre la vérité du récit, puisqu'un témoin oculaire, un apôtre de Jésus peut l'avoir partagée. Il n'en est pas de même du reste; un homme paralysé depuis trente-huit ans, de telle façon que, incapable de marcher, il était contraint de rester couché sur un lit, est rétabli complétement et instantanément par la parole d'un homme qui, ainsi que cela est expressément remarqué, lui était tout à fait inconnu. Cela dépasse d'une manière embarrassante tous les autres récits analogues de guérisons; les maladies qui avaient duré le plus longtemps sont, chez les synoptiques, une perte de douze ans, et la courbure du corps qui avait persisté dix-huit ans, et dont il vient d'être question. A la vérité, dès que l'on reconnaît comme curable, de la manière indiquée dans les évangiles, une affection de ce genre, quoique d'une durée plus courte, il peut paraître arbitraire de rejeter une autre histoire, semblable du reste, uniquement pour une différence en plus relative à la durée

(1) Les premiers qui en parlent sont des écrivains chrétiens (Eusèbe et Jérôme, qui après la destruction de Jérusalem ont pu prendre un étang quelconque de la localité pour celui de notre passage.
(2) Bretschneider, *Probab.*, S. 69.
(3) Voyez De Wette, sur ce passage.

du mal. Mais à ce motif négatif contre la vraisemblance historique du récit se joint un motif positif qui fait soupçonner que c'est une fiction. Cette particularité de la durée plus longue de la maladie, particularité qui suscite nos doutes, est justement caractéristique de la manière par laquelle le quatrième évangile se distingue des autres, et dont nous avons vu et verrons encore des exemples. Là où les synoptiques ont simplement des aveugles, le quatrième évangéliste a un aveugle de naissance. Au lieu de faire ressusciter par Jésus des personnes qui viennent d'expirer, il lui fait ressusciter un mort qui est depuis quatre jours dans le tombeau. Ici encore, au lieu d'avoir simplement un paralytique, il a un paralytique de trente-huit ans, progression croissante dans le merveilleux, qui, lui étant aussi habituelle qu'elle l'est, et étant aussi dépourvue de confirmation de la part des synoptiques, doit exciter le soupçon d'être une fiction. Quant à l'autre particularité de ce récit, à savoir que, parmi la multitude de malades qui se trouvaient sous les galeries de Béthesda, Jésus choisit celui-là seul pour le guérir, elle n'aurait jamais dû faire difficulté (1); car la guérison de celui qui était malade depuis le plus de temps était non seulement particulièrement propre à glorifier la puissance miraculeuse du Messie, mais encore elle suffisait pour atteindre ce but. Cependant, d'un autre côté, elle prête à une conjecture qui attaque le caractère historique du récit. Sur un grand théâtre où sont exposées toutes les misères humaines s'avance Jésus, médecin sublime qui guérit les maux par des miracles, et il choisit celui qui est en proie à l'affection la plus opiniâtre pour donner, en le rétablissant, la preuve la plus éclatante de sa puissance curative; célébrité, publicité, authenticité, toutes conditions qui se retrouvent ici non moins que dans l'histoire de l'aveugle de naissance, comme nous l'avons déjà vu, et dont le qua-

(1) Hase y voit une difficulté, L. J., § 92.

trième évangéliste, à la différence des autres, se complaît tant à entourer les guérisons miraculeuses de Jésus. Si l'on cédait à ce soupçon relatif au récit qui nous occupe, on admettrait que l'évangéliste eut une connaissance, à la vérité passablement indécise, de pareilles cures de Jésus, et en particulier de celle du paralytique (Matth., 9, 2 seq. et passages parallèles); car la parole qui guérit et l'effet de la guérison sont rapportés chez Jean presque dans les mêmes termes que chez Marc dans l'autre histoire (1). Remarquons une similitude de plus avec le récit des synoptiques : la guérison y paraît en même temps un acte de rémission des péchés, et cette rémission a laissé une trace dans le récit de Jean; car, de même que, chez les synoptiques, Jésus tranquillise le malade avant la guérison, en lui disant : *Que vos péchés vous soient remis*, ἀφέωνταί σοι αἱ ἁμαρτίαι, de même chez Jean, il l'avertit après la guérison en lui disant : *Ne péchez plus*, etc., μήκετι ἁμάρτανε κτλ. Quant au jour du sabbat où fut placée cette histoire de guérison parée de tant d'ornements, une circonstance put en suggérer l'idée; car Jésus y ordonnait au malade de remporter son lit, et cette injonction put paraître l'occasion la plus propre à susciter le reproche que ses ennemis lui adressèrent d'avoir profané le sabbat (2).

(1) Marc., 2, 9 : (Lequel est le plus aisé de dire...) Levez-vous, prenez votre lit et marchez? (Τί ἐστιν εὐκοπώτερον, εἰπεῖν...) ἔγειρε, ἆρόν σου τὸν κράββατον, καὶ περιπάτει.

10 : Levez-vous, prenez votre lit et vous en allez dans votre maison. Ἔγειρε, ἆρον τὸν κράββατόν σου καὶ ὕπαγε εἰς τὸν οἶκόν σου.

12 : Il se leva dans le moment, prit son lit, et sortit à la vue de tout le monde. Καὶ ἠγέρθη εὐθέως, καὶ ἄρας τὸν κράββατον ἐξῆλθεν ἐναντίον πάντων.

Joh. 5, 8 : Levez-vous, prenez votre lit et allez-vous-en. Ἔγειραι, ἆρον τὸν κράββατόν σου, καὶ περιπάτει.

9 : Au même instant cet homme fut guéri, et, prenant son lit, il s'en alla. Καὶ εὐθέως ἐγένετο ὑγιὴς ὁ ἄνθρωπος, καὶ ἦρε τὸν κράββατον αὐτοῦ, καὶ περιεπάτει.

(2) Comparez l'opinion de Weisse, 1, S. 128 ff.; elle est analogue.

§ XCVIII.

Résurrections de morts.

Les évangélistes racontent trois résurrections de morts ; l'une est commune aux trois synoptiques, une autre est propre à Luc, et la troisième l'est à Jean.

La résurrection commune aux trois synoptiques est celle qui fut opérée par Jésus sur une jeune fille et qui est réunie dans les trois récits à l'histoire de la femme affectée d'une perte (Matth., 9, 18 seq. 23.—26; Marc, 5, 22 seq.; Luc, 8, 41 seq.). Dans la désignation plus précise de la jeune fille et de son père, il y a des divergences entre les synoptiques : Matthieu, sans dire le nom du père, le désigne d'une manière indécise comme *un des chefs*, ἄρχων εἷς; les deux autres, comme le chef de la synagogue, et l'appellent *Jaïrus*, Ἰάειρος; ils ajoutent que la fille était âgée de douze ans; Luc dit même qu'elle était l'unique enfant de son père, double circonstance dont Matthieu ne parle pas. Il est une autre divergence plus considérable : c'est que, d'après Matthieu, le père annonce tout d'abord que sa fille est morte, et en sollicite la résurrection; au contraire, d'après les deux autres, il l'avait quittée encore vivante, mais à l'agonie pour aller chercher Jésus et empêcher par cette intervention la mort de son enfant; et ce n'est que lorsque Jésus est en route avec lui, que des gens sortent de sa maison et lui annoncent que, dans l'intervalle, la jeune fille a succombé, et que, désormais, tout effort de Jésus est inutile. Les circonstances de la résurrection sont aussi décrites différemment. Matthieu ne paraît pas savoir que Jésus n'eût pris pour témoins avec lui (ce que rapportent les deux autres) que ses apôtres les plus intimes, Pierre et les deux fils de Zébédée. Quelques théologiens, Storr, par exemple, ont trouvé ces divergences assez considérables pour admettre deux cas différents, où Jésus ressuscita avec des circonstances analogues, la première fois la fille d'un chef temporel (Matthieu), la seconde fois la fille d'un chef de synagogue, Jaïrus (Marc et Luc) (1). Storr admet en outre (et cela est nécessaire au point de vue où il s'est placé) que Jésus non seulement ressuscita deux fois une jeune fille, mais encore que, les deux fois, il guérit immédiatement auparavant une femme affectée d'une perte; or cela est une coïncidence qui ne devient pas plus vraisemblable par la vague remarque de Storr, qui dit que des choses très semblables peuvent se produire dans des temps différents. Il faut donc accorder que les évangélistes ne racontent qu'un seul et même fait; mais il faudrait en même temps renoncer à la faiblesse de vouloir faire concorder pleinement entre eux leurs récits; car, ni l'expression de Matthieu ἄρτι ἐτελεύτησε, ne peut signifier, comme Kuinœl le veut (2), *elle est près de mourir*; ni les expressions de Marc et de Luc ἐσχάτως ἔχει et ἀπέθνησκε ne peuvent s'entendre de la mort déjà accomplie, d'autant plus que, chez ces deux évangélistes, la nouvelle de la mort est apportée postérieurement au père comme quelque chose de nouveau (3).

Si donc la critique moderne a concédé avec raison qu'il y avait ici une divergence entre les récits, elle n'en trouve pas moins, d'une voix unanime, que la narration la plus exacte est du côté des évangélistes intermédiaires, soit que, épargnant Matthieu, on qualifie son récit d'abrégé qui peut être l'œuvre d'un témoin oculaire (4), soit que l'on considère cette infériorité dans l'exactitude comme un signe que

(1) *Ueber den Zweck des Evang. und der Briefe Joh.*, S. 351 ff.
(2) *Comm. in Matth.*, p. 263. Voyez quelle argumentation : Verba (*nota bene*) Matthæi: Ἄρτι ἐτελεύτησεν non possunt latine reddi : Jam mortua est : nam, auctore (*nota bene*) Luca, patri adhuc cum Christo colloquenti nuntiabat servus filiam jam expirasse; ergo (auctore Matthæo?) nondum mortua erat, cum pater ad Jesum accederet.
(3) Comparez, sur ces fausses tentatives de conciliation, Schleiermacher, *Ueber den Lukas*, S. 132, et Fritzsche, *in Matth.*, p. 347 seq.
(4) Olshausen, 1, S. 346.

le premier évangile n'a pas une origine apostolique (1). Sans doute Marc et Luc donnent le nom du suppliant, ce que ne fait pas Matthieu, et ils désignent sa position sociale plus exactement que lui. Mais cette précision plus grande peut aussi bien s'expliquer à leur désavantage que s'expliquer, comme on l'explique d'ordinaire, à leur avantage; car, nous l'avons déjà remarqué, ces désignations de personnes sont, non rarement, une addition de la légende postérieure : c'est ainsi que la femme affectée d'une perte n'a reçu que dans la tradition d'un Jean Malala le nom de Véronique (2), que la femme cananéenne ne s'appelle Justa que dans les Clémentines (3), et que les deux crucifiés avec Jésus ne sont appelés Gestas et Demas que dans l'Évangile de Nicodème (4). Quand Luc dit que la fille est *enfant unique*, μονογενής, cela ne sert qu'à rendre la scène plus touchante, et il put prendre, et Marc après lui, les *douze ans* à l'histoire de la femme affectée d'une perte. La divergence entre Matthieu, qui rapporte que la jeune fille était déjà morte, et entre les deux autres, qui rapportent que le père annonça seulement sa mort prochaine, aurait été l'objet d'un examen bien superficiel, si, d'après la règle même que j'ai posée, on croyait pouvoir l'expliquer au désavantage de Matthieu, sous prétexte que chez lui le miracle est grossi. Les deux autres aussi parlent de la mort de la jeune fille, seulement ils en parlent plus tard; et, si Matthieu la place quelques instants plus tôt, cela ne peut pas s'appeler un grossissement du miracle. Au contraire, on doit dire que, chez les deux autres, la puissance miraculeuse de Jésus est grossie, sinon objectivement, c'est-à-dire en fait, au moins subjectivement, c'est-à-dire dans l'esprit du lecteur, par le contraste et l'imprévu qui caractérisent les

---

(1) Schleiermacher, l. c., S. 131 ff.; Schulz, *Ueber das Abendm.*, S. 316 f.
(2) Voyez Fabricius, *Cod. apoc. N. T.*, 2, p. 449 seq.
(3) *Homil.*, 2, 19.
(4) Cap. 10.

récits des deux évangélistes intermédiaires. Là où Jésus est tout d'abord prié d'opérer une résurrection, il ne fait pas plus qu'on ne lui demande; ici, au contraire, où, sollicité d'opérer seulement une guérison de maladie, il accomplit une résurrection, il fait plus que les personnes intéressées ne sollicitent et n'entendent. Là où la puissance de ressusciter les morts est supposée en Jésus par le père, ce qu'a d'extraordinaire un pareil pouvoir n'est pas autant mis en relief qu'ici où le père ne lui suppose d'abord que le pouvoir de guérir la malade, et est détourné, la mort étant survenue, de conserver aucune espérance. Quant à la description de l'arrivée et de la conduite de Jésus dans la maison mortuaire, Matthieu est, malgré sa brièveté, plus clair du moins que les autres avec leurs relations prolixes. D'après Matthieu, Jésus, arrivé dans la maison, et voyant les joueurs de flûte et une troupe de gens assemblés pour le convoi, les renvoie sur le motif qu'il n'y aura pas de mort dans la maison; cela est parfaitement intelligible. Mais il est difficile de trouver un motif qui explique pourquoi il aurait, ainsi que le disent Marc et Luc, exclu tous ses apôtres, excepté Pierre et les deux fils de Zébédée, de l'acte qu'il allait accomplir. Dire qu'un plus grand nombre de spectateurs aurait mis, physiquement ou psychologiquement, un obstacle à la résurrection, c'est énoncer implicitement qu'elle fut un acte naturel. Le miracle admis, on ne pourrait trouver le motif de cette exclusion que dans la moindre capacité des apôtres exclus, infériorité qui aurait bien plutôt eu besoin d'être relevée par le spectacle d'un pareil miracle. De plus, si l'on fait attention qu'en opposition à la finale de Matthieu, qui dit que le bruit de cet événement se répandit dans tout le pays, les deux autres synoptiques font recommander par Jésus le silence le plus rigoureux à ceux qui en furent témoins, il semblera naturel d'admettre que Marc et Luc ont considéré cette résurrection comme un mystère auquel, outre les proches, n'avaient été admis que les apôtres les plus intimes. Schulz a fait valoir que, tandis que Matthieu rapporte que Jésus prit simplement la jeune fille par la main, Marc et Luc nous ont conservé les paroles qu'il prononça en cette occasion, et que Marc même les a citées dans la langue originale. Mais cette particularité est sans aucun poids, ou, si elle en a, c'est contre l'opinion que ce théologien soutient. Que Jésus, s'il prononça quelques paroles en ressuscitant une jeune fille, se soit servi à peu près des mots, *ma fille, levez-vous,* ἡ παῖς, ἐγείρου, c'est ce qu'aurait pu imaginer le narrateur même le plus éloigné du fait; et, si l'on regarde dans Marc ces mots syriaques, ταλιθὰ κοῦμι, comme le signe d'une source particulièrement originale à laquelle l'évangéliste aurait puisé, on oublie qu'il est bien plus simple de supposer que, du texte grec qui lui a servi d'autorité, il les a, comme le reste, transportés dans son évangile, afin de reproduire, ainsi qu'il l'a déjà fait pour le mot syriaque ἐφφαθὰ, la mystérieuse parole de vie qui, répétée dans une langue inconnue, devait frapper d'autant plus l'imagination. Nous nous abstiendrons donc volontiers de décider avec la sagacité de Schleiermacher, si l'auteur du récit de Luc a été un des trois apôtres admis, ou si celui qui le raconta le premier, le consigna aussi par écrit (1).

Supposant que la chose est réellement arrivée, l'explication naturelle procède ici avec une confiance toute particulière; car elle croit avoir en sa faveur la propre déclaration de Jésus, quand elle soutient que la jeune fille n'était pas réellement morte, mais qu'elle était dans un état de défaillance semblable au sommeil. Et, non seulement des commentateurs décidément rationalistes comme Paulus, ou des demi-rationalistes comme Schleiermacher, mais encore des théologiens décidément surnaturalistes comme Olshausen,

(1) L. c., S. 129.

croient, en raison de la déclaration de Jésus dont il s'agit, ne pas devoir songer à une résurrection (1). Le commentateur nommé en dernier lieu attache une importance particulière à l'opposition qui se trouve dans le discours de Jésus, et pense que, puisqu'aux mots *elle n'est pas morte*, οὐκ ἀπέθανε, sont joints les mots, *mais elle dort*, ἀλλὰ καθεύδει, les premiers ne peuvent pas être entendus simplement dans ce sens : *elle n'est pas morte, puisque j'ai le dessein de la réveiller;* ce qui est fort singulier, puisque, si cette addition indique que la jeune fille n'est pas morte, c'est seulement parce que Jésus a le pouvoir de la ressusciter. On invoque en outre ce que Jésus dit touchant Lazare (Joh., 11, 14), passage où les expressions *Lazare est mort*, Λάζαρος ἀπέθανε, forment exactement la contre-partie des expressions que nous examinons en ce moment : *l'enfant n'est pas mort*, οὐκ ἀπέθανε τὸ κοράσιον. Mais, précédemment aussi, Jésus avait dit de Lazare : *cette maladie n'est pas mortelle*, αὕτη ἡ ἀσθένεια οὐκ ἔστι πρὸς θάνατον (v. 4), et *Lazare notre ami dort*, Λάζαρος ὁ φίλος ἡμῶν κεκοίμηται (v. 11). Il nie donc aussi, dans le passage de Jean, la mort de Lazare; il soutient comme ici que c'est un simple sommeil, et cependant il parlait, dans le cas de Lazare, d'un véritable mort. En conséquence, Fritzsche a certainement raison quand il paraphrase ainsi les paroles de Jésus dans le passage que nous examinons : *ne regardez pas la jeune fille comme morte, mais croyez qu'elle dort, car elle va bientôt revenir à la vie.* D'ailleurs, quand, plus loin, Matthieu (11, 5) fait dire à Jésus *les morts ressuscitent*, νεκροὶ ἐγείρονται, cet évangéliste, n'ayant encore jusque-là raconté aucune résurrection, paraît avoir songé à celle-là même (2).

(1) Paulus, *Exeget. Handb.*, 1, b, S. 526, 81 f.; Schleiermacher, l. c., S. 132; Olshausen, 1, S. 321 f. Neander lui-même ne se prononce pas complètement contre cette explication des paroles de Jésus; mais, quant à l'état de la jeune fille elle-même, il trouve vraisemblable la supposition d'une mort apparente. L. J. Chr., S. 343; comp. 338.
(2) Comp. De Wette, *Exeg. Handb.*, 1, 1, S. 95; Weisse, *Die ev. Geschichte*, 1, S. 503.

Mais, indépendamment de la fausse interprétation des paroles de Jésus, l'explication naturelle a encore plusieurs autres difficultés. Sans doute on ne contestera pas que dans plusieurs maladies il ne puisse survenir des états qui simulent la mort; on ne contestera pas non plus que, à cause de l'imperfection de la médecine parmi les Juifs d'alors, une syncope ait pu être prise facilement pour une mort véritable. Mais alors, d'où Jésus a-t-il su qu'il n'y avait qu'une mort apparente chez cette jeune fille? Quand bien même le père lui aurait rapporté, avec toute exactitude, la marche de la maladie, quand bien même il aurait eu une connaissance préalable de l'état où se trouvait la jeune fille, ainsi que le suppose l'explication naturelle, toujours est-il que l'on est en droit de demander comment il put assez compter sur ces vagues indications pour déclarer, précisément d'après l'interprétation que les rationalistes donnent à ses paroles, que l'enfant n'était pas mort, contradictoirement à l'assertion des témoins oculaires, et sans avoir vu encore la malade. C'eût été une témérité, c'eût été même une folie, si Jésus n'avait pas eu, par voie surnaturelle, une connaissance assurée du véritable état des choses (1); mais alors on quitte le point de vue de l'explication naturelle. Paulus va plus loin; le membre de phrase : *Jésus prit la main*, ἐκράτησε τῆς χειρὸς αὐτῆς, et le membre de phrase : *l'enfant ressuscita*, ἠγέρθη τὸ κοράσιον, qui sont sans doute réunis chez Matthieu fort étroitement, le sont encore davantage par les mots *aussitôt*, εὐθέως, et *sur-le-champ*, παραχρῆμα, dans les deux autres évangélistes; eh bien, cela n'empêche pas Paulus d'intercaler, entre ces deux membres de phrase, un traitement médical qui dura quelque temps; et Venturini n'hésite pas à nommer un à un les remèdes qui furent employés (2). Olshausen, pour combattre de pareilles atteintes portées arbitrai-

---

(1) Comparez Neander, L. J. Chr., S. 342.

(2) *Natürliche Geschichte*, 2, S. 312.

rement au texte, soutient fermement, et avec raison, que, dans l'opinion des narrateurs, la parole vivifiante de Jésus, et, nous pouvons ajouter, le contact de sa main munie d'une force divine, furent les intermédiaires de la résurrection de la jeune fille.

Dans l'histoire de résurrection qui est propre à Luc (7, 11 seq.), l'explication naturelle manque du point d'appui que lui avait fourni celle que nous venons d'examiner, et où des expressions mises dans la bouche de Jésus semblaient nier la réalité de la mort. Cependant, les interprètes rationalistes prennent courage, et ils mettent leur espoir principalement dans le discours que Jésus (v. 14) adresse au jeune homme couché dans le cercueil. Or, disent-ils, on ne peut pas adresser la parole à un mort; on ne peut l'adresser qu'à un être que l'on sait ou que l'on suppose en état d'entendre (1). Mais cette règle prouverait aussi que les morts que Jésus ressuscitera à la fin des jours ne sont que des morts en apparence, parce que, autrement, ils ne pourraient entendre sa voix, comme il est dit expressément qu'ils l'entendront (Joh., 5, 28, comparez 1. Thess., 4, 16); elle prouverait donc trop. Sans doute celui à qui l'on parle doit être supposé entendre et vivre dans un certain sens, mais dans ce sens seulement, que la voix de celui qui ressuscite le mort puisse pénétrer même dans des oreilles privées de vie. Nous accorderons encore qu'il est possible que, les Juifs ayant la mauvaise coutume d'enterrer les morts peu d'heures après leur décès, un individu qui n'était que dans un état de mort apparente ait été porté au tombeau (2); mais tout ce que l'on imagine ultérieurement pour montrer que cette possibilité a été dans ce cas particulier une réalité, est un tissu de fictions. On veut expliquer comment Jésus, même sans avoir le dessein de faire en cette circonstance un mi-

---

(1) Paulus, *Exeget. Handb.*, 1, b, S. 716, Anm. und 719 f.

(2) Paulus, l. c., S. 723. Comparez De Wette, *Exeg. Handb.*, 1, 2, S. 47.

racle, se mêla au convoi funéraire, comment il put concevoir le soupçon que la personne qu'on allait enterrer n'était peut-être pas réellement morte ; et, pour cela, on imagine d'abord que les deux troupes, c'est-à-dire le convoi et les compagnons de Jésus, se rencontrèrent sous la porte de la ville, et que, se fermant réciproquement le chemin, elles s'arrêtèrent un moment. Mais c'est justement contredire le texte, qui dit que les porteurs ne s'arrêtèrent que lorsque Jésus saisit le cercueil. Touché des circonstances de cette mort, circonstances dont il se fit faire le récit pendant la suspension de la marche, Jésus s'approcha de la mère, et, sans songer à une résurrection qu'il dût accomplir, il lui adressa, simplement pour la consoler, les mots : *Ne pleurez pas*, μὴ κλαῖε (1). Mais ne serait-ce pas un froid et téméraire consolateur, qui, à une mère conduisant son fils unique à la sépulture, irait défendre de pleurer, sans offrir ni un secours réel en rendant la vie au défunt, ni un secours moral en cherchant des motifs de consolation ? Or, Jésus ne donne aucun motif de ce genre. Si donc il ne s'est pas montré ici complétement dépourvu de sensibilité, il faut qu'il ait songé à rendre la vie au mort, et il s'y prépare en effet, puisqu'il saisit le cercueil et arrête les porteurs. Avant la parole qui rappelle le mort à l'existence, l'explication naturelle intercale une circonstance, à savoir, que Jésus remarqua sur le jeune homme un signe de vie quelconque, et ce fut, ou immédiatement après cette remarque, ou après l'application préalable de médicaments (2), qu'il prononça les paroles qui lui servirent à réveiller complétement le mort. Mais oublions que ces circonstances intermédiaires n'existent pas dans le texte ; oublions que les fortes paroles : *Levez-vous, jeune homme, je vous le commande*, νεανίσκε, σοὶ λέγω, ἐγέρθητι, ressemblent plus à l'ordre impérieux d'un homme

---

(1) C'est ce que dit aussi Hase, L. J., § 87. (2) Venturini, 2, S. 293.

qui fait un miracle qu'à l'effort d'un médecin qui essaie de rappeler à lui un homme en syncope. Comment Jésus, s'il savait en lui-même qu'il avait trouvé le jeune homme encore vivant, et non qu'il l'avait rappelé du sein de la mort, comment put-il recevoir, en bonne conscience, les louanges que, d'après le récit, la foule témoin de ce miracle lui prodigua comme à un grand prophète? D'après Paulus, il ne sut lui-même comment il devait considérer le résultat. Mais justement, s'il n'était pas convaincu qu'il pût se l'attribuer à lui-même, c'était pour lui un devoir de refuser tous les éloges qu'il lui attira, et, s'il ne les écarta pas, cela jette sur lui un jour douteux où il ne se trouve jamais, d'après l'histoire évangélique, pourvu qu'on l'entende sans idée préconçue. Nous devons donc reconnaître encore ici que l'évangéliste veut nous raconter une résurrection miraculeuse, et que, d'après lui aussi, Jésus considéra son œuvre comme un miracle (1).

Moins, dans la troisième histoire de résurrection qui est propre à l'évangile de Jean (chap. 11), et où Lazare est, non un homme mort récemment ou que l'on porte au tombeau, mais un mort enterré depuis plusieurs jours, moins, dis-je, il semble que l'on puisse songer à une explication naturelle, plus les rationalistes ont employé d'artifices et de développements pour lever les difficultés. Remarquons que, à côté de l'interprétation des rationalistes rigoureusement conséquents, qui, conservant le récit évangélique comme absolument historique, ont la prétention d'en expliquer naturellement toutes les parties, il s'est formé une autre explication qui exclut certaines particularités du récit, et admet qu'elles n'y ont été ajoutées qu'après l'événement, ce qui est déjà faire un pas vers l'explication mythique.

L'explication naturelle s'appuie sur les mêmes prémisses que dans le récit précédent, à savoir, qu'un homme déposé

(1) Comparez Schleiermacher, l. c., S. 103 f.

depuis quatre jours dans un tombeau a pu être rappelé à la vie, et que la chose, possible en soi, l'est encore davantage en raison de la coutume juive; possibilité que nous ne contesterons pas ici dans le sens absolu. Cela posé, elle commence (1) en faisant une supposition que nous ne devrions peut-être pas laisser passer, c'est que Jésus s'informa exactement des conditions de la maladie auprès du messager que les sœurs du malade lui envoyèrent, et que la réponse qu'il fit à ce messager : *Cette maladie n'est pas mortelle*, etc., αὕτη ἡ ἀσθένεια οὐκ ἔστι πρὸς θάνατον κτλ. (v. 4), n'est qu'une conclusion tirée par lui des renseignements qu'on lui donna, et n'exprime que la conviction qu'ils lui inspirèrent, que la maladie n'était pas mortelle. Il est une particularité de la conduite subséquente de Jésus, qui s'accorderait très bien avec cette manière d'apprécier l'état d'un ami, c'est qu'après le message reçu, il demeura encore deux jours dans la Pérée (v. 6). En effet, d'après la supposition faite par l'explication naturelle, il put juger que sa présence à Béthanie n'était pas d'une nécessité urgente. Mais comment se fait-il que, ces deux jours étant écoulés, non seulement il se résolve à y aller (v. 8), mais encore qu'il conçoive une tout autre idée de l'état de Lazare, et que même il ait la nouvelle positive de sa mort, qu'il annonce aux apôtres, d'abord d'une manière figurée (v. 11), puis ouvertement (v. 14). Ici l'explication naturelle éprouve une notable solution de continuité, qu'elle ne rend que plus frappante en imaginant un second messager (2), qui apporte, au bout des deux jours à Jésus, la nouvelle de la mort de Lazare, survenue pendant l'intervalle. Le rédacteur de l'Évangile n'a pas du moins eu connaissance d'un second message, autrement il en aurait fait mention; car le silence qu'il garde sur ce message donne

---

(1) Paulus, *Comm.*, 4, S. 535, ff. L. J., 1, b, S. 55 ff.

(2) Dans la traduction du texte qui accompagne sa *Vie de Jésus*, Paulus paraît supposer, outre le message mentionné dans l'évangile, *trois autres messages* (p. 46).

à tout le récit une autre apparence, à savoir que Jésus a eu, d'une manière miraculeuse, connaissance de la mort de Lazare. Jésus, lorsqu'il fut décidé à se rendre à Béthanie, dit aux apôtres qu'il voulait réveiller Lazare endormi (κεκοίμηται... ἐξυπνίσω... v. 11). L'explication naturelle se rend compte de cette circonstance, en supposant que Jésus conclut des renseignements fournis par le messager qui lui annonça la mort de Lazare, que ce dernier n'était que dans un état léthargique. Mais ici, pas plus que plus haut, nous ne pouvons attribuer à Jésus une témérité assez peu sage pour qu'il ait donné, avant d'avoir vu le prétendu mort, l'assurance positive qu'il vivait encore (1). Au point de vue de l'explication naturelle, les paroles que Jésus prononce en cette occasion font une nouvelle difficulté; il dit, en effet, à ses apôtres (v. 15), qu'il se réjouit à cause d'eux de ne s'être pas trouvé à Béthanie avant et pendant la mort de Lazare, *afin qu'ils croient*, ἵνα πιστεύσητε. L'explication que Paulus donne de ces paroles, c'est que Jésus aurait craint que la mort de Lazare, survenue en sa présence, n'eût ébranlé leur foi en lui. Elle a d'abord contre elle la remarque de Gabler. Le verbe πιστεύω ne peut pas avoir, sans autre explication, la signification négative de : *Ne pas perdre la foi*, que l'on rendrait bien plutôt par une phrase telle que celle-ci : *Afin que votre foi ne vous abandonne pas*, ἵνα μὴ ἐκλείπῃ ἡ πίστις ὑμῶν (voy. Luc, 22, 32) (2). En second lieu, on ne montrera nulle part que les apôtres se soient fait une idée de Jésus comme Messie, telle que la mort d'un homme ou même d'un ami eût été incompatible avec sa présence.

A partir de l'arrivée de Jésus à Béthanie, le récit évangélique devient un peu plus favorable à l'explication natu-

---

(1) Comparez G. Ch. Flatt, *Un mot pour la défense du miracle de la résurrection de Lazare*, dans *Süskind's Magazin*, 15tes Stück, S. 93 ff.

(2) *Gabler's Journal für auserlesene theol. Literatur*, 3, 2, S. 264 Anm.

relle. A la vérité, quand Marthe lui dit (v. 21 seq.) que, s'il avait été présent, son frère ne serait pas mort; quand elle ajoute : *Mais je sais que, même à présent, tout ce que vous demanderez à Dieu, Dieu vous l'accordera*, ἀλλὰ καὶ νῦν οἶδα, ὅτι ὅσα ἂν αἰτήσῃ τὸν Θεὸν, δώσει σοι ὁ Θεὸς, ces expressions paraissent renfermer, d'une manière non méconnaissable, l'espérance de voir le défunt rappelé à la vie par la puissance de Jésus. Mais, Jésus lui donnant l'assurance que *son frère ressuscitera*, ἀναστήσεται ὁ ἀδελφός σου, elle répond découragée : Oui, au dernier jour (v. 24). Cette réponse prête des secours à une explication qui, dès lors, suppose rétroactivement à l'expression précédente de Marthe (v. 22) un sens mal précisé, à savoir que, même encore aujourd'hui, et bien qu'il n'ait pas conservé la vie à son frère, elle a cependant foi en Jésus, comme étant celui à qui Dieu accorde toutes ses demandes, c'est-à-dire comme étant le favori de la divinité, le Messie. Mais Marthe ne dit pas : *Je crois*, πιστεύω, elle dit : *Je sais*, οἶδα, et la tournure : *Je sais que telle ou telle chose se fera pourvu que tu le veuilles*, est une forme ordinaire mais indirecte de la prière, d'autant moins méconnaissable ici, que l'objet de la demande est clairement manifesté par l'opposition qui avait précédé. Il est donc clair que Marthe veut dire : Tu n'as pas empêché, il est vrai, la mort de mon frère; mais il n'est pas trop tard, même maintenant, et, sur ta demande, Dieu le rendra à toi et à nous. Sans doute il faut admettre que Marthe change de sentiment, puisque l'espérance qu'elle avait à peine exprimée, est déjà éteinte dans sa réponse (v. 24). Mais cela ne doit pas beaucoup nous surprendre chez une femme qui, ici et ailleurs, se montre très mobile; et, dans ce cas particulier, on s'en rend suffisamment compte par la forme de l'assurance qu'avait donnée Jésus. En effet, à sa demande indirecte Marthe avait espéré un assentiment précis; mais, Jésus ayant répondu d'une manière tout à fait générale, et avec une expression par laquelle on avait coutume de caractériser la résurrection à la fin des temps (ἀναστήσεται), elle réplique, moitié piquée, moitié découragée, qu'elle sait que Lazare ressuscitera au dernier jour (1). L'explication naturelle fait justement tourner à son profit cette expression de Jésus si générale, et les expressions encore plus indécises (v. 25) : *Je suis la résurrection*, etc. ἐγώ εἰμι ἡ ἀνάστασις κτλ., et elle dit que Jésus était encore loin de songer à un résultat extraordinaire; en conséquence, il ne donne à Marthe que des consolations générales, promettant que lui, le Messie, procurera une résurrection future et une vie bienheureuse à ceux qui auront cru en lui. Mais plus haut Jésus avait parlé (v. 11) avec assurance à ses apôtres d'un réveil de Lazare, il faudrait donc qu'il eût changé de sentiment pendant cet intervalle; or, on ne trouve aucun motif à un changement. De plus, quand Jésus, sur le point de procéder à la résurrection de Lazare, dit à Marthe (v. 40) : *Ne vous ai-je pas dit que, si vous croyez, vous verrez la gloire de Dieu?* οὐκ εἶπόν σοι, ὅτι ἐὰν πιστεύσῃς, ὄψει τὴν δόξαν τοῦ Θεοῦ, il fait évidemment allusion au verset 23, dans lequel il entend, par conséquent, avoir prédit la résurrection qu'il va opérer. S'il ne la caractérise pas d'une manière plus précise, et s'il cache de nouveau la promesse à peine donnée relativement au *frère*, ἀδελφὸς, en des promesses générales pour celui *qui croit*, πιστεύων (v. 25 seq.), il le fait à dessein, afin d'éprouver la foi de Marthe et d'agrandir son horizon (2).

A ce moment, Marie sort avec un cortége, et ses pleurs touchent Jésus au point de lui arracher des larmes. C'est une circonstance que l'explication naturelle invoque avec une confiance particulière; elle demande si Jésus, dans le cas où il aurait été sûr de la résurrection de son ami, ne se

---

(1) Flatt, l. c., S. 102 f.; De Wette, sur ce passage; Neander, S. 351 f.

(2) Flatt, l. c.; Lücke, Tholuck et De Wette, sur ce passage.

serait pas approché avec la joie la plus vive de ce tombeau, duquel il avait la conscience de pouvoir à l'instant même le retirer vivant. En conséquence, elle entend les mots, *il frémissait*, ἐνεϐριμήσατο (v. 33), *frémissant*, ἐμϐριμώμενος (v. 38), d'un effort violent pour comprimer la douleur que lui avait causée la mort de son ami, douleur qui se fit jour par des *larmes*, ἐδάκρυσεν. Mais l'étymologie d'après laquelle ce mot signifie *fremere in aliquem* ou *in se*, et l'analogie de l'usage dans le Nouveau Testament où il n'a jamais que la signification de *faire des reproches à quelqu'un* (Matth., 9, 30. Marc, 1, 43; 14, 5), montrent que ἐμϐριμᾶσθαι exprime un mouvement de colère, non de douleur; et, dans ce cas particulier où il est joint, non au datif d'une autre personne, mais au mot τῷ πνεύματι et ἐν ἑαυτῷ, il devrait être entendu d'un mécontentement muet et retenu. Cette signification conviendrait très bien au verset 38, où ce mot est répété; car, les Juifs ayant dit auparavant : *cet homme qui a ouvert les yeux d'un aveugle ne pouvait-il pas faire que Lazare ne mourût pas?* οὐκ ἠδύνατο οὗτος, ὁ ἀνοίξας τοὺς ὀφθαλμοὺς τοῦ τυφλοῦ, ποιῆσαι ἵνα καὶ οὗτος μὴ ἀποθάνῃ, cette remarque appartient en tout cas à des gens qui *se scandalisent*, puisque l'acte antérieur de Jésus les empêchait de comprendre sa conduite actuelle, et, à son tour, sa conduite actuelle, de comprendre cet acte antérieur. La première fois que ἐμϐριμᾶσθαι (v. 33) est employé, les larmes que chacun versait peuvent paraître avoir excité en Jésus plutôt un sentiment de tristesse que de mécontentement; mais il est possible aussi qu'il ait fortement désapprouvé le *peu de foi*, ὀλιγοπιστία, qui se manifestait. Si Jésus lui-même fondit en larmes, cela prouve seulement que son mécontentement sur la génération incrédule qui l'entourait devint de la tristesse en s'adoucissant, mais non que la tristesse ait été, dès le commencement, le sentiment qui le remplissait. Enfin, quand les Juifs (v. 36), apercevant les larmes de Jésus, disent entre eux : *Voyez combien il l'aimait*, ἴδε, πῶς ἐφίλει αὐτὸν, cela paraît être plutôt contre que pour ceux qui considèrent l'émotion de Jésus comme de la douleur occasionnée par la mort de son ami, et comme un sentiment de sympathie avec la douleur de ses sœurs; car, de même que le caractère de la narration de Jean fait, en général, attendre une opposition entre le sens véritable de la conduite de Jésus, et la manière dont les spectateurs la comprennent, de même, en particulier, *les Juifs*, οἱ Ἰουδαῖοι, sont toujours, dans cet évangile, ceux qui entendent mal, ou interprètent mal les paroles et les actions de Jésus. On invoque encore le caractère ordinairement si doux de Jésus, à qui ne conviendrait pas la dureté qu'il aurait montrée s'il était choqué des larmes si naturelles de Marie et des autres (1). Mais le Christ de Jean n'est nullement étranger à une pareille manière de penser. Celui qui, au *seigneur de cour*, βασιλικὸς, le suppliant innocemment de venir dans sa maison guérir son fils, adresse la leçon sévère : *Si vous ne voyez des signes et des miracles, vous ne croyez point*, ἐὰν μὴ σημεῖα καὶ τέρατα ἴδητε, οὐ μὴ πιστεύσητε (4, 48); celui qui, voyant les apôtres blessés de la dure allocution du sixième chapitre, les prévient par des paroles aussi incisives : *Cela vous scandalise-t-il ?* τοῦτο ὑμᾶς σκανδαλίζει; *et vous, ne voulez-vous point aussi vous en aller ?* μὴ καὶ ὑμεῖς θέλετε ὑπάγειν (6, 61. 67); celui qui repousse l'observation de sa propre mère se plaignant du manque de vin, lors de la noce de Cana, par ces mots si âpres : *Femme, qu'y a-t-il de commun entre vous et moi ?* τί ἐμοὶ καὶ σοι, γύναι (2, 4); celui qui éprouvait ainsi le plus vif mécontentement dans toutes les circonstances où les hommes, ne comprenant pas ses actions et ses pensées supérieures, se montraient pusillanimes ou importuns; celui-là, dis-je, avait une raison toute particulière de ressentir un pareil mécontentement. Ainsi,

(1) Lücke, 2, S. 868.

comme, d'après cette interprétation du passage, il n'est nullement question d'une douleur de Jésus causée par la mort de Lazare, l'explication naturelle perd l'appui qu'elle croyait trouver dans cette particularité. D'ailleurs, dans l'autre explication du verbe ἐμβριμᾶσθαι, l'émotion momentanée qu'il éprouva par sympathie avec ceux qui pleuraient, peut très bien se concilier avec la prévision qu'il avait de la résurrection de Lazare (1). Et comment les paroles des Juifs, qui lui reprochaient de n'avoir pas fait pour Lazare ce qu'il avait fait pour un aveugle, auraient-elles été propres, ainsi que le soutiennent les interprètes rationalistes, à exciter en Jésus l'espérance que Dieu, en ce moment, ferait peut-être pour lui quelque chose de signalé? Les Juifs exprimaient, non l'espérance qu'il pouvait ressusciter le mort, mais la conjecture que, peut-être, il aurait été en état de conserver la vie du malade. Marthe, en disant que, maintenant encore, le père lui accordera ce qu'il demandera, avait donc été déjà au delà du dire de ces Juifs; de sorte que, si de pareilles espérances avaient été excitées pour la première fois, en Jésus, par quelque chose d'extérieur, elles auraient dû l'être dès auparavant, et, par conséquent, avant ces larmes de Jésus dont on s'appuie pour prétendre qu'un pareil espoir ne s'était pas encore éveillé en lui.

Lorsque Jésus ordonne qu'on ôte la pierre du sépulcre, Marthe dit: *Seigneur, il sent déjà, car il y a quatre jours qu'il est là,* Κύριε, ἤδη ὄζει, τεταρταῖος γάρ ἐστι (v. 39). Ces expressions ne prouvent pas que la putréfaction eût déjà réellement commencé, et qu'un retour naturel à la vie fût impossible; c'est ce que des interprètes surnaturalistes ont accordé de leur côté (2), car elles peuvent être une simple conséquence de l'intervalle de quatre jours qui s'était déjà

---

(1) Flatt, l. c., S. 104 f.; Lücke, l. c.

(2) Flatt, S. 106; Olshausen, 2, S. 269 (2te Auflage).

écoulé. Mais Jésus, écartant l'observation de Marthe, insiste pour qu'on ouvre le tombeau (v. 40), et il dit que, pourvu qu'elle croie, elle verra *la gloire de Dieu*, τὴν δόξαν τοῦ Θεοῦ; comment aurait-il pu prononcer ces paroles, s'il ne s'était pas senti, de la manière la plus précise, la puissance de ressusciter Lazare? D'après Paulus, ces paroles signifient seulement, en général, que celui qui est plein de confiance obtient, d'une façon quelconque, une manifestation glorieuse de la divinité. Mais, quelle manifestation glorieuse de la divinité y avait-il à obtenir, en ouvrant le tombeau d'un homme enseveli depuis quatre jours, si ce n'est sa résurrection? Et, quand Marthe assure que la putréfaction a déjà dû s'emparer de son frère, quel sens les paroles de Jésus, dans leur opposition avec celles de Marthe, peuvent-elles avoir, si ce n'est qu'il s'agit ici de préserver Lazare de la putréfaction? Mais, pour apprendre avec toute certitude ce que les mots : *gloire de Dieu*, δόξα τοῦ Θεοῦ, signifient dans notre passage, on n'a qu'à se reporter au verset 4, où Jésus avait dit que la maladie de Lazare n'était pas *mortelle*, πρὸς θάνατον, mais était survenue *pour la gloire de Dieu*, ὑπὲρ τῆς δόξης τοῦ Θεοῦ. Ici, l'opposition que renferment les mots : *non mortelle*, prouvent invinciblement que les mots δόξα τοῦ Θεοῦ indiquent la glorification de Dieu par la vie de Lazare, et, puisqu'il était déjà mort, par sa résurrection; espérance que Jésus ne pouvait se hasarder à faire naître, justement dans le moment le plus décisif, sans avoir une certitude supérieure qu'elle serait accomplie (1). Aussitôt après l'ouverture du tombeau, et avant d'avoir crié au mort : *Sortez dehors*, δεῦρο ἔξω, il remercie son père d'avoir exaucé sa prière. Au point de vue de l'explication naturelle, cela est présenté comme la preuve la plus manifeste, non pas qu'il a rappelé Lazare à la vie par cette parole, mais que, en jetant le regard dans le tom-

---

1) Flatt, S. 97 f.

beau, il l'a aperçu déjà ranimé. On ne devrait pas, en vérité, attendre un pareil argument de théologiens qui connaissent l'évangile de Jean. Combien ne lui est-il pas familier (par exemple, dans l'expression : *le fils de l'homme fut glorifié*, ἐδοξάσθη ὁ υἱὸς τοῦ ἀνθρώπου) de représenter comme déjà accompli ce qui se commence seulement, et ce qui va se faire! Combien, dans ce cas particulier, n'était-il pas convenable de relever la certitude que Jésus avait d'être exaucé, en indiquant comme déjà réalisé l'accomplissement de sa prière! D'ailleurs, de quelles fictions n'a-t-on pas besoin pour expliquer ultérieurement, soit comment Jésus s'aperçut que Lazare était revenu à la vie, soit comment ce dernier avait pu y revenir? Entre l'enlèvement de la pierre et la prière de remercîment adressée par Jésus, dit Paulus, est l'intervalle décisif où s'opère le résultat surprenant; il faut qu'alors Jésus, encore éloigné de quelques pas, se soit aperçu que Lazare vivait. A quel signe? demanderons-nous. D'où lui venait un coup d'œil si prompt et si sûr? et pourquoi à lui, et à nul autre? On conjecture qu'il reconnut par des mouvements le retour à la vie; mais avec quelle facilité ne pouvait-il pas se tromper, puisque le mort gisait dans une grotte obscure! Quelle précipitation que de déclarer, sans un examen plus attentif, avec tant de rapidité et de précision, la conviction où il était de la vie de Lazare! Ou, si les mouvements du prétendu mort étaient forts et non méconnaissables, comment pouvaient-ils échapper aux assistants? Enfin, comment Jésus pouvait-il signaler, dans sa prière, l'événement qui allait s'accomplir, comme une manifestation de sa mission divine, s'il avait la conscience d'avoir, non opéré, mais seulement aperçu la résurrection de Lazare? Pour prouver la possibilité naturelle du retour de la vie chez Lazare, déjà enterré, les rationalistes invoquent le peu de connaissance que nous avons des circonstances de sa mort supposée, la promptitude de l'enterrement chez les

Juifs, puis la fraîcheur de la grotte, la forte odeur des aromates, et enfin le courant d'air chaud qui, au moment où la pierre fut enlevée, entra et vint le ranimer. Mais tous ces détails ne s'élèvent pas au-dessus du plus bas degré de la possibilité, lequel est égal à la plus haute invraisemblance, ce qui rend impossible de concevoir la certitude avec laquelle Jésus annonça d'avance le résultat (1).

Ces annonces précises de ce qui va se faire, formant le principal obstacle à une explication naturelle de ce paragraphe, ont été par conséquent l'objet de la critique des rationalistes, et ils ont essayé de se délivrer de l'embarras qu'elles leur causaient, en supposant qu'elles ne proviennent pas de Jésus lui-même, mais qu'elles ont pu être ajoutées pas l'évangéliste d'après l'événement. Paulus même a trouvé entre autres l'expression *je le réveillerai*, ἐξυπνίσω αὐτὸν (v. 11), beaucoup trop précise, et il s'est hasardé à conjecturer que le narrateur avait omis, après l'événement, un *peut-être* atténuant dont Jésus s'était servi (2). Gabler a développé cette supposition; non seulement il partage la conjecture de Paulus, mais encore il est disposé à mettre uniquement sur le compte de l'évangéliste les mots *pour la gloire de Dieu*, ὑπὲρ τῆς δόξης τοῦ Θεοῦ (v. 4). De même, verset 15, où il est dit : *Je me réjouis à cause de vous, de ce que je ne m'y suis pas trouvé, afin que vous croyiez*, χαίρω δι' ὑμᾶς, ἵνα πιστεύσητε, ὅτι οὐκ ἤμην ἐκεῖ, il suppose que Jean, après l'événement, a renforcé quelque peu les expressions de Jésus. Enfin, même pour les paroles de Marthe (v. 22) : *Je sais que, même à présent, tout ce que vous demanderez à Dieu, Dieu vous l'accordera*, il accepte la pensée qu'il y a là une addition du fait de l'évangéliste (3). De

---

(1) Sur ce point, comparez particulièrement Flatt et Lücke.

(2) C'est ce qu'il dit dans son *Commentaire*, 4, S. 537; dans sa *Vie de Jésus*, 1, b, p. 57, et 2, b, p. 46, il ne fait plus usage de cette supposition.

(3) L. c., S. 272 ff. Neander aussi ne se montre pas éloigné d'une pareille conjecture au sujet du verset 4 (S. 349). Tandis que ces expressions paraissaient à Gabler appartenir, non à Jésus, mais à Jean, elles ont paru à Dieffenbach,

cette façon, l'explication naturelle s'est reconnue impuissante à se tirer, par ses propres ressources, des difficultés que présente le récit de Jean ; car, si, pour s'y établir, elle est obligée d'effacer plusieurs passages, justement les plus caractéristiques, elle avoue implicitement que le récit, tel qu'il nous est donné, n'est pas susceptible d'être interprété naturellement. A la vérité, les passages dont on constate, en les écartant, l'incompatibilité avec l'explication rationaliste, ont été choisis avec beaucoup de parcimonie ; mais les détails dans lesquels nous sommes entrés montrent que, si l'on voulait mettre sur le compte de l'évangéliste toutes les particularités de ce paragraphe qui répugnent à l'opinion des rationalistes, il ne resterait, pour ainsi dire, rien de tout ce qu'il renferme, qui ne dût être considéré comme une fiction postérieure. Ainsi, ce que nous avons fait nous-même pour les deux récits de résurrection examinés auparavant, a été implicitement fait pour la dernière et la plus remarquable histoire de cette espèce, par les différents essais d'explication qui se sont succédé, à savoir qu'il ne reste plus que l'alternative, ou d'admettre comme surnaturel l'événement, ou, si comme tel on le trouve incroyable, de nier le caractère historique de la narration.

Dans ce dilemme, pour nous décider relativement aux trois récits de résurrection, nous devons revenir sur le caractère particulier de cette espèce de miracle. Nous avons jusqu'ici suivi une échelle ascendante dans le merveilleux : d'abord, des guérisons de personnes dont l'esprit était malade, puis des guérisons de toute espèce d'affections corporelles chez des gens où cependant le désordre de l'organisme n'allait pas jusqu'à la disparition de l'esprit et de la vie. Maintenant nous avons la résurrection de corps que la vie

dans *Bertholdt's krit. Journal*, 5, S. 7 ff., ne pas appartenir même à Jean ; et, attendu qu'il regarde le reste de cet évangile comme rédigé par cet apôtre, il a admis que ces passages étaient des interpolations.

a définitivement quittés. Cette progression du merveilleux est en même temps une gradation de choses qui ne peuvent se concevoir. En effet, nous avons été en état, jusqu'à un certain point, de nous représenter comment une affection psychique, dans laquelle il n'y avait, parmi les organes corporels, de compromis que le système nerveux attaché spécialement à l'âme, a pu être guérie, soit par voie spirituelle et par la seule action de la parole, du regard, de l'impression de Jésus, soit par une influence magnétique exercée sur les nerfs malades; la guérison même de paralysies, de pertes sanguines, ne nous a paru, de la même façon, ni inconcevable en soi, ni sans exemple. Nous avons conçu plus de doutes dès les cas de guérisons d'aveugles; dans celles de lépreux, d'hydropiques, nous avons été obligés d'exclure au moins la soudaineté. Les histoires de guérisons à distance nous ont semblé devoir être complétement rejetées. Et pourtant, dans tout cela, il y avait quelque chose à quoi la puissance miraculeuse de Jésus pouvait s'attacher; il y avait du moins encore, dans les individus, une conscience à frapper par une impression, un système nerveux à exciter. Pour des morts, il en est autrement : le mort, de qui la vie et le sentiment ont disparu, a perdu le dernier point d'appui auquel l'action de celui qui fait des miracles puisse se rattacher; il ne l'aperçoit plus, il ne reçoit plus de lui aucune impression, puisqu'il faut même que la faculté de recevoir des impressions lui soit départie de nouveau. Mais la départir, ou ressusciter au propre, appartient à une puissance créatrice, et nous devons confesser notre incapacité à la concevoir exercée par un homme.

Le fait est que, dans la limite même de nos trois résurrections, on découvre une progression non méconnaissable. Woolston a déjà remarqué, avec raison, qu'on dirait que chacune de ces trois narrations a eu la prétention d'enchérir sur la précédente par quelque particularité miraculeuse qui y manque (1). La fille de Jaïrus est ressuscitée par Jésus sur le lit même où elle venait de décéder; le jeune homme de Naïn était déjà dans le cercueil, et on le transportait au cimetière; enfin Lazare gisait depuis quatre jours dans la grotte funéraire. Tandis que, dans la première de ces histoires, un mot seul indiquait que la jeune fille était déjà tombée entre les mains des puissances souterraines, cette indication a pris, dans la seconde histoire, une forme qui appelle davantage l'attention, puisqu'il est dit que le jeune homme avait déjà été porté hors de la ville; mais celui qui a été représenté de la manière la plus décisive comme appartenant déjà au monde souterrain, c'est Lazare enfermé depuis longtemps dans la tombe; de sorte que, si la réalité de la mort pouvait être contestée dans le premier cas, le doute, déjà plus difficile dans le second, devient à peu près impossible dans le troisième (2). Avec cette gradation croît également la difficulté de concevoir les trois événements, si tant est qu'une chose inconcevable en soi puisse le devenir plus ou moins, suivant les différentes modifications qu'elle subit. Une résurrection, dans le cas où elle serait possible en général, devrait être plus possible chez un individu qui vient de mourir et qui est encore chaud, que chez un individu refroidi que l'on porte à sa dernière demeure; et de nouveau, elle devrait l'être plus chez ce dernier que chez un mort en qui un commencement de putréfaction est supposé en raison d'un séjour de quatre jours dans le tombeau, et duquel il n'est pas du moins nié que la putréfaction n'eût pas déjà commencé en effet.

Indépendamment du merveilleux, parmi les histoires examinées, celle qui suit est toujours, d'une part, plus invraisemblable en soi, d'autre part plus dépourvue de té-

---

(1) *Disc.*, 8. (2) Bretschneider, *Probab.*, S. 64.

moignages extrinsèques, que celle qui précède. Quant au premier point, il est une cause d'invraisemblance intrinsèque, qui, attachée, il est vrai, à toutes, et par conséquent aussi à la première, se manifeste pourtant dans la seconde d'une manière spéciale. Dans celle-ci, l'évangéliste assigne pour motif de la résurrection du jeune homme de Naïn la compassion que Jésus eut de sa mère (v. 13); cela, d'après Olshausen, n'exclut pas un rapport de cet acte au ressuscité lui-même; car, remarque-t-il, l'homme, étant un être doué de conscience, ne peut jamais être traité simplement comme moyen, et il l'aurait été dans ce cas, si l'on voulait considérer la joie de la mère comme le seul but que Jésus se fût proposé en ressuscitant le jeune homme (1). Par là, Olshausen, d'une manière dont nous lui devons de la reconnaissance, a, non pas fait disparaître, mais mis en lumière la difficulté de cette résurrection et de toute autre; car, dire que ce qui, en soi, ou d'après des idées épurées, n'est pas permis ou n'est pas convenable, ne peut pas avoir été attribué à Jésus par les évangélistes, c'est une conclusion tout à fait illicite. Il faudrait au contraire, la pureté du caractère de Jésus étant supposée, conclure que les récits des évangiles sont inexacts, du moment qu'ils lui attribuent quelque chose qui n'est pas permis. Or, que Jésus, dans ces résurrections, ait pris en considération si ce miracle tournerait à bien ou non pour les personnes à ressusciter, en raison de l'état moral dans lequel ils étaient morts, c'est ce dont nous ne trouvons de traces nulle part; qu'à la résurrection corporelle ait dû se joindre et se soit jointe en effet, comme le pense Olshausen, la résurection spirituelle, c'est ce qui n'est dit en aucun endroit; ces individus ressuscités, sans en excepter même Lazare, rentrent dans l'ombre après leur résurrection. Aussi Woolston a-t-il pu demander pourquoi Jésus, au lieu d'arracher à la mort ces personnages in-

(1) 1, S. 270 f.

signifiants, n'avait pas fait sortir du tombeau un Jean-Baptiste ou tout autre homme utile au genre humain. Si l'on disait qu'il avait reconnu que c'était la volonté de la Providence, que des hommes tels que Jean-Baptiste, ayant une fois payé le tribut à la nature, restassent dans le sein de la mort, il aurait dû, ce semble, penser de même au sujet de tous les trépassés ; et, en définitive, il n'y aura pas d'autre réponse à faire que celle-ci : Comme on savait notoirement, au sujet des hommes célèbres, que le vide laissé par leur mort n'avait jamais été rempli par leur retour à la vie, la légende ne pouvait pas rattacher à de pareils noms les résurrections qu'elle avait envie de raconter, et elle était obligée de choisir des sujets inconnus qui échappaient au contrôle de l'histoire.

Tandis que cette difficulté, commune aux trois narrations, apparaît d'une manière plus manifeste dans la seconde à cause seulement d'une expression fortuite, la troisième est pleine de difficultés toutes spéciales, puisque ni la conduite entière de Jésus, ni en partie celle des autres personnes ne sont bien concevables. Jésus reçoit la nouvelle de la maladie de Lazare, et la prière implicite que les sœurs du malade lui adressent pour qu'il vienne à Béthanie ; néanmoins il reste encore deux jours au lieu où il se trouvait, et il ne part pour la Judée qu'après qu'il est sûr de la mort de Lazare. Pourquoi cela ? J'ai montré plus haut qu'il ne prit pas ce parti, parce que, peut-être, il jugeait la maladie dépourvue de danger ; loin de là, il prévoyait la mort de Lazare. Ce n'était pas, non plus, de l'indifférence pour ce dernier, l'évangéliste le remarque expressément (v. 5). Qu'était-ce donc ? Lücke conjecture que, peut-être, dans ce moment même, Jésus était occupé à un ministère qui produisait d'heureux fruits dans la Pérée, occupation qu'il ne voulut pas interrompre sur-le-champ pour Lazare, regardant comme un devoir de subordonner à sa vocation supérieure de prédicateur sa vocation inférieure d'opérateur de cures merveilleuses et d'ami secourable (1). Mais, outre que, ici, il pouvait très bien faire l'une de ces deux choses et ne pas omettre l'autre, par exemple, laisser quelques uns de ses apôtres pour continuer son ministère dans la Pérée, ou guérir Lazare, soit par un apôtre, soit à distance par la puissance de sa volonté, le fait est que notre évangéliste se tait absolument sur une cause pareille du retard de Jésus. L'explication de Lücke, qui, dans tous les cas, resterait une conjecture, ne pourrait être écoutée qu'autant que l'évangéliste ne donnerait pas une autre raison de l'intervalle de temps que Jésus laissa s'écouler ; or, cette raison, ainsi que Olshausen le fait remarquer, se trouve explicitement dans la déclaration de Jésus qui dit (v. 15) être satisfait de ne s'être pas trouvé présent à la mort de Lazare, parce que la résurrection du défunt sera plus puissante pour fortifier la foi des apôtres que ne l'aurait été la guérison du malade. Jésus avait donc laissé à dessein mourir Lazare, pour obtenir d'autant plus de foi par une résurrection miraculeuse. Tholuck et Olshausen l'entendent de même au fond, seulement ils se renferment trop dans le point de vue moral, disant que Jésus, en maître qui travaille à réformer ses disciples, voulut perfectionner l'état de l'âme chez la famille de Béthanie et chez ses apôtres (2). Enfin des expressions telles que celle-ci : *Afin que le Fils de Dieu soit glorifié*, ἵνα δοξασθῇ ὁ υἱὸς τοῦ Θεοῦ (v. 4), indiquent bien plutôt un but messianique, c'est-à-dire la propagation et la consolidation de la foi en Jésus, comme Fils de Dieu, au milieu de ce cercle très étroit, il est vrai, de personnes. Jamais, s'écrie ici Lücke, jamais le Sauveur, le plus noble ami des hommes, n'a agi avec autant d'arbitraire et de

---

(1) *Comm.*, 2, S. 376; de même Neander, S. 349.

(2) Tholuck, S. 202; Olshausen, 2, S. 260.

caprice (1), et De Wette, de son côté, fait remarquer que Jésus n'a pas l'habitude de préméditer ses miracles et de les grossir (2). Mais quand le premier en conclut qu'une cause quelconque extérieure, par exemple une autre occupation de son ministère, ait retenir Jésus, cette conclusion est, on vient de le voir, en contradiction patente avec le récit ; et De Wette aussi la trouve insuffisante, sans montrer une autre explication; de sorte que, si ces deux théologiens soutiennent, avec raison, que le véritable Jésus n'a pas pu agir ainsi, mais seulement nient à tort que le rédacteur du quatrième évangile fasse agir ainsi Jésus, il ne reste rien autre chose que de conclure avec l'auteur des *Probabilia* (3) que cette incompatibilité entre le Christ de Jean et le Christ véritable tel qu'on peut se le représenter, prouve le caractère non historique de la narration de Jean.

La conduite qui est attribuée aux apôtres (v. 12, seq.) doit aussi exciter la surprise. S'il était vrai que Jésus leur eût représenté déjà, du moins dans la personne des trois principaux d'entre eux présents au miracle, la mort de la fille de Jaïrus comme un simple sommeil, comment purent-ils, quand il leur dit de Lazare : *Il dort, je le réveillerai*, κεκοίμηται, ἐξυπνίσω αὐτὸν, songer à un sommeil naturel? Quand un malade dort d'un sommeil salutaire, on ne le réveille pas, et les apôtres durent aussitôt comprendre que le *sommeil* de Lazare était comme le sommeil de la fille de Jaïrus. Quand, au lieu de cela, les apôtres entendent d'une façon aussi superficielle ce qui a un sens plus profond, il faut simplement y reconnaître la manière favorite du quatrième évangéliste, que nous avons déjà appris à apprécier par une série d'exemples. Dès qu'il sut d'une manière quelconque par la tradition, que Jésus, dans son langage, désignait la mort comme un simple sommeil, son

(1) Ll. cc.
(2) *Andachtsbuch*, 1. S. 292 f. *Exeg. Handb.*, 1, 3, S. 184.
(3) S. 59 f. 79.

imagination, disposée à de pareilles antithèses, créa aussitôt une méprise correspondante à ce langage figuré (1).

Ce que les Juifs disent, verset 37, est difficilement concevable, du moment que l'on suppose la vérité des résurrections synoptiques. Les Juifs invoquent la guérison de l'aveugle de naissance (Joh. 9), et font l'argument, que celui qui a rendu la vue à un homme, aurait bien été en état de prévenir la mort de Lazare. Comment tomberaient-ils sur cet exemple hétérogène et insuffisant, s'ils en avaient, dans les deux résurrections, de plus analogues et de propres à donner une espérance, même dans le cas d'une mort déjà certaine? Les résurrections galiléennes des synoptiques avaient précédé cette résurrection opérée en Judée et racontée par Jean; cela est certain, puisque, après cette dernière, Jésus ne retourna pas en Galilée. De plus, ces miracles ne pouvaient être restés ignorés dans la capitale (2), car, de l'un et de l'autre il est dit dans les synoptiques, que le bruit s'en répandit *dans toute cette contrée, dans toute la Judée et dans tous les pays environnants*, εἰς ὅλην τὴν γῆν ἐκείνην, ἐν ὅλῃ τῇ Ἰουδαίᾳ καὶ ἐν πάσῃ τῇ περιχώρῳ. Ainsi ces miracles auraient été plus voisins de la connaissance de Juifs réels; or, comme, suivant le quatrième évangile, les Juifs invoquèrent un miracle plus éloigné de leur connaissance, il est vraisemblable qu'il n'a rien su de ceux que les synoptiques ont rapportés; et ce qui prouve que cette allusion appartient à lui et non à des Juifs véritables, c'est qu'il la rapporte justement à la guérison qu'il venait de raconter immédiatement auparavant.

---

(1) Comp. De Wette, *Exeg. Handb.*, 3, S. 135.

(2) Ce que soutient Neander, L. J. Chr., S. 354. Il objecte que le quatrième évangéliste a dû, dans tous les cas, avoir connaissance de résurrections opérées par Jésus, quand bien même le récit que nous examinons ici en serait une exagération non historique. A cette objection, on répond qu'il ne fallait au quatrième évangéliste, pour former un pareil récit, que savoir, en général, que Jésus avait ressuscité des morts, et il n'avait aucun besoin de connaître des récits particuliers auxquels il pût se référer dans ce cas-ci.

Une difficulté non moins grande gît dans la prière qui est mise dans la bouche de Jésus, verset 41 et suivants. Après qu'il a remercié son père de l'avoir exaucé, il ajoute que, pour lui, il sait bien que son père l'exauce en tout temps, et qu'il ne prononce cette action de grâces particulière que dans l'intérêt du peuple, afin de lui inspirer de la foi en sa mission divine. Ainsi, d'abord sa prière se rapporte à Dieu, puis il ne la considère plus que comme faite à l'intention du peuple; et ce n'est pas seulement, comme Lücke le veut, que Jésus, qui, s'il ne se fût agi que de lui, aurait prié en silence, ait prié à haute voix pour l'amour du peuple (car, quand on est sûr d'être exaucé, il n'y a aucune raison pour prier intérieurement), mais c'est qu'il n'a pas besoin de remercier son père d'une faveur isolée, comme s'il en était surpris, attendu que, certain d'avance d'être écouté, le souhait et le remercîment se confondent en lui; en d'autres termes, le rapport qu'il entretient avec son père ne consiste pas dans des actes isolés : prier, être exaucé, remercier, mais consiste dans un échange permanent et incessant de ces fonctions réciproques, de sorte qu'un tel état de choses ne permettrait pas la manifestation isolée d'actions de grâces. Donc si, en raison des besoins du peuple et de sa sympathie avec le peuple, Jésus avait fait une manifestation isolée de ce genre, il faudrait donc, pour qu'il y eût quelque vérité dans l'explication que je viens d'exposer, que l'âme de Jésus eût été entièrement envahie par la sympathie, que de l'état du peuple il eût fait son état propre, et qu'ainsi, dans ce moment, il eût prié de son propre mouvement et pour lui-même (1). Mais ici, à peine a-t-il commencé à prier, qu'il se met à réfléchir qu'il ne prie pas pour son propre besoin. Sa prière lui est donc dictée, non par un sentiment sincere,

---

(1) Cet argument s'adresse aussi à De Wette, qui, tout en reconnaissant qu'il ne convient pas que Jésus se soit exprimé de la sorte, admet cependant qu'il a été animé de pareils sentiments.

mais par un froid accommodement à la situation des autres, et l'on doit trouver cela non seulement difficile à concevoir, mais même choquant. En tout cas, celui qui, de cette façon, ne prie que pour l'édification des autres, n'ira pas leur dire qu'il prie, non de son propre point de vue, mais du leur, parce qu'une prière faite à haute voix ne peut faire d'impression sur les auditeurs qu'autant qu'ils supposent que celui qui prie y est de toute son âme. Comment alors Jésus put-il rendre inefficace par une pareille addition la prière qu'il venait de commencer? S'il était pressé de confesser devant Dieu le véritable état des choses, il pouvait le faire en silence; mais une prière prononcée à haute voix et telle que nous la lisons maintenant, n'aurait pu être destinée qu'aux chrétiens des âges postérieurs, qu'aux lecteurs de l'évangile. En effet, si l'on conçoit que des actions de grâces étaient nécessaires pour éveiller la foi dans la foule des assistants, on conçoit aussi que la foi développée, telle que le quatrième évangile la suppose, pût se choquer d'une pareille prière, parce qu'elle semblait provenir d'un rapport trop subordonné et surtout trop peu constant entre le père et le fils. En conséquence, cette prière, qui était nécessaire pour les auditeurs, dut être annulée de nouveau pour les lecteurs d'un temps postérieur, ou être réduite à la valeur d'un simple accommodement; mais ce n'est pas Jésus, c'est un chrétien vivant plus tard qui a pu avoir une pareille considération. Cela a déjà été senti par un critique, qui a voulu rejeter du texte le quarante-deuxième verset, comme étant une interpolation postérieure (1). Comme ce jugement est dépourvu de toute raison extrinsèque, il faudrait, si ces paroles ne peuvent pas être de Jésus, admettre ce que Lücke n'était pas tout à fait éloigné d'admettre autrefois (2),

---

(1) Dieffenbach, *Sur quelques interpolations vraisemblables dans l'évangile de Jean*, dans: *Bertholdt's krit. Journal*, 5, S. 8 f.

(2) *Comm. z. Joh.*, 1te Aufl. 2, S. 340.

que l'évangéliste ne les a prêtées à Jésus que pour expliquer celles qui précèdent dans le verset 41. Le fait est que nous avons ici des paroles qui sont seulement prêtées à Jésus par l'évangéliste; mais, si le verset 42 est de cette nature, qui nous garantit qu'il est le seul? Dans un évangile où nous avons déjà reconnu que tant de discours sont simplement prêtés à Jésus, dans un chapitre qui, de toutes parts, a des impossibilités historiques, la difficulté que suscite un seul verset est un signe, non qu'il n'appartient pas au reste du contexte, mais que le tout ensemble n'appartient pas à la classe des compositions historiques (1).

Quant au degré de valeur entre les raisons extrinsèques qui garantissent isolément la créance de chacune des trois narrations, Woolston a déjà observé avec justesse qu'il est étonnant que trois évangélistes fassent mention de la résurrection de la fille de Jaïrus, où le miraculeux est moins manifeste, tandis que les deux autres résurrections ne se trouvent chacune que dans un évangile (2); et, comme on conçoit encore moins, pour la résurrection de Lazare, comment elle peut manquer dans les autres, qu'on ne le conçoit pour la résurrection du jeune homme de Naïn, on trouve ici une échelle complète de progression.

On remarque que la résurrection du jeune homme de Naïn n'est racontée que par le rédacteur de l'évangile de Luc; on remarque, en particulier, que Matthieu et Marc devraient l'avoir à côté ou en place de la résurrection de la jeune fille, et cela fait difficulté à plus d'un égard (3). D'abord, en général, on devrait croire, attendu que, d'après les récits évangéliques, peu de résurrections ont été opérées, et qu'elles sont éminemment des preuves d'une mission divine, on devrait croire, dis-je, que les évangélistes n'au-

---

(1) C'est ce que dit aussi l'auteur des *Probabilia*, S. 64.
(2) *Disc.*, 5.
(3) Comparez Schleiermacher, *Ueber den Lukas*, S. 103 f.

raient pas été fâchés d'en recueillir une seconde à côté de la première. Matthieu a pensé qu'il valait la peine de raconter trois exemples de guérisons d'aveugles; cependant ces guérisons ont bien moins d'importance; il aurait pu se contenter d'une seule, et, au lieu des autres, consigner dans son évangile l'une ou l'autre des deux résurrections restantes. Supposé encore que les deux premiers évangélistes eussent voulu, par un motif que nous ne pouvons plus reconnaître, ne donner qu'une histoire de résurrection, ils auraient dû, ce semble, choisir celle du jeune homme de Naïn, si tant est qu'ils la sussent, de préférence à celle de la fille de Jaïrus, parce que la première est, ainsi que cela a été expliqué plus haut, une résurrection plus décidée et plus frappante. Si néanmoins ils ne rapportent que celle de la jeune fille, il faut croire que Matthieu, du moins, n'a rien su de l'autre; pour Marc, il l'avait vraisemblablement sous les yeux dans l'évangile de Luc. Mais déjà, au verset 7 ou verset 20 du chapitre 3, il avait quitté Luc, 6, 12 (17), pour passer à Matthieu, 12, 15; et ce n'est qu'au verset 35 (21 seq.) du chapitre 4, qu'il revient à Luc, 8, 22 (16 seq.) (1); mais, dès lors, la résurrection du jeune homme de Naïn, qui se trouve dans Luc, 7, 11 et suivants, était dépassée. Maintenant une seconde question s'élève : Comment la résurrection du jeune homme, si elle a été réellement effectuée, peut-elle être demeurée inconnue au rédacteur du premier évangile? Cette question, indépendamment même de l'origine supposée apostolique de cet évangile, n'a pas de moindres difficultés que la précédente. *Bon nombre de disciples,* μαθηταὶ ἱκανοί, avaient été, outre le peuple, témoins de cette résurrection. Naïn, d'après la détermination que donne l'historien Josèphe de la situation de cette localité par rapport au mont Thabor, ne peut pas avoir été éloignée du théâtre ordinaire où, en Galilée, s'exerçait le ministère de

(1) Saunier, *Ueber die Quellen des Markus,* S. 66 ff.

Jésus (1) ; enfin, le bruit de cet événement, comme cela est naturel, se répandit au loin (v. 17). Schleiermacher pense que les rédacteurs des premières esquisses de la vie de Jésus, étrangers au cercle apostolique, s'abstinrent généralement de demander des renseignements aux apôtres très occupés ; qu'ils s'adressèrent aux amis de Jésus du second ordre, et que, en conséquence, ils se tournèrent de préférence vers les lieux où ils espéraient la plus ample moisson, Capharnaüm, Jérusalem ; mais que ce qui s'était passé ailleurs que dans ces deux villes, comme la résurrection dont il s'agit ici, ne put pas aussi facilement tomber dans le domaine commun. D'une part, cette hypothèse abandonne trop au goût particulier de quelques individus la propagation de la connaissance des actes principaux de Jésus, en l'attribuant aux recherches de quelques amateurs, de quelques collecteurs d'anecdotes qui allèrent glaner, comme le fit plus tard Papias ; d'autre part, on s'imagine faussement (et ces deux idées se tiennent) que les histoires dont il s'agit se déposèrent, comme des corps lourds obéissant à la pesanteur, dans les lieux qui en avaient été les témoins, qu'elles y restèrent comme des trésors sans usage qu'on ne montrait qu'à ceux qui venaient s'en enquérir sur place ; il n'en est rien, elles s'envolent, pleines de vie, loin de l'endroit dans lequel elles se sont passées ou se sont formées ; elles se dispersent de toutes parts, et il n'est pas rare qu'elles rompent complétement le lien qui les attache au lieu de leur origine. Nous en voyons tous les jours des exemples dans d'innombrables histoires, vraies ou fausses, qui sont représentées comme s'étant passées dans les contrées les plus diverses. Du moment qu'une pareille histoire s'est formée, elle devient la substance, la localité prétendue n'est plus que l'accident ; et ce n'est nullement, comme le veut Schleiermacher, la localité qui est la substance à la-

---

(1) Comparez Winer, *Bibl. Realw.*, d. A.

quelle l'histoire serait attachée comme accident. Si donc on ne peut bien concevoir comment un événement de cette espèce, s'il s'était réellement accompli, aurait pu rester en dehors de la tradition générale, et, de la sorte, être inconnu au rédacteur du premier évangile, l'ignorance où il en est suggère des soupçons contre la réalité historique de cet événement.

C'est avec un bien autre poids que ce motif de douter retombe sur la narration du quatrième évangile relative à la résurrection de Lazare. Si les rédacteurs ou collecteurs des trois premiers évangiles l'eussent connue, ils n'auraient pas pu, pour plus d'une raison, s'abstenir de la recueillir dans leurs écrits. D'abord, elle est, parmi toutes les résurrections opérées par Jésus, et même parmi le reste de ses miracles, sinon le fait le plus miraculeux, du moins celui où le merveilleux se déploie de la manière la plus évidente et la plus saisissante, et celui qui, en conséquence, si l'on parvient à convaincre quelqu'un de sa réalité historique, est le plus propre à démontrer la mission divine de Jésus (1). Ainsi, les évangélistes, quand même ils auraient déjà raconté une ou deux histoires de résurrection, ne pouvaient pas trouver superflu d'y ajouter celle-ci. En second lieu, elle eut, d'après l'évangile de Jean, une influence décisive sur la marche de la destinée de Jésus, car, d'après 11, 47 seq., l'augmentation du concours de ceux qui se pressaient autour de Jésus, et la grande sensation que causait la résurrection de Lazare, décidèrent le Sanhédrin à cette délibération où l'avis sanguinaire de Caïphe fut donné et accueilli. Cette double importance, dogmatique et historique, de l'événement, devait obliger les synoptiques à le raconter, s'ils le connaissaient. Cependant les théologiens ont imaginé toutes sortes de motifs pour expliquer comment il a été possible que les évangélistes, bien qu'ils connussent la

---

(1) Qu'on se rappelle l'expression connue de Spinoza.

chose, n'en aient rien dit. Les uns ont pensé que, au temps de la rédaction des trois premiers évangiles, l'histoire était encore dans toutes les bouches, et que, par conséquent, il était inutile de la consigner par écrit (1); d'autres, par une conjecture inverse, ont dit qu'on voulut prévenir la publicité de cette aventure, afin de ne faire courir aucun péril à Lazare encore vivant (qui, d'après Jean, 12, 10, fut poursuivi par les chefs de la hiérarchie juive à cause du miracle opéré sur lui), ou à sa famille; crainte qui n'existait pas plus tard, au temps où Jean écrivit son évangile (2). Or, ces deux motifs s'annulent réciproquement de la manière la plus complète; aussi chacun d'eux en soi est-il digne à peine d'une réfutation sérieuse. Cependant, comme de pareils expédients sont employés plus souvent encore qu'on ne pourrait le croire, il ne faut pas regretter quelques remarques consacrées à les combattre. L'assertion de ceux qui prétendent que la résurrection de Lazare, étant généralement connue dans le cercle des synoptiques, n'a pas été, pour cette raison, consignée par eux dans leurs évangiles, prouve trop; car, si cette raison était valable, ce seraient justement les points capitaux de la vie de Jésus, son baptême dans le Jourdain, sa mort et sa résurrection, que les synoptiques auraient dû omettre. Mais un écrit qui, comme nos évangiles, se forme au sein d'une société religieuse, sert, non pas seulement à faire connaître ce qui est inconnu, mais encore à conserver ce qui est déjà connu. Quant à la seconde explication, d'autres ont déjà remarqué que la publicité de l'histoire de la résurrection de Lazare dans des contrées extra-palestines pour lesquelles Marc et Luc écrivaient, ne put pas lui nuire, et que le rédacteur du premier évangile, au cas où il aurait écrit dans et pour

---

(1) Whitby, annot. sur ce passage.
(2) C'est ce que disent Grotius, Herder. Olshausen admet aussi, au moins sous forme de conjecture, cette manière de voir, 2, S. 256 f. Anmerk.

la Palestine, se serait difficilement décidé à taire une œuvre où la gloire du Christ s'était si particulièrement manifestée, et à la taire par considération pour Lazare, qui, sans aucun doute devenu chrétien, ne pouvait pas, dans le cas invraisemblable où il aurait vécu encore au temps de la rédaction du premier évangile, se refuser, non plus que sa famille, à souffrir pour le nom de Jésus. Le temps le plus dangereux pour Lazare fut, d'après Jean, 12, 10, celui qui suivit immédiatement sa résurrection, et un récit publié aussi tard n'était guère en état d'augmenter ou de renouveler ce danger; enfin, dans la contrée de Béthanie et de Jérusalem, d'où venait le danger qui menaçait Lazare, la résurrection devait être si connue et si présente au souvenir, qu'il n'y avait rien à risquer en la consignant par écrit (1).

Il reste établi que les synoptiques n'ont pas connu la résurrection de Lazare, puisqu'ils n'en ont rien dit. Ici donc se reproduit encore la seconde question de savoir comment il a été possible qu'ils l'aient ignorée. Hase dit que le motif de cette omission est caché dans les conditions communes qui font que les synoptiques se taisent en général sur tous les événements antécédents dont la Judée fut le théâtre. Cette réponse mystérieuse ne décide pas, à ne considérer du moins que l'expression, s'il faut se prononcer contre le quatrième évangile ou contre les autres. L'indécision qui règne dans la réponse de Hase a été tranchée par la plus récente critique de l'évangile de Matthieu, laquelle,

---

(1) Voyez ces arguments disperssés dans Panius et Lücke, sur ce chapitre; dans Gabler, *Mémoire cité*, p. 238 seq.; et dans Hase, L. J., §149. Un nouveau motif pour expliquer pourquoi Matthieu se tait sur la résurrection de Lazare, a été imaginé par Heydenreich (*Ueber die Unzulæssigkeit der mythischen Auffassung*, 2tes Stück, S. 42). L'évangéliste, dit ce théologien, l'a omise parce qu'il voulait la traiter et la reproduire avec une délicatesse et une vivacité de sentiment dont il ne se crut pas capable. Ainsi cet homme modeste a mieux aimé ne pas toucher à cette histoire que de lui faire perdre, en la racontant, quelque chose de ce qu'elle a de touchant, de fort et d'élevé. C'eût été là une bien vaine modestie.

déterminant, à sa façon, quelles étaient ces conditions communes, a déclaré que, en ignorant une histoire qui devait être connue d'un apôtre, les synoptiques montrent tous qu'ils n'ont pas appartenu au cercle apostolique (1). Mais, bien que l'on renonce à l'origine apostolique du premier évangile, cela ne rend nullement explicable pourquoi lui et les autres n'ont pas connu la résurrection de Lazare ; car, cet événement étant très remarquable, s'étant passé au centre de la contrée juive, y ayant fait une grande sensation et ayant eu les apôtres pour témoins oculaires, on ne conçoit pas comment il ne serait pas entré dans la tradition générale, et de là dans les évangiles synoptiques. On a prétendu que ces évangiles avaient, pour fondement, des traditions galiléennes, c'est-à-dire des narrations orales et des pièces écrites provenant des amis et des compagnons galiléens de Jésus ; que ces derniers ne furent pas présents à la résurrection de Lazare, et que, par conséquent, ils ne la recueillirent pas dans leurs mémoriaux ; que les rédacteurs des premiers évangiles, se tenant rigoureusement à ces renseignements galiléens, omirent également cette résurrection (2). Mais on ne peut pas tracer, entre ce qui se passa en Galilée et ce qui se passa en Judée, une ligne de démarcation assez profonde pour qu'un événement tel que la résurrection de Lazare n'ait pas dû avoir aussi du retentissement dans la Galilée. Bien que cette résurrection ne se fût pas opérée dans un jour de fête où plusieurs Galiléens auraient pu être témoins oculaires, comme chez Jean, 4, 45, cependant les apôtres, galiléens pour la plupart, y furent présents (v. 16) ; et, dès que, après la résurrection de Jésus, ils furent retournés en Galilée, ils durent répandre cette histoire partout aussi dans cette province ; ou plutôt les Galiléens qui vinrent assister à la fête de Pâques

---

(1) Schneckenburger, Ueber den Ursprung, S. 40.

(2) Gabler, l. c., S. 240 f. Neander s'exprime à peu près de même, S. 357.

qui fut la dernière que visita Jésus, durent apprendre un événement qui avait fait le bruit de la ville. En conséquence Lücke trouve insuffisante cette explication de Gabler ; il veut, à son tour, donner la clef de l'énigme, en remarquant que la primitive tradition évangélique, suivie par les synoptiques, a, dans la représentation de l'histoire de la passion, moins saisi le nœud des affaires, et que, ce nœud lui échappant, elle a omis un événement qui fut le motif secret de l'arrêt de mort prononcé contre Jésus, mais que Jean, initié dans l'histoire intérieure du Sanhédrin, fut le premier qui put remplir cette lacune (1). Cette explication pourrait, à la vérité, sembler affaiblir un des motifs qui devaient forcer les synoptiques à consigner cette résurrection, à savoir, le motif tiré de l'importance qu'elle eut pour la destinée de Jésus ; mais on ajoute que, considérée comme miracle en soi, et sans ces circonstances accessoires, elle put facilement se perdre parmi les autres récits de miracles dont nous avons, dans les trois premiers évangiles, un choix en partie fortuit. Or le fait est que ce choix des synoptiques ne paraît fortuit que si l'on suppose, ce qui ici devrait être prouvé d'abord, que les miracles racontés par Jean sont historiques ; et, si les synoptiques, dans leur choix, n'ont pas obéi au hasard jusqu'à être absurdes, ils ne peuvent pas avoir laissé de côté un pareil miracle (2).

(1) *Comm. z. Joh.*, 2, S. 402.
(2) Comparez De Wette, *Exeg. Handb.*, 1, 3, S. 139. Les *Leçons de Schleiermacher sur la vie de Jésus* (s'il m'est permis de citer un écrit qui n'est pas encore imprimé) contiennent une explication du silence qui nous occupe ici. Il y est dit que les évangélistes synoptiques ignorent, en général, les relations de Jésus avec la famille de Béthanie, parce que, peut-être, les apôtres ne voulurent pas laisser passer dans la tradition générale où puisèrent ces évangélistes, des relations personnelles et intimes de cette espèce ; qu'en conséquence, ce fait isolé, qui appartenait aux relations de Jésus avec cette famille, mais qui ne sortait pas de ce cercle, demeura ignoré. Mais quelle raison aurait pu décider les apôtres à une pareille retenue ? Devrions-nous penser à des relations secrètes, ou même, avec Venturini, à de tendres relations ? De pareilles relations privées n'auraient-elles pas, avec Jésus, renfermé bien des choses édifiantes ? Le fait est que nous trouvons de quoi nous édifier grandement dans les récits que

Ce sont sans doute ces considérations et d'autres de ce genre qui ont décidé un des derniers interlocuteurs dans la controverse relative au premier évangile, à se plaindre de la partialité avec laquelle on a tranché la question précédente, toujours au désavantage des synoptiques, et particulièrement de Matthieu, sans réfléchir qu'une réponse dangereuse pour le quatrième évangile n'est pas moins voisine (1). Nous ne serons pas, non plus, effrayés par les anathèmes de Lücke, qui, dans la dernière édition de son livre, déclare que celui qui, du silence des synoptiques, conclut que le récit de l'évangile de Jean est privé d'authenticité et est une fiction, fait preuve d'un défaut de jugement sans exemple, d'un manque absolu de l'intelligence des rapports qui unissent nos évangiles entre eux ; et, bien que nos auteurs, dans une sécurité théologique non ébranlée par les traits de l'auteur des *Probabilia* qui n'ont pas tous porté à faux, continuent à admettre ces rapports tels que Lücke les entend, nous ne nous abstiendrons pas de déclarer positivement que nous regardons l'histoire de la résurrection de Lazare, non seulement comme celle qui est intrinsèquement la plus invraisemblable, mais encore comme celle qui, extrinsèquement, est la plus dénuée de tout appui, sans cependant nous cacher la difficulté qu'un pareil arrêt a pour celui qui, du reste, avoue que le quatrième évangéliste a eu une connaissance plus exacte que les autres des relations de la famille de Béthanie avec Jésus.

Si, de cette façon, les trois résurrections de morts sont

Jean et Luc nous ont faits des relations de Jésus avec cette famille ; et, quand nous lisons dans ce dernier la visite de Jésus à Marthe et Marie, nous comprenons également que les apôtres, dans leur annonciation, n'étaient nullement éloignés de laisser voir quelque chose de ces relations, là du moins où elles pouvaient être d'un intérêt général. Or quant à l'intérêt général, la résurrection de Lazare, en tant que miracle éminent, dépassait, infiniment plus que cette visite avec son mot : *une seule chose est nécessaire*, ἑνός ἐστι χρεία, les limites des relations privées de Jésus avec la famille de Béthanie ; le désir supposé de tenir celles-ci secrètes ne pouvait pas mettre un obstacle au besoin de rendre le miracle public.

(1) Kern, *Ueber den Ursprung des Evang. Matth.*, Tübing. Zeitschrift, 1834, 2, S. 110.

devenues plus ou moins douteuses par des raisons négatives, il ne manque plus qu'à trouver une preuve positive qui fasse voir que, même sans fondement historique, la légende de résurrections opérées par Jésus a pu se former. D'après des passages des rabbins (1), aussi bien que du Nouveau Testament (par exemple : Joh., 5, 28 seq.; 6, 40. 44; 1. Cor., 15; 1. Thess., 4, 16), on voit que le Messie devait ressusciter les morts; or, la *présence sur terre*, παρουσία, de Messie Jésus était coupée en deux par sa mort dans l'opinion de la première communauté chrétienne : la première portion comprenait sa présence préparatoire qui commençait avec sa naissance humaine, et se terminait avec sa résurrection et son ascension; la seconde comprenait son arrivée future dans les nuées du ciel, et l'ouverture réelle *u siècle à venir*, αἰὼν μέλλων. Comme, dans la première présence de Jésus, les gloires attendues du Messie avaient manqué, les grandes œuvres de la puissance messianique, par exemple, la résurrection générale, furent remises à la seconde présence, qui était encore dans l'avenir. Mais, pour gage de ce que l'on devait espérer, il fallut que, à travers la première présence, la gloire de la seconde perçât dans des faits isolés; il fallut que Jésus, dès sa première arrivée, justifiât, par la résurrection de quelques morts, sa qualification pour ressusciter un jour tous les morts; il fallut que, interrogé au sujet de sa messianité, il pût citer, parmi les signes caractéristiques de sa mission, le *réveil des morts*, νεκροὶ ἐγείρονται (Matth., 11, 5), et communiquer à ses apôtres cette même toute-puissance (Matth., 10, 8; comparez Act. Ap., 9, 40; 20, 10); il fallut surtout que, comme prélude exact du jour où *tous ceux qui sont dans les sépulcres entendront sa voix et sortiront de leurs tombeaux*, πάντες οἱ ἐν τοῖς μνημείοις ἀκούσονται τῆς φωνῆς αὐτοῦ καὶ ἐκπορεύσονται (Joh., 5, 28 seq.), il eût crié *à haute voix*; φωνῇ

---

(1) Bertholdt, *Christol. Jud.*, § 25.

μεγάλῃ, *sortez dehors*, δεῦρο ἔξω, à un mort *qui était depuis quatre jours dans le tombeau*, τέσσαρας ἡμέρας ἤδη ἔχοντι ἐν τῷ μνημείῳ (Joh., 11, 17. 43). L'Ancien Testament fournissait les types les mieux préparés pour la formation de récits détaillés de résurrections isolées. Les prophètes Élie (1. Reg., 17, 17 seq.) et Élisée (2. Reg., 4, 18 seq.) avaient ressuscité des morts, et des auteurs juifs invoquent ces précédents comme types du temps messianique (1). L'objet de leurs résurrections fut, pour tous les deux, un enfant, mais un garçon, tandis que, dans la narration commune aux synoptiques, c'est une jeune fille; tous deux le ressuscitèrent pendant qu'il était encore sur son lit, comme Jésus la fille de Jaïrus; tous deux, pour opérer cette résurrection, se rendirent seuls dans la chambre mortuaire, de même que Jésus fit sortir tout le monde, excepté un petit nombre d'amis intimes; seulement, comme de raison, le Messie n'a pas besoin d'employer les manipulations pénibles par lesquelles les prophètes cherchent à arriver à leur but. Élie, en particulier, ressuscita le fils d'une veuve, comme Jésus fit à Naïn. Il rencontra à la porte de la ville la veuve de Sarepta, mais avant la mort de son fils, de même que Jésus rencontra sous la porte de la ville la veuve de Naïn après la mort de son fils; enfin les mêmes paroles servent dans les deux cas à exprimer comment l'auteur du miracle rendit le fils à sa mère (2). Un mort déjà déposé dans la tombe, comme Lazare, fut ressuscité par Élisée (2. Reg., 13, 21); seulement le prophète était mort depuis longtemps, et le contact de ses ossements ranima le cadavre, qui fut jeté dessus fortuitement. Il y a encore une autre ressemblance entre ces résurrections de l'Ancien Testament et celle de Lazare, c'est que Jésus, qui commande au mort dans les

---

(1) Voyez le passage de Tanchuma, rapporté t. 1, § 14, vers la fin, dans la note.

(2) 1. Reg. 17, 23, LXX : Καὶ ἔδωκεν αὐτὸ τῇ μητρὶ αὐτοῦ. Luc, 7, 15 : Καὶ ἔδωκεν αὐτὸν τῇ μητρὶ αὐτοῦ.

deux résurrections racontées par les synoptiques, adresse, dans celle que raconte Jean, une prière à Dieu, comme Élisée et particulièrement Élie avaient fait. Pendant que Paulus étendait jusqu'à ces narrations de l'Ancien Testament l'explication naturelle qu'il avait formulée pour celle du Nouveau, des théologiens à vue plus étendue avaient remarqué depuis longtemps que les résurrections des évangiles n'étaient pas autre chose que des mythes, nés de la tendance de la plus ancienne communauté chrétienne à modeler son Messie sur le type des prophètes et sur celui de l'idéal messianique (1).

§ XCIX.

Anecdotes du lac.

Comme les environs du lac de Galilée furent le principal théâtre du ministère de Jésus, du moins d'après le dire des trois premiers évangélistes, un nombre assez considérable de ses miracles se trouve en relation immédiate avec le lac. Un miracle de cette espèce, la pêche miraculeuse, s'est déjà présenté à notre examen; il nous reste encore le calme miraculeusement imposé à la tempête qui, pendant que

---

(1) C'est ce que disent : l'auteur du mémoire *Sur les différentes considérations d'après lesquelles le biographe de Jésus peut travailler*, dans : *Bertholdt's krit. Journal*, 5, S. 237 f.; et Kaiser, *Bibl. Theol.*, 1, S. 202. Philostrate raconte, d'Apollonius de Tyane, une résurrection qui a une ressemblance frappante avec celle du jeune homme de Naïn : « De même que, d'après Luc, le jeune homme, fils unique d'une veuve, avait déjà été porté au dehors de la ville, de même c'est, chez Philostrate, une jeune fille déjà fiancée dont Apollonius rencontre la bière. Le commandement de déposer la bière, le simple attouchement et quelques mots prononcés suffisent, chez Philostrate comme chez Luc, pour rendre la vie au mort. » (Baur, *Apollonius von Tyana und Christus*, S. 145.) Je voudrais savoir si Paulus ou tout autre aurait envie d'expliquer naturellement aussi ce récit; mais, si l'on doit le considérer (et en effet on ne peut pas faire autrement) comme une imitation du récit évangélique, il faut avoir une opinion préconçue sur le caractère des livres du Nouveau Testament, pour échapper à cette conséquence, à savoir : que les résurrections qui s'y trouvent ne sont, non plus, que des imitations, faites seulement moins à dessein, de ces récits de l'Ancien Testament; ces récits, à leur tour, ont leur source dans la croyance qu'avait l'antiquité qu'une force victorieuse du trépas était départie aux favoris des dieux (Hercule, Esculape), et plus particulièrement dans les idées que les Juifs se faisaient d'un prophète.

Jésus dormait, s'était élevée sur le lac (chez les trois synoptiques) ; la marche de Jésus sur le lac, également pendant un orage (chez Matthieu, Marc et Jean) ; l'abrégé de la plupart de ces miracles que l'Appendice du quatrième évangile place dans le temps qui suivit la résurrection ; enfin la pièce d'or que Pierre dut pêcher (chez Matthieu).

Le récit indiqué le premier (Matth., 8, 23 seq., et passages parallèles), en raison de sa finale particulière, a l'intention de nous présenter Jésus comme celui à qui *obéissent les vents et la mer*, οἱ ἄνεμοι καὶ ἡ θάλασσα ὑπακούουσιν. Si donc nous poursuivons l'échelle observée jusqu'à présent dans les miracles, nous voyons qu'il ne s'agit pas ici simplement d'une action psychologique et magnétique de Jésus sur l'esprit humain et sur le corps vivant, ni d'une revivification de l'organisme abandonné par l'âme, ni même d'une influence sur la nature irraisonnable, mais du moins vivante, comme dans l'histoire de la pêche examinée plus haut, mais qu'il s'agit d'un empire immédiatement exercé sur la nature privée de vie. La possibilité de rattacher ces récits aux opérations de la nature se rompt ici décidément. C'est le terme extrême où, puisque, dans des résurrections, il restait toujours possible d'admettre une mort simplement apparente, cessent les merveilles dans le sens indiqué plus haut, et commencent les miracles. Si donc l'opinion purement surnaturaliste est la première qui se présente, Olshausen a senti avec justesse qu'une pareille puissance sur la nature extérieure n'avait aucune connexion avec la destination de Jésus pour l'humanité et pour la rédemption de l'homme ; ce qui l'a conduit à essayer de mettre l'événement naturel que Jésus suspend ici, dans un certain rapport avec le péché, et, par conséquent, avec la vocation de Jésus. Selon lui, les orages sont les convulsions et les tourmentes de la nature, et, comme telles, sont les conséquences du péché, qui, dans son action redoutable, a aussi troublé le côté physique de l'existence (1). Mais, quand on observe la nature, il faut oublier le général pour le particulier, si l'on veut considérer les orages, les tempêtes et les phénomènes de ce genre, qui ont dans l'enchaînement de l'ensemble leur place nécessaire et leur influence bienfaisante, comme des maux et des irrégularités; et une opinion du monde qui, sérieusement, suppose que, avant le péché originel, il n'y avait pas, et que, sans ce péché, il n'y aurait pas d'orages, de tempêtes, de plantes vénéneuses, d'animaux de proie, touche, dirai-je, à l'extravagance mystique ou à la puérilité. Mais, s'il faut abandonner une pareille idée, à quoi sert, chez Jésus, cette puissance sur la nature? Elle était insuffisante et superflue, comme moyen d'éveiller la foi, car Jésus trouva des fidèles isolés, même sans des preuves d'une semblable puissance; et ces preuves ne lui procurèrent pas, non plus, un acquiescement universel. Elle ne peut pas davantage être considérée comme un type de la domination primitive de l'homme sur la nature extérieure, domination qu'il est destiné à reconquérir; car le mérite de cette domination consiste justement en ceci, qu'elle est une œuvre médiate, une conquête arrachée à la nature par la méditation prolongée et par les efforts réunis des siècles, et non une œuvre immédiate, magique, qui ne coûte qu'une parole. Ainsi, relativement à cette partie de la nature dont il s'agit ici, la boussole, le bateau à vapeur, sont une réalisation infiniment plus vraie de la puissance de l'homme, que ne l'aurait été le calme imposé par un seul mot à la mer. Il y a encore un autre côté à considérer : la domination de l'homme sur la nature n'est pas seulement une domination pratique et capable de la modifier matériellement, c'est aussi une domination immanente et spéculative par laquelle l'homme, là même où il succombe extérieurement

(1) *Bibl. Comm.*, 1, S. 232 f.

à la puissance des éléments, n'est cependant pas vaincu par eux dans son intérieur; avec la conviction qu'une force naturelle ne peut détruire en lui que ce qui appartient à la nature, il s'élève au-dessus de la possibilité de cette destruction, certain qu'il est de l'esprit qui est en lui. Jésus, dit-on, fit preuve de cette force spirituelle, car il dormit tranquillement au milieu de l'orage, et, réveillé par les apôtres effrayés, il les encouragea. Mais, pour faire preuve de courage, il faut courir un véritable danger; or, il n'en existait plus pour Jésus du moment qu'il se savait être la puissance immédiate qui domine la nature. Il n'aurait donc pas donné ici, non plus, une véritable preuve de cette domination spirituelle.

A ces deux égards, l'explication naturelle n'a voulu admettre comme attribué à Jésus, dans le récit évangélique, que ce qui était concevable et désirable; à savoir, d'une part une observation judicieuse de l'état de l'atmosphère, d'autre part un grand courage au milieu d'un danger réel. Suivant elle, le *commandement aux vents*, ἐπιτιμᾶν τοῖς ἀνέμοις, ne signifie qu'une allocution sur l'orage, quelques exclamations sur sa violence; le calme imposé aux éléments n'indique que la prédiction, fondée sur l'observation de certains signes, de l'approche de la fin de l'orage; et l'encouragement donné aux apôtres, comme les paroles célèbres de César, n'est que le produit d'une confiance qui lui fit penser qu'un homme de qui dépendaient les intérêts du genre humain ne serait pas arraché aussi facilement à sa carrière par un accident. Si les personnes qui se trouvaient dans le bateau attribuèrent le calme de l'orage à l'effet des paroles de Jésus, cela ne prouve rien; car, nulle part, il n'approuve cette interprétation (1). Mais remarquons qu'il ne

---

(1) C'est ce que disent Paulus, *Exeg. Handb.*; 1, b, S. 468 ff.; Venturini, 2, S. 166 ff.; Kaiser, *Bibl. Theol.*, 1, S. 197 f. Hase aussi, § 74, trouve cette opinion possible.

la désapprouve pas non plus; cependant, il dut remarquer l'impression que l'événement avait produite sur ses compagnons, en raison de leur manière de considérer la chose (1). Il faudrait donc qu'il eût eu le dessein, ce que Venturini admet réellement, de ne pas troubler la haute idée qu'ils s'étaient faite de son pouvoir miraculeux, afin de les attacher plus étroitement. Ne perdons pas, non plus, de vue une difficulté dans l'explication naturelle : c'est de savoir comment Jésus, qui n'avait jamais travaillé sur le lac, se serait mieux entendu aux signes précurseurs de la fin d'un orage, que Pierre, que Jacques, que Jean, qui y avaient été élevés (2).

Il reste donc établi que, de la manière dont les évangélistes nous racontent cet événement, nous devons y reconnaître un miracle. C'est là le résultat de l'exégèse; mais, élever ce résultat à un fait réel, est excessivement difficile, d'après ce que j'ai dit plus haut : de là naît un soupçon contre le caractère historique de la narration. Cependant, en prenant le récit de Matthieu pour base, on n'y trouve rien à objecter, jusque vers le milieu, depuis le verset 26. Il se pourrait que Jésus, qui traversait souvent le lac de Galilée, se fût endormi réellement au milieu d'un orage; il se pourrait que les apôtres, pleins d'effroi, l'eussent réveillé, et que lui, tranquille et maître de lui-même, leur eût répondu : *Pourquoi avez-vous peur, gens de petite foi?* τί δειλοί έστε, ὀλιγόπιστοι. Ce qui suit, c'est le *commandement à la mer*, ἐπιτιμᾶν τῇ θαλάσσῃ, et Marc, qui a, comme on sait, une préférence pour les paroles de puissance miraculeuse, donne, en place de cette expression de Matthieu, les prétendues propres expressions de Jésus traduites en grec (*tais-toi, sois tranquille*, σιώπα, πεφίμωσο); ce commandement, le calme qui s'établit,

---

(1) Neander, L. J. Chr., S. 365, qui, ici au reste, ne se défend que faiblement de l'explication naturelle.

(2) Hase, l. c.

l'impression qui s'ensuivit, tout cela aura pu être ajouté dans la transmission orale du récit. Pour attribuer à Jésus un pareil commandement adressé à la mer, on avait, outre l'idée qu'on se faisait de sa personne, des motifs particuliers fournis par l'Ancien Testament. Dans des descriptions poétiques du passage des Israélites à travers la mer Rouge, Jéhovah est représenté comme celui qui *commanda à la mer Rouge* de se retirer, ἐπετίμησε τῇ ἐρυθρᾷ θαλάσσῃ (Ps. 106, 9, LXX. Comparez Nahum, 1, 4). L'instrument de ce refoulement de la mer Rouge ayant été Moïse (2. Mos., 14, 16. 21), il était naturel d'attribuer à son successeur, le Messie, une fonction semblable. Il est certain d'ailleurs, d'après des passages rabbiniques, que l'on attendait un desséchement de la mer opéré de Dieu, sans doute par l'intermédiaire du Messie, semblable au desséchement opéré jadis par Moïse (1). Ici, Jésus ne met pas à sec la mer, il l'apaise seulement. On s'explique cette différence, si l'on prend comme historiques l'orage et le sang-froid qu'y montra Jésus. Le mythe s'attacha à ce fait réel, où il n'aurait pas été convenable d'introduire un desséchement du lac, puisque Jésus et ses compagnons étaient en bateau.

Toutefois, on n'a guère d'exemple sûr de l'implantation d'un rameau mythique sur un fait réel, sans aucune modification de ce fait; et dans celui qui nous occupe ici, supposé historique jusqu'à présent, il est un trait qui, examiné de plus près, peut aussi bien avoir été imaginé par la légende, qu'arrivé réellement. Jésus s'endormit avant l'explosion de l'orage, et il ne se réveilla pas aussitôt après; cela était, non l'œuvre de sa volonté, mais celle du hasard (2). C'est

---

(1) Voyez t. I, § 14, vers la fin, dans la note.

(2) Neander dénature la chose quand il représente Jésus comme s'endormant, au milieu du tumulte des eaux et des vents, d'un sommeil qui témoignait une tranquillité d'âme inaccessible même aux plus effrayantes convulsions de la nature (S. 362). Luc dit expressément: *Or, pendant qu'ils voguaient, Jésus s'endormit, et il s'éleva sur le lac un vent impétueux*, πλεόντων δὲ αὐτῶν ἀφύπνωσε· καὶ κατέβη λαῖλαψ κ. τ. λ. D'après le récit des autres aussi, il faut suppo-

justement ce hasard qui seul donne à toute la scène sa pleine signification ; car Jésus, s'endormant dans l'orage, est, par le contraste qui s'y trouve renfermé, une image non moins symbolique qu'Ulysse, qui, après tant d'orages, aborde, endormi, à son île natale. Or il se peut, une fois sur dix peut-être, que Jésus se soit réellement endormi à l'approche d'un orage ; dans les neuf cas où cela n'arriva pas, mais où Jésus montra seulement du calme et du courage pendant l'orage, la légende aurait, je crois, assez bien entendu son intérêt, pour figurer le contraste de la tranquillité d'âme de Jésus avec le tumulte des éléments, en le représentant dormant dans le bateau, ou, comme dit Marc (1), à l'arrière sur un coussin, tableau qui peignait à l'imagination ce que les paroles de Jésus peignaient à la pensée. Si donc, ce qui est peut-être arrivé réellement une fois, a dû être imaginé neuf fois par la légende, il est raisonnable de ne pas se débattre contre la conclusion incontestable, qu'il est possible que nous ayons ici, non le cas unique, mais l'un des neuf cas (2). De cette façon, il ne resterait comme fait historique rien de plus, si ce n'est que Jésus, par opposition avec les flots soulevés, recommanda le courage à ses apôtres ; or il se peut qu'il leur ait fait réellement une recommandation semblable une fois, au milieu du lac, pendant un orage ; mais il se peut, s'il est vrai qu'il ait dit figurément : Ayez de la foi gros comme un grain de sénevé, et vous serez en état d'ordonner à cette montagne : Ote-toi de là, et jette-toi dans la mer (Matt., 21, 21), ou à cet arbre : Déracine-toi et plante-toi dans le fond de la mer (Luc., 17, 6), et dans les deux cas vous serez obéis (καὶ ὑπήκουσεν ἂν ὑμῖν, Luc.) ; il se peut, dis-je, que, étant non

ser que Jésus s'endormît avant le commencement de l'orage ; autrement, les apôtres effrayés l'auraient, non pas éveillé, mais empêché de s'endormir.

(1) Comparez Saunier, *Ueber die Quellen des Markus*, S. 82.
(2) Ceci est une réponse à l'accusation de Tholuck, *Glaubwürdigkeit*, S. 110.

pas seulement sur le lac, mais dans toute autre situation, il se soit servi de cette image : *Les vents et les eaux obéirent à la parole de celui qui a de la foi* (ὅτι καὶ τοῖς ἀνέμοις ἐπιτάσσει καὶ τῷ ὕδατι, καὶ ὑπακούουσιν αὐτῷ, Luc). Si nous faisons en outre entrer en ligne de compte ce que Olshausen remarque aussi, et ce que Schneckenburger atteste (1), à savoir, que le combat du royaume de Dieu avec le monde était, dans les premiers temps du christianisme, comparé volontiers à une navigation sur un océan orageux, nous comprendrons avec quelle facilité la légende put venir à composer une narration telle que celle-ci, avec le parallèle de Moïse, avec des expressions figurées de Jésus et avec l'idée qu'on se faisait, qu'il était celui qui dirigeait sûrement la nef du royaume de Dieu à travers les flots soulevés du *monde*, κόσμος. Ou bien, indépendamment de ces considérations, on peut ne s'attacher, en général, qu'à l'idée d'un homme qui fait des miracles, et l'on trouve une pareille puissance sur l'orage et l'ouragan attribuée, par exemple, à **Pythagore** (2).

Plus de difficultés compliquent la seconde anecdote du lac, qui, bien que manquant à Luc, se trouve non seulement dans Matthieu, 14, 22 suiv. et dans Marc, 6, 45 suiv., mais encore dans Jean 6, 16 suiv. La tempête surprend les apôtres naviguant seuls pendant la nuit, et aussitôt Jésus, marchant sur la mer, apparaît pour les sauver. Ici aussi le calme s'établit miraculeusement, aussitôt que Jésus entre dans le bateau ; mais ce qui forme la véritable difficulté du récit, c'est que le corps de Jésus y paraît exempt d'une loi qui retient dans ses liens tous les corps

---

(1) *Ueber den Ursprung*, u. s. f., S. 68 f.

(2) D'après Jambl., *Vita Pyth.*, 135, éd. Kiessling, on racontait de Pythagore, *qu'il arrêta soudainement des vents violents, des grêles abondantes, et qu'il endormit les flots soulevés sur les fleuves et sur la mer, pour procurer à ses compagnons un passage facile*, ἀνέμων βιαίων χαλαζῶν τε χύσεις παραυτίκα κατευνήσεις, καὶ κυμάτων ποταμίων τε καὶ θαλασσίων ἀποκυματισμοὶ πρὸς εὐμαρῆ τῶν ἑταίρων διάβασιν. Comparez Porphyre, *V. Pyth.*, p. 29, même édition.

humains sans exception, de la loi de la pesanteur ; et cette exception est telle que non seulement il ne va pas au fond de l'eau, mais qu'il n'y enfonce même pas, et qu'il marche sur les vagues comme sur un sol affermi. Il faudrait donc se représenter le corps de Jésus comme une espèce de corps éthéré qui n'avait que l'apparence ; c'était ce que faisaient les Docètes. Cette idée, qui a été repoussée par les Pères de l'Eglise comme irréligieuse, doit l'être par nous comme extravagante. A la vérité, Olshausen dit qu'un pareil phénomène ne doit pas nous surprendre dans une corporéité supérieure, et douée de forces qui appartiennent à un monde également supérieur (1) ; mais ce sont là des mots auxquels ne se rattache aucune idée précise. Si, au lieu de concevoir l'activité spirituelle de Jésus qui transfigurait et parachevait son corps, comme une force qui dérobait de plus en plus complétement son corps aux lois psychologiques de la passion et de la sensualité, on la conçoit comme une force qui l'exemptait des lois physiques de la pesanteur, c'est un matérialisme duquel on ne peut dire, comme plus haut, s'il est plus fantastique que puéril. Un Jésus qui n'enfoncerait pas dans l'eau serait un spectre, et ce ne serait pas sans raison que, dans le récit évangélique, les apôtres l'auraient regardé comme tel. Nous nous rappellerons aussi que, lors de son baptême dans le Jourdain, Jésus ne parut pas doué de cette propriété, et qu'il enfonça régulièrement dans l'eau comme un autre homme. Avait-il dès lors la faculté de se soutenir sur la surface liquide, et seulement s'abstint-il d'en faire usage ? Était-ce par un acte de sa volonté qu'il se faisait plus lourd ou plus léger ? Ou bien, comme Olshausen dirait peut-être, n'était-il pas, au temps de son baptême, assez avancé dans la purification de son corps, pour que l'eau fût en état de le porter, et ce terme de purification ne fut-il atteint que plus tard ? Questions que Olshausen

(1) L. c., S. 484.

appelle avec raison absurdes, puisqu'elles permettent de plonger le regard dans l'abîme d'absurdités où jettent l'explication surnaturaliste, et en particulier l'explication que ce théologien donne de ce récit.

Pour éviter cet écueil, l'explication naturelle a pris des biais de toute espèce. Le plus hardi des rationalistes a été Paulus; il a soutenu que le texte ne disait pas que Jésus eût marché sur la mer; que le miracle dans ce passage est tout simplement du domaine de la philologie; que περιπατεῖν ἐπὶ τῆς θαλάσσης est semblable à l'expression de l'Ancien Testament, στρατοπεδεύειν ἐπὶ τῆς θαλάσσης (2 Mos., 14, 2); et que, si la dernière signifie *camper sur le rivage élevé de la mer*, la seconde signifie, de même, *marcher sur le bord de la mer* (1). D'après le sens des mots pris isolément, cette explication est possible; mais est-elle applicable dans ce cas-ci? Cela ne peut se décider que par le contexte. Il est dit dans le récit que les apôtres s'étaient avancés dans le lac de vingt-cinq à trente stades (Joh.), ou se trouvaient au milieu du lac (Matthieu et Marc); puis, que Jésus s'approcha du bateau, et assez près pour pouvoir parler avec eux. Or, si περιπατῶν ἐπὶ τῆς θαλάσσης avait la signification qu'on suppose, et si, par conséquent, Jésus était resté sur le rivage, comment cette conversation aurait-elle pu s'établir? Pour échapper à cet argument pressant, Paulus suppose que les apôtres, dans une nuit aussi orageuse, ne naviguèrent que le long de la rive; cette conjecture n'a pas besoin d'être examinée, car elle est en contradiction positive avec les termes du texte, *au milieu de la mer*, ἐν μέσῳ τῆς θαλάσσης; expression qui, entendue sinon mathématiquement, du moins suivant le langage populaire, suffit pour réfuter Paulus. Mais cette explication se blesse mortellement dans le passage où Matthieu dit de Pierre que, *étant descendu de la barque, il marcha sur l'eau*, καταβὰς ἀπὸ

---

(1) Paulus, *Memorabilien*, 6 Stück, n° V; *Exeg. Handb.*, 2, S. 238 ff.

τοῦ πλοίου περιεπάτησεν ἐπὶ τὰ ὕδατα (v. 29). Comme il est dit, immédiatement après, que Pierre *enfonça*, καταποντίζεσθαι, il ne peut plus s'agir d'une marche sur le bord de la mer; et, si Pierre ne marcha pas sur le bord, Jésus, dont la marche est désignée d'une manière essentiellement la même, n'y marcha pas non plus (1).

Mais Pierre, dans cette *marche sur les eaux*, περιπατεῖν ἐπὶ τὰ ὕδατα, commença d'enfoncer. Ne pourrait-on pas, en conséquence, penser qu'il s'agit, pour lui comme pour Jésus, de nager dans le lac ou d'en guéer les bas-fonds? Ces deux explications ont été réellement proposées (2). Mais l'action de passer à gué aurait dû être rendue par *marcher à travers la mer*, περιπατεῖν διὰ τῆς θαλάσσης; et, quant à l'action de nager, l'un ou l'autre des évangélistes aurait substitué, dans les passages parallèles, l'expression propre à l'expression figurée. N'oublions pas, non plus, que nager pendant l'orage l'espace de vingt-cinq à trente stades, ou s'avancer à gué jusqu'au milieu du lac, qui certainement n'était pas guéable jusque-là, était également impossible. De plus, un homme qui nage ne peut guère être pris pour un spectre. Enfin, la prière de Pierre qui demande expressément la permission de suivre l'exemple de Jésus, et l'impossibilité où il est de l'imiter à cause de son peu de foi, tout cela montre quelque chose de surnaturel (3).

Le raisonnement sur lequel, ici aussi, repose l'explication naturelle, a été exprimé, dans cette circonstance, par Paulus, d'une façon qui en fait ressortir, avec un bonheur particulier, l'erreur fondamentale. La question, dit-il, restera toujours de savoir ce qu'il y a de plus vraisemblable, ou la possibilité d'une expression inexacte de la part de l'évangéliste, ou une déviation des lois de la nature. On voit

---

(1) Voyez, contre cette explication si forcée de Paulus, Storr, *Opusc. acad.*, 3, p. 288.

(2) La première par Bolten, *Bericht des Matthæus z. d. St.*; la seconde dans Henke's neues *Magazin*, 6, 2, 8. 327 ff.

(3) Comparez Paulus et Fritzsche sur ce passage.

combien le dilemme est posé faussement. Paulus devrait, au contraire, se demander s'il est plus vraisemblable que l'évangéliste se soit exprimé inexactement (disons plutôt à contre-sens), qu'il ne l'est qu'il ait voulu raconter une déviation des lois naturelles, car il ne s'agit ici que de ce qu'il a voulu raconter. La question du fond est une tout autre question, même d'après l'argumentation perpétuelle de Paulus sur la distinction à établir entre le jugement de l'évangéliste et le fait raconté. Si, dans notre opinion, il n'y a pas eu déviation des lois naturelles, il ne s'ensuit pas qu'un narrateur des premiers temps du christianisme n'ait pas admis et raconté une déviation de ce genre (1). Donc, pour écarter le miracle, il ne faut pas, par une explication plus ou moins ingénieuse, le faire disparaître du récit; mais il faut essayer de déterminer si le récit lui-même, en tout ou en partie, doit être exclu du cercle des choses historiques. Or, à cet égard, chacune de nos trois relations a des traits particuliers qui, historiquement, sont suspects.

Le trait le plus frappant de ce genre dans Marc, c'est quand il dit (v. 48) que Jésus s'avança, sur la mer, vers ses apôtres, *et voulut les devancer*, καὶ ἤθελε παρελθεῖν αὐτούς, et que ce furent seulement leurs cris pleins d'anxiété qui le décidèrent à faire attention à eux. Fritzsche, avec raison, entend ce passage comme signifiant que Jésus avait l'intention, soutenu par une force divine, de marcher sur tout le lac comme sur un sol ferme. Mais, avec non moins de raison, Paulus demande : Pourrait-il y avoir quelque chose de plus inutile et de plus extravagant que de faire un aussi singulier miracle, sans qu'il fût vu de personne? Il ne s'ensuit pas qu'il faille, avec ce dernier théologien, introduire, dans les paroles de Marc, l'explication naturelle, et lui faire dire que Jésus avait voulu devancer, par terre, les apôtres, qui longeaient, en bateau, le rivage du lac; et

---

(1) Voyez l'excellent passage dans Fritzsche, *Comm. in Matth.*, p. 505.

cela se doit d'autant moins que c'est tout à fait se conformer à l'esprit de cet évangéliste que de voir un miracle dans sa narration. Non content de répéter, d'après la source où il puisait son récit, que Jésus, par une sollicitude particulière pour ses apôtres, avait cette fois pris un chemin aussi extraordinaire, il semble dire par cette addition, que marcher sur l'eau était si naturel et si familier à Jésus que, indépendamment de toute sollicitude pour ses apôtres, il prenait sur l'eau, là où elle lui faisait obstacle, son chemin sans plus d'hésitation que sur la terre ferme. Admettre que Jésus marchait aussi habituellement sur les eaux, ce serait admettre, de la façon la plus positive, la transfiguration du corps supposée par Olshausen, et par conséquent ce serait admettre une chose inconcevable. Donc, cette particularité est un des traits les plus forts par lesquels le second évangéliste se rapproche, çà et là, de l'exagération des évangiles apocryphes (1).

D'une autre façon, dans Matthieu, le merveilleux se trouve, sinon augmenté, du moins multiplié; car il rapporte que, outre Jésus, Pierre fit une tentative pour marcher sur la mer, tentative qui, à la vérité, ne réussit pas complétement bien. Indépendamment du silence des deux narrateurs collatéraux, cette particularité, en soi, est suspecte aussi. Pierre, par un commencement de foi, et sur la parole de Jésus, est en état de marcher réellement sur la mer pendant quelque temps; et ce n'est que, lorsque la crainte le saisit et que la foi l'abandonne, qu'il commence à enfoncer. Qu'en devons-nous penser? Si Jésus était en état, à l'aide d'un corps transfiguré, de marcher sur l'eau, comment pouvait-il encourager à en faire au-

---

(1) La tendance de Marc à exagérer se manifeste aussi dans la finale : *ce qui redoubla beaucoup leur étonnement et leur admiration*, καὶ λίαν ἐκ περισσοῦ ἐν ἑαυτοῖς ἐξίσταντο καὶ ἐθαύμαζον (V. 51; comparez 7, 37). Il ne faut surtout pas y voir, avec Paulus, la désapprobation d'un étonnement disproportionné avec la cause qui l'excitait.

tant Pierre, qui ne jouissait pas d'un tel corps? Ou si, par une simple parole, il dispensa le corps de Pierre de la loi de la pesanteur, demeure-t-il encore un homme? Et s'il est un Dieu, se jouera-t-il des lois de la nature, et les suspendra-t-il sur le caprice d'un mortel? Ou enfin la foi aura-t-elle la puissance de rendre instantanément plus léger le corps d'un croyant? Une pareille force est, il est vrai, attribuée à la foi dans le discours figuré cité plus haut, où il dit que le croyant est capable de transporter des arbres et des montagnes dans la mer, et pourquoi pas de marcher aussi sur les flots? La réussite s'arrête dès que la foi chancelle; cela ne pouvait se représenter dans aucune des deux premières images aussi bien que dans la dernière, où l'on voit que, aussi longtemps que l'homme est croyant, il peut, sans danger, cheminer sur la mer agitée, et que, dès qu'il permet l'accès au doute, il enfonce à moins que le Christ ne lui tende une main secourable. Ainsi les pensées fondamentales de l'histoire que Matthieu a intercalée, sont que Pierre se fia trop sur la fermeté de sa foi; qu'elle chancela soudainement; que ce doute lui fit courir un grand péril, mais qu'il fut sauvé par Jésus. Cette pensée se trouve réellement exprimée dans Luc (22, 31 seq.), quand Jésus dit à Simon : *Satan vous a demandés pour vous cribler comme on crible le blé; mais j'ai prié pour vous afin que votre foi ne défaille pas,* ὁ Σατανᾶς ἐξῃτήσατο ὑμᾶς τοῦ σινιάσαι ὡς τὸν σῖτον· ἐγὼ δὲ ἐδεήθην περὶ σοῦ, ἵνα μὴ ἐκλείπῃ ἡ πίστις σου. Jésus dit cela à Pierre, faisant allusion à son reniement prochain. Ce fut le cas où sa foi, en vertu de laquelle il venait de s'offrir à *aller* avec Jésus, *et en prison et à la mort,* καὶ εἰς φυλακὴν, καὶ εἰς θάνατον πορεύεσθαι, chancela et eut besoin d'être fortifiée de nouveau par l'intercession du Seigneur. Représentons-nous l'inclination déjà mentionnée plus haut que l'on avait dans les premiers temps du christianisme à comparer à une mer soulevée le monde hostile aux chrétiens, et nous ne pourrons nous empêcher, avec un des plus récents critiques, de trouver, dans Pierre qui se prépare courageusement à marcher sur la mer, mais qui bientôt perd courage, s'enfonce et est soutenu par Jésus sur les flots, une représentation allégorique et mystique de l'épreuve que l'apôtre, qui se croyait si fort, soutint si mal, et dont il ne sortit heureusement que par une assistance supérieure (1).

De son côté, le récit du quatrième évangile ne manque pas de quelques particularités qui trahissent un caractère non historique. De tout temps les harmonistes se sont tourmentés de ce que, d'après Matthieu et Marc, le bateau ne se trouvait guère qu'au milieu du lac lorsque Jésus y arriva, tandis que, d'après Jean, il avait déjà atteint la rive opposée; de ce que, d'après les premiers, Jésus monta dans le bateau et l'orage se calma, tandis que, d'après Jean, les apôtres voulurent, il est vrai, le faire entrer dans le bateau, intention qui resta sans effet, attendu qu'ils débarquèrent aussitôt. En revanche, on a trouvé une foule de conciliations : tantôt le verbe *voulurent*, ἤθελον, joint à *prendre*, λαβεῖν, fut une simple redondance ; tantôt il désigna l'accueil joyeux des apôtres comme s'il y avait eu ἐθέλοντες ἔλαβον ; tantôt il servit seulement à décrire la première impression que les apôtres éprouvèrent en reconnaissant Jésus, qui fut réellement reçu dans le bateau, bien que l'évangéliste n'en parle pas (2). Mais le seul motif pour une telle interprétation se trouve dans la comparaison, ici inadmissible, des synoptiques : non seulement le récit de Jean n'autorise pas cette interprétation, mais encore il s'y oppose directement. La phrase ajoutée : *Et aussitôt la barque prit terre où ils allaient*, εὐθέως τὸ πλοῖον ἐγένετο

---

(1) Schneckenburger, *Ueber den Ursprung u. s. f.*, S. 68. Comparez Weisse, *Die evang. Geschichte*, 1, S. 521.

(2) Voyez dans Lücke et Tholuck.

ἐπὶ τῆς γῆς, εἰς ἣν ὑπῆγον, quoique liée, non par δὲ, mais par καὶ, ne peut cependant être prise que dans un sens adversatif, à savoir que les apôtres, bien que disposés à prendre Jésus dans la barque, ne l'y firent pourtant pas monter, parce qu'ils touchaient déjà au rivage. En raison de cette divergence, Chrysostôme a admis deux différentes marches de Jésus sur la mer; et, quand pour la seconde marche, que Jean rapporte, il ajoute que Jésus n'entra pas dans le bateau, *afin de rendre le miracle plus grand*, ἵνα τὸ θαῦμα μεῖζον ἐργάσηται (1), nous transporterons cette intention à l'évangéliste, et nous dirons que, si Marc a enchéri sur le miracle, en attribuant à Jésus le dessein de dépasser les apôtres et de traverser tout le lac, Jean va encore plus loin en lui faisant réellement accomplir ce dessein, et en le faisant arriver jusqu'au rivage opposé, sans mettre le pied dans le bateau (2). Mais ce n'est pas seulement à grossir le miracle, c'est encore à l'établir plus fortement et à l'entourer de preuves authentiques, que s'est attaché le quatrième évangéliste. D'après les synoptiques, les seuls témoins en sont les apôtres, qui virent Jésus marcher sur la mer; Jean ajoute à ces témoins immédiats peu nombreux une masse de témoins médiats, c'est-à-dire le peuple rassemblé lors de la multiplication des pains. En effet, suivant lui : 1° la foule, ne retrouvant pas le lendemain Jésus, calcule qu'il n'a pu traverser le lac en bateau, puisque, d'une part, il n'est pas monté sur le bateau des apôtres (v. 22), et que, d'autre part, il n'y a pas d'autre bateau (même verset); 2° l'exclusion d'une marche par terre autour du lac est comprise implicitement dans le verset 25, où il est dit que le peuple, traversant aussitôt le lac, le trouva déjà arrivé au

---

(1) Homil. in Joh., 43.
(2) De Wette objecte que, si l'évangéliste avait voulu grossir le miracle, il n'aurait pas ajouté que les apôtres touchaient déjà à la terre (*Exeg. Handb.*, 1, 3, S. 79). Dans cette objection, je ne peux voir qu'une méprise; quant à l'assertion de ce théologien qui dit que, chez Jean, la manière dont Jésus traverse le lac, n'est pas représentée comme un miracle (S. 78), elle est pour moi complètement inintelligible.

bord opposé, lequel ne pouvait guère être atteint par terre dans un aussi court intervalle. Ainsi le quatrième évangile coupe toutes les voies naturelles par où Jésus aurait pu se rendre de l'autre côté du lac; il ne reste plus qu'une voie surnaturelle; et cette conséquence se trouve en effet tirée par la multitude dans la demande pleine d'étonnement qu'elle adresse à Jésus en le voyant sur la rive opposée : *Depuis quand êtes-vous ici?* πότε ὧδε γέγονας. Comme toute la preuve du passage surnaturel de Jésus dépend de la rapidité que la foule mit à traverser le lac, l'évangéliste se hâte d'appeler, au secours de cette multitude, *d'autres barques,* ἄλλα πλοιάρια (v. 23). Or, cette multitude qui s'embarque (v. 22. 26 seq.) est désignée comme étant celle pour qui Jésus avait multiplié les pains, et elle s'élevait, d'après le verset 10, à cinq mille personnes. Quand bien même un cinquième ou seulement un dixième aurait traversé le lac, il aurait fallu, d'après la juste remarque de l'auteur des *Probabilia*, toute une flotte de bateaux, surtout s'il s'agit de bateaux de pêcheurs. Si au contraire on admet que ce furent des coches, ceux-ci n'auront pas eu tous leur destination pour Capharnaüm, et ceux qui ne l'avaient pas n'en auront pas changé d'après le désir de la multitude. Ainsi tout ce transport du peuple au delà du lac paraît avoir été imaginé (1), soit pour que la marche de Jésus sur la mer fût constatée par le contrôle d'un témoignage, soit pour que, ainsi que nous le verrons plus loin, Jésus, qui, selon la tradition, s'était rendu de l'autre côté du lac immédiatement après la multiplication des pains, pût encore adresser au peuple un discours sur le sujet de cette multiplication.

Après que nous avons retranché ce que nous pourrions appeler des excroissances propres à chacun des récits, il nous restera encore, avec toutes les invraisemblances exposées plus haut, le tronc du miracle, à savoir que Jésus a

---

(1) Bretschneider, *Probabil.*, § 81.

marché sur la mer pendant un espace assez considérable. Mais l'explication des circonstances accessoires, à mesure que nous avons découvert les causes de leur formation non historique, nous a facilité la découverte de causes semblables pour la narration principale elle-même, et, de la sorte, nous a rendu possible la solution du problème qui nous était proposé. L'empire de Dieu et d'un esprit uni à Dieu sur la nature était, ainsi que nous l'avons vu dans l'exemple précédent, représenté volontiers par les Hébreux et les premiers chrétiens sous la figure d'une toute-puissance qui commande aux vagues courroucées. Dans le récit de l'Exode, cette toute-puissance se manifeste par un simple signe qui suffit pour déplacer la mer et pour ouvrir un chemin sec dans les abîmes aux enfants d'Israël; dans le récit évangélique qui nous a occupés précédemment, elle ne déplace pas la mer, mais elle lui impose une tranquillité qui permet à Jésus et aux apôtres d'achever sans péril leur traversée; dans le récit qui nous occupe présentement, la mer reste encore à sa place comme dans la seconde, mais de l'Exode elle conserve une traversée de la mer à pied et non en bateau, et de la seconde anecdote une traversée sur la surface et non par le fond. De cette façon se développa la représentation de la toute-puissance que celui qui opère des miracles possède sur les flots de la mer; et l'on découvre des raisons plus précises de ce développement, soit dans l'Ancien Testament, soit dans les opinions du siècle de Jésus. Parmi les miracles d'Élisée, outre qu'il partagea le Jourdain à l'aide de son manteau, et passa ainsi le fleuve à pied sec (2. Reg., 2, 14), on lit qu'il fit surnager sur l'eau un morceau de fer qui était tombé (2. Reg., 6, 6); domination sur la loi de la pesanteur dont le prophète pouvait sans doute se servir pour son propre corps, et pour se représenter, ainsi qu'il est dit de Jéhovah dans Job, 9, 8, comme *marchant sur la mer de même que sur un plancher,* περιπατῶν ὡς ἐπ' ἐδάφους ἐπὶ θαλάσσης (LXX). Du temps de Jésus, on faisait beaucoup de récits d'opérateurs de miracles qui avaient la faculté de marcher sur l'eau. Sans parler des idées exclusivement grecques (1), la légende gréco-orientale attribuait à l'hyperboréen Abaris une flèche à l'aide de laquelle il pouvait, planant dans les airs, traverser les fleuves, les mers et les abîmes (2); la croyance populaire prêtait à plusieurs thaumaturges le pouvoir de cheminer sur l'eau (3); et de la sorte la possibilité de la formation, à l'aide de tous ces éléments et de toutes ces causes, d'une pareille légende sur Jésus, paraît infiniment plus grande que la possibilité d'un événement réel de cette espèce, dernière remarque qui clôt notre discussion.

La *manifestation*, φανέρωσις, de Jésus *sur la mer de Tibériade*, ἐπὶ τῆς θαλάσσης τῆς Τιβεριάδος, racontée par Jean (ch. 21), a une grande analogie avec les anecdotes du lac examinées jusqu'à présent; aussi, bien que le quatrième évangile la place dans les jours de la résurrection de Jésus, nous ne pouvons nous empêcher, après en avoir attaché une partie au récit de la pêche de Pierre, d'en mettre ici une seconde partie en parallèle avec la marche de Jésus et de Pierre sur la mer. Dans les deux cas, Jésus, pendant l'obscurité de la fin de la nuit, est aperçu par les apôtres, qui se trouvent dans le bateau; seulement il ne marche pas, dans le second cas comme dans le premier, sur la mer, mais il est debout sur le rivage, et les apôtres sont dans la peine non à cause d'un orage, mais à cause de l'inutilité de leur pêche. Dans les deux cas, ils le redoutent : la première fois, ils le prennent pour un spectre; la seconde, ils ne se hasardent pas à lui demander qui il est, *voyant qu'il est le Seigneur*, εἰδότες ὅτι ὁ Κύριός ἐστιν. Si nous venons au détail, nous reconnaissons que la scène avec Pierre, propre au premier

---

(1) Voyez les passages dans Wetstein, p. 447 f.

(2) Jamblich., *Vita Pythagoræ*, 136; comparez Porphyr., 29.

(3) Lucien, *Philopseudes*, 13.

évangile, a son parallèle dans ce passage du quatrième. De même que, selon le premier, Pierre, reconnaissant Jésus qui marche sur l'eau, lui demande la permission de se rendre vers lui par la même voie, de même, selon le quatrième, dès que Jésus, debout sur le rivage, est reconnu, Pierre se jette dans l'eau pour arriver jusqu'à lui par la voie la plus courte, en nageant. Ainsi, ce qui, dans le premier récit, était une marche miraculeuse sur la mer, est, dans le second, pour Jésus, une station sans miracle sur la rive, pour Pierre, un acte naturel de nager, de sorte que le récit du quatrième évangéliste semble une paraphrase rationaliste de celui du premier. Aussi il n'a pas manqué de commentateurs qui, au sujet du moins de l'anecdote relative à Pierre dans le premier évangile, ont soutenu qu'elle était l'œuvre d'un travail légendaire qui avait donné une couleur miraculeuse au récit de Jean (chap. 21, 7) (1). Ce qui empêche la critique actuelle d'étendre cette conjecture à la marche de Jésus sur la mer, c'est que cette marche se trouve dans le récit antérieur (6, 16 seq.) du quatrième évangile, dont l'origine est supposée apostolique. Mais nous, à notre point de vue, nous trouvons possible que cette histoire, ou bien se soit présentée au rédacteur du quatrième évangile sous une forme, et au rédacteur de l'Appendice de cet évangile sous une autre forme, ou bien ait été apportée par la tradition sous une double forme au même quatrième évangéliste, et incorporée par lui en différents endroits de son récit. Cependant, si les deux histoires doivent être comparées, nous ne devons pas supposer d'avance que l'une (celle de Jean, 21) est l'originale, et l'autre (celle de Matthieu, 14 et parallèles) la dérivée ; mais nous devons d'abord demander laquelle des deux s'adapte le mieux à l'une ou à l'autre hypothèse. Il y a une règle qui dit que la plus merveilleuse est postérieure ; par conséquent, celle de Jean, 21, semble

(1) Schneckenburger, *Ueber den Ursprung*, S. 68.

originale en raison de la manière dont il y est rapporté que Jésus s'approcha des apôtres, et que Pierre arriva jusqu'à lui. Mais il n'en faut pas séparer une autre règle, que le récit plus simple est antérieur et le récit plus composé postérieur, de même qu'un agrégat est formé plus tard que la pierre primitive ; or, cette règle changerait les rapports et présenterait le récit de Jean, 21, comme dérivé, attendu que les particularités dont il s'agit y sont entrelacées avec la pêche miraculeuse, tandis que, dans le récit antérieur, elles forment un tout indépendant. Il est vrai qu'un tout peut se briser en des fragments plus petits ; mais on ne peut comparer à des fragments de ce genre les récits isolés de la pêche et de la marche sur la mer ; loin de là, chacun d'eux forme un tout complet en soi. Outre cet entrelacement avec le miracle de la pêche, ajoutons que le récit se meut autour de Jésus ressuscité, résurrection qui est déjà en soi un miracle. Cela nous explique comment, contre la règle ordinaire, ces particularités purent perdre, dans une reproduction postérieure, ce qu'elles avaient de miraculeux ; car, devenues, par leur liaison avec d'autres merveilles, de simples accessoires, elles ne servirent plus que d'une sorte d'échafaudage naturel. Or si, de cette façon, le récit de Jean est un récit dérivé, il a déjà été, relativement à sa valeur historique, jugé avec les narrations qui en constituent le fondement.

Jetons, avant d'aller plus loin, un regard sur la série d'anecdotes du lac que nous venons de parcourir. Nous voyons que, à la vérité, les deux extrêmes sont absolument dissemblables, puisque dans l'une il ne s'agit que de poissons, et dans l'autre que d'un orage ; mais, si on les considère dans leur série, chacune tient à la suivante par un trait commun. Le récit de la vocation des pêcheurs d'hommes (Matth. 4, 18 seq. et parallèles) ouvre la série. Entre ce récit et celui de la pêche de Pierre (Luc, 5, 1 seq.), est commun l'apophthegme des pêcheurs d'hommes ; mais le fait de la pêche est propre à Luc. Cette pêche se retrouve dans Jean, 21, qui, de plus, raconte que, dès le matin, Jésus est debout sur le rivage, et que Pierre se jette à l'eau pour l'aller joindre. Ces deux circonstances se reproduisent dans Matthieu (14, 22 seq. et passages parallèles) sous la forme d'une marche sur la mer, et en même temps s'y joint un orage qui se calme au moment où Jésus met le pied dans le bateau. Enfin, dans Matthieu (8, 23 seq. et passages parallèles) il n'y a plus que le calme imposé à l'orage par Jésus.

Le récit de Matthieu dans 17, 24 seq., s'éloigne de ceux qui ont été considérés jusqu'à présent. A la vérité il s'y trouve, comme dans quelques uns de ces derniers, une invitation de pêcher que Jésus adresse à Pierre, et à laquelle il faut supposer que ce dernier obéit, quoique cela ne soit pas dit expressément. Mais, d'une part, il ne s'agit que de la prise d'un poisson unique pêché à l'hameçon, et, d'autre part, le fait principal est qu'on trouva dans sa gueule une pièce d'or destinée à payer pour Jésus et pour Pierre la taxe du Temple exigé de ces deux derniers. Ce récit, tel qu'il se présente, a des difficultés particulières que Paulus explique fort bien, et que Olshausen ne conteste pas. Fritzsche remarque avec raison qu'il y a deux choses miraculeuses dans cette histoire : l'une que le poisson ait une pièce d'or dans la gueule, l'autre que Jésus l'ait su d'avance. Mais, d'un côté, la première de ces deux choses paraît extravagante, et par conséquent la seconde ; et, d'un autre côté, tout le miracle semble inutile. A la vérité, que des poissons aient eu, dans le corps, des objets métalliques et précieux, c'est ce dont on raconte des exemples (1), et cela n'est pas incroyable ; mais qu'un poisson ait dans la gueule une pièce d'or, et la conserve tout en saisissant

---

(1) Voyez les exemples dans Wetstein, sur ce passage.

l'hameçon, c'est ce que même le docteur Schnappinger (1) a trouvé incompréhensible. Le motif pour Jésus de faire un pareil miracle ne pouvait pas être le manque d'argent; car, s'il se trouvait par hasard que, à ce moment, la caisse commune fût vide, Jésus était alors dans la ville amie de Capharnaüm, où il pouvait, par voie naturelle, se procurer l'argent nécessaire. Il faudrait donc, avec Olshausen, confondre *emprunter* avec *mendier*, pour arguer ici du décorum divin, *decorum divinum*, qu'avait à garder Jésus. Et, après tant de preuves de sa puissance miraculeuse, Jésus ne pouvait pas considérer ce miracle comme nécessaire, pour fortifier la foi que Pierre avait dans sa messianité.

Il ne faut donc pas s'étonner que des commentateurs rationalistes aient essayé de se délivrer, à tout prix, d'un miracle que même Olshausen nomme le plus difficile de l'histoire évangélique entière. Mais tout est dans la manière dont ils s'y sont pris. L'explication naturelle du fait se résume en ceci, que l'expression *vous trouverez*, εὑρήσεις, est entendue, non immédiatement de la trouvaille d'une pièce d'or dans le poisson, mais médiatement de l'acquisition de cette somme d'argent par la vente du poisson pêché (2). Que le mot en question puisse avoir cette signification, c'est ce que nous accorderons; mais, dans un cas particulier, le contexte seul doit décider s'il a ce sens, et non le sens ordinaire. Si donc il y avait ici : Prenez le premier poisson venu, portez-le au marché *et vous y trouverez une pièce d'or*, κἀκεῖ εὑρήσεις στατῆρα, cette explication ne souffrirait aucune difficulté. Mais, au lieu de cela, le mot *vous trouverez*, εὑρήσεις, est précédé du membre de phrase *ouvrant la gueule du poisson*, ἀνοίξας τὸ στόμα αὐτοῦ; ainsi ce n'est pas un lieu pour vendre qui est indiqué, c'est un lieu dans le poisson; pour trouver la pièce d'or, il faut lui

---

(1) *Die heilige Schrift des n. Bundes*, 1, S. 314, 2te Aufl.

(2) Paulus, *Exeg. Handb.*, 2, 502; comparez Hase, L J., § 111.

ouvrir la gueule; il ne peut donc s'agir que, immédiatement, de la trouvaille de la pièce d'or dans cette partie du poisson (1). Quel besoin en outre y aurait-il eu d'exprimer formellement l'ouverture de la gueule du poisson, si l'objet désiré n'avait pas dû s'y trouver? Paulus n'y voit que le conseil de détacher promptement le poisson de l'hameçon, afin de le conserver vivant et de s'en mieux défaire. L'ordre d'ouvrir la gueule du poisson pourrait sans doute, si rien n'y était joint, être entendu de l'extraction de l'hameçon; mais, comme à cet ordre Jésus ajoute : *Vous trouverez une pièce d'or*, εὑρήσεις στατῆρα, il est incontestable que le but de l'ouverture de la gueule de l'animal est de trouver cette pièce. Les interprètes rationalistes ont bien senti que, tant qu'il sera question, dans le passage, d'ouvrir la gueule du poisson, il faudra supposer que c'était pour y trouver la pièce d'or. Cela les a décidés à rapporter, s'il était possible, le mot στόμα à un autre sujet que le poisson, mais il ne restait que le pêcheur, Pierre. Or, comme le mot *la gueule*, στόμα, paraissait rapporté au poisson par le mot intermédiaire *de lui*, αὐτοῦ, le docteur Paulus, atténuant ou exagérant la proposition d'un ami qui voulait lire ἀνθευρήσεις au lieu de αὐτοῦ εὑρήσεις, a, il est vrai, laissé subsister αὐτοῦ, mais, le séparant de στόμα, il l'a pris adverbialement, et il traduit : Vous n'avez besoin que d'ouvrir la bouche pour mettre en vente le poisson, et vous recevrez *sur place*, αὐτοῦ, une pièce d'or pour le prix. Mais comment, a-t-on demandé en outre, un seul poisson a-t-il pu se payer si cher à Capharnaüm, où le poisson abondait? Cette objection a déterminé Paulus à entendre collectivement l'expression : *Tirez le premier poisson qui se prendra*, τὸν ἀναβάντα πρῶτον ἰχθὺν ἆρον, et il traduit : Tirez chaque fois le poisson qui se prendra d'abord, et continuez de la sorte jusqu'à ce que vous en ayez pour la valeur d'une pièce d'or.

---

(1) Comparez Storr, dans *Flatt's Magazin*, 2, S. 68 ff.

Ainsi, c'est par une série de violences faites au texte, que l'explication naturelle de ce récit devient possible; et cela nous rejette du côté de celle qui y voit un miracle. Mais, d'après ce qui a été remarqué plus haut, ce miracle nous paraît extravagant et inutile, par conséquent incroyable; il ne reste donc plus qu'à supposer, ici aussi, un élément légendaire. On a essayé de cette supposition, en admettant qu'il y avait au fond un fait réel, mais naturel, en disant, par exemple, qu'une fois Jésus engagea Pierre à pêcher jusqu'à concurrence de la taxe du Temple, ce qui donna lieu à la légende de raconter que le poisson avait eu à la gueule la pièce de monnaie (1). Pour nous, nous pensons qu'il est mieux de demander l'origine de cette anecdote, d'une part, au thème souvent employé d'une pêche de Pierre, et, d'autre part, aux récits connus d'objets précieux trouvés dans le corps des poissons. Pierre, comme nous le savons par Matthieu, 4, par Luc, 5, par Jean, 21, était, dans l'histoire évangélique, le pêcheur à qui Jésus avait accordé, sous diverses formes, d'abord symboliquement, puis au propre, la pêche miraculeusement abondante. La valeur de la pêche est exprimée ici par une pièce de monnaie, laquelle, au lieu de se trouver, comme des objets semblables, dans le corps du poisson, fut mise dans sa gueule même, par une exagération du miracle. Le récit évangélique dit que cette pièce était justement la taxe exigée pour le Temple; il se pourrait que cela provînt d'une expression réelle de Jésus par rapport à cette taxe, expression qui fut accidentellement jointe à cette anecdote; ou bien, contrairement, il se pourrait que la pièce d'or introduite fortuitement dans la légende de la pêche eût fait songer à la taxe du Temple, qui, pour deux personnes, montait à la valeur de la pièce, et eût rappelé en même

---

(1) Kaiser, *Bibl. Theol.*, 1, S. 200; comparez Hase, l. c.

temps les paroles de Jésus qui se rapportaient à cette taxe.

C'est à ce conte qu'aboutissent les anecdotes du lac.

§ C.

Multiplication miraculeuse des pains.

De même que, dans les histoires examinées en dernier lieu, Jésus réglait et calmait les mouvements de la nature irraisonnable, et même privée de vie, de même, dans les récits à l'examen desquels nous allons maintenant procéder, il exerce une action multiplicatrice, non seulement sur des objets naturels, mais encore sur des produits naturels que l'art a travaillés.

Jésus multiplia miraculeusement des aliments préparés et nourrit une grande multitude avec quelques pains et quelques poissons. C'est ce que nous racontent avec une rare unanimité tous les évangélistes (Matth., 14, 13 seq.; Marc, 6, 30 seq.; Luc, 9, 10 seq.; Joh., 6, 1 seq.). Et, si nous en croyons les deux premiers, Jésus n'a pas fait ce miracle une seule fois; Matthieu, 15, 32 seq., et Marc, 8, 1 seq., racontent une seconde multiplication dans laquelle, au fond, tout se passa comme dans la première. Chronologiquement, elle vient un peu plus tard; le lieu est un peu autrement indiqué, et la durée du séjour de la multitude auprès de Jésus n'est pas la même; en outre, ce qui est plus significatif, la proportion entre les ressources alimentaires et la multitude est différente; dans la première, cinq mille hommes sont rassasiés avec cinq pains et deux poissons; dans la seconde, quatre mille avec sept pains et quelques poissons; dans la première douze corbeilles, dans la seconde sept sont remplies avec les restes. Néanmoins, non seulement la substance de l'histoire, c'est-à-dire l'alimentation d'une multitude avec très peu de vivres, est tout à fait la même des deux côtés, mais encore les accessoires de la scène se correspondent dans les traits principaux; les deux fois, le lieu est une contrée solitaire dans le voisinage du lac de Galilée; les deux fois, l'occasion du miracle est un séjour trop prolongé du peuple auprès de Jésus; les deux fois, Jésus témoigne le désir de nourrir la multitude par ses propres ressources, ce que les apôtres considèrent comme une chose impossible; les deux fois, les vivres disponibles consistent en pains et en poissons; les deux fois, Jésus fait asseoir les gens, et, après avoir prononcé des actions de grâces, leur fait faire la distribution par ses apôtres; les deux fois, ils sont complétement rassasiés, et les restes, en disproportion énorme avec la matière première, suffisent à remplir des corbeilles; enfin, les deux fois, après que la foule a été repue, Jésus traverse le lac.

La répétition de ce fait suscite une difficulté : on se demande en effet s'il est concevable que les apôtres, ayant vu par eux-mêmes comment Jésus, avec peu de vivres, avait été en état de nourrir une grande multitude, aient cependant, dans un second cas semblable, oublié le premier, au point de n'en avoir gardé aucune trace dans leur souvenir, et de dire : *D'où nous viendrait, dans un désert, un assez grand nombre de pains pour rassasier tant de monde,* πόθεν ἡμῖν ἐν ἐρημίᾳ ἄρτοι τοσοῦτοι, ὥστε χορτάσαι ὄχλον τοσοῦτον? Pour expliquer un pareil oubli de la part des apôtres, on rappelle qu'ils oublièrent, d'une manière non moins incompréhensible, au moment de la passion et de la mort de Jésus, les annonces qu'il avait faites de l'imminence de ce double événement (1); mais on n'est pas moins en

(1) Olshausen, 1, S. 503. Cet auteur remarque dans une note (l. c.) que l'on voit par l'expression des apôtres : *Nous n'avons point pris de pains*, ἄρτους οὐκ ἐλάβομεν (Matth., 16, 7), que, même après la seconde multiplication, ils n'avaient pas encore senti que, auprès du Fils de l'homme, il n'était pas nécessaire de prendre des aliments pour le corps. Cette objection ne prouve rien, parce que, ici, les circonstances étaient tout autres. Si, de l'alimentation miraculeuse du peuple qu'un hasard avait retenu dans le désert, les apôtres ne tirèrent

droit de se demander, si, après des annonces aussi formelles, la mort de Jésus aurait pu être aussi inattendue pour les apôtres. Si l'on suppose, entre les deux multiplications des pains, un intervalle prolongé et un certain nombre de cas semblables où Jésus n'avait pas trouvé convenable d'user de sa puissance miraculeuse (1), ce sont là, d'une part, de pures fictions, et d'autre part on ne pourrait pas davantage comprendre comment la similitude si frappante des circonstances qui précédèrent la première et la seconde multiplication, n'aurait pas fait songer à celle-là, au moins un des apôtres. Paulus soutient donc avec raison que, si Jésus eût déjà nourri une fois la multitude par un miracle, les apôtres l'auraient, la seconde fois, provoqué résolument à répéter ce miracle au moment où il déclara qu'il n'entendait pas renvoyer le peuple à jeun.

En tout cas, si Jésus avait, par deux fois différentes, rassasié une multitude avec une quantité proportionnellement très petite d'aliments, il faudrait admettre, avec quelques critiques, que plusieurs particularités du récit d'un des événements ont été transportées sur l'autre, et que l'un et l'autre récits, originairement plus dissemblables, se sont de plus en plus assimilés dans la tradition orale, circonstance qui permettrait de penser que la question dubitative des apôtres aurait appartenu au premier fait et non au second (2). En faveur d'une telle assimilation, on pourrait arguer de ce que le quatrième évangéliste, qui, pour les nombres, concorde avec la première multiplication de Matthieu et de Marc, a cependant certaines particularités de leur seconde histoire de multiplication ; ainsi, chez lui comme dans cette seconde histoire, une allocution de Jésus et non des apôtres ouvre la scène, et le peuple va joindre Jésus sur une mon-

---

pas la conséquence qu'Olshausen en tire, cela ne peut que leur faire honneur.

(1) Le même, *ibid.*
(2) Gratz, *Comm. z. Matth.*, 2, S. 90 f.; Sieffert, *Ueber den Ursprung*, S. 97.

tagne. Mais si l'on conserve des deux parts les faits capitaux, à savoir le désert, la multiplication des pains et la collecte des restes, il est encore suffisamment inconcevable, indépendamment de la question dubitative des apôtres, qu'une pareille scène se soit répétée d'une manière aussi complétement semblable. Si, au contraire, on abandonne, dans une des histoires, ces faits capitaux, il n'est plus possible de concevoir comment on peut contester sur tous les points la fidélité de la narration évangélique relativement aux détails de la seconde multiplication, tout en maintenant qu'il y a eu réellement une seconde multiplication, d'autant plus que Matthieu et Marc, qui le suit, sont les seuls qui en parlent.

En conséquence, des critiques modernes ont déclaré avec plus (1) ou moins (2) de précision qu'il n'y avait ici qu'un seul fait, doublé par une méprise du premier évangéliste, qui fut suivi par le second; qu'il courut, sur la multiplication miraculeuse, des récits différents qui divergeaient entre autres sur la fixation des nombres; que le rédacteur du premier évangile, pour qui toute histoire de miracle était bien venue, et qui, par conséquent, était peu propre à réduire par la critique deux narrations d'une teneur différente, les reçut toutes deux dans son recueil. Cela explique, disent-ils, complétement comment, lors de la seconde multiplication, les apôtres ont pu s'exprimer encore d'une manière qui décélait si peu de foi; en effet, la seconde histoire était l'unique et la première là où le rédacteur du premier évangile la recueillit, et, si l'évangéliste n'effaça pas ce trait, c'est qu'il paraît avoir incorporé dans son livre les deux récits absolument comme il les entendit raconter ou comme il les lut; on en voit, entre autres, la preuve dans la constance avec laquelle lui et Marc, qui le copie, désignent non seulement dans le détail du

---

(1) Thiess, *Krit. Commentar.*, 1, S. 168 ff.; Schulz, *Ueber das Abendm.*, S. 311. Comparez Fritzsche, *in Matth.*, p. 523.

(2) Schleiermacher, *Ueber den Lukas*, S. 145; Sieffert, l. c., S. 65 ff.; Hase, § 97. Neander reste tout à fait indécis. L. J. Chr., S. 372 ff. Anm.

récit lui-même, mais encore dans une mention postérieure (Matthieu, 16, 9 seq. Marc, 8, 19 seq.), les corbeilles par κόφινοι lors de la première multiplication, et par σπυρίδες lors de la seconde (1). A la vérité, on soutient avec raison que l'apôtre Matthieu n'aurait pas pu prendre un seul événement pour deux, ni raconter une nouvelle histoire qui ne serait pas réellement arrivée (2). Mais la réalité d'une double multiplication ne s'ensuit qu'autant qu'on suppose d'avance l'origine apostolique du premier évangile, origine qu'il faudrait d'abord démontrer. Paulus argumente, en observant que la répétition de cette histoire aurait été sans aucun avantage pour la cause que soutenait l'évangéliste; et Olshausen, développant cet argument, dit que la légende n'aurait pas laissé la seconde histoire de multiplication dans un état de simplicité aussi grande que la première. Raisonner comme Olshausen, c'est demander qu'on ne voie pas une fiction dans des récits qui, pour être des fictions, devraient être plus ornés. Nous y couperons court en remarquant que cet argument, étant dépourvu de toute mesure précise, se reproduirait sans cesse, et qu'enfin la fable elle-même ne paraîtrait pas assez fabuleuse. En outre, il est ici tout à fait vide de sens, car il suppose que le récit de la première multiplication est d'une exactitude complétement historique; or, si nous avons déjà dans celui-ci un produit de la légende, la seconde multiplication, qui n'en est qu'une variation, n'a pas besoin de se distinguer encore par des traits traditionnels particuliers. Mais, objectent les commentateurs, il ne faut pas dire seulement que le récit de la seconde multiplication n'a pas été paré d'additions miraculeuses par rapport au premier; ce second récit, augmentant la quantité des vivres et diminuant le nombre des personnes rassasiées, amoindrit le miracle. De là, ils ont cru voir, dans

---

(1) Comparez Saunier, *l. c.*, S. 105.   (2) Paulus, *Exeg. Handb.*, 2, S. 245; Olshausen, l. c.

cette progression décroissante, la plus sûre garantie de la réalité de la seconde multiplication ; car celui qui aurait voulu en imaginer une seconde après la première, aurait sans doute enchéri sur celle-ci, et, au lieu de cinq mille hommes, il aurait mis, non pas quatre mille, mais dix mille (1). Cette argumentation repose aussi sur la supposition non fondée que la première multiplication est la multiplication historique ; et Olshausen lui-même exprime la pensée que l'on pourrait prendre également le second récit comme le fondement historique, et le premier comme dû aux additions de la légende, de sorte que le rapport qui se trouverait entre le récit imaginé et le récit véritable serait un rapport d'augmentation, comme cela est exigé. Il répond, à la vérité, qu'il est invraisemblable qu'un narrateur infidèle place postérieurement comme étant de moindre importance le fait véritable, qu'il le fasse précéder du fait controuvé, qu'au contraire il voudra enchérir sur la vérité, et qu'en conséquence il placera en dernier lieu la fiction, comme étant ornée de plus belles couleurs. Mais par là il montre de nouveau qu'il ne comprend pas même assez pour la juger, l'explication mythique des récits bibliques ; car personne ne parle ici d'un narrateur infidèle qui aurait voulu enchérir sciemment sur la véritable histoire de multiplication, et surtout personne n'applique cette qualification à Matthieu. Mais l'on pense que, si, en toute loyauté, tel avait parlé de cinq mille personnes rassasiées, et tel de quatre mille, le premier évangéliste, avec non moins de loyauté, consigna dans son livre les deux versions, et c'est justement parce qu'il procédait en toute innocence qu'il ne mit aucune importance à la place respective des deux histoires, et qu'il ne s'inquiéta pas si la plus importante était placée ou non la première. En cela, il se laissa conduire par des circonstances fortuites, c'est-à-dire qu'il trouva l'une jointe à des événe-

---

(1) Olshausen, S. 504.

ments qui lui parurent antérieurs, et l'autre à des événements qui lui parurent postérieurs. Il y a un exemple d'une répétition toute semblable dans le Pentateuque, au sujet des histoires de l'alimentation avec les cailles et de la source qui sortit du rocher. La première est aussi bien dans 2. Mos. 16 que dans 4. Mos. 11; la seconde est dans 2. Mos. 17, puis encore dans 4. Mos. 20, et les deux fois avec des différences dans le temps, le lieu et les autres circonstances (1). Cependant cela ne nous donne qu'un résultat négatif, à savoir que le double récit des deux premiers évangiles ne peut pas avoir pour fondement deux événements différents. Lequel de ces événements est historique, ou même un seul l'est-il ? Ce sont des questions qui doivent être l'objet d'un examen particulier.

Pour échapper à l'apparence de magie que ce miracle a par-dessus tous les autres, Olshausen le rattache à l'état moral des personnes intéressées, et il prétend que l'alimentation miraculeuse fut procurée par l'intermédiaire de la faim spirituelle de la multitude. Mais ce n'est là qu'un langage équivoque, qui se réduit à rien dès qu'on essaie d'en envisager nettement la signification. En effet, dans les guérisons par exemple, d'après l'opinion ici émise par Olshausen, voici en quoi consiste cette opération intermédiaire : le moral du malade s'ouvre avec foi à l'action de Jésus, de sorte que, si la foi manque, la force miraculeuse perd également en l'homme le point d'appui nécessaire ; ici donc l'opération intermédiaire est réelle. Or, si, dans le cas actuel, la même espèce d'opération intermédiaire avait eu lieu, et si, par conséquent, l'action nourrissante de Jésus n'avait eu aucun accès en ceux de la foule qui pouvaient être incrédules, il faudrait considérer ici l'alimentation, de même que la guérison plus haut, comme quelque chose

---

(1) Voyez les preuves dans De Wette, *Kritik der mos. Gesch.*, S. 220 ff., 314 ff.

d'opéré dans le corps des affamés par l'action directe de Jésus, et sans la multiplication préalable des vivres qu'on avait sous la main. Mais, ainsi que Paulus l'observe avec raison, et que Olshausen même l'indique, l'évangéliste coupe court à une pareille explication, en disant que des vivres véritables furent distribués à la foule, que chacun en mangea autant qu'il voulut, et qu'à la fin il en resta plus qu'il n'y en avait eu d'abord. Or la multiplication extérieure et objective des vivres ne peut pas être conçue comme ayant été opérée réellement (*realiter*) par la foi du peuple, de telle sorte que cette foi eût dû coopérer au succès de la multiplication. L'opération intermédiaire ici supposée par Olshausen ne peut donc avoir été que théologique, c'est-à-dire que Jésus multiplia les pains en vue d'un certain état moral de la multitude. Mais une opération intermédiaire de cette espèce ne me donne pas la moindre lumière à l'aide de laquelle je puisse mieux comprendre le fait en question, car il s'agit de savoir, non pourquoi il s'est passé ainsi, mais comment il s'est passé. On voit que tout ce que Olshausen croit avoir fait ici pour rendre le miracle plus intelligible, se réduit à l'équivoque sur l'expression *opération intermédiaire*; l'action immédiate de la volonté de Jésus sur la nature irraisonnable demeure aussi inconcevable dans cette histoire que dans les histoires examinées en dernier lieu.

Elle a cependant une difficulté particulière : c'est qu'il s'agit, non d'une direction ou d'une modification donnée à des objets naturels comme dans les miracles précédents, mais d'une multiplication, et même d'une multiplication prodigieuse de ces objets. A la vérité, rien ne nous est plus familier que la croissance et la multiplication des productions naturelles; par exemple, la croissance des graines et leur multiplication, telles qu'elles sont décrites dans les paraboles du semeur et du grain de sénevé. Mais, d'abord, ces phénomènes ne s'opèrent pas sans l'accession d'autres objets naturels tels que la terre, l'eau, l'air, de sorte que, ici aussi, d'après l'axiome connu de la physique, il n'y a pas, à proprement parler, augmentation de la substance, mais il y a seulement changement des accidents; en second lieu, ce procédé de croissance et de multiplication est tel qu'il parcourt ses stades divers dans des intervalles de temps correspondants. Ici, au contraire, dans la multiplication des vivres par Jésus, ni l'une ni l'autre de ces conditions ne se trouve; le pain, dans la main de Jésus, ne tient plus au sol de la terre, comme faisait le chaume sur lequel le grain s'est formé; et la multiplication est, non pas successive, mais soudaine.

On prétend que c'est là justement le miraculeux de la chose, qu'il faut la considérer à ce dernier point de vue, et ne voir dans ce miracle que l'accélération d'un procédé naturel. Ce qui arrive en trois quarts d'année depuis l'ensemencement jusqu'à la récolte, s'est, dit-on, opéré là en quelques minutes, pendant la distribution des vivres: car les évolutions naturelles sont susceptibles d'une accélération, et l'on ne peut déterminer jusqu'où cette accélération peut aller (1). C'eût été l'accélération d'un procédé naturel si, dans la main de Jésus, un grain se fût multiplié au centuple, que ces nouveaux grains y eussent mûri, et que, de ses mains toujours pleines, il eût versé les grains multipliés à la foule, afin qu'elle pût les moudre, les pétrir, les cuire, ou, dans le désert où elle était, les manger crus, simplement tirés de l'épi; c'eût été l'accélération d'un procédé naturel, si, prenant un poisson vivant, il en eût fait sortir soudainement les œufs, les eût fécondés, les eût fait devenir de gros poissons, qu'ensuite les apôtres ou les gens de la foule auraient pu faire cuire. Mais ce n'est pas du grain qu'il prend dans sa main, c'est du pain; et les poissons, qui sont dis-

(1) C'est ce que disent Pfenninger, Olshausen, 1, S. 480. Comparez Hase, § 97.

tribués par morceaux, ont dû être préparés d'une façon quelconque, peut-être rôtis ou salés (Voyez Luc, 24, 42; Joh., 21, 9). Il ne s'agit donc plus, d'un côté ni de l'autre, d'un simple produit de la nature que la vie anime, mais il s'agit d'un produit que la vie a quitté, et que l'art a modifié. Pour y introduire un procédé naturel d'après la supposition de nos théologiens, Jésus, avant tout, aurait dû, en vertu de sa puissance miraculeuse, faire repasser le pain à l'état de grain, rendre la vie aux poissons rôtis, puis entreprendre immédiatement la multiplication ; enfin, ramener ces objets multipliés de l'état naturel à l'état artificiel. Ainsi, ce miracle serait composé : 1° d'une revivification qui surpasserait en merveilleux toutes celles que racontent les évangiles ; 2° d'une accélération extrême d'un procédé naturel ; 3° d'un procédé artificiel mis invisiblement en œuvre, et non moins accéléré, puisque toutes les longues opérations du meunier et du boulanger, d'une part, et du cuisinier, d'autre part, se seraient accomplies par la parole de Jésus en un seul moment. Comment donc Olshausen peut-il se tromper, lui et le lecteur croyant, par l'expression, acceptable en apparence, de *procédé naturel accéléré*, puisque cette expression ne désigne qu'un tiers de la chose dont il s'agit (1) ?

Maintenant, comment nous représenterons-nous un pareil miracle, et dans quel moment du cours de l'opération le placerons-nous ? Relativement à ce dernier point, trois opinions sont possibles, d'après le nombre des groupes qui agissent dans notre narration : la multiplication peut s'être opérée, ou bien dans les mains de Jésus, ou bien dans celles des apôtres qui ont fait la distribution, ou bien enfin, seulement dans celles du peuple qui a reçu les vivres. Cette

---

(1) Cette *déplorable* remarque de ma part a, d'après Olshausen, sa cause dans quelque chose de pire qu'une simple incapacité intellectuelle, à savoir, dans mon absence de toute croyance en un Dieu vivant ; autrement je n'aurais pas trouvé tant de difficulté à concevoir comment la causalité divine peut remplacer les opérations humaines (p. 470).

dernière opinion est puérile jusqu'à l'extravagance, car il faudra se représenter Jésus et les apôtres distribuant, en ayant soin qu'il y en ait suffisamment, des parcelles qui deviennent des morceaux de pain et de poisson entre les mains de la foule; d'autant plus qu'il n'aurait pas été aisément possible de procurer à chacun des cinq mille hommes une parcelle, aussi petite que l'on voudra, avec deux poissons, et cinq pains, qui ne pourront pas avoir été très gros, puisque ce n'était pas la coutume juive de faire de gros pains, et qu'un enfant les portait. Entre les deux autres opinions, je trouve avec Olshausen, que la plus convenable est celle qui représente les vivres se multipliant sous les mains créatrices de Jésus, qui donne, sans fin, des pains et des poissons aux apôtres chargés de la distribution. Pour se faire une idée du phénomène, on peut essayer de concevoir, ou bien que, aussitôt qu'un pain et un poisson étaient finis, il en sortait de nouveaux des mains de Jésus, ou bien que chacun des pains et des poissons croissait, de sorte que, lorsqu'on en coupait un morceau, la réparation s'effectuait jusqu'à ce que le tour du pain ou du poisson suivant arrivât, d'après un calcul de proportion. La première opinion paraît étrangère au texte, qui, parlant des miettes *des cinq pains,* ἐκ τῶν πέντε ἄρτων (Joh., 6, 13), ne suppose guère une augmentation de ce nombre. Reste donc seulement la seconde; et Lavater, en la parant de couleurs poétiques, a rendu un mauvais service à l'opinion orthodoxe (1); car ce miracle appartient à ceux qui ne peuvent paraître croyables jusqu'à un certain point, qu'aussi longtemps qu'on sait les tenir dans la demi-obscurité d'une image indécise (2). Dès qu'on veut les amener à la lumière et les examiner exactement dans toutes les parties, ils se résolvent en nuages. Des pains qui

---

(1) *Jesus Messias,* 2. Bd., n° 14, 15, und 20.
(2) Aussi Neander (S. 377) passe-t-il sur ce miracle avec quelques remarques tout à fait générales.

grossissent dans les mains de celui qui les distribue, comme des champignons humides; des poissons rôtis dont les parties coupées se reproduisent soudainement, comme les pinces arrachées à l'écrevisse vivante se reproduisent successivement, appartiennent évidemment, non au domaine de la réalité, mais à un tout autre domaine.

Quelle reconnaissance ne mérite donc pas ici l'explication rationaliste, s'il est vrai qu'elle sache nous délivrer le plus facilement du monde d'un miracle aussi inouï? A entendre le docteur Paulus (1), les évangélistes n'ont pas l'intention de raconter un miracle, et le miracle n'a été introduit dans leur récit que par les interprètes. Ce qu'ils racontent n'est, d'après lui, que ceci : Jésus fit distribuer le peu de provisions qu'il avait, et la multitude eut suffisamment de quoi manger. Il faut suppléer l'omission d'un membre intermédiaire qui aurait appris comment il fut possible que, malgré le peu de vivres que Jésus avait à offrir, une aussi grande multitude ait été rassasiée. Ce membre intermédiaire, dit-il, se trouve très naturellement dans la combinaison historique des circonstances. On reconnaît, en effet, en comparant Jean, 6, 4, que, vraisemblablement, la multitude se composait, pour la plus grande partie, d'une caravane allant à une fête; elle n'a donc pu être complétement dépourvue de vivres, et seulement peut-être quelques individus, plus pauvres que les autres, avaient déjà consommé leurs provisions. Pour décider les mieux pourvus à faire part de leurs vivres à ceux qui en manquaient, Jésus disposa un repas, et lui-même donna l'exemple de distribuer la portion des petites provisions dont lui et ses apôtres pouvaient se passer. Cet exemple fut imité ; et, la distribution des pains faite par Jésus ayant suscité une distribution générale, toute la multitude fut rassasiée. Sans doute, dit Paulus, c'est

(1) *Exeg. Handb.*, 2, 8, 205 ff.

ajouter au texte que d'introduire cet intermédiaire naturel; mais, comme l'intermédiaire surnaturel que l'on admet ordinairement, à savoir la multiplication des pains, n'y est pas, non plus, exprimé formellement, et qu'il faut les y supposer l'un et l'autre, on ne peut pas faire autrement que de se décider pour le moyen naturel. Le fait est que l'égalité que l'on suppose dans le texte entre les deux moyens termes qu'il faudrait suppléer, n'existe réellement pas. Tandis que, pour le besoin de l'explication naturelle, on doit supposer un nouveau sujet qui distribue (les mieux pourvus de la foule), un nouvel objet distribué (leurs provisions), et la distribution de ces provisions; l'explication surnaturelle se contente du sujet existant, Jésus et ses apôtres, de l'objet existant (leur petite provision), et de la distribution de ces vivres; et elle ne laisse à supposer que la manière d'après laquelle ces vivres devinrent suffisants pour rassasier la foule en se multipliant miraculeusement entre les mains de Jésus et de ses apôtres. Comment peut-on encore soutenir qu'entre les deux moyens termes l'un n'est pas plus près du texte que l'autre? Si la multiplication miraculeuse des pains et des poissons est passée sous silence, cela s'explique; car une chose de ce genre, dont on ne peut se faire aucune idée, est mieux expliquée par le résultat seul. Mais, en revanche, comment les rationalistes rendront-ils compte du silence gardé sur la distribution que, à l'exemple de Jésus, les mieux pourvus firent au reste de la foule? C'est un pur arbitraire que d'intercaler cette distribution des mieux pourvus entre la phrase : *Il les donna aux disciples et les disciples au peuple*, ἔδωκε τοῖς μαθηταῖς, οἱ δὲ μαθηταὶ τοῖς ὄχλοις (Matth., 14, 19), et la phrase : *Ils en mangèrent tous et furent rassasiés*, καὶ ἔφαγον πάντες καὶ ἐχορτάσθησαν (v. 20). Au contraire, la phrase : *Il partagea les deux poissons à tout le monde*, καὶ τοὺς δύο ἰχθύας ἐμέρισε πᾶσι (Marc, 6, 41), montre d'une façon non méconnaissable que les deux poissons seulement, et par conséquent aussi les cinq pains seulement, furent pour tous l'objet de la distribution (1). Mais ce qui est surtout embarrassant pour l'explication naturelle, ce sont les corbeilles que Jésus fit encore remplir des restes après que tous eurent été rassasiés. Quand ici le quatrième évangéliste dit : *Ils les ramassèrent donc, et on remplit douze corbeilles des morceaux des cinq pains d'orge qui étaient restés après que tous en avaient mangé*, συνήγαγον οὖν, καὶ ἐγέμισαν δώδεκα κοφίνους κλασμάτων ἐκ τῶν πέντε ἄρτων τῶν κριθίνων, ἃ ἐπερίσσευσε τοῖς βεβρωκόσιν (6, 13), cela semble indiquer assez clairement que, des cinq pains, après que cinq mille hommes s'en furent rassasiés, il resta douze corbeilles pleines de miettes, par conséquent plus que les provisions primitives. Ici donc l'interprète rationaliste a besoin des subterfuges les plus extravagants pour échapper au miracle. A la vérité, quand les synoptiques disent simplement que l'on recueillit les restes du repas et qu'on en remplit douze corbeilles, on pourrait penser, au point de vue de l'explication naturelle, que Jésus, par respect pour les dons de Dieu, fit recueillir par ses apôtres ce que les gens laissaient perdre de leurs propres provisions. Mais, puisque le peuple abandonnait ce qui restait et ne le serrait pas pour son propre usage, cela paraît signifier qu'il traitait comme propriété d'autrui les aliments qui lui furent présentés, et, de son côté, Jésus, en faisant rassembler ces restes sans aucune difficulté par ses apôtres, semble les considérer comme lui appartenant. En conséquence Paulus donne un sens nouveau à l'expression des synoptiques : *On ramassa, etc.*, ἦραν κ. τ. λ.; il prétend que cela veut dire, non que, le repas étant terminé, on ramassa ce qui restait après que la multitude eut été rassasiée, mais que les apôtres, après avoir retenu sur leurs petites provisions le nécessaire pour Jésus et

---

(1) Olshausen, sur ce passage.

pour eux, en apportèrent l'excédant au repas commun, par un exemple dont ils voulaient provoquer l'imitation. Mais peut-on, quand le membre de phrase : *Ils mangèrent et furent rassasiés*, ἔφαγον καὶ ἐχορτάσθησαν, est suivi immédiatement du membre de phrase, *on ramassa*, καὶ ἦραν, peut-on, dis-je, être revenu de la sorte, brusquement, au temps qui avait précédé le repas? du moins n'y aurait-il pas eu nécessairement, *car on avait ramassé*, ἦραν γάρ? En outre, puisqu'il venait d'être dit que le peuple s'était rassasié, *le reste*, τὸ περισσεῦσαν, surtout placé comme il l'est dans Luc, auprès de αὐτοῖς, peut-il signifier autre chose que ce qui avait été laissé par le peuple? Enfin, comment est-il possible qu'avec cinq pains et deux poissons, après que Jésus et ses apôtres en eurent pris ce qui leur était nécessaire, ou même sans cela, on ait *rempli*, par voie naturelle, douze corbeilles de ce qui devait être distribué au peuple? Mais l'explication devient encore plus étrange quand elle s'applique au passage de Jean. Jésus ayant prescrit de rassembler les restes *afin que rien ne se perdît*, ἵνα μή τι ἀπόληται, il semble que ce qui est dit ensuite sur les douze corbeilles remplies du reste des cinq pains, ne peut pas ne pas être en rapport avec le temps qui suivit le repas. Mais alors il n'y aurait pas moyen de s'en tirer sans une multiplication miraculeuse. Aussi Paulus, quoique la phrase : *Ils les ramassèrent donc et en remplirent douze corbeilles*, etc., ne fasse qu'un tout cohérent, préfère en détacher de force : *Ils les ramassèrent donc*; de sorte que, d'une manière encore plus forcée que chez les synoptiques, il met, sans aucune indication, le verbe au plus-que-parfait, et reporte ce membre de phrase au temps qui précéda le repas.

Ici donc encore l'explication naturelle ne résout pas le problème proposé : le miracle reste dans le texte; et, si nous avons des motifs pour le trouver incroyable, nous devons examiner si le récit du texte mérite réellement qu'on y ajoute foi. Les commentateurs le placent ordinairement au rang des plus dignes de croyance, à cause de l'accord des quatre évangélistes; mais cet accord n'est pas aussi complet qu'on le prétend. D'abord, des divergences entre Matthieu et Luc; puis entre ces deux et Marc, qui donne ici aussi cours à son imagination; enfin, entre tous les synoptiques et Jean, portent sur les points suivants : D'après les synoptiques, la scène se passe dans un *lieu désert*, τόπος ἔρημος; d'après Jean, sur une montagne; d'après les synoptiques, elle s'ouvre par une allocution des apôtres; d'après Jean, par une question de Jésus (double particularité par laquelle le récit de Jean, comme il a déjà été remarqué, se rapproche du récit que Matthieu et Marc font de la seconde multiplication); enfin, les discours que les trois premiers évangélistes mettent d'une façon indécise dans la bouche *des disciples*, τῶν μαθητῶν, sont prêtés par le quatrième évangéliste, suivant son habitude d'individualiser, à Philippe et à André nominativement, de même aussi qu'il désigne un *enfant*, παιδάριον, comme le porteur des pains et des poissons. Nous pouvons passer sur ces divergences, comme moins essentielles, pour nous arrêter sur une qui a plus de portée. Tandis que, d'après les synoptiques, Jésus, qui a pendant longtemps enseigné la foule et qui en a guéri les malades, n'est amené à lui donner des vivres que par l'approche du soir et par la remarque qu'on lui en fait; chez Jean, au contraire, la première pensée de Jésus, dès qu'il lève les yeux et voit arriver le peuple, est, ou bien la pensée exprimée dans sa question à Philippe : Où prendre du pain pour donner à manger à ce peuple? ou bien, comme il ne disait cela que pour *éprouver* Philippe, πειράζων, et comme il savait bien *ce qu'il avait à faire*, τί ἤμελλε ποιεῖν, elle est le dessein de procurer à la foule une nourriture miraculeuse. Or, comment se put-il que, dès l'approche du peuple, Jésus conçût le projet de lui donner à manger? Le peuple venait auprès de lui, non pour en recevoir du pain, mais pour profiter de son enseignement et de sa puissance curative; ce fut donc de son propre mouvement que Jésus se proposa de multiplier les pains, afin de donner la preuve la plus signalée de son pouvoir miraculeux. Mais était-ce son habitude de faire un miracle sans nécessité, sans provocation, par un pur caprice, et uniquement pour en faire un? Je ne puis pas exprimer assez fortement combien il est impossible que la première pensée de Jésus ait été le repas, combien il est impossible qu'il ait imposé de la sorte au peuple la multiplication miraculeuse des pains. Ici donc, le récit des synoptiques, où le miracle a du moins un motif, l'emporte notablement sur celui de Jean, qui, se hâtant d'en venir au miracle, néglige de le motiver, et qui ne fait pas attendre à Jésus le moment de l'opérer. Ce n'est pas ainsi qu'un témoin oculaire a pu parler (1). S'il faut mettre de côté, comme non historique, le récit de cet évangile, auquel aujourd'hui on accorde la plus grande autorité, les difficultés du fait en lui-même, signalées plus haut, suffisent, en ce qui regarde les autres évangiles, pour jeter du doute sur le caractère historique de leur narration, d'autant plus que, à côté de ces raisons négatives, se trouvent des raisons positives qui font comprendre que notre récit a pu naître par des voies non historiques.

Ces raisons positives existent aussi bien dans le domaine des récits évangéliques qu'en dehors de ce domaine, c'està-dire dans l'histoire de l'Ancien-Testament et dans l'histoire populaire des Juifs. Quant au premier point, il est bon de remarquer que Jean, aussi bien que les synoptiques, rattache plus ou moins immédiatement à la multiplication de pains matériels opérés par Jésus, des discours figurés

---

(1) Contre l'essai de conciliation tenté par Neander, comparez De Wette, *Exeg. Handb.*, 1, 3, S. 77.

sur le pain et la pâte. Telles sont, chez Jean (6, 27 seq.), les sentences sur le vrai pain du ciel et de la vie donnés par Jésus; chez les synoptiques, sur le faux levain des Pharisiens et des Saducéens, c'est-à-dire leur fausse doctrine et leur hypocrisie (Matth., 16, 5 seq. Marc, 8, 14 seq. Comparez Luc, 12, 1) (1); et des deux côtés, le discours figuré de Jésus est entendu, à tort, d'un pain matériel. Ce ne serait donc pas aller chercher bien loin, que de supposer que, semblable au peuple et aux apôtres, la première tradition chrétienne entendit au propre ce qui n'avait été dit par Jésus que d'une façon figurée; et, si parfois il s'est représenté, dans un langage métaphorique, comme celui qui pouvait donner au peuple égaré et affamé le vrai pain de vie, la meilleure nourriture, à laquelle il opposait peut-être le levain des Pharisiens, la légende, dont la tendance est de tout réaliser, entendit ces paroles comme si Jésus avait véritablement nourri par un miracle, dans le désert, une multitude affamée. D'après le quatrième évangile, les discours sur le pain de vie sont amenés par la multiplication des pains. Il se pourrait que le rapport fût inverse, et que la conception de cette histoire fût due à ce discours. En effet, le récit de Jean commence par ces mots : *D'où achèterons-nous du*

---

(1) Cette indication a été tout récemment suivie par Weisse; il trouve la clef de l'histoire de la multiplication dans une question de Jésus, qui, voyant que les apôtres se méprennent sur l'avis qu'il leur donne de se garder du levain des Pharisiens et des Saducéens, leur demande s'ils ne se souviennent pas combien de corbeilles ils ont remportées des cinq pains et puis des sept pains. Quand il ajoute : *Ne comprenez-vous pas que ce n'est pas de pain que je parlais*, etc., πῶς οὐ νοεῖτε, ὅτι οὐ περὶ ἄρτου εἶπον ὑμῖν, κ. τ. λ. (Matth., 16, 11), la comparaison, dit Weisse, que Jésus fait ici de l'histoire de la multiplication avec le discours sur le levain, montre qu'il ne faut entendre aussi la première que paraboliquement (p. 514 seq.). Mais la forme de la question de Jésus : *combien de paniers (de corbeilles) vous remportâtes*, πόσους κοφίνους; (σπυρίδας) ἐλάβετε, suppose un événement réel. On ne peut, d'après ce qui a été dit dans le premier volume au sujet de l'histoire de la tentation, se faire aucune idée d'une parabole où Jésus et les apôtres auraient joué un rôle principal. La manière dont Jésus conclut, ne veut pas dire que, à cause du sens purement figuré du récit antécédent, il faut entendre au figuré aussi le discours subséquent, mais elle veut dire que, puisqu'on s'est convaincu antécédemment combien il était superflu de s'inquiéter du pain pour le corps dans le voisinage de Jésus, il est absurde d'entendre au propre son discours actuel.

pain pour donner à manger à ce peuple? πόθεν ἀγοράσομεν ἄρτους ἵνα φάγωσιν οὗτοι ; ce langage dans la bouche de Jésus, au premier aspect de la foule qui accourt, se conçoit mieux s'il parlait, par figure, de la nourrir de la parole de Dieu (comparez Joh., 4, 32 seq.) et d'apaiser sa fin spirituelle (Matth., 5, 6), afin d'exercer l'intelligence supérieure des apôtres (πειράζων), que s'il songeait réellement à une nourriture corporelle, et s'il n'avait voulu éprouver ses apôtres que pour savoir jusqu'à quel point ils s'en remettraient à son pouvoir de faire des miracles. Le récit des synoptiques prête moins à une pareille manière de voir. Les discours figurés sur le levain ne suffisent pas pour motiver la formation de l'histoire de la multiplication ; et, comme l'évangile de Jean est, à vrai dire, le seul qui semble la permettre, on se conformera mieux au caractère de cet évangile, en supposant qu'il s'est servi du récit miraculeux reçu par tradition, comme d'un texte pour des discours figurés dans le goût alexandrin, qu'en supposant qu'il nous a conservé les discours originaux d'où la légende aurait tiré cette histoire de miracle.

Si donc nous trouvons, hors du Nouveau-Testament, des causes très puissantes qui aient pu concourir à la formation du récit de la multiplication des pains, nous serons obligés de renoncer à notre essai de la construire avec des matériaux pris au Nouveau-Testament. Le quatrième évangéliste, en mettant dans la bouche du peuple la mention de la manne, ce pain céleste que Moïse avait donné à manger dans le désert aux ancêtres (v. 31), nous rappelle un des traits les plus célèbres de la primitive histoire des Israélites (2 Mos., 16). Il était tout à fait naturel qu'on le considérât comme un type de ce qui devait arriver dans le temps messianique; et nous savons, en effet, d'après des écrits rabbiniques, que, parmi les traits qui furent transportés du premier Goël au second, la distribution d'un pain céleste jouait un rôle principal (1). De plus, si la manne de Moïse se prête sans peine à être regardée comme le type du pain miraculeusement multiplié par Jésus, les poissons que Jésus multiplia par le même miracle, pourraient faire songer comment Moïse procura au peuple non seulement un succédané du pain dans la manne, mais encore une nourriture animale dans les cailles (2. Mos., 16, 8. 12. 13; 4. Mos., 11, 4, jusqu'à la fin). En comparant ces récits mosaïques avec nos récits évangéliques, on trouve dans les détails une similitude frappante. Des deux côtés, le lieu est le désert; des deux côtés, la cause du miracle est la crainte que le peuple ne souffre de la famine, ou même ne périsse complétement par la faim. Dans l'Ancien Testament, cette crainte est exprimée par le peuple, à voix haute et avec des murmures; dans le Nouveau, elle est un effet de la courte vue des apôtres et de l'amour de Jésus pour les hommes. Jésus fait songer à ses apôtres qu'il faut donner à manger au peuple, ce qui indique déjà son dessein d'une multiplication miraculeuse; avec ce langage de Jésus, on mettra en parallèle l'indication que Jéhova donne à Moïse de nourrir le peuple avec de la manne (2. Mos., 16, 4), et avec des cailles (2. Mos., 16, 12; 4. Mos., 11, 18—20). Mais ce qui est tout à fait décisif, c'est la ressemblance entre les doutes exprimés de part et d'autre. Les apôtres regardent comme impossible de procurer des vivres dans le désert à une aussi grande multitude, et Moïse élève des doutes contre la promesse de Jéhova, de rassasier de viande les Israélites (4. Mos., 11, 21 seq.). Comme les apôtres, Moïse trouve la multitude du peuple trop grande pour qu'il soit possible de la pourvoir d'une nourriture suffisante; comme les apôtres, qui demandent où prendre tant de pain dans le désert, de même Moïse demande ironiquement si les Israélites doivent tuer des moutons et des bœufs (ils n'en avaient pas); comme

(1) Voyez le premier volume, § 14.

les apôtres, qui objectent que, quand même ils feraient les plus grands sacrifices d'argent, cela ne suffirait pas pour donner un peu de pain à chacun, de même Moïse avait déclaré d'une autre façon, que, pour rassasier le peuple ainsi que Jéhova le promettait, il faudrait que l'impossible se fît (c'est-à-dire que les poissons vinssent de la mer). Jéhova, dans l'Ancien Testament, pas plus que Jésus dans le Nouveau, ne tient compte de ces objections, et il ordonne au peuple de se préparer à recevoir la nourriture miraculeuse.

Quelque analogie qu'il y ait entre ces deux nourritures procurées miraculeusement, cependant il se trouve une différence essentielle : c'est que dans l'Ancien Testament, il s'agit, aussi bien pour la manne que pour les cailles, de procurer miraculeusement des aliments qui n'existaient pas précédemment; et, dans le Nouveau, de multiplier miraculeusement des aliments qui existaient déjà, mais qui ne suffisaient pas. L'intervalle entre le récit mosaïque et le récit évangélique est donc trop grand pour qu'on puisse dériver immédiatement celui-ci de celui-là. Nous avons besoin d'un intermédiaire; et cet intermédiaire tout à fait naturel entre Moïse et le Messie est donné par les prophètes. Pour Élie, on sait que par lui et en sa faveur la petite provision de farine et d'huile qu'il trouva chez la veuve de Sarephta fut multipliée miraculeusement, ou, plus précisément, maintenue de manière à suffire durant toute la durée d'une famine (1. Reg., 17, 8—46). Cette histoire de miracle se développe davantage et d'une manière plus semblable au récit évangélique chez Élisée (2. Reg., 4, 42 seq.). Comme Jésus, dans le désert, avec cinq pains et cinq poissons veut nourrir cinq mille hommes, Élisée veut, pendant une famine, nourrir cent hommes avec vingt pains (des pains d'orge, comme ceux qui furent distribués par Jésus suivant Jean), et avec un peu de froment écrasé

(כרמל, LXX : παλάθας). La disproportion entre les provisions et le nombre d'hommes est exprimée par son serviteur, comme dans l'Évangile par les apôtres, sous la forme de cette question : Qu'est-ce qu'une si petite quantité de vivres pour cent hommes? Élisée ne se laisse pas plus déconcerter que Jésus par cette objection ; mais il ordonne à son serviteur de donner à manger au peuple ce qui se trouve ; et, de même que le récit évangélique fait ressortir qu'on ramassa les débris du repas, de même, dans l'Ancien Testament, la narration se termine par la remarque que, bien que tant d'hommes eussent mangé leur part de ces provisions, cependant il y en avait encore eu de reste (1). La seule différence est ici, à vrai dire, le moindre nombre des pains, et le plus grand de la foule rassasiée, du côté du récit évangélique. Mais qui ne sait que, en général, la légende n'imite guère sans enchérir, et que, en particulier, il convenait parfaitement à la position du Messie qu'on mît sa puissance miraculeuse dans le rapport de cinq à vingt, quant à la nécessité d'aliments naturels préexistants, et dans celui de cinq mille à cent, quant à l'action surnaturelle? Il est vrai que, pour couper court à la conséquence qui veut que, si l'on entend mythiquement les deux récits de l'Ancien Testament, on entende mythiquement aussi le récit si semblable des évangiles, Paulus étend au premier l'essai d'une explication naturelle qu'il a développée pour le second; il prétend que la cruche d'huile de la veuve fut tenue pleine par des contributions des élèves du prophète, et que les

---

(1) 2. Reg., 4, 43, lxx : Qu'est-ce que cela pour le donner à cent hommes? Τί δῶ τοῦτο ἐνώπιον ἑκατὸν ἀνδρῶν;

Ibid., v. 44 : Et ils mangèrent, et il en resta suivant la parole du Seigneur. Καὶ ἔφαγον, καὶ κατέλιπον κατὰ τὸ ῥῆμα Κυρίου.

Joh., 6, 9 : Mais qu'est-ce que cela pour tant de gens? Ἀλλὰ ταῦτα τί ἐστιν εἰς τοσούτους;

Matth., 14, 20 : Ils en mangèrent tous et furent rassasiés, et on emporta douze corbeilles pleines des morceaux qui étaient restés. Καὶ ἔφαγον πάντες, καὶ ἐχορτάσθησαν, καὶ ἦραν τὸ περισσεῦον τῶν κλασμάτων, δώδεκα κοφίνους πλήρεις.

vingt pains devinrent suffisants pour cent hommes à l'aide d'une modération digne de louanges (1). Cette explication peut encore moins nous tenter que l'explication correspondante du récit du Nouveau Testament; car, en raison de la date plus reculée de l'événement, il y a moins de motifs critiques, et en raison du rapport seulement médiat qu'il a avec le christianisme, il y a moins de motifs dogmatiques pour tenir à son authenticité historique.

Pour rendre complète cette déduction mythique de l'histoire de la multiplication des pains, il ne nous manque plus que de montrer que les Juifs postérieurs croyaient que des hommes d'une sainteté particulière avaient la faculté de rendre suffisantes de petites provisions de vivres. C'est l'érudition désintéressée du docteur Paulus qui nous a fourni ces renseignements. Par exemple, il nous a appris qu'au temps d'un homme d'une grande sainteté, les pains de proposition en petit nombre suffirent à rassasier les prêtres, et que même il en resta (2). Ce commentateur, s'il était conséquent, devrait essayer de donner de ce récit aussi une explication naturelle, peut-être par la retenue de ces prêtres; mais cette histoire ne se trouve pas dans les livres canoniques; par conséquent, il peut, sans hésitation, la tenir pour un conte; et la seule chose qu'il accorde en raison de la ressemblance frappante qu'elle a avec le récit évangélique, c'est que, en vertu de la croyance des Juifs à de pareilles multiplications de vivres, croyance attestée par ces documents rabbiniques, le récit du Nouveau Testament put de bonne heure être conçu par des chrétiens judaïsants dans un sens pareillement miraculeux. Mais nos recherches prouvent que le récit évangélique a été rédigé conformément à ces idées; et, si ces idées se trouvaient dans la légende popu-

---

(1) *Exeg. Handb.*, 2, S. 287 f.
(2) Joma f. 39, 1 : Tempore Simeonis justi benedictio erat super duos panes pentecostales et super decem panes προθέσεως, ut singuli sacerdotes, qui prorata parte acciperent quantitatem olivæ, ad satietatem comederent, imo ut adhuc reliquiæ superessent.

laire des Juifs, ce récit évangélique est, sans aucun doute, un produit de cette légende (1).

§ CI.

Jésus transforme l'eau en vin.

A la multiplication des pains, on peut rattacher le récit du quatrième évangile (2, 1 seq.) suivant lequel Jésus changea l'eau en vin dans une noce, à Cana en Galilée. D'après Olshausen, les deux miracles appartiennent à la même catégorie, puisqu'il s'y trouve un *substratum* dont la substance est modifiée (2). Mais il oublie ici une différence logique : dans l'histoire de la multiplication, la modification du *substratum* est purement quantitative, c'est une augmentation de ce qui existe déjà avec la même qualité; il y a plus de *pain*, mais c'est toujours du *pain*. Au contraire, dans la noce de Cana, le *substratum* subit une modification qualitative; il ne reste pas semblable à lui-même, il devient autre chose, de l'eau est changée en vin; il y a donc une véritable transsubstantiation. A la vérité, il y a des changements qualitatifs qui se succèdent conformément aux lois de la nature et dont la production instantanée de la part de Jésus serait plus facilement concevable qu'une augmentation également instantanée de la quantité; par exemple, s'il avait fait soudainement du vin avec du moût, ou du vinaigre avec du vin ; car ce ne serait que faire passer rapidement le même *substratum* végétal, le jus de raisin, par des états divers qui lui sont naturels. Il serait déjà plus miraculeux que Jésus eût communiqué au jus d'un autre fruit, par exemple de la pomme, la qualité du jus de raisin ; cependant il serait resté encore dans les limites du même

---

(1) Comp. De Wette, *Exeg. Handb.*, 1, 1, S. 188 f.   (2) *Bibl. Comm.*, 2, S. 74.

règne de la nature. Mais ici où de l'eau est changée en vin, on saute brusquement d'un règne de la nature dans l'autre, de la substance inorganique à la substance végétale, miracle qui est autant au-dessus du miracle de la multiplication que celui de changer les pierres en pain, que le tentateur suggéra à Jésus (1).

A ce miracle, comme au précédent, Olshausen, d'après Augustin (2), applique l'explication d'un travail naturel accéléré, de sorte qu'il ne s'y passa rien autre chose, seulement dans un délai plus bref, que ce qui se passe annuellement dans la vigne avec un développement plus prolongé. Cette manière de considérer la chose serait fondée, si le *substratum* sur lequel Jésus opéra, avait été le même que celui d'où le vin provient par voie naturelle. S'il avait pris dans sa main une vigne, et si soudainement il l'avait fait fleurir et porter des grappes mûres, cela pourrait s'appeler un travail naturel accéléré. Mais nous n'aurions pas encore du vin par là; et, si Jésus en fit produire à la vigne ainsi prise dans sa main, il fallut qu'il ajoutât un remplaçant invisible du pressoir, c'est-à-dire un travail artificiel accéléré; de sorte que, ici aussi, l'explication prise de l'accélération d'un travail naturel ne pourrait suffire. Mais nous avons pour *substratum* de cette production de vin, non une vigne, mais de l'eau; et l'on ne pourrait parler ici avec justesse d'un travail naturel accéléré, qu'autant que, dans des circonstances quelconques, de l'eau se changerait en vin par des transformations successives. Pour en venir là, on dit qu'en tous cas c'est de l'eau, c'est de l'humidité apportée à la terre par la pluie, etc., que la vigne tire sa sève employée aus-

---

(1) Neander pense que, pour ce miracle, on peut, plus facilement que pour celui de la multiplication des pains, trouver une analogie, à savoir dans les sources minérales dont l'eau prend une telle puissance par des forces naturelles, qu'elle produit des effets supérieurs de beaucoup à ceux de l'eau ordinaire, et en partie semblables à ceux du vin. (S. 369).

(2) *In Johann. tract.*, 8: Ipse vinum fecit in nuptiis, qui omni anno hoc facit in vitibus.

sitôt à la production de la grappe et du vin; de sorte qu'il est vrai de dire que chaque année de l'eau est changée en vin par un travail naturel (1). Mais, outre que l'eau n'est qu'une des puissances élémentaires dont la vigne a besoin pour être féconde, et outre qu'il faut encore de la terre, de l'air et de la lumière, on ne pourrait dire, ni de l'une de ces puissances élémentaires, ni de toutes prises ensemble, qu'elles produisent la grappe ou le vin, et qu'ainsi Jésus, en changeant l'eau en vin, a fait, avec plus de promptitude seulement, ce qui se renouvelle annuellement par une élaboration successive. Ici encore on confond des catégories logiques qui sont essentiellement différentes. En effet, nous pouvons placer le rapport du produit au producteur, rapport dont il s'agit ici, sous la catégorie de la force et du phénomène, ou de la cause et de l'effet. Il ne sera jamais possible de dire que l'eau est la force ou la cause qui produit les grappes et le vin; la force qui en détermine la production reste toujours l'individualité végétale du cep, à l'égard duquel l'eau, de même que les autres agents élémentaires, ne se comporte que comme sollicitant la force, provoquant la cause. Sans doute la grappe ne peut se former sans l'action de l'eau, de l'air etc., pas plus qu'elle ne le peut sans le cep; mais la différence est que, dans le cep, la grappe préexiste en un germe auquel l'eau et les autres agents ne sont que des moyens de développement. Dans ces substances élémentaires, au contraire, la grappe n'existe ni en acte ni en puissance. Ils ne peuvent en aucune façon la faire naître par eux-mêmes, ils ne peuvent que la développer dans un autre corps, la vigne. Donc faire du vin avec de l'eau, ce n'est pas faire marcher l'action d'une cause plus rapidement qu'elle ne marcherait par la voie naturelle, mais c'est faire naître

---

(1) C'est ce que dit Augustin, approuvé par Olshausen: Sicut enim, quod miserunt ministri in hydrias, in vinum conversum est opere Domini, sic et quod nubes fundunt, in vinum convertitur ejusdem opere Domini.

l'effet, sans cause et de la simple circonstance occasionnelle, ou, pour nous en tenir plus précisément dans le règne organique, c'est faire naître de simples matériaux inorganiques, ou plutôt, d'un seul élément de ces matériaux, un produit organique, sans l'organisme producteur, à peu près comme si l'on prétendait faire, avec de la terre, du pain sans l'intervention de la plante, avec du pain, de la chair sans l'assimilation préalable opérée par le corps animal, et, de la même façon, du sang avec du vin. Si donc on ne veut pas simplement invoquer l'incompréhensibilité d'une parole toute puissante de Jésus, mais si l'on veut, avec Olshausen, se représenter plus facilement l'élaboration renfermée dans le miracle qui nous occupe, sous la forme d'une élaboration naturelle, l'on doit, non pas taire, pour rendre la chose plus spécieuse, une partie des conditions qu'elle implique, mais les mettre en relief. Elles formeraient la série suivante: 1° à l'eau, agent élémentaire, Jésus aurait dû joindre la force des autres éléments nommés plus haut; 2° il aurait dû, ce qui est capital, procurer invisiblement aussi l'individualité organique du cep; 3° il aurait dû accélérer l'élaboration naturelle de ces objets au point d'amener instantanément la floraison, la fructification du cep et la maturité de la grappe; 4° il aurait dû faire agir invisiblement et soudainement le travail artificiel du pressoir, etc.; 5° enfin il aurait dû rendre instantané le travail naturel de la fermentation. Ainsi, quand on désigne l'élaboration miraculeuse comme une élaboration naturelle accélérée, on ne prend que deux conditions sur cinq; trois de ces conditions se refusent à passer par cette explication, et cependant les deux premières, particulièrement la seconde, sont d'une importance à laquelle n'arrivaient pas même les conditions négligées dans l'application qui a été faite de cette manière de voir à l'histoire de la multiplication des pains. De sorte que, dans un cas comme dans l'autre, il ne peut pas être question de l'accélération d'un procédé naturel (1). Mais comme c'est là le point de vue unique ou extrême auquel nous puissions nous faire une idée quelconque d'un pareil miracle, il est démontré que ce miracle est inconcevable, du moment que ce point de vue ne peut s'y appliquer.

Ce n'est pas seulement relativement à la possibilité que ce miracle a été contesté, il l'a été aussi relativement à l'utilité et à la convenance. Dans l'antiquité (2) et dans les temps modernes (3), on a dit qu'il était indigne de Jésus, non seulement de se trouver dans une société de buveurs, mais encore de favoriser leur ivrognerie par un miracle. Ce reproche doit être repoussé comme exagéré, et les commentateurs remarquent avec raison que l'expression : *Après qu'on s'est enivré*, ὅταν μεθυσθῶσι (v. 10), dont le *maître d'hôtel*, ἀρχιτρίκλινος, se sert pour caractériser la marche ordinaire de pareils repas, ne peut pas être appliquée avec sûreté à la noce même de Cana. Il n'en reste pas moins (ce que non seulement Paulus et l'auteur des *Probabilia* (4), mais encore Luc et Olshausen font remarquer), il n'en reste pas moins, dis-je, une difficulté qui frappe au premier abord, c'est que, par ce miracle, Jésus n'a pas, comme c'était son habitude, porté remède à une nécessité, à un besoin véritable, mais qu'il a seulement procuré un nouvel aliment au plaisir; qu'il s'est montré, non pas secourable, mais complaisant, et qu'il a opéré un miracle de luxe plutôt qu'un miracle véritablement bienfaisant. Si l'on dit que le miracle eut un but suffisant dans l'intention de fortifier la foi des disciples (5), ce qui arriva en effet d'après le verset 11, il faut se rappeler que, dans la règle, les autres miracles de Jésus n'avaient pas seulement, en leur qualité d'événements

---

(1) Lücke, 1. p. 405, trouve défectueuse et obscure l'analogie d'une élaboration naturelle, et il n'a d'autre moyen de se tranquilliser là-dessus, jusqu'à un certain point, qu'en remarquant que la même difficulté se présente dans le miracle de la multiplication des pains.
(2) Dans Chrysostome, *Homil. in Joann.*, 21.
(3) Woolston, *Disc.*, 4.
(4) P. 42.
(5) Tholuck, sur ce passage.

extraordinaires, pour résultat quelque chose de désirable, par exemple la foi des assistants ; mais encore, en leur qualité de guérisons, de multiplications de pains, etc., avaient pour but une intention bienfaisante. Dans le miracle actuel, cette intention manque, et ce n'est pas tout à fait à tort que Paulus a appelé l'attention sur la contradiction qui existe entre le refus de Jésus de faire, à la suggestion du tentateur, des miracles qui, sans être matériellement bienfaisants ou provoqués par une nécessité pressante, n'auraient d'autre but que d'exciter la foi et l'admiration, et entre l'accomplissement d'un miracle de ce genre par Jésus (1).

On fut donc, du côté des surnaturalistes, amené à admettre que l'intention de Jésus avait été, non de produire de la foi en général, laquelle aurait pu être éveillée aussi bien ou mieux encore par un miracle matériellement salutaire, mais de déterminer une conviction tout à fait spéciale et que ce miracle pouvait seul causer. Et ici l'opposition de l'eau et du vin, sur laquelle roule le miracle, dut rappeler facilement l'opposition entre celui qui *baptisait par l'eau*, βαπτίζων ἐν ὕδατι (Matth., 3, 11), et en même temps ne *buvait pas de vin*, οἶνον μὴ πίνων (Luc, 1, 15; Matth., 11, 18), et entre celui qui, baptisant avec l'esprit saint et le feu, ne se refusait pas le jus plein de feu et d'esprit de la treille, et qui, pour cela même, avait été injurieusement appelé *buveur*, οἰνοπότης (Matth., 11, 19); d'autant plus que le quatrième évangile, qui contient le récit de la noce de Cana, montre dans ses premiers paragraphes une tendance à conduire le lecteur, par une progression croissante, de Jean-Baptiste à Jésus. En conséquence, Herder (2), et après lui quelques auteurs (3), ont admis que Jésus, par ce miracle, avait voulu représenter symboliquement à ses disciples, dont plusieurs

---

(1) *Comm.*, 4, S. 151 f.
(2) *Von Gottes Sohn u. s. f. nach Johannes Evangelium*, S. 134 f.
(3) C. Ch. Flatt, *Ueber die Verwandlung des Wassers in Wein*, dans Süskind's *Magasin*, 14 Stück, S. 56 f.; Olshausen, l. c., S. 75 f. Comparez Neander, L. J. Chr., S. 372.

avaient été précédemment disciples de Jean-Baptiste, le rapport qui se trouvait entre l'esprit de sa doctrine et son ministère, d'une part, et la doctrine et le ministère de Jean-Baptiste, d'autre part, et étouffer par un miracle le scandale qu'ils auraient pu prendre de sa manière de vivre plus libérale. Mais ici se présente l'objection qui est relevée comme frappante par des amis de cette explication (1), à savoir que Jésus ne se servit pas de ce miracle symbolique pour expliquer, à l'aide de discours, à ses apôtres le rapport qui existait entre lui et Jean-Baptiste. Cependant des explications étaient nécessaires pour que le miracle ne manquât pas son but spécial; on le voit immédiatement par l'évangéliste lui-même, qui l'entend, non dans le sens de nos théologiens et comme le symbole d'une maxime particulière de Jésus, mais d'une façon toute générale et comme une *manifestation*, φανέρωσις, de sa *gloire*, δόξα (2). Si donc Jésus, dans ce miracle, avait pour but l'application spéciale dont il s'agit, le rédacteur du quatrième évangile, c'est-à-dire, d'après la supposition de ces théologiens, celui de ses disciples dont l'esprit était le plus ouvert, ne l'a pas compris, et Jésus a négligé, d'une manière inopportune, de prévenir ce malentendu; ou, si l'on ne veut accepter ni l'une ni l'autre de ces suppositions, il demeure que Jésus, contre son habitude, aurait essayé d'atteindre un but général (celui de montrer sa puissance miraculeuse) par un acte auquel il aurait pu, ce semble, substituer un acte plus utile.

La quantité disproportionnée de vin que Jésus donne aux convives, doit aussi surprendre. Six cruches contenant chacune 2 à 3 *métrètes*, si le *métrète* attique correspondant au *bath* des Hébreux est évalué à 1 1/2 *amphore* romaine, ou 24 *mesures* de Würtemberg (le maass vaut $2^{litres},22$),

---

(1) Olshausen, l. c.
(2) Lücke aussi regarde cette interprétation symbolique comme tirée de trop loin, et ayant trop peu d'appui dans le ton du récit, p. 406. Comparez De Wette, *Exeg. Handb.*, 1, 3, S. 37.

feraient 252—378 *mesures* (559,44—839ʳᵉˢ,16) (1). Quelle quantité pour une compagnie qui avait déjà passablement bu! Quelles énormes cruches! s'écrie Paulus de son côté; et aussi met-il tout en œuvre pour diminuer l'évaluation du texte. De la façon la plus contraire à l'usage de la langue, il donne à la proposition ἀνὰ, non un sens distributif, mais un sens collectif, de sorte que les six cruches contiennent, non pas chacune, mais toutes ensemble, deux ou trois *métrètes*; et Olshausen, d'après l'exemple de Semler, se tranquillise en remarquant qu'il n'est dit nulle part que l'eau de toutes les cruches ait été changée en vin. Mais ce sont des subterfuges; celui à qui paraît incroyable, de la part de Jésus, une prodigalité si excessive et si dangereuse, celui-là doit en conclure que ce récit n'est pas historique.

Une difficulté particulière existe dans le rapport où la narration place Jésus à l'égard de sa mère, et celle-ci à l'égard de Jésus. D'après le dire exprès de l'évangéliste, ce miracle était le *commencement des signes* de Jésus, ἀρχὴ τῶν σημείων. Et cependant sa mère compte tellement sur un miracle qu'elle croit n'avoir besoin que de lui indiquer le défaut de vin, pour le déterminer à y subvenir surnaturellement; et, même lorsqu'elle reçoit un refus, elle perd si peu cette espérance, qu'elle avertit les serviteurs d'être attentifs aux signes de son fils (v. 3, 5). Comment expliquerons-nous, chez la mère de Jésus, cette attente d'un miracle? Le dire de Jean, que la transformation de l'eau a été le premier signe de Jésus, le rapporterons-nous au temps de sa vie publique? Mais alors, supposerons-nous, pour sa jeunesse, les miracles apocryphes des évangiles de l'enfance? ou, puisque cette supposition a déjà été, avec raison, trouvée indigne de la critique par Chrysostôme lui-même (2), conjecture-

---

(1) Wurm, *De ponderum, mensurarum*, etc., *rationibus ap. Rom. et Græcos*, p. 123, 126. Comparez Lücke, sur ce passage.
(2) *Homil. in Joann.*, sur ce passage.

rons-nous que Marie, convaincue par les signes concomitants de la naissance de Jésus, qu'il était le Messie, attendait de lui des miracles et désirait que, dans cette circonstance où l'embarras était grand, il donnât une preuve de sa puissance, comme il en avait déjà peut-être donné dans quelques circonstances antérieures (1) ? Mais il faudrait qu'il fût un peu plus vraisemblable que les proches de Jésus eurent cette conviction précoce relativement à la messianité, et surtout, que les événements extraordinaires de son enfance qu'on suppose avoir produit cette conviction, eussent plus d'authenticité. Ajoutons que, même en admettant que Marie ait eu foi en la puissance miraculeuse de son fils, on ne comprend pas davantage pourquoi, malgré une réponse négative, elle attendait néanmoins avec confiance le premier miracle pour cette occasion, ni comment elle croyait savoir précisément qu'il le ferait de manière à avoir besoin des serviteurs (2). Cette connaissance précise que Marie montre du mode même suivant lequel le miracle va s'opérer, paraît témoigner que Jésus lui avait fait une ouverture antécédente; aussi Olshausen suppose-t-il que Jésus avait donné à sa mère quelque indice sur ce qu'il projetait. Mais quand cette ouverture aurait-elle été faite ? pendant qu'ils se rendaient à la noce ? Mais alors, Jésus aurait prévu qu'on manquerait de vin, auquel cas Marie, en lui apprenant que les convives *n'avaient plus de vin*, οἶνον οὐκ ἔχουσι, ne pouvait pas lui présenter cet avis comme un embarras inattendu. Mettra-t-on la communication dont il s'agit, après cet avis donné par Marie, par conséquent en connexion avec les paroles : *Femme, qu'y a-t-il entre vous et moi*, etc. τί ἐμοὶ καὶ σοὶ γύναι κ. τ. λ.? Mais à côté de ces paroles on ne peut supposer une communication aussi opposée ; il faudrait donc

---

(1) Tholuck, sur ce passage.
(2) Cet argument s'adresse aussi à Neander, qui s'appuie sur la croyance de Marie à la messianité de Jésus, en ce sens que cette croyance avait dû être provoquée par l'inauguration solennelle lors du baptême (S. 370).

se représenter qu'il prononça les paroles de refus à voix haute, celles d'assentiment à voix basse et seulement pour Marie, ce qui serait jouer la comédie. On ne comprend donc en aucune façon comment Marie pouvait attendre un miracle et justement le changement de l'eau en vin. A la première difficulté, c'est-à-dire l'attente d'un miracle, on semblerait faire une réponse satisfaisante en prétendant que Marie n'attendait pas un miracle, et que, habituée dans toutes les circonstances difficiles à prendre conseil de lui, elle s'était aussi adressée à lui dans ce cas (1). Mais la réponse de Jésus montre qu'il avait trouvé, dans les paroles de sa mère, une provocation à un miracle, et d'ailleurs l'avis que Marie donne aux serviteurs reste inexpliqué dans cette hypothèse.

La réponse de Jésus à sa mère (v. 4) a souvent été blâmée avec exagération (2), et justifiée d'une manière insuffisante. On aura beau dire que l'expression hébraïque מה־לי־לך, à laquelle correspond le grec τί ἐμοὶ καὶ σοί, se trouve par exemple dans 2. Sam., 16, 10, comme un doux reproche (3); on aura beau prétendre que Jésus, en entrant dans son ministère, avait, quant à ses fonctions, brisé ses liens avec sa mère (4); toujours est-il qu'il devait être permis d'appeler avec modestie l'attention de Jésus sur les occasions d'exercer sa puissance miraculeuse : et, si celui qui lui montrait un cas de maladie en le priant d'y porter remède, ne méritait pas une réprimande, encore moins Marie en méritait-elle une pour lui avoir fait connaître un manque de vin, dans des termes qui ne comportaient qu'implicitement la demande d'y remédier. Le cas serait autre si Jésus n'avait pas trouvé la circonstance susceptible ou même digne d'un miracle : il aurait pu repousser durement l'avertisse-

---

(1) Hess, *Geschichte Jesu*, 1, S. 135. Comparez aussi Calvin, sur ce passage.
(2) Par exemple par Woolston, l. c.
(3) Flatt, l. c. S. 90; Tholuck, sur ce passage.
(4) Olshausen, sur ce passage.

ment de sa mère comme une suggestion d'exercer à faux sa puissance miraculeuse, suggestion dont on voit un exemple dans l'histoire de la tentation. Mais, comme bientôt après il montra par le fait qu'il trouvait la circonstance digne d'un miracle, on ne voit absolument pas comment il put savoir à sa mère mauvais gré d'un avertissement qui ne vint peut-être que quelques instants trop tôt (1).

Aux nombreuses difficultés du point de vue surnaturaliste, on a essayé d'échapper ici aussi par l'explication naturelle. On est parti de la coutume où étaient les Juifs de faire, lors des noces, des présents de vin ou d'huile. On a observé que Jésus, ayant amené cinq disciples nouvellement attachés à sa personne, et qui étaient des hôtes non invités, a pu prévoir un manque de vin, et l'on admet que, par plaisanterie, il voulut faire porter son cadeau d'une manière inattendue et secrète. La *gloire*, δόξα, qu'il manifesta par cette action, n'est que celle de son humanité qui, en temps et lieu, ne dédaignait pas une plaisanterie. La *foi*, πίστις, qu'il obtint par là auprès de ses apôtres, c'est la joyeuse adhésion à un homme chez qui l'on ne voyait rien de ce sérieux gênant que l'on attendait du Messie. Marie connaissait le dessein de son fils, et, quand le moment lui en paraît venu, elle l'exhorte à le mettre à exécution, mais lui l'avertit en riant de ne pas lui enlever par trop de promptitude le plaisir de sa plaisanterie. Il fit verser de l'eau : cette circonstance paraît appartenir à l'illusion plaisante qu'il voulait causer. Tout à coup, au lieu d'eau, il se trouva du vin dans les cruches; on y vit une transformation miraculeuse, et cela est aisément concevable à une heure avancée de la nuit, où déjà l'on avait passablement bu ; enfin Jésus n'instruisit pas les gens de la noce du véritable état des choses, ce fut la conséquence de sa plaisanterie, il ne voulut pas détruire lui-

(1) Comparez aussi les *Probabilia*, p. 44 seq.

même l'illusion qu'il avait produite (1). Du reste, comment la chose se passa-t-elle? par quel moyen Jésus substitua-t-il le vin à l'eau? C'est, dit Paulus, ce qu'il n'est plus possible de découvrir; il suffit de savoir que tout se passa naturellement. Mais, puisque, d'après l'hypothèse de ce théologien, l'évangéliste savait d'une façon générale qu'il n'y avait rien eu que de très naturel aux noces de Cana, pourquoi ne nous a-t-il donné aucun indice là-dessus? S'il voulait, lui aussi, préparer aux lecteurs la surprise que Jésus avait préparée aux spectateurs, il devait à la fin de son récit donner l'explication de la scène, afin de ne pas rendre l'illusion permanente. Surtout il *ne* devait pas employer l'expression propre à tromper, que Jésus, par cet acte, avait manifesté sa *gloire,* τὴν δόξαν αὐτοῦ (v. 11), ce qui, dans le langage de son évangile, ne peut signifier que la dignité suprême de Jésus; il ne devait pas appeler l'événement un *signe,* σημεῖον, ce qui implique quelque chose de surnaturel; enfin, par l'expression : *l'eau changée en vin,* τὸ ὕδωρ οἶνον γεγενημένον (v. 9), et encore moins par la désignation de Cana comme le lieu *où il avait changé l'eau en vin,* ὅπου ἐποίησεν ὕδωρ οἶνον (4, 46), il ne devait pas faire croire qu'il partageait l'opinion de ceux qui y voyaient un miracle (2). L'auteur de l'Histoire naturelle du prophète de Nazareth a essayé d'échapper à ces difficultés en accordant que le narrateur lui-même, Jean, a pris la chose pour un miracle et l'a racontée comme tel. Mais, indépendamment de la manière indigne dont il explique cette erreur de l'évangéliste (3), on ne peut pas supposer que Jésus ait entretenu ses disciples dans l'illusion des autres convives, et qu'il ne leur ait pas du moins donné des éclaircissements sur le vrai caractère de l'affaire. Il faudrait donc admettre que celui

---

(1) Paulus, *Comm.*, 4. S. 150 ff. L. J., 1, a, S. 169 ff.; *Natürliche Geschichte,* 2, S. 64 ff.

(2) Comparez là-dessus Flatt, l. c., S. 77, ff. et Lücke, sur ce passage.

(3) Il rapporte aussi à Jean le verbe *s'enivrer,* μεθύσκεσθαι, v. 10.

qui raconte, dans le quatrième évangile, cet événement, n'a pas été un des disciples de Jésus; mais cela dépasse la sphère du mode d'interprétation de ces théologiens. Allons plus loin. Accordons que le narrateur lui-même, quel qu'il puisse être, ait partagé l'opinion de ceux qui y voyaient un miracle; nous comprendrons, il est vrai, la manière dont il raconte, et les expressions qu'il emploie, mais nous n'en trouverons que plus incompréhensibles les procédés et la conduite de Jésus, s'il est vrai qu'il ne se soit pas agi d'un miracle véritable. Pourquoi, en présentant son cadeau, prit-il tant de soin pour qu'il parût un don miraculeux? Pourquoi fit-il remplir d'eau les vaisseaux où il avait l'intention de mettre aussitôt du vin, puisque la nécessité où l'on était d'ôter cette eau, ne pouvait qu'empêcher le secret qu'il voulait qu'on gardât dans cette opération, à moins qu'on ne prétende, avec Woolston, qu'il avait seulement communiqué à l'eau un goût de vin en y versant des liqueurs? Il y a donc une double difficulté, à savoir, d'une part, pour se représenter l'introduction du vin dans les cruches déjà remplies d'eau, d'autre part, pour justifier Jésus du soupçon d'avoir voulu faire naître l'apparence d'une transformation miraculeuse de l'eau. C'est sans doute le sentiment de ces difficultés qui a décidé l'auteur de l'Histoire naturelle du prophète de Nazareth à rompre toute connexion entre l'eau des cruches et le vin qu'on présente plus tard, et à supposer que Jésus avait fait chercher de l'eau parce qu'on en manquait, et qu'il voulut recommander l'usage salutaire de se laver avant et après le repas, mais que plus tard il fit apporter le vin d'une chambre voisine où il l'avait déposé. Pour une pareille explication, il faudrait admettre, ou bien que l'ivresse de tous les convives et en particulier du narrateur, eût été passablement complète au point de croire que du vin apporté de la chambre voisine était tiré des cruches pleines d'eau, ou que les moyens pris par Jésus pour faire illusion eussent été arrangés avec beaucoup d'habileté, ce qui est incompatible avec sa droiture ordinaire.

Dans ce détroit entre l'explication surnaturaliste et l'explication naturelle, qui, ici, ne sont pas plus suffisantes l'une que l'autre, nous devrions, avec un des plus récents interprètes du quatrième évangile, attendre « qu'il plût à Dieu » d'amener, par des développements ultérieurs d'une sage » méditation chrétienne, la solution de ces énigmes à la sa» tisfaction générale (1). » Mais, par cela seul que l'histoire dont il s'agit ne se trouve que chez Jean, nous avons une issue pour sortir d'embarras. Unique comme elle est dans son espèce, racontant le premier miracle de Jésus, elle devait être connue de tous les apôtres, bien que tous les douze ne fussent pas dès lors avec Jésus; elle devait, quand bien même parmi les autres évangélistes il n'y aurait pas d'apôtres, être passée dans la tradition générale, et, de là, avoir été recueillie par les synoptiques. Or, comme Jean est le seul qui l'ait, il semble plus naturel d'admettre qu'elle ne s'est formée que dans un terrain de la légende étranger aux synoptiques, que d'admettre qu'elle ait disparu d'aussi bonne heure du terrain même où elle était née. Il ne reste donc plus qu'à voir si nous sommes en état de montrer comment, même sans motif historique, une pareille légende a pu se produire. Kaiser s'en réfère à l'esprit romanesque de l'Orient, ami des métamorphoses; mais cet exemple est si vague, que Kaiser lui-même a besoin de supposer qu'il y avait eu réellement, de la part de Jésus, une aimable plaisanterie (2). Par là, il reste dans le malheureux moyen-terme entre l'explication mythique et l'explication naturelle, duquel on ne sort qu'autant qu'on parvient à recueillir, pour un récit, des points mythiques de rapport et d'origine, plus précis et plus voisins. Or, dans le cas actuel, on n'a besoin de rester, ni dans l'Orient tout entier, ni dans le champ des métamor-

---

(1) Lücke, II, 497.   (2) Bibl. Theol. 1, S. 200.

phoses en général ; car nous trouvons précisément des transformations de l'eau, dans le cercle plus étroit de l'histoire primitive des Hébreux. A côté de quelques récits où nous voyons que Moïse fit jaillir aux Israélites, dans le désert, de l'eau d'un rocher aride (2. Mos., 17, 1 seq. ; 4. Mos., 20, 1 seq.), don miraculeux, qui, répété avec quelques modifications dans l'histoire de Samson (Jud., 15, 18 seq.), fut aussi transporté au nombre des attentes messianiques (1), la première métamorphose de l'eau qui fut attribuée à Moïse, est cette transformation de toute l'eau de l'Égypte en sang, citée parmi ce qu'on appelle les dix plaies (2. Mos., 7, 17 seq.). A côté de ce changement en pis, se trouve, dans l'histoire de Moïse, un changement en mieux; car, d'après l'indication de Jéhovah, il rendit douce de l'eau saumâtre (2. Mos., 14, 23 seq.) (2); semblablement, plus tard, Élisée rendit bonne et innocente une eau malsaine (2. Reg., 2, 19) (3). De même que, d'après les passages rabbiniques cités, le pouvoir d'accorder de l'eau paraît avoir été transporté de Moïse et des prophètes au Messie, de même la narration de Jean paraît montrer que le pouvoir de transformer l'eau fut également transporté des premiers sur le second, toutefois avec les modifications qui étaient dans la nature des choses. Si, d'un côté, une mutation de l'eau en pis, comme la mutation, opérée par Moïse, de l'eau en sang, pouvait, en tant que miracle vengeur, ne pas être jugée très conforme à l'esprit de douceur de Jésus reconnu pour Messie, d'autre part, un changement en mieux, qui, telle que la destruction de l'amertume ou de qualités nuisibles, restait enfermé dans les limites de l'*espèce* de l'eau, et n'en modifiait pas la substance comme la métamorphose en sang, pouvait

---

(1) Dans le passage de Midrasch Koheleth, cité t. I, § 14, il est dit entre autres : Goël primus... ascendere fecit puteum : sic quoque Goël postremus ascendere faciet aquas, etc.

(2) Josèphe (*Antiq.*, 8, 1, 2) donne, ce qui est remarquable, une explication naturelle de ce miracle.

(3) Que l'on se rappelle aussi la transformation de l'eau en huile qu'Eusèbe rapporte d'un évêque chrétien, H. E., 6, 9.

paraître insuffisant pour le Messie. Ces deux conditions prises ensemble, c'est-à-dire un changement de l'eau en mieux joint à un changement spécifique de sa substance, devaient donner sans effort une transformation en vin. Or, elle est racontée par Jean d'une manière que nous devons trouver d'autant plus conforme à l'esprit de son évangile qu'elle s'éloigne davantage de la réalité ; car, tout inconcevable que paraisse, historiquement parlant, la dureté de Jésus à l'égard de sa mère, il n'en est pas moins dans l'esprit du quatrième évangile, que Jésus fasse connaître sa grandeur, en tant que *Verbe* divin, λόγος, par une pareille conduite à l'égard de suppliants (Joh., 4, 48), et même à l'égard de sa propre mère (1). C'est encore dans l'esprit de cet évangile, d'avoir mis la foi ferme que Marie conserva malgré la réponse négative de son fils, dans une lumière particulière, en rapportant que, par un pressentiment historiquement impossible de la manière dont Jésus devait opérer le miracle, elle donna aux serviteurs l'ordre d'être attentifs aux signes de son fils (2).

§ CII.

Jésus maudit un figuier stérile.

L'anecdote du figuier que Jésus desséchа par sa parole, à cause que, ayant faim, il n'y trouva pas de fruits, est

---

(1) Comparez les *Probabilia*, l. c.
(2) De Wette trouve que les analogies empruntées à l'Ancien-Testament sont trop éloignées. Il ajoute qu'on serait plus près du miracle même, et non loin du terrain grec, sur lequel l'évangile de Jean est né, si l'on prenait pour terme de comparaison ce que Wetstein rapporte de la transformation de l'eau en vin par Bacchus ; que ce qu'il y aurait de plus conforme à l'analogie, serait de considérer cette largesse de vin comme la contre-partie de la largesse de pain, et toutes deux comme correspondant au pain et au vin de la cène ; mais que l'explication mythique est combattue, 1° parce que l'authenticité du quatrième évangile n'est pas encore renversée ; 2° parce que la narration porte un caractère moins légendaire que subjectif, parce qu'elle est enveloppée d'une certaine obscurité, et parce que, à côté d'une abondance d'idées pratiques dignes de Jésus, elle manque d'une pensée qui domine le tout. Par là De Wette semblerait indiquer une explication naturelle puisée dans une illusion que Jean se serait faite à lui-même ; mais cette explication a contre elle les difficultés dont il a été question plus haut.

propre aux deux premiers évangiles (Matth., 21, 18 seq. Marc, 11, 12 seq.); mais elle est racontée par eux avec des divergences qui ont de l'influence sur la manière de concevoir la chose. Une de ces divergences de Marc par comparaison avec Matthieu, paraît favorable à l'explication naturelle, et c'est en s'y référant que, dans ces derniers temps, on a attribué au premier une tendance à concevoir naturellement les miracles de Jésus. En considération de cette divergence favorable, les commentateurs ont pris, sous leur protection, une autre divergence passablement incommode qui se trouve dans sa narration.

En effet, si l'on s'en tenait à la manière dont le premier évangéliste rapporte le résultat de la malédiction de Jésus, *Et au même instant le figuier sécha,* καὶ ἐξηράνθη παραχρῆμα ἡ συκῆ (v. 19), il serait certainement difficile de s'en tirer avec une explication naturelle; car, même l'explication forcée de Paulus, qui entend que, *au même instant,* παραχρῆμα, exclut seulement un travail humain ultérieur, mais non un intervalle de temps plus ou moins long, ne repose que sur un transport, non justifié, des expressions de Marc dans l'Évangile de Matthieu. En effet, dans Marc, Jésus maudit l'arbre, le jour qui suivit son entrée à Jérusalem, et c'est le lendemain seulement que les apôtres remarquent en passant que l'arbre est desséché. Cet intervalle que Marc laisse entre le discours de Jésus et le dessèchement de l'arbre, est une ouverture par laquelle pénètre l'explication naturelle de toute l'histoire, en disant que, pendant ce temps, l'arbre a bien pu sécher par des causes naturelles. En conséquence, les rationalistes prétendent que Jésus remarqua sur l'arbre, outre le manque de fruits, une condition quelconque à l'aide de laquelle il en prévit la mort prochaine, et qu'il énonça ce pronostic en ces termes : Tu ne fourniras plus de fruits à personne. La chaleur du jour réalisa, avec une promptitude inattendue, la prédiction de Jésus;

les apôtres s'en aperçurent le lendemain ; ce fut alors qu'ils rattachèrent ce résultat aux paroles prononcées par Jésus la veille et qu'ils commencèrent à y attacher le sens d'une malédiction, signification que Jésus ne confirme pas, mais qui lui sert à leur faire sentir qu'avec un peu de confiance en eux-mêmes, non seulement ils prédiront de pareils résultats déjà physiologiquement apercevables, mais encore sauront et opéreront des choses beaucoup plus difficiles (1). Mais, quand bien même la narration de Marc serait la véritable, l'explication naturelle n'en reste pas moins impossible ; car, chez cet évangéliste, les paroles de Jésus : *Que jamais personne ne mange plus aucun fruit de toi*, μηκέτι ἐκ σοῦ εἰς τὸν αἰῶνα μηδεὶς καρπὸν φάγοι (v. 14), si elles n'exprimaient qu'une simple conjecture sur ce qui devait arriver, auraient nécessairement la particule potentielle ἄν ; d'ailleurs, dans les termes dont Matthieu se sert : *Que jamais il ne naisse plus aucun fruit de toi*, μηκέτι ἐκ σοῦ καρπὸς γένηται, on ne peut méconnaître un commandement, bien que Paulus fasse des efforts pour ne trouver ici aussi qu'une simple possibilité. Ajoutons que Jésus adresse la parole à l'arbre même, et qu'il se sert de l'expression solennelle *à jamais*, εἰς τὸν αἰῶνα, circonstance qui parle contre une simple prédiction, et en faveur de la malédiction. Paulus le sent bien ; aussi, en forçant le sens des mots d'une manière qui n'est pas permise, il entend les mots : *Il dit à l'arbre*, λέγει αὐτῇ, dans le sens d'un discours relatif à l'arbre, et il affaiblit l'expression εἰς τὸν αἰῶνα en la traduisant par *dans la suite*. On aurait beau supposer que les évangélistes, s'étant fait une fausse idée de la chose même, changèrent quelque peu les paroles de Jésus relatives au figuier, et que Jésus ne porta réellement qu'un pronostic, il n'en reste pas moins certain que, le pronostic s'étant vérifié, Jésus attribua le résultat à son action surna-

(1) Paulus, *Exeg. Handb.*, 3, 0, 8. 157 ff.

turelle. En voici la preuve : il désigne par le verbe *faire*, ποιεῖν, ce qu'il avait opéré relativement au figuier (v. 21, dans Matth.), et ce n'est qu'en forçant le sens que l'on peut y voir une simple prédiction; mais surtout, quand il prend pour comparaison le déplacement de la montagne, il faut bien, puisque ce déplacement, dans toute explication possible, reste toujours un acte, que le changement opéré sur le figuier soit un acte également. Dans tous les cas, au moment où Pierre lui dit : *Voilà le figuier que vous avez maudit*, ἴδε ἡ συκῆ ἣν κατηράσω (v. 21, Marc), Jésus aurait dû le contredire, ou bien son silence là-dessus était un assentiment. Si donc, dans la suite, Jésus attribue à sa puissance le dessèchement de l'arbre, ou bien il avait eu l'intention d'y produire un changement par les paroles qu'il prononça, ou bien il a ambitieusement abusé d'une coïncidence fortuite, pour faire illusion à ses apôtres. Dans ce dilemme, les paroles de Jésus, telles qu'elles sont rapportées par les évangélistes, ne nous laissent la liberté que d'adopter la première alternative.

Ainsi nous sommes impitoyablement rejetés des essais de l'explication naturelle vers l'explication surnaturaliste, quelques difficultés particulières que celle-ci ait justement dans l'histoire qui nous occupe. Nous omettons ce qu'il y aurait à dire contre la possibilité physique d'un pareil effet, non, à la vérité, que nous prétendions, avec Hase, le comprendre par les moyens de la magie naturelle (1), mais parce qu'une autre difficulté arrête tout d'abord la recherche, et ne nous permet pas d'arriver à l'examen de la possibilité physique. Cet obstacle décisif se trouve dans l'impossibilité morale d'une pareille action de la part de Jésus. Ce qu'il accomplit ici est un miracle de vengeance; il ne s'en trouve pas un autre exemple dans les récits canoniques de la vie de Jésus; les évangiles apocryphes seuls en sont remplis,

---

(1) L. J., § 135.

comme il a été remarqué plus haut. Bien plus, dans un des évangiles canoniques, on lit un passage, également cité souvent (Luc, 9, 55 seq.), qui exprime, comme sentiment intime de Jésus, que l'emploi de la puissance miraculeuse, pour infliger des peines et exercer des vengeances, contredit l'esprit de sa vocation ; et l'évangéliste énonce, au sujet de Jésus, le même sentiment, quand il lui applique le passage d'Isaïe : *Il ne brisera point le roseau cassé*, etc., κάλαμον συντετριμμένον οὐ κατεάξει κτλ. (Matth., 12, 20). Conformément à ce principe et à sa conduite habituelle, Jésus aurait dû plutôt revivifier un arbre sec que dessécher un arbre vert. Et pour comprendre ici sa manière d'agir, nous devrions être en état de montrer les motifs qu'il eut pour s'écarter du principe rappelé plus haut, qui ne porte aucun caractère d'inauthenticité. L'occasion où il posa ce principe, fut le refus d'un village samaritain d'accorder l'hospitalité à Jésus et à ses apôtres. Les fils de Zébédée lui demandèrent s'ils ne devaient pas, à l'exemple d'Élie, faire pleuvoir le feu sur ce village ; Jésus leur répondit, en leur mettant sous les yeux la spécialité de l'esprit auquel ils appartenaient, spécialité incompatible avec des actes aussi destructifs. Dans le cas actuel, Jésus avait affaire, non avec des hommes qui s'étaient comportés injustement à son égard, mais avec un arbre qu'il ne trouva pas dans l'état désiré. Loin qu'il y eût en cela un motif particulier pour se départir de la règle posée, la raison principale qui aurait pu, pour le village samaritain, décider Jésus à accomplir un miracle de vengeance, n'existe pas pour le figuier. Le but moral de la peine est d'amener l'individu puni à comprendre et à reconnaître sa faute, et par là de l'améliorer ; ce but manque complétement à l'égard d'un arbre ; et, dans un objet naturel dépourvu de liberté, il ne peut pas plus être question de peine que de récompense (1). S'emporter

(1) Augustin, *De verbis Domini in Ev. sec. Joann. sermo 44* : *Quid arbor*

contre un objet privé de vie que l'on ne trouve pas dans l'état désiré, est avec raison considéré comme un manque d'éducation; aller, dans sa colère, jusqu'à la destruction de l'objet, c'est un acte grossier et indigne d'un homme, et Woolston n'a pas tellement tort quand il soutient que, chez tout autre que Jésus, un pareil acte aurait été sévèrement blâmé (1). A la vérité, quand un objet naturel a des qualités habituellement défectueuses, il peut arriver que l'homme le fasse disparaître pour y substituer un objet meilleur; et d'ailleurs, dans tous les cas, le propriétaire seul a motif et qualité pour en disposer de la sorte (comparez Luc, 13, 7). Mais rien ne montrait que cet arbre, qui n'avait pas alors de fruits, n'en porterait pas, non plus, l'année suivante, et même le contraire est indiqué dans la narration, car Jésus, dans sa malédiction, dit que sur cet arbre il ne croîtra plus de fruits, ce qui implique qu'il en aurait porté sans cette malédiction.

Ainsi la mauvaise condition de l'arbre n'était pas habituelle, elle n'était que passagère; bien plus, si nous suivons Marc plus loin, nous voyons qu'elle n'avait rien de réel, et qu'elle n'existait que dans l'idée de Jésus, dont il se trouva que l'arbre ne put satisfaire, au moment même, le désir et le besoin. Car, d'après une addition qui forme la seconde particularité de Marc dans ce récit, ce n'était pas le temps des figues (v. 13). Si donc cet arbre n'en avait aucune, c'était non pas une défectuosité, mais une chose tout à fait conforme à l'ordre des saisons; et Jésus, duquel on doit tout d'abord s'étonner qu'il ait attendu des figues hors du temps, aurait dû au moins, n'en trouvant pas, réfléchir sur le peu de raison qu'avait son attente, et renoncer à un acte aussi injuste que la malédiction. Déjà des Pères de l'Église ont été choqués de cette addition de Marc, et, en la

fecerat, fructum non afferendo? Quæ culpa arboris infœcunditas?

(1) Disc. 4.

supposant réelle, ils ont jugé la conduite de Jésus tout à fait énigmatique (1). Mais ce n'est pas à tort que Woolston dit en se raillant que, si un paysan du comté de Kent cherchait du fruit dans son jardin, au printemps, et coupait tous les arbres qui n'en auraient pas, chacun se rirait de lui. Les commentateurs ont essayé d'échapper à la difficulté de cette addition par une bigarrure d'hypothèses et d'interprétations. D'un côté, comme on sentait qu'il vaudrait mieux que les mots faisant difficulté n'y fussent pas, on a transformé ce désir en une supposition d'après laquelle ils seraient une glose postérieure (2); d'un autre côté, comme on sentait que, s'il fallait que ces mots demeurassent, on devait souhaiter une indication inverse, c'est-à-dire que c'était le temps des figues, pour que l'attente de Jésus, et sa colère en se voyant trompé, devinssent compréhensibles, on a de différentes façons essayé de chasser la négation hors de la phrase. Tantôt on l'a fait avec beaucoup de violence, au lieu de οὐ lisant οὗ, mettant une virgule après ἦν, et suppléant un second ἦν après σύκων, de sorte que la phrase devenait οὗ γὰρ ἦν, καιρὸς σύκων ἦν, et on la traduisait : *Car c'était le temps des figues là où était Jésus* (3); tantôt on l'a fait sans aucune habileté, en transformant la proposition affirmative en proposition interrogative, et en mettant : *Car n'était-ce pas le temps des figues?* etc. (4). Enfin on a encore dit que l'expression καιρὸς σύκων, s'entendait du temps de la cueillette des figues, et qu'ainsi les mots de Marc signifiaient que les

---

(1) Orig., *Comm. in Matth.*, t. 16, 29 : Marc, ayant écrit les circonstances relatives au lieu, a ajouté quelque chose de dépourvu de sens, en mettant : *Car ce n'était pas le temps des figues*. On dira en effet : Si ce n'était pas le temps des figues, comment se fit-il que Jésus vint chercher quelque chose sur cet arbre, et comment put-il lui dire avec justice : *Que jamais personne ne mange de ton fruit?* ὁ δὲ Μάρκος ἀναγράψας τὰ κατὰ τὸν τόπον, ἀπεμφαῖνόν τι ὡς πρὸς τὸ ῥητὸν προσέθηκε, ποιήσας, ὅτι... οὐ γὰρ ἦν καιρὸς σύκων·... Εἴποι γὰρ ἄν τις·' εἰ μὴ ὁ καιρὸς σύκων ἦν, πῶς ἦλθεν ὁ Ἰησοῦς ὡς εὑρήσων τι ἐν αὐτῇ, καὶ πῶς δικαίως εἶπεν αὐτῇ· μηκέτι εἰς τὸν αἰῶνα ἐκ σοῦ μηδεὶς καρπὸν φάγῃ. Comparez Augustini, l. c.

(2) *Toupii emendd. in Suidam*, 1, p. 380 seq.

(3) Heinsius et d'autres, dans Fritzsche sur ce passage.

(4) *Maji Obs.*, chez le même.

figues n'étaient pas encore cueillies, c'est-à-dire se trouvaient encore sur les arbres (1); et, en faveur de cette explication, on a invoqué l'expression de Matthieu, καιρὸς τῶν καρπῶν (21, 34). Mais cette expression, à proprement parler, ne désigne que l'*antécédent* de la moisson, c'est-à-dire l'existence des fruits dans les champs ou sur les arbres; si elle est placée dans une proposition affirmative, le *conséquent*, c'est-à-dire la récolte possible des fruits, ne peut être entendu qu'autant que l'*antécédent*, c'est-à-dire la présence des fruits dans le champ, y demeure inclus; par conséquent, ἔστι καιρὸς καρπῶν ne peut signifier que : *Les fruits mûrs sont dans les champs, et, de la sorte, prêts à être cueillis.* De la même façon, si l'expression dont il s'agit est placée dans une proposition négative, elle enlève d'abord l'idée de l'*antécédent*, c'est-à-dire de l'existence des fruits dans le champ, sur l'arbre, etc., et puis médiatement l'idée du *conséquent*, c'est-à-dire de la récolte des fruits; οὐκ ἔστι καιρὸς σύκων signifie donc : Les figues ne sont pas présentement sur les arbres, et par conséquent ne sont pas prêtes à être récoltées; mais elle ne signifie nullement d'une façon inverse : Elles ne sont pas encore récoltées, et par conséquent se trouvent encore sur les arbres. Ce ne serait pas assez d'être obligé de voir ici une figure inouïe de rhétorique, à savoir que, tandis que, d'après les mots, l'*antécédent* serait nié, d'après le sens, au contraire, le *conséquent* seul devrait être nié et l'*antécédent* affirmé; il faudrait encore, pour cette explication, admettre une autre figure, que l'on nomme tantôt synchysis, tantôt hyperbate. En effet, en supposant que les figues étaient encore sur les arbres, cette explication donne, non pas la raison pour laquelle Jésus n'en trouva point sur ce figuier, mais la raison pour laquelle il en attendait. Il faudrait donc que le membre de phrase dont il s'agit

---

(1) Dahme, dans *Henke's n. Magazin*, 2 Bd. 2 Heft, S. 252; Kuinoel aussi, in Marc., p. 150 seq.

fût placé, non après le membre : *Il n'y trouva que des feuilles*, οὐδὲν εὗρεν εἰ μὴ φύλλα, mais après le membre : *Il s'avança pour voir s'il y trouverait quelque fruit*, ἦλθεν, εἰ ἄρα εὑρήσει τι ἐν αὐτῇ ; ce déplacement, nécessaire dans cette explication, ne ferait que prouver qu'elle est contraire au texte. Convaincus, d'une part, que l'addition de Marc nie l'existence de circonstances favorables à la présence de figues sur l'arbre ; mais, d'autre part, s'efforçant de justifier l'attente de Jésus, d'autres commentateurs ont essayé de donner à cette négation, non un sens général, à savoir qu'on n'était pas alors dans la saison des figues, ce dont Jésus aurait dû avoir nécessairement connaissance, mais un sens particulier, à savoir que des circonstances spéciales, dont Jésus ne devait pas nécessairement avoir connaissance, s'étaient opposées à la fécondité du figuier. L'obstacle eût été tout à fait spécial, si, par exemple, le sol sur lequel l'arbre était enraciné avait été infécond ; et, en effet, quelques uns prétendent que καιρὸς σύκων désigne un terrain favorable aux figues (1). D'autres, respectant davantage la signification du mot καιρὸς, s'en tiennent, à la vérité, au sens de *temps favorable*; seulement ils assurent que Marc n'entend pas, d'une manière générale, la saison où régulièrement il n'y a pas de figues, mais entend une certaine constitution de l'année qui se trouvait fortuitement défavorable aux figues (2). Mais καιρὸς exprime justement le temps convenable, par opposition au temps non convenable; il n'exprime pas un temps favorable, par opposition à un temps défavorable. Or, quand, dans une mauvaise année, on cherche des fruits au temps où ils ont coutume de mûrir, on ne peut pas dire que ce n'est pas le temps des figues ; loin de là, on pourrait caractériser une mauvaise année, en disant qu'on ne trouva point

---

(1) Voyez dans Kuinœl, sur ce passage.
(2) Paulus, *Exeg. Handb.*, 3, a,
S. 175 ; Olshausen, *b. Comm.*, 1, S. 772.

de fruits *lorsque le temps en vint*, ὅτε ἦλθεν ὁ καιρὸς τῶν καρπῶν. En tout cas, si la température de toute l'année ne favorisa pas les figues, fruits si communs en Palestine, Jésus devait le savoir aussi bien que s'il s'était agi de la saison. Ainsi, l'énigme reste, et l'on ne peut s'expliquer comment il s'irrita tellement, à cause de l'état d'un arbre qui ne pouvait pas être autre, en vertu de circonstances à lui connues.

Mais n'oublions donc pas à qui nous devons l'addition dont il s'agit : c'est à Marc, qui, dans sa tendance à tout expliquer, à tout dramatiser, ajoute tant de choses de son cru, et qui, ainsi qu'on le sait depuis longtemps, et ainsi que nous en avons déjà trouvé un nombre suffisant de preuves sur notre chemin, n'y procède pas toujours de la manière la plus réfléchie. Ici, la première chose qui le frappa, c'est que l'arbre n'avait pas de fruits, et il s'empressa d'en rendre raison en disant que ce n'était pas le temps ; mais il ne remarqua pas qu'en expliquant physiquement l'absence des fruits, il rendait moralement inexplicable la conduite de Jésus. Il diverge de Matthieu, cela a été dit plus haut, relativement à l'intervalle de temps durant lequel l'arbre se dessécha. Cette divergence, bien loin de prouver une plus grande authenticité de son récit (1), ou une inclination à expliquer naturellement le merveilleux, procède encore de la même tendance qui dicta l'addition examinée en dernier lieu. L'image d'un arbre qui se dessèche soudainement à une simple parole est difficilement saisie par l'imagination ; au lieu qu'on peut dire qu'il y a de l'adresse dramatique à mettre le travail du desséchement derrière la scène, et à en faire seulement remarquer le résultat par les apôtres, qui, plus tard, viennent à passer. Au reste, quant à son asser-

---

(1) Comme Sieffert le pense, *Ueber den Ursprung u. s. f.*, S. 113 ff. Comparez là-contre mon *Compte-rendu de* cet ouvrage, dans : *Jahrb. f. wiss. Kritik.*, nov. 1834.

tion que, alors, c'est-à-dire quelques jours avant Pâques, ce n'était pas le temps des figues, Marc, d'après les conditions du climat de la Palestine, aurait raison, en tant que les nouvelles figues de l'année n'étaient pas encore mûres à une époque aussi peu avancée, car la figue de primeur ou boccore ne vient que vers le milieu ou la fin de juin; la figue proprement dite ou kermus, dans le mois d'août; mais, vers le temps de Pâques, on pouvait encore trouver çà et là sur un arbre quelques fruits de la troisième pousse appelée la kermus tardive (1). On sait, en effet, par Josèphe, qu'une partie de la Palestine *produit des figues pendant dix mois sans interruption*, σῦκον δέκα μησὶν ἀδιαλείπτως χορηγεῖ (2); il est vrai que l'historien parle des bords du lac de Galilée, qui étaient plus fertiles que les environs de Jérusalem, où se passa l'histoire en question.

Nous avons écarté le renseignement de Marc d'après lequel la défectuosité n'était pas réelle dans l'arbre, mais ne parut telle à Jésus qu'en vertu d'une attente erronée. Ce renseignement augmentait sans doute les difficultés, mais il n'en reste pas moins une dissonnance que renferme le récit de Matthieu : c'est que Jésus détruisit un objet naturel, à cause d'une défectuosité qui n'était peut-être que passagère. Il ne put y être porté, ni par des considérations économiques, puisqu'il n'était pas propriétaire de l'arbre, ni par des intentions morales, puisqu'il s'adressait à un objet privé de sentiment. Il a donc fallu chercher un expédient, et l'on a imaginé de substituer à l'arbre les apôtres comme objet sur lequel Jésus voulait agir, et de considérer l'arbre et ce que Jésus y fit, comme simple moyen d'accomplir les intentions qu'il avait sur eux. C'est l'interprétation symbolique par laquelle, dans l'antiquité, les Pères de l'Église, et, dans les temps modernes, la plupart des théologiens orthodoxes,

---

(1) Voyez Paulus, l. c., S. 168 f.; Winer, b. *Realw.* d. A. Feigenbaum.   (2) *Bell. jud.*, 3, 10, 8.

ont cru justifier la conduite de Jésus du reproche d'inconvenance. Jésus, disent-ils, ne ressentit pas de colère contre l'arbre qui n'offrait aucun aliment à sa faim ; son but direct ne fut pas, non plus, la destruction d'un végétal infécond ; mais c'est avec réflexion que, trouvant un arbre vide de fruits, et sentant qu'un acte symbolique est plus frappant et plus ineffaçable que de simples paroles, il saisit cette occasion pour graver dans leur esprit une vérité qu'il faut entendre de la manière suivante : ou, en particulier, le peuple juif, qui persiste à ne porter aucuns fruits agréables à Dieu et au Messie sera détruit, ou, plus généralement, quiconque est aussi vide de bonnes œuvres que cet arbre de fruits, doit s'attendre à un jugement semblable (1). Mais d'autres commentateurs objectent avec raison que, si Jésus avait eu cette intention en maudissant le figuier, il aurait dû s'en expliquer d'une façon quelconque (2). Que si une explication était nécessaire dans ses paraboles, elle était d'autant plus nécessaire dans une action, que cette action, à moins de l'indication d'un but placé en dehors d'elle, devait être considérée comme le but même. A la vérité, il serait possible d'admettre, ici comme ailleurs, que sans doute Jésus avait ajouté quelques paroles pour faire comprendre à ses apôtres l'acte accompli par lui, paroles qui furent omises par les narrateurs contents du fait merveilleux. Mais, si Jésus avait donné cette explication symbolique de son action, non seulement les évangélistes auraient omis cette explication, mais encore ils en auraient substitué à la place une fausse. En effet, ils ne font pas garder à Jésus le silence après sa malédiction de l'arbre ; mais, les apôtres pleins d'étonnement lui ayant demandé ce qui était arrivé à l'arbre, les évangélistes rapportent qu'il donna, non l'explication

---

(1) Ullmann, *Sur l'impeccabilité de Jésus*, dans ses Studien, 1, S. 50 ; Sieffert, l. c., S. 115 ff. ; Olshausen, 1, S. 773 ; Neander, L. J. Chr., S. 378.

(2) Paulus, l. c., S. 170 ; Hase, L. J., § 128 ; Sieffert aussi, l. c.

symbolique citée plus haut, mais une explication différente et même opposée. Jésus leur dit qu'ils ne doivent pas s'étonner que le figuier se soit séché à sa parole, qu'avec un peu de foi seulement ils seront en état de faire de plus grandes choses encore. Ainsi, il ne met pas l'importance capitale de son action dans le symbolisme de l'état et de la souffrance de l'arbre ; si telle eût été son intention, le langage qu'il tint à ses apôtres, y eût été contradictoire, ou plutôt, telle ne put pas avoir été son intention puisqu'il parla ainsi. De la même façon tombe l'hypothèse de Sieffert, laquelle, du reste, ne s'appuie sur rien. Cet auteur prétend que Jésus s'était entretenu avec ses apôtres sur l'état et l'avenir du peuple israélite, non après la malédiction du figuier, mais avant, et dans le chemin qui le conduisait à cet arbre, et que cet entretien se termina par la malédiction symbolique du figuier, laquelle, placée ainsi, s'entendait d'elle-même. Mais, s'il est vrai que l'introduction que Sieffert arrange ici, prépare les voies à l'intelligence de l'acte en question, tout cela aurait été réduit à néant par les paroles subséquentes de Jésus, qui ne signalent que le côté miraculeux du fait dans un temps où l'on tendait à voir partout du merveilleux. Ullmann, avec raison, a donc cru devoir une concession aux paroles de Jésus qui font partie du récit ; et, tout en reconnaissant comme admissible l'explication symbolique, il en préfère une autre qui a été aussi proposée ailleurs (1), à savoir que Jésus, par cet acte miraculeux, avait voulu donner aux siens une nouvelle preuve de sa toute-puissance, afin de fortifier leur confiance en lui pour les périls imminents ; ou plutôt, comme nulle part il n'est question d'une allusion spéciale à la passion prochaine, et que les paroles de Jésus ne renferment rien qu'il n'eût déjà dit précédemment (Matth., 17, 20. Luc,

---

(1) Heydenreich, dans : *Theol. Nachrichten*, 1848, mai, S. 121 ff.

17, 6), il faut penser avec Fritzsche que la manière de voir des évangélistes fut, d'une façon tout à fait générale, celle-ci : Jésus, ayant ressenti du mécontentement à cause de la stérilité du figuier, saisit cette occasion pour accomplir un miracle dont le but n'était que le but général de tous ses miracles, à savoir de certifier son caractère de Messie (1). Ainsi, Euthymius parle d'une façon tout à fait conforme à l'esprit des narrateurs tel que Fritzsche le caractérise (2), quand il interdit toute argutie sur le but particulier de l'action de Jésus, et recommande de n'y considérer que le miracle en général (3). Mais il ne s'ensuit pas que nous devions, nous aussi, nous abstenir de toute réflexion, et accepter avec foi le miracle sans plus ample informé. Il nous est même impossible de nous empêcher de remarquer que le miracle particulier que nous avons ici, n'est explicable, ni par le but général des miracles, ni par un but particulier quelconque; que, à tout égard, il contredit la théorie et la pratique ordinaire de Jésus; et que, en conséquence, indépendamment même de la question de la possibilité physique, on doit déclarer avec une plus grande précision que pour tout autre, qu'il n'a pas été réellement accompli par Jésus.

Mais il nous reste encore l'obligation d'indiquer la source positive d'où un pareil récit a pu sortir, même sans motif historique. Nous trouvons, à la vérité, dans l'Ancien Testament, où nous puisons ordinairement nos exemples, plusieurs discours et récits figurés d'arbres et de figuiers, mais

---

(1) *Comm. in Matth.*, p. 637.
(2) *Comm. in Marc.*, p. 481 : Male... vv. dd. in eo hæserunt, quod Jesus sine ratione innocentem ficum aridam reddidisse videretur, mirisque argutiis usi sunt, ut aliquod hujus rei consilium fuisse ostenderent. Nimirum apostoli, evangelistæ et omnes primi temporis christiani, qua erant ingeniorum simplicitate, quid quantumque Jesus portentose fecisse diceretur, curarunt tantummodo, non quod Jesu in edendo miraculo consilium fuerit, subtiliter et argute quæsiverunt.
(3) Ne recherche pas subtilement pourquoi l'arbre a été puni, tout innocent qu'il était, mais vois seulement le miracle et admires-en l'auteur. Μὴ ἀκριϐολογοῦ, διατί τετιμώρηται τὸ φυτὸν, ἀναίτιον ὄν· ἀλλὰ μόνον ὅρα τὸ θαῦμα, καὶ θαύμαζε τὸν θαυματουργόν.

aucun qui ait une analogie assez spécifique avec notre narration, pour que nous puissions dire que celle-ci en dérive. Sans aller jusqu'à l'Ancien Testament, il ne faut pas feuilleter longtemps le Nouveau pour trouver, d'abord dans la bouche de Jean-Baptiste (Matth., 3, 10), puis dans celle même de Jésus (7, 19), l'apophthegme de l'arbre qui, ne portant pas de bons fruits, est abattu et jeté dans le feu. Plus loin (Luc, 13, 6 seq.), ce thème est devenu l'histoire feinte d'un maître qui, pendant trois années, cherche vainement des fruits sur un figuier dans son vignoble, et qui le ferait arracher sans l'intercession du jardinier qui procure à l'arbre encore un délai d'un an. Dès les temps anciens, des Pères de l'Église n'ont vu, dans la malédiction du figuier, que la mise en scène de la parabole du figuier (1), dans le sens, il est vrai, de l'explication que nous avons rapportée plus haut, à savoir que Jésus lui-même avait voulu représenter l'état présent et la destinée prochaine du peuple juif, là, par un discours figuré, ici, par une action symbolique; ce qui, ainsi que nous l'avons vu, ne peut se concevoir. Cependant, nous ne pourrons nous défendre de soupçonner qu'ici nous avons un seul et même thème sous trois formes différentes : d'abord, sous la forme la plus concentrée, celle d'apophthegme; puis étendu jusqu'à devenir une parabole; enfin, transformé en une histoire réelle. Seulement nous n'admettons pas que Jésus ait représenté en dernier lieu par une action ce qu'il avait deux fois exprimé par des paroles; mais nous pensons que la tradition finit par faire un événement véritable de ce qui n'était d'abord qu'un apophthegme et une histoire parabolique. Si, dans l'histoire réalisée, la fin de l'arbre est un peu autre que la fin dont il est menacé dans l'apophthegme et dans la parabole, c'est-à-dire s'il sèche au lieu d'être abattu, cela ne doit pas faire difficulté;

---

(1) Ambrosius, *Comm. in Luc.*, sur ce passage. Neander aujourd'hui s'explique de même, l. c.

car, du moment que la parabole était devenue une histoire véritable avec Jésus pour sujet, toute sa valeur didactique et symbolique avait passé dans l'action extérieure. Celle-ci, pour acquérir plus d'importance et d'intérêt, dut prendre un caractère miraculeux ; et, par conséquent, la destruction de l'arbre, au lieu d'être opérée naturellement à l'aide de la hache, dut se transformer en un dessèchement immédiat produit par la parole de Jésus. Il semble, à la vérité, que cette manière de concevoir la narration, d'après laquelle son essence même resterait toujours symbolique, est susceptible des mêmes objections que celles dont il a été parlé plus haut, à savoir que le discours de Jésus qui y est joint résiste à une pareille explication. Mais, dans notre manière de considérer les récits, nous sommes autorisés à dire que la parabole, s'étant transformée en histoire dans la tradition, perdit en même temps sa signification primitive ; le miracle commença à être regardé comme le point essentiel, et l'on y rattacha, à tort, le discours relatif à la puissance miraculeuse et à la force de la foi. Il n'est pas même impossible d'indiquer avec vraisemblance pourquoi, en particulier, le discours du déplacement des montagnes a été réuni au récit du figuier. Dans le récit du figuier, la force de la foi est représentée par le succès de ces mots adressés à une montagne : *Qu'on t'ôte de là et qu'on te jette dans la mer*, ἄρθητι καὶ βλήθητι εἰς τὴν θάλασσαν ; ailleurs (Luc, 17, 6), elle se trouve symbolisée par des paroles non moins efficaces adressées à une espèce de figuier, συκάμινος : *Déracine-toi et va te planter dans la mer*, ἐκριζώθητι καὶ φυτεύθητι ἐν τῇ θαλάσσῃ. Le figuier maudit, du moment que l'on en conçut le dessèchement comme l'effet de la puissance miraculeuse de Jésus, rappela l'arbre ou la montagne que la force miraculeuse de la foi est capable de déplacer ; et c'est ainsi que les paroles sur la foi furent jointes au récit de la malédiction du figuier. Il faut donc accorder ici le prix au troisième évangile, qui nous a conservé, dans leur séparation et leur pureté, la parabole du *figuier* stérile, συκῆ, et l'apophthegme du *mûrier*, συκάμινος, que la foi peut déplacer; elles y sont l'une et l'autre dans leur forme et avec leur signification primitives, tandis que les deux autres synoptiques ont transformé la parabole en une histoire, et ont fait servir l'apophthegme sous une forme un peu différente, à une fausse explication de cette prétendue histoire (1).

(1) Comparez les explications de ce récit, concordantes pour le fond avec ce qui est dit ici, chez De Wette, *Exeg. Handb.*, 1, 1, S. 176 f.; 1, 2, S. 174 f., et dans Weisse, *Die evang. Gesch.*, 1, S. 576 f.

DIXIÈME CHAPITRE.

TRANSFIGURATION DE JÉSUS; SON DERNIER VOYAGE A JÉRUSALEM.

§ CIII.

Transfiguration de Jésus considérée comme phénomène miraculeux.

L'histoire de la transfiguration de Jésus sur la montagne ne pouvait pas être réunie aux récits de miracles examinés jusqu'à présent, non seulement parce qu'elle se rapporte à un miracle opéré en lui, et non à un miracle opéré par lui, mais encore parce qu'elle forme, dans la vie de Jésus, une péripétie qui a son importance spéciale, et qu'on ne saurait guère comparer qu'avec le baptême et la résurrection, à cause de la ressemblance. Aussi Herder a-t-il désigné, avec raison, ces trois événements comme les trois points lumineux qui, dans la vie de Jésus, attestaient sa mission céleste (1).

L'histoire de la transfiguration manque dans le quatrième évangile; mais, telle qu'elle se présente chez les synoptiques (Matth., 17, 1 seq. Marc, 9, 2 seq. Luc, 9, 28 seq.), elle apparaît au premier coup d'œil comme un événement réel, extérieur et même miraculeux. Six ou huit jours après avoir annoncé pour la première fois sa passion, Jésus monta avec ses trois apôtres les plus intimes sur une haute montagne, et ces derniers virent comment, tout à coup, son visage et même ses habits vinrent à reluire d'un éclat plus que terrestre, comment deux formes vénérables du royaume des esprits, Moïse et Élie, apparurent et s'entretinrent avec

---

(1) *Vom Erlöser der Menschen nach unsern drei ersten Evangelien*, S. 111.

lui, et comment enfin, du sein d'un nuage lumineux, une voix céleste proclama Jésus le fils de Dieu auquel ils devaient obéissance.

Ce petit nombre de traits suscite une multitude de questions que Gabler a recueillies, et on lui doit de la reconnaissance pour le soin qu'il a pris (1). Dans chacune des trois circonstances principales de l'événement, à savoir l'éclat, l'apparition des morts et la voix, il faut s'enquérir également de la possibilité et de la raison suffisante. D'abord, d'où sera provenu l'éclat extraordinaire qui entoura Jésus? Si l'on réfléchit qu'il s'agit d'une *métamorphose* de Jésus, μεταμορφοῦσθαι, on pensera qu'il faut entendre, non qu'il fut simplement illuminé du dehors, mais qu'il le fut par une clarté intérieure, comme si la *gloire* divine, δόξα, eût relui momentanément à travers l'enveloppe humaine. C'est pour cette raison que Olshausen considère cet événement comme capital dans le travail de purification et de transfiguration qu'il suppose avoir existé durant tout le cours de la vie de Jésus, dans son corps, jusqu'à l'ascension (2). Mais, sans développer de nouveau ici ce qui a déjà été dit, à savoir, ou bien que Jésus n'était pas un homme véritable, ou bien que la purification qui se passa en lui pendant sa vie fut autre que de rendre son corps lumineux et léger, remarquons que, en aucun cas, il n'est possible de comprendre comment ses vêtements auraient participé à une illumination interne. Si l'on aime mieux, à cause de ce dernier point, supposer une illumination externe, ce n'est plus une métamorphose, ce dont cependant les évangélistes parlent. Ainsi, cette scène n'est pas susceptible d'une représentation dont les différentes parties concordent entre elles; à moins peut-être qu'on n'admette, avec Olshausen, que Jésus réunissait les

---

(1) Dans un mémoire sur l'histoire de la transfiguration, dans son : *Neuest. theolog. Journal*, 4. Bd., 5. Stück,

S. 517 ff. Comparez Bauer, *hebr. Mythol.*, 2, S. 233 ff.

(2) *Bibl. Comm.*, 1, S. 524.

deux choses, c'est-à-dire qu'il émettait et recevait des rayons. Mais, quand bien même cet éclat serait possible, reste toujours la question de savoir à quoi il servait. La première réponse est : pour glorifier Jésus. Mais, à côté de la glorification spirituelle que Jésus se donnait à lui-même par ses actes et par ses discours, cette illumination physique, produite par un éclat lumineux, est tout à fait insignifiante et presque puérile ; si cependant on la suppose nécessaire pour soutenir la foi trop faible, elle aurait dû se passer devant la multitude, ou du moins devant tous les apôtres, mais non en présence de trois seulement, et des trois les plus fermes, et surtout il n'aurait pas dû être défendu aux trois témoins oculaires de la cacher pendant le temps qui fut le plus critique, et de ne la révéler qu'à la résurrection. Ces deux questions se reproduisent avec une force nouvelle dans la seconde phase de notre histoire, c'est-à-dire lors de l'apparition des deux morts. Des âmes défuntes peuvent-elles apparaître aux vivants? et si les deux hommes de Dieu se montrèrent, comme il le semble, avec leur corps ancien seulement transfiguré, où, d'après les idées bibliques, le prirent-ils avant la résurrection générale? A la vérité, pour Élie, qui monta au ciel sans déposer son corps, cela fait moins difficulté; mais Moïse du moins était mort, et son cadavre avait été enterré. Enfin, pour quel but ces deux illustres morts étaient-ils apparus? Le récit évangélique qui représente les deux formes comme *s'entretenant avec Jésus*, συλλαλοῦντες τῷ Ἰησοῦ, paraît avoir mis en Jésus le but de l'apparition, qui, si Luc a raison, se rapportait plus particulièrement à sa passion et à sa mort prochaines. Mais ce n'est pas par cette voie qu'il en eut la première nouvelle; car, d'après le dire concordant des synoptiques, il s'en était expliqué depuis une semaine (Matth., 16, 21 et parallèles). En conséquence, on conjecture que Jésus ne fut instruit par Moïse et par Élie que des circonstances et des conditions plus précises de sa mort (1). Mais, d'une part, la position que les évangiles donnent à Jésus, à l'égard des anciens prophètes, ne comporte pas qu'il ait eu besoin d'être instruit par eux; d'autre part, Jésus avait prédit déjà antérieurement sa passion avec des détails si précis, que les communications plus spéciales venues du monde des esprits ne pourraient guère avoir regardé que deux particularités, à savoir : *Ils le livreront aux Gentils*, παραδώσουσιν αὐτὸν τοῖς ἔθνεσιν (Matth., 20, 19), et *On lui crachera au visage*, ἐμπτύσουσιν αὐτῷ (Marc, 10, 34), circonstances dont Jésus ne parla que plus tard. Ou bien admettra-t-on que la communication qui devait être faite à Jésus avait pour but, non de l'instruire, mais de le fortifier pour sa passion prochaine? A cette époque, on ne trouve dans le moral de Jésus rien qui pût demander une assistance de cette espèce; un secours donné aussitôt n'aurait pas suffi pour la passion, qui arriva plus tard; ce qui le montre, c'est qu'un nouveau secours devint nécessaire à Gethsémané. Nous laisserons-nous aller, bien que ce soit contre la disposition du texte, au désir d'essayer si l'apparition ne se rapporterait pas aux apôtres? Mais, d'une part, le but de fortifier la foi est un but trop général pour autoriser une dispensation aussi particulière; et, d'autre part, il faudrait admettre que Jésus, dans la parabole de l'homme riche, aurait donné une fausse explication du principe qui dirige les dispositions providentielles; car il y déclare que celui qui ne prête pas obéissance aux écrits de Moïse et des prophètes, et, à bien plus forte raison, au Christ présent, ne serait pas rappelé à la foi, même par un mort qui sortirait du tombeau. En conséquence, une pareille apparition n'est pas opérée de Dieu, au moins pour le but d'exciter la foi. Quant au but plus spécial de convaincre les apôtres de la concordance des doctrines et du destin de Jésus avec Moïse et les prophètes, il était en

(1) Olshausen, l. c., S. 527.

partie atteint, et il ne le fut complétement qu'après la mort et la résurrection de Jésus et après l'effusion de l'esprit, sans que la transfiguration ait fait époque à cet égard. Enfin, la voix qui sort de la nuée lumineuse (sans aucun doute celle de la *Schechinah*), est une voix divine comme celle qui se fit entendre lors du baptême. Mais, quelle idée anthropomorphique faut-il se faire de Dieu, pour croire à la possibilité de paroles de Dieu réelles et perceptibles par l'oreille? ou bien, s'il ne s'agit ici que d'une communication de Dieu à l'oreille spirituelle (1), la scène de la transfiguration devient une vision, et nous passons subitement à une tout autre manière de la concevoir.

§ CIV.

Conception naturelle du récit sous diverses formes.

Aux difficultés de l'opinion qui regarde la transfiguration de Jésus comme une scène miraculeuse et extérieure, on a essayé d'échapper en la transportant tout entière dans l'intérieur des personnes intéressées. A ce point, on n'a pas besoin d'abandonner de prime abord le miracle, seulement on le juge plus simple et plus convenable comme miracle opéré dans l'intérieur humain. On admet donc que, par l'influence divine, l'être spirituel des trois apôtres, et même de Jésus, s'éleva jusqu'à l'état de l'extase, dans lequel ou bien ils vinrent réellement en contact avec le monde supérieur, ou bien ils purent en produire eux-mêmes les formes de la manière la plus vive, c'est-à-dire, dans ce dernier cas, que l'on se représente la scène comme une vision (2). Le premier appui de cette explication est dans Matthieu, qui,

---

(1) Olshausen, 1, S. 529; comparez S. 174.

(2) C'est ce que disent Tertullien, adv. Marcion., 4, 22; Herder, l. c.,

S. 115 f. Gratz, *Comm. s. Matth.*, 2, S. 163 f. 169, leur donne son assentiment.

se servant de l'expression *vision*, ὅραμα (v. 9), paraît caractériser toute la scène comme une vision purement subjective. Mais cet appui tombe, si l'on se rappelle que ni la signification du mot ὅραμα n'emporte le caractère d'une vision purement interne, ni l'usage du Nouveau Testament ne le borne à des visions internes, puisqu'il est employé même pour des visions externes dans les Actes des Apôtres (7, 31) (1). Quant à la chose même, il est invraisemblable, et du moins sans exemple dans l'Écriture, que plusieurs, comme ici trois ou quatre, aient eu part à une même vision, qui est ici très considérable (2). Ajoutons que toute la difficile question relative à l'utilité d'une pareille dispensation miraculeuse revient dans cette manière de concevoir la chose.

D'autres, pour éviter cet embarras, ont placé, il est vrai, la scène dans l'intérieur des personnes intéressées, mais ils l'ont regardée comme le produit d'une fonction naturelle de l'âme, c'est-à-dire qu'ils y ont vu un songe (3). Pendant ou après une prière prononcée par Jésus ou par eux-mêmes, prière dans laquelle il fut question de Moïse et d'Élie, et où l'on souhaita que ces précurseurs messianiques arrivassent, les trois apôtres s'endormirent; conservant dans leurs oreilles assoupies le bruit de ces noms prononcés par Jésus, ils rêvèrent que Moïse et Élie étaient présents et que Jésus s'entretenait avec eux, et ces images flottèrent pendant quelque temps devant leurs yeux au premier moment de leur réveil, où leurs idées n'étaient pas encore redevenues bien claires. La précédente explication s'appuyait sur le mot *vision*, ὅραμα, de Matthieu; celle-ci s'appuie sur le dire de Luc, qui représente les apôtres comme *appesantis par le sommeil*, βεβαρημένοι ὕπνῳ, et ne *s'étant réveillés*, διαγρη-

---

(1) Comparez Fritzsche, *in Matth.*, p. 552; Olshausen, 1, S. 523.
(2) Olshausen, l. c.
(3) Bau, *Symbola ad illustrandam Evv. de metamorphosi J. Chr. narrationem*; Gabler, l. c., S. 539 ff.; Kuinoel, *Comm. z. Matth.*, S. 459 ff.; Neander, L. J. Chr., S. 474 f.

γρηγορήσαντες, que vers la fin de la scène (v. 32). Cette ressource, que le troisième évangéliste fournit à l'explication naturelle, devient un argument qu'on fait valoir en faveur de la préférence à donner à sa narration sur celle des autres ; et des critiques modernes déclarent que par ce trait, et par d'autres qui rapprochent la scène des conditions naturelles, le récit de Luc présente le caractère d'un récit original, tandis que Matthieu, en les omettant, montre qu'il ne tient le sien que de la seconde main; car, avec l'amour des merveilles qui régnait à cette époque, personne n'aurait sans doute imaginé des particularités qui atténuaient le miracle, telles que le sommeil des apôtres (1). Nous serions obligés d'adopter cette manière de raisonner, si véritablement la particularité dont il s'agit ici ne pouvait se prendre que dans le sens de l'explication naturelle. Mais rappelons-nous que, dans une autre scène où la passion annoncée, d'après Luc, à Jésus lors de la transfiguration, commençait à s'opérer, c'est-à-dire à Gethsemane, les apôtres sont également représentés comme *endormis*, καθεύδοντες, et cela d'après tous les synoptiques (Matth., 26, 40 et passages parallèles). Un écrivain que la seule ressemblance extérieure dans la forme des deux scènes pouvait déterminer à transporter la particularité du sommeil dans l'histoire de la transfiguration, pouvait y être non moins déterminé par la signification intrinsèque de cette particularité, qui dut lui paraître tout à fait à sa place dans cette dernière histoire. En effet, le sommeil des apôtres, pendant que leur maître est l'objet de la plus importante manifestation, montre la distance infinie qui les sépare de lui, l'incapacité où ils sont d'atteindre à sa hauteur, et la supériorité qu'il a sur eux. Le prophète, celui qui reçoit une révélation, est parmi les hommes ordinaires, comme celui qui veille est parmi des

---

(1) Schulz, *Ueber das Abendm.*, S. 319; Schleiermacher, *Ueber den Lukas*, S. 148 f.; comparez aussi Koster, *Immanuel*, S. 60 f.

gens endormis. Il était donc tout naturel de représenter les apôtres engourdis par le sommeil au moment de la glorification suprême de Jésus, ainsi qu'au moment de sa souffrance la plus profonde. Ainsi ce trait, loin de fournir des ressources à l'explication naturelle, est destiné à relever, par un contraste, le miracle qui s'opère en Jésus. Nous ne sommes donc plus autorisés à regarder le récit de Luc comme le récit original, et à bâtir, sur son dire, une explication de la scène; au contraire, nous verrons, dans cette addition, jointe à celle dont il a été question v. 31, une preuve que son récit est de seconde main et a reçu des embellissements (1), et une raison de plus qui nous oblige à nous en tenir au récit des deux premiers évangélistes.

Ainsi tombe l'appui principal de l'explication qui ne voit ici qu'un rêve naturel des apôtres; mais en outre elle a encore contre elle une multitude de difficultés. Elle ne suppose un rêve que chez les trois apôtres, et, admettant que Jésus veilla, elle ne le comprend pas dans l'illusion. Or, toute la narration évangélique se comporte comme si Jésus avait eu l'apparition aussi bien que les apôtres. En effet, si tout n'était qu'un rêve des apôtres, il ne pouvait pas leur dire ensuite : *Ne parlez à personne de la vision*, μηδενὶ εἴπητε τὸ ὅραμα, paroles qui les auraient confirmés dans l'opinion qu'il s'était passé quelque chose de particulier et de miraculeux. De plus, quand bien même Jésus n'aurait eu aucune part au rêve, il est inouï que trois personnes rêvent, par voie naturelle et en même temps, une seule et même chose. Les partisans de cette explication l'ont senti, aussi prétendent-ils que l'ardent Pierre, qui est le seul à parler, fut aussi le seul à avoir le rêve, et que les évangé-

---

(1) Cette manière de voir est partagée par Bauer, l. c., S. 237; Fritzsche, p. 556; De Wette, *Exeg. Handb.*, 1, 2, S. 56 f.; Weisse, *Die evang. Gesch.*, 1, S. 536, et en partie aussi Paulus, *Exeg. Handb.*, 2, S. 447 f.

listes ont attribué aux trois apôtres, en vertu de la figure appelée synecdoque, ce qui n'était arrivé qu'à l'un d'eux. Mais, de ce qu'ici, comme ailleurs, Pierre porte la parole, il ne s'ensuit pas qu'il eût seul rêvé; loin de là, le contraire est exprimé par les paroles des évangélistes, et nulle figure de rhétorique ne peut leur ôter ce sens. Au reste, ceux qui appliquent cette explication à la transfiguration, en confessent l'insuffisance encore plus clairement : non seulement, comme il a été remarqué plus haut, ils font jouer, dans le rêve des apôtres, un rôle adjuvant à l'invocation des noms de Moïse et d'Élie prononcés à haute voix par Jésus, mais encore ils appellent à leur aide un orage qui introduisit, dans le songe, par les éclairs l'idée d'un éclat surnaturel, par les coups de tonnerre l'idée de conversation et de voix célestes, et qui les entretint encore dans leur illusion pendant quelque temps après leur réveil. Mais Luc rapporte que les apôtres, *en se réveillant*, διαγρηγορήσαντες, virent les deux prophètes debout encore aux côtés de Jésus; cela ne ressemble point à une simple illusion se prolongeant de l'état de sommeil à celui de veille. Pour ce motif, Kuinôl fait une supposition de plus, c'est que, tandis que les apôtres dormaient, deux hommes inconnus s'approchèrent réellement de Jésus, et qu'ils furent aussitôt confondus avec les images vues par les dormeurs dans leur songe, et pris pour Moïse et Élie. Ces hypothèses successivement ajoutées dénaturent toutes les circonstances principales que l'explication de cette scène par un songe avait intérêt à représenter comme des visions intérieures, et les ramènent comme autant de phénomènes extérieurs; car l'idée d'un éclat lumineux est supposée produite par les éclairs, l'idée de voix entendues, par le tonnerre, enfin l'idée de deux personnes présentes auprès de Jésus, par la présence véritable de deux inconnus. Tout cela ne pouvait être aperçu par les apôtres que dans l'état de veille, et ainsi la supposition d'un rêve, devenant superflue, n'a plus de raison suffisante.

Donc, puisque la participation de trois personnes à un même rêve a une difficulté toute spéciale, il vaut mieux rompre complétement le fil qui, d'après ce mode d'explication, rattache la scène à une vision interne, et transporter tout dans le monde extérieur. De la sorte, au lieu d'une scène surnaturelle, nous avons maintenant à examiner une scène naturelle. Quelque chose d'extérieur et de réel se montra aux apôtres : c'est pour cela que plusieurs purent en avoir la perception simultanée; s'ils se trompèrent tout éveillés sur ce qu'ils perçurent, c'est qu'ils se trouvaient tous dans le même ordre d'idées, dans la même disposition, dans la même situation. D'après cette manière de voir, l'essentiel de cette scène est un rendez-vous secret que Jésus projetait, et pour lequel il prit avec lui les trois apôtres sur qui il comptait le plus. Paulus ne se hasarde pas à décider qui étaient les deux hommes avec lesquels Jésus avait rendez-vous; Kuinœl soupçonne que c'étaient des adhérents du genre de Nicodème; d'après Venturini, des Esséniens, associés secrets de Jésus. Avant leur arrivée, Jésus pria; et les apôtres, qu'il n'avait pas admis à sa prière, s'endormirent. Une telle explication, afin de rendre plus vraisemblable l'illusion des apôtres à leur premier réveil, conserve volontiers ce sommeil donné par Luc, bien qu'elle n'y rattache pas de songe. Aux voix étrangères qu'ils entendent auprès de Jésus, ils se réveillent; ils voient Jésus, qui sans doute était debout sur un point plus élevé de la montagne que celui où ils étaient, reluire d'un éclat extraordinaire qui provenait des premiers rayons de l'aurore tombant sur lui et réfléchis peut-être par des neiges voisines. Dans le premier moment de la surprise, cela leur semble une splendeur surnaturelle, et ils aperçoivent les deux hommes que, par des motifs inconnus, Pierre, accablé de sommeil, et après lui les autres, prennent pour Moïse et Élie; leur confusion augmente quand ils voient les deux inconnus disparaître dans une claire nuée du matin qui s'abaissa au moment où ils partirent, et quand ils entendent un des deux inconnus crier du milieu de la nuée : *Celui-ci est mon fils bien-aimé*, etc., οὗτός ἐστιν ὁ υἱός μου ὁ ἀγαπητὸς κτλ.; dans de telles circonstances, ils prirent nécessairement cette voix pour une voix céleste (1). Cette explication, pour laquelle Schleiermacher montre aussi de l'inclination (2), croit, comme la précédente, trouver un appui particulier dans Luc, chez qui il est dit, avec bien moins d'assurance que chez Matthieu et Marc, que ces deux hommes étaient Moïse et Élie, et chez qui cette assertion paraît être bien plutôt due à une simple imagination de Pierre accablé par le sommeil. Voici sur quoi s'appuie cette différence : tandis que les deux premiers évangélistes disent directement : *Ils virent Moïse et Élie*, ὤφθησαν αὐτοῖς Μωσῆς καὶ Ἡλίας, Luc, plus retenu, ce semble, parle de *deux hommes*, ἄνδρε δύο, *qui étaient Moïse et Élie*, οἵ τινες ἦσαν Μωσῆς καὶ Ἡλίας, et l'on prétend que, si les expressions des deux premiers désignent quelque chose d'objectif et de réel, les expressions du second ne désignent qu'une explication, laquelle est propre à l'évangéliste. Mais l'écrivain donne évidemment son assentiment à cette explication, puisqu'il dit *qui étaient*, οἵτινες ἦσαν, et non *qui paraissaient être*, οἵ τινες ἔδοξαν εἶναι. S'il ne parle d'abord que de deux hommes, et s'il ne les nomme que subséquemment, son intention a été, non pas de laisser au lecteur la faculté de prendre à son choix une tout autre explication, mais seulement de ménager, par une expression indécise au début, le mystérieux de cette scène extraordinaire. Ainsi, pas plus que les explications précédentes, celle-ci n'a d'appui dans l'un des récits

---

(1) Paulus, *Exeg. Handb.*, 2, 486 ff. L. J., 1, b, S. 7 ff.; *Natürliche Geschichte*, 3, S. 256 ff.

(2) L. c.

évangéliques, et de plus elle n'a pas de moindres difficultés intrinsèques. Les apôtres devaient assez bien connaître l'illumination matinale sur les montagnes de leur patrie pour la distinguer d'une splendeur céleste. S'il n'est facile, dans aucune des explications proposées, de comprendre comment ils imaginèrent que les deux inconnus étaient Moïse et Élie, il l'est encore moins dans celle-ci. Quand Pierre, proposant à Jésus de construire des *tentes*, σκηνὰς, fit connaître l'illusion où étaient les apôtres, il est incompréhensible que Jésus ne l'ait pas dissipée; et Paulus imagine pour expédient que Jésus n'entendit pas la proposition de Pierre. Toutes les hypothèses sur des alliés secrets sont avec raison tombées dans le décri; et enfin celui de ces alliés qui, du milieu de la nuée, aurait adressé aux apôtres les paroles en question, se serait permis une indigne mystification.

§ CV.

Histoire de la transfiguration considérée comme mythe.

Ici, comme toujours, nous nous trouvons, après avoir parcouru le cercle des explications naturelles, ramené à l'explication surnaturelle; mais des raisons non moins décisives nous obligent à y renoncer. Empêchés par le texte d'admettre une interprétation naturelle, par des motifs rationnels de conserver un caractère historique à l'interprétation surnaturelle, qui est conforme au texte, il nous faut en venir à examiner critiquement les données évangéliques. Ces données ont ici des garanties toutes particulières; car le fait est raconté par trois évangélistes, qui fixent exactement la date avec une concordance frappante, et il est certifié, en outre, par l'apôtre Pierre (2. Petr., 1, 17) (1). Cette concordance de date (puisque les *huit jours*, ἡμέραι

---

(1) Paulus, *Exeg. Handb.*, S. 446; Gratz, 2, S. 165 f.

ὀκτώ, de Luc, suivant la manière de compter le premier et le dernier jour, disent la même chose que les *six jours*, ἡμέραι ἕξ, des autres), cette concordance, dis-je, est certainement frappante; et de plus, les narrateurs placent tous les trois, après la scène de la transfiguration, le récit de la guérison de l'enfant démoniaque, dans laquelle les apôtres avaient échoué. Mais cette double circonstance : la date concordante et la jonction des deux scènes, s'explique par l'origine des évangiles synoptiques, qui proviennent d'une prédication évangélique devenue permanente; et, si cette prédication a groupé d'une certaine façon, mais sans réalité historique, mainte anecdote, il ne faut pas plus s'en étonner que de voir conservées souvent textuellement dans les trois rédactions des expressions où elle aurait pu varier (1). Cette histoire est, il est vrai, attestée par les trois synoptiques; mais l'authenticité qu'elle reçoit par là est, du moins dans la manière ordinaire de se figurer le rapport entre les quatre évangiles, très affaiblie par le silence du quatrième. On ne voit pas, en effet, comment cet évangéliste n'aurait pas accueilli un événement aussi important, qui, en même temps, était si conforme à son système, et qui réalisait véritablement ce qu'il dit dans son prologue : *Et nous avons contemplé sa gloire, telle que doit être la gloire du fils unique du père*, καὶ ἐθεασάμεθα τὴν δόξαν αὐτοῦ, δόξαν ὡς μονογενοῦς παρὰ πατρός (v. 14). Dire qu'il a pu supposer la transfiguration connue par les évangélistes ses prédécesseurs, c'est un argument usé qui, outre sa fausseté générale, est ici particulièrement inapplicable, puisque, cette fois, aucun des synoptiques n'avait été témoin oculaire, et qu'il devait y avoir dans leur récit bien des choses à vérifier et à expliquer par un homme qui, comme Jean, avait assisté à la scène. On a donc cherché un autre motif pour cette omission et d'autres semblables dans le quatrième évangile, et

---

(1) Comparez De Wette, *Einl. in das N. T.*, § 79.

on a cru le trouver dans la tendance antignostique, ou, plus précisément, antidocétique, que l'on a transportée des Lettres de Jean dans le quatrième évangile. Dans l'histoire de la transfiguration, disent ces commentateurs, l'éclat qui illuminait Jésus, la transfiguration de son aspect en un aspect surhumain, peuvent prêter des armes à l'opinion qui supposait que sa forme humaine n'avait été qu'une apparence à travers laquelle sa nature vraie et surhumaine avait percé de temps en temps; son entretien avec les esprits d'anciens prophètes aurait pu conduire à supposer qu'il n'était peut-être lui-même que l'âme de quelque homme pieux de l'Ancien Testament; et, pour ne donner aucun aliment à ces opinions erronées, qui commencèrent de bonne heure à se développer parmi des chrétiens attachés à la Gnose, Jean préféra supprimer cette histoire et d'autres pareilles (1). Mais, indépendamment qu'il ne convient pas à la *loyauté* apostolique, παρῤησία, de dissimuler, à cause de l'abus possible de la part de quelques individus, des faits capitaux de l'histoire évangélique, Jean aurait dû, au moins, procéder en cela avec une certaine conséquence, et exclure, du cercle de son travail, tous les récits capables, aussi bien que le récit actuel, de provoquer une fausse interprétation docétique. Or, chacun se rappelle aussitôt l'histoire de la marche de Jésus sur la mer, histoire qui, non moins certes que la transfiguration, suscite l'opinion d'une simple apparence corporelle en Jésus, et qui cependant a été recueillie par Jean. L'importance relative d'un fait pouvait encore ici justifier une distinction : ainsi, de deux récits qui auraient une apparence également favorable aux docètes, Jean pouvait accueillir l'un à cause du plus grand intérêt qui y était attaché et passer l'autre sous silence. Or, sans doute, personne ne voudra soutenir que la marche de Jésus sur la mer surpasse ou seulement égale en importance la transfigu-

---

(1) C'est ce que dit Schneckenburger, *Beiträge*, S. 62 ff.

ration. Si Jean avait à cœur d'éviter tout ce qui présentait une apparence docétique, il devait, à tous égards et avant toute autre, supprimer l'histoire de la marche; s'il ne l'a pas fait, c'est qu'il n'a pas été dirigé par le principe qu'on lui attribue, et dès lors on ne peut jamais en faire un motif de l'omission préméditée d'une histoire dans le quatrième évangile. Ainsi il demeure établi, au sujet de la transfiguration, que le rédacteur de cet évangile n'en a rien su ou du moins rien de précis (1). A la vérité, ce résultat n'est un argument contre le caractère historique de l'histoire de la transfiguration, que pour ceux qui supposent que le quatrième évangile est l'œuvre d'un apôtre; nous ne pouvons donc, nous, argumenter de ce silence contre la vérité du récit. Mais, d'un autre côté, la concordance des synoptiques ne nous est pas une garantie, car nous avons été obligés de déclarer non historique plus d'un récit dans lequel trois évangiles et même tous les quatre concordaient. Quant au prétendu témoignage de Pierre, le passage relatif à la transfiguration est, à cause de l'authenticité plus que douteuse de la seconde Lettre de Pierre, abandonné aujourd'hui, même par des théologiens orthodoxes, et ne peut plus servir à prouver la vérité historique de la transfiguration (2).

Outre les difficultés exposées plus haut qui gisent dans la teneur merveilleuse du récit, nous avons un autre motif contre la valeur historique de la transfiguration, c'est l'entretien que, d'après les deux premiers évangélistes, les apôtres eurent, immédiatement après, avec Jésus. En descendant de la montagne de la transfiguration, les apôtres demandèrent à Jésus : *Pourquoi donc les scribes disent-ils qu'il faut qu'Élie vienne premièrement?* τί οὖν οἱ γραμ-

---

(1) Neander, attendu que la réalité objective de l'histoire de la transfiguration est douteuse pour lui, trouve lui-même, cette fois, que le silence du quatrième évangile est embarrassant (S. 475 f.).

(2) Olshausen, S. 253, Anm.

ματεῖς λέγουσιν, ὅτι Ἠλίαν δεῖ ἐλθεῖν πρῶτον (Matth., v. 10)? Ce langage est tout à fait celui d'hommes qui précédemment auraient entendu quelque chose d'où ils avaient dû conclure qu'Élie ne devait pas venir, et non le langage d'hommes qui viennent de voir une apparition de ce même Élie. Car après une semblable vision, ils ne devaient pas faire une question qui témoignait que leur attente n'avait pas été satisfaite, mais ils devaient dire avec satisfaction : *Les scribes ont donc raison de dire*, etc., εἰκότως οὖν οἱ γραμματεῖς λέγουσιν κτλ. (1). En conséquence, les commentateurs interprètent la question des apôtres non comme s'ils n'avaient pas vu l'apparition d'Élie, mais comme s'ils y avaient cherché en vain une certaine marque ; cette marque était que, d'après l'opinon des scribes, Élie devait, lors de son apparition, exercer une action puissante et réformatrice sur son peuple, tandis qu'ici, après s'être montré, il avait disparu aussitôt sans rien faire (2). Cette explication serait admissible, si les expressions : *Élie... rétablira toute chose*, ἀποκαταστήσει πάντα, se trouvaient dans la question des apôtres ; mais, au lieu de cela, chez les deux évangélistes qui ont cet entretien (Matth., v. 11; Marc, v. 12), elles ne se trouvent que dans la réponse de Jésus. De la sorte, les apôtres se seraient exprimés au rebours du droit sens, taisant ce qu'ils désiraient, c'est-à-dire *le rétablissement de toute chose*, et ne nommant que la *venue*, qu'ils ne pouvaient plus désirer après l'apparition qu'ils venaient d'avoir. Si la question des apôtres, loin de supposer la réalité d'une apparition d'Élie, suppose que cette apparition manqua, il en est de même de la réponse de Jésus. Il répond : Les scribes ont raison de dire qu'Élie doit venir avant le Messie;

---

(1) Voyez Rau, *Programme cité*, dans Gabler, *Neuestes theolog. Journal*, 1, 3, S. 506; De Wette, sur ce passage de Matthieu. Olshausen, 1, S. 531. Des expédients encore moins satisfaisants se lisent dans Gabler, l. c., et dans Matthæi, *Religionsgl. der Apostel*, 2, S. 596.

(2) Fritzsche, *in Matth.*, p. 553;

mais cela n'est pas un argument contre ma messianité, car j'ai déjà été précédé par un Élie dans la personne de Jean-Baptiste. Or, puisqu'en indiquant qu'il avait été précédé par un Élie, qui n'était Élie que par une figure, il cherche à les prémunir contre le doute que l'attente des *scribes* pourrait susciter en leurs âmes, il est impossible qu'il ait eu, immédiatement auparavant, l'apparition du véritable Élie ; s'il l'avait eue, il aurait, avant toute chose, cité cette apparition, et ce n'est qu'ensuite qu'il aurait peut-être parlé de Jean-Baptiste (1). Ainsi il ne peut pas être historique que cette apparition et ce dialogue se soient suivis immédiatement, et le rapprochement en est dû seulement à ce que, dans les deux, il est question d'Élie (2). Mais ni immédiatement ni médiatement un tel dialogue ne peut avoir été précédé de l'apparition d'Élie ; car, quels que soient les événements que l'on suppose entre les deux, quelque intervalle de temps qu'on admette, Jésus, aussi bien que les trois apôtres, témoins oculaires, devait s'en souvenir, et ils ne purent jamais parler comme si cette apparition n'avait pas eu lieu. Un dialogue de ce genre, dans l'opinion orthodoxe sur Jésus, ne peut pas, non plus, avoir été suivi de l'apparition du véritable Élie ; car Jésus dit trop clairement qu'il ne faut pas attendre de véritable Élie, et que Jean-Baptiste a été l'Élie promis ; si donc, plus tard, il y avait eu une apparition du véritable Élie, Jésus se serait trompé ; et cette supposition est la moins admissible pour ceux-là justement qui ont le plus à cœur la réalité historique de la transfiguration. Puisque l'apparition et le dialogue s'excluent réciproquement, laquelle de ces deux parties faut-il sacrifier? La teneur de la conversation est tellement confirmée par Matthieu, 11, 14 (comparez Luc, 1, 17), et l'histoire de la transfiguration est rendue telle-

---

(1) Paulus en convient aussi, 2, S. 442.
(2) Schleiermacher, *Ueber den Lukas*, S. 149.

ment invraisemblable par toutes sortes de difficultés, que la décision ne peut pas être douteuse. En conséquence, nous avons ici encore un exemple de ce que nous avons déjà vu plusieurs fois, à savoir que des fragments de narration, partant de suppositions tout à fait différentes, et même formés en des temps différents, semblent avoir été assez maladroitement réunis. Celui des fragments qui renferme la conversation, part de l'opinion probablement antérieure d'après laquelle la prophétie relative à Élie venait de s'accomplir en Jean-Baptiste; le second, qui raconte la transfiguration, et qui a sans aucun doute une origine postérieure, ne se contente pas d'une apparition d'Élie, figurée dans la personne de Jean-Baptiste au temps messianique de Jésus; il faut qu'Élie se montre au peuple et personnellement, ne fût-ce qu'en passant et devant un petit nombre de témoins (les témoins sont en petit nombre, parce qu'il était connu qu'une apparition publique et ayant exercé une action plus puissante n'avait pas eu lieu) (1).

Pour comprendre comment une pareille narration put se former par voie légendaire, nous devons examiner tout d'abord la particularité à l'essence de laquelle l'examen de toutes les autres se rattache le plus facilement, à savoir l'éclat qui rendait comme un soleil la face de Jésus, et la clarté lumineuse que projetaient ses habits. Le beau, le majestueux est quelque chose de lumineux pour les Orientaux et en particulier pour les Hébreux. Le poëte du Cantique des cantiques compare sa bien-aimée à l'aube matinale, à la lune, au soleil (6, 9); les hommes pieux, soutenus par la bénédiction divine, sont comparés au soleil dans sa gloire (Jud., 5, 34); et nommément le sort futur des justes est comparé à l'éclat du soleil et des astres (Dan., 12, 3; Matth., 13, 43) (2). En conséquence, non seulement Dieu

---

(1) Cela est pour répondre à l'objection de Weisse, S. 539.

(2) Comparez Jalkut Simeoni P. 2, f. 10, 3 (dans Wetstein, p. 435): Facies

paraît dans l'éclat de la lumière, et les anges se montrent avec une face radieuse et des vêtements lumineux (Ps. 50, 2. 3; Dan., 7, 9 seq. 10, 5. 6; Luc, 14, 4; Apoc., 1, 13 seq.); mais encore les personnages pieux de l'antiquité hébraïque, comme Adam avant sa chute, et, dans les temps suivants, Moïse et Josué, sont représentés avec cet éclat de lumière (1). De même encore la légende juive postérieure prêta à des rabbins distingués un éclat surnaturel dans des moments d'exaltation (2). Ce qu'il y a de plus célèbre, c'est la face resplendissante de Moïse dont il est parlé, 2. Mos., 34, 29 seq.; et ici comme dans d'autres cas on argumente de lui au Messie, *a minori ad majus*; c'est ce qu'indique déjà Paul, 2. Cor. 3, 7 seq., bien qu'il oppose à Moïse, *ministre de la lettre*, διάκονος τοῦ γράμματος, non Jésus, mais, en raison de l'occasion de son épître, les Apôtres et docteurs chrétiens, *ministres de l'esprit*, διακόνους τοῦ πνεύματος, et bien qu'il n'attende pour eux une *gloire*, δόξα, supérieure à l'éclat de Moïse que comme une *espérance*, ἐλπὶς, réservée à une autre vie. Le fait est qu'on espérait pour le Messie lui-même un éclat qui correspondît à celui de Moïse, et qui même le surpassât; et un écrit juif qui ne tient aucun compte de notre histoire de la transfiguration, argumente tout à fait dans l'esprit des Juifs des premiers temps chrétiens, quand il assure que Jésus ne peut pas avoir été le Messie, attendu que sa face n'eut pas l'éclat de la face de Moïse, sans parler d'un éclat supérieur (3). Les premiers chrétiens durent, ou entendre de pareilles

---

justorum futuro tempore similes erunt soli et lunæ, cœlo et stellis, fulguri, etc.

(1) Bereschith Rabba, 20, 29 (dans Wetstein): Vestes lucis vestes Adami primi. Pococke, ex Nachmanide (*ibid.*): Fulgida facta fuit facies Mosis instar solis, Josuæ instar lunæ; quod idem affirmarunt veteres de Adamo.

(2) Dans Pirke Elieser, 2, il se trouve, d'après Wetstein, que: Inter docendum radios ex facie ipsius, ut olim e Mosis facie, prodiisse, adeo ut non dignosceret quis, utrum dies esset an nox.

(3) Nizzachon vetus, p. 40, *ad Exod.*, 34, 33 (dans Wetstein): Ecce Moses magister noster felicis memoriæ, qui homo merus erat, quia Deus de facie ad faciem cum eo locutus est, vultum tam lucentem retulit, ut Judæi vererentur accedere: quanto igitur magis de ipsa divinitate hoc tenere oportet; atque Jesu faciem ab uno orbis cardine ad

objections de la part des Juifs, ou se les faire à eux-mêmes ; il en résulta nécessairement dans la plus ancienne église une tendance à reproduire dans la vie de Jésus ce trait de la vie de Moïse, à l'exagérer même à un certain égard, et à attribuer à Jésus, ne fût-ce que passagèrement, au lieu d'une face resplendissante que l'on pouvait couvrir avec un drap, un éclat rayonnant qui se répandait même sur les vêtements.

En outre, une série de traits isolés prouve que la transfiguration de la face de Moïse a servi de type à la transfiguration de Jésus. Moïse fut transfiguré sur la montagne de Sinaï ; une montagne est aussi le théâtre de la transfiguration de Jésus. Dans une ascension antérieure qui put facilement se confondre avec l'ascension postérieure où son visage devint brillant, Moïse avait pris, pour participer à la contemplation de Jéhova sur la montagne, trois confidents, Aaron, Nadab et Abihu, outre les soixante-dix anciens (2. Mos., 24, 1. 9—11) ; de même Jésus prend avec lui ses trois disciples les plus intimes, afin qu'ils soient, autant que leurs forces le permettront, témoins de ce grand spectacle. Leur dessein immédiat était, d'après Luc, v. 28, de *prier*, προσεύξασθαι, justement comme Jéhova ordonne à Moïse de venir sur la montagne avec les trois et avec les anciens pour adorer de loin. Moïse étant monté avec Josué sur le Sinaï, la *gloire du Seigneur*, δόξα Κυρίου, couvrit comme un *nuage*, νεφέλη, la montagne (v. 15 seq. LXX) ; et Jéhova, du sein de la nuée, appela Moïse jusqu'à ce qu'enfin celui-ci pénétra dans la nuée, et vint auprès de lui (v. 16—18) ; de même, nous avons, dans notre récit, une *nuée de lumière*, νεφέλη φωτὸς, qui ombrage Jésus et les apparitions célestes ; une *voix de la nuée*, φωνὴ ἐκ τῆς

---

alterum fulgorem diffundere conveniebat. At non præditus fuit ullo splendore, sed reliquis mortalibus fuit similimus. Quapropter constat non esse in eum credendum.

νεφέλης; et, chez Luc, une *entrée*, εἰσελθεῖν, des trois dans la nuée. Ce que la voix dit aux apôtres du sein de la nuée, est, dans la première partie, la déclaration de messianité qui, composée du verset 7 du psaume 2, et du verset 1 du chapitre 42 d'Isaïe, avait déjà retenti du haut du ciel lors du baptême de Jésus; la seconde partie est empruntée aux paroles par lesquelles Moïse, dans le passage du Deutéronome cité d'abord (18, 15), annonce au peuple le Messie futur d'après l'interprétation ordinaire et l'engage à lui obéir (1).

Par la transfiguration sur la montagne, Jésus avait été mis à côté de Moïse, son type; et, comme il était dans l'attente des Juifs que, d'après Isaïe, 52, 6 seq., le temps messianique aurait, non pas un seul précurseur, mais plusieurs (2), et qu'entre autres particulièrement l'ancien législateur apparaîtrait aussi au temps du Messie (3), aucun moment n'était mieux choisi pour son apparition que celui où le Messie fut transfiguré sur une montagne de la même façon que lui, Moïse, l'avait été jadis. Alors il fut naturel de lui adjoindre celui qui, d'après Mal. 3, 23, possédait, plus qu'aucun autre, le caractère de précurseur messianique, et même était attendu, d'après les rabbins, en même temps que Moïse. Du moment que ces deux personnages apparaissaient au Messie, ils devaient s'être entretenus avec lui; et, si l'on s'enquérait de la teneur de cette conversation, le

---

(1) Cette comparaison avec l'ascension de Moïse sur la montagne fournit peut-être la raison de l'intervalle de *six jours*, par lequel les deux premiers évangélistes séparent la transfiguration de l'événement raconté en dernier lieu, car l'histoire propre de ce qui arrive à Moïse sur la montagne commence aussi par une pareille détermination de temps; il y est dit, en effet, que, la montagne ayant été couverte pendant *six jours* par la nuée, Moïse fut appelé auprès de Jéhova (v. 16). Bien que le point de départ fût tout autre, cette fixation de temps peut avoir été conservée pour l'ouverture de la scène de transfiguration relative à Jésus.

(2) Voyez Bertholdt, *Christologia Judæorum*, § 15, p. 60 seq.

(3) *Debarim Rabba*, 3 (Wetstein): Dixit Deus S. B. Mosi: Per vitam tuam, quemadmodum vitam tuam posuisti pro Israelitis in hoc mundo, ita tempore futuro, quando Eliam prophetam ad ipsos mittam, vos duo eodem tempore venietis. Comparez Tanchuma, f. 42, 1, dans Schœttgen, 1, p. 149.

chapitre immédiatement précédent suggérait naturellement qu'elle avait roulé sur la passion et la mort prochaines de Jésus. Ces objets, qui formaient, à proprement parler, le mystère messianique du Nouveau Testament, étaient ce qu'il y avait de plus approprié à une pareille conversation avec des êtres d'un autre monde. On doit donc s'étonner que Olshausen soutienne que le mythe n'aurait pu arriver à cette teneur de la conversation. Ainsi nous aurions ici un mythe (1) dont la tendance est double : d'abord de reproduire, sous une forme plus élevée, la transfiguration de Moïse en la personne de Jésus ; secondement de réunir Jésus en qualité de Messie à ses deux précurseurs, de représenter, par cette apparition du législateur et du prophète, du fondateur et du réformateur de la théocratie, Jésus comme celui qui achève le royaume de Dieu et qui accomplit la loi et les prophètes, et, en outre, de faire confirmer sa dignité messianique par une voix céleste (2).

Pour conclure, cet exemple montre d'une façon particulièrement évidente comment l'explication naturelle, tout en voulant conserver la certitude historique des récits, en

---

(1) Ce récit est déclaré un mythe par De Wette, *Kritik der mos. Gesch.*, S. 250 ; comparez *Exeg. Handb.*, 1, 1, S. 446 f.; Bertholdt, *Christologia Jud.*, § 45, not. 47; Credner, *Einleitung in das N. T.*, 1, S. 241. Schulz, *Ueber das Abendmahl*, S. 319, accorde du moins que les différentes relations évangéliques sur la transfiguration contiennent plus ou moins d'éléments mythiques ; et Fritzsche, *in Matth.*, p. 448 seq. et 456, rapporte l'explication mythique de ce récit, non sans quelques signes d'assentiment. Comparez Kuinoel, *in Matth.*, p. 459, et Gratz, 2, S. 161 ff.

(2) Platon aussi, dans le *Banquet* (p. 223, B, seq. Steph.) glorifie son Socrate dans un certain sens, c'est-à-dire qu'il compose, par une voie naturelle et d'une façon comique, un groupe semblable à celui que les évangélistes ont composé ici par voie surnaturelle et d'une façon tragique. Après un banquet où le vin fut prodigué, Socrate reste seul éveillé au milieu de ses amis, qui dorment autour de lui ; de même, dans nos évangiles, les apôtres dorment autour du Seigneur. Deux grandes figures veillent seules avec Socrate ; ce sont le poète tragique et le poète comique, qui formaient les deux éléments de l'ancienne vie grecque, éléments que Socrate réunissait en lui ; de la même façon, Jésus s'entretient avec le législateur et le prophète, qui formaient les deux colonnes de la vie de l'Ancien Testament, et que Jésus renfermait en lui et avec plus de puissance. Enfin, dans Platon, Agathon et Aristophane s'endorment à leur tour, et Socrate demeure maître du champ de bataille ; de même, dans l'évangile, Moïse et Élie disparaissent finalement, et les apôtres ne voient plus que Jésus.

perd la vérité idéale, et, pour la forme, renonce au fond. Au contraire, l'explication mythique, sacrifiant le corps historique de ces récits, en trouve et en conserve l'idée, qui en est l'esprit et l'âme. En effet, si, comme le dit l'explication naturelle, la splendeur autour de Jésus a été un phénomène accidentel d'optique, et si les deux apparitions ont été ou les images d'un rêve, ou des personnages inconnus, que devient la signification de l'aventure? A quoi bon conserver, dans le souvenir de la première association chrétienne, une anecdote aussi vide, aussi dépourvue de toute idée, et fondée sur une illusion vulgaire et sur la superstition? Mais, bien que, comme l'exige l'explication mythique, je sois obligé de ne pas voir une aventure réelle dans le récit évangélique, je conserve du moins un sens et une valeur à la narration, et je sais quelles pensées la première association chrétienne y trouvait, et pourquoi les rédacteurs des évangiles lui accordèrent une place aussi importante dans leurs écrits (1).

§ CVI.

Renseignements divergents sur le dernier voyage de Jésus à Jérusalem.

Bientôt après la transfiguration sur la montagne, les évangélistes rapportent que Jésus entreprit le voyage fatal qui le conduisit à sa passion. Les récits évangéliques ne

---

(1) Weisse, peu satisfait de la signification que nous avons trouvée dans le mythe, et s'efforçant de conserver un fondement historique à la narration, se la représente comme une métaphore provenant des trois témoins oculaires eux-mêmes. Suivant lui, dans un langage figuré ordinaire aux Orientaux, ils exprimèrent de cette façon que alors leurs yeux s'ouvrirent, et qu'une pleine lumière les éclaira sur la destination de Jésus, et particulièrement sur ses rapports avec la théocratie de l'Ancien Testament et la prédiction du Messie. La haute montagne sur laquelle la scène est supposée se passer, figure symboliquement la hauteur de la connaissance qui fut en ce moment le partage des apôtres; la métamorphose de la forme de Jésus et l'éclat de son vêtement, sont un symbole de l'intuition qu'ils eurent de l'idée messianique, qui prit une vive clarté pour les yeux de leur esprit. La nuée qui couvre l'apparition, désigne l'indécision nuageuse où se perdit, pour les apôtres, la nouvelle science qu'ils n'étaient pas encore en état de conserver; la proposition que fit Pierre, de

concordent pas sur le lieu d'où il partit pour se rendre à Jérusalem et sur le chemin qu'il prit. Les synoptiques sont, il est vrai, d'accord sur le point de départ, puisqu'ils font tous partir Jésus de la Galilée (voyez Matth., 19, 1; Marc, 10, 1; Luc, 9, 51 : dans ce dernier, la Galilée n'est pas expressément nommée, mais cela s'entend de soi, puisque, dans ce qui précède, il est question de la seule Galilée et des localités galiléennes, et, dans ce qui suit, du voyage par la Samarie) (1). Néanmoins ils paraissent diverger sur le chemin que de là Jésus prit pour se rendre en Judée. Les renseignements de deux d'entre eux sont tellement obscurs qu'ils pourraient paraître fournir des arguments à l'exégèse qui cherche à montrer la concordance des évangiles. Celui qui s'exprime de la manière la plus claire et la plus précise, est Marc, qui dit que Jésus traversa la Pérée; mais après il ajoute : *Il s'en va vers les confins de la Judée par le chemin qui est le long du Jourdain*, ἔρχεται εἰς τὰ ὅρια τῆς Ἰουδαίας διὰ τοῦ πέραν τοῦ Ἰορδάνου. Sans doute il ne faut voir dans cette phrase que l'explication que Marc crut se donner de l'expression à peine intelligible de Matthieu, qu'il suit dans ce paragraphe. Quant à ce que celui-ci entend en disant : *Il partit de la Galilée et alla vers les confins de la Judée le long du Jourdain*, μετῆρεν ἀπὸ τῆς Γαλιλαίας καὶ ἦλθεν εἰς τὰ ὅρια τῆς Ἰουδαίας πέραν τοῦ Ἰορδάνου, cela est en effet obscur. Si on l'explique en disant que cette phrase signifie que Jésus alla dans la partie de la Judée qui est au-delà du Jourdain (2), on pèche également contre la géographie et contre la grammaire. La comparaison du texte de Marc a induit la plupart des interprètes à supposer que

---

bâtir des huttes, représente la tentative de cet apôtre pour fixer aussitôt dogmatiquement l'intuition supérieure qu'il venait d'avoir. Weisse craint (S. 543) que l'on ne prenne aussi pour une explication mythique, cette explication qu'il donne de l'histoire de la transfiguration.

Je ne le pense pas; la sienne porte trop clairement les caractères d'une explication allégorique.

(1) Schleiermacher, *Ueber den Lukas*, S. 160.
(2) Kuinœl et Gratz, sur ce passage.

Jésus alla en Judée par la contrée située au delà du Jourdain (1); et cette explication, même après la modification apportée par Fritzsche, n'est pas sans difficulté, du moins grammaticale. Quoi qu'il en soit, ce qui subsiste, c'est que Matthieu, comme Marc, fait prendre à Jésus, pour se rendre en Judée, le plus long chemin, celui de la Pérée; au contraire, Luc semble lui faire prendre le plus court, celui de la Samarie. A la vérité, quand il dit, 17, 11, que Jésus, en se rendant à Jérusalem, *passait par le milieu de la Samarie et de la Galilée*, διήρχετο διὰ μέσου Σαμαρείας καὶ Γαλιλαίας, son expression n'est guère plus claire que celle de Matthieu que nous venons d'examiner plus haut. D'après la signification ordinaire des mots, cette phrase veut dire que Jésus coupa d'abord la Samarie, puis la Galilée, pour venir à Jérusalem. Mais cet ordre est inverse de l'ordre réel; car, s'il partit d'une localité Galiléenne, il dut d'abord traverser le reste de la Galilée, puis la Samarie. En conséquence, on a entendu les mots διέρχεσθαι διὰ μέσου κτλ., comme s'ils signifiaient que Jésus passa entre la frontière de la Galilée et celle de la Samarie (2), et l'on concilie Luc avec les deux premiers évangélistes en supposant que Jésus parcourut la frontière Galiléo-Samaritaine jusqu'au Jourdain, qu'il traversa ce fleuve, et se rendit directement par la Pérée en Judée et à Jérusalem. Mais cette dernière supposition ne s'accorde pas avec Luc, 9, 51 seq.; en effet, d'après ce passage, Jésus, étant parti de la Galilée, arrive aussitôt dans un village de Samarie, et y fait une mauvaise impression, *parce qu'il paraissait aller du côté de Jérusalem*, ὅτι τὸ πρόσωπον αὐτοῦ ἦν πορευόμενον εἰς Ἱερουσαλήμ. Cela semble vouloir dire qu'il se dirigeait de la Galilée vers la Judée par la Samarie. Ce que nous aurons de mieux à faire, sera de voir, dans ce dire de Luc, un ar-

---

(1) Voyez, par exemple, Lightfoot, sur ce passage.

(2) Wetstein, Olshausen, sur ce passage; Schleiermacher, l. c., S. 164, 214.

rangement de mots (1) déterminé par le désir d'amener l'histoire des dix lépreux, parmi lesquels était un Samaritain, et, par conséquent, d'y reconnaître une divergence avec les évangiles synoptiques (2). Ce n'est que vers la fin du voyage de Jésus qu'ils redeviennent d'accord ; car, d'après leur dire unanime, Jésus arrive à Jérusalem de Jéricho (Matth., 20, 29 et parall.), ville qui, du reste, est plus sur la route directe du Galiléen qui traverse la Pérée, que de celui qui traverse la Samarie.

Tandis que les synoptiques, divergeant au sujet du chemin suivi par Jésus, sont d'accord sur le lieu du départ et sur la dernière partie du voyage, le récit de Jean s'écarte des leurs pour l'un et l'autre point. D'après lui, ce n'est pas de la Galilée que Jésus part pour se rendre à la dernière pâque qu'il visita ; car, ce semble, il avait quitté pour la dernière fois cette province avant la fête des Tabernacles de l'année précédente (7, 1. 10) : y serait-il retourné dans l'intervalle entre cette fête et celle de la Dédicace (10, 22) ? c'est du moins ce qui n'est pas dit ; après cette fête il alla dans la Pérée, et il y demeura (10, 40) jusqu'à ce que la maladie et la mort de Lazare le rappelèrent en Judée, et tout près de Jérusalem, à Béthanie (11, 8 seq.). En raison des poursuites de ses ennemis, il s'en éloigna bientôt de nouveau ; cependant, comme il voulait assister à la pâque prochaine, il ne se retira que dans la petite ville d'Ephraïm, non loin du désert (11, 54) ; et de là il se rendit à Jérusalem pour la fête, sans qu'il soit fait mention d'un séjour à Jéricho, qui, d'ailleurs, d'après la position assignée ordinairement à Éphraïm, ne se trouve pas sur la route d'un voyageur qui se rend de cette dernière ville dans la capitale.

Une divergence aussi complète a dû donner une occu-

---

(1) Voyez De Wette, sur ce passage.
(2) Fritzsche, in Marc., p. 445 : Marcus Matthaei 19, 1, seu auctoritati h. l. adstringit, dicitque Jesum e Galilaea (cf. 9, 53) profectum esse per *Peraeam*. Sed auctore Luca, 17, 11, in Judaeam contendit per *Samariam* itinere brevissimo.

pation peu ordinaire aux harmonistes. D'après eux, quand les synoptiques disent que Jésus partit de Galilée, cela s'entend non du départ pour la dernière pâque, mais du départ pour la fête de la Dédicace (1), bien que Luc, en disant que *le temps s'approchait où il devait être retiré du monde*, ἐν τῷ συμπληροῦσθαι τὰς ἡμέρας τῆς ἀναλήψεως αὐτοῦ (9, 51), désigne, d'une façon non méconnaissable, ce départ comme celui qui amena Jésus à la fête où l'attendaient la mort et la passion, bien que tous les synoptiques terminent par l'entrée solennelle à Jérusalem le voyage ici commencé, bien que, enfin, cette entrée ait précédé, même d'après le quatrième évangéliste, cette dernière fête de pâque (2). Si donc le départ de Galilée qu'ils racontent, est le départ pour la fête de la Dédicace, et si l'arrivée à Jérusalem dont ils parlent, est l'arrivée pour la pâque qui suit la fête de la Dédicace, il s'ensuivrait, d'après cette supposition, qu'ils auraient omis tout ce qui est intermédiaire, à savoir, l'arrivée et le séjour de Jésus à Jérusalem pour la fête de la Dédicace, son voyage de là dans la Pérée, de la Pérée à Béthanie, et de là à Éphraïm. Il semble donc en résulter qu'ils n'ont rien su de tout cela; mais Luc, racontant que Jésus, aussitôt après être parti de la Galilée, rencontra des docteurs de la loi qui voulurent le mettre à l'épreuve (10, 25 seq.), puis le montrant à Béthanie, voisine de Jérusalem (10, 38 seq.), le ramenant à la frontière qui sépare la Samarie de la Galilée (17, 11), et enfin ne le faisant entrer qu'alors à Jérusalem pour la pâque (19, 29 seq.), Luc, dis-je, paraît indiquer clairement (et en effet on en a argué) qu'entre ce départ de la Galilée et cette arrivée à Jérusalem, Jésus était allé une fois de plus en Judée et à Jérusalem, et qu'il en était revenu (3). Mais, d'une part, les docteurs de la loi ne prouvent rien; d'autre

---

(1) Paulus, 2, S. 203, 554. Comparez Olshausen, 4, S. 573 f.
(2) Schleiermacher, l. c., S. 152.
(3) Paulus, 2, S. 294 ff.

part, il n'est pas question de Béthanie, il n'est question que d'une visite de Jésus à Marthe et à Marie, dont le quatrième évangile place la résidence dans ce village; et il ne s'ensuit pas que le troisième les y suppose résidant, et que, par conséquent, il ait cru que Jésus, étant auprès d'elles, était dans le voisinage de Jérusalem. Si, d'après le récit de Luc, Jésus ne paraît sur la frontière entre la Galilée et la Samarie qu'un aussi long temps après être parti (9, 51—17, 11), cela signifie seulement que nous n'avons pas ici sous les yeux une narration qui procède régulièrement. Mais, selon ces harmonistes, Matthieu lui-même a eu connaissance de ces événements intermédiaires, et il les a indiqués pour celui qui y regarde de près; son membre de phrase : *Il partit de la Galilée*, μετῆρεν ἀπὸ τῆς Γαλιλαίας, fait allusion au voyage de Jésus pour se rendre à la fête de la Dédicace, et forme un tout isolé; et le membre de phrase : *Et il alla vers les confins de la Judée le long du Jourdain*, καὶ ἦλθεν εἰς τὰ ὅρια τῆς Ἰουδαίας πέραν τοῦ Ἰορδάνου, signifie qu'il quitta Jérusalem pour aller dans la Pérée (Joh., 10, 40), et, par conséquent, ouvre un nouveau paragraphe. Du reste, on confesse avec candeur que, sans les données de Jean, on n'aurait pas songé à disjoindre ainsi les paroles de Matthieu (1). En face de pareilles arguties, celui qui suppose que le récit de Jean est le véritable, n'a pas d'autre parti à prendre que celui qui a été pris par la plus récente critique : c'est, pour Matthieu, qui n'a traité que très brièvement du voyage, de sacrifier le caractère de témoin oculaire qui lui est attribué, et, pour Luc, qui décrit le voyage avec détail, d'admettre que lui ou le collecteur qu'il mit à contribution, a réuni deux récits différents, dont l'un concernait la visite antécédente de Jésus à la fête de la Dédicace, et l'autre son dernier voyage à la fête de Pâque, et les a

---

(1) Le même, l. c., 295 f. 584 f.

réunis sans soupçonner qu'entre le départ de Jésus de la Galilée et son entrée à Jérusalem avant la pâque, il y avait eu un séjour antécédent à Jérusalem, ainsi que d'autres voyages et d'autres événements (1).

Dès lors, dans le cours du récit du dernier voyage de Jésus, le rapport entre les évangiles synoptiques et l'évangile de Jean prend une tournure particulière. En effet, du côté des premiers se trouvait une grande lacune, ils omettaient plusieurs aventures et séjours intermédiaires, dont Jean fait mention; maintenant, vers la fin du récit, une lacune, bien que petite, paraît se trouver du côté du dernier; il ne rapporte pas que Jésus ait passé par Jéricho pour se rendre à Jérusalem. On peut dire, à la vérité, que Jean n'a pas été obligé de parler du passage par Jéricho, bien que d'après les synoptiques une guérison d'aveugles et la visite à Zacchée y appartiennent; mais il s'agit de savoir si dans son récit il y a place à un passage par Jéricho. Cette ville n'est pas située sur la route d'Éphraïm à Jérusalem, elle est beaucoup à l'est; on remédie à cette difficulté en supposant que d'Éphraïm Jésus fit toutes sortes d'excursions; que dans une de ces excursions il alla à Jéricho, et que de là il se rendit à Jérusalem (2).

En tout cas, on voit qu'entre les récits évangéliques du dernier voyage de Jésus règne une divergence particulière; car, d'après la tradition vulgaire, celle des synoptiques, il serait parti de la Galilée et passé par Jéricho, traversant, d'après Matthieu et Marc la Pérée, d'après Luc la Samarie, tandis que, d'après le quatrième évangile, il devrait y être arrivé d'Ephraïm; renseignements entre lesquels, si une conciliation est impossible, un choix est aussi très difficile.

---

(1) Schleiermacher, l. c., S. 101 f.; Sieffert, *Ueber den Ursprung*, S. 104 ff. Olshausen est d'accord avec le premier, relativement à Luc, l. c.

(2) Tholuck, *Comm. z. Joh.*, S. 277; Olshausen, 4, S. 764.

§ CVII.

Divergences des évangiles relativement au point d'où Jésus fit son entrée à Jérusalem.

Les évangélistes ne sont pas même tout à fait d'accord sur la fin du voyage de Jésus, sur la dernière station au-devant de Jérusalem. D'après les synoptiques, il semble que Jésus se rendit de Jéricho à Jérusalem le même jour et sans station intermédiaire (Matth., 20, 34; 21, 1 et seq. et parall.); mais, d'après le quatrième évangile, il ne va d'Éphraïm que jusqu'à Béthanie; il y passe la nuit, et ce n'est que le lendemain qu'il fait son entrée dans la capitale (12, 1. 12 seq.). Pour concilier les deux récits, on dit que, dans le récit sommaire des synoptiques, il ne faut pas s'étonner qu'ils n'énoncent pas expressément la nuit passée à Béthanie, mais qu'il ne faut pas conclure qu'ils nient ce séjour intermédiaire; qu'en conséquence, il n'y a pas de contradiction entre eux et Jean, et que ce qui est condensé en peu de mots par les uns est développé avec détail par l'autre (1). Mais, tandis que Matthieu ne nomme même pas Béthanie, les deux autres synoptiques font mention de cette localité d'une manière qui contredit positivement que Jésus y ait passé la nuit. En effet, ils racontent que Jésus, *approchant de Bethphagé et de Béthanie*, ὡς ἤγγισεν εἰς Βηθφαγῆ καὶ Βηθανίαν, envoya chercher un âne au plus prochain village, et que, monté sur cet animal, il fit aussitôt son entrée dans la capitale. Entre des circonstances aussi étroitement liées, on ne peut supposer l'intervalle d'une nuit; il semble, d'après la narration, que, immédiatement après avoir reçu le message de Jésus, le propriétaire envoya un âne, et que, l'âne étant arrivé, Jésus se prépara aussitôt à faire son entrée. De plus, si Jésus avait eu l'intention de

(1) Tholuck et Olshausen, II. cc.

passer la nuit à Béthanie, on ne pourrait imaginer quel fut son but en envoyant chercher un âne; car, si le village où il l'envoya chercher était justement Béthanie, il n'avait pas besoin, voulant se procurer une monture pour le lendemain, d'envoyer en avant les apôtres, mais il pouvait convenablement attendre qu'il fût arrivé avec eux à Béthanie. Dire qu'avant d'avoir atteint Béthanie et d'avoir examiné s'il pouvait s'y procurer un âne, il envoya un message par delà Béthanie jusqu'à Bethphage, afin d'y avoir un âne pour le lendemain matin, c'est ce qui manque absolument de vraisemblance; et cependant Matthieu du moins énonce positivement qu'on alla chercher l'âne à Bethphage. Ajoutons que, d'après le récit de Marc, lorsque Jésus arriva à Jérusalem, le *soir*, ὀψία, avait déjà commencé (11, 11), et qu'il n'eut que le temps de jeter un coup d'œil préliminaire dans la ville et dans le Temple; sur quoi il se retira avec les douze à Béthanie. A la vérité, on ne peut démontrer (ce qui a déjà été soutenu) que le quatrième évangile place au matin l'entrée dans la ville; mais on est en droit de demander pourquoi Jésus, venant seulement de Béthanie, village voisin, n'en partit pas plus tôt, afin d'avoir le temps de faire à Jérusalem quelque chose qui fût digne de mention? L'arrivée tardive de Jésus dans la capitale, telle que Marc la fixe, ne s'explique manifestement que parce que Jésus, étant parti de Jéricho, eut une plus longue route à parcourir. S'il n'était parti que de Béthanie, il n'en serait guère parti assez tard pour être obligé d'y retourner, après avoir jeté un coup d'œil sur la ville, avec l'intention de quitter Béthanie le lendemain de meilleure heure; ce dont rien ne l'avait empêché la veille. Sans doute, en mettant l'arrivée de Jésus à Jérusalem dans la soirée, Marc n'est pas soutenu par les deux autres synoptiques, et même, d'après Matthieu, Jésus a encore le temps d'opérer des guérisons et de répondre à des interpellations des grands-prêtres et des docteurs de la loi (Matth., 21, 12 seq.). Mais, sans même que la soirée soit indiquée comme le moment de l'entrée de Jésus, l'arrivée de Jésus auprès de ces villages, le message dont les apôtres sont chargés pour se procurer un âne, la venue de cet animal, sur lequel Jésus monte, tout cela forme une série trop continue pour qu'on puisse intercaler, dans le récit des synoptiques, une nuit passée à Béthanie.

Si donc il reste établi que les trois premiers évangélistes font arriver directement Jésus de Jéricho à Jérusalem sans un séjour intermédiaire à Béthanie, et que le quatrième le fait arriver de Béthanie seulement, il faut qu'il soit question, si des deux côtés on est dans le vrai, d'entrées différentes, et c'est ce qui a été conjecturé récemment par divers critiques (1). D'après eux, Jésus arriva d'abord (ce que les synoptiques racontent) avec la caravane qui se rendait à Jérusalem pour la fête; et, ayant été remarqué parce qu'il avait une monture, il fut l'objet, de la part de ses compagnons de voyage, d'hommages éclatants et non préparés, qui transformèrent l'entrée en une marche triomphale. Le soir, il se retira à Béthanie; le lendemain (ce que Jean raconte) une grande multitude se porta au-devant de lui pour l'aller chercher; et, comme elle le rencontra venant de Béthanie, cette journée vit se renouveler, sur une plus grande échelle, la scène de la veille, scène qui, cette fois, avait été préparée par ses adhérents. Cette distinction entre une entrée antécédente de Jésus à Jérusalem avant qu'on y connût son arrivée, et entre une entrée subséquente, alors que l'on avait déjà appris qu'il était à Béthanie, est favorisée par une différence entre les évangélistes, c'est que ceux qui lui rendent hommage le *précèdent*, προάγοντες, et le *suivent*, ἀκολουθοῦντες (Matth., v. 9), d'après les synopti-

---

(1) Paulus, *Exeg. Handb.*, 5, a, S. 92 ff. 98 ff.; Schleiermacher, *Ueber den Lukas*, S. 244 f.

ques, mais le *rencontrent*, ὑπαντήσαντες, d'après Jean (v. 13. 18). Si l'on demande pourquoi chacun de nos évangélistes ne rapporte qu'une entrée et n'a pas la moindre trace de deux, ces théologiens répondent pour Jean que celui-ci garde le silence sur la première entrée, sans doute parce qu'il n'y avait pas été présent, ayant peut-être été envoyé pendant ce temps à Béthanie pour y annoncer l'arrivée de Jésus (1). Mais nos principes exigent que, si l'on suppose que l'auteur du quatrième évangile est l'apôtre Jean, on suppose aussi que l'auteur du premier évangile est l'apôtre Matthieu nommé dans le titre; alors on demande en vain à quel message fut employé Matthieu pendant la seconde entrée, puisqu'il n'en dit pas un mot; car, en raison des allées et venues entre Béthanie et Jérusalem, on ne peut imaginer, au sujet de Matthieu, aucun motif plausible pour un pareil message, qui d'ailleurs est aussi une pure invention au sujet de Jean. N'oublions pas non plus que, lors même que les deux évangélistes n'auraient pas été présents, ils auraient entendu longuement parler entre les apôtres d'un événement aussi solennel que l'entrée avait dû l'être même dans la répétition, et en auraient su assez pour en rendre compte. Mais (remarque capitale), tandis que le récit des synoptiques n'est pas conçu dans des termes qui supposent qu'une seconde entrée ait suivi la première décrite par eux, le récit de Jean est tel, qu'il est impossible d'en supposer une autre avant celle dont il fait mention. En effet, ce récit porte que, le jour qui précéda l'entrée décrite par Jean, c'est-à-dire, d'après la supposition, le jour de l'entrée décrite par les synoptiques, plusieurs Juifs sortirent de Jérusalem pour se rendre à Béthanie, ayant appris son arrivée, et désireux de le voir lui et Lazare ressuscité par lui (v. 9, comparez v. 12). Mais comment, le jour de l'entrée décrite par les synoptiques, purent-ils

(1) Schleiermacher, l. c.

entendre dire que Jésus était à Béthanie? Ce jour-là, Jésus traversa Béthanie ou laissa ce village de côté, et se rendit directement à Jérusalem. Or, tous les récits s'accordent à dire qu'il ne quitta la capitale que tard pour retourner à Béthanie; donc la soirée était fort avancée lorsqu'il y fut rentré, et les Juifs qui, apprenant qu'il était dans ce village, se mirent en route pour s'y rendre, ne pouvaient pas espérer d'arriver encore assez à temps pour le voir (1). Mais pourquoi se seraient-ils donné la peine de chercher Jésus à Béthanie, puisqu'il était à Jérusalem ce jour-là même? Certainement l'évangéliste n'aurait pas dû se contenter de dire qu'ils vinrent *pour voir non seulement Jésus, mais encore Lazare*, οὐ διὰ τὸν Ἰησοῦν μόνον, ἀλλ' ἵνα καὶ τὸν Λάζαρον ἴδωσι; il aurait dû dire qu'à la vérité ils avaient vu Jésus dans Jérusalem même, que maintenant ils voulaient voir Lazare, et que c'est pour cela qu'ils étaient venus à Béthanie. Mais l'évangéliste, qui fait venir des gens de Jérusalem à Béthanie pour voir Jésus, ne peut avoir supposé que, ce jour-là même, Jésus ait été à Jérusalem. On apprit le lendemain à Jérusalem, continue Jean, que Jésus y venait (v. 12); cela comporte, non que Jésus y avait été la veille, mais que l'on avait appris de Béthanie que Jésus arriverait à Jérusalem ce jour même. De même, la réception qu'on lui prépare aussitôt n'a de sens qu'autant qu'elle est destinée à glorifier sa première entrée dans la capitale; elle n'aurait pu convenir à sa seconde entrée que si, la veille, Jésus y était entré sans avoir été ni remarqué, ni honoré, et si l'on avait voulu réparer le lendemain cette omission; mais elle ne convient plus, si la première entrée avait été aussi brillante que le rapportent les synoptiques. Il faudrait admettre que toutes les particularités de la première entrée se fussent répétées dans la seconde; ce qui reste toujours invraisemblable, soit qu'on y voie une intention de Jésus ou

---

(1) Comparez Lücke, 2. S. 432, Anm.

une rencontre fortuite des circonstances. Pour Jésus, on ne comprendrait guère comment il aurait voulu renouveler un spectacle qui, significatif la première fois, était sans intérêt et sans but la seconde (1). Quant aux circonstances, il faudrait qu'elles se fussent rencontrées d'une manière inouïe pour que, les deux fois encore, il y eût eu de la part du peuple les mêmes témoignages d'honneur, de la part de ses adversaires les mêmes expressions d'envie, et pour que, les deux fois encore, il se fût trouvé une monture qui rappelât la prophétie de Zacharie. En conséquence, on pourrait invoquer l'hypothèse de Sieffert sur l'assimilation des histoires, et supposer que les deux entrées, primitivement plus différentes, sont devenues tout à fait semblables par le mélange de la tradition; mais une autre circonstance empêche d'admettre qu'ici les récits évangéliques aient pour bases deux faits différents.

Au premier abord, l'hypothèse de deux entrées différentes paraît être appuyée sur une remarque, à savoir, que Jean place l'entrée le lendemain de ce repas de Béthanie où Jésus fut oint avec des circonstances remarquables. Laissant de côté Luc, qui, de l'aveu de tout le monde, n'a pas su qu'un repas ait été donné à Béthanie et à ce moment de la vie de Jésus, nous voyons que les deux premiers synoptiques mettent son entrée avant ce repas. Par conséquent, en conformité parfaite avec cette hypothèse, l'entrée décrite par les synoptiques paraîtrait la première, et l'entrée décrite par Jean paraîtrait la seconde. Cela serait bien, si Jean ne plaçait pas l'entrée assez tôt, les synoptiques, le repas de Béthanie assez tard pour qu'il soit impossible que l'entrée ait suivi le repas. En effet, d'après Jean, Jésus arrive à Béthanie six jours avant la pâque, et le lendemain il entre à Jérusalem (12, 1. 12); au contraire, le repas de Béthanie, d'après les synoptiques (Matth., 26, 6 seq. et

(1) Hase, L. J., § 124.

parall.), peut avoir été donné deux jours au plus avant
Pâques (v. 2); de sorte que, si l'on soutient que l'entrée
des synoptiques a eu lieu avant l'entrée et le repas rapportés par Jean, il faudrait admettre, après tout cela, un second repas à Béthanie, d'après les synoptiques. Mais les
deux repas qu'il faut supposer, de même que les deux entrées, se ressembleraient jusque dans les moindres détails;
et l'entrelacement de deux doubles aventures semblables est
si suspect, qu'ici l'on aura difficilement recours à l'hypothèse de deux entrées et de deux repas qui originairement
auraient été beaucoup plus dissemblables, et que la tradition, en transportant de l'une à l'autre des particularités,
aurait assimilés comme nous les voyons maintenant. Du
moment que l'on sacrifie la parfaite exactitude des récits,
on concevra dans celui-ci ou jamais, qu'il est plus facile que
la tradition ait varié dans le récit d'un seul événement, qu'il
ne l'est qu'elle ait assimilé deux récits (1).

§ CVIII.

Détails de l'entrée. But et réalité historique de cette solennité.

Tandis que le quatrième évangile rapporte avant toute
chose que la foule se précipita à flots pressés au-devant de
Jésus pour lui rendre hommage, et ajoute seulement alors
en peu de mots qu'il monta sur un âne qu'on lui procura,
ce qui occupe tout d'abord les synoptiques, c'est de décrire
en grand détail comment Jésus se procura l'âne. Étant
arrivé, disent-ils, dans le voisinage de Jérusalem vers
Bethphagé et Béthanie, auprès de la montagne des Oliviers,
il envoya deux de ses apôtres dans le village qui était devant
leurs yeux; leur ayant indiqué qu'en y arrivant ils trouveraient, suivant Matthieu, une ânesse attachée et son ânon

(1) Comparez De Wette, Exeg. Handb., I, 4, S. 172.

près d'elle, suivant les deux autres, un ânon sur lequel personne n'était encore monté, et qu'ils eussent à le (ou les) lui amener; que, si le propriétaire faisait des difficultés, ils répondissent que le Seigneur avait besoin de ces deux animaux, ou de cet animal. Les synoptiques ajoutent que les choses se passèrent ainsi, et que, après avoir étendu leurs vêtements, d'après Matthieu, sur les deux animaux, d'après les deux autres, sur le seul qu'ils eussent amené, les apôtres placèrent Jésus dessus.

Ce qu'il y a de plus frappant dans ces récits, c'est évidemment ce que dit Matthieu, à savoir, que Jésus non seulement requit deux ânes, bien qu'il eût seul l'intention de ne pas marcher à pied, mais encore qu'il se plaça réellement sur tous les deux. A la vérité, les tentatives n'ont pas manqué, soit pour expliquer le premier point, soit pour écarter le second. Jésus, dit-on, requit l'ânesse avec l'ânon sur lequel seul il voulait monter, afin que le jeune animal, qui tétait encore, marchât plus volontiers (1); ou bien on dit que la mère, habituée à son petit, le suivit d'elle-même (2). Mais un animal, encore attaché à sa mère par l'allaitement, sera difficilement donné par le propriétaire pour servir de monture. Jésus n'avait un motif pour faire venir deux animaux qu'autant qu'il avait l'intention de les monter tous les deux; et c'est ce que Matthieu paraît dire assez clairement, quand il rapporte que les vêtements furent étendus, et que Jésus s'assit sur les deux animaux (*sur eux*, ἐπάνω αὐτῶν). Mais comment se représenter cela? Fritzsche suppose que Jésus monta alternativement sur l'un et sur l'autre (3); c'était s'embarrasser inutilement pour un si court trajet. En conséquence, les interprètes ont cherché à se délivrer de cette donnée bizarre. Les uns, sur de très

---

(1) *Paulus*, 3, a, S. 115, *Kuinœl, in Matth.*, p. 542.
(2) *Olshausen*, 4, S. 766.

(3) *Comm. in Matth.*, p. 630. De Wette donne son assentiment à cette explication, *Exeg. Handb.*, 1, 1, S. 173.

faibles autorités et contre tous les principes de la critique, ont, dans les mots qui expriment que les vêtements furent étendus, lu *sur lui* (*l'ânon*), ἐπ' αὐτὸν (τὸν πῶλον), au lieu de *sur eux*, ἐπάνω αὐτῶν; et alors, quand il est dit que Jésus se mit dessus, ils entendent les mots *sur eux*, ἐπάνω αὐτῶν, des habits étendus sur un des animaux (1). D'autres ont cru s'en tirer sans changer la leçon, par une énallage de nombre (2); explication que Winer a précisée, en disant que réellement le narrateur, par une inexactitude d'expression, parle de deux animaux, de même que nous disons d'un postillon qui descend de l'un des chevaux de l'attelage, qu'il descend des chevaux (3). Quand même cette explication serait suffisante, on ne comprendrait pas pourquoi Jésus, ne voulant se servir que d'un seul animal, en aurait commandé deux. Tout ce détail doit être d'autant plus suspect, que le premier évangéliste est le seul qui l'ait; car, pour concilier les autres avec lui, il ne suffit pas de répéter ce qu'on lit dans la plupart des livres : à savoir, que les deux autres évangélistes ne nomment que l'Ânon sur lequel Jésus monta, et qu'ils laissent de côté l'ânesse, comme objet accessoire, mais sans l'exclure.

On demandera maintenant comment Matthieu en est venu à un récit aussi particulier? Il est singulier que la vraie solution ait été indiquée par ceux qui conjecturèrent que Jésus dans le message confié aux deux apôtres, et Matthieu dans son écrit original, s'étaient, en conformité avec le passage de Zacharie (9, 9), servi de plusieurs termes pour exprimer l'idée unique de l'âne; multiplicité de termes qui induisit en erreur le traducteur grec du premier évangile, et qui lui fit mettre plusieurs animaux (4). En tout cas, les désignations de l'âne amoncelées dans ce passage de

---

(1) Paulus, l. c., S. 143 f.
(2) Glassius, *Phil. sacra*, p. 172. Kuinœl et Gratz s'expriment de même (Sur ce passage).

(3) N. T. Gramm., S. 149.
(4) Eichhorn, *Allgem. Bibliothek*, 5. S. 896 f. Comparez Bolten, *Bericht des Matthæus*, S. 817 f.

l'Ancien Testament, חמור ועיר בן אתנות, ὑποζύγιον καὶ πῶλον νέον, LXX, ont été la cause du doublement de l'âne dans le premier évangile. En effet, le *et*, qui dans l'hébreu a une signification explicative, fut entendu dans un sens additif; et, au lieu de lire dans ce passage: *un âne c'est-à-dire un ânon*, on y lut: *un âne avec un ânon* (1). Mais le traducteur grec ne peut pas être celui qui le premier commit cette erreur; car, si dans tout le récit de Matthieu il n'avait trouvé qu'un seul âne, il ne serait pas allé le doubler sans autre motif que le passage du prophète, ni ajouter un second âne dans tous les passages où son original parlait d'un seul âne, ou bien mettre le pluriel au lieu du singulier; la faute a dû être commise par celui dont la seule source écrite était le passage du prophète, et qui s'en servit concurremment avec la tradition orale, pour rédiger tout son récit; c'est-à-dire que c'est l'auteur du premier évangile, qui, par là, perd irrévocablement le titre de témoin oculaire, comme le soutient avec raison la critique moderne (2).

Si cette méprise appartient au premier évangéliste seul, les deux évangélistes intermédiaires ont, de leur côté, une particularité qu'il est bien au rédacteur du premier d'avoir évitée. Avant d'en venir au fait, qu'il me soit permis de faire remarquer, en passant, que la narration de ces deux derniers est traînante. D'après les trois synoptiques, Jésus avait désigné d'avance, avec exactitude, aux deux apôtres envoyés en message, comment ils trouveraient l'âne et comment ils en satisferaient le propriétaire; or, Marc et Luc n'épargnent ni à eux ni au lecteur la peine de répéter en détail et scrupuleusement comment tout le message a été accompli (Marc, v. 4 seq.; Luc, v. 42 seq.); au lieu que Matthieu s'en tire habilement en mettant: *Ayant fait*

---

(1) Voyez Fritzsche, sur ce passage. Neander en convient aussi, p. 550.

(2) Schulz, *Ueber das Abendmahl*, S. 310 f.; Sieffert, *Ueber den Ursprung*, S. 107 f.

comme Jésus leur avait prescrit, ποιήσαντες καθὼς προσέταξεν αὐτοῖς ὁ Ἰησοῦς; mais cela ne concerne que la forme, et je n'y insisterai pas davantage. Quant au fond même, Marc et Luc disent que Jésus voulut un animal *sur lequel personne n'était encore monté*, ἐφ' ὃ οὐδεὶς πώποτε ἀνθρώπων ἐκάθισε, particularité dont Matthieu ne parle pas. On ne comprend pas comment Jésus put sciemment rendre difficile sa marche en avant par le choix d'un animal qui n'eût pas été encore monté ; en effet, la plus grande habileté humaine dans l'équitation ne suffit pas pour répondre de la docilité d'un animal que l'on monte pour la première fois ; et, à moins qu'il ne l'eût rendu soumis par l'effet de la toute-puissance divine, ce choix aurait grandement compromis la régularité de l'entrée solennelle ; d'autant plus que, d'après les deux synoptiques intermédiaires, l'ânon n'était pas précédé de sa mère, dont il n'est question que dans le récit du premier évangéliste. Sans doute Jésus ne s'est pas exposé à cette incommodité sans un motif suffisant ; ce motif paraîtrait se trouver, sans grande peine, dans l'opinion des anciens, d'après laquelle, suivant l'expression de Wetstein, *animalia, usibus humanis nondum mancipata, sacra habebantur.* Ainsi Jésus, pour sa personne sanctifiée et pour le but élevé de son entrée messianique, n'aurait pu employer qu'un animal sacré. Examinée de plus près, cette raison paraîtra sans fondement et même bizarre ; car les spectateurs ne pouvaient pas, à l'âne, voir s'il n'avait pas encore été monté, sauf par l'indocilité avec laquelle il aurait troublé la marche tranquille du cortége (1). Si nous ne comprenons pas de

---

(1) Paulus a aussi senti que ce motif ne suffisait pas pour expliquer la mesure prise par Jésus ; car ce n'est que par son désespoir de n'avoir pas trouvé un motif plus réel et plus spécifique, qu'on peut expliquer comment, dans cette occasion seule, il devient mystique, et comment il se rapproche de Justin martyr, que partout ailleurs il combat comme l'auteur des fausses interprétations bibliques données par l'Église. Justin dit que l'ânesse appelée *bête de somme*, ὑποζύγιον, désignait les Juifs, et l'âne non encore monté les païens (*Dial. c. Tryph.*, 53) ; à son imitation, Paulus cherche à faire voir que Jésus, en entrant à Jérusalem sur un animal non encore monté, voulut

cette façon comment Jésus peut avoir cherché un honneur à entrer à Jérusalem sur un animal non encore monté, nous comprendrons que de bonne heure la communauté chrétienne ait cru, par honneur pour Jésus, devoir le faire aller sur un animal non encore monté, de même qu'elle raconte plus tard qu'il fut déposé dans un tombeau qui n'avait pas encore été occupé. Les rédacteurs des évangiles intermédiaires n'hésitèrent pas à consigner cette circonstance parmi celles qu'ils jugeaient dignes d'être notées, parce que sans doute, en écrivant, ils n'éprouvèrent pas, de l'animal non monté, l'incommodité que Jésus en aurait éprouvée.

Si les synoptiques ont chacun leur part dans les deux difficultés examinées jusqu'à présent, il en est une autre qui leur est commune à tous, c'est que Jésus, avec autant d'assurance, ait envoyé deux apôtres chercher un âne qu'ils devaient trouver dans le plus prochain village et dans telle et telle situation, et que le résultat ait répondu aussi exactement à sa prédiction. Ce qui pourrait paraître le plus naturel, ce serait de songer à une convention préalable, d'après laquelle un animal aurait été tenu prêt pour Jésus à une heure et dans un lieu convenus (1). Mais comment aurait-il pu avoir fait une pareille convention à Bethphagé, puisqu'il ne faisait que d'arriver de Jéricho? En conséquence, Paulus, cette fois aussi, trouve qu'il y a quelque chose de plus vraisemblable, c'est que, dans les villages placés sur la grande route qui menait à Jérusalem, on tenait prêts, vers le temps des fêtes, beaucoup de bêtes de somme pour les louer aux pèlerins ; mais il faut remarquer là-contre que Jésus ne parle pas d'un animal le premier venu, mais d'un animal déterminé. On est donc en droit de s'étonner quand on lit dans Olshausen qu'il est seulement probable que l'intention des

---

s'annoncer comme le fondateur et le chef d'une nouvelle société religieuse. *Exeg. Handb.*, 3, a, S. 116 ff.

(1) *Natürliche Geschichte*, 3, S. 566 f.; Neander, L. J. Chr., S. 550 Anm.

évangélistes a été de représenter toute chose préparée par la volonté de Dieu, suivant que besoin était, pour l'entrée du Messie; il n'est pas moins étonnant que ce même commentateur, pour expliquer la complaisance des possesseurs de l'animal, trouve nécessaire de supposer qu'ils avaient des liaisons d'amitié avec Jésus; car, justement, ce trait est destiné à représenter la puissance magique qui, dès que Jésus le voulait, résidait dans le nom du *Seigneur*, Κύριος; il suffisait de le prononcer pour que le possesseur de l'âne donnât son âne sans hésitation, comme plus tard le possesseur de la salle donna la salle (Matth., 26, 18 parall.). A ces dispositions providentielles en faveur du Messie, et à la force irrésistible de son nom, ajoutons le savoir supérieur qui lui montrait comme présentes sous ses yeux, des choses qu'il pouvait utiliser pour ses besoins.

Si tel est le sens, si telle est l'intention des évangélistes dans ces particularités de leur narration, on pourrait concevoir qu'une pareille annonce d'une circonstance fortuite a été l'effet d'une vue magnétique à distance (1). Mais, d'une part, nous connaissons trop bien la tendance de la primitive légende chrétienne à donner de pareilles preuves de la nature supérieure de son Messie (que l'on songe à la vocation des deux couples de frères; l'analogie est surtout très exacte avec l'histoire de la manière dont Jésus commanda la salle pour son dernier repas avec les douze; cette histoire, citée plus haut, sera examinée plus bas); d'autre part, on peut démontrer avec évidence le motif dogmatique et pris aux prophètes pour lequel, avoir connaissance d'un certain âne attaché, est la preuve que Jésus donne de sa faculté de voir à distance. Nous ne pouvons donc nous abstenir de conjecturer que nous n'avons pas sous les yeux autre chose qu'un produit de la tendance qui animait la primitive société chrétienne, et du travail qui lui fit rattacher ses dogmes au passé

(1) Weisse, S. 573.

israélite. En regard du passage de Zacharie cité dans le premier et dans le quatrième évangile, on oublie ordinairement de tenir compte d'un autre passage de l'Ancien Testament, où il est plus particulièrement parlé de l'âne *attaché* du Messie. C'est le passage (1. Mos. 49, 11) où Jacob mourant, s'adressant à Juda, dit du *schilo*, שִׁילֹה: *Attachant à la vigne son poulain et au cep le poulain de son ânesse*, δεσμεύων πρὸς ἄμπελον τὸν πῶλον αὐτοῦ καὶ τῇ ἕλικι τὸν πῶλον τῆς ὄνου αὐτοῦ (LXX). Justin Martyr comprend le passage de Moïse ainsi que celui du prophète, comme étant une prédiction de l'entrée de Jésus, et en conséquence il soutient formellement que le poulain que Jésus envoya chercher était attaché à un pied de vigne (1). Il en fut de même des Juifs; non seulement ils entendirent du Messie ce *schilo*, comme on peut le démontrer dans les Targumim (2); mais encore, combinant les deux passages, ils admirent que le Messie se servirait de l'âne attaché et monterait dessus (3). Si cette prophétie n'a été citée par aucun de nos évangélistes, cela prouve au plus qu'en consignant par écrit le récit dont il s'agit, ils n'avaient pas la prophétie textuellement présente à l'esprit; mais cela ne prouve nullement qu'elle ne l'ait pas été au cercle où l'anecdote se forma la première fois. On doit penser que le récit passa par les mains de plusieurs narrateurs qui n'avaient plus le sentiment du rapport de la prophétie avec la narration; ce qui le montre, c'est que la narration n'est plus parfaitement conforme à la prophétie. En effet, pour que la conformité fût parfaite, il aurait fallu que Jésus, après avoir fait sur l'âne son entrée dans la ca-

---

(1) Apol., 1, 32: Les mots: *attachant à la vigne son poulain*, étaient un symbole de ce qui devait arriver à Jésus et de ce qu'il devait opérer; car il y avait, dans quelque partie d'un village, un ânon attaché à une vigne, qu'il ordonna qu'on lui amenât. Τὸ δὲ, δεσμεύων πρὸς ἄμπελον τὸν πῶλον αὐτοῦ... σύμβολον δηλωτικὸν ἦν τῶν γενησομένων τῷ Χριστῷ καὶ τῶν ὑπ' αὐτοῦ πραχθησομένων· πῶλος γάρ τις ὄνου εἱστήκει ἔν τινι εἰσόδῳ κώμης πρὸς ἄμπελον δεδεμένος, ὃν ἐκέλευσεν ἀγαγεῖν αὐτῷ κ. τ. λ.

(2) Voyez Schœttgen, *Horæ*, 2, p. 148.

(3) *Midrasch Rabba*, f. 98.

pitale conformément à la prophétie de Zacharie, eût attaché l'animal, en en descendant, à un cep de vigne, au lieu de le faire détacher, comme le dit le récit, dans le plus prochain village (à la porte d'une maison située sur le chemin, d'après Marc). Outre l'accomplissement de ces deux prophéties, la légende y trouvait un autre avantage, ce fut d'y rattacher une preuve du savoir surnaturel de Jésus et de la puissance magique de son nom. Cela pourrait rappeler en particulier que, quand jadis Samuel donna une preuve de sa faculté de voyant, ce fut en disant d'avance que Saül, en retournant chez lui, rencontrerait deux hommes qui lui annonceraient que les ânesses de son père Cis étaient retrouvées (1. Sam., 10, 2). Le quatrième évangile, n'ayant pas de rapport avec le passage mosaïque en question, n'a pas la particularité de l'âne attaché que les apôtres vont chercher; et, se référant exclusivement à la prophétie de Zacharie, il dit brièvement : *Jésus, ayant trouvé un ânon, s'assit dessus*, εὑρὼν δὲ ὁ Ἰησοῦς ὀνάριον, ἐκάθισεν ἐπ' αὐτό (v. 14) (1).

Ce qui vient immédiatement après, c'est l'hommage que Jésus reçoit du peuple. D'après tous les récits, excepté celui de Luc, on coupa des branches d'arbres; les deux synoptiques disent qu'on en joncha le chemin; Jean (suivant lui, c'étaient des branches de palmier), qu'on les porta à sa rencontre. De plus, la multitude poussait une joyeuse acclamation, que tous, à part des modifications insignifiantes, rapportent dans ces termes : *Béni soit celui qui vient au nom du Seigneur*, εὐλογημένος ὁ ἐρχόμενος ἐν ὀνόματι Κυρίου. Tous, excepté Luc, disent que la foule cria : *Hosanna*, ὡσαννά. Enfin, tous disent qu'elle le salua roi ou fils de David. A la vérité, les mots du Psaume 117, 26, *Béni soit*

---

(1) En raison de ce silence du quatrième évangile, Neander (l. c.) est, cette fois encore, disposé à accorder la possibilité qu'un fait primitivement plus simple ait reçu des transformations non historiques, vu l'importance exagérée qui s'y rattacha plus tard.

celui qui vient au nom du Seigneur, ברוך הבא בשם יהוה, sont une formule ordinaire de salut pour ceux qui visitaient la fête, de même les mots *hosanna*, הושיעה נא, qui appartiennent au verset précédent du même psaume, étaient une acclamation ordinaire dans la fête des Tabernacles et à Pâques (1). Mais l'addition des mots : *Au fils de David*, τῷ υἱῷ Δαυΐδ, et *le roi d'Israël*, ὁ βασιλεὺς τοῦ Ἰσραήλ, montre qu'ici on appliquait spécialement ces formules à Jésus en qualité de Messie, qu'on le saluait dans ce sens éminent, et que l'on faisait des souhaits pour le succès de son entreprise. Quant aux personnes qui rendent des hommages, Luc reste dans les bornes les plus étroites; en effet, quand il dit que les habits furent étendus sur le chemin (v. 36), il rattache cet acte à ce qui précède, de sorte qu'il semblerait ne l'attribuer qu'aux apôtres, comme l'acte d'étendre les habits sur l'âne; de même, il met les louanges à Dieu, seulement dans la bouche *de toute la foule des disciples*, ἅπαν τὸ πλῆθος τῶν μαθητῶν ; au contraire, Matthieu et Marc rapportent que ces acclamations partaient des masses populaires qui accompagnaient Jésus. Néanmoins cela se concilie aisément; car, Luc, quand il parle de la *foule des disciples*, exprime le cercle le plus étendu des partisans de Jésus, et de son côté Matthieu, quand il parle des *masses populaires*, πλεῖστος ὄχλος, entend l'ensemble de ceux qui dans la foule lui étaient favorables. Mais, tandis que les synoptiques ne parlent que de la troupe qui allait à la fête, et qui voyageait avec Jésus, Jean attribue, comme il a été dit plus haut, toute la solennité à ceux qui sortirent de Jérusalem au-devant de Jésus (v. 13); dans cette narration, la foule qui arrive avec Jésus atteste à ceux qui viennent à la rencontre, la résurrection de Lazare opérée par lui, miracle qui, selon Jean, avait déterminé la foule à aller chercher Jésus en triomphe (v. 17 seq.). Ayant, plus haut, par des motifs de

---

(1) Comparez Paulus, sur ce passage.

critique, révoqué en doute la résurrection de Lazare, nous ne pouvons conserver aucune valeur à ce motif; mais le fait de ce cortége triomphal qui part de Jérusalem, est ébranlé, du moment qu'il perd son motif prétendu; et nos doutes croîtront encore, si nous réfléchissons qu'il pouvait paraître exigé par la dignité de Jésus, que la ville de David se portât solennellement à sa rencontre. N'oublions pas non plus que c'est une des particularités de la narration du quatrième évangéliste de dépeindre, avant l'arrivée de Jésus aux fêtes, avec quelle vivacité l'attente du peuple était dirigée sur lui (7, 11 seq.; 11, 56).

Le dernier trait du tableau que nous avons sous les yeux est la colère que cause aux ennemis de Jésus le vif attachement que le peuple lui témoigne en cette occasion. D'après Jean (v. 19), les Pharisiens se dirent entre eux : Nous voyons qu'il ne nous sert de rien d'avoir procédé à son égard comme nous avons fait jusqu'à présent (c'est-à-dire de l'avoir ménagé); tout le monde se porte vers lui (il nous faut intervenir par la force). D'après Luc (v. 39 seq.), quelques Pharisiens s'adressèrent à Jésus lui-même, en lui conseillant d'imposer silence à ses disciples; sur quoi, il leur répond que, si ceux-là ne criaient pas, les pierres crieraient. Luc et Jean placent ces particularités dans le trajet du cortége; mais, dans Matthieu, c'est seulement plus tard que, Jésus étant arrivé dans le Temple, et les enfants continuant encore là à crier Hosanna au fils de David, les grands-prêtres et les docteurs de la loi lui font remarquer ce qu'ils considéraient comme un désordre; et il repousse leur observation par une sentence prise du Psaume 8, 3 : *Tu as tiré la louange la plus parfaite de la bouche des enfants et de ceux qui sont à la mamelle*, ἐκ στόματος νηπίων καὶ θηλαζόντων κατηρτίσω αἶνον (v. 15 seq.); sentence qui est ici appliquée à Jésus, bien que dans l'original elle se rapporte évidemment à Jéhova. La plainte de Jésus sur Jérusalem, plainte que Luc rattache à l'entrée, sera examinée plus bas.

Matthieu par son expression : *Tout cela se fit pour que fût accomplie la prophétie*, etc., τοῦτο δὲ ὅλον γέγονεν, ἵνα πληρωθῇ κτλ. (v. 5), et Jean expriment d'une manière non équivoque que le dessein de Dieu en disposant cette scène, puis aussi du Messie Jésus qui connaissait et partageait les conseils divins, fut d'accomplir une ancienne prophétie par cet arrangement de la solennité. S'il est vrai que Jésus vit, dans le passage de Zacharie (9, 9) (1), une prophétie relative à lui en tant que Messie, ce ne peut être en vertu du principe supérieur qui résidait en lui; car, à supposer qu'il faille rapporter le passage de la prophétie, non à un prince historique tel que Osias (2) ou Jean Hyrcan (3), mais à un personnage messianique (4), toujours est-il que ce personnage y est représenté, comme pacifique à la vérité, cependant comme prince temporel, et comme jouissant tranquillement de la possession de Jérusalem. Mais il paraît que Jésus peut avoir été conduit naturellement à ce rapprochement, puisque les rabbins du moins appliquent au Messie, avec une grande concordance, le passage de Zacharie (5). En effet, comme cette arrivée peu brillante, qui était ici prédite au Messie, paraissait être en contradiction avec l'entrée brillante que Daniel avait prophétisée, nous savons

---

(1) Dans la manière dont Matthieu cite la prophétie, il y a une réunion d'un passage d'Isaïe avec celui de Zacharie : *Dites à la fille de Sion*, Εἴπατε τῇ θυγατρὶ Σιών, est d'Isaïe, 62, 11; le reste est de Zacharie, 9, 9, où la traduction des Septante a d'une façon un peu différente : Ἰδοὺ ὁ βασιλεύς σου ἔρχεταί σοι δίκαιος καὶ σώζων αὐτὸς πραῢς καὶ ἐπιβεβηκὼς ἐπὶ ὑποζύγιον καὶ πῶλον νέον.

(2) Heitzig, Sur le temps de la rédaction des prophéties de Zacharie, 9-14, dans: *Theol. Studien*, 1830, 1, S. 36 ff., rapporte les versets précédents aux exploits guerriers de ce prince; par conséquent, il rapporte le verset en question à ses vertus pacifiques.

(3) Paulus, *Exeg. Handb.*, 3, a, S. 424 ff.

(4) Rosenmüller, *Schol. in V. T.*, 7, 4, p. 274, 529.

(5) Dans le passage capital emprunté à Midrasch Koheleth, et cité t. 1, § 14, le passage de Zacharie : *Pauper et insidens asino*, est tout d'abord rapporté au *Goel postremus*. Cet âne du Messie fut aussitôt regardé comme identique avec celui d'Abraham et de Moïse. Voyez Jalkut Rubeni f. 79, 3, 4, dans Schœttgen, 1, S. 169. Comparez Eisenmenger, *Entdecktes Judenthum*, 2, S. 697 f.

que plus tard on s'habitua à concilier cette contradiction, en disant que, selon que le peuple Juif se montrerait digne ou indigne, son Messie apparaîtrait sous la forme glorieuse ou sous la forme humble (1). Or, si au temps de Jésus cette distinction n'était pas encore développée, mais si l'on n'avait alors fait que rapporter au Messie le passage de Zacharie (9, 9), Jésus put s'imaginer que la prophétie de Zacharie devait s'accomplir présentement lors de sa première venue sur terre, et que celle de Daniel s'accomplirait un jour lors de sa seconde venue. Mais il y aurait encore une troisième possibilité : ce serait, ou bien que, Jésus ayant été monté fortuitement sur un âne lors de son entrée, cela ait été postérieurement entendu de la sorte par les chrétiens, ou bien que toute la solennité de l'entrée ait été librement composée, afin que ne manquât aucun des attributs messianiques que comportaient les deux prophéties et la supposition dogmatique d'un savoir supérieur en Jésus.

(1) Sanhedrin f. 98, 1 (dans Wetstein) : Dixit R. Alexander : R. Josua f. Levi duobus inter se collatis locis tanquam contrariis visis objecit : Scribitur Dan., 7, 13 : Et ecce cum nubibus cœli velut filius hominis venit. Et scribitur Zach., 9, 9 : Pauper et insidens asino. Verum hæc duo loca ita inter se conciliari possunt ; nempe, si justitia sua mereantur Israelitæ, Messias veniet cum nubibus cœli ; si autem non mereantur, veniet pauper, et vehetur asino.

VIE
DE JÉSUS.

—

TOME II.

VIE
DE JÉSUS

OU

EXAMEN CRITIQUE DE SON HISTOIRE,

PAR LE DOCTEUR

DAVID FRÉDÉRIC STRAUSS,

TRADUITE DE L'ALLEMAND SUR LA TROISIÈME ÉDITION,

PAR

É. LITTRÉ,

De l'Académie des Inscriptions et Belles-Lettres.

Deuxième Édition française.

—

TOME DEUXIÈME

Deuxième Partie.

PARIS,

LIBRAIRIE PHILOSOPHIQUE DE LADRANGE,

RUE SAINT-ANDRÉ-DES-ARTS, 41.

1853

TROISIÈME SECTION.

HISTOIRE DE LA PASSION, DE LA MORT ET DE LA RÉSURRECTION DE JÉSUS.

PREMIER CHAPITRE.

RAPPORT ENTRE JÉSUS ET L'IDÉE D'UN MESSIE SOUFFRANT ET MOURANT;
SES DISCOURS SUR LA MORT, LA RÉSURRECTION ET LE RETOUR.

§ CIX.

Jésus a-t-il prédit avec précision sa passion et sa mort ?

D'après les évangélistes, Jésus a prédit à ses disciples plus d'une fois, et assez longtemps avant l'événement (1), que des souffrances et une mort violente l'attendaient. Et même, si nous en croyons les récits des synoptiques, il ne s'en tint pas aux prédictions générales, mais il spécifia d'avance le lieu de sa passion, à savoir Jérusalem; l'époque, à savoir le temps de son voyage à la fête de Pâques; les personnes dont il aurait à souffrir, à savoir les grands-prêtres, les scribes, les gentils; la forme essentielle de sa passion, à savoir la mise en croix à la suite d'un jugement. Il ajouta même des circonstances accessoires, et il prédit qu'on le frapperait avec le fouet, qu'on le honnirait et qu'on lui cracherait au visage (Matth., 16, 21; 17, 12. 22 seq.; 20, 17 seq.; 26, 12, et passages parallèles; Luc, 13, 33). Entre les synoptiques et le rédacteur du quatrième évangile, il se trouve une triple différence. D'abord, et principalement, les prédictions de Jésus, chez lui, n'ont ni cette clarté ni cette précision, mais elles sont pour la plupart présentées dans un langage métaphorique obscur, et l'écrivain lui-même avoue qu'elles ne devinrent claires pour les

---

(1) Les prédictions qu'il a faites, en outre, sur les détails particuliers de sa passion à l'approche de l'événement et dans les premiers jours de sa vie, ne peuvent être examinées que plus loin et lors de l'histoire de ces jours.

disciples qu'après l'événement (2, 22). A part une expression précise, où il dit qu'il abandonnera volontairement sa vie (10, 15 seq.), Jésus, dans cet évangile, se plaît surtout à faire allusion à sa mort prochaine par le mot *élever, être élevé*, ὑψοῦν, ὑψοῦσθαι, mot indécis entre la suspension au haut de la croix et une élévation au faîte de la gloire (3, 14; 8, 28; 12, 32); il compare l'élévation qui l'attend avec celle du serpent d'airain dans le désert (3, 14), de même que dans Matthieu il compare son destin avec celui de Jonas (12, 40); puis il parle d'un départ où l'on ne pourra le suivre (7, 33 seq.; 8, 21 seq.), de même que dans les synoptiques il parle de l'enlèvement du fiancé, enlèvement qui mettra ses amis dans le deuil (Matth., 9, 15 parall.); il parle enfin d'un calice qu'il devra boire, et que ses disciples ne seront pas disposés à partager avec lui (Matth., 20, 22 et parall.). Les deux autres différences sont plus faciles à accepter, sans cesser pourtant d'être remarquables. D'abord, tandis que chez Jean les allusions à la mort violente règnent régulièrement d'un bout de l'évangile à l'autre, chez les synoptiques, les prédictions de mort précises et répétées ne se trouvent que vers la fin, les unes immédiatement avant le dernier voyage, les autres pendant ce voyage; et, à part le discours obscur du signe de Jonas (nous verrons bientôt que ce n'est pas une prédiction de mort), à part ce discours, les paragraphes précédents ne contiennent rien, si ce n'est l'indication de l'enlèvement du fiancé, enlèvement violent sans aucun doute. Enfin, tandis que, d'après les trois premiers évangélistes, Jésus ne communique qu'au cercle intime des douze apôtres ces prédictions, à part la seule exception qui vient d'être indiquée (Matth., 9, 15), il s'en explique chez Jean devant le peuple et même devant ses ennemis.

Dans l'examen critique de ces données évangéliques, procédant du particulier au général, nous demanderons d'abord : Est-il croyable que Jésus ait su d'avance tant de particularités du destin qui l'attendait? Puis nous rechercherons s'il est vraisemblable qu'il ait connu et prédit sa passion en général ; et alors il sera tout simple de traiter de la différence entre la narration des synoptiques et celle de Jean.

Il y a deux manières d'expliquer comment Jésus a pu savoir d'avance avec tant de précision les détails de sa passion et de sa mort : l'une surnaturelle, l'autre naturelle. La première paraît pouvoir venir à bout de sa tâche, simplement en rappelant que l'esprit prophétique qui résidait en Jésus avec une plénitude suprême, dut voir déployé devant son regard l'ensemble et les détails de tout son destin. Cependant Jésus lui-même, en prédisant sa passion, invoqua l'Ancien Testament, dont les prophéties à lui relatives devaient s'accomplir de point en point (Luc, 18, 31; comparez 22, 37; 24, 25 seq.; Matth., 26, 54). L'opinion orthodoxe ne doit donc pas rejeter ce secours; et voici la tournure qu'il lui faut donner à la chose : Jésus, tout pénétré des prophéties de l'Ancien Testament, fut en état d'y puiser ces détails avec l'aide de l'esprit qui résidait en lui (1). Suivant elle, en conséquence, tandis que l'annonce du temps de la passion restait livrée à ses pressentiments prophétiques, si tant est qu'il n'en ait pas calculé l'époque d'après Daniel ou une source semblable, Jésus aura été amené à fixer Jérusalem comme le lieu de sa passion et de sa mort, par la considération du destin de prophètes antérieurs, destin qui était le type du sien, c'est-à-dire que l'esprit lui aura fait connaître que là où tant de prophètes avaient trouvé la mort, le Messie, par une conséquence supérieure, devait aussi la trouver (Luc, 13, 33); il aura été conduit à se représenter sa mort comme le résultat d'un jugement formel, en voyant que dans Isaïe, 53, 8, il est parlé d'un

---

(1) Olshausen, *Bibl. Comm.*, 1, S. 517.

jugement, משפט, prononcé sur le serviteur de Dieu, et qu'il y est dit, verset 12, que ce serviteur *fut mis au nombre des scélérats*, ἐν τοῖς ἀνόμοις ἐλογίσθη (comp. Luc, 22, 37); sa condamnation par les chefs de son peuple, il l'aura peut-être conclue du Psaume 118, 22, où *les architectes*, οἱ οἰκοδομοῦντες, qui ont rejeté la pierre angulaire, sont les chefs juifs, d'après l'interprétation apostolique (Act. Ap., 4, 11); son extradition entre les mains des païens, il aura pu la concevoir d'après plusieurs psaumes qui étaient susceptibles d'une interprétation messianique, et où les persécuteurs étaient figurés comme רשעים, c'est-à-dire comme païens; sa mort sur la croix, il aura pu l'entrevoir, soit dans le type du serpent d'airain suspendu au bois (4. Mos., 21, 8 seq.) (comparez Joh., 3, 14), soit dans le percement des mains et des pieds, Ps. 22, 17, LXX; enfin, les railleries et les mauvais traitements dont il devait être l'objet, il en aura tiré la connaissance de passages tels que le verset 7 et suivant du Psaume cité, et le v. 6 d'Isaïe, 50, etc. Si l'esprit résidant en Jésus, esprit qui, d'après l'opinion orthodoxe, lui fit connaître le rapport de ces prophéties et de ces types avec son destin terrestre, doit être regardé comme un esprit de vérité, il faut pouvoir démontrer que le rapport à Jésus est le sens vrai et primitif de ces passages de l'Ancien Testament. Mais, pour nous en tenir aux passages principaux, nous rappellerons qu'une explication approfondie, grammaticale et historique, a prouvé d'une manière convaincante pour tous ceux qui sont en état de se mettre au-dessus de préjugés dogmatiques, que dans ces passages il n'est nulle part question de la passion du Christ, mais qu'il est question dans Isaïe, 50, 6, des mauvais traitements que le prophète avait eus à endurer (1); dans Isaïe, 53, des souffrances de l'ordre des prophètes, et plus vraisemblable-

---

(1) Gesenius, *Jesaias*, 3, S. 187 ff.; Hitzig, *Comm. z. Jes.*, S. 550.

ment encore des souffrances du peuple israélite (1); dans Ps. 118, du salut et de la glorification inespérée du peuple ou d'un prince du peuple (2); et dans Ps. 22, d'un exilé malheureux qui exprime ses plaintes (3). Quant au 17ᵉ verset de ce Psaume, qu'on a rapporté à la mise en croix du Christ, quand bien même on donnerait du mot כארי l'explication la plus invraisemblable en le traduisant par *perfoderunt;* il faudrait toujours l'entendre non au propre, mais au figuré, et la figure ici employée est empruntée non pas au supplice de la croix, mais à une chasse ou à un combat avec des animaux sauvages (4); aussi le rapport de ce verset à la mise en croix du Christ n'est-il plus soutenu que par ceux avec lesquels il ne vaut pas la peine de discuter. Donc, si Jésus, en vertu de sa nature supérieure, avait trouvé, par voie surnaturelle, dans ces passages, une prédiction des particularités de sa passion, il s'ensuivrait, comme tel n'est pas le vrai sens de ces passages, que l'esprit résidant en Jésus aurait été non l'esprit de vérité, mais un esprit de mensonge. Aussi l'interprète orthodoxe, du moment qu'il ne ferme pas les yeux à la lumière d'une explication sans prévention de l'Ancien Testament, est poussé par son propre intérêt vers l'opinion rationaliste, qui suppose que Jésus fut conduit, non par une inspiration supérieure, mais par ses propres combinaisons, à expliquer ainsi les passages de l'Ancien Testament et à prévoir les détails de son destin futur.

Il conjectura, peut-on dire dans ce sens (5), qu'il succomberait sous les efforts du parti prêtre dominant; cela était aisé à concevoir, car d'une part ce parti était fort aigri contre Jésus, et d'autre part il possédait la puissance néces-

---

(1) Gesenius, l. c., S. 158 ff.; Hitzig, S. 577 ff.; Vatke, *Bibl. Theol.*, 1, S. 528 ff.

(2) De Wette, *Comm. zu den Psalmen*, S. 514 ff., 3ᵗᵉ Aufl.

(3) Le même, *ibid.*, S. 224 ff.

(4) Paulus, *Exeget. Handb.*, 3, b, S. 677 ff., et De Wette, sur ce verset.

(5) Ce point de vue a été développé dans Fritzsche, *Comm. in Marc.*, p. 884 seq.

saire. Il conjectura que Jérusalem serait le théâtre de sa condamnation et de son exécution, également parce que c'était le centre du pouvoir de ce parti. Il conjectura que, condamné par les chefs de son peuple, il serait livré aux Romains pour être exécuté; cela résultait du peu d'étendue qui alors était laissée à la juridiction juive. Il conjectura que le supplice de la croix lui serait infligé, parce que cette peine était en usage chez les Romains, surtout contre les rebelles. Enfin, il conjectura que le fouet et les insultes ne manqueraient pas à ses souffrances, chose facile à prévoir avec les habitudes romaines et la grossièreté qui présidait alors à la justice. Mais, en y regardant de plus près, nous nous demanderons comment Jésus put savoir avec tant de certitude qu'Hérode, qui avait fixé sur lui une dangereuse attention (Luc, 13, 31), ne préviendrait pas le parti sacerdotal, et au meurtre de Jean-Baptiste ne joindrait pas celui de son successeur, personnage plus considérable. Et quand bien même il aurait cru être sûr qu'il n'avait de danger à redouter que de la part du sacerdoce (Luc, 13, 33), d'où lui venait la certitude qu'une des tentatives tumultueuses de meurtre dirigées contre lui (comp. Joh., 8, 59; 10, 31) ne finirait pas par réussir, et qu'il ne trouverait pas, comme Étienne plus tard, sans aucune formalité, et sans remise préalable entre les mains des Romains, la mort d'une tout autre façon que par le supplice romain de la croix? Enfin, comment pouvait-il soutenir avec pleine assurance, qu'après tant d'autres tentatives manquées, ce serait justement la dernière qui réussirait à ses ennemis, et que le voyage qu'il allait entreprendre serait son dernier voyage? Cependant, l'explication naturelle peut à son tour invoquer ici les passages de l'Ancien Testament, et dire que Jésus, guidé soit par l'emploi d'un mode d'interprétation usité alors parmi ses compatriotes, soit par des vues particulières, avait trouvé, dans les passages de l'Écriture déjà cités, des indications plus précises sur le cours des événements qui devaient le mener, en qualité de Messie, à une fin violente et prochaine (1). Mais, d'abord, il serait peut-être difficile de prouver que, dès le vivant de Jésus, tous ces différents passages eussent été rapportés au Messie, et non moins difficile de concevoir comment Jésus, de lui-même, avant l'événement, serait arrivé à saisir ce rapport; puis, ce qui serait tout à fait miraculeux, c'est que l'événement eût réellement répondu à une aussi fausse interprétation. Au surplus, les prophéties et les types de l'Ancien Testament ne suffisent même pas pour expliquer tant de particularités de la prévision de Jésus, et spécialement la détermination précise de l'époque.

Si Jésus n'a pu avoir ni surnaturellement ni naturellement une si exacte prescience du mode de sa passion et de sa mort, il ne l'a eue en aucune façon, et ce que les évangélistes lui mettent dans la bouche doit être considéré comme une prédiction après l'événement (2). Aussi n'a-t-on pas manqué de relever le récit de Jean par comparaison avec celui des synoptiques, et de faire remarquer que les particularités spéciales de la prédiction, particularités que Jésus ne peut avoir exprimées de la sorte, ne se trouvent que dans les synoptiques, tandis que Jean ne lui prête que des allusions indécises, et en distingue l'explication que lui, Jean, en donna d'après l'événement; ce qui prouve visiblement, ajoute-t-on, que son évangile seul nous a conservé les discours de Jésus sans altération et dans leur forme originelle (3). Mais un examen attentif montre qu'il n'en est pas ainsi; il n'est pas exact de n'imputer au rédacteur du quatrième évangile que la faute d'avoir interprété d'une ma-

---

(1) Voyez Fritzsche, l. c.
(2) Paulus, *Exeg. Handb.*, 2, S. 415 ff.; Ammon, *Bibl. Theol.*, 2, S. 377 f.; Kaiser, *Bibl. Theol.*, 1, S. 246. Fritzsche même, l. c., et Weisse, 1, S. 423, en conviennent en partie.
(3) Bertholdt, *Einleitung in d. N. T.*, S. 1305 ff.; Wegscheider, *Einl. in das Evang. Johannis*, S. 271 f.

nière erronée les paroles de Jésus, conservées du reste sans altération ; car, en un passage au moins, il a mis dans la bouche de Jésus des paroles obscures, il est vrai, mais d'un sens non méconnaissable, qui annoncent à l'avance qu'il périra du supplice de la croix ; par conséquent, il a changé d'après l'événement les expressions textuelles de Jésus. Il s'agit du mot *élever :* lorsque, dans l'évangile de Jean, Jésus dit, au passif, que le fils de l'homme *sera élevé*, ὑψωθῆναι, il se peut sans doute qu'il entendit par là son élévation à la gloire, bien que déjà, dans le verset 14 du chap. 3, cela soit difficile, à cause de la comparaison avec le serpent d'airain, qui, comme on sait, fut élevé au haut d'un bois. Mais il n'en est plus de même quand il se sert de ce verbe à l'actif pour représenter, 8, 28, l'élévation du fils de l'homme comme l'œuvre de ses ennemis (*lorsque vous élèverez le fils de l'homme*, ὅταν ὑψώσητε τὸν υἱὸν τοῦ ἀνθρώπου) : ceux-ci ne pouvaient pas le porter directement à la glorification, ils ne pouvaient que l'élever sur la croix ; et, si notre conclusion ci-dessus est valable, il faut que Jean ait imaginé lui-même cette expression, ou qu'il ait traduit de travers les paroles araméennes de Jésus ; par conséquent, au fond, il rentre dans une seule et même catégorie avec les synoptiques. Sans doute, il se sert, en grande partie, d'un langage obscur pour rendre les idées précises qu'il avait sur cet objet ; mais cela a son motif dans la manière de cet évangéliste, qui a une tendance pour les énigmes et les mystères, tendance qui concordait à souhait avec le besoin de présenter, d'une manière inintelligible, des prophéties qui n'avaient pas été comprises.

La primitive légende chrétienne avait des motifs suffisants pour prêter de cette façon, d'après l'événement, à Jésus, une prédiction des particularités de sa passion, et surtout du supplice ignominieux de la croix. Plus le Christ crucifié était *pour les Juifs un scandale, pour les Grecs* une *folie* (Ἰουδαίοις μὲν σκάνδαλον, Ἕλλησι δὲ μωρία, 1 Cor., 1, 23), plus il était urgent d'écarter à tout prix cette pierre d'achoppement; et, de même que, parmi les événements postérieurs, la résurrection étant la réparation *subséquente* de cette mort, servait à en dissiper l'opprobre aux yeux des gentils, de même il devait être désirable d'amortir, même *par anticipation*, ce que cette catastrophe étrange avait de poignant. Rien ne pouvait mieux atteindre ce but qu'une prédiction qui entrait ainsi dans les détails. Car, tandis que la circonstance la plus insignifiante, annoncée prophétiquement d'avance, gagne de l'importance en recevant de la sorte une place dans l'ensemble d'un savoir suprême, de même l'ignominie la plus profonde, du moment qu'elle est prédite comme une phase d'un plan divin de salut, cesse d'être honteuse; et, si justement celui qui y est condamné fatalement, possédant l'esprit prophétique, est en état de la prévoir et de la prédire, il montre, souffrant il est vrai, mais ayant en Dieu la science de sa souffrance, il montre que dans le monde de l'*idée* où supra-sensible, il est le pouvoir qui commande à cette souffrance. A cet égard, le quatrième évangéliste est allé encore plus loin; il a cru devoir à l'honneur de Jésus de le représenter comme ayant pouvoir sur sa souffrance dans le monde même de la *réalité*, comme celui à qui une violence étrangère n'arrachait pas l'*âme* (ψυχὴ), mais qui, de son plein gré, la livrait en sacrifice (10, 17 seq.); et c'est à quoi Matthieu offre du reste un point d'appui, quand il fait (26, 53) soutenir à Jésus la possibilité de demander à son père des légions d'anges qui le protégent contre la passion qui le menace.

§ CX.

Considérations générales sur la prédiction de Jésus au sujet de sa mort; rapport de cette prédiction avec les idées juives sur le Messie; déclarations de Jésus sur le but et les effets de sa mort.

Si, de cette façon, nous retranchons, des expressions que les évangélistes prêtent à Jésus sur le sort qui l'attendait, tout ce qui concerne le détail de cette catastrophe, il ne nous en reste pas moins que Jésus a annoncé d'avance qu'il était réservé à la souffrance et à une mort violente, et cela en vertu des prophéties de l'Ancien Testament qui avaient déclaré que tel serait le destin du Messie. Or, le fait est que les prophéties citées qui parlent de passion et de mort ne sont rapportées au Messie que par erreur, et que d'autres, telles que Daniel, 9, 26, Zacharie, 12, 10, n'ont pas cette signification (1). Donc les orthodoxes devront de nouveau se garder surtout d'attribuer une aussi fausse interprétation au principe surnaturel résidant en Jésus. Au lieu de ce principe, admettre que Jésus a pu, par une combinaison purement naturelle, prévoir le résultat final, attendu qu'il s'était attiré la haine implacable du sacerdoce juif, et que, déterminé à ne pas s'écarter de sa vocation, il avait tout à craindre de la vengeance et du pouvoir des prêtres (Joh., 10, 11 seq.); admettre que du sort d'anciens prophètes (Matth., 5, 12; 21, 33 seq.; Luc, 13, 33 seq.) et de quelques prophéties interprétées dans ce sens, il put aussi augurer pour lui-même une fin pareille, et en conséquence annoncer aux siens que tôt ou tard il périrait de mort violente; admettre, dis-je, tout cela, est une concession que l'on devrait faire à l'opinion des rationalistes (2), et il serait temps de ne plus

---

(1) *Daniel übersetzt und erklärt von Berthodt*, 2, S. 541 ff., 660 ff.; Rosenmüller, *Schol. in V. T.*, 7, 4, p. 339 seq.

(2) De Wette, *De morte Christi expiatoria*, dans ses *Opusc. theol.*, p. 130; Hase, *L. J.*, § 108.

forcer assez le point de vue surnaturel pour nier ces possibilités.

Après cet aveu il pourra paraître surprenant que nous demandions si, d'après le récit du Nouveau Testament, il est vraisemblable que Jésus ait *réellement* fait cette annonce de sa mort; car une prédiction générale de la mort violente est le moins que paraissent renfermer les récits évangéliques. Le sens de cette question est de savoir si le résultat, c'est-à-dire la conduite des apôtres, est décrit dans les évangiles de manière à se concilier avec une communication antécédente de Jésus touchant la passion qui l'attendait. Or, les évangélistes remarquent expressément, au sujet des apôtres, qu'ils ne purent entrer dans le sens des discours de Jésus sur la mort qui lui était réservée, c'est-à-dire qu'ils ne surent ni s'en faire une idée ni les concilier avec les opinions préconçues qu'ils avaient sur le Messie. C'est ainsi que Pierre, à la première annonce de la mort, s'écria : *Seigneur, à Dieu ne plaise; cela ne vous arrivera pas*, ἵλεώς σοι, Κύριε· οὐ μὴ ἔσται σοι τοῦτο (Matt., 16, 22). Il y a plus; quand Luc, développant le passage de Marc : *Ils ne comprenaient pas la parole*, οἱ δὲ ἠγνόουν τὸ ῥῆμα, 9, 31, dit : *Et cela leur était caché afin qu'ils ne le comprissent pas*, καὶ ἦν παρακεκαλυμμένον ἀπ' αὐτῶν ἵνα μὴ αἴσθωνται αὐτό (9, 45), ou quand il dit ailleurs : *Et ils ne comprenaient rien de tout cela, et cette parole leur était cachée, et ils ne savaient ce que cela voulait dire*, καὶ αὐτοὶ οὐδὲν τούτων συνῆκαν, καὶ ἦν τὸ ῥῆμα τοῦτο κεκρυμμένον ἀπ' αὐτῶν, καὶ οὐκ ἐγίνωσκον τὰ λεγόμενα (18, 34), le sens de ces passages semble comporter que les apôtres n'avaient nullement compris de quoi il était question. Aussi la condamnation et l'exécution de Jésus les frappent-elles tout à fait à l'improviste, et elles anéantissent toutes les espérances qu'ils avaient mises dans lui comme dans le Messie (Luc, 24, 20, seq. : *Ils l'ont crucifié, et nous, nous espérions qu'il serait celui qui déli-*

vrerait Israël, ἐσταύρωσαν αὐτόν· ἡμεῖς δὲ ἠλπίζομεν, ὅτι αὐτός ἐστιν ὁ μέλλων λυτροῦσθαι τὸν Ἰσραήλ). Mais, si Jésus avait parlé de sa mort avec ses disciples aussi *ouvertement*, παῤῥησίᾳ (Marc, 8, 32), ils devaient nécessairement aussi comprendre ses paroles claires et son langage explicite ; et, si en outre il leur avait démontré que sa mort était fondée sur les prophéties messianiques de l'Ancien Testament, et par conséquent comprise dans les attributs du Messie (Luc, 18, 31 ; 22, 37), ils ne pouvaient, après que sa mort fut réellement arrivée, perdre aussi complétement leur foi en son caractère messianique. C'est à tort, il est vrai, que l'auteur des *Fragments de Wolfenbüttel* a prétendu trouver dans la conduite de Jésus, telles que les évangélistes la décrivent, des indices qui montrent que pour lui aussi sa mort fut quelque chose d'imprévu ; mais, en ne considérant que la conduite des apôtres, il sera difficile d'échapper à la conclusion qu'il en tire, à savoir que Jésus ne peut leur avoir fait aucune communication préalable sur la mort qui l'attendait, mais qu'à cet égard ils paraissent jusqu'au dernier moment avoir partagé l'opinion commune, et, frappés à l'improviste par la mort de Jésus, ce ne fut qu'après l'événement qu'ils firent entrer les attributs de la passion et de la mort dans leur conception du Messie (1). En tout cas, il faut poser le dilemme suivant : ou les dires des évangélistes, qui rapportent que les apôtres ne comprirent pas les paroles de Jésus, et furent surpris de sa mort, sont exagérés d'une manière non historique, ou les déclarations précises de Jésus sur la mort qui l'attendait ont été faites d'après l'événement ; et dès lors il devient douteux qu'il ait prédit, même en général, sa mort comme un attribut de son destin messianique. Des deux côtés, la légende pouvait être déterminée à une exposition non historique. Pour imaginer qu'il avait prédit sa mort d'une manière générale,

(1) *Vom Zweck Jesu und seiner Jünger*, S. 114 ff., 158 f.

elle put avoir les mêmes motifs que ceux que nous avons fait valoir pour expliquer comment elle lui a prêté la prédiction des détails de sa passion ; et, d'autre côté, ce qui put suggérer la fiction d'un manque aussi absolu d'intelligence chez les apôtres, ce fut, soit le désir de relever par là la profondeur du mystère que Jésus révélait touchant un Messie souffrant, soit la similitude que l'on établissait dans la prédication de l'Évangile entre les apôtres avant l'effusion de l'esprit, et les Juifs et païens à convertir, qui comprenaient tout plutôt que la mort du Messie.

Pour amener ce dilemme à une solution, nous devons d'abord voir si les idées qu'on se faisait alors du Messie renfermaient, ou non, dès avant la mort de Jésus ou indépendamment de cette mort, les attributs de la passion et de la mort. Si, dès le vivant de Jésus, des Juifs se représentaient le Messie comme devant périr d'une mort violente, il y a toute probabilité pour croire que Jésus aussi s'est pénétré de cette conviction, et l'a communiquée à ses apôtres, qui dès lors ont pu d'autant moins rester sourds à ses prédictions, et se laisser abattre aussi complétement lorsqu'elles s'accomplirent. Si au contraire cette idée n'était pas répandue avant la mort de Jésus parmi ses compatriotes, il demeure, il est vrai, toujours possible qu'il y soit arrivé par ses propres réflexions, mais il est également possible que les apôtres n'aient reçu qu'après l'événement l'attribut de la passion et de la mort dans leur conception du Messie.

La question de savoir si l'idée d'un Messie souffrant et mourant était répandue dès le temps de Jésus parmi les Juifs est du nombre des plus difficiles, et de celles sur lesquelles les théologiens sont le plus loin de s'entendre. La difficulté de la question n'est pas dans un esprit de parti théologique, qui, s'il existait sur ce point, permettrait d'espérer que des recherches impartiales amèneraient une solution. Loin de là, les deux opinions orthodoxe et rationaliste peuvent, ainsi que Staüdlin l'a démontré avec justesse (1), en arguer chacune dans leur intérêt; aussi des deux côtés trouvons-nous des théologiens des deux partis (2). Ce qui fait la difficulté, c'est l'absence de renseignements, et l'incertitude de ceux qui existent. Si l'Ancien Testament renfermait la doctrine d'un Messie souffrant et mourant, il en résulterait plus qu'une simple vraisemblance pour l'opinion qui admet qu'elle se trouvait aussi parmi les Juifs au temps de Jésus. Mais les plus récentes recherches ont montré que, si l'Ancien Testament contient la doctrine d'une expiation du peuple qui s'accomplira au temps messianique (Ézéch., 36, 25; 37, 23; Zach., 13, 1; Dan., 9, 24), il ne contient rien qui indique que cette expiation dût s'opérer par la souffrance et la mort du Messie (3). Par conséquent ce n'est pas de ce côté qu'il faut attendre la solution de la question. Les apocryphes de l'Ancien Testament sont plus voisins du temps de Jésus; mais, comme ils gardent le silence sur le Messie en général, ils ne peuvent faire aucune mention de cet attribut particulier dont il s'agit ici (4). Des deux écrivains qui touchent de plus près à cette époque, Philon et Josèphe, le dernier se tait sur les espérances messianiques de sa nation (5), et le premier parle, il est vrai, de temps messianiques et d'un héros semblable au Messie, mais non d'une passion de ce héros (6). Il ne reste donc plus d'autre source que le Nouveau Testament et les écrits juifs postérieurs.

Dans le Nouveau Testament il semble généralement que,

---

(1) *Ueber den Zweck und die Wirkungen des Todes Jesu*, dans *Gœtting. Bibliothek*, 1, 4, S. 202 ff.

(2) Voyez-en la liste dans De Wette, l. c., p. 6 seq. Les voix les plus importantes en faveur de l'opinion que, dès le vivant de Jésus, on admettait un Messie souffrant, ont été rapportées par Staüdlin, Mémoire cité, *Gœtting. Biblioth.*, 1, S. 288 ff., et par Hengstenberg, *Christologie des A. T.*, 1, a, S. 270 ff. b, S. 290 ff. Voyez, pour l'opinion opposée, De Wette, Mémoire cité, *Opusc.*, p. 1, seq.

(3) Comparez De Wette, *Bibl. Dogm.*, § 204 f.; Baumgarten-Crusius, *Bibl. Theol.*, § 54.

(4) Voyez De Wette, l. c., § 189 ff.

(5) Comparez De Wette, l. c., § 193.

(6) Gfrœrer, *Philo*, 1, S. 495 ff.

parmi les Juifs vivant avec Jésus, nul ne songeait à un Messie souffrant et mourant. Pour la majorité des Juifs la doctrine du Messie crucifié était un *scandale*, σκάνδαλον; les apôtres de Jésus ne pouvaient croire à ses prédictions réitérées et claires de la mort qui l'attendait; tout cela est loin de suggérer que la doctrine d'un Messie souffrant eût cours parmi les Juifs de ce temps; et ces circonstances sont même tout à fait d'accord avec l'assertion que le quatrième évangéliste prête à la *multitude juive*, ὄχλος (12, 34) : à savoir que l'on sait par la *loi*, νόμος, *que le Christ doit vivre éternellement*, ὅτι ὁ Χριστὸς μένει εἰς τὸν αἰῶνα (1). Mais les théologiens dont je parle ne soutiennent pas non plus que l'idée du Messie souffrant ait prévalu généralement parmi les Juifs d'alors; accordant que l'espoir d'un Messie temporel et régnant sans fin était l'opinion dominante, ils se bornent à maintenir (en quoi l'auteur même des *Fragments de Wolfenbüttel* (2) est d'accord avec eux), qu'un parti moins nombreux, les Esséniens d'après Staüdlin, la partie la meilleure et la plus éclairée du peuple d'après Hengstenberg, avait accueilli la doctrine d'un Messie qui apparaîtrait d'abord sous une humble apparence, et qui n'arriverait à la glorification que par la souffrance et la mort. A l'appui, on invoque surtout deux passages, l'un du troisième évangile, l'autre du quatrième. Lorsque Jésus, encore enfant, est présenté au Temple de Jérusalem, le vieux Siméon, entre autres prédictions, dit à Marie, au sujet particulièrement de la résistance que son fils rencontrera : *Et vous aussi, vous aurez l'âme transpercée comme d'une épée*, καὶ σοῦ δὲ αὐτῆς τὴν ψυχὴν διελεύσεται ῥομφαία (Luc, 2, 35). Ces paroles semblent décrire sa douleur maternelle sur la mort de son fils, et par conséquent repré-

---

(1) Il serait difficile de trouver dans ces paroles un passage de la *loi* proprement dite. De Wette, *De morte*, p. 72, pense à Isaïe, 9, 5; Lücke, au Psaume 110, 4, et à Daniel, 7, 14; 2, 44.
(2) *Vom Zweck Jesu and seiner Jünger*, S. 179 f.

senter l'opinion d'une mort violente réservée au Messie, comme une opinion existant dès avant le Christ. L'idée d'un Messie souffrant est encore plus clairement exprimée dans les mots que le quatrième évangile met dans la bouche de Jean-Baptiste à la vue de Jésus, à savoir qu'il est *l'agneau de Dieu qui prend les péchés du monde*, ὁ ἀμνὸς τοῦ Θεοῦ, ὁ αἴρων τὴν ἁμαρτίαν τοῦ κόσμου (1, 29); déclaration qui dans la bouche de Jean-Baptiste, et se rapportant à Isaïe, 53, semblerait également indiquer que l'idée de la souffrance expiatoire du Messie existait dès avant Jésus. Mais il a été prouvé plus haut que ces deux passages sont dépourvus du caractère historique; et, si la primitive légende chrétienne, assez longtemps après l'événement, fut amenée à prêter à des personnages qu'elle regardait comme inspirés de Dieu une prescience du décret divin relatif à la mort de Jésus, il ne s'ensuit nullement qu'avant Jésus cette manière de voir eût réellement existé. Finalement, on fait encore valoir que, du moins, les évangélistes et les apôtres s'appuient sur l'Ancien Testament pour établir l'idée d'un Messie souffrant et mourant; d'où l'on croit pouvoir conclure que cette interprétation des passages de l'Ancien Testament y relatifs n'était pas sans exemple parmi les Juifs. Il est vrai que Pierre (Act. Ap., 3, 18; 1. Petr., 1, 11 seq.) et Paul (Act. Ap., 26, 22 seq.; 1. Cor., 15, 3), citent Moïse et les prophètes comme prédisant la mort de Jésus, et que Philippe, instruisant l'eunuque éthiopien, applique aux souffrances du Christ le passage d'Isaïe, 53 (Act. Ap., 8, 35). Mais, comme ces personnages disaient et écrivaient tout cela après l'événement, rien ne nous assure que, sans se rattacher à aucun mode d'interprétation usuel parmi leurs contemporains juifs, ils ne furent pas amenés, par la seule influence de l'événement accompli, à donner aux passages en question un rapport avec la passion du Messie (1).

(1) Voyez De Wette, *De morte Chr.*, p. 73 seq.

Ainsi le Nouveau Testament ne fournit aucun motif solide d'admettre que l'idée en question ait, dès le vivant de Jésus, existé parmi ses contemporains. Maintenant restent les écrits juifs postérieurs, qu'il faut examiner à cet égard. Aux plus anciens livres de cette classe qui nous aient été conservés, appartiennent les deux paraphrases chaldéennes d'Onkelos et de Jonathan; et le Targum du dernier, qui, d'après la tradition rabbinique, fut un disciple de Hillel l'Ancien (1), est ordinairement cité en faveur de l'idée d'un Messie souffrant, parce qu'il rapporte au Messie le passage d'Isaïe, 52, 13-53, 12. Toutefois l'explication de ce passage dans le Targum de Jonathan a ceci de particulier qu'à la vérité il interprète, en général, messianiquement ce passage, mais que, toutes les fois qu'il y est question de passion et de mort, ou bien il évite ces idées avec une intention très marquée et le plus souvent d'une manière très forcée, ou bien il les détourne sur un autre sujet, sur le peuple d'Israël; ce qui prouve visiblement que la passion et la mort violente paraissaient à l'auteur inconciliables avec l'idée du Messie (2). Mais, dit-on, c'est là justement le premier pas fait loin du véritable sens de la prophétie, aberration à laquelle les Juifs postérieurs furent conduits par leur esprit charnel et

---

(1) Comparez Gesenius, *Jesaias*, 2, *Thl.*, S. 66; De Wette, *Einleitung in das A. T.*, § 59, 8te Ausg.

(2) Traduction textuelle du passage d'Isaïe, d'après Hitzig :

52, 14 : De même que plusieurs s'épouvantaient devant lui, de même son apparence était épouvantable et non humaine, et *sa* forme n'était pas celle des enfants des hommes, etc.

53, 4 : Mais il *porta* nos maladies, et il *se chargea* de nos douleurs, et nous le réputâmes frappé, atteint de Dieu et tourmenté.

Targum Jonathan :

Quemadmodum per multos dies ipsum expectarunt *Israelitæ*, quorum contabuit inter gentes adspectus et splendor (et evanuit) e filiis hominum, etc.

Idcirco pro delictis nostris ipse *deprecabitur*, et iniquitates nostras *propter eum condonabuntur*, licet *nos* reputati simus contusi, plagis affecti et afflicti.

Origène aussi raconte, *c. Cels.*, 1, 55, comment *un sage réputé parmi les Juifs*, λεγόμενος παρὰ Ἰουδαίοις σοφός, objecta à son interprétation chrétienne du passage d'Isaïe, *que cela avait été prophétisé touchant le peuple tout entier, qui avait été dispersé parmi les nations et frappé, afin que beaucoup de prosélytes fussent faits*. Ταῦτα πεπροφητεῦσθαι ὡς περὶ ἑνὸς τοῦ ὅλου λαοῦ, καὶ γενομένου ἐν τῇ διασπορᾷ, καὶ πληγέντος, ἵνα πολλοὶ προσήλυτοι γίνωνται.

leur opposition au christianisme, et l'on ajoute que les interprètes antérieurs avaient trouvé, dans le passage d'Isaïe, un Messie souffrant et mourant. A la vérité, Abenesra, Abarbanel et d'autres témoignent que plusieurs anciens docteurs ont rapporté au Messie le chapitre 53 d'Isaïe (1) ; mais quelques uns de ces témoignages laissent dans l'obscurité si ces interprétations ne sont pas partielles comme celles de Jonathan, et pour aucun on ne sait si les interprètes dont ils parlent remontent jusqu'au temps de Jonathan ; ce qui, au reste est invraisemblable pour les parties du livre Sohar, qui rapportent au Messie souffrant le passage en question (2). L'écrit qui, à côté de celui de Jonathan, s'approcherait le plus du temps de Jésus, serait l'apocryphe appelé Quatrième livre d'Esdras. Ce livre, qui, d'après le calcul le plus vraisemblable, a été rédigé peu après la destruction de Jérusalem sous Titus (3), parle, il est vrai, de la mort du Messie, non d'une mort douloureuse, mais d'une mort qui, après la longue durée du règne messianique, devait précéder la résurrection générale (4). L'idée de grandes calamités, qui, comme les douleurs de l'enfantement du Messie (חבלי משיח, comparez ἀρχὴ ὠδίνων, Matth., 24, 8), précéderaient le temps messianique, était, sans aucun doute, répandue dès avant le Christ (5) ; et de bonne heure aussi l'infliction de ces maux qui frappent surtout le peuple d'Israël, paraît être remise à l'*Antechrist*, que le *Christ* aura à combattre (2. Thess., 2, 3 seq.) (6) ; mais, comme le Christ devait anéantir l'Antechrist d'une façon surnaturelle, *par le souffle de sa bouche*, τῷ πνεύματι τοῦ στόματος αὐτοῦ, cela n'impliquait aucune souffrance pour le Messie. Cependant il se trouve

---

(1) Voyez dans Schœttgen, 2, p. 182 seq.; Eisenmenger, *Entdecktes Judenthum*, 2, S. 758.
(2) Dans Schœttgen, 2, p. 181 seq.
(3) De Wette, *De morte Chr. expiatoria*, l. c. p. 50.
(4) Cap. 7, 29.
(5) Schœttgen, 2, p. 509 seq.; Schmidt, *Christologische Fragmente*, dans sa *Bibliotheck*, 1, S. 24 ff.; Bertholdt, *Christol. Jud.*, § 18.
(6) Schmidt, l. c.; Bertholdt, l. c., § 16.

des passages où il est question d'une souffrance du Messie, et d'une souffrance qui rachète le peuple (1) ; mais d'une part il ne s'agit dans ces passages que d'une souffrance du Messie, et non de sa mort, et d'autre part cette souffrance l'atteint ou dans sa préexistence avant qu'il arrive à la vie terrestre (2), ou dans l'obscurité où il se tient depuis sa naissance jusqu'à son apparition sur la scène du monde en qualité de Messie (3) ; d'autre part l'âge de ces documents est douteux, et d'après quelques indices on ne pourrait en fixer la date qu'après la destruction de l'état juif par Titus (4). Cependant il ne manque pas de passages dans des écrits juifs où il est soutenu directement qu'un Messie périra d'une manière violente; ils ne concernent pas le Messie proprement dit, le descendant de David, mais ils en concernent un autre de la descendance de Joseph et d'Ephraïm, lequel était adjoint au premier dans un rang subalterne. Ce Messie *ben Joseph* (fils de Joseph) devait précéder le Messie, *ben David* (fils de David), réunir les dix tribus de l'ancien royaume d'Israël avec les deux tribus du royaume de Juda, mais périr par l'épée dans la guerre contre Gog et Magog ; ce à quoi on rapportait le passage de Zacharie, 12, 10 (5). Mais des indices sûrs de la croyance à ce second Messie, qui meurt, manquent avant la Gemara de Babylone, qui a été rassemblée dans les v° et vi° siècles après Jésus-Christ, et avant le livre *Sohar*, dont la date est excessivement douteuse (6).

Ainsi il n'est pas démontré, il ne paraît pas même vraisemblable que l'idée d'un Messie souffrant et mourant ait

---

(1) *Pesikta in Abkath Rochel*, dans Schmidt, S. 47 f.
(2) *Sohar*, P. 2, 85, 2, dans Schmidt, S. 48 f.
(3) *Gemara Sanhedrin* f. 98, 1 ; dans De Wette, *De morte Chr.*, p. 95 seq., et dans Hengstenberg, S. 292.
(4) *Sohar*, P. 2, f. 82, 2 ; dans De Wette, p. 94 : Cum Israelitæ essent in terra sancta, per cultus religiosos et sacrificia quæ faciebant, omnes illos morbos et pœnas e mundo sustulerunt ; nunc vero Messias debet auferre eas ab hominibus.
(5) Voyez Bertholdt, l. c., § 17.
(6) De Wette, *De morte Chr.*, p. 112 ; comparez 55 seq.

existé dès le temps de Jésus parmi ses contemporains. Néanmoins, non seulement il reste possible, en soi, que Jésus, même sans un pareil antécédent, de son propre fonds, en observant l'état des choses et en le comparant avec les prophéties de l'Ancien Testament, ait conçu la pensée que la souffrance et la mort appartenaient à la destination et à la fonction du Messie; mais encore nous serons conduits presque nécessairement à cette opinion pour peu que nous nous rendions compte de son plan et de sa conduite. Si, comme cela a été démontré en lieu et place, il s'est clairement senti appelé à jouer le rôle de Messie, et si, pour son propre compte, il a complétement subjugué et spiritualisé l'idée sensuelle et politique que ses compatriotes se faisaient du Messie, la réserve qu'il mettait à se déclarer en cette qualité, et les rares allusions par lesquelles il essayait de rectifier les espérances terrestres que ses apôtres fondaient sur le Messie, ne se peuvent expliquer que parce qu'il voyait d'avance dans sa mort le correctif de cette erreur, le plus efficace par le fait. Sans doute, s'il avait communiqué ses prévisions à ses disciples dans un langage aussi sec et aussi explicite que les synoptiques le rapportent, on ne comprendrait ni comment ils se refusèrent aussi opiniâtrément à saisir le sens de ses paroles, ni comment ils se comportèrent comme ils le firent, une fois que la catastrophe fut accomplie; au lieu que des allusions brèves et obscures à une destinée qui était en contradiction aussi complète avec leur conception du Messie, pouvaient bien plutôt rester pour eux lettre close. A cet égard, le quatrième évangéliste, comme nous l'avons dit plus haut, a, ce semble, le mérite d'avoir exposé ces choses avec plus de justesse et d'exactitude. Mais, bien que ses prédictions de mort soient pour les auditeurs suffisamment indécises, elles sont cependant trop précises pour celui qui parle, pour Jésus; car il faudrait, pour qu'on les acceptât, que Jésus, ainsi que nous l'avons déjà remarqué, eût prévu précisément qu'il périrait du supplice de la croix. Les synoptiques n'ont donc point d'infériorité ; loin de là, à côté de la prédiction explicite qui est leur ouvrage, ils ont conservé les allusions brèves ou figurées par lesquelles Jésus signalait sa mort imminente dans des passages tels que Matth., 9, 15 : *Lorsque le fiancé leur fut enlevé*, ὅταν ἀπαρθῇ ἀπ' αὐτῶν ὁ νύμφιος κ. τ. λ.; Luc, 13, 32 : *J'agis encore aujourd'hui et demain, et le troisième jour je dois mourir; mais... il n'est pas permis qu'un prophète meure hors de Jérusalem*, καὶ τῇ τρίτῃ τελειοῦμαι· πλὴν... οὐκ ἐνδέχεται προφήτην ἀπολέσθαι ἔξω Ἱερουσαλήμ.; telle est enfin la parabole des vignerons rebelles qui, outre les serviteurs, égorgent aussi le fils de leur maître, c'est-à-dire évidemment le Messie, Jésus (Matth., 21, 38).

Quant aux expressions de Jésus sur le but et les effets de sa mort, nous pouvons encore, comme plus haut pour la prédiction de sa mort, distinguer un point de vue plus naturel d'un point de vue plus surnaturel. Quand Jésus, dans le quatrième évangile, se compare au pasteur fidèle qui donne sa vie pour ses brebis (10, 11. 15), cela peut signifier tout naturellement qu'il est décidé à ne pas renoncer à ses fonctions de pasteur et de docteur, quand bien même l'accomplissement de ce devoir le menacerait de la mort (nécessité morale de sa mort) (1); l'expression pleine d'un pressentiment prophétique dans le même évangile (12, 24) où il est dit que, lorsque le grain de blé tombant dans la terre ne meurt pas, il demeure stérile, mais que, s'il meurt, il produit beaucoup, admet une explication non moins rationnelle de l'influence victorieuse que tout martyre exerce en faveur d'une idée et d'une conviction (efficacité morale de sa mort) (2). Enfin, quand Jésus, dans les discours d'adieu rapportés par Jean, répète si souvent que

---

(1) Hase, L. J., § 108. (2) Le même, *ibid.*

sa mort est bonne pour les disciples, parce que c'est la condition de la venue du Paraclet qui les transfigurera et les conduira en toute vérité, cela pourrait s'attribuer à cette réflexion toute naturelle de Jésus, savoir que, sans la disparition de sa présence matérielle, les idées messianiques de ses disciples, restées jusqu'alors si matérielles, ne pourraient pas être spiritualisées (effet psychologique de sa mort) (1). A la manière de voir surnaturelle appartiennent davantage les paroles que Jésus prononce lors de la fondation de la cène. Sans doute les paroles que les évangélistes intermédiaires lui prêtent, à savoir que le *breuvage* présenté est *le sang de la nouvelle alliance*, ποτήριον τὸ αἷμα τῆς καινῆς διαθήκης (Marc., 14, 24), et que *la nouvelle alliance est dans son sang*, ἡ καινὴ διαθήκη ἐν τῷ αἵματι αὐτοῦ (Luc, 22, 20), pourraient s'interpréter seulement ainsi : de même que l'alliance de l'ancien peuple fut consacrée sur le Sinaï par des sacrifices sanglants, de même le sang de lui, Messie, mettra un sceau suprême à l'alliance de la nouvelle communauté qui se rassemble autour de lui. Mais cette interprétation s'évanouit dans le récit de Matthieu ; cet évangéliste rapporte (26, 28) que Jésus ajouta que son sang sera versé pour beaucoup *afin que leurs péchés leur soient remis*, εἰς ἄφεσιν ἁμαρτιῶν; là l'idée d'un sacrifice d'alliance est devenue l'idée d'un sacrifice d'expiation; et, même chez les deux autres évangélistes, les mots qu'ils ajoutent : *Sang versé pour beaucoup*, ou *pour vous*, τὸ περὶ πολλῶν, ὑπὲρ ὑμῶν ἐκχυνόμενον, dépassent le simple sacrifice d'alliance et vont au sacrifice d'expiation. Quand ailleurs, dans le premier évangile, Jésus dit qu'il doit *donner sa vie pour le rachat de plusieurs*, δοῦναι τὴν ψυχὴν αὐτοῦ λύτρον ἀντὶ πολλῶν (20, 28), il faut, sans aucun doute, rapporter cela à Isaïe, 53, où, d'après une idée d'ailleurs courante parmi les Hébreux (Is., 43, 3; Prov., 21, 18), une valeur

---

(1) Le même, *ibid.*, et § 109.

d'expiation pour tout le reste de l'humanité est attribuée à la mort du serviteur de Jéhovah.

En conséquence, Jésus, par un travail psychologique, pourrait être arrivé à penser qu'une pareille catastrophe était avantageuse au développement spirituel de ses disciples, et indispensable à la spiritualisation de leurs idées messianiques; et de là, conformément aux idées nationales, et en se référant aux passages de l'Ancien Testament, il serait passé de lui-même à l'idée que sa mort messianique possédait une vertu expiatoire. Mais il se pourrait aussi que les paroles que les synoptiques prêtent à Jésus concernant sa mort comme sacrifice d'expiation, appartinssent davantage au système qui se développa après la mort de Jésus; il se pourrait que ce que le quatrième évangéliste lui fait dire sur le rapport entre sa mort et le *Paraclet*, eût été dit d'après l'événement. De la sorte, ces expressions de Jésus sur le but de sa mort auraient besoin aussi qu'on y distinguât ce qui est général, de ce qui est spécial.

§ CXI.

Déclarations précises de Jésus sur sa résurrection future.

D'après les récits évangéliques, Jésus a annoncé sa résurrection avec des paroles non moins claires que sa mort, et il en a fixé la date avec une exactitude toute particulière. Toutes les fois qu'il disait à ses disciples que le Fils de l'homme serait tué sur la croix, il ajoutait : *Et le troisième jour il se relèvera* ou *il se réveillera*, καὶ τῇ τρίτῃ ἡμέρᾳ ἀναστήσεται, ἐγερθήσεται (Matth., 16, 21; 17, 23; 20, 19 et pass. parall.; comparez 17, 9; 26, 32 et pass. parall.).

Mais il est dit aussi de ces prédictions, que les disciples ne les comprirent pas, à tel point qu'ils débattirent la question de savoir *ce que c'est que se relever d'entre les morts*, τί ἐστι τὸ ἐκ νεκρῶν ἀναστῆναι (Marc, 9, 10). Leur conduite immédiatement après la mort de Jésus est conforme à ce défaut d'intelligence; car rien n'y indique ni la moindre trace d'un souvenir des prédictions qui leur avaient annoncé que sa mort serait suivie d'une résurrection, ni la moindre étincelle d'un espoir de voir se réaliser ces prédictions. Lorsque les amis eurent déposé dans le tombeau le corps détaché de la croix, ils prirent (Joh., 19, 40), ou les femmes se réservèrent (Marc, 16, 1; Luc, 23, 56) le soin de l'embaumer; opération qui ne se pratique que sur un corps que l'on considère comme dévolu à la putréfaction. Le matin du jour qui devait être, d'après le calcul du Nouveau Testament, celui de la résurrection annoncée, les femmes qui s'étaient rendues au tombeau pensaient si peu à cette résurrection, qu'elles s'inquiétaient de la difficulté qu'elles auraient à lever la pierre du tombeau (Marc, 16, 3). Marie-Madeleine, et plus tard Pierre, ayant trouvé le tombeau vide, leur première pensée aurait dû être, si la résurrection avait été prédite, qu'elle s'était accomplie réellement; au lieu de cela, Marie-Madeleine conjecture que le corps a pu être dérobé (Joh., 20, 2); et Pierre n'exprime que de l'étonnement, sans former aucune conjecture précise (Luc, 24, 12). Les femmes ayant rapporté aux apôtres l'apparition angélique qu'elles avaient eue, et s'étant acquittées de la commission dont les anges les avaient chargées, les apôtres, ou bien traitèrent leurs dires de *vain bavardage* (λῆρος, Luc, 24, 11), ou bien furent jetés dans une surprise pleine de terreur (ἐξέστησαν ἡμᾶς, Luc, 24, 21 seq.). Quand Marie-Madeleine, et ensuite les disciples d'Immaüm assurèrent aux onze apôtres qu'ils avaient vu eux-mêmes le ressuscité, les apôtres n'ajoutèrent aucune foi à ces assurances (Marc, 16, 11. 13), de la même façon que Thomas ne crut même pas l'assurance de ses confrères les autres apôtres (Joh., 20, 25). Enfin, quand Jésus lui-même apparut aux apôtres en Galilée, même alors leurs doutes ne s'évanouirent pas complétement (οἱ δὲ ἐδίστασαν, Matth., 28, 17). On jugera sans doute tout cela incompréhensible, avec l'auteur des *Fragments de Wolfenbüttel* (1), s'il est vrai que Jésus eût prédit sa résurrection dans des termes aussi clairs et aussi précis.

A la vérité, si la conduite des apôtres après la mort de Jésus parle contre une pareille prédiction, la conduite de ses ennemis paraît en supposer l'existence. Quand, d'après Matthieu, 27, 62 seq., les grands-prêtres et les Pharisiens demandent à Pilate de placer une garde auprès du tombeau, le motif qu'ils en donnent eux-mêmes, c'est que Jésus avait dit pendant sa vie : *Je ressusciterai au bout de trois jours*, μετὰ τρεῖς ἡμέρας ἐγείρομαι. Mais ce récit du premier évangéliste, dont nous ne pourrons apprécier la valeur que plus bas, loin de rien décider, entre seulement dans une des alternatives du dilemme suivant : Si les apôtres se sont réellement comportés ainsi après la mort de Jésus, il ne peut pas avoir prédit sa résurrection d'une manière précise, et les Juifs n'ont pu, en considération d'une pareille prédiction, mettre une garde auprès de son tombeau ; ou, si les deux derniers renseignements sont authentiques, les apôtres ne peuvent pas s'être ainsi comportés.

On a essayé d'émousser le tranchant de ce dilemme, et l'on a dit qu'aux prédictions citées plus haut il fallait attribuer, non le sens propre d'une sortie de Jésus mort hors de son tombeau, mais seulement le sens figuré d'un nouvel essor de sa doctrine et de sa cause jusque-là opprimée (2). De même, a-t-on dit, que les prophètes de l'Ancien Testament représentent souvent sous la figure d'une résurrection du sein des morts la restauration du peuple d'Israël à une nouvelle prospérité (Is., 26, 19 ; Ezech., 37) ; de

---

(1) Voyez sa déduction animée et décisive, *von Zweck u. s. f.*, 131 ff.; comparez De Wette, *Exeg. Handb.*, 1, 1, S. 148.

(2) C'est ce que dit, entre autres, Herder, *vom Erlœser der Menschen*, S. 133 f. Comparez Kuinœl, *Comm. in Matth.*, p. 444 seq.

même qu'ils expriment le court intervalle de temps que, sous certaines conditions, le changement en mieux mettra à s'accomplir, en disant que, en deux ou trois jours, Jehovah relèvera ce qui a été renversé, ressuscitera ce qui a été tué (Os., 6, 2) (1), expression que Jésus emploie aussi d'une manière indéterminée pour un court intervalle (Luc, 13, 32); de même les termes dont il se sert en disant qu'il se *relèvera le troisième jour* après sa mort, τῇ τρίτῃ ἡμέρᾳ ἀναστῆναι, ne signifient rien autre chose, sinon que, lors même qu'il succomberait à la violence de ses ennemis et qu'il serait tué, l'œuvre commencée par lui ne périrait pas, mais qu'au bout de peu de temps elle prendrait un nouvel essor. Ces manières de parler, continue-t-on, qui, dans la bouche de Jésus, n'avaient qu'un sens figuré, furent prises au propre par les apôtres après qu'il fut ressuscité corporellement, et considérées comme des prédictions relatives à sa résurrection personnelle. Sans doute il est vrai de dire que, dans les passages cités des prophètes, les mots יקים et קום יחיה n'ont que le sens figuré qu'on y assigne ici; mais c'est dans des passages dont toute la teneur est figurée, et où, en particulier, les mots *renverser* et *tuer*, qui précèdent le mot *ressusciter*, ne sont pris eux-mêmes que figurément. Mais ici, au contraire, toutes les expressions antécédentes, *être livré*, παραδίδοσθαι, *condamné*, κατακρίνεσθαι, *crucifié*, σταυροῦσθαι, *tué*, ἀποκτείνεσθαι, doivent être entendues au propre; par conséquent entendre tout à coup au figuré les expressions *se réveiller*, ἐγερθῆναι, *se relever*, ἀναστῆναι, ce serait une incohérence inouïe; sans compter que des passages comme celui où Jésus dit : *Après être ressuscité j'irai devant vous en Galilée*, μετὰ τὸ ἐγερθῆναί με προάξω ὑμᾶς εἰς τὴν Γαλιλαίαν (Matth., 26, 32), n'ont de

---

(1) LXX : Il nous guérira au bout de deux jours; au troisième jour nous ressusciterons, et nous vivrons devant lui, ὑγιάσει ἡμᾶς μετὰ δύο ἡμέρας· ἐν τῇ ἡμέρᾳ τῇ τρίτῃ ἐξαναστησόμεθα, καὶ ζησόμεθα ἐνώπιον αὐτοῦ.

sens qu'autant qu'on prend ἐγείρεσθαι au propre. Puisque tout le contexte ne renferme que des désignations qu'il faut prendre au propre et à la lettre, il n'y a plus ni justification ni motif pour entendre l'ensemble des temps indiqués autrement que dans la signification que les mots comportent. Donc, si Jésus a employé réellement et dans la même teneur les expressions que les évangélistes lui prêtent, il ne peut pas avoir voulu annoncer simplement au figuré le prochain triomphe de sa cause, mais son intention a dû être de dire qu'il reviendrait lui-même à la vie trois jours après sa mort violente (1).

Cependant, comme la conduite de ses disciples après sa mort ne permet pas de croire qu'il ait annoncé sa résurrection en termes clairs, d'autres interprètes ont accordé que les évangélistes donnèrent après l'événement, au langage de Jésus, une précision qu'il n'avait pas encore dans sa bouche, et que non seulement ils entendirent au propre ce que Jésus avait dit figurément de l'essor de sa cause après sa mort, mais encore que, conformément à cette idée, ils modifièrent ses expressions au point qu'aujourd'hui, telles que nous les lisons, nous ne pouvons que les entendre au propre (2). Mais, ajoutent-ils, tous les discours de Jésus à ce relatifs n'ont pas été transformés de cette façon, et ses expressions originales restent çà et là conservées.

§ CXII.

Discours figurés où l'on prétend que Jésus a prédit sa résurrection.

Dès le commencement de son ministère de prédication publique, Jésus, d'après le quatrième évangile, a signalé, dans un langage figuré, sa résurrection future aux Juifs

---

(1) Comparez Süskind, *Quelques remarques sur la question de savoir si Jésus a prédit sa résurrection d'une manière précise*, dans *Flatt's Magazin*, 7, S. 203 ff.

(2) Paulus, l. c., 2, S. 445 ff.; Hase, L. J., § 109.

animés contre lui d'intentions hostiles (2, 19 seq.). Lors de sa première visite messianique à la fête de Pâques, le scandale qu'offraient les vendeurs du Temple le poussa à cet acte d'un saint zèle dont il a été déjà parlé ; et, comme alors les Juifs demandaient un signe qui, légitimant sa mission d'envoyé de Dieu, justifiât une mesure aussi violente que celle qu'il venait de prendre, il répondit : *Renversez ce temple, et dans trois jours je le relèverai*, λύσατε τὸν ναὸν τοῦτον, καὶ ἐν τρισὶν ἡμέραις ἐγερῶ αὐτόν. Les Juifs, attendu que la conversation se tenait dans le Temple, prirent ces mots dans l'acception immédiate, et ils objectèrent à Jésus que difficilement il serait capable de relever en trois jours ce Temple qu'on avait mis quarante-six ans à bâtir. Mais l'évangéliste nous enseigne que telle n'était pas l'intention de Jésus ; qu'il avait entendu parler, ainsi que du reste cela devint clair aux apôtres après sa résurrection, *du temple de son corps*, ναὸς τοῦ σώματος αὐτοῦ, c'est-à-dire que, par la démolition et la reconstruction du Temple, il avait fait allusion à sa mort et à sa résurrection. Quand même on accorderait (ce qui est cependant nié par des interprètes modérés) (1), qu'aux Juifs demandant un signe actuel, Jésus eût pu indiquer, ainsi du reste qu'on assure qu'il le fit (Matth., 12, 39 seq.), sa résurrection à venir comme le miracle de toute son histoire le plus grand et le plus propre à confondre ses ennemis ; cependant il faudrait que cette indication eût été de nature à être comprise, comme l'est celle du passage cité de Matthieu où Jésus s'exprime d'une manière explicite. Mais la déclaration que nous discutons en ce moment n'était pas susceptible, lorsque Jésus la fit, d'être entendue dans ce sens ; car le discours de celui qui, dans le Temple, parle de la destruction de ce Temple, sera rapporté par chacun à

---

(1) Par exemple, Lücke, i, p. 426 ; comparez là contre Tholuck, sur ce passage.

l'édifice même où se trouve l'interlocuteur. Jésus en prononçant les mots : *Ce temple*, τὸν ναὸν τοῦτον, aurait dû montrer du doigt son propre corps ; c'est aussi la supposition que font la plupart des partisans de cette explication (1). Mais d'abord l'évangéliste ne dit rien d'un pareil geste ; cependant il était dans son intérêt de le faire valoir à l'appui du sens qu'il donnait à ces mots. En second lieu, Gabler a fait remarquer avec raison combien il y aurait eu peu de goût et de jugement à changer complétement, par la simple addition d'une action mimique, la signification d'un discours dont toute la partie logique, c'est-à-dire les mots, se rapportait à l'édifice du Temple. En tout cas, si Jésus s'est servi de cet accessoire, son geste n'a pu rester inaperçu ; les Juifs ont dû lui demander comment il était assez présomptueux pour appeler son corps un *temple* ; ou, à supposer même que les Juifs eussent gardé le silence, cette action suffisait du moins pour empêcher que les apôtres ne restassent jusqu'à la résurrection de Jésus dans l'ignorance sur le sens de son discours (2).

Pressée par ces difficultés, la moderne exégèse a cru devoir abandonner l'interprétation donnée par Jean des paroles de Jésus, comme une signification détournée que l'événement suggéra, et chercher, indépendamment de l'explication de l'évangéliste, à pénétrer dans le sens du discours énigmatique qu'il prête à Jésus (3). Les Juifs l'entendirent d'une démolition et reconstruction véritable du sanctuaire national ; mais on ne voudra pas accéder à une pareille interprétation, sans attribuer à Jésus, contre son caractère habituel, une vanterie vaine et poussée jusqu'à l'excès. On cherche

(1) Tholuck, l. c.
(2) Henke, *Joannes apostolus nonnullorum Jesu apophthegmatum in evang. suo et ipse interpres*, dans Pott et Ruperti, *Sylloge comm. theol.*, 1, p. 9 ; Gabler, *Examen du Programme de Henke*, dans : *Neuest. theol. Journal*, 2, 4, S. 88 ; Lücke, sur ce passage.

(3) C'est ce que, outre Henke dans le Programme cité, ont fait Herder, *Von Gottes Sohn nach Johannes Evangel.*, S. 436 ; Paulus, *Comm.*, 4, S. 165 f., L. J., 1, a, S. 173 f., Lücke et De Wette, sur ce passage.

donc un sens figuré quelconque; or dans le même évangile on trouve d'abord le passage 4, 21 seq., dans lequel Jésus annonce à la Samaritaine que le temps approche où l'on n'adorera plus exclusivement le père à *Jérusalem*, ἐν Ἱεροσολύμοις, mais où on l'adorera en esprit et comme esprit. Il se pourrait en effet que les mots *renverser le Temple*, λύειν τὸν ναὸν, eussent primitivement signifié, dans notre passage, que le Temple serait dépossédé du privilége d'être le seul lieu d'adoration. Cette conception est confirmée par un récit des Actes des Apôtres, 6, 14. Étienne, qui, ce semble, avait adopté la déclaration de Jésus ici en question, fut accusé d'avoir dit *que Jésus le Nazaréen renversera cet édifice et changera les lois transmises par Moïse*, ὅτι Ἰησοῦς ὁ Ναζωραῖος οὗτος καταλύσει τὸν τόπον τοῦτον, καὶ ἀλλάξει τὰ ἔθη, ἃ παρέδωκε Μωϋσῆς; ce passage exprime que la destruction du Temple aura pour effet un changement du culte établi par Moïse, changement qui sans doute tendra à le spiritualiser. Ajoutons encore un passage des évangiles synoptiques : des paroles presque identiques à celles que Jésus, chez Jean, prononça lui-même, sont rapportées dans les deux premiers évangiles (Matth., 26, 60 seq.; Marc, 14, 57 seq.) comme une accusation de faux témoins contre lui; et Marc a ceci de plus, c'est qu'il désigne le temple qui doit être détruit, comme *fait de main d'homme*, χειροποίητος, et celui que Jésus doit bâtir, comme *un autre, auquel nulle main humaine n'aura travaillé*, ἄλλος, ἀχειροποίητος, ce qui semble exprimer un contraste semblable entre les deux constitutions religieuses, l'une frappant les sens, l'autre s'adressant à l'esprit. En conséquence, on donnera au passage de Jean la signification suivante : Ce qui prouve que j'ai pleine autorité de purifier le Temple, c'est que je suis en état de substituer, dans un très bref délai, au culte mosaïque plein de cérémonies une adoration de Dieu nouvelle et toute spirituelle; c'est-à-dire, j'ai qualité pour réformer l'ancien culte, puisque je suis capable d'en fonder un nouveau. A la vérité on peut faire contre cette explication une objection, en disant que chez Jean le sujet ne change pas comme chez les synoptiques, et que le nouveau temple qui doit être réédifié est désigné, à cause du pronom αὐτὸς, non comme *autre*, ἄλλος, mais comme *le même* que le Temple détruit (1). Cette objection est peu considérable, car la constitution religieuse chrétienne, par rapport à la constitution juive, de même que le corps ressuscité de Jésus par rapport à son corps défunt, pouvait être conçue aussi bien comme identique que comme différente, puisque dans les deux cas, la substance restant la même, un échafaudage transitoire était ce qui périssait. Il y a plus de danger dans l'autre objection relative à l'intervalle de temps fixé; *en trois jours*, ἐν τρισὶν ἡμέραις. On a prétendu que cette locution s'employait d'une manière peu précise et proverbialement pour signifier en général un court intervalle; mais il a été objecté que cela n'est pas suffisamment prouvé par les deux passages que l'on invoque; que le troisième jour étant placé à côté du second et du premier (Os., 6, 2 : מימים ביום השלישי; Luc, 13, 32 : σήμερον καὶ αὔριον καὶ τῇ τρίτῃ, *aujourd'hui et demain et après-demain*), on voit immédiatement par là qu'il ne désigne une époque que d'une façon relative et approximativement; mais que, dans notre passage, le troisième jour est placé seul, et annonce par conséquent une époque fixe et absolue (2).

Ainsi attirés et repoussés également par les deux explications (3), les théologiens ont recours à un double sens qui tient le milieu soit entre l'explication de Jean et l'explication symbolique proposée en dernier lieu (4), soit entre

---

(1) Storr, dans *Flatt's Magazin*, 4, S. 199.
(2) Tholuck et Olshausen, sur ce passage.
(3) C'est pourquoi Neander demeure indécis entre les deux sans se prononcer, S. 395 f.
(4) C'est ce que dit Kern, *Faits principaux de l'histoire évangélique*, dans *Tüb. Zeitschrift*, 1836, 2, S. 128.

l'explication de Jean et celle des Juifs (1). De la sorte, ou bien Jésus a parlé à la fois de son corps qui devait être tué et puis ressusciter, et de la révolution dans la religion juive dont cet événement serait principalement la cause efficiente; ou bien, voulant se débarrasser des Juifs, il les a sommés de renverser, chose impossible, leur Temple réel, et, sous cette condition qui ne devait jamais être remplie, il s'est offert pour en construire un nouveau; toutefois, à côté de ce sens ostensible pour la multitude, ses paroles avaient encore un sens caché qui ne devint clair aux apôtres qu'après la résurrection, et d'après lequel le mot *temple*, ναὸς, désignait le corps de Jésus. Mais l'invitation faite aux Juifs de démolir leur Temple, avec l'offre de le rebâtir, aurait été une bravade peu digne; l'allusion cachée qui y était renfermée, aurait été un jeu de mots, sans utilité pour les apôtres; et surtout un double sens de l'une ou l'autre espèce est inouï dans le langage d'un homme judicieux (2). Comme de cette façon on pourrait tout à fait désespérer d'expliquer le passage de Jean, l'auteur des *Probabilia* fait remarquer que les synoptiques désignent comme *faux témoins*, ψευδομάρτυρας, ceux qui soutinrent devant le tribunal que Jésus avait tenu ce langage; d'où il conclut que Jésus n'a rien dit de ce que Jean lui fait dire ici, et il se dispense d'expliquer ce passage, le considérant comme une fiction du quatrième évangéliste, qui a voulu aussi bien rendre raison de la calomnie de ces accusateurs que la repousser en donnant un sens mystique aux paroles de Jésus (3). Mais, d'une part, de ce que les synoptiques accusent ces témoins de fausseté, il ne s'ensuit pas que, dans l'esprit de ces évangélistes, Jésus n'eût rien dit de ce que ces témoins lui imputaient, car il pourrait s'être seulement servi de termes un

---

(1) C'est ce que dit Olshausen.
(2) Kern dit, à la vérité, qu'il s'en trouve de semblables dans des discours importants relatifs à d'autres objets; mais il s'abstient d'en citer un exemple.
(3) *Probabil.*, p. 28 ff.

peu différents (par exemple, *détruisez*, et non *je détruirai*), ou il pourrait avoir attaché à ses paroles un autre sens (par exemple, un sens figuré). D'autre part, s'il n'a rien dit de semblable, il est difficile d'expliquer comment les faux témoins ont inventé la déclaration dont il s'agit ici, et nommément la singulière addition des *trois jours*, ἐν τρισὶν ἡμέραις.

Comme dans toute explication, excepté dans l'explication impossible où le corps de Jésus est le temple, ce sont les mots *en trois jours* qui forment la difficulté, on pourrait avoir recours au récit, déjà cité, des Actes des Apôtres, où manque cette désignation du temps. Ici Étienne n'est accusé que d'avoir dit *que ce Jésus de Nazareth détruira ce lieu saint, et abolira la loi que Moïse a laissée*, ὅτι Ἰησοῦς ὁ Ναζωραῖος οὗτος καταλύσει τὸν τόπον τοῦτον (τὸν ἅγιον), καὶ ἀλλάξει τὰ ἔθη ἃ παρέδωκε Μωϋσῆς. La fausseté que renferme cette inculpation (car les témoins contre Étienne sont aussi accusés de *faux témoignage*, μάρτυρες ψευδεῖς), pourrait résider dans la seconde partie de la phrase, où il est parlé, en termes exprès, d'un changement de la religion mosaïque ; et, au lieu de cela, il se pourrait qu'Étienne, et avant lui Jésus, eût dit dans le sens figuré dont il a été question plus haut : *Et il rebâtira (je rebâtirai) le Temple*, καὶ πάλιν οἰκοδομήσει (—σω) αὐτὸν, ou *il en rebâtira (j'en rebâtirai) un autre (qui ne sera pas fait de main d'homme)*, καὶ ἄλλον ἀχειροποίητον οἰκοδομήσει (—σω).

Cependant il n'est pas même nécessaire de recourir au passage des Actes des Apôtres ; car la difficulté des mots *en trois jours* n'est pas insurmontable. Le nombre *trois* s'emploie proverbialement, non seulement en combinaison avec *deux* ou *quatre* (Prov., 30, 15. 18. 21. 29 ; Sir., 23, 21 ; 26, 25), mais encore isolément (Sir., 25, 1. 3). De la même façon la locution *en trois jours*, du moment qu'elle était usitée en réunion avec le second et le premier jour pour exprimer une désignation de temps approximative, a pu se prendre, toute seule, dans la même acception. C'était alors le contexte qui décidait si elle indiquait un intervalle plus ou moins long. Ici, en opposition avec le vaste et magnifique édifice dont la construction réelle, naturelle, avait exigé, comme les Juifs le font remarquer aussitôt, une longue série d'années, cette locution ne peut être employée que pour exprimer le terme le plus court (1). Ces mots ne renferment donc ni une prédiction de la résurrection, ni même une allusion à cet événement.

De même que l'on prétend que Jésus a prédit ici sa résurrection par la figure du Temple à renverser et à rebâtir, de même on prétend que dans un autre passage il y a fait par avance allusion avec le type du prophète Jonas (Matth., 12, 39, seq.; comparez 16, 4; Luc, 11, 29 seq.). Les Scribes et les Pharisiens désirant voir un *signe* de lui, σημεῖον, il repoussa leur demande en leur répondant qu'à une *race* aussi perverse, γενεά, aucun signe ne serait donné, si ce n'est *le signe de Jonas le prophète*, τὸ σημεῖον Ἰωνᾶ τοῦ προφήτου. Ces mots, dans le premier passage de Matthieu, sont expliqués par Jésus lui-même de la façon suivante : comme Jonas a passé trois jours et trois nuits *dans le ventre de la baleine*, ἐν τῇ κοιλίᾳ τοῦ κήτους, de même le Fils de l'homme passera trois jours et trois nuits *dans le sein de la terre*, ἐν τῇ καρδίᾳ τῆς γῆς. Dans le second passage, Matthieu met cette déclaration dans la bouche de Jésus, sans en répéter l'explication indiquée. Mais Luc, dans le passage parallèle, ne l'explique qu'ainsi qu'il suit : *Car comme Jonas fut un signe pour les Ninivites, il en sera de même du Fils de l'homme à l'égard de cette génération*, καθὼς γὰρ ἐγένετο Ἰωνᾶς σημεῖον τοῖς Νινευΐταις, οὕτως ἔσται καὶ ὁ υἱὸς τοῦ ἀνθρώπου τῇ γενεᾷ ταύτῃ. Est-il possible que Jésus lui-même ait expliqué le signe de Jonas, comme Matthieu le rapporte?

(1) Comparez Neander, S. 396, Anm.

Il y a diverses objections à faire là contre. A la vérité il ne faut pas, en alléguant que Jésus ne fut dans le sépulcre qu'un jour et deux nuits (1), soutenir qu'il n'a pas pu parler de trois jours et trois nuits à passer dans le sein de la terre. Car, et c'est positivement une particularité du langage du Nouveau Testament, le séjour de Jésus dans le tombeau est dit un séjour de trois jours, parce qu'il touchait à la veille du sabbat par le soir, et au lendemain du sabbat par le matin. Du moment que ce jour unique avec les deux nuits était pris pour trois jours pleins, c'était seulement mettre par écrit ce compte rond que d'ajouter les nuits aux jours ; d'ailleurs cela était suggéré, de soi, par la comparaison avec les trois jours et les trois nuits de Jonas (2). Mais si Jésus avait donné du *signe de Jonas* l'explication que Matthieu lui prête, c'eût été une claire prédiction de sa résurrection ; et, par les mêmes raisons qui nous ont empêché d'admettre plus haut qu'il l'ait prédite en termes précis, nous ne pouvons pas admettre qu'il ait donné cette explication. En tout cas, elle aurait dû provoquer une question de la part des apôtres, qui étaient présents d'après le verset 49 ; et alors on ne comprend pas pourquoi il ne leur a pas rendu claire l'image dont il venait de se servir, c'est-à-dire pourquoi il ne leur a pas prédit sa résurrection en termes exprès. Or, il ne l'a pas fait ; car, s'il l'eût fait, les apôtres n'auraient pu se comporter après sa mort comme les évangiles racontent qu'ils se comportèrent. Donc il ne peut, en comparant le destin qui l'attendait, à celui de Jonas, avoir provoqué, de la part des apôtres, une question à laquelle il aurait dû répondre si elle lui eût été adressée, mais à laquelle l'événement prouve qu'il ne peut pas avoir répondu.

Par ces motifs, la critique moderne s'est décidée à admettre que l'explication du *signe de Jonas* rapportée par

---

(1) Paulus, *Exeg. Handb.*, sur ce passage.

(2) Comparez Fritzsche et Olshausen sur ce passage.

Matthieu est une interprétation faite par l'évangéliste après l'événement, qu'à tort il a mise dans la bouche de Jésus (1). Sans doute, dit-on, Jésus a renvoyé les Pharisiens au *signe de Jonas*, mais seulement dans le sens qu'il y donna d'après Luc, à savoir que, comme Jonas lui-même, par sa seule présence et par sa prédiction de pénitence, a été, sans miracle, pour les Ninivites un signe divin suffisant, de même ses contemporains, au lieu de courir après des signes miraculeux, doivent se contenter de sa présence et de sa prédication. Cette manière d'entendre est la seule qui soit en conformité avec la teneur du discours de Jésus, même dans Matthieu, et surtout avec le parallèle entre le rapport des Ninivites à Jonas et le rapport de la reine du Midi à Salomon. Ce fut *par la sagesse de Salomon*, σοφία Σολομῶνος, que la reine du Midi se sentit attirée des extrémités de la terre; et pour Jonas, ce fut, d'après l'expression de Matthieu, sa *prédication* seule, κήρυγμα, qui décida les Ninivites à faire pénitence. Dans la phrase de Luc, il y a au futur : *le Fils de l'homme sera un signe à l'égard de cette génération*, οὕτως ἔσται καὶ ὁ υἱὸς τοῦ ἀνθρώπου τῇ γενεᾷ ταύτῃ (σημεῖον); et l'on pourrait croire que ce temps se rapporte non à Jésus et à sa prédication actuelle, mais à quelque chose de futur tel que sa résurrection. Dans le fait, la raison de l'emploi de ce temps est qu'au moment où Jésus prononçait ces paroles, son rôle n'était pas encore accompli, mais que l'avenir en recelait encore plusieurs phrases. Il faut cependant, comme nous le voyons par le premier évangile, que de bonne heure on ait établi un rapport typique entre le destin de Jonas et la mort et résurrection de Jésus; en effet, la première communauté chrétienne cherchait de toute part, dans l'Ancien Testament, des types et

---

(1) Paulus, *Exeg. Handb.*, 2, S. 97 ff.; Schulz, *Ueber das Abendm.*, S. 317 f.; De Wette, *Exeg. Handb.*, 1, 1, S. 119 f.; comparez Neander, L. J. Chr., S. 266.

des prédictions de la catastrophe de son Messie, si révoltante pour les Juifs.

Le quatrième évangile renferme encore quelques déclarations de Jésus qui ont été considérées comme des prédictions cachées de sa mort. Le discours du grain de blé, 12, 24, n'exprime, à la vérité, que cette idée-ci : à savoir, que la vie individuelle, en se sacrifiant pour la cause générale, exerce une influence féconde (1); cela est trop visible pour que nous nous y arrêtions davantage. Mais dans les discours d'adieu, rapportés par Jean, il se trouve quelques expressions que plusieurs persistent encore à entendre comme relatives à la résurrection. Jésus dit : Je ne vous laisserai pas orphelins, je viens vers vous; encore quelque temps, et le monde ne me voit plus. Mais vous, vous me voyez; dans quelques moments, vous ne me verrez plus, et dans quelques moments encore vous me verrez, etc. (14, 18 seq.; 16, 16 seq.). On fait remarquer, dans ces discours, le rapport entre *quelques moments et encore quelques moments*, μικρὸν καὶ πάλιν μικρὸν, l'opposition entre *manifester aux disciples et non manifester au monde*, ἐμφανίζειν ὑμῖν (τοῖς μαθηταῖς) καὶ οὐχὶ τῷ κόσμῳ, les mots *je reverrai, vous verrez*, πάλιν ὄψομαι, ὄψεσθε, qui expriment une entrevue toute personnelle ; et toutes ces circonstances, plusieurs pensent qu'on ne peut les rapporter à rien autre chose qu'à la résurrection, où il arriva justement qu'on se vit peu après qu'on avait cessé de se voir, entrevue toute personnelle et bornée aux amis de Jésus (2). Mais en annonçant que lui et ses disciples se reverraient, Jésus décrit ici cette rencontre d'une manière qui ne cadre pas avec les jours de la résurrection. Si les mots *parce que je vivrai*, ὅτι ἐγὼ ζῶ, 14, 19, indiquent sa résurrection, on ne comprend plus ce que signifient dans ce contexte les mots, *et parce que vous vivrez aussi*, καὶ

---

(1) De Wette, sur ce passage.   (2) Süskind, l. c., S. 184 ff.

ὑμεῖς ζήσεσθε. Jésus dit que lors de cette entrevue, ses apôtres reconnaîtront son rapport avec son père, et n'auront plus aucune question à lui faire (14, 20; 16, 23); et cependant, au dernier jour de leur entrevue avec lui après la résurrection, ils lui firent une question, et une question très peu judicieuse dans le sens du quatrième évangéliste (Act. Ap., 1, 6). Enfin, il promet que lui et le père viendront à celui qui l'aime et résideront en lui; ce qui prouve clairement que Jésus entend ici, par le *paraclet*, παράκλητος, non son retour corporel, mais son retour spirituel (1). Cependant cette explication a aussi ses difficultés; car les mots : *Vous me verrez, je vous verrai*, ὄψεσθέ με, ὄψομαι ὑμᾶς, ne cadrent pas avec un retour simplement spirituel. Nous sommes obligé de réserver la solution de cette singulière contradiction pour le moment où nous examinerons de plus près ces déclarations; en attendant, nous rappelons seulement que les discours d'adieu, rapportés par Jean, discours où l'évangéliste, de l'aveu même des partisans du quatrième évangile, a entremêlé ses propres pensées, sont les moins propres à fournir des preuves dans cette question.

Après tout cela, on pourrait croire qu'il resterait encore une issue : ce serait de supposer que, à la vérité, Jésus ne s'est pas expliqué sur sa résurrection future, mais qu'il n'en a pas moins su à l'avance qu'il ressusciterait. S'il savait sa résurrection d'avance, il la savait ou par voie surnaturelle, en vertu de l'esprit prophétique, du principe supérieur qui résidait dans lui, en vertu, si l'on veut, de sa nature divine, ou par voie naturelle, c'est-à-dire par de judicieuses réflexions. Mais une prescience surnaturelle de cet événement ne peut se concevoir, pas plus ici que pour la mort, en raison du rapport que Jésus établit entre sa résurrection et l'Ancien Testament. D'après les mêmes récits où il est dit qu'il en a fait d'avance la révélation, il l'expose, ainsi

(1) Voyez Lücke, sur ce passage.

que sa passion et sa mort, comme un accomplissement *de toutes les choses que les prophètes ont écrites du Fils de l'homme*, πάντων τῶν γεγραμμένων διὰ τῶν προφητῶν τῷ υἱῷ τοῦ ἀνθρώπου (Luc, 18, 31); et, même après l'événement, il représente aux apôtres, doutant de sa résurrection, qu'ils auraient dû croire à *des choses qui avaient été prédites par les prophètes*, ἐπὶ πᾶσιν οἷς ἐλάλησαν οἱ προφῆται, à savoir qu'il *fallait que le Christ souffrît tout cela, et qu'ensuite il entrât dans sa gloire*, ταῦτα ἔδει παθεῖν τὸν Χριστὸν, καὶ εἰσελθεῖν εἰς τὴν δόξαν αὐτοῦ (Luc, 24, 25 seq.). D'après la suite du récit, Jésus rappela aussitôt à ces disciples (ceux d'Immaüm) tous les passages de l'Écriture qui se rapportaient à lui, *commençant par Moïse et poursuivant par tous les prophètes*, ἀρξάμενος ἀπὸ Μωσέως καὶ ἀπὸ πάντων τῶν προφητῶν; et plus bas (v. 45), les *Psaumes* sont ajoutés à cette énumération. Cependant aucun passage particulier ne nous est cité, et nous ne savons ni quel passage il a appliqué ni comment il l'a appliqué à sa résurrection. Seulement il résulterait de Matth., 12, 39 seq., qu'il avait considéré le destin du prophète Jonas comme la figure du sien; et de l'interprétation qui fut donnée plus tard par les apôtres, et qu'on supposera peut-être un écho de celle de Jésus, on pourrait conclure qu'il avait trouvé, comme subséquemment les apôtres, ces prédictions dans Psal., 16, 8 seq. (Act. Apost., 2, 25 seq.; 13, 35); dans Isaïe, 53 (Act. Apost., 8, 32 seq.); dans Isaïe, 55, 3 (Act. Apost., 13, 34), et peut-être encore dans Osée, 6, 2. Mais le destin de Jonas n'a pas même une conformité extérieure avec celui de Jésus, et le livre qui le concerne porte tellement en lui-même son propre but, que c'est se méprendre certainement sur le vrai sens et l'intention de l'auteur que de supposer à l'ouvrage entier ou à une phrase un rapport typique à des événements futurs. Le verset 3 du chapitre 55 d'Isaïe est tellement étranger à cela, que l'on comprend à peine comment on a pu y trouver la moindre analogie avec la résurrection de Jésus. Le chapitre 53 de ce prophète est décidément relatif à un sujet collectif qui revit dans des membres toujours nouveaux. Le chapitre 7 d'Osée figure, d'une manière non méconnaissable, le peuple et l'État d'Israël. Enfin, le passage principal, le Psaume 16, ne peut être entendu que d'un personnage pieux qui, avec l'aide de Jéhovah, espère échapper à un danger de mort; et sa demande est, non de sortir du tombeau, comme Jésus, mais de n'y être déposé en aucune façon, et avec la réserve de payer dans son temps le tribut à la nature, ce qui ne s'appliquerait pas non plus à Jésus. Donc, si un principe surnaturel en Jésus, si un esprit prophétique lui avaient fait trouver une annonce anticipée de sa résurrection dans ces histoires et ces passages de l'Ancien Testament, qui, dans le fait, ne contiennent rien de pareil, l'esprit résidant en lui eût été non l'esprit de la vérité, mais un esprit de mensonge (1), ce principe surnaturel eût été non un principe divin, mais un principe démoniaque. Pour échapper à cette conséquence, il ne reste plus au théologien surnaturaliste, qui ne ferme pas l'oreille à une interprétation judicieuse de l'Ancien Testament, qu'à considérer en Jésus la prévision de sa résurrection comme un résultat de la réflexion telle que la comporte la nature humaine. Mais la *résurrection*, prise comme miracle, est un mystère des conseils divins dans lequel il était impossible à l'intelligence humaine de pénétrer avant le résultat; prise comme événement naturel, elle fut le hasard le plus incalculable, si l'on ne veut pas ad-

---

(1) Kern croit repousser cette conclusion en l'étendant davantage. Il dit qu'il faudrait aussi accuser d'avoir été dominés par un esprit de mensonge les apôtres, et même toute l'Église chrétienne, qui s'est approprié l'interprétation qui applique ces passages de l'Ancien Testament à la résurrection de Jésus (l. c., S. 430). Il n'oublie qu'une chose, c'est que cette conclusion qu'il attaque n'a été faite que sous la supposition que l'interprétation en question proviendrait d'une source surnaturelle, qu'en conséquence elle s'évanouit pour les apôtres et l'Église, et qu'elle se transforme en une imputation innocente d'une erreur naturelle.

mettre une mort apparente que Jésus et ses confédérés auraient arrangée de dessein prémédité.

Ainsi ce n'est qu'après l'événement que la prévision, aussi bien que la prédiction de la résurrection, a été attribuée à Jésus; et dès lors, avec l'arbitraire sans limite de l'exégèse juive, rien ne fut plus facile aux apôtres et aux rédacteurs du Nouveau Testament que de trouver, dans l'Ancien, des figures et des prophéties de la résurrection de leur Messie. Ce n'est pas à dire qu'ils aient en cela poursuivi un plan avec astuce, et tout en étant convaincus eux-mêmes de la nullité de leur mode d'expliquer et de conclure, ainsi que le prétendent l'auteur des Fragments de Wolfenbüttel et d'autres qui les calomnient; mais, de même que celui qui a fixé ses regards sur le soleil, voit encore pendant quelque temps l'image de cet astre partout où il tourne les yeux, de même, éblouis par leur enthousiasme pour le nouveau Messie, eux le voyaient partout dans l'Ancien Testament, seul livre qu'ils lussent; ayant le sentiment que leurs plus profonds besoins avaient été satisfaits, et par là convaincus que Jésus était le Messie, sentiment et conviction qui sont encore un honneur à nos yeux, ils eurent recours, dès qu'il fut question de preuves réfléchies, à des appuis qui sont brisés depuis longtemps, et que les efforts, même les plus actifs, d'une exégèse arriérée ne peuvent relever.

§ CXIII.

Discours de Jésus sur sa venue. Critique des différentes explications.

D'après les récits évangéliques, Jésus a prédit non seulement qu'il revivrait trois jours après sa mort, mais encore que plus tard, au milieu des calamités qu'entraînerait la destruction du Temple de Jérusalem, il viendrait dans les nuées du ciel pour finir la période actuelle du monde, et ouvrir la période future par un jugement universel (Matth., 24 et 25 ; Marc, 13 ; Luc, 17, 22-37 ; 21, 5-36).

Jésus sortait du Temple pour la dernière fois (Luc n'a pas cette circonstance précise), et ses apôtres (Luc dit d'une manière indécise : *Quelques uns*) appelaient son attention sur ce magnifique édifice ; pour réponse, Jésus leur assura que tout ce qu'ils voyaient là serait détruit de fond en comble (Matth., 24, 1. 2, et parall.). Les apôtres lui demandèrent quand cela devait arriver, et quel serait le signe de la venue du Messie, que dans leur idée ils rattachaient à cet événement (v. 3). Jésus les avertit de ne pas se laisser égarer par des gens qui se donneraient faussement pour le Messie, et par l'opinion de ceux qui pensaient que la catastrophe attendue devait suivre aussitôt les premiers signes avant-coureurs ; qu'en effet des guerres et des bruits de guerre, des combats de peuples et de royaumes les uns contre les autres, des famines, des pestes et des tremblements ne seront que les préludes des misères qui précéderont la venue du Messie (v. 4-8) ; qu'eux-mêmes, ses partisans, devront d'abord appeler sur leur tête la haine, la persécution et la mort ; que la perfidie, la trahison, les déceptions des faux prophètes, l'insensibilité, la corruption générale des mœurs prévaudront parmi les hommes ; mais qu'il faut d'abord que le royaume du Messie soit annoncé dans le monde entier ; que ce n'est qu'après tout cela que peut s'ouvrir la fin de la présente période du monde, fin que doit attendre avec constance quiconque veut avoir part à la félicité de la période future (v. 9-14). Il ajoute qu'un avant-coureur plus précis de cette catastrophe sera l'accomplissement de la prophétie de Daniel (9, 27), où il est dit que les lieux saints seront profanés et ravagés (d'après Luc, 21, 20 cela signifie le bouleversement de Jérusalem par des armées) ; que, lorsque cela arrivera, il sera grand temps de songer à la fuite la plus rapide, et qu'il faudra plaindre ceux qui seront empêchés de se sauver en toute hâte, et ardemment souhaiter que le moment où elle deviendra nécessaire ne soit pas défavorable (d'après Luc, 19, 43 seq. il faudra fuir, à cause de la prochaine dévastation de Jérusalem, décrite avec plus de précision dans ces paroles de Jésus adressées à la ville : *Tes ennemis t'environneront de tranchées, ils t'enfermeront et te presseront de tout côté; ils raseront tes maisons, ils extermineront tes enfants, ils ne te laisseront pas une pierre sur l'autre,* περιβαλοῦσιν οἱ ἐχθροί σου χάρακά σοι, καὶ περικυκλώσουσί σε καὶ συνέξουσί σε πάντοθεν, καὶ ἐδαφιοῦσί σε καὶ τὰ τέκνα σου ἐν σοί, καὶ οὐκ ἀφήσουσιν ἐν σοὶ λίθον ἐπὶ λίθῳ). Jésus continue en annonçant qu'il surviendra alors un temps de misères sans exemple, misères qui, d'après Luc, v. 24, consisteront surtout en ceci, que plusieurs du peuple d'Israël seront mis à mort, plusieurs emmenés en captivité, et que Jérusalem sera foulée aux pieds par des païens pendant une durée fixée d'avance; que ce temps ne sera tolérable que parce que la grâce de Dieu l'abrégera en faveur des élus (v. 15—22); que, vers cette époque, de faux prophètes, de faux Messies essaieront de tromper par des miracles et des signes, et promettront tantôt d'un côté tantôt d'un autre de montrer le Messie; qu'un Messie qui serait caché où que ce fût, et qu'il faudrait découvrir, ne pouvait pas être le vrai Messie; que l'arrivée de celui-là serait, comme la lumière de l'éclair, une révélation soudaine, pénétrant partout, et dont Jérusalem serait le centre, Jérusalem qui, par sa faute, attire la punition sur elle-même (v. 23—28); qu'immédiatement après ce temps de calamités, l'obscurcissement du soleil et de la lune, la chute des étoiles et l'ébranlement de toutes les forces du ciel annonceraient l'apparition du Messie, qui, à la terreur des habitants de la terre, descendrait aussitôt avec une grande gloire dans les nuées du ciel, et ferait convoquer incontinent, par les anges, avec le bruit des trompettes, ses élus de tous les coins du monde (v. 29—31); que les signes susdits feront reconnaître l'approche de la catastrophe aussi sûrement que les bourgeons du figuier l'approche de l'été; que, de toute certitude, le siècle présent sera témoin de tout cela, bien que Dieu seul connaisse l'époque précise (v. 32—36); que les hommes, dans les dispositions où ils se trouvent (Marc et Luc n'ont pas ce qui suit, ou l'ont dans un autre arrangement), verront l'approche du Messie, comme jadis on vit s'approcher le déluge, avec une sécurité insouciante (v. 37—39); et cependant que ce sera un moment très critique qui apportera un sort tout contraire à ceux qui avaient vécu dans les conditions les plus rapprochées (v. 40. 41); que la vigilance est donc nécessaire (v. 42), comme elle l'est toujours quand on ignore le moment où un événement décisif se réalisera; ce qui est aussitôt figuré sous l'image du maître de maison et du voleur (v. 43. 44), sous celle du serviteur auquel le maître en partant confie la surveillance de la maison (v. 45-51), sous celle des vierges sages et des vierges folles (25, 1-13), enfin sous celle des talents (v. 14-30). Là-dessus suit une description du jugement solennel auquel le Messie soumettra tous les peuples, et dans lequel il distribuera la félicité ou la damnation suivant qu'on aura pratiqué ou négligé les devoirs de l'amour du prochain (v. 31-46) (1).

---

(1) Comparez sur la teneur et l'enchaînement de ces discours, Fritzsche, in Matth., p. 695 seq.; De Wette, Exeg. Handb., 1, 1, S. 197 ff.; Weizel, Doctrine chrétienne primitive de l'immortalité, dans: Theol. Studien und Kritiken, 1836, S. 599 ff.

En conformité avec ces interprètes, je joins la division suivante du chapitre dans Matthieu:

1. Signes précurseurs de la *fin*, τέλος, 24, 4-14.

A. Signes plus éloignés, commencement des douleurs de l'enfantement, ἀρχὴ ὠδίνων, 4-8.

B. Signes plus rapprochés, les douleurs mêmes, 9-14.

2. La *fin* elle-même, 24, 15-28, 46.

A. Ouverture de la période finale par la destruction de Jérusalem et par la grande calamité, θλίψις, qui l'accompagne, 15-28.

B. Milieu et péripétie; arrivée du Messie qui réunit ses élus, 29-31 (là-dessus considérations rétrospectives et encouragements, 24, 32-25, 30).

C. Conclusion de la *fin* par le jugement messianique, 31-46.

Ainsi Jésus, dans ces discours, annonce que *bientôt* (εὐθέως, 24, 28) après ces calamités où il nous faut, nommément d'après l'évangile de Luc, reconnaître la destruction de Jérusalem et de son Temple, et avant que la *génération de ses contemporains*, ἡ γενεὰ αὕτη (v. 34) soit passée, il apparaîtra visiblement dans les nuées et clora la période actuelle. Or, la capitale de la Judée est détruite depuis tantôt 1800 ans; les contemporains de Jésus sont morts depuis un temps non moins long, et cependant ni la venue visible ni la fin du monde qu'il y rattachait ne se sont encore réalisées. En conséquence la prédiction de Jésus paraît avoir été une fausse prédiction. Dès la plus haute antiquité chrétienne, comme le retour du Christ se faisait plus attendre qu'on n'avait pensé, il y eut, d'après 2. Petr., 3, 3 seq., des railleurs qui demandaient : *Où est la prédiction de la venue? Car depuis le jour où nos pères se sont endormis, tout demeure comme au commencement de la création*, ποῦ ἐστιν ἡ ἐπαγγελία τῆς παρουσίας αὐτοῦ; ἀφ' ἧς γὰρ οἱ πατέρες ἐκοιμήθησαν, πάντα οὕτω διαμένει ἀπ' ἀρχῆς κτίσεως. Dans les temps modernes, la conséquence fâcheuse dont cette prédiction semble susceptible contre Jésus et les apôtres n'a été présentée par personne d'une manière plus incisive que par l'auteur des *Fragments de Wolfenbüttel*. Aucune prédiction dans toute l'Écriture, dit-il, n'est d'un côté plus précise, de l'autre plus évidemment démentie, que celle-ci qui forme cependant un des piliers du christianisme : et il y voit non une simple erreur, mais une tromperie préméditée des apôtres, à qui, et non à Jésus même, il attribue cette promesse et les discours qui la contiennent. Cette tromperie, il l'explique par la nécessité où ils étaient d'attirer, par l'appât d'une rémunération prochaine, les gens qu'ils avaient besoin, pour vivre, de mettre à contribution, et il soutient qu'elle est reconnaissable à la gaucherie avec laquelle ils cherchent à échapper aux doutes que suscitent les trop longs retards de la venue de Jésus : Paul, en jouant aux énigmes avec des locutions obscures dans la deuxième Épître aux habitants de Thessalonique, et Pierre, en poussant l'énormité jusqu'à invoquer la manière dont Dieu compte le temps, et par laquelle mille ans ne valent qu'un jour (1).

Naturellement, l'exégèse dut tenter tous les efforts pour éviter la blessure mortelle que l'on cherchait à porter au christianisme avec les conclusions tirées de ce chapitre. Toute la difficulté gît en ceci : Jésus paraît mettre dans une étroite connexion chronologique quelque chose qui est encore à venir, avec quelque chose qui est passé depuis longtemps. On peut essayer de la résoudre de trois manières: ou bien on niera que Jésus parle de quelque chose qui soit déjà passé, et l'on soutiendra que tout ce qu'il dit est uniquement relatif à un avenir non encore accompli; ou bien on niera qu'une partie de son discours se réfère à quelque chose qui soit encore à venir, et l'on rapportera toute la prédiction à des événements qui depuis longtemps sont derrière nous; ou enfin on accordera, il est vrai, que le discours de Jésus touche en partie à des choses qui sont déjà passées pour nous, en partie à des choses qui sont encore à venir; mais alors ou l'on niera qu'il ait mis les unes et les autres en une connexion immédiate, ou l'on soutiendra qu'il n'a pas manqué de prendre en considération l'intervalle intermédiaire.

Quelques Pères de l'Église, vivant encore dans la primitive attente du retour du Christ, et trop inexercés dans une exégèse régulière, pour ne pas négliger certaines aspérités qui faisaient obstacle à une explication désirée, quelques Pères de l'Église, dis-je, tels que Irénée et Hilaire (2), ont

---

(1) *Vom Zweck Jesu und seiner Jünger*, S. 184, 204 ff., 207 ff.

(2) Le premier, *Adv. Hæres.*, 5, 25; le second, *Comm. in Matth.*, sur ce passage. Comparez sur les diverses explications de ce passage la liste de

rapporté tout le passage depuis le commencement, Matth., 24, jusqu'à la fin, chap. 25, à la venue du Christ pour le jugement, venue qui n'est pas encore accomplie. Mais cette explication accorde tout d'abord que Jésus a employé la destruction de Jérusalem comme type de cette dernière catastrophe. Par conséquent elle s'annule elle-même. En effet, que signifie cette concession, sinon que le commencement de ce discours fait naître l'impression qu'il y est parlé de la destruction de Jérusalem, c'est-à-dire d'un événement maintenant accompli depuis longtemps, et qu'on ne peut y trouver que par une réflexion ultérieure, par une combinaison, un rapport à quelque chose qui soit encore à venir aujourd'hui?

Le rationalisme moderne, qui, inspiré à son début par des idées de naturalisme, avait abandonné comme une chimère l'espoir du retour du Christ sous une forme quelconque, et qui se permettait toutes les violences exégétiques pour chasser de l'Écriture ce qui l'y choquait, le rationalisme, dis-je, se jeta du côté opposé, et hasarda la tentative de rapporter d'un bout à l'autre les discours dont il s'agit à la seule destruction de Jérusalem, et à ce qui précéda et suivit immédiatement cet événement (1). D'après cette explication, la fin dont il est question n'est que le renversement de la constitution judéo-païenne qui régissait le monde; ce qui est dit de la venue du Christ dans les nuages n'est qu'une figure de la propagation et du triomphe de sa doctrine; la convocation des peuples pour le jugement, et la distribution de la félicité aux uns et de la damnation aux autres, sont une image des biens qui seront le partage de ceux qui s'approprieront la doctrine et la cause de Jésus, et des maux qu'entraînera l'indifférence ou même l'hostilité pour

---

Schott, *Commentarius in eos J. Chr. sermones, qui de reditu ejus ad judicium... agunt,* p. 78 seq.

(1) Bahrdt, *Traduction du Nouveau Testament*, 4, p. 1103, 3ᵉ édition; Eckermann, *Handbuch der Glaubenslehre*, 2, S. 579, 3, S. 427, 437, 709 ff., et d'autres dans Schott, l. c.

cette doctrine et cette cause. Mais expliquer ainsi, c'est admettre, entre les figures et les idées une distance qui, inouïe en soi, est inconcevable dans ce cas particulier, où Jésus, parlant à des hommes animés de sentiments judaïques, devait savoir qu'ils entendraient absolument au propre ce qu'il dirait de la venue du Messie dans les nuages, du jugement et de la fin de la période présente.

Ainsi, le discours de Jésus, dans toute sa longueur, n'est susceptible d'être rapporté ni à la destruction de l'état juif ni aux scènes de la fin du monde ; il faudrait donc le rapporter à quelque chose de différent et de la ruine de Jérusalem et de la fin du monde, s'il était vrai que cette double impossibilité fût inhérente à chacune des parties qui le composent. Mais il n'en est pas ainsi : ce qui est dit de la destruction du temple dans Matth., 24, 2. 3. 15 seq., ne peut s'appliquer à la lointaine époque de la fin du monde ; et réciproquement, ce qui est annoncé du jugement qui sera tenu par le Fils de l'homme, 25, 31 seq., ne peut s'appliquer à la destruction de Jérusalem. Ce qui domine dans le début du discours, c'est le rapport à la destruction de Jérusalem ; ce qui domine dans la dernière partie, c'est le rapport à la fin des choses. Il est donc possible de le diviser tellement que la première partie soit rapportée à l'événement le plus prochain, c'est-à-dire la ruine de Jérusalem, et la seconde partie à l'événement le plus éloigné, c'est-à-dire la consommation des siècles. C'est là le moyen terme qui a été embrassé par la plupart des interprètes modernes ; et alors il ne s'agit plus que de déterminer le point où il faut placer la division entre les deux parties. Comme il s'agirait d'une lacune qui, par supposition, comprendrait tout l'intervalle entre la destruction de Jérusalem et le jugement dernier, c'est-à-dire probablement plusieurs milliers d'années, elle devrait être, ce semble, désignée d'une façon reconnaissable, et par conséquent on devrait la trouver avec facilité et unanimité. Mais vainement, et ce n'est pas un bon signe pour la supposition, cherche-t-on cette unanimité et cette concordance ; loin de là, le point de la division a été marqué aux endroits du discours les plus différents.

Comme il paraissait du moins constant qu'à partir du v. 31, la conclusion du 25ᵉ chapitre, où sont les discours sur le jugement solennel auquel le Messie, entouré des anges, soumettra tous les peuples, ne pouvait être rapportée au temps de la destruction de Jérusalem, plusieurs théologiens crurent être en droit de mettre ici le point de séparation, et, en continuant de rapporter à la ruine de l'État juif tout jusqu'à ch. 25, 30, ils rapportèrent la suite au jugement qui couronne la consommation des choses (1). Cette explication suppose un grand intervalle entre les versets 30 et 31 du chapitre 25, et l'on est frappé tout d'abord de voir que cet intervalle n'est indiqué que par la simple particule δέ. Puis non seulement on déclare que ce qui est dit des éclipses de soleil et de lune, des tremblements de terre, et des chutes d'étoiles, n'est qu'une figure de la ruine de l'état et du culte des Juifs; mais encore, quand il est dit du Messie, 24, 31, qu'il viendra dans les nuées, on assure que cela signifie *invisiblement;* qu'il viendra avec puissance, que cela signifie, *avec une puissance manifeste seulement par ses effets;* qu'il viendra avec beaucoup de gloire, que cela signifie, *une gloire que l'on pourra conclure de ces effets qu'il produira;* enfin on ajoute que les *anges,* ἄγγελοι, qui convoqueront les peuples au son de la trompette, sont les apôtres qui porteront la parole de la prédication (2). On a tout à fait tort d'invoquer, pour une ex-

---

(1) C'est ce que disent Lightfoot, sur ce passage; Flatt, *Comm. de notione vocis,* βασιλεία τῶν οὐρανῶν, dans *Velthusen's und A. Sammlung,* 2, 461 ff.; Jahn, *Explication des prophéties de Jésus touchant la destruction de Jérusalem, etc.,* dans: *Bengel's Archiv.,* 2, S. 79 ff.; et d'autres. Voyez Schutt, S. 75 f.

(2) C'est ce que dit particulièrement Jahn, Mémoire cité.

plication purement figurée de ces passages, les tableaux prophétiques des jours du jugement divin (Is., 13, 9 seq.; 24, 18 seq.; Jérém., 4, 23 seq.; Ezech., 32, 7 seq.; Joel, 3, 3, seq.; Amos, 8, 9), et subsidiairement des descriptions telles que celles qu'on lit dans Jud., 5, 20; Act. Ap. 2, 17 seq. (1). Dans ces prophéties, il est question de véritables éclipses, de véritables tremblements, etc., qui, étant des prodiges, devaient accompagner la catastrophe annoncée. Dans le Psaume de Débora, il s'agit également d'une véritable participation du ciel au combat contre Sisara, participation qui est attribuée, dans le récit 4, 15, à Dieu lui-même, et ici, dans le Psaume, à ses légions célestes. Enfin, Pierre compte qu'après que l'effusion de l'esprit se sera accomplie, on verra se manifester au ciel les phénomènes annoncés parmi les signes précurseurs du *jour du Seigneur*, ἡμέρα Κυρίου.

La tentative de mettre, en partant de la fin du discours, le point de séparation au verset 30 du chapitre 25, échouant par l'impossibilité où l'on est d'expliquer ce qui est placé au delà; il a été naturel de rechercher, en partant du commencement, jusqu'où il faudrait de toute nécessité reconnaître que le discours s'applique au plus prochain avenir, c'est-à-dire à la ruine de Jérusalem. Dans cette recherche, on trouva que le premier point de repos se rencontrait après ch. 24, 28; car ce qui jusque-là est dit de la guerre, des autres calamités, de l'abomination dans le Temple, de la nécessité d'une prompte fuite pour échapper à des misères inouïes, ne peut, sans la plus grande violence, être détaché de la destruction de Jérusalem; mais ce qui suit touchant la venue du Fils de l'homme dans les nuées, etc., demande, non moins impérieusement, à être rapporté à la fin des choses (2). Cependant, dès le premier abord, il

---

(1) Kern, *Faits principaux*, dans: Tüb. Zeitschrift, 1836, 2, S. 140 ff. acad., 3, p. 34 ff.; Paulus, *Exeget.* Handb., 3, a, S. 346 f., 402 f.

(2) C'est ce que disent Storr, *Opusc.*

semble impossible de comprendre comment l'énorme intervalle de temps, que cette explication suppose aussi entre la première et la seconde partie du discours, peut être placé justement entre deux versets que Matthieu réunit par la particule qui exprime le temps le plus court (*aussitôt*, εὐθέως). On a essayé de remédier à cette difficulté en soutenant que εὐθέως n'exprime pas ici la prompte succession d'un événement après l'autre, mais signifie seulement que l'événement en question arrivera soudainement, et que c'est comme si Jésus avait dit : Après les calamités (sans déterminer combien de temps après) qui signaleront la ruine de Jérusalem, le Messie soudainement apparaîtra d'une manière visible. Mais, outre qu'une pareille explication de εὐθέως, comme Olshausen le remarque justement, est une dernière ressource qu'on emploie à toute extrémité, elle ne lève même pas réellement la difficulté. En effet, non seulement Marc, dans le passage parallèle v. 24, disant : *Dans ces jours après cette affliction*, ἐν ἐκείναις ταῖς ἡμέραις μετὰ τὴν θλίψιν ἐκείνην, place, dans la même série de temps, et les événements qu'il va annoncer, et ceux qu'il vient d'annoncer ; mais encore, peu après, tous les évangiles portent avec concordance (Matth., v. 34 et parall.) que la génération actuelle ne passera pas sans que cela arrive. Il en résultait que l'explication qui, à partir du v. 29, rattache tout à la venue du Christ lors du jugement dernier, était menacée d'être réduite à rien par le v. 34 ; aussi le mot *génération*, γενεά, fut mis à la torture, comme l'auteur des *Fragments* de Wolfenbüttel s'en est déjà plaint (1). Afin qu'il ne s'opposât plus à l'explication voulue, il fallut qu'il signifiât tantôt la nation juive (2), tantôt le parti de Jésus (3) ; et l'on prétendit que Jésus avait voulu dire que ou cette nation ou son parti existerait encore, après

---

(1) L. c., S. 188. (3) Paulus, sur ce passage.
(2) Storr, l. c., p. 39. 116 seq.

un nombre indéterminé de générations, au moment de la dernière catastrophe. On ajouta que le verset 35, qui suit immédiatement, fait une nécessité d'ôter au verset 34 toute détermination de temps; que Jésus déclarant dans le verset 35 que le temps de la dernière catastrophe ne peut être fixé, ne saurait l'avoir fixé immédiatement auparavant, en disant que ses contemporains en seraient encore les témoins. Cependant cette nécessité prétendue d'expliquer ainsi le mot *génération*, γενεά, a été depuis longtemps réduite à néant par une distinction entre la détermination approximative et la détermination précise du temps où la catastrophe finale surviendra : la première, Jésus la donne, et c'est la *génération* actuelle, γενεά; la seconde, il assure ne pas pouvoir la fixer avec exactitude, c'est-à-dire en indiquer *le jour et l'heure*, ἡμέρα καὶ ὥρα (1). Mais la possibilité même d'interpréter le mot γενεά d'une des façons indiquées s'évanouit, quand on réfléchit que, réuni avec un verbe qui exprime le temps, et sans autre détermination, le mot γενεά ne peut avoir d'autre signification que la signification primitive, à savoir *génération, époque;* que, dans un contexte qui tend à caractériser par des signes la venue du Messie, il aurait été mal à propos de parler, non pas de cette venue, mais de la durée du peuple juif ou de la durée de la communauté chrétienne dont il n'était pas question; que même le v. 33, où il est dit : *Quand vous verrez tout cela, sachez*, etc., ὑμεῖς ὅταν ἴδητε πάντα ταῦτα, γινώσκετε κ. τ. λ., suppose que les personnes à qui Jésus s'adresse, vivraient assez pour voir l'événement dont il s'agit; enfin, que dans un autre passage (Matth. 16, 28 et parall.) la promesse de voir la venue du Fils de l'homme est donnée non pas seulement à cette *génération*, γενεά αὕτη, mais directement *à quelques uns de ceux qui sont ici présents*, τισὶ τῶν ὧδε ἑστώτων; ce qui démontre

---

(1) Voyez Kuinœl, *in Matth.*, p. 649.

PREMIER CHAPITRE. § CXIII.

de la façon la plus décisive que, dans notre passage aussi, Jésus, en employant le mot *génération*, a entendu parler de la génération de ses contemporains, laquelle ne devait pas mourir avant que la fin du monde fût survenue (1). Hors d'état de nier cette conclusion, et s'efforçant de séparer, par le plus grand intervalle possible, la fin du monde ici annoncée et l'époque de Jésus, d'autres prétendent que le passage en question renferme seulement ceci : les événement décrits jusque-là *commenceront* à s'accomplir dès le temps actuel, et par conséquent il peut encore s'écouler beaucoup de siècles avant qu'ils soient pleinement accomplis (2). Mais, si dès le v. 8 il est question des commencements de la période de calamités, tandis qu'à partir du v. 14 se trouve décrite la fin de la période actuelle, fin amenée par ces calamités, et si alors il est dit que la génération présente ne passera pas *sans que tout cela soit arrivé*, ἕως ἂν πάντα ταῦτα γένηται, il est impossible qu'il s'agisse de ces commencements seuls, il faut que les phases de la fin du monde même, dont il est parlé en dernier lieu, y soient comprises.

Si donc le verset 34 renferme encore quelque chose qui doive se rapporter à ces événements voisins du temps de Jésus, son discours ne peut être, dès le verset 29, relatif à la

---

(1) Comparez l'auteur des *Fragments de Wolfenbüttel*, l. c., S. 190 ff.; Schott, l. c., S. 127 ff.

(2) Kern, l. c., S. 141 f. Que Jésus ait supposé, entre le moment où il parlait et la fin du monde, un intervalle beaucoup plus long que l'intervalle qui devait s'écouler jusqu'à la ruine de Jérusalem, c'est ce que Kern crut pouvoir démontrer par la voie la plus courte à l'aide du verset 14 de notre 24ᵉ chapitre, où Jésus dit : *Et cet évangile du règne sera prêché par toute la terre pour servir de témoignage à toutes les nations, et c'est alors que la fin arrivera*, καὶ κηρυχθήσεται τοῦτο τὸ εὐαγγέλιον τῆς βασιλείας ἐν ὅλῃ τῇ οἰκουμένῃ εἰς μαρτύριον πᾶσι τοῖς ἔθνεσι, καὶ τότε ἥξει τὸ τέλος. Nul ne peut *contredire*, assure-t-il, qu'une pareille propagation du christianisme n'exige un temps incomparablement plus long qu'une vingtaine d'années. Par bonheur, les apôtres se chargent eux-mêmes de cette *contradiction ;* car, dès avant la ruine de Jérusalem, ils représentent la propagation de l'évangile comme ayant déjà atteint le terme assigné; par exemple, *Col.*, 1, 5 : *L'évangile* (6) *actuel dans le monde entier*, τοῦ εὐαγγελίου, (6) τοῦ παρόντος... ἐν παντὶ τῷ κόσμῳ... 23 : *L'évangile ayant été annoncé dans toute la création sous le ciel*, τοῦ κηρυχθέντος ἐν πάσῃ τῇ κτίσει τῇ ὑπὸ τὸν οὐρανόν. Comparez *Rom.*, 10, 13.

fin du monde. Le point de séparation doit être reculé plus loin, vers le v. 35 ou le v. 42 (1). Mais alors on garde derrière soi des phrases qui ne se prêtent pas à être entendues du temps de la destruction de Jérusalem, signification que l'on prétend donner à tout le paragraphe jusqu'aux versets désignés, et l'on est contraint d'admettre, dans les discours sur la glorieuse venue du Christ au milieu des nuages, et sur la convocation de tous les peuples par les anges (v. 30 seq.), les mêmes métaphores monstrueuses contre lesquelles une autre division a échoué, comme nous l'avons vu plus haut.

Ainsi le verset 34, qui, avec le verset 32 et seq., où se trouve la métaphore du figuier, et avec le verset 35, qui contient une affirmation irrévocable, doit être rapporté à un événement très voisin, ce verset, dis-je, a, aussi bien en avant qu'en arrière, des discours qui ne peuvent aller qu'à la lointaine catastrophe de la fin du monde; il paraît donc, au milieu de la teneur du reste du discours, former une espèce d'oasis d'un sens tout spécial. En conséquence, Schott admet que Jésus, ayant parlé jusqu'au verset 26 de la destruction de Jérusalem, passe, verset 27, aux événements de la fin de la période actuelle, puis revient, verset 32, à la destruction de Jérusalem, et ne recommence qu'au verset 36 à parler de la fin du monde (2). Mais c'est là hacher le texte en désespoir de cause. Il est impossible que Jésus ait parlé avec autant de désordre et si peu de suite, d'autant plus que la juxtaposition des phrases ne donne aucun indice de ces brusques transitions.

Aussi n'a-t-il pas parlé de la sorte, dit la critique moderne; la faute en est aux évangélistes, qui ont mis, à la suite les uns des autres et non dans le meilleur ordre, des

---

(1) Pour le verset 35, Süskind, *vermischte Aufsætze*, S. 90 ff.; pour le verset 42, Kuinœl, *in Matth.*, p. 653 seq.

(2) Voyez son *Commentaire*, sur ce passage.

discours de Jésus différents et sans connexion mutuelle. Il est vrai que Schulz accorde que Matthieu se représente ces discours comme ayant été prononcés d'un seul trait, et qu'à cet égard, l'arbitraire ou la violence seule peut les disjoindre; mais il ajoute que difficilement Jésus les a tenus dans cet enchaînement, avec l'empreinte totale qu'ils ont dans l'évangile (1). Sieffert pense que Jésus peut n'avoir pas séparé formellement les différentes phases de sa venue, c'est-à-dire sa présence invisible lors de la destruction de Jérusalem, et sa présence visible à la fin des choses, mais que sûrement il ne les a pas non plus réunies d'une manière positive, et que ce qu'il rapprochait tacitement a été fondu ensemble par les évangélistes, à cause de l'obscurité du sujet (2). Ici on retrouve, entre Matthieu et Luc, un genre de différence déjà signalé, à savoir, que les discours que Matthieu rapporte comme prononcés d'un seul trait, sont dans Luc répartis entre différents endroits. De plus, Luc ou n'a pas ou rapporte autrement plusieurs des choses consignées par Matthieu dans son évangile. Par là, Schleiermacher (3) s'est cru autorisé à rectifier la rédaction de Matthieu par celle de Luc, et à soutenir que, tandis que dans Luc les deux discours séparés, 17, 22 seq., et 21, 5 seq., ont chacun un bon enchaînement et une signification sur laquelle on ne peut élever de doute, dans Matthieu, la fusion de ces deux discours (chap. 24 et 25) et l'addition de fragments de discours hétérogènes ont altéré l'enchaînement et obscurci la signification. Suivant le même théologien, le discours dans Luc, 21, pris en soi, ne contient rien qui aille au delà du rapport à la conquête de Jérusalem et aux événements qui en dépendent. Cependant il se trouve ici aussi (v. 27) ces mots : *Et alors ils verront le*

---

(1) *Ueber das Abendmahl*, S. 315 f.
(2) *Ueber den Ursprung des ersten kanon. Evang.*, S. 449 ff. De même Weisse, l. c.

(3) *Ueber den Lukas*, S. 215 ff., 265 ff. Ici aussi Neander se joint à lui, S. 562.

Fils de l'homme venant dans la nuée, τότε ὄψονται τὸν υἱὸν τοῦ ἀνθρώπου ἐρχόμενον ἐν νεφέλῃ ; et, quand Schleiermacher entend cela comme figurant simplement la manifestation patente de l'importance religieuse qui appartient aux commotions, précédemment décrites, de la politique et de la nature, il commet contre le texte une violence où vient échouer toute son interprétation du rapport qu'il suppose entre la rédaction de Luc et celle de Matthieu. En effet, il demeure constant que Matthieu n'est pas le seul à rattacher la fin de toute chose à la destruction du Temple de Jérusalem ; ces deux événements sont rattachés aussi l'un à l'autre par Luc, et même par Marc, qui, dans ce paragraphe, donne un extrait de Matthieu. Sans doute il se peut que bien des choses dites en différents temps aient été rapprochées dans ce discours de Jésus, aussi bien que dans d'autres que les évangélistes ont consignés par écrit ; mais on n'est nullement autorisé à supposer que ce qui se rapporte aux deux événements (ruine de Jérusalem et fin du monde) si éloignés l'un de l'autre dans nos idées, ne forme pas un seul et même contexte ; et on l'est d'autant moins, que les autres écrits du Nouveau Testament s'accordent à présenter la première société chrétienne comme attendant très prochainement la venue du Christ et la fin de la période actuelle (voyez 1. Cor., 10, 11 ; 15, 51 ; Phil., 4, 5 ; 1. Thess., 4, 15 seq. ; Jac., 5, 8 ; 1. Petr., 4, 7 ; 1. Joh., 2, 18 ; Apocal., 1, 1. 3 ; 3, 11 ; 22, 7. 10. 12. 20).

On ne peut donc échapper à la nécessité de convenir que le discours de Jésus, à moins que nous ne voulions en disjoindre à plaisir les parties, traite, au commencement, de la destruction de Jérusalem ; plus loin, et jusqu'à la fin, de la consommation des choses, et que ces deux catastrophes y sont mises dans un enchaînement immédiat. Il ne reste donc plus, pour maintenir la vérité de la prédiction, qu'une explication : c'est, tout en laissant dans l'avenir sa venue dont il est parlé, de la faire passer en même temps dans le présent; en d'autres termes, c'est de la transformer d'une venue simplement future en une venue permanente. Toute l'histoire du monde, a-t-on dit en conséquence, est, depuis la première apparition du Christ, un retour invisible qu'il accomplit sans cesse, un jugement spirituel auquel il soumet l'humanité. La ruine de Jérusalem (dans notre passage jusqu'au verset 28) n'en est que le premier acte; immédiatement après (εὐθέως, v. 29 seq.) vient la révolution opérée dans l'humanité par la prédication de l'Évangile, révolution qui, par une série d'actes et d'époques, descend jusqu'à la fin des choses, où le jugement accompli peu à peu dans l'histoire du monde se manifestera dans une révélation qui comprendra tout, qui clora tout (1). Mais le mot célèbre du poëte (2), mot qui est l'écho de la conscience moderne, est peu propre à donner la clef d'un discours qui, plus que tout autre, a sa source dans les croyances du monde ancien. Considérer le jugement du monde, la venue du Christ, comme quelque chose de successif, c'est se mettre dans la contradiction la plus tranchée avec la manière de voir du Nouveau Testament. Dès l'abord, les expressions qui y sont employées pour désigner cette catastrophe, telles que *ce jour*, ἐκείνη ἡμέρα, ou le *dernier jour*, ἐσχάτη ἡμέρα, témoignent qu'il s'agit d'une péripétie instantanée. La *consommation des siècles*, συντέλεια τοῦ αἰῶνος, des signes de laquelle les apôtres s'enquièrent (v. 3), et que Jésus représente ailleurs (Matth., 13, 39), sous la figure de la moisson, ne peut être que la conclusion finale de la marche du monde, et ne peut pas être quelque chose qui se réalise successivement durant cette marche. Quand Jésus compare sa venue à celle d'un éclair (24, 27), son arrivée

---

(1) Olshausen, *Bibl. Comm.*, 1, S. 865; Kern, l. c., S. 138 ff; comparez Steudel, *Glaubenslehre*, S. 470 ff.

(2) Schiller: *L'histoire du monde est le jugement du monde, Die Weltgeschichte ist das Weltgericht* (Poésies détachées, dans la pièce intitulée *Résignation*). Note du trad.

à celle du voleur dans la nuit (v. 43), il veut par là exprimer qu'elle sera un événement soudain et non une série d'événements (1). Si l'on ajoute les métaphores inouïes auxquelles on est obligé de recourir, aussi bien dans cette explication que dans celle qui rapporte le 24ᵉ chapitre à la ruine du judaïsme (2), on sera obligé de renoncer à cet essai comme à tous les autres.

Ainsi échoue la dernière tentative pour introduire, dans les discours dont il s'agit, le vaste intervalle qui, au point de vue où nous sommes placés actuellement, sépare la ruine de Jérusalem et la consommation des siècles ; par le fait même, nous apprenons que cette séparation n'est pas autre chose qu'une idée qui nous est propre, et que nous ne devons pas transporter dans le texte original. Et si nous réfléchissons que l'idée de cet intervalle n'est due qu'à l'expérience des siècles multipliés qui se sont écoulés depuis la destruction de Jérusalem, il nous deviendra facile d'imaginer comment l'auteur de ces discours, qui n'avait pas encore cette expérience derrière lui, put penser que, bientôt après la chute du sanctuaire juif, centre du monde d'alors dans les idées juives, ce monde prendrait fin lui-même, et que le Messie apparaîtrait pour le jugement.

---

(1) Comparez en particulier Weizel, *Le temps du jugement dernier*, etc., dans : *Studien der evang. Geistlichkeit Würtembergs*, 9, 2, S. 140 ff. 154 ff.

(2) Selon Kern, la phrase : *Le signe du Fils de l'homme paraîtra dans le ciel*, φανήσεται σημεῖον τοῦ υἱοῦ τοῦ ἀνθρώπου ἐν οὐρανῷ, signifie la manifestation visible de tout ce qui, faisant époque dans l'histoire de l'humanité, a un caractère assez saillant pour montrer l'action du Christ qui régit l'histoire de l'humanité, avec autant de clarté que si l'on voyait au ciel le signe du Christ. La phrase : *Et alors toutes les tribus de la terre se lamenteront*, καὶ τότε κόψονται πᾶσαι αἱ φυλαὶ τῆς γῆς, signifie les douleurs qui saisiront les hommes lors de la crise, κρίσις, qui accompagne la propagation du royaume du Christ, c'est-à-dire quand ce qui n'est pas divin sera chassé du monde, et quand le vieil homme sera tué. Weisse se laisse encore emporter plus loin par le vertige de l'allégorie : « Le Christ, dit-il, plaint les femmes grosses et les nourrissons, c'est-à-dire ceux qui veulent encore travailler et produire sous la direction de l'ancien ordre de choses ; il plaint ceux dont la fuite tombera dans l'hiver, c'est-à-dire à une époque rude et inhospitalière qui ne portera point de fruits pour l'esprit. » (P. 592.)

§ CXIV.

Origine des discours sur la venue.

Le résultat auquel nous sommes arrivés en dernier lieu touchant les discours soumis à notre examen renferme quelque chose que tous les faux essais d'explication appréciés jusqu'ici ont eu pour but d'éviter. Si Jésus s'est imaginé et a déclaré que la chute du sanctuaire juif serait suivie de près de la venue visible et de la fin du monde, comme il s'est écoulé presque 1800 ans depuis la première catastrophe, sans que la seconde se soit encore accomplie, il s'est trompé en ce point; et celui qui cède assez à l'évidence de l'exégèse pour tomber d'accord avec nous sur le sens des discours en question, celui-là cherche néanmoins, en raison de considérations dogmatiques, à échapper à la conclusion qui en découle.

On sait que Hengstenberg a mis en avant, au sujet des visions des prophètes hébreux, une théorie qui a obtenu le suffrage d'autres théologiens, c'est qu'à la vue spirituelle de ces personnages les choses futures se présentaient moins dans le temps que dans l'espace, à peu près comme se présenteraient de grands tableaux; il leur arrivait ce qui arrive dans les peintures ou les perspectives, c'est-à-dire que les objets les plus éloignés semblaient souvent placés immédiatement derrière les plus voisins; le plan antérieur et le plan postérieur se confondaient. Suivant Hengstenberg, cette théorie de la vision en perspective s'applique à Jésus, surtout pour les discours qui nous occupent en ce moment (1). Mais la remarque de Paulus est sans réplique (2) : de même que celui qui dans une perspective sou-

---

(1) Hengstenberg, *Christologie des A. T.*, 1, a, S. 305 ff.
(2) *Exeg. Handb.*, 3, a, S. 403. Comparez aussi Kern, *Faits principaux*, l. c., S. 137.

mise à sa vue ne sait pas distinguer les distances, est l'objet d'une illusion d'optique, c'est-à-dire se trompe, de même, dans une perspective soumise aux yeux de l'esprit, s'il en existe de telle, il y a erreur du moment que les distances ne sont plus perçues. Ainsi la théorie de Hengstenberg, bien loin de montrer que ces personnages ne se sont pas trompés, explique avec quelle facilité ils ont pu se tromper.

Aussi Olshausen, qui du reste adopte cette théorie, ne la juge-t-il pas suffisante dans le cas présent pour écarter de Jésus toute apparence d'erreur; et de la nature particulière du fait dont la prédiction est ici examinée, il cherche à tirer des motifs spéciaux de justification (1). D'abord il prétend que, pour avoir toute son importance morale, la doctrine de la venue du Christ exige qu'on la croie possible, et même vraisemblable à tous les moments. Par là il ne fait que justifier des expressions telles que celles du v. 37 seq. (Matth., 24), où Jésus conseille la vigilance, parce que personne ne saurait prévoir combien le moment décisif peut être prochain; mais il ne justifie pas des expressions telles que celles du v. 34, chap. 24, où Jésus assure que tout s'accomplira avant la fin d'un âge d'homme. Car celui qui a des idées justes, se représente le possible comme possible, le vraisemblable comme vraisemblable; et, s'il veut rester dans la vérité, il le montre aussi comme tel aux autres; mais celui qui se représente comme réel ce qui n'est que possible ou vraisemblable, celui-là se trompe; et si, sans se le représenter ainsi lui-même, il le donne comme tel en vue d'un but religieux ou moral, il se permet une fraude pieuse. Pour appuyer ce qui a été rapporté plus haut, Olshausen ajoute qu'il a été vrai de dire que la venue du Christ était prochaine, et vrai en ceci, à savoir que toute l'histoire du monde est réellement une venue du Christ, sans que cepen-

(1) *Bibl. Comm.*, 1, S. 865 ff.

dant sa venue finale à la consommation des siècles soit exclue par là. Mais, s'il est prouvé que Jésus représente sa venue propre et finale comme prochaine, tandis qu'en réalité c'est seulement sa venue figurée et permanente qui a commencé à se réaliser dès le temps le plus voisin de sa mort, il a confondu ces deux modes de venue. Enfin Olshausen produit un dernier argument : comme l'accélération ou le retard du retour du Christ dépend de la conduite des hommes, par conséquent du libre arbitre, il ne faut entendre sa prédiction que conditionnellement. Mais cet argument tombe du même coup que le premier ; car présenter comme inconditionnel quelque chose de conditionnel, c'est propager une fausse notion.

Sieffert aussi regarde comme insuffisants les motifs par lesquels Olshausen cherche à arracher au domaine de l'erreur la prédiction de Jésus relative à son retour ; cependant il pense qu'il est impossible à la conscience chrétienne d'attribuer à Jésus une attente déçue (1). Dans aucun cas, cela n'autoriserait à séparer arbitrairement, dans le discours de Jésus, les uns des autres les éléments qui se rapportent à l'événement le plus voisin, et ceux qui se rapportent à l'événement le plus éloigné dans notre idée ; le fait est que, si nous avions des raisons pour considérer une pareille erreur comme inconcevable en Jésus, nous serions obligés de dire que les discours sur la venue, où ces deux éléments sont si inséparablement confondus, ne lui appartiennent pas. Mais, au point de vue orthodoxe, on ne demande pas d'abord ce qu'il convient à une conscience chrétienne de notre temps d'admettre ou de ne pas admettre touchant le Christ, on demande ce qui est écrit touchant le Christ, après quoi la conscience devra chercher à s'en accommoder comme elle pourra ; au point de vue rationnel, un sentiment tel que ce que l'on appelle la conscience chrétienne, senti-

(1) *Ueber den Ursprung u. s. f.*, S. 119. Weisse s'exprime de même.

ment qui repose sur des suppositions, n'a pas voix dans des discussions scientifiques, et, toutes les fois qu'il voudra s'y immiscer, il faudra le rappeler à l'ordre par le simple dicton : *Taceat mulier in ecclesia* (1).

Quant à la question de savoir si nous avons d'autres motifs pour contester que les prédictions rapportées dans Matth., 24, 25, et parallèles, soient de Jésus, nous pouvons prendre pour le point de départ de notre examen l'assertion de théologiens surnaturalistes qui disent que Jésus a su ce qu'il prédit ici, non par la voie naturelle d'un calcul judicieux, mais d'une manière surnaturelle (2). D'abord le fait général de la ruine du Temple et de la dévastation de Jérusalem ne pouvait, d'après ces théologiens, être connu d'avance avec une aussi grande certitude. Qui aurait pu conjecturer, demande-t-on, que les Juifs pousseraient la fureur jusqu'à amener nécessairement une pareille catastrophe ? Qui pouvait calculer que de tels empereurs enverraient de tels procurateurs qui provoqueraient les peuples à la révolte par leur lâcheté et leur faiblesse ? Ensuite, et cela est encore plus frappant, plusieurs particularités prédites par Jésus se sont réellement accomplies. Les guerres, les pestes, les tremblements de terre, les famines qu'il prophétisa, on les retrouve dans l'histoire qui suivit; ses partisans ont été en butte, on le sait, à des persécutions; la prédiction de faux prophètes, et justement de faux prophètes qui devaient attirer le peuple dans le désert par la promesse de signes miraculeux (Matth., 24, 11. 24 seq. et parall.), présente une ressemblance frappante avec la description que Josèphe donne des derniers moments de l'état juif (3). Luc dit (21, 20), que *Jérusalem sera enve-*

---

(1) Comparez aussi mes *Écrits polémiques*, 1, 1, Conclusion.
(2) Voyez, par exemple, Gratz, *Comm. z. Matth.*, 2, 444 ff.
(3) *Antiq.*, 20, 8, 6 (comparez *Bell. jud.*, 2, 13, 4) : Les magiciens et les trompeurs persuadèrent à la multitude de les suivre dans le désert ; ils promettaient de montrer des signes et des prodiges manifestes, opérés selon la pro-

loppée par des armées, κυκλουμένη ὑπὸ στρατοπέδων Ἰερουσαλήμ, et ailleurs (19, 43 seq.), qu'une tranchée sera tracée autour de la ville; cela peut se retrouver dans une circonstance rapportée par Josèphe, à savoir que Titus fit enfermer Jérusalem par un mur (1). Enfin Jésus prédit au sujet du Temple qu'*il n'en sera pas laissé pierre sur pierre*, οὐ ἀφεθήσεται λίθος ἐπὶ λίθῳ, et, au sujet de la ville, que *les maisons seront rasées*, ἐδαφιοῦσί σε, (Luc, 19, 44); double prédiction qui paraîtra frappante à cause de l'accomplissement littéral qu'elle a eu (2).

De l'impossibilité de prévoir ces événements par voie naturelle, la doctrine orthodoxe conclut que Jésus les a prévus surnaturellement. Mais l'admission d'une prévision surnaturelle est soumise à la même difficulté que les prédictions de la mort et de la résurrection, et en outre à une difficulté de plus. Pour le premier point, Jésus a, d'après Matth., 24, 15, et d'après Marc, 13, 14, attaché l'avénement de la catastrophe à l'accomplissement de la prophétie de Daniel sur une *abomination pleine de désolation*, βδέλυγμα τῆς ἐρημώσεως; par conséquent il a rapporté le verset 27 du chap. 9 de Daniel (comparez, 11, 31; 12, 11), à un événement qui eut lieu lors de la destruction de Jérusalem par les Romains. Paulus, il est vrai, soutient que Jésus n'a fait qu'emprunter ici une expression de Daniel, sans considérer ce dire du prophète comme une prédiction de quelque chose qui fût encore à venir de son temps, à lui Jésus; mais cette observation est ici particulièrement inadmissible à cause de l'addition : *Que celui qui lit cela y fasse*

---

vidence de Dieu. Plusieurs s'étant laissé persuader portèrent la peine de leur folie; Félix les fit ramener et punir. Οἱ δὲ γόητες καὶ ἀπατεῶνες ἄνθρωποι τὸν ὄχλον ἔπειθον αὐτοῖς εἰς τὴν ἐρημίαν ἕπεσθαι· δείξειν γὰρ ἔφασαν ἐναργῆ τέρατα καὶ σημεῖα, κατὰ τὴν τοῦ θεοῦ πρόνοιαν γινόμενα. Καὶ πολλοὶ πεισθέντες τῆς ἀφροσύνης τιμωρίας ὑπίσχον· ἀναχθέντας γὰρ αὐτοὺς Φῆλιξ ἐκόλασεν.

(1) *Bell. jud.*, 5, 12, 1, 2.
(2) De plus amples comparaisons entre les événements rapportés par Josèphe et par d'autres, et la prédiction, se trouvent dans Credner, *Einleit. in das N. T.*, 1, S. 207.

attention, ὁ ἀναγινώσκων νοείτω. Or, au point actuel de la critique et de l'exégèse de l'Ancien Testament, on doit regarder comme décidé que les passages indiqués dans Daniel se rapportent à la profanation du sanctuaire sous Antiochus Épiphane (1); par conséquent l'application que les évangélistes en prêtent ici à Jésus, est fausse. Pour le second point, qui est relatif à cette prédiction considérée en elle-même, elle ne s'est accomplie que par un côté, c'est-à-dire en ce qui concerne Jérusalem; mais quant à l'autre côté, c'est-à-dire le retour de Jésus et la fin du monde, elle est restée sans accomplissement. Or, ce n'est pas dans sa nature supérieure que Jésus a dû puiser une prophétie à demi vraie; et il faudrait qu'en cela il eût été laissé aux forces humaines de son esprit. Cependant, ce qui semble inconcevable, c'est justement qu'à l'aide de cette prudence humaine il ait été capable de prévoir, dans ses détails, un événement dépendant d'autant d'accidents que la ruine de Jérusalem; et par là on est conduit à conjecturer que ces discours, avec la précision qu'ils ont aujourd'hui, n'ayant pas été prononcés avant l'événement, ne l'ont pas été par Jésus, et qu'ils lui ont été prêtés après l'événement sous la forme de prédiction. Kaiser, par exemple, admet que Jésus n'avait menacé d'un horrible destin infligé par les Romains, le Temple et la ville que conditionnellement et dans le cas où la nation ne se laisserait pas sauver par le Messie; qu'il décrivit ces malheurs sous des images prophétiques, et que ce ne fut qu'après l'événement qu'on ôta à son discours la condition, et qu'on y introduisit les particularités précises. Credner aussi, partant de ce fait que des événements arrivés lors de la destruction de Jérusalem sont mis sous forme de prophétie dans la bouche de Jésus, conclut que les trois premiers évangiles ne peuvent pas

---

(1) Bertholdt, *Daniel uobersetzt und erklært*, 2, S. 668 ff; Paulus, *Exeg. Handb.*, 3, a, S. 840 f.; De Wette, *Einleitung in das A. T.*, § 254 ff.

avoir été rédigés avant cette époque (1). Mais il faudrait donc que la prédiction, telle que nous la lisons dans les deux premiers évangiles, eût été composée immédiatement après ou même pendant la catastrophe ; car elle annonce l'apparition du Messie pour le temps le plus prochain après la chute de Jérusalem ; or, cette attente ne pouvait plus exister dans les années subséquentes. Comme cette connexion immédiate des deux catastrophes n'est pas exprimée aussi formellement dans Luc, on a admis qu'il donnait la prédiction sous la transformation qu'elle avait subie par l'effet de l'expérience qui avait appris que la venue du Christ et la fin du monde n'avaient pas suivi immédiatement la ruine de Jérusalem (2).

En opposition à ces deux manières de voir qui admettent l'une une prédiction surnaturelle, l'autre une prédiction faite après l'événement, on cherche d'un troisième côté à montrer qu'il est possible que Jésus ait su réellement par voie naturelle ce qui est ici prédit (3). Ce qui a paru étrange avant tout, c'est que l'événement eût concordé aussi exactement avec des détails particuliers de la prédiction de Jésus. Aussi les auteurs de cette troisième explication ont-ils contesté la réalité de cette concordance. Ils disent : que, la prophétie portant que Jérusalem *serait entourée par des armées*, κυκλοῦσθαι ὑπὸ στρατοπέδων, cela est justement signalé comme inexécutable par Titus dans Josèphe (4) ; que, la prophétie portant qu'une *palissade*, χάραξ, serait élevée autour de la ville, Josèphe rapporte que, le premier essai d'un *retranchement*, χῶμα, ayant été anéanti par le feu

---

(1) Kaiser, *b. Theol*, 1, S. 247 ; Credner, *Einl. in das N. T.*, 1, S. 206 f.
(2) De Wette, *Einl. in das N. T.*, § 97, 104 ; *Exeg. Handb.*, 1, 1, S. 204, 1, 2, S. 103.
(3) Paulus, Fritzsche, De Wette, sur ce paragraphe.
(4) B. j., 5, 12, 1 : Qu'il n'était pas facile d'entourer la ville avec l'armée, à cause de sa grandeur et de la difficulté des lieux, et que d'ailleurs cela serait dangereux à cause des sorties, κυκλοῦσθαί τε γὰρ τῇ στρατιᾷ τὴν πόλιν, διὰ τὸ μέγεθος καὶ δυσχωρίαν οὐκ εὐμαρὲς εἶναι, καὶ σφαλερὸν ἄλλως πρὸς τὰς ἐπιθέσεις.

qu'y mirent les assiégés, Titus renonça à élever des fortifications (1); que l'histoire ne fait aucune mention de faux Messies qui auraient surgi dans l'intervalle entre la mort de Jésus et la destruction de Jérusalem; que les mouvements des nations et les commotions de la nature furent loin d'être aussi considérables dans cette période que le porte la description qu'en fait la prophétie; mais surtout que ces discours, tels qu'ils sont dans Matthieu et Marc, annoncent non la destruction de Jérusalem, mais celle du Temple seul; toutes divergences entre la prophétie et l'événement, qui n'existeraient pas si un regard surnaturel plongeant dans l'avenir ou une prédiction après l'événement fût ici intervenue.

Ce n'est donc pas en avant, dans l'événement, que ces théologiens croient devoir chercher les contre-épreuves de ces prédictions; mais c'est en arrière, sur les types transmis par le passé, que suivant eux l'auteur de cette prophétie a eu les yeux tournés. L'idée que les Juifs se faisaient des circonstances qui devaient précéder l'arrivée du Messie fournissait une masse de types semblables. De faux prophètes, de faux Messies, la guerre, la disette, les pestes, les tremblements de terre, les commotions dans le ciel, la démoralisation croissante, la persécution des fidèles serviteurs de Jéhovah, passaient pour les avant-coureurs les plus immédiats du règne du Messie. Il se trouve, dans les prophètes des descriptions si analogues des calamités qui devaient amener et accompagner le jour de la venue de Jéhovah (Is., 13, 9 seq.; Joel, 1, 15; 2, 1 seq., 10 seq.; 3, 3 seq.; 4, 15 seq., Zeph., 1, 14 seq.; Agg., 2, 7; Zach., 14, 1, seq.; Mal., 3, 1 seq.), ou précéder l'établissement du royaume messianique des saints (Daniel, 7—12); en outre, des écrits juifs postérieurs renferment des expressions qui

---

(1) B. j., 5, 11, 1, seq. 12, 1.

ont une si grande similitude avec celle de nos Évangiles (1), que l'on ne peut douter que le langage qui est tenu de part et d'autre sur le temps de la venue du Messie ne provienne d'un fond commun d'idées contemporaines.

C'est une autre question de savoir si l'on peut prouver que le trait fondamental du tableau que nous examinons, c'est-à-dire la destruction du Temple et la dévastation de Jérusalem, formait une partie des idées générales au temps de Jésus. Dans des écrits juifs se trouve consignée l'opinion que la naissance du Messie coïncidera avec la destruction du sanctuaire (2); mais évidemment cette opinion ne s'est formée qu'après la ruine du Temple, afin de faire jaillir du plus profond de l'infortune la source de la consolation. Josèphe trouve dans Daniel, à côté de ce qui est relatif à Antiochus Épiphane, une prédiction qui se rapporte à l'anéantissement de l'État juif par les Romains (3); mais, comme ce n'est la signification primitive d'aucune des visions de Daniel, Josèphe n'aurait pu en donner cette explication qu'après l'événement; auquel cas elle ne prouverait rien pour le temps de Jésus. Cependant il serait permis de penser que,

---

(1) Voyez les passages dans Schœttgen, 2, p. 509 seq.; Bertholdt, § 13; Schmidt, *Biblioth.*, 1, S. 24 seq.

(2) Voyez dans Schœttgen, a, p. 525, seq.

(3) *Antiq.*, 10, 11, 7. Après avoir dit que la petite corne signifie Antiochus, il ajoute brièvement : « Daniel a écrit de la même façon touchant l'empire des Romains, et il a prédit que notre peuple serait désolé par eux, τὸν αὐτὸν δὲ τρόπον Δανίηλος καὶ περὶ τῆς τῶν Ῥωμαίων ἡγεμονίας ἀνέγραψε, καὶ ὅτι ὑπ' αὐτῶν ἐρημωθήσεται (τὸ ἔθνος ἡμῶν). » Sans aucun doute, il a rapporté aux Romains la quatrième monarchie, celle de fer (Daniel, 2, 40) ; et, comme il lui attribue les mots *elle dominera sur le monde entier*, κρατήσει τῆς ἅπαν, il en résulte spécialement qu'il considère comme étant encore dans l'avenir sa destruction par la pierre, *Antiq.*, 10, 10, 4 : « Daniel fit aussi au roi une prédiction touchant la pierre; mais je n'ai pas cru devoir en faire mention, puisque je m'occupe de consigner par écrit les événements passés et non les événements futurs, ἐδήλωσε δὲ καὶ περὶ τοῦ λίθου Δανίηλος τῷ βασιλεῖ, ἀλλ' ἐμοὶ μὲν οὐκ ἔδοξε τοῦτο ἱστορεῖν, τὰ παρελθόντα καὶ τὰ γεγενημένα συγγράφειν, οὐ τὰ μέλλοντα ὀφείλοντι. » Daniel, en effet, dit, 2, 44, que la pierre signifie le royaume céleste qui détruira le royaume de fer et qui lui-même durera toute l'éternité. C'est là une indication messianique dans laquelle Josèphe ne veut pas entrer. Les jambes de fer de la statue signifient l'empire macédonien, les pieds mêlés de fer et d'argile les empires nés de la monarchie macédonienne, et par conséquent l'empire de Syrie; c'est là la vraie explication de ces symboles. Voyez là-dessus De Wette, *Einl. in das A. T.*, § 254.

dès le temps de Jésus, les Juifs avaient établi un rapport entre des événements encore futurs et les prédictions de Daniel, bien que dans le fait elles soient relatives à des événements de beaucoup antérieurs, de la même façon que les chrétiens de nos jours attendent encore le complet accomplissement du v. 25 du chap. 24 de Matth. En effet, après la destruction des monarchies mêlées d'argile et de fer, et de la corne qui pousse des malédictions contre Dieu et combat contre les saints, c'est la venue du Fils de l'homme dans les nues et l'établissement du royaume éternel des saints qui sont prophétisés ; or, ces événements ne se réalisèrent pas après la défaite d'Antiochus. On eut donc des motifs pour reporter, dans l'avenir, et le royaume céleste et les calamités qui devaient l'inaugurer et être l'œuvre de la monarchie de fer et d'argile, calamités au nombre desquelles on comprenait en particulier la profanation du Temple d'après l'analogie des prophéties relatives à la corne. Mais, tandis que, dans Daniel, il n'y a de prédit que la profanation du Temple, l'interruption du culte et la destruction (partielle) de la ville (1); dans les discours que nous examinons se trouve prédite la destruction complète du Temple et même de Jérusalem, non seulement chez Luc, où la chose est positive, mais encore sans doute chez les deux autres, où l'exhortation à une prompte fuite loin de la ville semble indiquer la même catastrophe. Cela, ne se trouvant pas dans Daniel, paraît ne pouvoir avoir été suggéré que par l'événement. Toutefois il est deux réponses à faire : d'abord la description de Daniel avec les termes שמם et משחית (9, 26 seq. ; 12, 11) que les Septante rendent par *désolation*, ἐρήμωσις, *je détruis*, διαφθείρω, s'entendent sans peine d'une ruine complète; en second lieu, les péchés du peuple avaient déjà entraîné la ruine du Temple et de la

---

(1) Voyez Josèphe, *Antiq.*, 12, 5.

ville, et la captivité lointaine de la nation juive. Partant de là, tout Israélite enthousiaste, à qui l'état religieux et moral de ses compatriotes paraissait condamnable et irrémédiable, pouvait attendre et prédire la répétition de cette ancienne punition. En conséquence, même les détails plus précis que Luc, ainsi qu'on l'a vu dans le paragraphe précédent, a de plus que les deux premiers évangélistes, ne sont pas de nature à nous forcer d'admettre, soit une prescience surnaturelle, soit une prédiction après l'événement; et tout peut s'expliquer par une considération plus exacte de ce qui est raconté sur la première destruction de Jérusalem dans 2. Reg., 25; 2. Paralip., 36; et Jérém., 39, 52.

Il n'y a qu'un seul point que Jésus, en tant qu'auteur de ces discours, pourrait avoir tiré non de modèles préexistants, mais de son propre fonds, c'est l'assurance qu'il donne que la catastrophe qu'il décrit arrivera avant la fin de la génération actuelle. Nous devons nous refuser à attribuer cette assurance à une connaissance surnaturelle par le motif énoncé plus haut, c'est-à-dire parce que sa prédiction ne s'est accomplie qu'à moitié; mais un accomplissement aussi frappant de l'autre moitié pourrait nous inspirer de la défiance contre la supposition d'une prévoyance purement humaine de sa part, et nous porter à penser que du moins cette désignation du temps a été introduite dans les discours de Jésus après l'événement. Cependant, d'après les passages cités à la fin du paragraphe précédent, les apôtres eux-mêmes croyaient vivre assez pour être témoins du retour du Christ; et sans doute Jésus aussi a attendu, pour l'avenir le plus prochain, ce retour avec les dévastations de la ville et du Temple qui d'après Daniel devaient le précéder. L'espérance générale de paraître un jour dans les nuées du ciel, pour réveiller les morts, prononcer le jugement et fonder un royaume éternel, était donnée à Jésus du moment qu'il se regardait comme le Messie en se référant à Daniel, où cette venue est attribué au *Fils de l'homme*, υἱὸς τοῦ ἀνθρώπου. Quant au temps, il était naturel qu'il ne se figurât pas un trop long intervalle entre sa première venue messianique au sein de l'humilité, et sa seconde au sein de la gloire.

Il est encore une objection contre l'authenticité des discours rapportés par les synoptiques touchant la venue du Christ; au reste, à notre point de vue, elle a moins d'importance qu'à celui de la critique des évangiles qui est ordinaire aujourd'hui. Cette objection est l'absence, dans l'évangile de Jean, de toute description détaillée de la venue future de Jésus (1). A la vérité, dans le quatrième évangile non plus, on ne peut méconnaître les éléments essentiels de la doctrine du retour du Christ (2). Jésus s'y attribue le pouvoir de tenir un jour le jugement et de réveiller les morts (Joh., 5, 21—30); réveil qui, à la vérité, n'est pas spécifié dans les discours synoptiques examinés tout à l'heure, comme un acte essentiel de la venue du Christ, mais qui se trouve non rarement joint à cette venue dans d'autres parties du Nouveau Testament (par exemple, 1. Cor., 15 23; 1. Thess., 4, 16). Quand Jésus nie parfois dans le quatrième évangile, qu'il soit venu dans le monde pour juger (3, 17; 8, 15; 12, 47), ces négations, d'une part, ne s'entendent que de sa première présence, et d'autre part sont, par des affirmations où il soutient être venu pour juger (9, 39; comparez, 8, 16), limitées à signifier seulement que le but de sa mission est, non pas de condamner, mais de sauver, et que son jugement, loin d'être marqué de particularisme ou d'une partialité quelconque, loin d'être un arrêt souverain prononcé par sa bouche, n'est que l'arrêt prononcé par les choses elles-mêmes. Cela est

---

(1) Voyez Hase, L. J., § 130.
(2) Les passages relatifs à cette question ont été rassemblés et expliqués par Schott, *Commentarius*, etc., p. 364 seq.

Comparez Lücke, sur ce passage, et Welzel, *Doctrine chrétienne primitive sur l'immortalité*, dans *Theol. Studien*, 1836, S. 626 ff.

distinctement exprimé quand il dit : Celui qui a entendu ma parole sans croire, je ne le juge pas, mais *la parole que j'ai annoncée sera son juge au dernier jour,* ὁ λόγος, ὃν ἐλάλησα, κρινεῖ αὐτὸν ἐν τῇ ἐσχάτῃ ἡμέρᾳ (12, 48). Ailleurs, quand Jésus dit du croyant dans le quatrième évangile, *il n'est pas jugé, il n'est pas sujet à jugement,* οὐ κρίνεται, εἰς κρίσιν οὐκ ἔρχεται (3, 18; 5, 24), il faut entendre cela d'un jugement terminé par une condamnation. Au contraire, la phrase relative à l'incrédule, *il est déjà jugé,* ἤδη κέκριται (3, 18), signifie seulement que la répartition du sort que chacun mérite n'est pas réservée au jugement futur lors de la consommation finale, mais que chacun, en raison de ses dispositions intérieures, porte déjà en soi son juste destin. Cela n'est pas exclure un solennel jugement à venir où sera révélé au grand jour ce qui n'existe présentement que dans la profondeur de l'âme. Et même dans le passage cité en dernier lieu il est parlé de la damnation, et, dans d'autres passages (5, 28 seq.; 6, 39 seq. 54), de la félicité qui sera dévolue au dernier jour, et de la résurrection. Dans l'évangile de Luc, Jésus, en décrivant sa venue comme un événement extérieur et encore à venir (17, 20 seq.), dit de la même façon, que le règne de Dieu ne vient pas *avec éclat, et qu'on ne dira point : Il est ici, ou il est là; car, dès à présent même, le règne de Dieu est au milieu de vous;* μετὰ παρατηρήσεως, οὐδὲ ἐροῦσιν· ἰδοὺ ὧδε, ἢ ἰδοὺ ἐκεῖ· ἰδοὺ γὰρ, ἡ βασιλεία τοῦ Θεοῦ ἐντὸς ὑμῶν ἐστιν, c'est-à-dire qu'il a déjà pris son commencement invisible parmi les contemporains. On prétend aussi, en donnant à des expressions de Jésus, dans l'évangile de Jean, une certaine interprétation, que son prochain retour y est annoncé. Ainsi, dans les discours d'adieu, les passages déjà cités où Jésus promet à ses apôtres de ne pas les laisser orphelins, et, après être allé auprès de son père, de revenir auprès d'eux (14, 3. 18) dans peu de temps (16, 16), ont été entendus non rarement du retour du Christ à la fin des jours (1). Mais, quand on voit qu'en parlant de ce même retour Jésus a dit qu'il se manifesterait alors à ses disciples seulement, et non au monde (14, 19, comparez 22), il est impossible de penser au retour pour le jugement, où Jésus entendait se manifester aux bons et aux méchants sans distinction. Ce qui est particulièrement énigmatique, c'est, dans l'Appendice du quatrième évangile, chap. 21, le discours sur la venue de Jésus. Pierre demandait ce qui arriverait à l'apôtre Jean, Jésus répond : *Si je veux qu'il demeure jusqu'à ce que je vienne, que vous importe,* ἐὰν αὐτὸν θέλω μένειν, ἕως ἔρχομαι, τί πρὸς σέ (v. 22)? L'évangile ajoute que les chrétiens entendirent ces paroles comme signifiant que Jean ne mourrait pas; car ils rapportèrent le mot *venir,* ἔρχεσθαι, au dernier retour du Christ, lors duquel ceux qui vivraient seraient transformés sans goûter la mort (1. Cor., 15, 51 seq.). Mais, rectifiant cette opinion, l'auteur ajoute que Jésus n'a point dit : L'apôtre ne mourra pas, mais, si je veux qu'il demeure jusqu'à ce que je vienne, que vous importe à vous, Pierre? La rectification de l'évangéliste peut s'entendre de deux façons : ou bien il lui parut erroné d'identifier *demeurer jusqu'à ce que Jésus vienne*, avec *ne pas mourir*, c'est-à-dire, de prendre la venue dont Jésus parlait ici pour la dernière qui devait mettre une fin à la mort; et alors il faudrait qu'il se fût figuré par là, peut-être dans la destruction de Jérusalem, une venue invisible du Christ (2); ou bien, il regarda comme erroné de prendre au positif ce que Jésus n'avait dit qu'hypothétiquement, et alors le verbe *venir,* ἔρχομαι, conserverait la signification ordinaire (3).

De tout cela il résulte que le quatrième évangéliste aussi

(1) Voyez dans Tholuck, sur ce passage.

(2) Comparez Tholuck, sur ce passage.

(3) C'est ce que disent Lücke, et Tholuck aussi, sur ce passage. Voyez Schott, p. 409.

a mis dans la bouche de Jésus les traits essentiels de la venue du Christ; cependant il est certain qu'on n'y trouve rien de la description détaillée et pittoresque des phénomènes qui la manifestent, et des événements qui y tiennent, telle que nous la lisons dans les évangiles synoptiques. Cette circonstance ne fait pas une petite difficulté avec l'opinion ordinaire que l'on a sur l'origine des évangiles, et nommément du quatrième. Si Jésus a réellement parlé de son retour avec autant de détail et de solennité que les synoptiques l'en font parler, s'il a attaché tant d'importance à l'exacte observation et connaissance des signes qui l'annonceront, on comprend difficilement comment l'auteur du quatrième évangile, s'il a été un disciple direct de Jésus, put omettre tout cela. L'explication qu'on donne communément de ce silence, à savoir qu'il a supposé tout cela connu par la voie ou des synoptiques ou de la tradition orale, suffit d'autant moins ici que tout ce qui est prédiction, et prédiction d'une catastrophe tant désirée et tant redoutée, est exposé aux fausses interprétations, comme nous le voyons par la rectification, ci-dessus rappelée, que le rédacteur du 21° chap. du quatrième évangile a cru nécessaire d'apporter à l'opinion de ses contemporains sur la promesse faite à Jean par Jésus. Combien n'aurait-il pas été convenable et méritoire de donner ici un mot d'explication, attendu que la rédaction du premier évangile, d'après laquelle la fin des choses doit suivre immédiatement la destruction du Temple, devait susciter de plus en plus des doutes et des difficultés à mesure que cette destruction s'approchait et surtout lorsqu'elle fut accomplie! Et qui était plus en état de fournir la rectification que le disciple bien-aimé? d'autant plus que, d'après Marc, 13, 3, il fut le seul évangéliste qui fut présent aux explications de Jésus sur cet objet. En conséquence, on cherche, ici aussi, à expliquer son silence, en attribuant à son Évangile une prétendue destination pour une secte de Gnostiques idéalistes étrangers au peuple juif; leur manière de voir, dit-on, ne se serait pas accommodée de ces descriptions, lesquelles, en conséquence, furent omises (1). Mais justement en présence de tels lecteurs, Jean eût commis un acte de condescendance coupable, il les eût fortifiés dans leur tendance idéaliste, si, pour leur complaire, il leur eût caché le côté réel du retour du Christ. Le penchant de ces sectaires était de faire évaporer ce qu'il y avait d'extérieurement historique dans le christianisme; l'apôtre devait donc le combattre, en mettant en saillie justement ce côté réel. De même que, dans son Épître, il insiste sur la vraie corporalité de Jésus à l'encontre de leur docétisme, de même à l'encontre de leur idéalisme il devait faire ressortir, dans la venue du Christ, les manifestations extérieures de ce grand événement avec un soin tout particulier. Au lieu de cela, il parle lui-même presque comme un Gnostique, et il cherche sans cesse à ôter à la venue du Christ le caractère d'un événement extérieur et futur pour le reporter dans l'intérieur de l'âme et dans le moment présent. Ne pouvant expliquer le désaccord entre le quatrième évangile et les discours détaillés sur la fin du monde que les synoptiques attribuent à Jésus, par aucune considération extrinsèque qui se rapporte soit aux évangiles plus anciens, soit aux lecteurs, on a appelé l'attention sur le caractère intrinsèque, sur la pensée fondamentale de cet évangile. On a dit : La divine et bienheureuse plénitude de la personne du Christ, la foi en lui, comme dispensateur de la *vie éternelle*, ζωὴ αἰώνιος, constituent cette pensée fondamentale, et Jean n'a reçu, dans son évangile, que ce qui se rapportait immédiatement, ou ce qui était indissolublement confondu avec des discours ou des actes de cette nature; or, les discours explicites sur la *consommation des siècles*, συντέλεια τοῦ αἰῶνος, sont

---

(1) Olshausen, 4, S. 861.

étrangers à cette pensée fondamentale, et en conséquence ils ont été laissés de côté (1). Mais le quatrième évangéliste, en raportant les discours d'adieu, met dans la bouche de Jésus maints passages qui sont sans liaison avec cette pensée fondamentale de son évangile : telles sont les persécutions qui menacent les disciples et que Jésus leur annonce *afin qu'ils ne se scandalisent pas, afin que, quand ce temps viendra, ils se souviennent qu'il le leur a dit,* ἵνα μὴ σκανδαλισθῶτε· ἵνα, ὅταν ἔλθῃ ἡ ὥρα, μνημονεύητε, ὅτι εἶπον ὑμῖν (16, 1. 4). Pour le même but (comparez Matth., 24, 4. 10), il devait juger utile de rapporter la description que Jésus avait faite, à l'avance, des phases de sa venue et des signes précurseurs qui l'annonceraient. Il y avait même pour lui un motif de plus et un motif puissant : au temps de la rédaction du quatrième évangile, le retour du Christ ne s'était pas accompli, comme on l'avait espéré, immédiatement ou du moins peu après la destruction de Jérusalem. Il importait donc de lever cette difficulté par une explication nouvelle et approfondie de la matière, de la même façon que dans l'Appendice il avait levé une difficulté analogue qu'avait suscitée une phrase isolée de Jésus. Si donc c'est aller trop loin que de soutenir avec Fleck (2) que les doctrines du retour du Christ, dans les synoptiques et dans l'évangile de Jean, s'excluent réciproquement, néanmoins la différence qui existe entre elles, conserve, en dépit de tous les essais de conciliation, une difficulté spéciale ; et, réunie à une série de différences analogues, elle doit avoir son poids dans la question de l'authenticité du quatrième évangile, bien que, ainsi que cela a déjà été indiqué plus haut, les discours n'y soient pas l'élément qui peut fournir la solution.

(1) Weizel, *Doctrine chrétienne primitive sur l'immortalité* (*Theol. Studien*). 1836, S. 627 ff.

(2) *De regno divino*, p. 483.

DEUXIÈME CHAPITRE.

MACHINATIONS DES ENNEMIS DE JÉSUS; TRAHISON DE JUDAS; DERNIER REPAS AVEC LES APÔTRES.

§ CXV.

Développement de la position de Jésus à l'égard de ses ennemis.

Les ennemis de Jésus le plus fréquemment nommés dans les trois premiers évangiles, sont les *pharisiens et les scribes*, Φαρισαῖοι καὶ γραμματεῖς (1), qui reconnaissaient en lui l'adversaire le plus fatal de leur esprit d'observances, et, à côté de ces deux classes, les *grands-prêtres*, ἀρχιερεῖς, et les *anciens*, πρεσβύτεροι; ceux-ci, en leur qualité de chefs du culte extérieur du Temple, et de la hiérarchie fondée sur ce culte, ne pouvaient pas s'arranger avec celui qui en toute occasion recommandait, comme le point capital, l'adoration intérieure et le culte du cœur. On rencontre encore parmi les adversaires de Jésus les Sadducéens, Σαδδουκαῖοι (Matth., 16, 1; 22, 23 seq. et parall.; comparez Matth., 16, 6 seq. et parall.), dont le matérialisme devait être hostile à plusieurs parties de sa doctrine, et le parti d'Hérode (Marc, 3, 6; Matth., 22, 16 et parall.), qui, contraire à Jean-Baptiste, devait l'être aussi à son successeur. Le quatrième évangile, bien qu'il nomme parfois les *grands-prêtres* et les *pharisiens*, désigne cependant le plus communément les ennemis de Jésus par l'expression générale: *les Juifs*, οἱ Ἰουδαῖοι; expression qui a pris origine dans le point de vue subséquent des Chrétiens, à moins qu'elle ne signifie,

(1) Voyez *Winer's bibl. Realwörterb.*, d. A. A.

ce qui serait faux, que la masse du peuple juif fut hostile à Jésus (1).

Les quatre évangélistes rapportent uniformément que les machinations plus décidées du parti pharisien et sacerdotal contre Jésus prirent leur origine dans une atteinte qu'il porta aux ordonnances concernant le sabbat. Jésus ayant guéri un jour de sabbat l'homme à la main desséchée, il est dit dans Matthieu : *Les pharisiens délibérèrent contre lui sur les moyens de le faire mourir*, οἱ δὲ Φαρισαῖοι συμβούλιον ἔλαβον κατ' αὐτοῦ, ὅπως αὐτὸν ἀπολέσωσιν (12, 14; comparez Marc, 3, 6; Luc, 6 11). De même, Jean remarque, à l'occasion de la guérison opérée le jour du sabbat à l'étang de Béthesda : *Et pour cela les Juifs poursuivirent Jésus*, καὶ διὰ τοῦτο ἐδίωκον τὸν Ἰησοῦν οἱ Ἰουδαῖοι; et, après avoir rapporté une autre proposition de Jésus, il continue : *Pour cela les Juifs cherchèrent davantage à le tuer*, διὰ τοῦτο οὖν μᾶλλον ἐζήτουν αὐτὸν οἱ Ἰουδαῖοι ἀποκτεῖναι (4, 16. 18).

Au delà de ce point de départ commun, les évangiles synoptiques et le quatrième se séparent aussitôt dans leur manière d'exposer la position de Jésus. Chez les synoptiques, la cause d'irritation, immédiatement suivante, est l'omission, de la part de Jésus et de ses disciples de l'ablution avant le repas, et les sorties véhémentes auxquelles, interpellé à ce sujet, il se livre contre l'étroit esprit d'observances qui dirige les pharisiens et les docteurs de la loi, et contre l'hypocrisie et la fureur de persécuter qui en sont la suite. A la fin de ce récit, il est dit qu'ils conçurent contre lui un profond ressentiment, et cherchèrent à le prendre en défaut, à lui faire prononcer des propositions mal-sonnantes, afin de se procurer des motifs d'accusation contre lui (Luc, 11, 37-54; comparez Matth. 15, 1 seq.; Marc, 7, 1 seq.). Dans son dernier voyage à Jérusalem, les pharisiens le firent

---

(1) Weisse, *Die evang. Geschichte*, 1, S. 122.

avertir de se garder d'Hérode (Luc, 13, 41), avis qui n'avait probablement pas d'autre but que de lui faire quitter le pays. Ce qui ensuite offensa le plus le parti sacerdotal, ce fut l'hommage extraordinaire que le peuple rendit à Jésus lors de son entrée dans la capitale, et l'expulsion des marchands hors du Temple, qu'il exécuta immédiatement après; mais le fort parti qu'il avait parmi le peuple détourna ses ennemis de tenter aucune violence contre lui (Matth., 21, 15 seq.; Marc, 11, 18; Luc, 19, 39. 47 seq.); ce fut encore la seule raison qui les empêcha de se rendre maîtres de sa personne après la peinture mordante qu'il avait tracée du parti sacerdotal dans la parabole des vignerons (Matth., 21, 45 seq. et parall.). Après ces précédents, il était à peine besoin du discours antipharisaïque qu'on lit dans Matth., 23, pour réunir peu avant la pâque les grands-prêtres, les docteurs de la loi et les anciens, c'est-à-dire le sanhédrin, dans le palais du grand-prêtre en délibération sur les moyens *de saisir Jésus par ruse et de le mettre à mort*, ἵνα τὸν Ἰησοῦν δόλῳ κρατήσωσι, καὶ ἀποκτείνωσιν (Matth. 26, 3 seq. et parall.).

Il est vrai que, dans le quatrième évangile aussi, le fort parti de Jésus parmi le peuple est quelquefois signalé comme le motif qui engage ses ennemis à vouloir le faire arrêter (7, 32. 44; comparez 4, 1 seq.); il est vrai que son entrée solennelle dans Jérusalem provoque leur colère (12, 18); et parfois il est parlé de leurs tentatives sans que mention soit faite de la cause qui les a suscitées (7, 1. 19. 25; 8, 40). Mais ce qui, dans cet évangile, constitue le grief capital des ennemis de Jésus, ce sont ses déclarations sur sa dignité suprême. Dès la guérison opérée le jour du sabbat à l'étang de Béthesda, les Juifs se scandalisèrent surtout d'entendre Jésus se justifier en invoquant l'activité non interrompue de Dieu, son père; dans leur opinion c'était *se faire égal à Dieu*, ἴσον ἑαυτὸν ποιεῖν τῷ Θεῷ (5,

18), et c'était un blasphème. Quand il parla de sa mission divine, ils cherchèrent à s'emparer de lui (7, 30, comparez 8, 20); quand il soutint qu'il était avant Abraham, ils prirent des pierres contre lui (8, 59); ils en firent autant quand il déclara que lui et son père ne faisaient qu'un (10, 31); quand il maintint que le père était en lui et lui dans le père, ils s'efforcèrent de nouveau de s'emparer de lui (10, 39). Mais ce qui, d'après le quatrième évangile, donna le branle, et détermina le parti ennemi à prendre une décision formelle contre Jésus, ce fut la résurrection de Lazare. Lorsque ce miracle fut annoncé aux pharisiens, ils réunirent, eux et les grands-prêtres, le sanhédrin en séance; ils considérèrent que, si Jésus continuait à faire tant de *signes*, σημεῖα, tout se tournerait de son côté, et qu'alors les Romains porteraient la destruction dans le pays. Sur quoi le grand-prêtre Caïphe prononça le mot fatal qu'il était mieux qu'un homme mourût pour le peuple, que si tout le peuple périssait. Dès lors sa mort fut résolue, et chacun fut averti d'indiquer le lieu de sa demeure, afin qu'on pût s'assurer de sa personne (11, 46 seq.).

D'après cette différence, la critique moderne a prononcé que nous ne comprendrions pas par les récits des synoptiques la tournure tragique que prit le destin de Jésus, et que Jean seul nous fait apercevoir la gradation croissante de l'hostilité entre le parti sacerdotal et Jésus; en un mot, qu'ici encore la narration du quatrième évangile a un mérite que les autres n'ont pas, c'est de faire saisir le développement et le nœud des événements (1). Mais il est difficile de voir en quoi l'évangile de Jean gradue mieux que les autres l'exposition des hostilités; car la première mention un peu précise qu'il en fait (5, 18) contient et la proposition la plus offensante pour des oreilles juives (*se faisant égal*

---

(1) Schneckenburger, *Ueber den Ursprung*, S. 9 f.; Lücke, 1, S. 183, 159, 2. S. 402.

à *Dieu*, ἴσον ἑαυτὸν ποιῶν τῷ Θεῷ), et les desseins les plus hostiles contre Jésus (*ils cherchèrent à le tuer*, ἐζήτουν αὐτὸν ἀποκτεῖναι); de la sorte, ce qui est dit ultérieurement de l'inimitié des Juifs, n'est que répétition; et seule, la résolution du sanhédrin, chap. 11, doit être considérée comme un progrès vers la péripétie. Mais en ce sens le progrès ne manque pas, non plus, à la narration des synoptiques; car, à partir des expressions indécises *dresser des embûches*, ἐνεδρεύειν, et *converser entre eux sur ce qu'ils feront à Jésus*, διαλαλεῖν, τί ἂν ποιήσειαν τῷ Ἰησοῦ (Luc, 11, 54; 6, 11), ou de l'expression un peu plus précise de Matthieu (12, 14) et de Marc (3, 6), *délibérer sur les moyens de le perdre*, συμβούλιον λαμβάνειν ὅπως αὐτὸν ἀπολέσωσιν, il y a une gradation jusqu'à la résolution arrêtée de s'emparer de sa personne, résolution dont le mode (*ruse*, δόλῳ) et le temps (*non dans la fête*, μὴ ἐν τῇ ἑορτῇ) sont désormais fixés exactement (Matth., 26, 4 seq. et parall.). Et même, à vrai dire, la gradation est plus marquée dans le récit des synoptiques, car, durant tout le temps que Jésus exerce son ministère de prédication dans la Galilée, ce récit fait disparaître l'inimitié d'un parti derrière l'attachement du peuple; au contraire, dans le quatrième évangile, Jésus a à combattre presque sans interruption depuis le commencement jusqu'à la fin contre l'hostilité *des Juifs*, Ἰουδαίων (1).

On fait en outre aux trois premiers évangélistes un reproche plus précis, c'est d'avoir omis, en passant sous silence la résurrection de Lazare, un événement qui fut décisif pour la dernière péripétie du destin de Jésus (2). Le fait est qu'en nous référant au résultat que nous a donné plus haut notre critique, nous devons bien plutôt louer les synoptiques de n'avoir pas fait rouler le destin de Jésus sur

(1) Comparez t. 1, § LXXXIII, p. 722 et suiv.; Weisse, l. c., S. 119 ff.

(2) Comparez, entre les critiques cités, Hug., *Einl. in das N. T.*, 2, S. 215.

un événement qui n'est pas réellement arrivé. De plus, le quatrième évangéliste, par la manière dont il rapporte la résolution de mort prise contre Jésus à l'occasion de cette résurrection, ne montre pas que son autorité soit suffisante à garantir la vérité de son récit. S'il attribue, suivant sans doute une idée superstitieuse de ce temps (1), le don de prophétie au grand-prêtre, et s'il regarde la déclaration de ce personnage comme une prédiction de la mort de Jésus, cela, en soi, ne prouve pas qu'il n'ait pas pu être témoin oculaire et apôtre (2). Mais ce que l'on a trouvé, avec raison, sujet à graves difficultés, c'est que notre évangéliste désigne Caïphe comme *le grand-prêtre de cette année,* ἀρχιερεὺς τοῦ ἐνιαυτοῦ ἐκείνου (11, 49); par conséquent il paraît supposer que cette dignité était annuelle comme plusieurs magistratures romaines. Or, dans l'origine, elle était à vie, et, au temps de la domination romaine, elle n'était pas régulièrement annuelle, mais elle changeait aussi souvent que cela plaisait à l'arbitraire des Romains. Admettre, sur l'autorité du quatrième évangéliste, contre l'usage habituel et malgré le silence de Josèphe, que Anne et Caïphe ont alterné annuellement, en vertu d'un arrangement privé entre eux (3), c'est à quoi se décidera qui voudra. Prendre le mot *année,* ἐνιαυτοῦ dans le sens illimité *de temps,* χρόνου (4), est inadmissible à cause de la double répétition de la même expression, v. 51 et 18, 13. Bien qu'à l'époque dont il s'agit, le grand-pontificat changeât souvent, et que quelques grands-prêtres ne demeurassent pas plus d'une année dans leur dignité (5), cela n'autorisait pas notre évangéliste à désigner, comme le grand-prêtre d'une année, Caïphe, qui justement occupa ce poste

(1) C'est Lücke qui s'exprime là-dessus avec le plus de justesse, 3, p. 407 seq.
(2) Comme le pense l'auteur des *Probabilia,* p. 94.
(3) Hug, l. c., S. 224.
(4) Kuinoel, sur ce passage.
(5) Paulus, Comm., 4, S. 579 f. Comparez Joseph., *Antiq.,* 18, 2, 2.

pendant plusieurs années de suite, et notamment pendant toute la durée de la prédication publique de Jésus. Enfin il n'est pas plus possible de soutenir que Jean a voulu dire que Caïphe était grand-prêtre l'année de la mort de Jésus, sans exclure par là des années antérieures et postérieures dans lesquelles Caïphe aurait également rempli cet emploi (1); car, si le temps où arrive un événement est désigné comme étant telle ou telle année, cela doit avoir son motif en ceci : à savoir, que du changement d'année dépend ou bien le changement de l'événement dont l'époque doit être fixée, ou bien le changement de la date d'après laquelle on veut fixer cet événement. Donc, ou bien le narrateur, dans le quatrième évangile, a dû penser qu'une plénitude de dons spirituels, entre lesquels était le don de prophétie du grand-prêtre de ce temps-là, se répandit, à partir de la mort de Jésus de laquelle ces dons furent le signal, sur l'année entière et non au delà (2); ou bien, si c'est là une explication forcée, il faut qu'il se soit figuré que Caïphe ne fut grand-prêtre que de cette année. Lücke, de ce que, d'après Josèphe, le grand-prêtre de ce temps occupa cette dignité pendant dix ans de suite, conclut que Jean, en disant *grand-prêtre de cette année*, ἀρχιερεὺς τοῦ ἐνιαυτοῦ ἐκείνου, ne peut pas avoir pensé que le grand-pontificat fût alors annuel. Mais cette conclusion doit être retournée, puisqu'il est plus évident que les paroles de l'évangéliste comportent ce sens, qu'il ne l'est que Jean est le rédacteur de cet évangile; et il faut dire : Puisque le quatrième évangéliste offre ici, ou sur la durée du grand-pontificat en général, ou du moins sur celle du pontificat de Caïphe en particulier, une idée que l'on ne pouvait pas avoir en Palestine, il devient par là extrêmement invraisemblable que le rédacteur de cet évangile ait été un Palestin ou

---

(1) Lücke, sur ce passage.   (2) Lightfoot, sur ce passage.

surtout un homme *connu du grand-prêtre*, γνωστὸς τῷ ἀρχιερεῖ, comme Jean est désigné (18, 15) (1).

Mais il y a aussi de quoi s'étonner dans la manière dont se passe cette prétendue délibération. Suivant le quatrième évangéliste, les membres du sanhédrin exprimèrent la crainte que le nombre croissant des partisans de Jésus ne déterminât les Romains à des mesures de violence; ils attribuaient donc à ses prédications une tendance politique et même révolutionnaire à l'égard des Romains. Ils en font autant, il est vrai, d'après Luc, 23, 2. 5; mais il y a cette différence, c'est que, dans les synoptiques, ils veulent seulement persuader Pilate, tandis que, dans le quatrième évangile, ils délibèrent entre eux, et par conséquent expriment leur véritable sentiment. Certes, ils ne pensaient pas cela plus sérieusement qu'ils ne réussirent à le persuader au procurateur, car les preuves qui montraient que la tendance de Jésus n'avait rien de politique étaient trop manifestes (2).

Parmi les renseignements que les évangiles fournissent sur les causes et la marche de l'hostilité que Jésus éprouva de la part du sacerdoce juif, deux points sont avant tout autre dignes de croyance : le premier, c'est que l'irritation que l'on conçut contre Jésus fut produite principalement par ses discours et ses actes contre les observances du sabbat; le second, c'est la popularité inquiétante qui se manifesta en sa faveur lors de sa dernière entrée à Jérusalem. Ces renseignements sont communs aux quatre évangélistes. Quant à ceux qui sont propres au quatrième évangile, il y en a trois : le premier, c'est que, dès le début, l'hostilité des Juifs l'emporta sur l'intérêt que la nouvelle doctrine excitait; le second, c'est que cette hostilité trouva plus tard un aliment particulier dans la résurrection de Lazare; le

---

(1) *Probab.*, l. c. Compares De Wette, *Exeg. Handb.*, 1, 3, S. 140.

(2) Weisse, *Die evang. Geschichte*, 1, S. 448 f.

troisième enfin, c'est que les membres du sanhédrin redoutèrent sérieusement un danger politique de la part de Jésus; ces trois renseignements, nous n'avons pu les reconnaître comme historiques. En un point seul, le quatrième évangile pourrait compléter les autres d'une manière digne de foi, c'est lorsqu'il rapporte que les vives expressions de Jésus sur sa personne et sur sa dignité furent des causes d'irritation (1).

§ CXVI.

Jésus et celui qui le trahit.

Bien que, dans le conseil des grands-prêtres et des anciens, il eût été résolu de laisser passer le temps de la fête, parce qu'une violence exercée contre Jésus durant ces jours pouvait exciter une révolte dans la masse de ceux qui, parmi les visiteurs de la fête, lui étaient favorables (Matth., 26, 5; Marc, 14, 2); cependant, cette considération fut mise de côté, en raison de la facilité avec laquelle un de ses disciples promit de le livrer entre les mains de ses ennemis. En effet, Judas, appelé *Iscariote*, Ἰσκαριώτης, sans aucun doute parce qu'il était originaire de la ville juive de Kerioth (Josèphe, 15, 25) (2), l'avide et infidèle caissier de la société de Jésus (Joh., 12, 6), alla, d'après les synoptiques, trouver, peu de jours avant la fête de Pâques, les chefs des prêtres, et il s'offrit à leur livrer Jésus sans bruit. Pour prix, ils lui promirent de l'argent, trente *sekel d'argent*, d'après Matthieu, ἀργύρια (Matth., 26, 14 et parall.). Non seulement le quatrième évangile ne parle

---

(1) Comparez t. 1, § LXI.
(2) Cependant comparez De Wette, *Exeg. Handb.*, 1, 1, S. 99. Olshausen a su donner des détails plus précis sur la descendance du traître; il dit, en effet, *Bibl. Comm.*, 2, S. 458. Anm.: « On lit dans 1. Mos. 49, 17 : *Dan sera un serpent sur son chemin, un éraste dans le sentier, qui pique le cheval au pied et fait tomber le cavalier*. Peut-être est-ce là une indication prophétique de la trahison de Judas, d'où l'on pourrait conclure qu'il était de la tribu de Dan. »

pas de cette transaction préalable de Judas avec les ennemis de Jésus, mais encore il semble présenter la chose comme si Judas n'avait pris que lors du dernier repas la résolution de livrer Jésus, et l'avait aussitôt mise à exécution. L'*entrée* de Satan en Judas, εἰσελθεῖν, que Luc (22, 3) place avant sa première démarche auprès du grand-prêtre et avant les préparatifs de la fête de Pâques, est placée par le rédacteur du quatrième évangile à ce repas même, avant que Judas eût quitté la compagnie (13, 27); ce qui prouve, sans doute, que, dans l'opinion de cet évangéliste, Judas ne fit qu'à ce moment la démarche par laquelle il vendit son maître. A la vérité, le quatrième évangéliste remarque (13, 2) que, dès avant le repas, le diable avait suggéré à Judas de trahir Jésus; en conséquence, l'on compare l'expression : *Le diable lui ayant mis au cœur*, τοῦ διαβόλου βεβληκότος εἰς τὴν καρδίαν, à l'expression de Luc : *Satan entra*, εἰσῆλθε Σατανᾶς ; et l'on dit qu'il s'agit de la résolution à la suite de laquelle Judas se rendit auprès du grand-prêtre. Mais s'il s'était dès-lors entendu avec eux, la trahison était déjà accomplie, et l'on ne sait plus ce que peuvent signifier, lors du dernier repas, *Satan entra en lui*, εἰσῆλθεν εἰς αὐτὸν ὁ Σατανᾶς ; car, conduire ceux qui devaient s'emparer de Jésus, n'était pas une nouvelle résolution suggérée par le diable, c'était seulement l'exécution de la résolution déjà prise. L'expression dont Jean se sert, verset 27, ne reçoit, par comparaison avec le verset 2, un sens tout à fait convenable, qu'autant que l'on entend que les mots : *Mettre dans le cœur*, βάλλειν εἰς τὴς καρδίαν, expriment que la pensée de trahison surgit, et le mot *entrer*, εἰσελθεῖν, qu'elle est venue à maturité ; par conséquent, il ne faut pas supposer que, dès avant le repas, Judas eût eu une entrevue avec le grand-prêtre (1). Ainsi les synoptiques rappor-

---

(1) Lightfoot reconnaît aussi que, d'après le récit de Jean, Judas alla auprès du grand-prêtre pour la première fois en sortant du repas (*Horæ*, p. 465).

tent que Judas, peu de temps avant l'exécution de sa trahison, avait négocié avec les ennemis de Jésus ; et Jean, qu'il ne se mit en relation avec eux qu'immédiatement avant l'exécution : ces deux renseignements se contredisent. Lücke se décide en faveur de Jean, soutenant que ce fut en quittant le dernier repas (Joh., 13, 30) que Judas fit auprès du grand-prêtre la démarche que les synoptiques placent avant le repas (Matth., 26, 14 seq. et parall.) (1); mais il ne le fait que par complaisance pour l'autorité supposée de Jean; car, bien que Judas eût pu sans doute, comme il le remarque, s'entendre encore avec les prêtres à l'approche de la nuit, cependant, quand on considère la chose sans préoccupation, on trouve que le récit des synoptiques, qui donne du moins un certain temps à toute cette transaction, est incomparablement plus vraisemblable que celui de Jean, chez qui tout se passe comme un coup de théâtre, et chez qui Judas, pour ainsi dire, possédé, s'esquive en toute hâte après l'arrivée de la nuit pour aller traiter avec les prêtres et exécuter aussitôt sa trahison.

Les synoptiques et Jean diffèrent encore entre eux sur un autre point, sur la prescience qu'eut Jésus de la perfidie de Judas. Chez les synoptiques, Jésus ne montre cette prescience que lors du dernier repas, c'est-à-dire à un moment où l'acte de Judas, à proprement parler, était déjà accompli; et, peu auparavant encore, Jésus semble avoir été si loin de pressentir la chute imminente de l'un des douze, qu'il leur promettait à tous, tels qu'ils étaient, douze siéges de juges lors de la palingénésie (Matth., 19, 28). Au contraire, d'après Jean, Jésus assure, dès le temps de la Pâque précédente, c'est-à-dire un an avant l'événement, qu'un des douze était un *démon*, διάβολος ; par quoi, suivant

---

mais avec cette différence qu'il a regardé le repas raconté par Jean comme antérieur à celui que racontent les synoptiques.

(1) *Comm. z. Joh.*, 2, S. 484.

la remarque de l'évangéliste, il désignait Judas comme celui qui devait le trahir un jour (6, 70); car, ainsi qu'il est dit peu auparavant, verset 64, *Jésus savait dès le commencement celui qui devait le trahir*, ᾔδει ἐξ ἀρχῆς ὁ Ἰησοῦς..., τίς ἐστιν ὁ παραδώσων αὐτόν. En conséquence, dès le commencement de sa liaison avec Judas, Jésus aurait su que celui-ci devait le trahir, et non seulement il aurait prévu cet événement extérieur, mais encore, comme il connaissait ce qui se passait dans le cœur de l'homme, il aurait pénétré les motifs qui déterminèrent Judas, c'est-à-dire l'avarice et la soif de l'argent qui le poussèrent au crime. Et cependant il en fit un caissier, c'est-à-dire qu'il le mit dans un poste où le penchant de cet homme à se procurer des gains par tous les moyens, même par des moyens illégitimes, devait recevoir le plus puissant encouragement; et cependant il lui fournit l'occasion d'être un voleur, et il nourrit, ce semble, à dessein en lui tous les instincts qui devaient en faire un traître. Au point de vue économique, confie-t-on une caisse à celui qu'on sait devoir la voler? Au point de vue pédagogique, place-t-on un homme faible dans un poste qui compromet continuellement son côté faible, de telle sorte qu'on peut prévoir qu'il succombera tôt ou tard? Non, certes, Jésus n'a point ainsi joué avec les âmes qui lui étaient confiées, il ne leur a pas montré dans ses actions le contraire de ce qu'il leur apprenait à dire dans leurs prières : *Ne nous induisez pas en tentation*, μὴ εἰσενέγκῃς ἡμᾶς εἰς πειρασμὸν (Matth., 6, 13); il n'a pas choisi pour caissier Judas, duquel il savait d'avance qu'il trahirait par avidité; ou bien, s'il l'a fait son caissier, il n'a pu avoir cette prescience.

Dans cette alternative, pour arriver à une décision, nous devons examiner en soi cette prescience, et voir si elle est vraisemblable ou non, indépendamment des fonctions de caissier confiées à Judas. Nous ne nous engagerons pas dans la possibilité de la question psychologique, car il est toujours libre aux controversistes d'invoquer la nature divine en Jésus; mais, au point de vue de la possibilité morale, nous demanderons si, avec cette prescience, Jésus est justifiable d'avoir admis Judas au nombre des douze, et de l'y avoir conservé. Comme sa trahison ne fut possible qu'à la condition de ce choix fait par Jésus, ce dernier, sachant d'avance la trahison, et néanmoins choisissant Judas, paraît l'avoir entraîné à dessein dans ce péché. On objecte que la fréquentation de Jésus offrit à Judas la possibilité d'échapper à cet abîme (1); mais Jésus avait prévu que cette possibilité ne se réaliserait pas. On dit encore que, dans d'autres conditions, le mal qui résidait en Judas ne s'en serait pas moins développé, seulement sous une autre forme; cela a déjà une forte teinte de déterminisme. De même, quand on dit qu'il ne sert véritablement de rien à l'homme que le mal dont le germe gît en lui ne vienne pas à développement, cela paraît conduire à des conséquences qui sont rejetées dans l'Épître aux Romains, 3, 8; 6, 1 seq. Et à prendre la chose du côté moral seulement, comment Jésus pourrait-il supporter d'avoir, pendant tout le temps de sa vie publique, auprès de lui un homme duquel il savait qu'il serait trahi par lui, et qu'il lui prodiguait en pure perte tous les enseignements? La présence de Judas ne devait-elle pas corrompre pour lui toutes les heures d'intimité avec les apôtres? Certainement il aurait fallu de graves motifs pour que Jésus s'imposât une aussi rude épreuve. Les motifs de cette nature se réduisent à deux : ou bien ils se rapportent à Judas lui-même, et alors ils tendaient à l'améliorer, mais la prescience précise de son forfait coupait court à toute espérance; ou bien ils se rapportent à Jésus à et son œuvre, Jésus aurait été convaincu que, si la rédemption

---

(1) Voyez ces raisons et les suivantes dans Olshausen, 2, S. 458 ff. Comparez contradictoirement De Wette, *Exeg. Handb.*, 1, 3, S. 89 f.

devait s'opérer par sa mort, il fallait qu'il y en eût un qui le trahît (1). Mais, d'après les idées chrétiennes, la mort seule de Jésus était indispensable au but de la rédemption. Que cette mort arrivât par une trahison, ou par tout autre moyen, cela n'était d'aucune importance; il est incontestable que, même sans Judas, les ennemis de Jésus auraient réussi tôt ou tard à s'emparer de sa personne. Mais, quand on dit que le traître était indispensable pour que la mort de Jésus arrivât justement le jour de la fête de Pâques qui en renfermait l'image typique (2), ce sont là des jeux d'esprit avec lesquels on ne prétendra plus nous arrêter aujourd'hui.

Ainsi d'aucune façon on ne peut trouver un motif capable de déterminer Jésus à attirer et à garder auprès de lui Judas, qu'il savait devoir le trahir; il semble donc établi qu'il n'a pas eu la prescience de cette trahison. Schleiermacher, pour ne pas compromettre, en niant la prévision, l'autorité de Jean, aime mieux douter que Jésus ait choisi complétement de lui-même les douze; si ce cercle, dit-il, s'est formé plutôt par la libre adhésion des apôtres, Jésus sera plus aisément justifiable de n'avoir pas repoussé les instances de Judas, qu'il ne le serait de l'avoir attiré spontanément auprès de lui (3). Mais cette hypothèse n'en blesse pas moins l'autorité de Jean, car justement cet évangéliste fait dire par Jésus aux douze : *Ce n'est pas vous qui m'avez choisi, c'est moi qui vous ai choisis*, οὐχ ὑμεῖς με ἐξελέξασθε, ἀλλ' ἐγὼ ἐξελεξάμην ὑμᾶς (15, 16; comparez, 6, 70). Au reste, quand même on supprimerait une élection précise, cependant la permission et la confirmation de Jésus n'en auraient pas moins été nécessaires pour qu'on pût rester constamment auprès de lui, et humainement il ne pouvait les accorder à un homme duquel il savait qu'une pareille position

---

(1) Olshausen, l. c.
(2) On pourrait tirer un semblable argument de ce que Olshausen dit, 2, p. 387, en bas de la page, et 388 en haut.
(3) *Ueber den Lukas*, S. 68.

le conduirait peu à peu au forfait le plus noir. Quant à se mettre tout à fait, comme on dit, au point de vue de Dieu et à laisser Judas dans sa société en raison de la possibilité d'un amendement qu'il savait cependant ne devoir pas se réaliser, ce serait une inhumanité divine, mais ce ne serait pas la conduite d'un Dieu-homme.

Autant il est difficile de conserver le caractère historique au dire du quatrième évangéliste, qui prétend que Jésus, dès le commencement, avait reconnu en Judas celui qui devait le trahir, autant il est facile de découvrir ce qui, même sans raison historique, devait conduire à présenter ainsi les choses. Naturellement, la trahison commise par un des disciples de Jésus contre lui-même devait lui être désavantageuse aux yeux de ses ennemis; nous aurions pu le conjecturer quand même nous n'aurions pas su que Celse, sous le masque d'un Juif, reproche à Jésus *d'avoir été trahi par un de ceux qu'il appelait ses disciples*, ὅτι ὑφ᾽ ὧν ὠνόμαζε μαθητῶν προυδόθη, voulant prouver par là qu'il avait moins su s'assurer l'attachement des siens que le premier chef de brigands venu (1). Le meilleur moyen de couper court aux mauvaises conséquences que fournissait la mort ignominieuse de Jésus, avait paru être de soutenir qu'il avait prévu sa mort longtemps d'avance; de même ici, on crut prévenir ce qu'il y avait de fâcheux contre Jésus dans la trahison de Judas, en disant qu'il avait tout d'abord pénétré les intentions du traître, et qu'il aurait pu échapper au sort qui lui était préparé, s'il ne s'était pas exposé à cette perfidie volontaire et par des considérations supérieures (2). Cela fournissait encore un autre avantage, c'est l'avantage que celui qui prédit trouve dans tout accomplissement prétendu de sa prédiction, et qui est naïvement exprimé par le quatrième évangéliste, quand il fait prononcer à Jésus,

---

(1) Orig., c. Cels., 2, 11 seq.   (2) Comparez *Probabil.*, p. 139.

lors du dernier repas, après la désignation du traître, ces paroles : *Je vous le dis dès maintenant avant que la chose arrive, afin que, quand elle arrivera, vous croyiez que c'est moi*, ἀπ' ἄρτι λέγω ὑμῖν πρὸ τοῦ γενέσθαι, ἵνα, ὅταν γένηται, πιστεύσητε, ὅτι ἐγώ εἰμι (13, 19); c'est en vérité la meilleure des épigraphes de toutes les prédictions après l'événement. Ces deux buts étaient d'autant plus complétement atteints, que l'on reportait cette prescience plus en arrière dans la vie de Jésus : cela explique pourquoi le rédacteur du quatrième évangile, peu satisfait que, d'après la narration ordinaire, Jésus eût prédit lors du repas la trahison de Judas, fait remonter la connaissance qu'en eut Jésus jusqu'au commencement de l'association (1).

Cependant, si une prescience de la trahison de Judas, prescience infaillible, précise, provenant de la nature supérieure de Jésus, et qui aurait résidé en lui dès le commencement de sa liaison avec Judas, est, d'après les remarques précédentes, aussi impossible à concevoir qu'il est facile d'expliquer, ainsi qu'on l'a vu, la formation non historique de cette allégation de Jean, on n'en est pas moins en droit de se demander si Jésus, par une voie purement naturelle, n'aurait pas pénétré Judas, et, sinon prévu l'acte précis de trahison, du moins remarqué de bonne heure l'impureté de ses sentiments. La connaissance de son caractère aurait pu suggérer à Jésus ces paroles : *L'un de vous est un démon*, ἐξ ὑμῶν εἷς διάβολός ἐστιν (Joh., 6, 70); sans vouloir indiquer par là la trahison qui ne s'accomplit qu'une année après, il

---

(1) L'apocryphe intitulé *Evangelium infantiæ arabicum* fait remonter encore plus haut, non pas la prescience de Jésus au sujet de celui qui devait le trahir, mais une rencontre significative qu'il eut avec lui (ch. 35, dans Fabricius, 1, p. 197 seq., dans Thilo, 1, p. 108 et seq.). Un enfant démoniaque qui, dans l'accès, mordait tout autour de lui, est amené à l'enfant Jésus ; il s'efforce de le mordre, et, ne pouvant l'atteindre avec les dents, il lui porte un coup sur le côté droit, après quoi l'enfant Jésus se met à pleurer, et Satan quitte le corps de l'enfant sous la forme d'un chien furieux. *Hic autem puer, qui Jesum percussit et ex quo Satanas sub forma canis exivit, fuit Judas Ischariotes, qui illum Judæis prodidit.*

n'aurait fait allusion qu'aux sentiments impurs qu'il remarquait dans l'apôtre, tout en conservant l'espérance de le ramener au bien (1). Mais ce n'est pas seulement cette connaissance naturelle du caractère de Judas, caractère qui comportait la vague possibilité de graves manquements, que le quatrième évangéliste attribue à Jésus, c'est une prescience précise de la trahison. Neander a essayé de donner un sens différent à la phrase : *Jésus savait dès le commencement qui était celui qui devait le trahir*, ἤδει γὰρ ἐξ ἀρχῆς ὁ Ἰησοῦς τίς ἐστιν ὁ παραδώσων αὐτόν (Joh., 6, 64). Suivant lui, elle signifie que Jésus savait, dès le commencement, quel homme était ou quel caractère avait Judas, qui devait le trahir un jour. Cette explication a tant d'analogie avec les subterfuges rationalistes, que celui qui la propose l'abandonne à son tour, et accorde que Jean peut avoir introduit après l'événement une signification plus précise dans les vagues allusions que Jésus avait faites au caractère de Judas. En tout cas, c'est là le moins que l'on puisse accorder ici, et il faut considérer ce que l'on essaie de conserver, comme le résultat de l'intérêt qu'ont les apologistes à défendre l'autorité de Jean.

Une vue purement naturelle, et par conséquent bornée dans le cœur de Judas, permet, il est vrai, de concevoir qu'il ait été choisi et conservé comme apôtre, mais non que la caisse lui ait été remise, s'il est vrai que Jésus avait reconnu, parmi les vices de Judas, une avidité pour le gain qui allait jusqu'à l'improbité.

---

(1) C'est ce que disent Kern, *Faits principaux* (*Tüb. Zeitschr.*), 1836, 2, S. 152 ff ; Neander, L. J. Chr., S. 571 ff.

§ CXVII.

Différentes opinions sur le caractère de Judas et sur les motifs de sa trahison.

Depuis les temps les plus anciens jusqu'aux plus modernes il y a eu des gens qui n'ont pu accéder à cette opinion que les écrivains de l'Ancien Testament ont eue sur les motifs de Judas, et à l'arrêt de réprobation absolu qu'ils ont prononcé sur lui (comparez Act. Ap., 1, 16 seq.), et nous pouvons dire d'avance que cette divergence a été le produit ou d'un surnaturalisme exagéré ou d'une tendance rationaliste.

Un surnaturalisme exagéré pouvait s'emparer du point de vue fourni par le Nouveau Testament lui-même, et, voyant que la mort de Jésus, résolue dans les conseils divins du gouvernement du monde, avait servi au salut de l'humanité, considérer Judas, dont la trahison avait amené la mort de Jésus, comme un instrument irréprochable dans la main de la Providence, comme un coopérateur à la rédemption de l'humanité. Pour le montrer sous ce jour, il fallait lui prêter une connaissance de ce conseil divin de salut, et admettre qu'il trahit sciemment son maître pour en amener l'accomplissement. Cette manière de voir se trouve, en réalité dans le parti gnostique des Caïnites; ceux-ci, d'après les anciens historiens des hérésies, regardaient Judas comme un homme qui, planant au-dessus des idées judaïques étroites des autres apôtres, s'était élevé jusqu'à la Gnose, et en conséquence avait trahi Jésus, comprenant que cette mort renverserait le royaume des esprits inférieurs qui gouvernaient le monde (1). D'autres

---

(1) Iren., *Adv. hær.*, 1, 35 : *Judam proditorem... solum præ cæteris cognoscentem veritatem perfecisse proditionis mysterium, per quem et terram et cœlestia omnia dissoluta dicunt.* Epiphan., 88, 3 : Quelques Caïnites disent que Judas a trahi Jésus parce qu'il le regardait comme méchant, κακὸν ὄν, et comme voulant détruire la bonne loi; d'autres, parmi eux, ne disent pas ainsi, mais ils

dans l'ancienne Église, accordant, il est vrai, que Judas avait trahi Jésus par avarice, ajoutaient qu'il n'avait pas pensé que Jésus serait mis à mort, s'imaginant que, dans cette occasion comme dans plusieurs autres, il échapperait à ses ennemis par sa puissance surnaturelle (1). Cette opinion est déjà une transition aux justifications plus récentes du traître.

Le mérite que par esprit de surnaturalisme les Caïnites attribuaient à Judas, dérivait de leur opposition contre le judaïsme; ils s'étaient fait le principe d'honorer tous les personnages blâmés par les rédacteurs juifs de l'Ancien Testament ou par les rédacteurs judaïsants du Nouveau, et *vice versâ*. De la même façon, le rationalisme, surtout dans sa première colère contre le long esclavage où l'autorité avait tenu la raison, trouva un certain attrait aussi bien à dépouiller de leur auréole les personnages bibliques trop divinisés suivant lui par l'opinion orthodoxe, qu'à défendre ou à relever les personnages condamnés ou mis sur l'arrière-plan par la même opinion. C'est ainsi, pour ce qui concerne l'Ancien Testament, qu'Esaü fut élevé au-dessus de Jacob, Saül au-dessus de Samuel, et, dans le Nouveau, que Marthe fut vantée aux dépens de Marie, que les doutes de Thomas furent loués et que même on fit l'apologie du traître Judas. Suivant les uns, c'était un homme qui était devenu criminel parce que son honneur avait été offensé; la manière dont Jésus le réprimanda lors du repas de Béthanie, et surtout

---

prétendent que Jésus était bon, et que Judas le livra à cause de la Gnose céleste. Car les chefs savaient que, si le Christ était livré à la croix, leur faible puissance serait réduite à rien. Et Judas, connaissant cela, se hâta, et mit tout en œuvre pour le livrer, faisant une bonne œuvre pour notre salut. Nous devons le louer et lui accorder des éloges, puisque par lui a été préparé le salut de la croix et la révélation des choses d'en haut qui s'en est suivie. Ἄλλοι δὲ τῶν αὐτῶν, οὐχί, φασιν, ἀλλὰ ἀγαθὸν αὐτὸν ὄντα παρέ-δωκε κατὰ τὴν ἐπουράνιον γνῶσιν· ἐγνώ-σαν γάρ, φησιν, οἱ ἄρχοντες, ὅτι, ἐὰν ὁ Χριστὸς παραδοθῇ σταυρῷ, κενοῦται αὐτῶν ἡ ἀσθενὴς δύναμις· καὶ τοῦτό, φησι, γνοὺς ὁ Ἰούδας ἔσπευσε, καὶ πάντα ἐκίνησεν, ὥστε παραδοῦναι αὐτόν, ἀγαθὸν ἔργον ποιήσας ἡμῖν εἰς σωτηρίαν. Καὶ δεῖ ἡμᾶς ἐπαινεῖν καὶ ἀποδιδόναι αὐτῷ τὸν ἔπαινον, ὅτι δι' αὐτοῦ κατ-εσκευάσθη ἡμῖν ἡ τοῦ σταυροῦ σωτηρία καὶ ἡ διὰ τῆς τοιαύτης ὑποθέσεως τῶν ἄνω ἀποκάλυψις.

(1) Theophylact., *in Matth.*, 27, 4.

l'infériorité où il fut mis à l'égard des autres apôtres, transformèrent son amour pour son maître en haine et en désir de vengeance (1). D'autres se sont plus attachés à la conjecture conservée par Théophylacte, à savoir que Judas avait pu espérer que Jésus échapperait cette fois encore à ses ennemis, et elle a été l'objet d'un partage d'opinions : les uns l'ont entendue surnaturellement, comme si Judas avait pensé que Jésus se mettrait en liberté par l'emploi de sa puissance miraculeuse (2); d'autres, plus conséquents avec leur point de vue, ont supposé que peut-être Judas s'était imaginé que, si Jésus était arrêté, une insurrection populaire éclaterait en sa faveur et le délivrerait (3). De cette façon Judas est représenté comme un homme qui, semblable en cela aux autres apôtres, s'était fait une idée terrestre et politique du règne du Messie, et était mécontent de voir Jésus tant tarder à profiter de la faveur populaire pour se faire roi messianique. Dès lors, excité ou par des tentatives de corruption de la part du sanhédrin, ou par le bruit que ce corps avait formé le plan d'arrêter Jésus secrètement après la fête, Judas résolut de prévenir ce coup, qui devait perdre Jésus, et chercha à faire que l'arrestation s'opérât durant la fête même, parce qu'il croyait être sûr de voir Jésus délivré par un mouvement populaire, mais en même temps forcé de se jeter dans les bras du peuple et de franchir le pas décisif pour fonder sa domination. Comme il entendait dire à Jésus que son arrestation était nécessaire et qu'il se relèverait au bout de trois jours, il prit cela comme un signe de l'assentiment que Jésus donnait à son plan. Tout préoccupé de cette erreur, ou bien il n'entendit pas, ou bien il interpréta mal les autres discours qui tendaient à le détour-

---

(1) Kaiser, *Bibl. Theol.*, 1, S. 249. Klopstock suit la même opinion dans la Messiade.

(2) K. Ch. L. Schmidt, *Exeg. Beiträge*, 1. Thl. 2ter Versuch, S. 18 ff. Comparez le même dans : *Schmidt's Bibliotheck*, 3, 1, S. 163 ff.

(3) Paulus, *Exeg. Handb.*, 3, b, S. 451 ff.; L. J., 1, b, S. 143 ff.; Hase, L. J., § 132. Comparez Theile, *Zur Biographie Jesu*, § 33.

ner, et surtout il prit comme un véritable encouragement à l'exécution de son dessein les mots : *Faites vite ce que vous faites*, ὃ ποιεῖς, ποίησον τάχιον. Quant au trente pièces d'argent qu'il reçut des prêtres, il les prit soit pour cacher son véritable dessein sous l'apparence de la cupidité et pour leur ôter ainsi tout soupçon, soit pour avoir encore ce petit avantage pécuniaire outre l'une des premières places à laquelle il comptait être élevé dans le royaume de son maître. Mais, ajoute-t-on, Judas se trompa sur deux points dans son calcul : le premier, c'est qu'il ne réfléchit pas qu'après l'agitation d'une nuit de Pâques le peuple ne serait pas éveillé d'assez bonne heure pour une insurrection ; le second, c'est qu'il ne prévit pas que le sanhédrin se hâterait de remettre Jésus au pouvoir des Romains, d'où une insurrection populaire ne serait guère en état de l'arracher. Suivant ces auteurs, Judas est donc ou un brave homme méconnu (1), ou un homme qui se trompa, mais ce ne fut point un caractère vulgaire, et dans son désespoir même il conserva des traces de la grandeur apostolique (2); ou bien encore il voulut atteindre, par un moyen mauvais, il est vrai, un but qui était bon (3). Neander, accueillant ici ces deux opinions, naturelle et surnaturelle, sur Judas, en compose une sorte de dilemme qui se passa dans l'esprit de Judas. Suivant lui Judas raisonna ainsi : Si Jésus est le Messie, il ne souffrira, en raison de sa puissance surnaturelle, aucun mal d'avoir été livré à ses ennemis; au contraire cela servira à hâter sa glorification; s'il n'est pas le Messie, il mérite la mort. Ainsi, d'après ce théologien, sa trahison n'aurait été qu'une épreuve à laquelle le disciple qui doutait voulut soumettre la messianité de son maître (4).

Parmi ces opinions, il n'y en a qu'une seule, celle qui attribue la trahison de Judas à l'amour-propre blessé, qui

(1) Schmidt, l. c.
(2) Hase.
(3) Paulus.
(4) Neander, L. J. Chr., S. 578 f.

puisse s'appuyer sur un fait positif; et ce fait est la réprimande que Judas s'attira de la part de Jésus lors du repas de Béthanie. Mais la conséquence que l'on prétend déduire de cette réprimande a été attaquée par la critique la plus moderne, qui fait observer, comme nous l'avons vu dans une autre occasion, que la douceur de ce reproche, relevée surtout par la comparaison avec le reproche bien plus vif adressé à Pierre (Matth., 16, 23), ne serait en aucune proportion avec le ressentiment que Judas en aurait éprouvé (1). Quant à la préférence que Jésus aurait accordée aux autres apôtres sur lui, on n'en peut montrer aucune trace.

Toutes les autres conjectures touchant les mobiles propres de l'action de Judas ne peuvent s'appuyer que sur des motifs négatifs, c'est-à-dire sur des motifs à l'aide desquels on prétend rendre invraisemblable qu'il ait été animé par de mauvaises intentions, et en particulier par la cupidité; mais elles manquent complétement d'une preuve positive qui montre qu'il ait voulu hâter l'œuvre de Jésus, et surtout qu'il ait été poussé par des espérances impétueuses qu'il aurait fondées sur le règne politique du Messie. Pour soutenir que Judas n'eut aucune mauvaise intention contre Jésus, on fait principalement valoir qu'aussitôt après avoir appris la remise de Jésus au pouvoir des Romains et sa mort infaillible, il tomba dans le désespoir; preuve, ajoute-t-on, qu'il avait attendu un résultat opposé. Mais ce n'est pas seulement le résultat malheureux, comme Paulus le pense, c'est aussi le résultat heureux ou la réussite du crime, qui *montre*, pour me servir des expressions de ce théologien, *sous son noir et véritable aspect le forfait que l'on se déguisait auparavant sous mille excuses.* Le crime accompli jette le masque que l'on pouvait lui prêter tant qu'il n'avait d'existence que dans la pensée; et, si le repentir dont est

(1) T. 1, § LXXXVIII, p. 751. Comparez encore Hase, l. c.

saisi plus d'un meurtrier en voyant sa victime étendue à ses pieds ne prouve pas que le meurtre n'ait pas été commis à dessein, le repentir de Judas, lorsqu'il vit Jésus perdu sans ressource, ne peut pas prouver qu'il n'eût pas calculé d'avance que son crime coûterait la vie à Jésus.

Mais, dit-on encore, il est impossible que la cupidité ait été le mobile de Judas; car, si c'était au gain qu'il tenait, le calcul suivant ne dut pas lui échapper : c'est que, en conservant la garde de la caisse de la compagnie de Jésus, il gagnerait plus que les trente misérables pièces d'argent, 60 ou 75 francs de notre monnaie, qu'il reçut; cette somme était la compensation que l'on payait chez les Juifs pour un esclave blessé, le salaire d'un journalier pendant quatre mois. Mais ces trente pièces d'argent, on les cherche vainement ailleurs que dans l'évangile de Matthieu. Jean ne dit rien d'une récompense offerte par les prêtres à Judas; Marc et Luc, sans rien préciser, parlent *d'argent*, ἀργύριον, qu'ils lui avaient promis; et même, dans les Actes des Apôtres (1, 18), Pierre ne fait mention que d'un *salaire*, μισθὸς, qui avait été accordé à Judas. Or, Matthieu, qui est le seul qui fixe ainsi la somme, ne nous laisse en même temps aucun doute sur la valeur historique de ce renseignement. En effet, après avoir rapporté la fin tragique de Judas (27, 9 seq.), il cite un passage de Zacharie (11, 12 seq. ; par erreur il écrit Jérémie) dans lequel on trouve également trente pièces d'argent comme représentant la valeur d'estimation d'une personne. A la vérité, dans le passage du prophète, les trente pièces d'argent sont non pas un prix d'achat, mais un salaire ; celui qui est ainsi payé est le prophète représentant de Jehovah, et cette somme minime figure le peu d'estime que les Juifs, par un aveuglement coupable, avaient pour tant de bienfaits de la Divinité (1). Avec quelle facilité un Chrétien, lisant ce passage où il était question du

(1) Rosenmüller, *Schol. in V. T.*, 7, 4, S. 318 seq.

prix ignominieusement modique (ironiquement *un prix magnifique*, אדר היקר), auquel les Israélites avaient estimé un prophète, avec quelle facilité, dis-je, ne put-il pas songer au Messie, qui avait été vendu à ses ennemis pour un prix toujours modique, eu égard à la valeur de ce personnage divin! Ce passage lui suggérait en même temps la détermination du prix qui avait été payé à Judas pour sa trahison (1). En conséquence, les *trente pièces d'argent*, τριάκοντα ἀργύρια, ne fournissent pas un appui à ceux qui veulent prouver qu'une aussi petite somme ne peut avoir décidé Judas à trahir, car nous ne savons pas par là jusqu'à quel point la récompense que reçut Judas fut petite ou considérable. Nous lisons encore dans Matthieu, 27, 7 seq., et dans les Actes des Apôtres, 1, 18, qu'avec l'argent touché par Judas, un *champ*, ἀγρὸς, ou un *terrain*, χωρίον, fut acheté; cela n'autorise pas à conclure avec Neander que la somme fut petite, car, indépendamment de la valeur historique de ce renseignement dont nous nous occuperons plus tard, les deux expressions citées peuvent signifier un morceau de terre plus ou moins grand; et, comme Matthieu rapporte que ce champ fut destiné à *la sépulture des étrangers*, εἰς ταφὴν τοῖς ξένοις, cela permet de penser qu'il n'était pas d'une étendue très petite. Le même théologien prétend même que l'expression des deux évangélistes intermédiaires, qui disent que les chefs juifs promirent de donner à Judas *de l'argent*, ἀργύριον, indique que la somme était peu considérable; mais nous ne voyons aucunement comment il justifie cette allégation. Une raison plus valable contre la cupidité attribuée à Judas, et que j'ai rappelée plus haut dans un autre sens, c'est que Jésus n'aurait pas chargé de tenir la caisse et maintenu dans ce poste un homme qu'il aurait connu avide jusqu'à l'improbité. Aussi Neander n'hésite-

---

(1) Selon Neander aussi, il est possible que le dire du premier évangile ait cette origine, S. 674, Anm.

t-il pas à admettre que le quatrième évangéliste, en imputant la remarque de Judas lors du repas de Béthanie à sa cupidité, avait donné à cette remarque une fausse interprétation dictée par la conduite que Judas tint plus tard, et même que l'imputation qu'il fait à Judas d'avoir volé la caisse de la société est une invention de son cru (1). Mais nous demanderons sous forme d'objection si, au point de vue de Neander, il est permis d'imputer à l'apôtre Jean, supposé rédacteur du quatrième évangile, une calomnie aussi dénuée de fondement, car c'en serait une, d'après l'hypothèse de Neander; et, à notre point de vue, il serait du moins plus naturel d'admettre que Jésus, connaissant Judas pour aimer l'argent, il est vrai, mais jusqu'au dernier temps ne le connaissant pas pour être déshonnête, ne le jugea pas impropre à l'emploi dont il s'agit. Neander remarque en finissant que, si Judas a pu être décidé par argent à trahir Jésus, il devait avoir perdu depuis longtemps la véritable foi en lui; cela s'entend de soi, et, quelque opinion qu'on se fasse de la chose, c'est une supposition par laquelle il faut toujours débuter; mais l'extinction de sa foi ne pouvait le décider directement qu'*à se retirer*, ἀπελθεῖν εἰς τὰ ὀπίσω, Joh., 6, 66. Pour l'amener à la pensée de la trahison, il fallait un autre motif, un motif spécial qui peut aussi bien avoir été l'amour du gain, que les intentions qui lui sont attribuées par Neander et par d'autres.

Je ne soutiendrai pas que l'amour du gain, en tant que mobile direct, suffise pour expliquer l'action de Judas; ce que je maintiens, c'est que les évangiles ne signalent ni n'indiquent même d'une façon quelconque un autre mobile; par conséquent, toute hypothèse de cette nature est destituée de fondement (2).

(1) L. J. Chr., S 573.   (2) Comparez aussi Fritzsche, in Matth., p. 759 seq.

§ CXVIII.

Disposition du repas de la Pâque.

Le premier jour des pains sans levain, dans la soirée duquel l'agneau pascal devait être tué, par conséquent la veille de la fête proprement dite, qui néanmoins commençait dès ce soir-là même, c'est-à-dire le 14 de Nisan, on rapporte que Jésus, sur une question, disent les deux premiers évangiles, des apôtres qui lui demandèrent s'il célébrerait la Pâque, envoya (peut-être de Béthanie) un message à Jérusalem, afin de louer un local pour le temps du repas pascal et de prendre les arrangements ultérieurs (Matth., 26, 17 seq. et parall.). Matthieu ne dit pas quels apôtres ni combien furent dépêchés; d'après Marc, deux apôtres furent dépêchés; et, d'après Luc, ces apôtres furent Pierre et Jean. Les trois narrateurs ne s'accordent pas complétement sur les instructions données par Jésus à ces apôtres. D'après tous les trois, il les envoie près d'un homme à qui ils n'auront besoin que de demander, au nom du *maître*, διδάσκαλος, un local propre à la célébration de la fête de Pâques, pour en obtenir un immédiatement disponible. Mais, d'un côté, ce local est désigné par le second et le troisième évangéliste avec plus de détails que par Matthieu; suivant eux, c'est une grande chambre haute, laquelle était toute meublée et toute prête à recevoir des hôtes. D'un autre côté, ils retracent autrement que Matthieu la manière d'après laquelle les apôtres en devaient découvrir le propriétaire. D'après Matthieu, Jésus dit seulement qu'ils devaient aller *auprès d'un tel*, πρὸς τὸν δεῖνα; mais les autres rapportent que les messagers, une fois entrés dans la ville, devaient rencontrer un homme porteur d'une *cruche d'eau*, κεράμιον ὕδατος, le suivre jusque dans la maison où il allait, et là négocier l'affaire avec le maître de la maison.

Dans ce récit on a trouvé une foule de difficultés que Gabler a réunies dans un mémoire spécial (1). D'abord il a paru singulier que Jésus n'eût songé que le dernier jour à ordonner le repas, et que même il eût fallu, d'après les deux premiers évangélistes, que les apôtres l'en fissent souvenir; car, avec la foule immense qui affluait à Jérusalem au temps de la Pâque (2,700,000 d'après Josèphe) (2), les locaux disponibles dans la ville avaient été bientôt occupés, et la plupart des étrangers étaient obligés de camper sous des tentes en dehors de Jérusalem. C'est une raison de plus pour s'étonner que néanmoins les messagers de Jésus trouvent vacante la chambre désirée, et que le propriétaire, comme s'il avait pressenti la demande de Jésus, la lui eût réservée et l'eût disposée d'avance pour un repas. Et Jésus y compte avec tant de certitude, qu'il fait demander tout d'abord au propriétaire, non *s'il* pourra avoir chez lui un local pour le repas de la fête, mais, sans plus ample information, *où* est le local qui lui convient; ou que, suivant Matthieu, il lui fait dire seulement qu'il ira prendre chez lui le repas pascal. Ajoutons encore que, d'après Marc et Luc, Jésus sait même quelle est la chambre disponible et dans quelle partie de la maison. Mais ce qui est surtout étrange, c'est la manière d'après laquelle ces deux évangélistes rapportent que les apôtres trouvent la maison dont il s'agissait. Matthieu dit simplement : *Allez dans la ville vers un tel*, ὑπάγετε εἰς τὴν πόλιν πρὸς τὸν δεῖνα, comme si Jésus avait nommé celui qu'il devait aller trouver, bien que l'évangéliste ne voulût pas ou ne pût plus en indiquer le nom ; mais les deux autres évangélistes disent que Jésus désigna aux apôtres la maison où il devait se rendre, par un porteur d'eau qu'ils rencontreraient. Or, comment Jésus, de Béthanie ou de partout ailleurs, pouvait-il connaître d'a-

---

(1) Sur les arrangements du dernier repas pascal de Jésus, dans son : *Neuest. theol. Journal*, 2, 5, S. 441 ff.
(2) *Bell. jud.*, 6, 9, 3.

vance cette circonstance fortuite, à moins qu'il n'eût été convenu d'avance qu'à ce moment un serviteur de la maison dont il s'agissait, se montrerait avec une cruche d'eau et attendrait les messagers de Jésus ? Tout a paru aux interprètes rationalistes indiquer dans notre récit un arrangement convenu d'avance, et ils ont pensé, à l'aide de cette supposition, en lever toutes les difficultés. Les apôtres qui furent envoyés si tardivement, disent-ils, ne purent trouver encore un local disponible, que si d'avance ce local avait été retenu par Jésus; il ne pouvait faire parler au propriétaire d'une façon aussi catégorique que s'il s'était déjà entendu avec lui. Un pareil arrangement antécédent, continuent-ils, explique aussi la connaissance exacte que Jésus avait du local, et finalement montre (ce qui a été le point de départ de la discussion) comment il savait certainement que les apôtres rencontreraient un porteur d'eau de cette maison ; c'était, il est vrai, employer un détour pour désigner la maison, et ce détour Jésus l'aurait évité, en disant simplement le nom du propriétaire ; mais il y eut recours, afin de ne pas faire connaître avant le temps au traître, qui peut-être serait venu l'y surprendre et l'interrompre, le lieu où le repas devait se faire (1).

Mais ce n'est point là l'impression que donne le récit évangélique ; il n'y est question ni de convention, ni de location préalable ; la phrase de Marc et Luc : *Ils trouvèrent comme il leur avait dit*, εὗρον καθὼς εἴρηκεν αὐτοῖς, semble indiquer que Jésus avait été capable de prédire toutes choses, comme elles arrivèrent réellement plus tard, rien n'y montre une prévoyance méticuleuse, au contraire tout signale une prescience miraculeuse. En examinant ceci de plus près, on y trouve un double miracle, comme plus haut quand il s'est

---

(1) C'est ce que dit Gabler, l. c.; Paulus s'exprime semblablement, *Exeg. Handb.*, 3, b, S. 481; Kern, *Faits principaux* (*Tüb. Zeitschr*), 1836, 3, S. 3 f.; Neander. S. 583.

agi de la monture sur laquelle Jésus fit son entrée à Jérusalem : d'une part, tout est préparé pour ses besoins, et personne n'est capable de résister à la puissance de son nom ; d'autre part Jésus est en état d'étendre son regard jusqu'à des circonstances éloignées, et de prédire les accidents les plus fortuits (1). Il y a lieu de s'étonner que cette fois Olshausen lui-même cherche à échapper à la manifeste et irrésistible nécessité d'entendre tout cela surnaturellement, et à y échapper par des motifs qui renverseraient la plupart des histoires de miracles, et qui d'ordinaire ne se trouvent que dans la bouche des rationalistes. Pour l'interprète impartial (2), dit-il, le récit ne fournit pas le moindre argument qui en justifie la conception miraculeuse. Ne se croirait-on pas transporté dans le commentaire de Paulus ? Si les narrateurs, continue Olshausen, avaient voulu raconter un miracle, ils auraient dû remarquer expressément qu'il n'y avait eu aucune convention antécédente. C'est dans le même esprit que les rationalistes demandent que, pour qu'une guérison fût reconnue miraculeuse, il faudrait que l'emploi de moyens naturels eût été formellement nié par les narrateurs. Enfin Olshausen dit qu'on ne voit pas un motif à ce miracle ; qu'en particulier il n'était pas nécessaire alors de fortifier la foi des apôtres ; effet que ce miracle moins important n'était pas en état de produire après les miracles plus grands qui avaient précédé : ce sont là des arguments qui entre autres excluraient du domaine du surnaturel le récit tout à fait semblable de la désignation prophétique de la monture, lors de l'entrée à Jérusalem, désignation où néanmoins Olshausen prétend trouver un miracle.

(1) C'est avec raison, bien qu'avec un rapport trop spécial à la passion prochaine de Jésus, que Bèze (sur Matth., 26, 18) dit que le but de cette désignation prophétique fut *ut magis ac magis intelligerent discipuli, nihil temere in urbe magistro eventurum, sed quæ ad minutissimas usque circumstantias penitus perspecta haberet.*

(2) *Bibl. Comm.*, 2, S, 385 f. Comparez contradictoirement De Wette, sur ce passage.

Et en effet, le récit actuel a des analogies si frappantes avec le récit de la monture, que le même jugement doit être porté sur la réalité historique de l'un et l'autre. Ici, comme là, il manque quelque chose à Jésus, et Dieu veille tellement à satisfaire promptement ses besoins, que Jésus connaît d'avance, de la manière la plus exacte, comment ce besoin sera satisfait; ici c'est une salle à manger qui lui manque, comme là une monture; ici, comme là, il envoie deux apôtres pour faire la location; ici il leur dit qu'un porteur d'eau qu'ils rencontreront, leur fera connaître la maison, comme là l'âne lié était le signe; ici, comme là, il n'a besoin que de dire aux apôtres de le désigner au propriétaire, ici comme *maître*, διδάσκαλος, là comme *Seigneur*, κύριος, pour obtenir sur-le-champ et sans objection l'octroi de ce qu'il demande; ici, comme là, le résultat répond exactement à sa prédiction. Ce récit, comme le précédent, est dépourvu de la raison suffisante pour laquelle aurait été opéré un miracle aussi multiple; mais ce qui ne manque ni à l'un ni à l'autre de ces récits, c'est le motif pour lequel cette histoire miraculeuse a pu naître au sein de la légende chrétienne primitive. Un récit de l'Ancien Testament auquel nous avons déjà dû penser, lorsqu'il s'est agi de la monture, nous est ici rappelé d'une manière encore plus précise. Samuel, pour signe qu'il a prédit à Saül avec vérité le commandement sur Israël, lui annonce d'avance qui il va rencontrer en s'en allant : Il rencontrera, lui dit Samuel, d'abord deux hommes qui lui apprendront que les ânesses de son père sont retrouvées, puis trois autres hommes qui porteront des victimes, du pain et du vin, et qui lui offriront de ce pain, etc. (1. Sam., 10, 1 seq.). Nous voyons par là de quelle nature étaient les prophéties que la légende hébraïque attribuait à ses prophètes, comme garant de leur mission.

Enfin, quant à ce qui concerne le rapport des évangiles

entre eux, le récit de Matthieu est ordinairement mis bien au-dessous de celui des deux autres synoptiques, et considéré comme postérieur et dérivé (1). Avant tout, on prétend que la circonstance du porteur d'eau que rapportent ces deux derniers, appartient au fait primitif, qu'elle a été oubliée pendant l'intervalle que la tradition mit à arriver jusqu'à Matthieu, et remplacé dès lors par cette phrase énigmatique : *Allez auprès d'un tel*, ὑπάγετε πρὸς τὸν δεῖνα. Mais, ainsi que nous l'avons vu, le mot *un tel*, δεῖνα, est simple et naturel, tandis que le porteur d'eau est énigmatique au plus haut degré (2). On ajoute que Matthieu ne nomme pas les apôtres que Jésus dépêcha, et que Luc dit que ce furent Pierre et Jean, mais dans cette différence il n'y a rien qui autorise à regarder le récit du troisième évangile comme plus voisin de la source primitive. Car, lorsque Schleiermacher dit que cette particularité a pu se perdre en passant par beaucoup de mains, mais n'a guère pu être ajoutée par une main postérieure, cette assertion, dans la seconde partie du moins, est dépourvue de fondement. Autant il est improbable que, pour une affaire purement de ménage, Jésus eût employé les deux premiers apôtres, autant on conçoit facilement comment un message des apôtres ou de quelques apôtres fut d'abord raconté, comme nous le lisons dans Matthieu, sans autre désignation, comment ce nombre fut fixé à deux, peut-être à cause du récit de la mission pour aller chercher l'âne, et comment enfin on remit cette commission aux deux premiers apôtres, attendu qu'il s'agissait d'un choix pour une affaire qui, plus tard, prit une haute importance, la préparation du dernier repas de Jésus. De sorte qu'ici, Marc, lui-même, semble s'être approché davantage de la vérité primitive, en n'admettant

---

(1) Schulz, *Ueber das Abendmahl*, S. 321; Schleiermacher, *Ueber den Lukas*, S. 280; Weisse, *Die evangel. Gesch.*, S. 600 f.

(2) Voyez Theile, *Sur le dernier repas de Jésus*, dans : *Winer's und Engelhardt's neues krit. Journal*, 2, S. 169, Anm., et *Zur Biographie Jesu*, § 34.

pas dans son récit les noms des deux apôtres que Luc lui fournissait.

§ CXIX.

Renseignements divergents sur l'époque du dernier repas de Jésus.

Le quatrième évangéliste, qui ne dit rien sur la disposition du repas pascal ci-dessus examinée, a en outre, relativement au repas même, des divergences frappantes qui le séparent des autres évangélistes. En effet, indépendamment de la différence générale qui règne dans le tableau de la cène, et dont il ne peut être question que plus tard, il semble, quant à l'époque, la désigner comme un repas fait avant la pâque, avec autant de précision, que les synoptiques la désignent comme le repas pascal même.

D'après les synoptiques, le jour où Jésus ordonna aux apôtres de préparer le repas, était *le premier des pains sans levain*, ἡ πρώτη τῶν ἀζύμων, jour *auquel il fallait immoler l'agneau pascal*, ἐν ᾗ ἔδει θύεσθαι τὸ πάσχα (Matth., 26, 17, et parall.). En conséquence, le repas qui suivit ce jour ne peut pas avoir été autre que le repas pascal même. De plus, les apôtres demandent à Jésus : *Où voulez-vous que nous vous apprêtions à manger l'agneau de pâque*, ποῦ θέλεις ἑτοιμάσωμέν σοι φαγεῖν τὸ πάσχα (ib.)? Plus loin il est dit d'eux : *Ils préparèrent la pâque*, ἡτοίμασαν τὸ πάσχα (Matth., v. 19, et parall.). Il est dit de Jésus immédiatement après : *Le soir étant venu, il se mit à table avec ses douze disciples*, ὀψίας γενομένης, ἀνέκειτο μετὰ τῶν δώδεκα (v. 20). Tout cela suffirait surabondamment pour caractériser comme repas pascal, le repas dont il s'agit ici, quand bien même Luc (22, 15) ne rapporterait pas que Jésus l'ouvrit en prononçant ces paroles : *J'ai désiré ardemment de manger cette pâque avec vous*, ἐπιθυμίᾳ ἐπεθύμησα τοῦτο τὸ πάσχα φαγεῖν μεθ' ὑμῶν. Voyons maintenant le quatrième évangile : il commence son récit du dernier repas en fixant la date : *Avant la fête de Pâques*, πρὸ δὲ τῆς ἑορτῆς τοῦ πάσχα (13, 1). Il semble donc que le *repas*, δεῖπνον, dont il parle immédiatement après, v. 2, appartient également au temps avant la pâque, d'autant plus que la description que Jean donne de cette soirée, et où les discours qui se rattachèrent à ce repas sont extrêmement développés, est dépourvue de toute indication, et même de toute allusion qui montre que l'on y eût célébré la pâque. De plus, après le repas, Jésus somme le traître de faire bientôt ce qu'il fait; les apôtres se méprennent sur le sens de ces paroles, et pensent *qu'il lui recommande d'acheter ce qui est nécessaire pour la fête*, ὅτι λέγει αὐτῷ· ἀγόρασον, ὧν χρείαν ἔχομεν εἰς τὴν ἑορτὴν (v. 29); or, les choses nécessaires à la fête se rapportaient principalement au repas pascal, et par conséquent le repas qui venait de s'achever, ne peut avoir été déjà le repas pascal. Plus loin (18, 28), il est dit que le lendemain matin les Juifs n'entrèrent pas dans le prétoire païen, *de peur que, se souillant, ils ne fussent pas en état de manger la pâque*, ἵνα μὴ μιανθῶσιν, ἀλλ' ἵνα φάγωσι τὸ πάσχα; il semble donc encore ici que le temps du repas pascal n'était pas encore arrivé. Ajoutons que (19, 14), justement ce jour suivant, auquel Jésus fut crucifié, est désigné comme la *préparation de Pâque*, παρασκευὴ τοῦ πάσχα, c'est-à-dire comme le jour dans la soirée duquel l'agneau pascal devait être mangé. Enfin il est dit du second jour après ce repas, jour que Jésus passa dans le tombeau : *Et même ce sabbat était un jour fort solennel*, ἦν γὰρ μεγάλη ἡ ἡμέρα ἐκείνου τοῦ σαββάτου (19, 31); or, cette solennité particulière paraît être venue de ce que le premier jour de Pâques tombait le jour de ce sabbat. En conséquence l'agneau pascal ne fut pas mangé dès le soir du jour de l'arrestation de Jésus, mais il ne fut mangé que le soir de son enterrement.

Ces divergences sont considérables ; aussi plusieurs interprètes, pour ne pas mettre les évangélistes en contradiction l'un avec l'autre, ont eu recours à l'expédient employé depuis lontemps, et ils ont dit que les évangélistes ne parlaient pas de la même chose et que Jean entendait un autre repas que celui des synoptiques. Suivant eux, *le repas* de Jean, δεῖπνον, est un repas ordinaire du soir, et il eut lieu sans doute à Béthanie ; Jésus y lava les pieds, y parla du traître, et, après que celui-ci eut quitté la compagnie, il ajouta d'autres discours de consolation et d'encouragement, jusqu'à ce qu'enfin, le 14 de nisan au matin, il exhorta les apôtres à quitter Béthanie et à se rendre à Jérusalem, en leur disant : *Levez-vous, partons d'ici*, ἐγείρεσθε, ἄγωμεν ἐντεῦθεν (14, 31). Ici, dit-on, se place le récit des synoptiques, qui rapportent que Jésus, en se rendant à Jérusalem, envoya les deux apôtres pour ordonner le repas, et qui, ensuite, décrivent le repas pascal duquel Jean ne parle pas ; et celui-ci, à son tour, rentre dans la série de la narration par les discours qui furent tenus après le repas pascal (15, 1 seq.) (1). Mais, quand on essaie ainsi d'éviter la contradiction des récits respectifs en les rapportant à des événements tout à fait différents, on se heurte contre l'identité des deux repas, laquelle ne peut être méconnue dans plusieurs particularités. Indépendamment de passages isolés qui se rencontrent également dans les deux narrations, il est évident que Jean, comme les synoptiques, veut y décrire le dernier repas que Jésus partagea avec ses disciples. On reconnaît cette intention dès l'introduction du récit de Jean, car il y est dit que ce fut là une preuve de l'amour que Jésus avait eu pour les siens jusqu'à *la fin*, εἰς τέλος, et rien n'était plus propre à fournir cette preuve que le récit des derniers moments que Jésus passa avec eux dans l'intimité.

---

(1) C'est ce que disent Lightfoot, *Horæ*, p. 463 seq. ; Hess, *Geschichte Jesu*, 2, S. 273 ff. ; Venturini aussi, 3, S. 634 seq.

De la même façon, les discours tenus après le repas indiquent la séparation immédiatement prochaine; et, dans l'évangile de Jean aussi, le repas et les discours sont suivis aussitôt du départ de Jésus pour Gethsemane et de son arrestation. A la vérité on dit que ce départ et cette arrestation ne sont dans un enchaînement immédiat qu'avec ces discours, lesquels furent tenus (chap. 15, 17) lors du repas postérieur passé par Jean sous silence. Mais soutenir, qu'entre le v. 31 du chap. 14, et le v. 1 du chap. 15, le rédacteur du quatrième évangile a sciemment omis tous le repas pascal, c'est ce que personne ne voudra plus faire sérieusement, malgré la facilité apparente qu'on semblerait y trouver à donner une explication qui n'est pas mauvaise de la phrase singulière : *Levez-vous, partons d'ici*, ἐγείρεσθε, ἄγωμεν ἐντεῦθεν. Et quand même on accorderait ce point, il n'en est pas moins vrai que Jésus (13, 38) prédit à Pierre son reniement et en fixa le moment par ces mots : *Avant que le coq chante*, οὐ μὴ ἀλέκτωρ φωνήσῃ; il ne pouvait ainsi parler que lors du dernier repas, et non lors d'un repas antérieur, comme on le suppose ici (1).

Il faut donc abandonner cet expédient, et avouer que les quatre évangiles entendent parler du même repas, du dernier que Jésus fit avec ses disciples. Et ici la justice que l'on doit à tout auteur, et que l'en croyait devoir particulièrement aux auteurs bibliques, sembla imposer le devoir d'examiner si les deux parties ne pourraient pas avoir raison, tout en rapportant, avec d'extrêmes divergences à certains égards, un seul et même événement. On devrait donc, quant au temps, pouvoir montrer, ou que les trois premiers évangélistes ne veulent, pas plus que le quatrième, rapporter un repas pascal, ou bien que le quatrième, comme les trois autres, veut rapporter un repas pascal.

---

(1) Lightfoot donne une explication insuffisante, p. 482 seq.

Un ancien fragment (1) a tenté de résoudre la difficulté de la première manière, en niant que Matthieu mette le dernier repas de Jésus au soir du 14 de Nisan, jour consacré au repas pascal, et sa passion au 15 de Nisan, premier jour de la fête de Pâques; mais il n'est pas possible de comprendre comment on échapperait aux expressions qui, dans les synoptiques, désignent formellement la pâque.

En conséquence, dans les temps modernes, on a beaucoup plus généralement essayé d'amener Jean du côté des autres évangélistes (2). Les mots dont il se sert : *Avant la fête de Pâques*, πρὸ τῆς ἑορτῆς τοῦ πάσχα (13, 1), faisant difficulté, on a cru s'en délivrer, en observant qu'à ces mots ne se rattache pas immédiatement le *repas*, δεῖπνον, mais qu'il ne s'y rattache qu'une remarque : c'est que Jésus avait su que son heure approchait, et avait aimé les siens jusqu'à la fin; on ajoute que c'est seulement dans le verset suivant qu'il est question du repas, auquel dès lors cette désignation de temps n'appartient pas. Alors, à quoi appartient-elle? A la connaissance qu'eut Jésus que son heure était venue? mais ce n'est là qu'une remarque accessoire. Ou bien à l'amour conservé jusqu'à la fin? mais à cet amour ne peut appartenir une désignation de temps aussi spéciale qu'autant qu'il s'agit d'un témoignage extérieur d'amour; témoignage donné justement dans ce repas, qui reste toujours le point que cette désignation de jour a pour but de fixer. En conséquence on conjecture, en outre, que les mots *avant la fête*, πρὸ τῆς ἑορτῆς, ont été dits par accommodement pour les Grecs, auxquels l'évangile de Jean était destiné; que, comme ils ne commençaient pas le jour, comme les Juifs, au soir, le repas pris au commencement du premier jour de Pâques leur parut un repas pris le soir de la veille

---

(1) Fragm. ex Claudii Apollinaris libro de Paschate, in Chron. Paschal. ed. du Fresne. Paris, 1668, p. 6, f. præf.

(2) Voyez particulièrement Tholuck et Olshausen, sur ce passage; Kern, *Faits principaux* (Tüb. Zeitschr.), 1836, 3, S. 5, ff.

de Pâques. Mais quel est l'auteur judicieux qui, s'il suppose la possibilité d'une méprise de la part du lecteur, anticipera sur cette méprise, et fera sa rédaction de ce qui aurait été l'erreur du lecteur? La difficulté est encore plus grande au sujet du verset 28 du chapitre 18, où les Juifs, le lendemain de l'arrestation de Jésus, ne veulent pas entrer dans le prétoire, afin de ne pas se souiller et *de manger la pâque*, ἀλλ' ἵνα φάγωσι τὸ πάσχα. Comme il y a des passages tels que 5. Mos., 16, 1. 2, où toutes les victimes qui devaient être sacrifiées au temps pascal sont désignées par l'expression de *pâques*, פסח, on crut pouvoir admettre que le mot τὸ πάσχα, *la pâque*, signifiait ici les autres victimes qui étaient offertes durant la semaine pascale, et particulièrement la Chagiga, qui se mangeait vers la fin du premier jour de fête. Mais déjà Mosheim a remarqué avec justesse que, si parfois l'agneau pascal, collectivement avec les autres victimes offertes au temps pascal, est désigné par le mot *pâque*, πάσχα, il ne s'ensuit nullement que l'on puisse nommer ainsi les autres victimes séparées de l'agneau pascal (1). Dès lors, les partisans de l'explication dont il s'agit s'efforcèrent d'y amener leurs adversaires par une autre voie ; ils remarquèrent que le repas pascal, qui se faisait tard dans la soirée, et par conséquent au commencement du jour suivant, n'aurait pas été empêché parce qu'on serait entré le matin dans une maison païenne, attendu que cette souillure ne valait que pour le jour courant ; mais qu'on aurait été empêché de manger la Chagiga qui se mangeait dans l'après-midi, c'est-à-dire le même jour que celui où la souillure aurait été contractée le matin ; et qu'ainsi il s'agit de la Chagiga et non du repas pascal. Mais, d'une part, nous ne savons pas si l'entrée dans une maison païenne ne souillait que pour un jour ; d'autre part, quand il en serait ainsi, les

---

(1) *Diss. de vera notione cœnæ Domini*, sur le *Syst. intell.* de Cudworth, p. 24, note 2.

Juifs, en se souillant le matin, n'en étaient pas moins empêchés de faire eux-mêmes les préparatifs qui appartenaient à l'après-midi du 14 de Nisan, par exemple, d'égorger les agneaux dans le vestibule du Temple. Enfin, pour expliquer aussi dans leur sens le passage 19, 14, les harmonistes admettent que les mots *préparation de la pâque*, παρασκευή τοῦ πάσχα, signifient le jour où l'on se préparait au sabbat dans la semaine pascale. Cette violence faite au texte ne trouve aucun appui, du moins dans le verset 31 du chapitre 19, où le mot *préparatif*, παρασκευή, indique le jour où l'on se prépara au sabbat, car il en résulte seulement que l'évangéliste s'imagina que le premier jour de Pâques était tombé alors un jour de sabbat (1).

A ces difficultés, qui empêchent de rapporter le récit de Jean à un véritable repas pascal, on pensa pouvoir échapper, en supposant, supposition dérivée de 3. Mos., 23, 5; 4. Mos., 9, 3, et d'un passage de Josèphe (2), que l'agneau pascal était mangé, non le soir du 14 au 15 de Nisan, mais le soir du 13 au 14, et qu'ainsi il se trouvait encore un jour ouvrier, le 14, entre le repas pascal et le premier jour de fête, qui était le 15 de Nisan. Cette supposition une fois admise, c'est avec raison que le jour qui suivit le dernier repas pascal serait appelé *préparatif de la pâque*, παρασκευή τοῦ πάσχα, Joh., 19, 14, parce qu'il aurait été réellement un jour où l'on se prépara à la fête, et que le sabbat suivant serait appelé *grand*, μεγάλη, 19, 31, parce qu'il aurait coïncidé avec le premier jour de la fête (3). Mais la plus grande difficulté se trouve dans Joh., 18, 28, et elle demeure sans solution; en effet, le repas pascal, dans cette hypothèse, étant déjà passé, les mots : *Afin de pouvoir manger la pâque*, ἵνα

---

(1) Voyez ces contre-remarques, particulièrement dans Lücke et De Wette, sur ce paragraphe; dans Sieffert, *Ueber den Urspr.*, S. 137 ff.; et Winer, *Bibl. Realwörterb.*, 2, S. 288 ff.

(2) *Antiq.*, 2, 14, 16.
(3) Frisch, *Vom Osterlamm*, et tout récemment Rauch, dans *Theol. Studien und Kritiken*, 1832, 3, S. 537 ff.

φάγωσι τὸ πάσχα, doivent s'entendre des pains sans levain, qui, en réalité, se mangeaient encore pendant les jours suivants de la fête. Or, cela est contraire à tout usage de la langue. Si l'on ajoute que la supposition d'un jour ouvrier, tombant entre le repas pascal et le premier jour de fête, n'a de fondement ni dans le Pentateuque, ni dans Josèphe, qu'elle est en contradiction positive avec l'usage subséquent, et qu'en soi elle est souverainement invraisemblable, l'on ne pourra s'empêcher d'abandonner aussi cette voie d'explication (1).

Sentant l'impossibilité de concilier aussi simplement les synoptiques avec Jean, d'autres interprètes se sont mis à l'œuvre avec plus d'art. Ce qui fait, ont-ils dit, qu'en apparence les évangélistes ont rapporté le dernier repas de Jésus à des jours différents, c'est qu'en réalité le repas pascal fut déplacé alors, soit par les Juifs, soit par Jésus. Les Juifs, disent les uns, pour échapper à l'inconvénient qu'il y avait à ce que dans cette année, le premier jour de Pâques tombant un vendredi, deux jours de suite dussent être fériés comme sabbats, mirent le repas pascal au vendredi soir; c'est pourquoi ils avaient encore besoin, au jour de la mise en croix, de se garder d'une souillure; mais Jésus, se tenant rigoureusement à la loi, célébra le repas pascal au temps voulu, c'est-à-dire au jeudi soir; de la sorte, les synoptiques ont raison quand ils décrivent le dernier repas de Jésus comme un véritable repas pascal, et Jean a aussi raison quand il rapporte que les Juifs, le lendemain, avaient encore à manger l'agneau pascal (2). Dans cette hypothèse, Marc, qui dit que, le jour *où ils tuèrent l'agneau pascal*, ὅτε τὸ πάσχα ἔθυον (v. 12), Jésus fit aussi préparer le repas pascal, aurait tort. Quant à la chose en elle-même, il arrivait, il est

---

(1) Comparez De Wette, *Theol. Studien und Kritik.*, 1834, 4, S. 939 ff.; Tholuck, *Comm. z. Joh.*, S. 245 f.; Winer, l. c.

(2) Calvin, sur Matthieu, 26, 17.

vrai, dans certains cas, que l'on célébrait la pâque un mois plus tard, mais toujours le 15 ; et il ne se trouve aucune trace qui indique qu'elle ait été reculée d'un jour dans le même mois. On aima donc mieux se tourner de l'autre côté, et l'on admit que Jésus avait avancé la pâque d'un jour. Par un besoin purement personnel, disent les uns, dans la prévision qu'il reposerait déjà dans le tombeau au temps du repas pascal, ou que du moins il n'était plus assuré de vivre jusque-là, Jésus célébra une *pâque commémorative*, πάσχα μνημονευτικὸν, sans un agneau sacrifié, de la même façon que faisaient alors les Juifs à qui un empêchement ne permettait pas de se rendre à la fête, et que font aujourd'hui tous les Juifs (1). Mais d'abord, s'il eût fait ainsi, Jésus n'aurait pas célébré la pâque, comme Luc dit qu'il la célébra, *au jour où il fallait immoler la pâque*, ᾗ ἔδει θύεσθαι τὸ πάσχα ; ensuite celui qui célèbre seulement la fête commémorative renonce bien à la localité fixée pour la pâque (Jérusalem), mais il en observe invariablement l'époque (le soir du 14 au 15 de Nisan). Jésus aurait fait le contraire, c'est-à-dire qu'il aurait célébré la fête dans le lieu ordinaire, mais à une époque extraordinaire, ce qui est sans exemple. Ce prétendu déplacement de Jésus étant inouï et arbitraire, on a voulu le défendre contre ces reproches, en disant qu'il célébrait la pâque plus tôt que les autres, avec tout un parti de ses compatriotes. On sait, en effet, que le parti juif des Caréens ou Scripturaires différaient des Rabbinites ou Traditionnaires, particulièrement dans la fixation de la nouvelle lune, soutenant que la manière des derniers, qui fixaient la nouvelle lune d'après le calcul astronomique, était une innovation, tandis qu'eux, fidèles à l'ancienne coutume, à la coutume légale, la fixaient d'après l'observation empirique des phases de la planète. On assure que, dès le temps de Jésus, les Sadducéens, desquels les Caréens sont

(1) Grotius, sur Matthieu, 26, 18.

dits descendre, fixaient la nouvelle lune et la fête de Pâques qui en dépend, autrement que les Pharisiens, et que Jésus, en qualité d'adversaire de la tradition et d'ami de l'Écriture, se joignit à eux en cela (1). Mais, outre que la connexion des Caréens avec les anciens Sadducéens est une pure conjecture, ce que les Caréens prétendent, et prétendent avec fondement, c'est qu'on ne s'est habitué à fixer la nouvelle lune par le calcul qu'après la destruction du Temple par les Romains; de sorte qu'au temps de Jésus, une pareille divergence n'existait pas encore. Cette époque d'ailleurs ne fournit aucune trace qui indique que la fête pascale ait été célébrée par des partis différents à des jours différents (2). Mais, quand même on admettrait que dès lors la détermination de la nouvelle lune était l'objet de cette divergence, l'observation directe de la lune, d'après laquelle Jésus aurait fixé la pâque, aurait eu pour effet plutôt de reculer que d'avancer cette fête. Aussi quelques uns ont-ils conjecturé qu'il serait possible, au contraire, que Jésus eût suivi le calcul astronomique (3).

Telles sont les objections que l'on peut faire isolément contre chacune des tentatives de conciliation entre les dires des évangélistes sur le temps du dernier repas de Jésus; mais il en est une qui porte également contre tous ces essais, et elle résulte d'une circonstance que la critique la plus moderne vient seulement d'apprécier à sa juste valeur. En effet, la contradiction n'est pas de telle nature que, entre un grand nombre de passages concordants, il se trouve une seule expression d'un sens en apparence opposé, de telle sorte que l'on pût dire que le rédacteur s'est servi d'une locution inexacte qu'il s'agirait seulement d'expliquer par les autres passages; mais *toutes* les déterminations de temps chez

---

(1) Iken, *Diss. philol. theol.*, vol. 2, p. 416 seq.

(2) Voyez Paulus, *Exeg. Handb.*, 3, a, S. 486 seq.

(3) Michaelis, *Anm. zu Joh.*, 13.

les synoptiques sont telles, qu'il s'ensuivrait que Jésus aurait célébré la pâque; au contraire, *toutes* les déterminations de temps chez Jean sont telles, qu'il ne peut pas l'avoir célébrée (1). Ainsi deux groupes divergents de passages évangéliques sont opposés l'un à l'autre, ils indiquent deux manières de voir radicalement différentes chez les rédacteurs : c'est donc, ainsi que Sieffert le remarque, faire preuve, non d'une exégèse scientifique, mais d'un arbitraire et d'un caprice étranger à toute science, que de persister à ne pas reconnaître la différence qui existe entre les évangiles synoptiques et le quatrième.

La critique moderne a donc été obligée d'avouer qu'il y avait erreur d'un côté ou de l'autre; et, outre les préjugés courants en faveur de l'évangile de Jean, un motif important semblait contraindre à mettre l'erreur du côté des synoptiques. Déjà cet ancien fragment attribué à Apollinaire objecte que la passion de Jésus n'a pu avoir lieu *au grand jour des pains azymes*, τῇ μεγάλῃ τῶν ἀζύμων ἔπαθεν, attendu que cela aurait été *contraire à la loi*, ἀσύμφωνος τῷ νόμῳ; et tout récemment on a remarqué de nouveau que le jour qui suivit le dernier repas de Jésus, est traité par tout le monde comme un jour ouvrier; que, de la sorte, il n'est pas possible de penser que ce fût le premier jour de Pâques, ni, par conséquent, que le repas du jour précédent eût été le repas pascal. On observe que Jésus ne le fête pas, puisqu'il s'éloigne de la ville, ce qui était défendu dans la nuit de Pâques; que ses amis ne le fêtent pas, puisqu'ils commencent à l'ensevelir et qu'ils ne laissent inachevé son ensevelissement qu'à cause de l'arrivée du jour suivant qui était le sabbat; que les membres du sanhédrin le fêtent encore moins, puisque non seulement ils envoient leurs serviteurs hors de la ville pour arrêter Jésus, mais encore

---

(1) Sieffert, l. c.; Hase, L. J., § 124; De Wette, *Exeg. Handb.*, 1, 3, S. 149 ff.; Theile, *Zur Biographie Jesu*, § 34.

prennent une part personnelle à une séance du tribunal, à un interrogatoire, à un jugement et à une plainte auprès du procurateur; qu'en somme on ne voit là absolument que la crainte de profaner le jour suivant, qui commença le soir du jour de la mise en croix, mais qu'on n'y voit aucune inquiétude pour le jour courant. Tous ces signes, ajoute-t-on, montrent que les synoptiques, quand ils ont représenté le dernier repas de Jésus comme une pâque, ont été guidés par une opinion erronée et postérieure; d'autant plus que, dans le reste du récit de ces évangélistes mêmes, on voit percer d'une manière non méconnaissable le fait véritable, qui est que Jésus fut crucifié la veille de la pâque (1). Ces observations sont certainement de poids. A la vérité, on pourrait peut-être ôter de la force à la première en raison des contradictions entre les prescriptions juives relatives à la nécessité de ne pas sortir de la ville pendant la nuit pascale (2); on pourrait diminuer la valeur de la dernière, qui est aussi la plus forte, en objectant que, non seulement interroger et juger aux jours de sabbat et de fête, était permis chez les Juifs, mais encore qu'un local plus grand était destiné aux séances des tribunaux pour ces jours-là à cause de l'affluence du peuple; c'est ainsi que, même d'après le Nouveau Testament, ils envoyèrent des serviteurs le *grand jour*, ἡμέρᾳ μεγάλῃ, de la fête des Tabernacles, pour saisir Jésus (Joh. 7, 44 seq.), et voulurent le lapider le jour de la fête de la Dédicace (Joh. 10, 31); c'est ainsi que Hérode fit saisir Pierre pendant les *jours des azymes*, ἡμέραι τῶν ἀζύμων; il est vrai de dire qu'il voulut remettre après Pâques la condamnation publique et l'exécution de

---

(1) Theile, dans *Winer's krit. Journal*, 2, S. 457 ff.; Sieffert et Lücke, l. c.

(2) Pesachim, f. 65, 2, dans Lightfoot, p. 654 : *Paschate primo tenetur quispiam ad pernoctationem. Gloss.: Paschatizans tenetur ad pernoctandum in Hierosolyma nocte prima*. Au contraire, Tosaphoth ad tr. Pesachim, 8: *In Paschate Ægyptiaco dicitur : nemo exeat... usque ad mane. Sed sic non fuit in sequentibus generationibus... quibus comedebatur id uno loco et pernoctabant in alio*. Comparez Schneckenburger, *Beiträge*, S. 9.

cet apôtre (Act. Ap. 12, 2 seq.). Pour soutenir que l'exécution de Jésus a pu se faire le jour de la fête de Pâques, on invoque deux raisons : la première, c'est que l'exécution fut faite par des soldats romains ; la seconde, c'est que même la coutume juive permettait de réserver pour un temps de fête l'exécution de criminels considérables, afin de faire de l'impression sur une multitude d'autant plus grande (1). Mais tout ce qu'il est possible de prouver, c'est que, pendant le temps de la fête, c'est-à-dire à Pâques, pendant les cinq jours intermédiaires et moins solennels, les criminels pouvaient être condamnés et exécutés; non pas que cela fût permis le premier et le dernier jour de Pâques, qui avaient le rang de sabbat (2) ; aussi, d'après le Talmud, Jésus fut-il crucifié le ערב פסח, c'est-à-dire le soir de la veille de Pâques (3). Il en serait autrement, si, comme le docteur Baur essaie de le montrer, la pâque eût été, dans sa signification essentielle, une fête expiatoire qui comportait l'exécution de criminels, sanglante expiation faite pour le peuple, et que la coutume remarquée par les évangélistes de mettre en liberté un prisonnier durant cette fête n'eût été que le pendant de l'exécution d'un autre : c'est ainsi qu'il en était des deux boucs et des deux moineaux dans les sacrifices juifs d'expiation et de purification (4).

La primitive tradition chrétienne put aisément, sans doute, en venir par une voie non historique à combiner le dernier repas de Jésus avec l'agneau pascal, et son jour de mort avec la fête de Pâques. La cène chrétienne touchait également à la pâque par sa forme, à la mort de Jésus par sa signification ; et cela suggérait sans peine l'idée de rapprocher ces deux points, c'est-à-dire de mettre l'exécution de

(1) *Tract. Sanhedr.*, f. 89, 1, dans Schœttgen, 1, p. 224; comparez Paulus, l. c., S. 492.

(2) Fritzsche, *in Matth.*, p. 768 seq.; comparez 735, Lücke, 2, S. 614.

(3) *Sanhedr.*, f. 43, 1, dans Schœttgen, 2, p. 700.

(4) *Sur la signification primitive de la fête de Pâques*, etc., dans: *Tübinger Zeitschrift f. Theol.*, 1832, 1, S. 90 f.

Jésus au premier jour de Pâques, et dès lors de considérer comme le repas pascal son dernier repas, où il était supposé avoir fondé la cène. A la vérité, si l'on admet que le rédacteur du premier évangile a été l'apôtre Matthieu, et a pris part lui-même au dernier repas de Jésus, il sera difficile d'expliquer comment il put tomber dans une pareille erreur. Du moins il ne suffit pas de dire avec Theile, que, plus les apôtres estimèrent au-dessus de tout repas pascal le dernier repas avec leur maître, moins ils tinrent à se rappeler si ce repas avait eu lieu le soir du jour de Pâques même, ou un jour auparavant (1). Car le premier évangéliste ne se contente pas de laisser ce point dans l'indécision; il parle expressément d'un repas pascal; et il était impossible qu'un homme qui y aurait réellement participé, se trompât, à quelque intervalle de temps qu'il eût écrit après cette soirée. Il faudra donc, dans cette opinion, abandonner la qualité de témoin oculaire attribuée au premier évangéliste, et reconnaître que, comme les deux évangélistes intermédiaires, il a puisé à la tradition (2). Il en résulterait que tous les synoptiques, c'est-à-dire ceux qui nous ont conservé la tradition évangélique vulgaire du premier temps, sont tombés dans la même erreur (3); cela fait sans doute une difficulté; mais peut-être l'écartera-t-on en remarquant que, autant la pâque judaïque continua à être célébrée généralement au sein des communautés judéo-chrétiennes, où se forma sans doute, dans l'origine, la tradition évangélique; autant les fidèles durent être généralement portés à essayer de donner à cette fête une signification chrétienne en la rapportant à la mort et au dernier repas de Jésus.

Il ne serait pas plus difficile, si l'on supposait que la

---

(1) L. c., S. 467 ff.
(2) Sieffert, l. c., S. 444 f.; Lücke, S. 628 ff.; Theile, *Zur Biogr. Jes.*, § 34; De Wette, *Exeg. Handb.*, 1, 3, S. 149 ff.; comparez Neander, L. J. Chr., S. 580 ff., Anm.

(3) Fritzsche, *in Matth.*, p. 763; Kern, *Sur l'origine de l'évangile de Matthieu*, dans *Tüb. Zeitschr.*, 1834, 2, S. 98.

détermination du temps donnée par les synoptiques est la véritable d'imaginer comment Jean put arriver par erreur à mettre la mort de Jésus à l'après-midi du 14 de Nisan, et son dernier repas au soir du jour précédent. En effet, le Christ crucifié n'ayant point eu les jambes brisées, le quatrième évangéliste trouva, dans cette circonstance, l'accomplissement de ces mots de Moïse : *Ses os* (de l'agneau pascal) *ne seront pas brisés*, ὀστοῦν οὐ συντριβήσεται αὐτῷ (2. Mos., 12, 46); ce rapport entre la mort de Jésus et l'agneau pascal put le conduire à se figurer que Jésus avait été mis en croix et avait expiré au temps où les agneaux de Pâques étaient immolés, l'après-midi du 14 de Nisan (1), par conséquent que le repas célébré le soir du jour précédent n'avait pas été le repas pascal (2).

Ainsi, des deux côtés, il existe une cause possible d'erreur, et la difficulté intrinsèque que la détermination du temps donnée par les synoptiques présente à cause de la violation répétée du premier jour de Pâques, trouve, soit une solution jusqu'à un certain point dans les remarques rapportées, soit un contre-poids dans la concordance des trois évangélistes. Il faut donc, avant tout, reconnaître seulement l'insoluble contradiction des deux récits respectifs; mais il ne faut pas se hasarder encore à décider de quel côté est la vérité.

§ CXX.

Divergences relatives à ce qui se passa lors du dernier repas de Jésus.

Les évangélistes ne divergent pas seulement au sujet du temps du dernier repas de Jésus, ils divergent encore au sujet de ce qui s'y passa. La différence capitale se trouve entre les synoptiques et le quatrième évangile; pourtant, en

---

(1) Comparez Suicer, *Thesaur.*, 2, p. 613.

(2) Une autre opinion sur la cause de l'erreur dans le quatrième évangile, est donnée par l'auteur des *Probab.*, p. 100 et suiv.; comparez Weisse, *Die evang. Geschichte*, 1, S. 446 f. Anm.

y regardant de près, on voit que Matthieu et Marc sont les seuls qui concordent exactement, que Luc a déjà des différences assez considérables, mais qu'en somme il est encore plus d'accord avec les deux évangélistes qui le précèdent, qu'avec l'évangéliste qui le suit.

Tous les évangélistes ont, outre le repas même, ceci de commun qu'il y est parlé de la trahison imminente de Judas, et que Jésus, pendant ou après ce repas, prédit à Pierre son reniement. Remarquons, toutefois, que chez Jean la désignation du traître est différente et plus précise, et qu'elle est accompagnée d'un effet dont les autres n'ont pas connaissance; que chez Jean encore il se trouve, après le repas, de longs discours d'adieu (1) qui manquent aux autres. Mais passons sur ces divergences, car la différence capitale est que, tandis que d'après les synoptiques Jésus dans ce dernier repas a établi la cène, il a au contraire, d'après Jean, lavé les pieds de ses disciples.

Les trois synoptiques ont en commun la fondation de la cène, avec la prédiction de la trahison et du reniement. Mais une divergence existe entre les deux premiers et le troisième pour la succession de ces actes : d'après les deux premiers, ce qui précède, c'est la prédiction de la trahison; d'après le dernier, c'est l'établissement de la cène. Quant à la prédiction du reniement de Pierre, elle paraît, d'après Luc, avoir été faite pendant que les convives étaient encore dans la salle à manger, d'après les autres, tandis qu'ils se rendaient à la montagne des Oliviers. Ensuite Luc ajoute quelques morceaux qui, ou bien manquent dans les deux premiers évangélistes, ou bien n'y sont pas dans le même enchaînement. Ils ont, dans un tout autre enchaînement, la dispute sur la pré-

---

(1) D'après Kern, *Faits principaux* (*Tüb. Zeitschr.*, 1836, 3, S. 9), je parle ici, non sans une amère ironie, de longs discours *pleins d'humilité*. Comme on le voit, je parle de longs discours *d'adieu*, et il n'y a rien là qui suggère l'idée d'une ironie. Il faudrait au moins lire exactement son adversaire, avant de se permettre de telles insinuations sur les sentiments qui l'ont animé.

éminence et la promesse de trônes pour siéges au jour du jugement; mais on y cherche vainement ce que Luc dit des épées.

Le troisième évangéliste, séparé des deux premiers, se rapproche quelque peu du quatrième. Voici ce que Luc et Jean ont de commun : de même que Jean rapporte l'ablution des pieds comme un acte symbolique relatif à la dispute de prééminence et auquel se rattachent des discours d'humilité, de même Luc rapporte véritablement une dispute de prééminence et les discours qu'elle suscite, contestation et discours qui ne sont pas sans analogie avec le récit de Jean. De plus, chez Luc, comme chez Jean, les discours sur le traître n'ouvrent pas le repas, ils ne viennent qu'après un acte symbolique. Enfin chez Jean, comme chez Luc, le reniement de Pierre est prédit pendant que les convives sont encore dans la salle du repas.

Ce qui, naturellement, fait ici la plus grande difficulté, c'est que l'établissement de la cène, rapporté unanimement par les synoptiques, manque chez Jean, et qu'en place il raconte une tout autre action de Jésus, à savoir une ablution des pieds. Sans doute, si jusqu'à présent, durant tout le cours de l'histoire évangélique, on s'est tiré d'affaire en admettant que Jean a eu pour but de compléter les autres évangiles, on lèvera encore cette difficulté aussi bien ou aussi mal que les autres. Jean, dit-on, trouva chez les autres évangélistes l'établissement de la cène, rapporté d'une manière qui coïncidait pleinement avec ses propres souvenirs; ainsi il n'eut pas de raison pour le répéter (1). Mais, si réellement le quatrième évangéliste, parmi les histoires déjà consignées dans les trois premiers évangiles, n'a voulu rapporter que celles où il avait quelque chose à rectifier ou bien à ajouter, pourquoi raconte-t-il encore une fois l'histoire de la multiplication des pains, à laquelle il n'apporte aucun amendement considérable, tandis qu'il se tait sur l'établis-

(1) Paulus, 3, b, S. 499; Olshausen, 2, S. 294.

sement de la cène? Et cependant il avait toute raison d'en
donner un récit authentique, puisque les synoptiques diffèrent entre eux sur l'arrangement des événements de cette
soirée et sur la conception des paroles de Jésus, mais surtout puisqu'ils rapportent au soir de la fête de Pâques l'é-
tablissement de la cène, ce qui est erroné d'après sa manière
de présenter les choses. En considération de cette difficulté,
on renonce à soutenir que le rédacteur du quatrième évangile ait eu connaissance des trois premiers, et l'intention de
les compléter et rectifier; mais l'on prétend qu'il a connu
la tradition évangélique, vulgaire et orale, qu'il en a supposé la connaissance chez ses lecteurs, et que, pour ce motif,
il a passé sous silence la fondation de la cène, la regardant
comme une histoire généralement connue (1). Dans un
écrit évangélique on ne conçoit véritablement pas ce but
de raconter seulement ce qui est moins connu, et d'omettre
ce qui est connu. Quand on consigne par écrit des événements, c'est par méfiance contre la tradition orale; on ne
veut pas seulement la compléter, on veut encore la fixer;
ainsi ce seront justement les points principaux que l'on sera
le moins disposé à omettre, car, étant ceux dont il est le
plus parlé, ils sont aussi les plus exposés à être défigurés,
et ceux pour lesquels il est le plus désirable que la conservation soit exacte. En conséquence, Jean n'a pu omettre la fondation de la cène, dont les termes de consécra-
tion, si nous comparons les différents récits du Nouveau
Testament, ont dû être de bonne heure l'objet d'additions
ou d'omissions. Mais, dit-on encore, raconter l'établissement de la cène était sans aucune importance pour le but
de l'évangile de Jean (2). Comment! pour le but général de
cet évangile qui était de persuader aux lecteurs que Jésus
est le Christ, le Fils de Dieu, ὅτι Ἰησοῦς ἐστιν ὁ Χριστὸς, ὁ υἱὸς

(1) Lücke, 2, S. 484 f.; Neander, (2) Olshausen, l. c.
L. J. Chr., S. 583, Anm.

τοῦ Θεοῦ (20, 31), il aurait été sans importance de raconter une scène dans laquelle il apparaît comme le fondateur d'une *nouvelle alliance*, καινὴ διαθήκη! Et pour le but particulier de ce paragraphe qui était de mettre en lumière son amour toujours resté le même pour les siens (13, 1), il n'aurait servi de rien de rapporter comment il avait offert aux siens son corps et son sang comme nourriture et boisson, et donné ainsi de la réalité à ces paroles qu'on lit dans Joh., 6! Jean, objecte-t-on, ne s'est inquiété, ici comme partout, que des discours plus profonds de Jésus; c'est pour cela qu'il a passé sous silence l'établissement de la cène, et qu'il n'a commencé son récit qu'avec le discours relatif à l'ablution des pieds (1). Mais ce n'est qu'un préjugé endurci pour le quatrième évangile, qui peut présenter ces discours d'humilité comme plus profonds que les paroles que Jésus prononce lors de l'établissement de la cène au sujet de son corps et de son sang, qu'il donne à manger dans le pain et dans le vin.

A ce point, ce qu'il faut, avant tout, c'est que les interprètes harmonistes nous montrent l'endroit où Jean a passé sous silence la cène, puisque l'on prétend qu'il suppose lui-même que Jésus l'a fondée lors de ce dernier repas; c'est que, dans le récit de Jean sur cette dernière soirée, ils nous signalent le joint où il est possible d'intercaler cet acte. Si nous nous enquérons auprès des commentateurs, plus d'un endroit paraît se prêter parfaitement à une pareille intercalation. Olshausen pense qu'on peut le supposer à la fin du 13e chapitre, après la prédiction du reniement de Pierre; que le repas se termina par la fondation de la cène; et que les discours suivants, depuis 14, 1, ont été prononcés par Jésus encore dans la salle et debout, après qu'il se fut levé de table. Mais Olshausen paraît s'être figuré, pour trouver un point de repos entre 13, 38 et 14, 1, que les mots:

(1) Sieffert, *Ueber den Ursprung*, S. 152.

Levez-vous, partons d'ici, ἐγείρεσθε, ἄγωμεν ἐντεῦθεν, que, suivant lui, Jésus prononça en se levant de table, pour dire encore debout ce qui suit, sont placés à la fin du 13e chapitre, tandis qu'ils ne le sont en réalité qu'à la fin du quatorzième. A l'endroit que nous examinons, il n'y a point d'espace pour intercaler un acte tel que la fondation de la cène. Jésus avait parlé de son départ pour un lieu où les siens ne pourraient pas le suivre, et repoussé l'offre téméraire que Pierre faisait de donner sa vie pour son maître, en lui prédisant son reniement; maintenant, 14, 1 seq., il calme de nouveau les esprits émus, et il les rappelle à la foi et aux effets pleins de bénédiction que sa mort doit produire. Repoussés par l'enchaînement imperméable de ces discours, d'autres interprètes, tels que Paulus, remontent plus haut, et croient trouver, après le départ du traître, 13, 30, la place la plus convenable pour l'intercalation de la cène, attendu que le départ de Judas, qui allait accomplir sa trahison, put facilement éveiller en Jésus les pensées de mort qui forment le fond de l'établissement de la cène (1). Mais la phrase : *C'est maintenant que le Fils de l'homme a été glorifié*, etc., νῦν ἐδοξάσθη ὁ υἱὸς τοῦ ἀνθρώπου κ. τ. λ. (v. 31), et les paroles que Jésus dit plus loin (v. 33) au sujet de sa mort prochaine, se réfèrent de la manière la plus directe à la sortie de Judas; et cela est évident, soit qu'on rapporte avec Lücke et d'autres, soit qu'on ne rapporte pas le membre de phrase : *Quand il fut sorti*, ὅτε ἐξῆλθε, au membre de phrase suivant : *Jésus dit*, λέγει ὁ Ἰησοῦς. En effet, le verbe *glorifier*, δοξάζειν, signifiant toujours, dans le quatrième évangile, la glorification de Jésus à laquelle il est conduit par sa passion, la sortie de l'apôtre déchu allant trouver ceux qui apportaient à Jésus la passion et la mort, décidait de sa glorification et de son prochain enlèvement. Ainsi les v. 31, 32 et 33 tiennent insépara-

---

(1) Paulus, *Exeg. Handb.*, 3, b, s. 497.

blement au v. 30, dès lors on peut se trouver porté à faire descendre la cène un peu plus bas, et à la placer là où cet enchaînement d'idées paraît avoir une fin. En effet, Lücke la met entre le v. 33 et le v. 34, de telle sorte que Jésus, après avoir calmé, v. 31 — 33, les esprits distraits et effrayés par la sortie du traître et les avoir préparés à la cène, rattache, v. 34 et suivant, le nouveau précepte de l'amour à la distribution du pain et du vin. Mais, comme on l'a déjà remarqué (1), si dans le v. 36 Pierre, se référant au v. 33, demande à Jésus où *il va*, il est impossible que la cène ait été fondée après ce que dit Jésus dans le v. 33, car ailleurs Pierre explique le mot de Jésus : *Je vais*, ὑπάγω, par le *corps donné*, σῶμα διδόμενον, et par le *sang versé*, αἷμα ἐκχυνόμενον; mais dans tous les cas c'était plutôt de ces expressions, appartenant à la cène, que Pierre devait avoir à demander l'explication. Neander, reconnaissant la valeur de ces objections, remonte un verset plus haut, et intercale la cène entre le v. 32 et le v. 33 (2); mais c'est rompre violemment la connexion évidente entre les mots du verset 32 : *Et bientôt il le glorifiera*, καὶ εὐθὺς δοξάσει αὐτὸν, et les mots du verset 33 : *Je ne suis plus avec vous que pour un peu de temps*, ἔτι μικρὸν μεθ' ὑμῶν εἰμι. Il faut donc remonter encore une fois, seulement il faut aller plus loin que ne l'ont fait Neander et même Paulus; mais depuis le v. 30 jusqu'au v. 18 il est question tout d'un trait de Judas; puis le dialogue sur lui se rattache d'une manière inséparable à l'ablution des pieds et à l'interprétation de cet acte symbolique; il n'y a donc, jusqu'au commencement du chapitre, aucun endroit où la fondation de la cène pût être intercalée. Mais là, d'après un des plus récents critiques, on peut l'intercaler d'une manière qui justifie complétement l'évangéliste du reproche d'avoir induit le lecteur en erreur par une narration qui, continue en apparence, n'en omettrait pas moins

---

(1) Meyer, *Comm. über den Joh.*, z. d. St.   (2) L. J. Chr., S. 587 Anm.

la cène. Dès le commencement, dit ce critique, Jean ne prétend rien dire du repas même et de ce qui s'y passa, il ne veut que raconter ce qui arriva après le repas : car, les mots δείπνου γενομένου signifiant, d'après l'interprétation la plus naturelle : *Après que le repas fut terminé*, le membre de phrase : *Il se lève de table*, ἐγείρεται ἐκ τοῦ δείπνου, montre manifestement que l'ablution des pieds ne fut pratiquée qu'un peu après le repas (1). Mais, puisqu'il est dit de Jésus après l'ablution des pieds, qu'*il se remit à table*, ἀναπεσὼν πάλιν, v. 12, il s'ensuit que le repas n'était pas encore terminé, lorsqu'il se leva pour l'ablution des pieds, et que les mots : *Il se leva de table*, ἐγείρεται ἐκ τοῦ δείπνου, signifient que, le repas étant commencé, ou du moins les convives étant déjà assis à la table, il interrompit le repas pour procéder à l'ablution des pieds. Les mots δείπνου γενομένου, signifient aussi peu : *Après qu'un repas eut été fait*, que les mots : τοῦ Ἰησοῦ γενομένου ἐν Βηθανίᾳ (Matth., 26, 6), signifient : *Après que Jésus eut été à Béthanie*; mais Jean, par cette tournure indiquant la durée du repas (2), comme Matthieu par la tournure semblable, la durée du séjour de Jésus à Béthanie, entendait nous rapporter tout ce qui se passa de remarquable pendant ce repas; et, s'il ne rapporte pas l'établissement de la cène, qui eut lieu dans ce repas, cela forme une lacune qui lui attire le reproche d'avoir été narrateur incomplet et d'avoir omis justement ce qui était le plus important. Tout récemment, Kern, abandonnant cette extrémité supérieure du récit de Jean sur le dernier repas de Jésus, a sauté à l'extrémité inférieure, et il suppose que la cène a été établie après les mots qui terminent le verset 31 du chapitre 14 : *Levez-vous, partons d'ici*, ἐγείρεσθε, ἄγωμεν ἐντεῦθεν (3). Mais c'est donner à cette action une place invraisemblable et même peu conve-

---

(1) Sieffert, S. 152 ff.   (3) *Faits principaux*, l. c., S. 12.
(2) Comparez Lücke, S. 468.

nable, que de supposer que l'idée n'en vint à Jésus qu'au moment où il se préparait à partir.

Ainsi, tandis qu'en général il ne se présente aucun motif pour lequel Jean, du moment qu'il parlait de cette dernière soirée, aurait passé sous silence la fondation de la cène, en particulier il ne se trouve aucun endroit où elle pourrait être intercalée dans le cours de sa narration. Il ne reste donc plus qu'à admettre qu'il ne la rapporte pas, parce qu'il n'en a rien su. Or, cette conclusion révolte les théologiens, même ceux qui se reconnaissent incapables d'expliquer l'omission de la cène; et ils appuient leur résistance sur cette remarque, qu'un usage aussi généralement répandu dans la première Église que la cène, n'a pu être ignoré de l'auteur du quatrième évangile, quel qu'ait été cet auteur (1). Sans contredit, il avait connaissance, comme son sixième chapitre le montre, de la cène en tant que rite chrétien, et il devait en avoir connaissance; mais ce qui peut lui avoir été inconnu, ce sont les circonstances au milieu desquelles Jésus est supposé avoir institué formellement la cène. Lui aussi tenait beaucoup, il est vrai, à rattacher à l'autorité de Jésus un usage estimé aussi haut, mais, ignorant l'histoire de la fondation telle que les synoptiques la rapportent, et plein de ce goût pour le mystère en vertu duquel il aimait à prêter à Jésus des expressions qui, inintelligibles pour le moment, ne devaient recevoir la lumière que de l'événement ultérieur, Jean rattacha ce rite à Jésus, non en le lui faisant réellement instituer, mais en lui faisant prononcer des paroles obscures sur la nécessité de manger sa chair et de boire son sang. Ces paroles, qui n'étaient intelligibles que par le rite de la cène établi après sa mort dans l'association chrétienne, en pouvaient être considérées comme l'établissement indirect.

---

(1) Hase, L. J., § 133; Kern, *Faits principaux*, S. 11; Theile, *Zur Biographie Jesu*, § 31.

Les synoptiques, qui ne font aucune mention de l'ablution des pieds, n'ont-ils pas plus connu cette particularité que Jean n'a connu la fondation de la cène? On ne peut le soutenir d'une manière aussi précise, soit parce que la chose est de moindre importance, et qu'ici la narration de ces évangélistes est plus morcelée, soit parce que, ainsi que cela a été remarqué plus haut, Luc a, dans sa contestation de prééminence, verset 24 seq., quelque chose qui a paru à plusieurs interprètes tenir, en tant que motif déterminant, à l'ablution dont il s'agit (1). J'ai exposé plus haut, au sujet de cette contestation, qu'étrangère au contexte de la scène en question, elle ne doit la place qu'elle y occupe qu'à une association d'idées accidentelle qui s'opéra dans l'esprit du narrateur (2); de même l'ablution des pieds dont parle Jean pourrait paraître n'avoir été que la mise en scène, par le fait de la légende, d'un discours d'humilité rapporté par les synoptiques. En effet, dans Matthieu (20, 26 seq.), Jésus dit à ses apôtres, que celui qui veut être grand parmi eux doit être le *serviteur* des autres, διάκονος, de même que lui est venu *non pour être servi, mais pour servir*, οὐ διακονηθῆναι ἀλλὰ διακονῆσαι; dans Luc (22, 27), Jésus exprime cette pensée par la question : *Lequel est le plus grand, de celui qui est à table ou de celui qui sert*, τίς γὰρ μείζων; ὁ ἀνακείμενος ἢ ὁ διακονῶν? Et il y joint cette observation : *Et néanmoins je suis parmi vous comme celui qui sert*, ἐγὼ δέ εἰμι ἐν μέσῳ ὑμῶν ὡς ὁ διακονῶν? Cela remis en mémoire, je dis qu'il se pourrait, il est vrai, que Jésus lui-même eût trouvé bon de représenter symboliquement cette pensée par un véritable *service* au milieu de ses apôtres jouant le rôle de convives *servis*; mais que l'on pourrait également, puisque les synoptiques ne parlent pas d'un

---

(1) Sieffert, S. 153; Paulus et Olshausen, sur ce passage. Comparez contradictoirement De Wette, 1, 1, S. 222, 1, 2, S. 107.

(2) T. 1, § LXXXIII.

pareil acte, concevoir que c'est la légende, telle qu'elle arriva aux oreilles du quatrième évangéliste, ou lui-même, qui mit en drame les paroles dont il s'agit (1). Et il n'était pas nécessaire que la tradition qui lui apporta cette déclaration de Jésus, la lui eût donnée comme faite justement au milieu du dernier repas, ainsi que le dit Luc; en effet, les mots : *être assis à table*, ἀνακεῖσθαι, et *servir*, διακονεῖν, suggéraient d'eux-mêmes que la représentation symbolique en appartenait à un repas, et, par des motifs faciles à imaginer, il put penser qu'il n'y en avait aucun qui y convînt mieux que le dernier repas.

Après cela, suivant la narration de Luc, Jésus adresse la parole aux apôtres comme à des hommes qui lui sont restés fidèles dans ses adversités, et en récompense il leur promet qu'ils seront assis avec lui à table dans son royaume, et qu'ils jugeront sur des trônes les douze tribus d'Israël (v. 28—30). Cela ne paraît ni cadrer avec le contexte d'une scène où il avait prédit à l'un des douze la trahison immédiatement auparavant, à un autre le reniement immédiatement après, ni appartenir à un temps où allaient commencer les *tentations* proprement dites, πειρασμοί. Avec la disposition que nous avons reconnue tout d'abord dans un examen précédent à la scène telle que Luc la raconte, nous ne pouvons guère attribuer l'intercalation de ce fragment de discours à autre chose qu'à une association fortuite d'idées, en vertu de laquelle la contestation de prééminence rappela peut-être au narrateur le rang que Jésus leur avait promis, comme le discours sur les serviteurs et les convives assis à table rappela les siéges qu'il leur avait annoncés dans le royaume messianique (2).

Quant à la conversation suivante, où Jésus dit figuré-

---

(1) Ce que l'auteur des *Probabil.* dit, p. 70 seq., sur l'origine de cette anecdote, est une conjecture tirée de trop loin.

(2) Comparez De Wette, sur ce passage.

ment à ses apôtres que dorénavant il serait nécessaire qu'ils achetassent des épées pour le temps où ils seraient assaillis de toute part, mais où ils entendent ces paroles au propre et lui rappellent que la société a en sa possession deux épées, je préfère à toutes les explications celle de Schleiermacher, qui pense que, pour préparer le coup d'épée que Pierre porte dans la narration suivante, l'évangéliste a introduit ici ce morceau (1).

Les autres différences relatives au dernier repas seront examinées dans le courant des recherches suivantes.

§ CXXI.

Prédiction de la trahison et du reniement.

Tandis que le quatrième évangéliste est le seul qui dise que Jésus avait connu et pénétré de tout temps celui qui devait le trahir, tous les quatre sont d'accord pour rapporter qu'à son dernier repas il prédit qu'un de ses apôtres le trahirait.

Cependant, remarquons d'abord une divergence : c'est que, tandis que, d'après les deux premiers évangélistes, les discours sur le traître sont placés au commencement, et précèdent en particulier la fondation de la cène (Matth. 26, 21 seq.; Marc, 14, 18 seq.), suivant Luc, ce n'est qu'après le repas achevé et la fondation de la fête commémorative (22, 21 seq.), que Jésus parle de la trahison prochaine. Chez Jean, ce qui est relatif au traître est placé pendant et après l'ablution des pieds (13, 10—30). Il serait en soi insignifiant de savoir lequel des évangélistes a ici raison; mais un motif fait que les théologiens attachent de l'importance à cette question ; car, suivant qu'on la décidera, il semble que l'on décidera en même temps la question de savoir si le traître a aussi pris part à la cène. Ni la participa-

---

(1) *Ueber den Lukas*, S. 275.

tion d'un membre aussi étrange ne semblait se concilier avec l'idée de la cène considérée comme le repas de l'amour et de l'union la plus intime, ni l'amour et la miséricorde du Seigneur ne semblaient permettre de croire qu'il eût laissé un indigne prendre part à la cène, afin que sa faute en fût plus grande (1). On a cru écarter ce sujet de crainte, en suivant l'ordre de Matthieu et de Marc, et en admettant que la désignation du traître précéda la fondation de la cène, et comme l'on savait, par l'évangile de Jean, que Judas, se voyant découvert et désigné, avait quitté la compagnie, on pensa être en droit d'établir que Jésus n'avait procédé à la fondation de la cène qu'après l'éloignement du traître (2). Mais on ne se procure cette ressource qu'en mêlant d'une manière illicite Jean avec les synoptiques; car le quatrième évangéliste est le seul qui dise que Judas ait quitté la compagnie, et il est aussi le seul qui ait besoin de la supposition de cette sortie, puisque, d'après lui, c'est seulement alors que Judas entame ses négociations avec les ennemis de Jésus; il avait donc eu besoin d'un peu plus de temps pour se concerter avec eux et pour en obtenir une escorte. Chez les synoptiques, au contraire, rien ne montre que le traître eût quitté la compagnie; tout est raconté comme s'il ne s'était levé qu'au moment où tous les convives se levèrent, et comme si, au lieu d'aller directement dans le jardin, il était allé trouver les grands-prêtres avec lesquels il s'était entendu dès auparavant, et qui purent lui fournir sans retard les hommes nécessaires à l'arrestation de Jésus. Donc, quel que soit celui, de Luc ou de Matthieu, qui ait raison dans la disposition des faits, il n'en est pas moins certain que, d'après tous les synoptiques, Judas qui, suivant eux, ne quitta pas la compagnie avant le temps, a pris part à la cène (3).

(1) Olshausen, 2, S. 880.
(2) Lücke, Paulus, Olshausen.
(3) Comparez De Wette, *Exeget.* *Handb.*, 1, 1, S. 219; Weisse, *Die evang. Gesch.*, 1, S. 605.

Les évangélistes ne sont pas non plus sans différences notables sur la manière dont Jésus désigna celui qui devait le trahir. D'après Luc, Jésus se contente d'assurer brièvement que le traître porte avec lui la main à la table ; sur quoi les apôtres se demandent entre eux qui peut être celui qui serait capable de faire quelque chose de pareil. Suivant Matthieu et Marc, il dit d'abord qu'un des assistants le trahira, et, comme chacun des apôtres en particulier lui demande si ce sera lui, il répond : Celui qui plonge avec moi la main dans le plat ; jusqu'à ce qu'enfin, après une exclamation de malheur prononcée sur le traître, Judas, selon Matthieu, lui fait la même question, et Jésus lui donne une réponse affirmative. Selon Jean, Jésus indique d'abord pendant et après l'ablution des pieds que tous les apôtres présents ne sont pas purs, et que l'Écriture doit être accomplie où il est dit : Celui qui mange le pain avec moi, lève le pied contre moi. Puis il dit directement qu'un d'eux le trahira, et, comme les apôtres s'interrogent entre eux du regard pour savoir de qui il parle, Pierre fait demander par Jean, qui était le plus près de Jésus, lequel d'entre eux ce sera, sur quoi Jésus réplique que ce sera celui à qui il va donner un morceau trempé ; et, ayant trempé un morceau, il le donna à Judas en lui recommandant de hâter l'exécution de son dessein. Là-dessus Judas quitta la compagnie.

Ici encore les harmonistes ont eu bientôt fait d'engrener les différentes scènes entre elles et de les concilier. Suivant eux, Jésus, sur la demande de chacun des apôtres si ce sera lui, déclare d'abord à haute voix qu'un de ceux qui dînent avec lui, le trahira (Matth.) ; puis Jean demande, à voix basse, qui ce sera positivement, et Jésus lui répond également à voix basse : Celui à qui je donne le morceau (Joh.) ; ensuite Judas, à voix basse aussi, demande si c'est lui, et Jésus lui répond, à voix basse, affirmativement (Matth.) ; enfin les paroles excitantes de Jésus déterminent le traître à quitter la compagnie (Joh.) (1). Mais Matthieu, en rapportant la demande et la réponse échangées entre Jésus et Judas, ne dit pas qu'elles aient été prononcées à voix basse, et même on ne concevra pas qu'elles aient été ainsi prononcées, à moins qu'on ne suppose, ce qui est invraisemblable, que Judas ait été placé d'un côté de Jésus, comme Jean l'était de l'autre. Or, si la demande et la réponse ont été faites à haute voix, les apôtres ne purent pas se méprendre aussi singulièrement que Jean le raconte, sur le sens des mots : *Faites vite ce que vous faites*, ὃ ποιεῖς ποίησον τάχιον ; et sérieusement on ne peut s'arrêter à supposer une demande balbutiée de la part de Judas, et une réponse prononcée à la volée par Jésus (2). Il n'est pas non plus vraisemblable que Jésus, après avoir dit : Celui qui met avec moi la main dans le plat me trahira, lui ait lui-même par surérogation trempé un morceau pour le désigner d'une manière plus précise. Il est évident que l'une et l'autre désignation sont identiques, mais seulement présentées d'une manière différente. Quand on a reconnu cela avec Paulus et Olshausen, on a déjà fait à l'un ou à l'autre récit une assez grande concession pour ne pas chercher des explications forcées sur la difficulté que présente la réponse formelle que, d'après Matthieu, Jésus fit au traître ; et l'on devrait avouer que l'on a ici deux relations différentes, dont l'une n'est pas faite pour être complétée par l'autre.

Quand on est arrivé à cet aveu avec Sieffert et Fritzsche, il ne reste plus qu'à demander lequel des deux récits, à titre de primitif, mérite la préférence. A cette question, Sieffert a répondu avec une grande décision en faveur de Jean, non pas seulement, comme il le dit, en raison du préjugé pour la qualité de témoin oculaire attribuée à cet évangéliste, mais parce que dans ce paragraphe sa narration par une

---

(1) Kuinœl, *in Matth.*, p. 707.
(2) Comme le fait Olshausen, 2, S. 403. Voyez contradictoirement Sieffert, S. 148 f.

vérité interne et un caractère dramatique l'emporte sans contestation sur celle de Matthieu, de laquelle rien n'indique qu'elle ait été rédigée *de visu*. Suivant cet auteur, tandis que Jean sait donner les détails les plus exacts sur la manière dont Jésus a désigné le traître, il semble d'après le récit du premier évangile que le rédacteur n'a su qu'en général que Jésus avait aussi désigné d'une façon personnelle celui qui devait le trahir. A cet égard, il est certain que la réponse nette que Jésus, dans Matthieu, fait à Judas (v. 25), a tout à fait l'air d'avoir été composée d'une manière assez sèche conformément à cette notion générale, et en cela elle est inférieure à la manière plus déguisée, et par conséquent plus vraisemblable, dont Jean tourne cette désignation. Mais il n'en est plus de même pour l'autre point. Les deux premiers évangélistes disent : *Celui qui a trempé avec moi*, ὁ ἐμβάψας μετ' ἐμοῦ, ou *celui qui trempe avec moi*, ὁ ἐμβαπτόμενος μετ' ἐμοῦ; Jean, de son côté, dit : *Celui à qui je donnerai ce morceau trempé*, ᾧ ἐγὼ βάψας τὸ ψωμίον ἐπιδώσω; ici évidemment la plus grande précision dans la désignation, et par conséquent la moindre vraisemblance dans le récit, est du côté du quatrième évangéliste. Chez Luc, Jésus ne désigne le traître que comme un de ceux qui sont assis à table avec lui; et même la phrase de Matthieu et de Marc : *Celui qui a trempé avec moi*, etc., ὁ ἐμβάψας μετ' ἐμοῦ κτλ., est expliquée par Kuinœl et Henneberg (1) comme signifiant : *un de ceux qui dînent avec moi*, sans désignation duquel; explication qui n'est pas aussi propre à égarer que Olshausen le soutient. Car d'un côté à la question de chacun des disciples qui lui demandaient : Est-ce moi? Jésus pouvait toujours trouver convenable de donner une réponse évasive; d'autre part, d'après la juste remarque de Kuinœl, cette réponse est, à l'égard

---

(1) *Comment. über die Geschichte des Leidens und Todes Jesu*, z. d. St.

de la phrase précédente : *Un de vous me trahira*, εἰς ἐξ ὑμῶν παραδώσει με (v. 21), une gradation convenable, en ce sens qu'elle relève la culpabilité du traître par la circonstance aggravante de la communauté de la table. Sans doute les rédacteurs des deux premiers évangiles ont compris l'expression dont il s'agit, comme si, Judas ayant mis en même temps que Jésus la main dans le plat, elle l'avait désigné personnellement ; néanmoins le passage parallèle dans Luc, et les mots : *Un des douze*, εἰς τῶν δώδεκα, mis dans Marc devant : *Celui qui plonge*, ὁ ἐμβαπτόμενος, montrent qu'originairement ces derniers mots ne furent que le développement des premiers ; ce qui n'empêche pas qu'en vertu du désir que l'on avait que Jésus eût désigné d'avance le traître d'une manière très précise, on n'ait pris de bonne heure les mots : *Celui qui plonge*, etc., dans le sens d'une désignation personnelle. Mais, du moment que nous avons une gradation légendaire dans la précision de cette désignation, il faut y faire entrer aussi la manière d'après laquelle le quatrième évangile rapporte que le traître fut désigné. A la vérité, d'après Sieffert, ce serait la désignation primitive, celle dont toutes les autres seraient sorties. Or, si, par anticipation, nous abandonnons les mots de Matthieu : *C'est vous qui l'avez dit*, σὺ εἶπας, elle se trouve être la désignation la plus précise. A côté, l'expression : *Un de ceux qui dînent avec moi*, n'est qu'indéterminée, et même l'indice que Jésus donne en disant : *Celui qui maintenant met avec moi la main dans le plat* est encore moins direct que l'action d'offrir un morceau trempé. Mais est-il dans l'esprit de l'ancienne légende de laisser perdre la désignation la plus précise si Jésus l'avait réellement donnée, de la réduire à une désignation plus indéterminée, et ainsi d'amoindrir le miracle de la prescience de Jésus ? et peut-on trouver conforme à l'esprit de Jésus qu'il eût ainsi démasqué le traître sans aucun but, puisqu'il n'avait ni l'espérance de le détourner par là de son dessein, ainsi qu'on le voit par la phrase : *Faites vite ce que vous faites*, ὃ ποιεῖς, ποίησον τάχιον (v. 27), ni non plus l'intention d'en prévenir l'exécution? Enfin, Jésus n'eût-il désigné personnellement le traître qu'à Jean seul, *ce fils du tonnerre* aurait-il pu se contenir, sans parler des autres, s'il était vrai, comme le rapporte le premier évangile, que Judas eût été démasqué en présence de tous les apôtres (1)?

Trouvant donc invraisemblable que Jésus ait désigné personnellement le traître, il nous reste à examiner si Jésus, sans l'avoir reconnu d'avance comme tel, n'a pas su, en général, qu'une trahison se tramait dans le cercle de ses apôtres, ou si même ce vague pressentiment de la trahison ne lui a pas été attribué après l'événement seulement. Jésus, v. 18, cite comme une prophétie qui doit s'accomplir en lui, le passage du Psaume : *Celui qui mange avec moi le pain, a levé le pied contre moi*, ὁ τρώγων μετ' ἐμοῦ τὸν ἄρτον ἐπῆρεν ἐπ' ἐμὲ τὴν πτέρναν αὐτοῦ, (Ps. 41, 10); mais cela ne lui disait que d'une manière indécise qu'un de ses commensaux serait un jour son adversaire. Sans doute ce passage de l'Écriture peut n'avoir pas été la source unique où il puisa la notion de la trahison qui le menaçait; d'après l'opinion orthodoxe, le principe divin qui résidait en lui lui aida à expliquer l'Écriture; et ce principe, loin de se borner à lui suggérer un vague pressentiment de la trahison, dut lui faire en même temps connaître le traître personnellement. Il n'y a qu'une objection, c'est qu'ici encore se présente la difficulté que nous avons déjà rencontrée dans les prophéties de l'Ancien Testament que l'on prétend relatives à Jésus. Le passage cité du Psaume, dans sa signification primitive, ne se rapporte évidemment pas au Messie, à tel point que même Tholuck et Olshausen en conviennent; il est dirigé contre un des infidèles amis de David, Achi-

---

(1) Weisse, l. c., S. 604 f.

tophel ou Méphiboseth, ou, si le Psaume n'est pas de David, contre un inconnu qui se trouvait dans la même position à l'égard du poëte hébreu (1). Or, qu'une aussi fausse conception du Psaume de la part de Jésus ait découlé de sa nature divine, c'est ce qu'on ne peut penser. Il faut en cela qu'il ait été abandonné à son entendement humain et susceptible d'erreur; mais certes, ce n'est pas à l'aide de cet entendement qu'il puisa le premier soupçon de la trahison dans ce Psaume, pour lequel aucune trace ne nous montre qu'il eût été interprété messianiquement avant le crime de Judas. A supposer qu'on ne lui ait pas prêté non historiquement, après l'événement accompli, la citation de ce passage du Psaume, nous devons du moins admettre qu'il ne se l'est appliqué qu'après avoir appris, d'ailleurs, la trahison imminente d'un de ses apôtres. Il est impossible de nier directement qu'il n'ait pu arriver à cette connaissance par une voie naturelle, et dans ce cas il est beaucoup plus vraisemblable qu'il ait prévu précisément que ce serait Judas qui le trahirait, qu'il ne l'est qu'il ait prévu un pareil crime de la part d'un de ses apôtres en général. A la vérité, si l'on attribuait cette prévision uniquement à des communications que d'autres lui auraient faites, on pourrait penser un instant qu'un personnage bienveillant, mais d'une bienveillance inquiète, un homme du caractère de Nicodème, aurait appelé l'attention de Jésus en termes vagues sur la trahison qui couvait au milieu de la société intime des siens. Mais, du moment que Jésus, ainsi averti, aurait observé ses apôtres avec plus de soin, il aurait fallu qu'il connût bien mal les hommes, pour ne pas être frappé de la conduite embarrassée de Judas à côté de la conduite franche des autres.

On rapporte que Jésus annonça à Pierre son reniement, comme il avait annoncé à Judas sa trahison, et qu'il en dé-

(1) Voyez De Wette, sur ce Psaume.

signa exactement le moment, en disant qu'avant, au matin qui allait venir, que le coq eût chanté (deux fois d'après Marc), Pierre l'aurait renié trois fois (Matth., 26, 33 seq. et parall.); et d'après les évangiles l'événement répondit parfaitement à la prédiction. Au point de vue rationaliste, on a trouvé étrange que le don de vision s'étendît à des circonstances accessoires, telles que le chant du coq; on a été surpris que Jésus, au lieu d'avertir, annonçât d'avance le résultat comme inévitable (1), ce qui ressemble tout à fait au destin de la tragédie grecque, où l'homme, tout en voulant éviter ce que l'oracle lui a prédit, y tombe néanmoins. Cependant, si en raison de ces difficultés on prétendait abandonner toute la prédiction comme une prophétie après l'événement, on irait trop loin. Si Jésus (ce que les évangiles, divergeant d'ailleurs sur plusieurs points, supposent avec une remarquable unanimité), savait par d'autres ou par sa propre observation que ses ennemis tramaient quelque chose contre lui pour la nuit suivante; s'il signala à ses apôtres ce danger et la rude épreuve à laquelle leur fidélité serait soumise (Matth., 26, 31 et parall.): si là-dessus Pierre, ainsi que c'était sa manière, s'exprima comme si rien n'était capable d'ébranler sa fidélité et son courage (Matth., 26, 33 et parall.), Jésus n'avait besoin que de connaître le caractère de Pierre prompt à s'enflammer, non moins prompt à se décourager, du reste fidèle et pur, et par conséquent incapable d'une véritable apostasie, pour lui prédire qu'il ne traverserait pas sans chute les épreuves de cette nuit, mais qu'il se relèverait promptement. Sans doute, l'exacte détermination du mode, du temps et du nombre que Jésus donne à cette prédiction, en disant: *Avant que le coq ait chanté, vous me renierez trois fois*, πρὶν ἀλέκτορα φωνῆσαι, τρὶς ἀπαρνήσῃ με (Matth., 26, 34 et parall.), et

---

(1) Paulus, *Exeg. Handb.*, 3, b, S. 588; L. J., 1, b, S. 192; Hase, L. J., § 137.

l'accomplissement ponctuel qu'elle reçut, demeurent toujours des choses suffisamment étranges. Cependant les mots : *Avant que le coq ait chanté,* πρὶν ἀλέκτορα φωνῆσαι, ne sont, dans le fait, rien de plus qu'un équivalent de l'expression précédente : *Dans cette nuit,* ἐν ταύτῃ τῇ νυκτί; car *le chant du coq,* ἀλεκτοροφωνία, était la dernière veille de la nuit avant le matin (comparez Marc, 13, 35) (1); ce mot: *Vous renierez,* ἀπαρνήσῃ, pourrait être une expression plus précise, suggérée par l'événement, en place de : *Vous serez scandalisé,* σκανδαλισθήσῃ, ou autre semblable (comparez Luc, 22, 31 seq.); et l'on pourrait aussi conjecturer quelque chose de semblable au sujet des *trois fois,* τρίς. Mais, à l'égard de ce dernier mot, nous verrons, en examinant l'histoire du reniement, qu'il a plutôt l'air d'avoir été mis de la prédiction dans l'événement, que *vice versâ,* à en juger du moins par les efforts que font les évangélistes, chacun à sa manière, pour remplir le nombre trois donné. Si donc le nombre trois provient réellement de Jésus, il n'entendait vraisemblablement par là, comme dans le discours de la reconstruction du Temple, qu'un nombre rond, qui fut pris par les apôtres pour un nombre précis, soit immédiatement, soit plus tard. Il est encore possible que Jésus n'ait pas parlé avec plus de précision de reniement; peut-être s'en est-il exprimé comme dans Luc, 12, 9; en tout cas, nous ne sommes pas autorisés à attribuer à la simple expression des trois autres évangélistes : *Vous me renierez,* ἀπαρνήσῃ με, d'après le sens primitif que ce mot comporte, toute la précision qu'y donne Luc, en disant : *Vous nierez par trois fois que vous me connaissiez,* τρὶς ἀπαρνήσῃ μὴ εἰδέναι με; précision qui, sans doute cependant, était déjà dans l'idée des autres évangélistes.

En connexion avec ces prédictions, il est dit que Jésus

---

(1) Voyez Lightfoot, Paulus et De Wette, sur le passage de Matthieu.

annonça aussi aux autres apôtres que, dans la nuit fatale qui allait venir, tous perdraient leur foi en lui, l'abandonneraient et se disperseraient (Matth., 26, 31 et parallèles; comparez Joh., 16, 36); tout cela, d'après ce qui précède, n'est sujet à aucune objection décisive, quoique se trouvant rattaché à une prédiction de la résurrection (verset 32), prédiction que d'après des recherches antécédentes nous ne pouvons reconnaître comme historique. Remarquons toutefois que, Jésus y désignant la Galilée comme le lieu où les siens se réuniraient de nouveau, cette désignation mérite considération (1).

§ CXXII.

Établissement de la cène.

D'après le récit des trois premiers évangélistes, avec lesquels l'apôtre Paul est aussi d'accord (1. Cor., 11, 23 seq.), c'est dans le dernier repas que Jésus, chargé, d'après la coutume de la fête de Pâques (2), comme chef de famille, de donner à ses disciples le pain azyme et le vin, rattacha cette distribution à sa mort prochaine. Pendant le repas, il prit un pain, le rompit après avoir dit la prière de grâce, et le donna à ses disciples, en disant : *Ceci est mon corps*, τοῦτό ἐστι τὸ σῶμά μου; à quoi Luc et Paul ajoutent : *donné* ou *rompu pour vous*, τὸ ὑπὲρ ὑμῶν διδόμενον ou κλώμενον. Aussitôt après (suivant Luc et Paul, plus tard, après le repas), il leur présente une coupe pleine de vin, avec ces paroles : *Ceci est mon sang, le sang de la nouvelle alliance*, τοῦτό ἐστι τὸ αἷμά μου, τὸ τῆς καινῆς διαθήκης, ou, d'après Luc et Paul, *la nouvelle alliance est mon sang qui est répandu pour beaucoup* (Paul), *pour vous*

---

(1) Comparez Weisse, l. c., S. 609 f. et Paulus, *Exeg. Handb.*, 3, b, S. 511 ff.
(2) Sur cette coutume, comparez surtout Lightfoot, *Horæ*, p. 474 seq.

(Luc), ἡ καινὴ διαθήκη ἐν τῷ αἵματί μου, τὸ περὶ πολλῶν, ou ὑπὲρ ὑμῶν, ἐκχυνόμενον; à quoi Matthieu ajoute encore : *Pour la rémission des péchés*, εἰς ἄφεσιν ἁμαρτιῶν. Paul et Luc ajoutent, lors de la distribution du pain, ces mots : *Faites ceci en mémoire de moi*, τοῦτο ποιεῖτε εἰς τὴν ἐμὴν ἀνάμνησιν ; et, lors de la distribution du vin, Paul ajoute : *Faites ceci, toutes les fois que vous boirez, en mémoire de moi*, τοῦτο ποιεῖτε, ὁσάκις ἂν πίνητε, εἰς τὴν ἐμὴν ἀνάμνησιν.

Les confessions chrétiennes ont débattu la question de savoir si ces mots signifient une transformation du pain et du vin dans le corps et le sang du Christ, ou une existence du corps et du sang du Christ avec et sous les éléments du pain et du vin, ou enfin s'ils expriment que le pain et le vin désignent le corps et le sang du Christ. Cette controverse mérite la qualification de vieillie; et, dans l'exégèse, du moins, il ne faudrait plus la poursuivre, parce qu'elle repose sur une disjonction inexacte. Ce n'est qu'en passant dans l'esprit plus abstrait de l'Occident et des temps modernes, que l'idée que l'ancien homme de l'Orient se faisait de ces mots : *Cela est*, τοῦτό ἐστι, s'est partagée en ces différentes possibilités de signification; mais, si nous voulons reproduire en nous la pensée primitive qui dicta cette expression, nous ne devons pas la scinder de cette manière. Dira-t-on que les mots en question signifient la transformation? cela est trop précis. Les prendra-t-on dans le sens d'une existence *cum et sub specie*, etc.? cela est trop artificiel. Traduira-t-on : Cela signifie? on a une pensée trop restreinte et trop timide. Pour les rédacteurs de nos évangiles, le pain de la cène *était* le corps du Christ. Mais si on leur avait demandé : Le pain est-il aussi changé? ils auraient répondu que non. Si on leur avait parlé de manger le corps avec et sous l'espèce du pain, ils n'auraient pas compris. Si l'on avait conclu qu'en conséquence le pain désignait seulement le corps, ils ne se seraient pas trouvés satisfaits.

Ce n'est donc pas la peine de discuter davantage; il vaut mieux s'attacher à quelques autres questions qui peuvent intéresser, et qui se rapportent à des divergences entre les récits. D'après toutes les relations, Jésus représente son sang comme le sang de la nouvelle alliance, qui sera répandu pour le profit des siens (de beaucoup) : ainsi il représente sa mort violente comme un sacrifice d'alliance, comme une image suprême des sacrifices sanglants d'animaux par lesquels l'ancienne alliance mosaïque de Jehovah avec le peuple d'Israël fut autrefois confirmée (2. Mos., 24, 6 seq.). A cette désignation, Matthieu ajoute encore les mots : *Pour la remise des péchés*, εἰς ἄφεσιν ἁμαρτιῶν; ce qui, à l'idée du sacrifice d'alliance, ajoute, touchant la mort de Jésus, l'idée plus étendue de sacrifice d'expiation. La différence de nature de ces deux idées a excité des doutes critiques contre cette addition, d'autant plus que le premier évangile est le seul qui en fasse mention (1). Cependant les deux idées ne sont pas incompatibles : on les voit marcher parallèlement dans l'Épître aux Hébreux (9, 15); on ne peut donc pas prononcer un jugement décisif (2).

Autre question : Jésus a-t-il fait à ses disciples cette distribution si spéciale et si significative de pain et de vin comme un acte d'adieu seulement, ou bien l'a-t-il faite avec l'intention que, même après sa mort, ses partisans la célébrassent en mémoire de lui? Si nous n'avions que les récits des deux premiers évangélistes, il n'y aurait aucun motif décisif pour l'admission de la dernière opinion; et cela est avoué, même par des théologiens orthodoxes (3). Mais

---

(1) Schulz, *Die christliche Lehre vom Abendmahl*, S. 271 ff.; Credner, *Einl.*, 1, S. 199.

(2) Voyez plus haut, § cx, p. 335 et 336. Comparez De Wette, *Exeg.* Handb., 1, 1, S. 222, f. Neander, L. J. Chr., S. 589 f. Anm.

(3) Süskind, dans le mémoire : *Jésus a-t-il fondé la cène comme un rite commémoratif?* dans son *Magazin*, 11, S. 1 ff.

ce qui paraît décisif, c'est l'addition qu'ont Paul et Luc : *Faites cela en mémoire de moi,* τοῦτο ποιεῖτε εἰς τὴν ἐμὴν ἀνάμνησιν. Ces mots témoignent évidemment que Jésus avait l'intention de fonder un repas de commémoration que, d'après Paul, les chrétiens devaient célébrer *jusqu'à sa venue,* ἄχρις οὗ ἂν ἔλθῃ. Mais ce sont justement ces additions qui, dans ces derniers temps, ont fait penser qu'il se pourrait qu'elles ne provinssent pas originairement de Jésus; qu'il se pourrait que, lors de la célébration de la cène dans la première communauté chrétienne, le président, qui faisait la distribution, eût exhorté les membres à répéter ultérieurement ce repas en mémoire du Christ, et que cet ancien rituel des chrétiens eût fait ajouter les mots en question au discours de Jésus (1). Olshausen fait valoir l'autorité de l'apôtre Paul contre cette conjecture, mais il la fait valoir avec une exagération trop mystique pour être écouté. Suivant lui, Paul, en disant : *Je l'ai reçu du Seigneur,* παρέλαβον ἀπὸ τοῦ Κυρίου, exprime qu'il parle ici en vertu d'une révélation immédiate du Christ, et que même le Christ parle par sa bouche; mais, ainsi que Süskind l'a accordé, et que récemment Schulz l'a démontré de la manière la plus concluante (2), la locution παραλαμβάνειν ἀπό τινος peut signifier, non pas seulement *recevoir immédiatement de quelqu'un,* mais simplement aussi *recevoir médiatement* et conséquemment par tradition. Si Paul n'a pas reçu cette addition de Jésus lui-même, Süskind n'en croit pas moins pouvoir démontrer qu'elle a dû lui être communiquée, ou du moins confirmée par un apôtre, et il pense, à la manière de son école, être en état de tracer, par une série de divisions abstraites, des lignes sûres de démarcation par lesquelles il prétend empêcher toute légende non historique d'entrer dans ce morceau. Mais la rigoureuse authenticité,

(1) Paulus, *Exeg. Handb.*, 3, b, S. 527.

(2) *Die Lehre vom Abendmahl.* S. 217 ff.

qui est le propre de notre temps, ne doit pas être espérée d'une société religieuse naissante, dont les parties, éloignées les unes des autres, n'ayant encore aucune connexion régulière, étaient réduites, la plupart du temps, à de simples communications orales. On ne doit pas non plus, pour soutenir que les mots : *Faites cela en mémoire de moi*, sont une addition postérieure aux paroles de Jésus, ou arguer de raisons fausses, par exemple, que, en se fondant à lui-même une fête commémorative, Jésus aurait fait violence à son humilité (1), ou élever trop haut le silence des deux premiers évangélistes par opposition au témoignage de l'apôtre Paul.

Peut-être ce point se décidera-t-il avec une autre question, à savoir comment Jésus en est venu à faire à ses apôtres cette distribution spéciale et significative de pain et de vin. L'opinion orthodoxe, considérant la personne de Jésus comme une personne divine, cherche, autant que possible, à en écarter toute contingence et particulièrement toute formation successive ou soudaine de plans et de desseins qui n'y auraient pas existé antérieurement. En conséquence, suivant elle, avec la prescience de son destin et de son plan entier, résidait en Jésus, de tout temps, le projet de fonder la cène, et de la fonder avec le caractère d'une fête commémorative pour son église ; et dans ce sens, pour montrer que Jésus avait songé à la cène dès un an auparavant, on peut invoquer les allusions, relatives à ce rite, que le quatrième évangile prête à Jésus dans le sixième chapitre.

Sans doute cet appui n'est pas sûr ; car, d'après les recherches faites plus haut, ces allusions, absolument inintelligibles avant la fondation de la cène, ne peuvent pas provenir de Jésus lui-même, elles ne proviennent que de l'évangéliste (2). De plus, en supposant que, de tout temps

---

(1) Kaiser, *Bibl. Theologie*, 2, a, S. 89. Stephani, *Das h. Abendmahl*, S. 61.

(2) T. 1, § LXXX.

ou du moins depuis le commencement de l'âge mûr, tout en Jésus était déterminé et prévu, on semble anéantir la vérité de la nature humaine en lui. Aussi le rationalisme, prenant le contre-pied, soutient que Jésus n'a pas conçu, avant la soirée dont il s'agit, la pensée de l'acte et du discours symboliques qui constituent la cène. D'après ces auteurs, Jésus, à l'aspect du pain rompu et du vin versé, fut saisi d'un pressentiment de sa mort prochaine et violente ; il vit dans le pain une image de son corps qui allait être crucifié, dans le vin une image de son sang qui allait être versé ; et il exprima en présence de ses apôtres cette impression instantanée (1). Une impression aussi funèbre ne put naître en Jésus qu'autant que sa mort violente lui parut tout à fait prochaine. Il semble qu'il en fut convaincu lors de ce repas avec la plus grande précision, puisque, d'après les récits des trois synoptiques, il assura à ses apôtres qu'il ne goûterait plus du fruit de la treille jusqu'à ce qu'il en goûtât de nouveau dans le royaume de son père. Comme il n'y a aucune raison de penser à un serment d'abstinence, il s'ensuivrait qu'il aurait prévu sa fin pour le terme le plus prochain. Mais, dans Luc, avant de donner cette assurance au sujet du vin, Jésus déclare qu'il ne mangera plus la pâque jusqu'à l'accomplissement dans le royaume de Dieu. On pourrait donc penser qu'originairement, les mots : *Fruit de la vigne*, γέννημα τῆς ἀμπέλου, auraient signifié non le vin en général, mais en particulier le breuvage de la fête de Pâques ; opinion qui est encore appuyée par la phrase de Matthieu, qui dit, non le fruit de la vigne, mais *ce fruit de la vigne*, τούτου τοῦ γεννήματος. Jésus, se rattachant aux idées de son temps, a plus d'une fois parlé de repas dans le royaume messianique ; et il se pourrait qu'il eût parlé aussi d'une fête pascale et d'un breuvage pascal, toutefois dans le sens spirituel de Luc, 20, 36. Or, s'il assure qu'il prendra le repas pascal

---

(1) Paulus, l. c., S. 549 ff.; Kaiser, l. c., S. 37 ff.

non plus dans ce siècle, mais dans le siècle futur, cela ne signifierait plus, comme s'il parlait en général de boire et de manger, qu'il doit périr avant peu de jours; mais cela signifierait seulement qu'avant le laps d'une année le séjour dans ce monde anté-messianique aura pris fin pour lui.

Cependant, si Jésus prévoyait que, justement dans la nuit qui allait suivre, ses ennemis chercheraient, avec l'aide de Judas, à s'emparer de sa personne, et s'il n'était résolu ni à résister à cette attaque par la force ouverte, ni à s'y dérober par la fuite, il put, avec la connaissance qu'il avait des personnes et des choses, être saisi du pressentiment que, dans un terme très court, tout ce qu'il avait prévu depuis longtemps comme sa fin inévitable allait s'accomplir coup sur coup. De ce point de vue, il paraît également possible, et qu'inspiré par le moment solennel de la dernière pâque qu'il célébrait avec ses apôtres, il leur ait présenté le pain et le vin comme des symboles de son corps qui allait être tué, de son sang qui allait être versé, et que depuis quelque temps il eût conçu la pensée de laisser à ses adhérents ce repas commémoratif, cas auquel il pourrait fort bien avoir prononcé les paroles conservées par Paul et Luc.

TROISIÈME CHAPITRE.

RETRAITE SUR LE MONT DES OLIVIERS ; ARRESTATION, INTERROGATOIRE, CONDAMNATION ET CRUCIFIEMENT DE JÉSUS.

§ CXXIII.

Angoisses de Jésus dans le jardin.

D'après le récit des synoptiques, Jésus, aussitôt après avoir terminé le repas et chanté le cantique, se rendit, attendu que durant cette fête il avait l'habitude de passer la nuit hors de Jérusalem (Matth., 21, 17 ; Luc, 22, 39), à la montagne des Oliviers, dans un *lieu*, χωρίον (un *jardin*, κῆπος, d'après Jean), appelé Gethsemane (Matth., 26, 30. 36, et parall.). Jean, en remarquant expressément qu'il traversa le ruisseau du Cédron, ne le fait s'y rendre qu'après une longue suite de discours d'adieu (chap. 14-17), sur lesquels nous aurons à revenir plus tard. Tandis que Jean rattache immédiatement l'arrestation de Jésus à son arrivée dans le jardin, les synoptiques intercalent la scène que l'on a coutume de désigner comme l'angoisse de Jésus.

Leurs récits là-dessus ne sont pas concordants. D'après Matthieu et Marc, Jésus, ordonnant aux autres apôtres de rester en arrière, prend avec lui ses trois plus intimes disciples, Pierre et les deux fils de Zébédée ; il est saisi d'anxiété et d'hésitation ; il déclare aux trois qu'il est triste jusqu'à la mort, et en les exhortant à rester éveillés, il se sépare aussi d'eux, afin de prier pour lui-même ; dans cette prière, la face penchée vers la terre, il demande que le calice de souffrance soit détourné de ses lèvres, s'en remettant du reste pour toutes choses à la volonté de son père. Revenu près des apôtres, il les trouve endormis, et les exhorte de nouveau à la vigilance; il s'éloigne encore une fois, répète la prière précédente, et retrouve de nouveau ses disciples endormis. Pour la troisième fois, il s'éloigne afin de renouveler la prière, et revenant il trouve pour la troisième fois les apôtres dormants, mais alors il les éveille afin d'aller au-devant du traître qui s'approche. Luc ne dit pas un mot des deux nombres trois qui jouent un rôle dans le récit des deux premiers évangélistes, mais, d'après lui, Jésus, après avoir exhorté les apôtres à la vigilance, s'éloigne d'eux tous, environ à la distance où un homme peut jeter une pierre, et, agenouillé, il prie seulement une fois, il est vrai, mais presque dans les mêmes termes que ceux qui lui sont attribués par les deux autres évangélistes, puis il revient auprès des apôtres et les réveille parce que Judas s'approche avec la troupe. En place, Luc, dans la seule scène de prière dont il parle, a deux circonstances qui sont étrangères aux autres narrateurs, à savoir que pendant la prière, immédiatement avant le début de l'angoisse extrême, un ange apparut pour fortifier Jésus, et que pendant l'*agonie*, ἀγωνία, Jésus versa une sueur semblable à des gouttes de sang qui tombent à terre.

De tout temps, cette scène de Gethsemane a excité des récriminations, parce que Jésus y paraît montrer une faiblesse, une crainte de la mort que l'on pourrait trouver peu convenables en lui. Un Celse, un Julien, se rappelant sans doute les grands modèles d'un Socrate expirant et d'autres sages païens, ont insulté aux hésitations de Jésus en présence de la mort (1); un Vanini a hardiment placé au-dessus de

---

(1) Orig., *c. Cels.*, 2, 24 : « Colse dit : Pourquoi donc gémit-il, se plaint-il, et souhaite-t-il d'échapper à la crainte de la mort, en disant, etc. : Λέγει (ὁ Κέλσος)· τί οὖν ποτνιᾶται, καὶ ὀδύρεται, καὶ τὸν τοῦ ὀλέθρου φόβον εὔχεται παραδραμεῖν, λέγων κτλ. » Julien, dans un fragment de Théodore de Mopsueste (Münter, *Fragm. Path. Græc. Fasc.*, 1, p. 121) : « Mais Jésus, dit-il, fait des prières que

la conduite de Jésus la sienne propre aux approches du supplice (1); et, dans l'évangile de Nicodème, Satan conclut de cette scène que le Christ a été un simple mortel (2). Cet évangile apocryphe dit, il est vrai, que l'affliction de Jésus ne fut qu'une feinte pour enhardir le diable à entrer en lutte avec lui (3); mais c'est là une raison évasive qui témoigne seulement que l'auteur de ce livre ne peut pas admettre en Jésus une véritable affliction de cette espèce. En conséquence, on a invoqué la distinction des deux natures dans le Christ, et l'on a attribué l'affliction et la prière d'écarter le *calice*, ποτήριον, à la nature humaine, et à la nature divine la soumission à *la volonté*, θέλημα, du père (4). Mais d'une part cela semble mettre une division inadmissible dans l'être de Jésus; d'autre part il semble peu convenable qu'il ait tremblé, ne fût-ce que dans sa nature humaine, devant les souffrances corporelles qui l'attendaient. Par ces raisons, on a donné à son anxiété une direction spirituelle, et l'on en a fait une anxiété sympathique qui lui était inspirée par le crime de Judas, par le danger qui menaçait ses apôtres, et par le destin qui était réservé à son peuple (5). Cet effort pour purifier la douleur de Jésus de tout mélange des sens et de toute relation à sa propre personne, a atteint son plus

---

pourrait faire un homme misérable, hors d'état de supporter courageusement le malheur, et, lui qui est Dieu, il est fortifié par un ange, ἀλλὰ καὶ τοιαῦτα προσεύχεται, φησίν, ὁ Ἰησοῦς, οἷα ἄθλιος ἄνθρωπος, συμφορὰν φέρειν εὐκόλως οὐ δυνάμενος, καὶ ὑπ' ἀγγέλου, θεὸς ὤν, ἐνισχύεται. »

(1) Gramond., *Hist. Gall. ab exc. Henr. IV*, L. 3, p. 211 : « Lucilius Vanini... dum in patibulum trahitur... Christo illudit in hæc eadem verba : Illi in extremis præ timore imbellis sudor; ego imperterritus morior. »

(2) *Evang. Nicod.*, c. 20, dans Thilo, 1, p. 702 seq. : « Car je sais que c'est un homme, et je lui ai entendu dire : Mon âme est triste jusqu'à la mort, ἐγὼ γὰρ οἶδα, ὅτι ἄνθρωπός ἐστι, καὶ ἤκουσα αὐτοῦ λέγοντος· ὅτι περίλυπός ἐστιν ἡ ψυχή μου ἕως θανάτου. »

(3) *Ibid.*, p. 706, Hades répond à Satan : « Si tu dis que tu l'as entendu craignant la mort, il disait cela en se jouant de toi et en riant, afin de te saisir dans sa main puissante. εἰ δὲ λέγεις, ὅτι ἤκουσας αὐτοῦ φοβουμένου τὸν θάνατον, παίζων σε καὶ γελῶν ἔφη τοῦτο, θέλων, ἵνα σε ἁρπάσῃ ἐν χειρὶ δυνατῇ. »

(4) C'est ce que dit déjà Origène, c. *Cels.* 2, 25.

(5) Hieron., *Comm. in Matth.* sur ce passage : Contristabatur non timore patiendi, qui ad hoc venerat ut pateretur, sed propter infelicissimum Judam, et scandalum omnium apostolorum, et rejectionem populi Judæorum, et eversionem miseræ Hierusalem.

haut point dans l'opinion de l'Église, qui professe que Jésus eut alors le sentiment de la coulpe de l'humanité entière, et éprouva, en place des pécheurs, tout le courroux de Dieu (1). Et même quelques uns ajoutent que le diable en personne lutta avec Jésus (2).

Le fait est que le texte ne dit rien d'une pareille cause de l'angoisse de Jésus. Loin de là, ici, comme ailleurs (Matth., 20, 22, seq. et parall.), il faut entendre par *le calice*, ποτήριον, que Jésus demande à Dieu d'écarter de ses lèvres, sa propre souffrance et sa mort. En même temps cette opinion de l'Église est fondée sur une idée non biblique de la substitution. Sans doute la souffrance de Jésus est, dans l'esprit même des synoptiques, une souffrance substituée pour les péchés de plusieurs ; mais, d'après eux, la substitution ne consiste pas en ceci, que Jésus aurait à ressentir d'une manière non immédiate ces péchés et la souffrance que l'humanité mérite pour ces péchés ; elle consiste en ceci, qu'une souffrance personnelle, immédiate, lui a été imposée pour ces péchés, et pour la rémission de la peine qui y est attachée. Ainsi, de même que sur la croix ce n'étaient pas directement les péchés du monde et la colère de Dieu qui lui causaient de la douleur, mais c'étaient les blessures qui lui avaient été infligées, et toute sa position déplorable dans laquelle, à la vérité, il ne se trouvait que pour l'expiation de l'humanité ; de même, dans l'esprit des évangélistes, ce n'était pas, à Gethsemane, le sentiment immédiat de la misère de l'humanité, c'était l'avant-goût de sa propre souffrance, acceptée sans doute au lieu et place de l'humanité, qui le plongeait dans l'angoisse.

L'opinion que l'Église se fait de l'agonie de Jésus,

(1) Calvin, *Comm. in harm. evangg.*, sur Matthieu, 26, 37 : Non... mortem horruit simpliciter, quatenus transitus est e mundo, sed quia formidabile Dei tribunal illi erat ante oculos, judex ipse incomprehensibili vindicta armatus, peccata vero nostra, quorum onus illi erat impositum, sua ingenti mole eum premebant. Comparez Luther, *Hauspotille, Die erste Passionspredigt.*

(2) Lightfoot, p. 884 seq.

n'ayant pas été jugée tenable, on est retombé, en des temps plus modernes, dans un grossier matérialisme. Désespérant de justifier moralement la disposition où il s'était trouvé, on en a fait une indisposition physique, et l'on a dit qu'à Gethsemane Jésus s'était trouvé incommodé (1). Paulus, avec une rigueur qu'il aurait dû seulement employer plus soigneusement contre ses propres explications, déclare que cette opinion est un travestissement inconvenant du texte ; toutefois il ne trouve pas invraisemblable l'hypothèse de Heumann, qui prétend qu'à la douleur interne se joignit du moins un refroidissement corporel que Jésus gagna dans la vallée traversée par le Cédron (2). D'un autre côté, on a cherché à parer la scène des ornements de la sensibilité moderne, et l'on a considéré le sentiment d'amitié, la douleur de séparation, les pensées d'adieu, comme les émotions qui déchirèrent si cruellement l'âme de Jésus (3) ; ou bien on a supposé un mélange confus de tout cela, d'une douleur personnelle et sympathique, d'une souffrance corporelle et spirituelle (4). Les mots : *Que ce calice passe loin de moi, s'il est possible,* εἰ δυνατόν ἐστι, παρελθέτω τὸ ποτήριον, sont interprétés par Paulus comme exprimant une anxiété purement morale de Jésus, inquiet de savoir si c'était réellement la volonté de Dieu qu'il s'abandonnât aux ennemis qui allaient l'attaquer, ou s'il ne lui plairait pas davantage qu'il échappât encore à ce péril. Cet auteur transforme en une simple question adressée à Dieu ce qui est évidemment la plus pressante des prières.

Tandis que Olshausen se rejette au point de vue de l'Église et décrète souverainement que l'opinion qui attribue l'angoisse de Jésus à une souffrance externe et corporelle, doit être repoussée comme anéantissant l'essence même

---

(1) Thiess, *Krit. Comm.*, S. 418 ff.
(2) L. c., S. 549, 554 seq. Anm.
(3) Schuster, *Zur Erläuterung des N. T.*, dans *Eichhorn's Biblioth.*, S. 9, 1012 ff.
(4) Hess, *Geschichte Jesu*, 2, S. 322 ff ; Kuinoel, *in Matth.*, p. 719.

de son apparition sur la terre, d'autres ont reconnu avec plus de justesse qu'ici se montre le désir instinctif d'être soustrait aux horreurs de la souffrance prochaine et le frissonnement de la nature corporelle en présence de sa destruction (1). Au reste, contre le reproche qui en devrait résulter pour Jésus, on a observé, avec raison, que le triomphe remporté rapidement sur la résistance des sens écarte même toute apparence de péché (2); que d'ailleurs le tremblement de la nature sensible devant sa destruction appartient aux phénomènes essentiels de la vie (3), que même, plus la nature humaine est pure dans un individu, plus elle ressent vivement la douleur et la destruction (4); que le sentiment pénétrant de la souffrance vaincue est plus noble qu'une insensibilité stoïque ou même socratique (5).

La critique, avec plus de fondement, a attaqué la narration particulière au troisième évangile. L'ange qui fortifie a donné beaucoup à faire, à l'ancienne Église par des motifs dogmatiques, à l'exégèse moderne par des motifs critiques. Une ancienne scholie, considérant *que celui qui était adoré et glorifié avec crainte et tremblement par toute puissance sous le ciel, n'avait pas besoin de la force de l'ange*, ὅτι τῆς ἰσχύος τοῦ ἀγγέλου οὐκ ἐπεδέετο ὁ ὑπὸ πάσης ἐπουρανίου δυνάμεως φόβῳ καὶ τρόμῳ προσκυνούμενος καὶ δοξαζόμενος, dit que verbe, ἐνισχύων, qui est ici attribué à l'ange, signifie *déclarer fort;* cette apparition serait donc une glorification ou doxologie (6). D'autres, plutôt que de permettre que Jésus ait eu besoin d'être fortifié par un ange, font de *l'ange qui fortifie,* ἄγγελος ἐνισχύων, un mauvais ange qui voulait employer la violence contre Jésus (7). Tandis que les orthodoxes ont depuis longtemps

(1) Ullmann, *Sur l'impeccabilité de Jésus,* dans ses : *Studien,* 1, 8. 64; Hasert, *ib.,* 3, 4, 8. 66 ff.
(2) Ullmann, l. c.
(3) Hasert, l. c.
(4) Luther, *Sermon sur la passion du Christ dans le jardin.*
(5) Ambros., in Luc., t. 10, 56.
(6) Dans Matthæi, *N. T.,* p 447.
(7) Lightfoot, l. c.

émoussé l'aiguillon de la difficulté dogmatique en distinguant dans le Christ l'état d'humiliation et de renoncement et l'état d'élévation, ou de toute autre manière semblable, les difficultés critiques n'en ont surgi qu'avec plus de force. En raison du soupçon qui, de tout temps, ainsi que cela a été remarqué plus haut, s'est attaché aux prétendues angélophanies, on a voulu trouver, dans l'ange qui apparaît ici, tantôt un homme (1), tantôt une image du calme que Jésus avait recouvré (2). Mais le vrai côté par où la critique devait attaquer l'apparition de l'ange, était indiqué par une circonstance particulière, c'est que Luc est le seul qui nous en parle (3). Si, conformément à la supposition ordinaire, le premier et le quatrième évangiles sont d'origine apostolique, pourquoi Matthieu, qui du moins était dans le jardin, garde-t-il le silence sur l'ange ? Pourquoi surtout Jean se tait-il, lui qui se trouvait parmi les trois dans le voisinage de Jésus ? Dira-t-on qu'accablés du sommeil comme ils l'étaient, à une certaine distance dans tous les cas, et de plus pendant la nuit, ils n'aperçurent pas l'ange ? mais alors où Luc a-t-il pris la connaissance qu'il en a (4) ? Dira-t-on, que, les apôtres n'ayant pas vu eux-mêmes cette apparition, Jésus leur en a parlé dans la nuit même ? Cela est peu vraisemblable, à cause de la préoccupation qui s'était emparée des esprits pendant ce peu d'heures, et à cause de l'approche de Judas, qui suivit immédiatement le retour de Jésus auprès de ses apôtres ; il ne l'est pas non plus qu'il les ait informés de cette apparition durant les jours de la résurrection, ni que le fait de l'apparition ait été jugé digne de mémoire par le seul troisième évangéliste, auquel, dans tous les cas, il n'arriva que par des intermédiaires. Ainsi tout se

---

(1) Venturini, 3, 677, et probablement Paulus aussi, p. 564.

(2) Eichhorn, *Allg. Bibl.*, 1, S. 628; Thiess, z. d. St.

(3) Comparez là-dessus et sur ce qui suit, Gabler, dans: *Neuest. theol. Journal*, 1, 2, S. 109 ff., 3, 3, 217 ff.

(4) Comparez Julien, dans *Theod. de Mops.*, in : Münter, *Fragm. Patr.*, 4, p. 121 seq.

réunit contre le caractère historique de l'apparition angélique. Pourquoi n'y verrions-nous pas un mythe comme dans toutes les apparitions de ce genre que le cours de l'histoire de Jésus, et entre autres l'histoire de son enfance, nous a présentées? Déjà Gabler a émis l'opinion que, dans la plus ancienne société chrétienne, on put expliquer le passage rapide de l'émotion la plus violente à la résignation la plus calme, qui se remarqua en Jésus pendant cette nuit, par l'intervention d'un ange fortifiant, conformément à la manière de voir des Juifs, et que cette explication put être mêlée au récit. Pour Schleiermacher, ce qu'il juge le plus vraisemblable, c'est que de bonne heure, pour célébrer ces moments représentés par Jésus lui-même comme difficiles, on composa des hymnes où figuraient des apparitions angéliques, et que le rédacteur du troisième évangile prit dans le sens historique ce qui n'avait primitivement qu'une intention poétique (1).

La sueur sanglante, autre circonstance dont Luc fait seul mention, a suscité de bonne heure autant de difficultés que le renfort apporté par l'ange. Du moins, c'est surtout pour cela sans doute, que, dans plusieurs anciennes copies des évangiles, a été omis tout ce que Luc dit dans les versets 43 et 44. Si les orthodoxes qui, d'après Épiphane (2), effaçaient ce passage, paraissent principalement avoir craint le profond degré d'anxiété qui se manifeste dans la sueur sanglante, les personnes qui, parmi ceux qui ne lisaient pas ces deux versets, appartenaient au docétisme (3), ont pu n'avoir horreur que de la sueur même. Tandis que ce furent, dans les temps passés, des considérations dogmatiques qui suscitèrent des doutes contre la convenance de la sueur sanglante de Jésus, ce sont, dans les temps modernes,

---

(1) *Ueber den Lukas*, S. 288. Comparez De Wette, sur ce passage, et Theile, *Zur Biographie Jesu*, § 32. Neander aussi, par son silence, paraît vouloir sacrifier cette particularité et la suivante.
(2) *Ancoratus*, 31.
(3) Voyez dans Wetstein, S. 807.

des raisons physiologiques qui en ont fait contester la possibilité. A la vérité, en faveur de l'existence des sueurs sanglantes, on cite des autorités, depuis Aristote (1) jusqu'aux naturalistes modernes (2); mais un pareil phénomène ne se trouve toujours au plus que comme un cas extrêmement rare, et comme le symptôme de maladies déterminées. En conséquence, Paulus appelle l'attention sur la particule *comme*, ὡσεί, qui montre qu'il s'agit ici, non pas précisément d'une sueur de sang, mais seulement d'une sueur comparable à du sang; il prétend que cette comparaison indique la formation de grosses gouttes de sueur, et Olshausen aussi accède à cette explication, au point de dire que la comparaison n'entraîne pas nécessairement la coloration en rouge de la sueur. Mais, dans un récit destiné à offrir un prélude de la mort sanglante de Jésus, ce qui restera toujours le plus naturel, ce sera d'entendre la comparaison de la sueur avec des gouttes de sang dans l'étendue du sens qu'elle comporte. En outre, ici revient, et avec plus de force que pour l'apparition angélique, la question de savoir comment Luc a eu connaissance de ce fait; ou, pour omettre toutes les questions qui ont ici la même forme que plus haut, comment les apôtres, à distance et pendant la nuit, ont-ils pu remarquer que des gouttes sanglantes tombaient du corps de Jésus? A la vérité, Paulus prétend que la sueur ne tomba pas; que le participe *tombant*, καταβαίνοντες, se rapporte, non à *sueur*, ἱδρώς, mais au terme de la comparaison, qui est *gouttes de sang*, θρόμβοι αἵματος; et qu'ainsi l'évangile a voulu seulement dire que le front de Jésus fut couvert d'une sueur aussi épaisse et aussi lourde que des gouttes de sang qui tombent. Mais, soit que l'on dise: *La sueur tomba à terre comme des gouttes de sang*, ou: *La sueur était comme des gouttes de sang tombant à terre*, cela revient à

---

(1) *De part. anim.*, 3, 45.
(2) Voyez, dans Michaelis, la remarque sur ce passage, et Kuinoel, *in Luc.*, p. 694 seq.

peu près au même. Dans tous les cas, la comparaison d'une sueur arrêtée sur le front avec du sang dégouttant à terre, serait malhabile, surtout s'il fallait encore exclure de la comparaison la couleur du sang outre la chute à terre, et, si parmi les mots : *comme des gouttes de sang tombant à terre*, ὡσεὶ θρόμβοι αἵματος καταβαίνοντες εἰς τὴν γῆν, il n'y avait que les mots : *comme des gouttes*, ὡσεὶ θρόμβοι, qui eussent un sens précis. Prenons donc, puisque nous ne pouvons comprendre ni imaginer d'où le rédacteur du troisième évangile aurait eu une connaissance du fait, prenons donc avec Schleiermacher ce trait comme un trait poétique, dans lequel l'évangéliste a vu un fait historique, ou plutôt comme un trait mythique dont l'origine est facile à expliquer : en effet, l'angoisse dans le jardin étant le prélude de la souffrance de Jésus sur la croix, on se sentit invité à en compléter le tableau, en représentant non seulement la phase psychologique de cette passion dans l'affliction, mais encore la phase physique dans la sueur de sang.

En face de ces particularités qui se trouvent dans Luc seul, les deux autres synoptiques ont en propre, comme cela a été dit, un double nombre trois, c'est-à-dire les trois apôtres qui vont avec Jésus et les trois fois où il s'éloigne pour prier. Si le premier trois ne suscite ici aucune difficulté spéciale, il n'en est pas de même du second, qui a quelque chose d'étrange. A la vérité, on a jugé ces allées et venues si inquiètes, ces éloignements et ces retours si rapidement alternatifs, tout à fait conformes à la disposition morale où Jésus se trouvait alors (1); de même on a regardé avec raison la répétition de la prière comme une gradation naturelle, comme une soumission de plus en plus complète à la volonté du père (2). Mais les deux narrateurs comptent les allées de Jésus; ils parlent d'une *seconde fois*, ἐκ δευτέρου,

---

(1) Paulus, l. c., S. 549.
(2) Theile, dans: *Winer's und Engel-hardt's krit. Journal*, 2, S. 353; Neuder, L. J. Chr., S. 616 f.

d'une *troisième fois*, ἐκ τρίτου : cela prouve qu'ils ont attaché un intérêt tout particulier à ce nombre trois. Matthieu, qui donne à la seconde prière une expression un peu différente de celle de la première, ne fait répéter à Jésus, lors de la troisième, que le *même discours*, τὸν αὐτὸν λόγον ; et Marc en fait autant dès la seconde prière. Cela prouve manifestement qu'ils étaient embarrassés pour remplir d'idées qui convinssent à la circonstance, leur nombre favori de trois prières. D'après Olshausen, Matthieu, qui divise cette lutte en trois actes, a raison contre Luc, par cela même que ces trois attaques faites contre Jésus à l'aide de la crainte, correspondent aux trois attaques faites contre lui à l'aide de la volupté dans l'histoire de la tentation. Ce parallèle est fondé ; seulement il conduit à une conclusion opposée à celle que Olshausen veut en tirer. Car, à ce point, laquelle des deux hypothèses est la plus vraisemblable, ou que, pour les deux cas, la triple répétition de l'attaque ait eu sa raison objective dans une loi cachée, régissant le royaume des esprits, et par conséquent doive être considérée comme réellement historique ; ou qu'elle n'ait eu qu'un motif purement subjectif dans la manière de la légende, et qu'ainsi la présence de ce nombre nous indique ici quelque élément mythique aussi sûrement que plus haut, lors de l'histoire de la tentation (1) ?

Donc, déduction faite de l'ange, de la sueur sanglante et du nombre précis de trois prières, qui seraient autant d'ornements mythiques, ce qui resterait provisoirement comme historique, c'est que, durant cette soirée passée dans le jardin, Jésus aurait été saisi d'une violente hésitation, et qu'il aurait supplié Dieu de détourner de lui la passion, tout en se remettant néanmoins à sa volonté. Cependant, quand on suppose entre nos évangiles le rapport que les

---

(1) Comparez Weisse, *Die evang. Geschichte*, 1, S. 611.

théologiens admettent couramment, il ne doit pas paraître peu surprenant que les traits même fondamentaux de l'histoire dont il s'agit manquent à l'évangile de Jean.

§ CXXIV.

Du quatrième évangile par rapport aux événements qui se passèrent à Gethsemane. Du discours d'adieu dans cet évangile, et de l'annonce de l'arrivée des Grecs.

Le rapport de l'évangile de Jean avec les narrations des synoptiques examinées jusqu'ici a deux faces : d'abord cet évangile ne dit pas un mot de ce que les autres racontent ; puis, en place, il a des choses difficilement conciliables avec le récit des synoptiques.

Quant au premier côté, au côté négatif, il faut, avec la supposition ordinaire sur le rédacteur du quatrième évangile et sur la vérité du récit des synoptiques, expliquer comment il se fait que Jean, qui, d'après les deux premiers évangélistes, a été un des trois que Jésus prit avec lui pour être témoins plus rapprochés de sa lutte, ait passé sous silence tous ces événements. Dira-t-on qu'il était endormi pendant ce temps? On ne le peut pas; car, si cela avait été un obstacle, tous les évangélistes, et non le seul Jean, auraient dû garder le silence. En conséquence, on invoque ici l'argument ordinaire, et l'on dit qu'il a omis cette scène, parce qu'il l'avait trouvée racontée déjà avec un soin suffisant par les synoptiques (1). Mais entre les deux premiers synoptiques et le troisième, il se trouve justement ici une divergence si considérable, qu'elle devait exciter Jean de la manière la plus pressante, s'il est vrai qu'il ait eu égard à leurs narrations, à dire sur cette dissidence quelques mots de conciliation. Jean, remarque-t-on, a pu supposer que cette histoire serait suffisamment connue de ses lecteurs,

---

(1) Olshausen, 2, S. 429.

sinon par les travaux de ses prédécesseurs qu'il avait sous les yeux, du moins par la tradition évangélique (1). Cependant, c'est de cette tradition que sont sorties les narrations des synoptiques, si divergentes entre elles; il faut donc qu'elle-même ait de bonne heure présenté des variations; il faut que la chose ait été racontée, tantôt d'une façon, tantôt d'une autre; par conséquent, le quatrième évangéliste a dû trouver là un motif pour rectifier par son autorité ces narrations chancelantes. Aussi, dans ces derniers temps, en est-on venu à une idée tout à fait particulière, c'est que Jean a omis les événements de Gethsemane pour ne pas favoriser, par la mention de l'ange fortifiant, l'opinion des Ébionites, qui pensaient que le principe supérieur dans le Christ avait été un ange qui s'était joint à lui lors du baptême, et qui, comme on pouvait le croire, s'en était séparé à l'approche de la passion (2). Mais, outre que nous avons trouvé cette hypothèse insuffisante ailleurs aussi pour expliquer les omissions du quatrième évangile, Jean devait, s'il tenait à éviter de placer en contact Jésus et des anges, omettre aussi d'autres passages de son évangile; il devait éviter surtout celui sur lequel Lücke appelle l'attention (3), et où il est parlé des anges qui descendent sur Jésus et qui remontent (1, 52); il devait aussi omettre la phrase où il est dit qu'*un ange lui parla*, ἄγγελος αὐτῷ λελάληκεν (12, 29), bien qu'à la vérité elle ne soit qu'une conjecture exprimée par quelques assistants. Dans tous les cas, si, par un motif quelconque, il trouvait une difficulté toute spéciale à parler de l'ange apparu dans le jardin, cela pouvait être une raison pour omettre, avec Matthieu et Marc, l'intervention de l'ange, mais non pour passer sous silence toute l'histoire, qui est facilement séparable de l'angélophanie.

(1) Lücke, 2, S. 594.
(2) Schneckenburger, *Beiträge*, S. 65 f.
(3) *Comm.*, 1, S. 177 f.

Si déjà on ne peut guère expliquer le silence de Jean sur les événements de Gethsemane, la difficulté augmente quand nous examinons ce qu'en place de cette scène dans le jardin, il rapporte sur la disposition morale de Jésus durant les dernières heures qui précédèrent son arrestation. A la vérité, Jean ne met rien au même moment que celui où les synoptiques placent l'angoisse, puisque, d'après lui, l'arrivée de Jésus dans le jardin fut suivie aussitôt de son arrestation; mais immédiatement auparavant, pendant et après le dernier repas, il rapporte des discours inspirés par une disposition qui ne peut guère avoir été suivie de scènes telles que celles qui, au dire des synoptiques, se passèrent dans le jardin. En effet, dans les discours d'adieu que rapporte Jean (chap. 14-17), Jésus parle tout à fait du ton d'un homme qui a déjà pleinement vaincu dans son âme la souffrance prochaine; d'un point de vue où la mort disparaît dans les rayons de la glorification qui la suit; dans une tranquillité divine pleine de sérénité, parce qu'elle est certaine de ne pouvoir être ébranlée. Comment, sans transition, cette tranquillité put-elle se perdre dans les émotions les plus violentes, cette sérénité se changer en une affliction mortelle, et comment put-il, après la victoire déjà remportée, retomber en cette lutte d'une issue incertaine où il eut besoin d'être fortifié par un ange? Dans les discours d'adieu, c'est toujours lui qui, dans la plénitude de sa lumière et de sa sécurité internes, tranquillise ses amis découragés; et maintenant c'est lui qui serait allé chercher auprès de ses disciples accablés de sommeil un appui spirituel en les priant de veiller avec lui. Dans les discours d'adieu, il est sûr des effets salutaires de sa mort prochaine, et il déclare qu'il est bon qu'il meure, qu'autrement le *paraclet*, παράκλητος, ne viendrait pas à eux; et maintenant dans le jardin il aurait de nouveau douté que sa mort fût réellement dans la volonté du Père. Dans ses discours, il montre un sentiment de soi par lequel, comprenant la nécessité de sa mort, il retrouve par là la liberté au sein de la nécessité même, de sorte que son vouloir de mourir ne fait qu'un avec la volonté divine qui lui impose la mort; dans le jardin, ces deux volontés se séparent tellement, que la volonté subjective, en se courbant librement sous la volonté absolue, ne se courbe cependant qu'avec douleur. Deux dispositions aussi opposées ne sont pas séparées par quelque événement effrayant survenu dans l'intervalle; elles ne le sont que par le court espace de temps qu'il a fallu pour sortir de Jérusalem, traverser le Cédron et arriver à la montagne des Oliviers; tout comme si Jésus avait perdu dans ce ruisseau, comme les âmes dans le Léthé, le souvenir des discours qu'il venait de prononcer et des sentiments qui venaient de l'animer.

On invoque, il est vrai, le changement des dispositions, qui naturellement devient d'autant plus rapide que l'instant décisif s'approche davantage (1). On fait observer que, dans la vie de personnages pieux, il arrive non rarement une soustraction soudaine des forces vitales supérieures, un délaissement de Dieu, et que c'est cela qui rend la victoire subséquente véritablement grande et admirable (2). Mais cette dernière opinion prend sa source, non dans la pensée pure, mais dans une pensée où intervient l'imagination, et à laquelle l'âme peut sembler un lac sujet à un flux et reflux suivant que les canaux afférents sont ouverts ou fermés; il est facile de s'en convaincre par les contradictions où elle s'embarrasse de toute part. Le triomphe du Christ sur la crainte de la mort, dit-on, ne reçoit sa vraie signification qu'autant que le Christ, même abandonné de Dieu et de la plénitude de son esprit, a été en état de triompher de toute la puissance des ténèbres par sa seule *âme* humaine, ψυχή, tandis qu'un Socrate, par exemple, ne pouvait triompher qu'en restant dans la possession de la plénitude de sa force spiri-

(1) Lücke, 2, S. 392 ff.   (2) Olshausen, 2, S. 429.

tuelle. N'est-ce pas là le pélagianisme le plus grossier, la contradiction la plus choquante contre la doctrine de l'Église comme contre toute saine philosophie, qui soutiennent également que sans Dieu l'homme ne peut rien faire de bien, capable seulement de repousser par son armure les traits du scélérat? Pour ne pas être en contradiction avec ces résultats auxquels le penseur véritable arrive, le penseur qui imagine est obligé de se mettre en contradiction avec lui-même; car il prétend désormais que l'ange fortifiant, lequel, par parenthèse, est transformé, contre toute signification des mots du texte, en une simple apparition intérieure qu'eut Jésus, apporta un secours de forces spirituelles à Jésus, luttant seul dans le délaissement le plus profond; ainsi Jésus aurait triomphé, non pas, comme on le disait bien haut tout à l'heure, sans, mais avec l'aide de forces divines, puisque, d'après Luc, l'ange apparut avant le dernier, le plus vif moment de la lutte, pour y préparer Jésus. Cependant, avant de se contredire soi-même aussi évidemment, on aime mieux contredire le texte d'une manière cachée : c'est ainsi qu'Olshausen dérange la disposition des membres du texte, admettant, sans autre argument, que l'ange est arrivé après la triple prière, par conséquent après la victoire déjà remportée. Cela le conduit à changer le sens de la phrase qui suit la mention de l'ange; cette phrase est : *Comme il était dans un grand combat, il se mit à prier avec plus d'ardeur*, καὶ γενόμενος ἐν ἀγωνίᾳ ἐκτενέστερον προσηύχετο; et avec le plus grand arbitraire il traduit *il s'était mis* au lieu de *il se mit*, le plus-que-parfait au lieu de l'aoriste.

Mais, quand bien même on laisserait de côté cette décoration qu'une imagination inspirée par les objets sensibles donne au motif prétendu qui produisit le prompt changement dans la disposition de Jésus, ce changement, en soi, n'en serait pas moins très difficile à admettre. En effet, ce qui se serait passé ici en Jésus, aurait été, non un simple changement, mais une rechute de l'espèce la plus grave. Dans la prière qui est connue sous le nom de prière du grand-prêtre (Joh., 17), Jésus avait complétement réglé son compte avec le Père; toute hésitation relative au sort qui l'attendait, était dès lors laissée derrière lui, tellement qu'il ne perdit pas une parole sur ses propres souffrances, et qu'il ne songea qu'aux maux qui menaçaient ses amis. Son entretien avec le Père roula sur la splendeur dans laquelle il espérait entrer aussitôt, et sur la félicité qu'il comptait avoir procurée aux siens; et dès lors pour lui, se rendre au lieu où il doit être arrêté, ce n'était plus qu'ajouter la condition accidentelle de la réalisation extérieure à ce qui était déjà accompli intérieurement et essentiellement. Or, si Jésus, après cette conclusion, avait rouvert encore une fois le compte avec Dieu; si, après s'être cru vainqueur, il était retombé encore une fois dans une lutte pleine d'angoisse, n'aurait-on pas été en droit de lui demander : Pourquoi, au lieu de te complaire dans de vaines espérances de la glorification, ne t'es-tu pas plutôt occupé à temps des sérieuses pensées de la souffrance imminente, afin de t'épargner par une pareille préparation la dangereuse surprise que l'approche allait t'en causer? Pourquoi, avant de combattre, as-tu crié victoire, pour ensuite, au moment du combat, demander du secours avec confusion? Dans le fait, après les discours d'adieu et surtout la prière finale où est exprimée la certitude de la victoire déjà remportée, c'eût été retomber d'une manière humiliante que de retomber dans une disposition telle que les synoptiques la décrivent. Cette chute, Jésus ne l'aurait pas prévue; autrement, il ne se serait pas déclaré peu auparavant aussi sûr de lui-même; par conséquent il se serait fait illusion sur son propre compte; il se serait cru plus fort qu'il ne le fut à l'épreuve, et ce n'aurait pas été sans quelque témérité qu'il aurait exprimé cette trop haute opinion de lui-même. Or, celui qui ne juge pas cela conforme au caractère de Jésus habituellement aussi réfléchi que modeste, celui-là se trouvera facilement conduit au dilemme : que, ou bien les discours d'adieu, du moins la prière finale, ou bien les scènes de Gethsemane ne peuvent pas être historiques.

Malheureusement, les théologiens, dans la décision de ce dilemme, sont partis plutôt de préjugés dogmatiques que de motifs critiques. Du moins, quand Usteri soutient que le récit seul de Jean sur la disposition de Jésus dans ses dernières heures est véritable, et que celui des synoptiques ne l'est pas (1), on expliquera ce jugement par le soin avec lequel l'auteur suivait alors les paragraphes de la *Dogmatique* de Schleiermacher; or, dans ce dernier livre, l'idée de l'impeccabilité du Christ est poussée à un point qui exclut même l'ombre d'un combat; autrement, et dans l'absence de pareilles suppositions, il serait difficile de démontrer que le récit fait par Jean des dernières heures de Jésus, est plus naturel et plus conforme aux choses. Au contraire, la raison pourrait sembler être du côté de Bretschneider, prétendant que la description des synoptiques a plus de naturel et plus de vérité intrinsèque (2). Mais ses arguments perdent de leur valeur, quand on se rappelle combien il est hostile à l'élément dogmatique et métaphysique des discours placés par Jean à cette époque, et combien sa polémique entière contre Jean découle de la répugnance que sa philosophie toute critique et de réflexion lui inspire contre la doctrine spéculative du quatrième évangile.

Au reste, ainsi que cet auteur le remarque, Jean n'a pas complétement omis l'angoisse que causa à Jésus l'approche de sa mort, seulement il l'a mise dans une place anté-

---

(1) *Commentatio critica, qua Evangelium Joannis genuinum esse... ostenditur*, p. 57 seq.

(2) *Probab.*, p. 33 seq. Il faut espérer que, dans la 3ᵉ édition de son *Commentaire biblique*, Olshausen effacera enfin l'auteur des *Probabilia* du nombre de ceux qui, prenant en considération le silence gardé par Jean sur les événements de Gethsemane, regardent le récit des synoptiques comme erroné (2, p. 428).

cédente (12, 27 seq.). Les circonstances des deux scènes sont tout à fait différentes ; car celle qui est décrite par Jean suit immédiatement l'entrée de Jésus à Jérusalem, lorsqu'au milieu de la foule, quelques Grecs, venus à la fête, sans aucun doute prosélytes de la *porte*, c'est-à-dire non circoncis, désirèrent de lui parler. Ce qui se passe des deux côtés est également différent; cependant il se trouve des concordances frappantes entre cette scène et celle que les synoptiques placent au dernier soir de la vie de Jésus et dans la solitude du jardin. De même que chez Matthieu (26, 38), Jésus dit : *Mon âme est triste jusqu'à la mort*, περίλυπός ἐστιν ἡ ψυχή μου ἕως θανάτου, de même il dit chez Jean (12, 27) : *Maintenant mon âme est troublée*, νῦν ἡ ψυχή μου τετάρακται ; de même que chez Marc (14, 35), il prie *que cette heure s'éloigne de lui, s'il est possible*, ἵνα, εἰ δυνατόν ἐστι, παρέλθῃ ἀπ' αὐτοῦ ἡ ὥρα, de même chez Jean (12, 27) il dit : *Mon père, délivre-moi de cette heure*, πάτερ, σῶσόν με ἐκ τῆς ὥρας ταύτης ; de même que chez Marc (14, 36) il se tranquillise par la réflexion : *Toutefois, que votre volonté s'exécute et non pas la mienne*, ἀλλ' οὐ τί ἐγὼ θέλω, ἀλλὰ τί σύ, de même chez Jean (12, 27), il se tranquillise par la réflexion : *Mais c'est expressément pour cette heure que je suis venu*, ἀλλὰ διὰ τοῦτο ἦλθον εἰς τὴν ὥραν ταύτην ; enfin de même que chez Luc (22, 43), un *ange consolateur*, ἄγγελος ἐνισχύων, apparaît à Jésus, de même chez Jean (12, 29), il se passe quelque chose qui fait dire à quelques uns des assistants : *Un ange lui a parlé*, ἄγγελος αὐτῷ λελάληκεν. Ébranlés par cette ressemblance, des théologiens modernes ont déclaré que ce que Jean raconte ici (12, 27 seq.) était identique avec ce qui est raconté de Gethsemane. Il ne restait plus qu'à décider de quel côté devait tomber le reproche d'avoir raconté inexactement et surtout d'avoir mal placé le fait en question.

Conformément à la tendance qui guide la critique moderne des évangiles, tout d'abord on a mis l'erreur du côté des synoptiques. La vraie cause de l'angoisse de Jésus, prétendit-on, ne se trouve que chez Jean, et cette cause est l'arrivée de ces Grecs qui lui ont fait connaître, par Philippe et André, leur désir de le voir. Sans doute, ajoute-t-on, ils lui firent la proposition de quitter la Palestine et d'aller continuer sa prédication parmi les Juifs étrangers. Une pareille proposition contenait pour lui la tentation d'échapper au péril menaçant, et elle le mit pendant quelques moments dans un état de doute et de lutte intérieure, qui se termina cependant par la résolution de ne pas admettre les Grecs (1). Que prouve une pareille explication ? Rien autre chose, sinon qu'avec une vue armée d'un double préjugé critique et dogmatique, on peut lire entre les lignes du texte des choses dont il ne dit pas un mot. Le récit de Jean n'a pas la moindre trace qui montre que les Grecs eussent eu l'intention de faire une pareille proposition ; car, supposé même que l'évangéliste n'aurait rien su par les Grecs du projet qu'ils avaient formé, on devrait reconnaître aux discours de Jésus que son émotion se rapporte à une proposition de ce genre. D'après le contexte du récit de Jean, la demande des Grecs n'avait pas d'autre motif que le désir de voir et d'apprendre à connaître l'homme tant célébré qui avait été l'objet d'une entrée triomphale, et dont tant de bouches avaient parlé ; et l'émotion que Jésus éprouva à cette occasion ne se rapportait à leur demande qu'en ceci : que par là Jésus fut amené à songer à la prochaine propagation de son royaume parmi les païens, et à la condition indispensable de cette propagation, c'est-à-dire à sa mort. Mais plus l'idée de sa mort se présenta à l'esprit de Jésus dans le lointain, et entourée d'intermédiaires, moins on comprend qu'il ait pu en être ému assez pour sentir le be-

---

(1) Goldhorn. *Du silence de l'évangile de Jean sur l'angoisse de Jésus à Gethsemane*, dans *Tzschirner's Magazin f. christl. Prediger*, 4, 2, S. 1 ff.

soin de demander au père de le sauver de cette heure. Et s'il est vrai qu'au jour où il sentit l'avant-goût de la mort, il ait tremblé dans son intérieur, les synoptiques paraissent avoir placé ce tremblement dans un moment plus convenable, c'est-à-dire dans le moment le plus voisin du commencement de la passion. De plus, avec le récit de Jean disparait le motif que celui des synoptiques fournit pour la justification de l'angoisse de Jésus, à savoir que, dans la solitude du jardin et de la nuit dont le froid vint le saisir, on comprend plus facilement une pareille émotion, et on le justifie de l'avoir exprimée sans mystère devant un cercle composé seulement d'amis intimes et dignes de lui. Chez Jean, au contraire, ce trouble s'empare de Jésus en plein jour, au milieu de l'affluence du peuple, devant lequel on reste plus aisément maître de soi, ou devant lequel du moins on renferme dans son sein des émotions trop violentes, de peur qu'elles ne soient mal comprises.

Il serait donc bien plus facile de se ranger à l'opinion de Theile, qui pense que le rédacteur du quatrième évangile a placé d'une manière erronée la scène que les synoptiques mettent à sa véritable place (1). Suivant cet auteur, les Grecs ayant voulu parler à celui qui avait été l'objet d'une entrée triomphale, Jésus, pour leur faire accepter sa réponse, dit : Oui, l'heure de ma glorification est prochaine, mais de la glorification par la mort (12, 23 seq.); cela induisit le narrateur en erreur : au lieu de rapporter la réponse réelle de Jésus aux Grecs et ce qui s'ensuivit, il rapporta des discours étendus de Jésus sur la nécessité intrinsèque de sa mort, et là, presque insciemment, il intercala l'angoisse intérieure que Jésus avait eu à souffrir au sujet de son sacrifice volontaire, ce qui fit que plus tard il l'omit dans l'endroit même auquel elle appartenait véritablement.

(1) Voyez l'examen du *Commentatio critica d'Usteri*, dans *Winer's und Engelhardt's n. krit. Journal*, 2, 3, 359 ff.

Il n'y a ici à remarquer qu'une chose, c'est que Theile pense qu'une pareille transposition peut avoir été du fait de l'apôtre Jean lui-même. Quand on dit que la scène de Gethsemane ne se grava pas profondément dans son esprit, parce que le sommeil l'avait accablé durant tout ce temps, et que le crucifiement, ayant suivi immédiatement après, la rendit moins présente à sa mémoire, cela peut-être serait accepté s'il l'avait complétement omise ou présentée seulement d'une manière sommaire, mais cela n'explique pas qu'il l'eût mise à une place fautive. Si, malgré le sommeil qui l'accablait alors, il eut connaissance de la scène, il dut au moins lui rester dans l'esprit que l'abattement s'empara de Jésus pendant la nuit, dans la solitude et immédiatement avant le commencement de la passion. Comment ses souvenirs purent-ils le trahir assez pour qu'il mît cette scène dans un temps bien antérieur, en plein jour et au milieu de la foule du peuple? Afin de ne pas compromettre de cette façon l'authenticité de l'évangile de Jean, d'autres persistent à nier l'identité des deux scènes, disant qu'une pareille disposition morale a pu survenir plus d'une fois pendant la dernière période de la vie de Jésus (1).

Au reste, entre le récit synoptique et le récit johannéique de l'angoisse de Jésus, il se trouve, outre la différence de position, d'autres différences notables, le récit de Jean renfermant des particularités qui n'ont aucune analogie dans les récits des trois premiers évangélistes sur la scène de Gethsemane. En effet, tandis que Jésus demande, dans des termes semblables, chez les synoptiques et chez Jean, d'être sauvé de cette heure, la prière qui est ajoutée chez Jean : *Père, glorifie ton nom*, πάτερ, δόξασόν σου τὸ ὄνομα (12, 28), n'a point de parallèle chez les synoptiques. De plus, il est parlé, à la vérité, d'un ange dans les deux récits; mais dans les synoptiques il n'y a aucune trace d'une voix céleste qui,

---

(1) Hase, L. J., § 134; Lücke, 2, S. 594 f. Anm.

dans le quatrième évangile, suscita chez quelques assistants la pensée de la présence d'un ange. Dans les évangiles synoptiques, nous ne trouvons de ces voix célestes que lors du baptême et de la transfiguration, à laquelle la prière de Jésus chez Jean : *Père, glorifie ton nom*, peut faire songer. Les évangiles synoptiques, dans la description de la transfiguration, ne se servent pas, il est vrai, des expressions *gloire*, δόξα, et *glorifier*, δοξάζειν; mais la seconde Épître de Pierre rapporte que, lors de la transfiguration, Jésus reçut *un témoignage honorable et glorieux*, τιμὴν καὶ δόξαν, et que la voix céleste sortit du sein de la *majesté glorieuse* de Dieu, μεγαλοπρεπὴς δόξα (1, 17 seq.). Ainsi voilà pour les deux récits examinés jusqu'à présent un troisième récit parallèle, puisque la scène que Jean rapporte, 12, 27 seq., a des analogies, d'une part avec la scène de Gethsemane par l'affliction et par l'ange, d'autre part avec l'histoire de la transfiguration par la demande d'une transfiguration et par la voix céleste qui accorde cette demande. Deux cas sont possibles : ou bien le récit de Jean est la racine simple de laquelle la tradition, séparant les éléments inclus, a produit les deux anecdotes synoptiques de la transfiguration et de l'angoisse; ou bien ces dernières sont les formations primitives qui, s'étant désagrégées et confondues dans la légende, ont donné naissance au produit mélangé qui est le récit de Jean. Là-dessus il n'y a que la nature des trois anecdotes qui puisse fournir une solution. Bien que les récits synoptiques de la transfiguration et de l'angoisse soient des tableaux où les traits possèdent beaucoup de netteté et de précision, cela en soi ne prouve rien, car nous avons eu de suffisantes occasions de nous convaincre qu'un récit né sur le sol légendaire peut posséder ces qualités aussi bien qu'un récit purement historique. Si donc le récit de Jean était seulement moins clair et moins précis, il n'en pourrait pas moins être considéré comme la relation simple et primitive d'où le travail décorateur et pittoresque de la tradition aurait fait sortir les tableaux plus colorés des synoptiques. Mais le récit de Jean ne manque pas seulement de précision, il manque de concordance avec les circonstances environnantes et avec lui-même. Nul ne sait où en reste la réponse de Jésus à la demande des Grecs, ni même où vont ces derniers; l'angoisse soudaine de Jésus et la demande d'une glorification de la part de Dieu ne sont pas motivées convenablement. Un pareil mélange de parties incohérentes est toujours l'indice d'une production secondaire, d'une agglomération alluvionnaire; et l'on paraît en droit de conclure que les deux anecdotes synoptiques de la transfiguration et de l'angoisse ont concouru à former le récit de Jean. Pour le rédacteur du quatrième évangile, la légende n'était, ce semble, qu'un dessin déjà passablement détérioré (1), et la connaissance de ces deux scènes ne lui arriva qu'avec des contours mal arrêtés; de la sorte, comme son idée de la *glorification*, δοξάζειν, a cette double face de souffrance et de splendeur, il lui fut facile de les confondre; ce qu'il avait appris d'une supplique de Jésus au Père dans le récit de l'angoisse, il put le rattacher à la voix céleste donnée par l'histoire de la transfiguration, et cette voix devint la réponse à la supplication; n'ayant pas connaissance des paroles prononcées par cette voix telles que les synoptiques les rapportent, et partant de l'idée générale que cette scène était une *gloire*, δόξα, accordée à Jésus, il fit prononcer à la voix ces mots : *Je l'ai déjà glorifié, et je le glorifierai encore*, καὶ ἐδόξασα, καὶ πάλιν δοξάσω; alors, pour que cette réponse divine fût convenable, il fallut que la supplication de Jésus, outre la demande d'être sauvé, renfermât aussi la demande d'être glorifié. L'ange consola-

---

(1) Tholuck (*Glaubwürdigkeit*, S. 44) s'est scandalisé de cette expression (*verwaschen*). Voyez là-contre les *Aphorismes pour l'apologie du docteur Strauss et de son livre*, S. 69 f.

teur, duquel le quatrième évangéliste avait peut-être aussi appris quelque chose, fut accueilli; mais il ne figura plus que comme l'opinion que quelques uns des assistants se faisaient de l'origine de la voix céleste. Quant au temps, l'évangéliste tint à peu près le milieu entre l'époque de la transfiguration et l'époque de l'angoisse; mais, ignorant les circonstances primitives, il fut malheureux dans le choix de celles où il plaça son récit.

Revenons à la question d'où nous sommes partis : faut-il conserver comme absolument historiques les discours d'adieu attribués par Jean à Jésus, et sacrifier le récit donné par les synoptiques de la scène de Gethsemane, ou *vice versa?* En raison du résultat de l'examen auquel nous venons de nous livrer, nous inclinerons vers la seconde opinion. C'est déjà une difficulté que de concevoir comment Jean put retenir exactement ces longs discours de Jésus; Paulus a cru y répondre en conjecturant que sans doute l'apôtre s'était remis en mémoire, pendant le sabbat suivant et pendant que Jésus reposait dans le tombeau, les conversations de la soirée précédente, et peut-être même les avait consignées par écrit (1). Mais, à ce moment d'un découragement que Jean partageait aussi, il n'aurait guère été en état de les reproduire sans en effacer le coloris spécial, qui est celui de la sérénité la plus calme. Si les évangélistes avaient mis par écrit deux jours après la mort de Jésus, le récit de ses discours et de ses actes, ils auraient omis dans leurs évangiles, ainsi que le dit l'auteur des *Fragments de Wolfenbüttel*, tous les discours de promesse, puisque eux-mêmes n'avaient plus aucune espérance (2). En conséquence, Lücke, considérant la manière de s'exprimer qui est spéciale à Jean, telle qu'elle se trouve entre autres dans la prière finale, renonce à soutenir que Jésus ait parlé dans les termes que Jean

---

(1) L. J., 1, b, S. 165 f.

(2) *Vom Zweck Jesu und seiner Jünger*, S. 125.

lui prête, c'est-à-dire que ses discours soient authentiques dans le sens le plus étroit ; mais il n'en insiste que davantage sur leur authenticité dans un sens plus général, c'est-à-dire sur l'authenticité des pensées qu'ils contiennent (1). Néanmoins l'auteur des *Probabilia* a tourné aussi ses attaques de ce côté, et il demande au sujet du chapitre 17 entre autres, s'il est croyable que Jésus, dans l'attente d'une mort violente, n'ait eu rien de plus à cœur que de s'entretenir avec Dieu de sa personne, des objets qu'il avait accomplis, et de la glorification qui l'attendait. N'est-il pas, au contraire, bien plus vraisemblable que cette prière est le produit du sentiment de l'écrivain, qui voulait par là, soit confirmer sa doctrine du *verbe* devenu chair en Jésus, soit consolider l'autorité des apôtres (2) ? Ce qu'il y a de vrai dans ces remarques, c'est que la prière en question paraît être, non une effusion immédiate, mais un produit de la réflexion, et plutôt un discours sur Jésus qu'un discours de Jésus ; partout s'y montre la pensée d'un homme pour qui les événements ont déjà beaucoup marché, et qui en conséquence aperçoit la forme de Jésus dans un lointain vaporeux qui en agrandit les proportions ; partout s'y montre une illusion, que l'auteur augmente encore, en prêtant au fondateur de la société chrétienne, et avant même la naissance de cette société, ses propres idées, fruit de tout le développement que le christianisme avait déjà parcouru. Mais, même dans les discours d'adieu qui précèdent, il se trouve plus d'un passage inspiré par l'événement. Tout le ton de ces discours s'explique de la façon la plus naturelle, s'ils sont l'œuvre d'un homme pour qui la mort de Jésus était déjà dans le passé, et pour qui la terreur qu'elle avait inspirée était venue doucement se perdre dans les effets heureux qu'elle avait produits, et dans les pieux sentiments qui animaient la communauté. Quant au détail, indépen-

(1) 2, S. 588 f. (2) L. c.

damment de ce qui est dit sur le retour de Jésus, la phase de la cause chrétienne que l'on désigne ordinairement sous le nom de descente du Saint-Esprit, est prédite dans les expressions relatives au paraclet et au jugement qu'il tiendra sur le monde (14, 16 seq. 25 seq.; 15, 26; 16, 7 seq. 13 seq.), avec une précision qui paraît indiquer un temps postérieur à l'événement. Néanmoins cela n'empêche pas que ces discours ne renferment des portions authentiques; tel est, entre autres, le morceau : *J'ai gardé ceux que tu m'as donnés*, etc., οὓς δέδωκάς μοι ἐφύλαξα κτλ.; phrase à laquelle l'évangéliste donne plus bas, 18, 9, une fausse interprétation (1).

Mais, comme ces discours d'adieu contiennent aussi la prescience positive de l'événement imminent, c'est-à-dire de la passion et de la mort de Jésus (13, 18 seq. 33. 38; 14, 30 seq.; 16, 5 seq.; 16, 32 seq.), la narration de Jean se rencontre sur un même terrain avec celle des synoptiques; car cette dernière aussi repose sur la supposition de la prévision la plus exacte de l'heure et du moment où la passion commencerait. Non seulement, lors du dernier repas et en se rendant à la montagne des Oliviers, Jésus, d'après les trois premiers évangélistes, manifesta cette prescience par la prédiction qu'il fit à Pierre de son reniement avant le chant du coq; non seulement toute l'angoisse dans le jardin dépend de la prévision de la souffrance qui va incessamment survenir; mais encore, à la fin de ce combat, Jésus sait même désigner la minute, en disant que le traître arrive en ce moment (Matth., 26, 45 seq.). Or, cette prescience est, d'après la narration concordante de tous les évangélistes, une émanation de la nature supérieure, divine de Jésus. Mais, d'après ce qui a été dit plus haut, la prescience de la catastrophe en général et de ses phases en particulier, ne peut avoir découlé du principe divin en Jésus, puisque alors

(1) Voyez De Wette, *Exeg. Handb.*, 1, 3, S. 179.

elle ne se serait pas rattachée à de fausses explications de prophéties. Admettra-t-on qu'il savait d'avance, par voie naturelle, qu'il aurait à souffrir, et comment il aurait à souffrir, et, par voie surnaturelle, quand cette souffrance commencerait? Cela serait trop absurde. Ainsi, dans tous les cas, tombe la manière dont les évangélistes présentent cette prescience, mais non cette prescience même, qui pourrait avoir eu une source naturelle, tout en étant regardée comme surnaturelle par les évangélistes, et peut-être même par les apôtres. Maintenant cette prescience naturelle est à son tour explicable de deux façons, puisqu'elle peut provenir soit d'une observation extérieure et d'un raisonnement judicieux de la part de Jésus, soit d'un pressentiment interne, immédiat. Dans la première hypothèse, Paulus suppose que Jésus remarqua de loin la troupe qui sortait de la ville avec des flambeaux, et que, ayant pénétré dans les derniers temps les menées de Judas, il put conjecturer sans peine qu'elle était envoyée contre lui. Weisse aime mieux admettre un pressentiment immédiat, irrésistible, qui s'empara de Jésus dans cette dernière soirée, et qui, pour cela même, l'émut si violemment (1). Ces deux explications sont possibles, et l'une ou l'autre est nécessaire s'il doit rester quelque chose d'historique de la description que les évangiles donnent de cette soirée. Mais le choix entre les deux demeurera toujours difficile et douteux, attendu que les évangélistes ont pris un tout autre chemin pour expliquer cette prescience.

§ CXXV.

Arrestation de Jésus.

Jésus venait de déclarer aux apôtres endormis que le traître s'approchait en ce moment; son dire se réalise aus-

---

(1) *Die evang. Geschichte*, 1, S. 612.

sitôt : pendant qu'il parlait encore, Judas arrive avec une force armée (Matth., 26, 47 et parall.; comparez Joh., 18, 3). Cette troupe, d'après les synoptiques, était envoyée par les grands-prêtres et les anciens, et même, d'après Luc, conduite par les *officiers de la garde du Temple*, στρατηγοῖς τοῦ ἱεροῦ; en conséquence c'était probablement un détachement des soldats du Temple; il paraît qu'il s'y était joint en outre une cohue tumultueuse, ainsi qu'on peut le conjecturer du mot *cohue*, ὄχλος, et des *bâtons*, ξύλα, dont une partie était armée. Chez Jean, il est parlé, outre les serviteurs *des grands-prêtres et des Pharisiens*, ὑπηρέταις τῶν ἀρχιερέων καὶ Φαρισαίων, de la *compagnie*, σπεῖρα, et du *capitaine*, χιλίαρχος, sans aucune mention d'une force armée tumultueuse; il semblerait, d'après ce récit, que les autorités juives auraient demandé d'être soutenues par un détachement romain (1).

D'après les trois premiers évangélistes, Judas s'avance aussitôt et donne un baiser à Jésus, afin de le désigner par ce signe convenu à la troupe comme celui qu'elle devait arrêter; au contraire, d'après le quatrième évangile, Jésus, *sortant*, ἐξελθὼν, hors du jardin ou de la maison du jardin, s'avance au-devant des arrivants, et se désigne lui-même comme celui qu'ils cherchent. Pour concilier ces narrations divergentes, quelques uns se sont ainsi représenté la chose : Jésus, afin d'empêcher l'arrestation de ses disciples, s'avança tout d'abord au-devant de la troupe et se fit reconnaître, puis Judas sortit des rangs de la troupe, et le désigna par le baiser (2). Mais, si Jésus s'était déjà fait reconnaître, lui-même, Judas pouvait s'épargner le baiser; car, dire que les gens ne crurent pas à la déclaration de Jésus, et en attendirent la confirmation par le baiser de l'apôtre vendu, est une raison inadmissible, puisque, d'après le quatrième

---

(1) Voyez Lücke, sur ce passage; Hase, L. J., § 135.

(2) Paulus, *Exeg. Handb.*, 3, b, S. 567.

évangile, ces mots : *C'est moi*, ἐγώ εἰμι, firent une telle impression sur eux qu'ils tombèrent à la renverse. Aussi d'autres disposant autrement les scènes, ont-ils pensé que Judas, s'avançant, désigna d'abord Jésus par le baiser, mais que, dès avant l'entrée de la troupe dans le jardin de la maison, Jésus, sortant au-devant des arrivants, se fit reconnaître (1). Mais, Judas l'ayant déjà désigné par le baiser et Jésus ayant compris le but de ce baiser aussi bien qu'il le témoigne par la réponse qu'il y fit (Luc, v. 48), il n'était plus nécessaire qu'il se fît encore reconnaître, puisqu'il était déjà désigné. Quant à dire que Judas avait tellement devancé la troupe qu'elle ne put apercevoir le baiser, qui était uniquement destiné pour elle, cela est non seulement absurde en soi, mais encore directement en contradiction avec le v. 5, où il est dit que Judas était avec le gros de ceux qui l'accompagnaient (2). D'ailleurs, si l'on admet que Jésus, entre le baiser de Judas et l'entrée de la troupe qui fut certainement immédiate, a encore adressé des questions et discours aux gens qui venaient le saisir, on met dans sa conduite une hâte et une précipitation qui lui conviennent trop mal dans de pareilles circonstances pour que les évangélistes aient eu l'idée de les lui attribuer. Il faudrait donc reconnaître qu'aucune des deux narrations n'est destinée à être complétée par l'autre (3); car chacune représente différemment la manière dont Jésus fut reconnu, et la part que Judas y prit. Tous les évangiles s'accordent pour dire que Judas

---

(1) Lücke, 2, S. 599 : Tholuck, S. 298; Hase, l. c.; Olshausen, 2, S. 435; Neander, S. 618.

(2) Tholuck pense ne pas devoir presser le sens du membre de phrase : *il était avec eux*, ἱστήκει μετ' αὐτῶν, c'est-à-dire ne pas être en droit de le changer précisément au sens contraire, puisque, suivant lui, Judas erre séparé des autres, et vient les joindre avec Jésus quand il l'a trouvé.

(3) Comp. De Wette, *Exeg. Handb.*, 1, 1, S. 226, 1, 3, S. 187 f. Comment Lücke peut-il expliquer l'absence du baiser de Judas dans l'évangile de Jean, en disant que ce baiser était trop connu, et rapporter comme analogue l'omission de la négociation du traité avec le Sanhédrin dans le même évangile? Si cette négociation, s'étant passée derrière la scène, pouvait être omise, il n'en était pas de même de ce baiser, qui était sur le premier plan de l'action et qui en formait le nœud.

était *à la tête de ceux qui se saisirent de Jésus*, ὁδηγὸς τοῖς συλλαβοῦσι τὸν Ἰησοῦν (Act. Ap., 1, 16). Mais, tandis que, d'après le récit des synoptiques, le rôle de Judas a pour but non seulement d'indiquer le lieu, mais encore de désigner la personne, désignation qui s'opéra par le baiser; d'après Jean le rôle du traître se borne à l'indication du lieu, et, après y être arrivé, Judas reste oisif au milieu des autres (*et Judas... était avec eux*, εἱστήκει δὲ καὶ Ἰούδας... μετ' αὐτῶν, v. 5). Il est aisé de voir pourquoi le récit de Jean n'attribue pas à Judas le soin de désigner personnellement Jésus ; c'est afin que Jésus apparaisse, non comme un homme qui est livré, mais comme un homme qui se livre lui-même, et afin que sa passion prenne au plus haut degré le caractère d'une passion volontaire. On n'a besoin que de se rappeler comment de tout temps les adversaires du christianisme ont traité de fuite honteuse devant ses ennemis la sortie de Jésus hors de la ville et sa retraite dans un jardin écarté (1), pour trouver convenable que de bonne heure parmi les chrétiens soit né le désir de donner à sa conduite, lors de son arrestation, le caractère d'un sacrifice volontaire, plus que cela n'était dans la tradition évangélique ordinaire.

Tandis que, chez les synoptiques, le baiser de Judas provoque une question amère de Jésus au traître, Jean rapporte que les mots : *C'est moi*, ἐγώ εἰμι, prononcés par Jésus, eurent la puissance de faire reculer la troupe qui était venue le saisir, et de la faire tomber à terre ; de sorte que Jésus fut obligé de répéter sa déclaration et d'encourager ces gens à le saisir. Dans ces derniers temps, on a dit qu'il n'y avait point là de miracle, et l'on a prétendu que l'impression de Jésus avait ainsi agi psychologiquement sur

---

(1) C'est ainsi que le juif de Celse dit dans Orig., c. *Cels.*, 2, 9 : Après que, l'ayant convaincu et condamné, nous eûmes décidé de le punir, il fut pris de la manière la plus honteuse, malgré ses efforts pour se cacher et fuir, ἐπειδὴ ἡμεῖς ἐλέγξαντες αὐτὸν καὶ καταγνόντες ἠξιοῦμεν κολάζεσθαι, κρυπτόμενος μὲν καὶ διαδιδράσκων ἐπονειδιστότατα ἑάλω.

ceux de la troupe qui avaient déjà eu occasion de le voir et de l'entendre. On a cité des exemples pris dans la vie d'un Marius, d'un Coligny et d'autres (1). Mais, ni le récit synoptique d'après lequel il fallut que Jésus fût désigné par un baiser, ni le récit de Jean, d'après lequel il eut besoin de déclarer que c'était lui, ne disent qu'il fût quelque peu connu de cette foule, et surtout le fût de manière à agir profondément sur elle. Quant aux exemples invoqués, ils prouvent seulement que, parfois, la forte impression produite par un homme a paralysé les mains d'un ou de quelques meurtriers, mais ils ne prouvent pas que toute une bande d'agents de justice et de soldats, non seulement ait reculé, mais encore soit tombée à la renverse. A quoi sert-il que Lücke fasse choir d'abord quelques uns, puis toute la bande, ce qui rend impossible de se figurer la chose d'une manière sérieuse? Ou à quoi sert-il que Tholuck, pour n'avoir qu'un petit nombre d'hommes dans l'étroit espace de la maison du jardin, traduise par *entrer*, un verbe qui signifie *sortir* (ἐξελθών)? Nous en revenons donc aux anciens, qui généralement reconnaissaient ici un miracle. Le Christ, qui renverse par un mot de sa bouche les bandes ennemies, n'est pas autre que celui qui, d'après 2. Thess., 2, 8, *détruira* l'Antechrist *par le souffle de sa bouche*, ἀναλώσει τῷ πνεύματι τοῦ στόματος αὐτοῦ, c'est-à-dire que c'est, non le Christ de l'histoire, mais celui de l'imagination des Juifs et des premiers chrétiens. Le rédacteur du quatrième évangile,

---

(1) Lücke, 2, S. 597 f.; Olshausen, 2, S. 435; Tholuck. S. 299. Au reste, c'est à tort que l'on fait mention du meurtrier de Coligny, ainsi que s'en convaincra quiconque ouvrira le livre cité inexactement par Tholuck : *Serrani commentariorum de statu religionis et reipublicæ in regno Galliæ*, L. 10, p. 32, b. Le meurtrier ne se laissa pas le moins du monde arrêter dans l'exécution de son dessein par la fermeté du noble vieillard. Comparez aussi Schiller, Werke, 16. Bd. S. 382 f. 384; Ersch et Gruber, *Encyclopædie* 7. Bd. S. 452 f. Mais de pareilles inexactitudes dans le champ de l'histoire moderne ne peuvent pas surprendre de la part d'un homme qui, ailleurs (*Glaubwürdigkeit*, S. 437), du duc d'Orléans père de Louis-Philippe, fait le frère de Louis XVI. Celui qui sait des choses d'autant d'espèces que le docteur Tholuck, comment pourrait-il être tenu à tout savoir avec une exactitude si scrupuleuse?

en particulier, qui avait tant de fois remarqué comment les ennemis de Jésus et leurs agents avaient été incapables de mettre la main sur lui, parce que son heure n'était pas encore venue (7, 30. 32. 44 seq.; 8, 20), avait, maintenant que l'heure était arrivée, un motif pour faire d'abord échouer d'une manière tout à fait frappante cette dernière et réelle tentative; d'autant plus que cela était pleinement d'accord avec l'intérêt qui le domine dans la description de toute cette scène, à savoir, de représenter l'arrestation de Jésus comme un acte pur de sa libre volonté. Jésus, en renversant les soldats par la puissance de sa parole, leur prouve ce qu'il pourrait, s'il lui importait d'être délivré; et, comme immédiatement après il se laisse saisir, cet acte paraît le sacrifice le plus volontaire. De la sorte, Jésus donne en fait, dans le quatrième évangile, une preuve de cette puissance qu'il n'exprime qu'en paroles dans le premier, quand il dit à un de ses apôtres : *Pensez-vous que, si j'en priais mon père, il ne m'enverrait pas d'abord plus de douze légions d'anges,* δοκεῖς, ὅτι οὐ δύναμαι ἄρτι παρακαλέσαι τὸν πατέρα μου, καὶ παραστήσει μοι πλείους ἢ δώδεκα λεγεῶνας ἀγγέλων (26, 53)?

Ici le rédacteur du quatrième évangile, d'une façon très peu judicieuse, rapporte au soin que Jésus prit de ne faire arrêter aucun de ses apôtres avec lui, une phrase où Jésus dit qu'il n'avait perdu aucun de ceux que Dieu lui avait confiés, et que l'évangéliste avait rapportée précédemment (17, 12), avec plus de justesse, à la conservation spirituelle de ses disciples. A part cette différence, les quatre évangélistes s'accordent à dire, qu'au moment où les soldats mirent la main sur Jésus, un de ses adhérents tira l'épée et coupa l'oreille à un serviteur du grand-prêtre, ce qui fut désapprouvé par Jésus. Mais Luc et Jean ont chacun une circonstance particulière. Indépendamment de ce que tous deux disent que l'oreille coupée fut l'oreille droite, ce qui est laissé indécis par Matthieu et Marc, Jean, non seulement désigne le serviteur blessé par son nom, mais encore remarque que l'apôtre qui porta le coup, fut Pierre. Cette précision est susceptible d'un double jugement, comme celle avec laquelle le même évangéliste a fait une mention spéciale de Judas lors du repas de Béthanie (1). Ce qui est particulier à Luc dans ce coup d'épée, c'est que, d'après lui, Jésus, par un miracle, ce semble, guérit l'oreille blessée. Tandis que Olshausen fait avec satisfaction la remarque que l'étonnement causé par cette guérison aura absorbé l'attention générale, et que cela explique le mieux comment Pierre put se retirer sain et sauf; Paulus prétend que Jésus ne fit que constater l'état de la blessure à l'aide du toucher (ἁψάμενος), et qu'il prescrivit aussitôt ce qui était nécessaire pour la guérison (ἰάσατο αὐτόν), et que, s'il l'avait procurée par un miracle, il aurait du moins été question de la surprise des assistants. Pour cette fois, tant de sollicitude est particulièrement superflue, car Luc seul rapporte ce trait, et tout l'enchaînement de la scène nous dit assez clairement ce que nous en devons penser. Jésus, qui par sa puissance miraculeuse avait calmé tant de souffrances dont il était innocent, aurait-il laissé sans guérison un mal qu'un de ses disciples, par attachement pour lui, et par conséquent lui-même médiatement, avait causé? Cela dut bientôt paraître impossible, et de la sorte au coup d'épée de Pierre fut jointe une guérison miraculeuse de Jésus, la dernière de l'histoire évangélique (2).

Ici d'après les synoptiques, immédiatement avant d'être emmené, Jésus, s'adressant à ceux qui étaient venus pour le saisir, leur dit qu'il leur avait donné la meilleure occasion, par sa présence journalière et publique dans le Temple, de

---

(1) Voyez t. 1, p. 757 et 758; Lücke, Tholuck et Olshausen, sur ce passage.
(2) Comparez De Wette, *Exeget. Handb.*, 1, 2, S. 111; Theile, *Zur Biographie Jesu*, § 34, Anm. 8; Neander, L. J. Chr., S. 649. Anm.

s'emparer de lui de la façon la plus simple, et leur reproche de venir le chercher en dehors de la ville, comme un brigand, avec tant de fracas ; mauvais signe pour la pureté de leur cause. D'après le quatrième évangile, il dit plus tard quelque chose de semblable au grand-prêtre, qui s'informait de ses disciples et de sa doctrine, et qu'il renvoie à la publicité de tout son ministère et à son enseignement dans le Temple et dans la synagogue (18, 20 seq.). Luc, comme s'il avait appris à la fois, que Jésus avait prononcé quelques paroles semblables, et devant le grand-prêtre et dans le moment de son arrestation, rapporte que les grands-prêtres et les anciens furent eux-mêmes présents à cet acte de violence, et que Jésus leur parla comme il est dit ; ce qui n'est certainement qu'une erreur. (1).

D'après les deux premiers évangélistes, tous les apôtres prennent la fuite à ce moment ; et ici, Marc rapporte une circonstance particulière ; suivant lui, un apôtre qui avait une étoffe de soie jetée autour de son corps nu, abandonnant l'étoffe au moment où l'on voulut le saisir, s'enfuit dans un état de nudité complète. Indépendamment des conjectures oiseuses auxquelles des interprètes anciens, et même modernes, se sont livrés pour savoir qui était cet apôtre, on a conclu faussement, quand on a conclu de cette particularité, que la rédaction de l'évangile de Marc était presque contemporaine des événements, parce qu'une aussi petite anecdote où le nom même manquait, n'avait pu intéresser que dans la proximité des personnes et des événements (2). Mais il n'en est rien ; en effet, un trait de cette espèce nous donne encore, même après le plus long intervalle de temps, une vive image de la terreur panique et de la prompte fuite des partisans de Jésus ; par conséquent, il dut être bien-venu auprès de Marc, de quelque

---

(1) Schleiermacher, *Ueber den Lukas*, S. 290.

(2) Paulus, *Exeg. Handb.*, 3, b, S. 576.

côté que cet évangéliste l'ait reçu et quelque tard qu'il ait écrit.

§ CXXVI.

Interrogatoire de Jésus devant le grand-prêtre.

Du lieu de l'arrestation Jésus est conduit, d'après les synoptiques, au grand-prêtre dont le nom Caïphe n'est cependant dit ici que par Matthieu; d'après Jean, à Anne, beau-père du grand-prêtre d'alors, et de lui à Caïphe (Matth., 26, 57 seq. et parall.; Joh., 18, 12 seq.). La considération dont Anne jouissait rend cela aussi concevable que le silence des synoptiques est explicable, si l'on considère que l'ancien grand-prêtre n'avait aucun pouvoir pour décider cette affaire. Mais c'est une raison pour s'étonner qu'au rebours le quatrième évangéliste, ne parlant, ainsi qu'il faut le croire au premier abord, que de l'entrevue avec Anne, omette complétement l'interrogatoire décisif du véritable grand-prêtre, à part la phrase où il dit que Jésus fut amené auprès de lui. En conséquence, l'harmonistique n'eut rien de plus à cœur que de soutenir, ainsi que cela se trouve déjà, par exemple chez Euthymius, que Jean, en raison de son but, qui était de compléter les évangiles précédents, avait repris l'interrogatoire devant Anne, omis par les synoptiques, mais omis l'interrogatoire devant Caïphe, décrit par ses prédécesseurs avec des détails suffisants (1). Le contenu de l'interrogatoire est complétement différent des deux côtés, et cela vient à l'appui de l'opinion de ceux qui pensent que ce n'est pas le même interrogatoire qui est rapporté par les synoptiques et par Jean. En effet, dans l'interrogatoire décrit par les synoptiques, les faux témoins, d'après Matthieu et Marc, déposent d'abord contre

---

(1) Paulus, l. c., S. 577; Olshausen, 2, S. 244.

Jésus, puis le grand-prêtre lui demande s'il se donne réellement pour le Messie, et, sur sa réponse affirmative, le déclare coupable de blasphème et digne de mort, déclaration qui est suivie de mauvais traitements; dans l'interrogatoire décrit par Jean, Jésus n'est interrogé que sur ses disciples et sur sa doctrine, il s'en réfère à la publicité de sa prédication, et, après avoir été maltraité par un serviteur, il est renvoyé sans qu'un jugement ait été prononcé. Or, quand, après cela, le quatrième évangéliste ne donne aucun détail sur l'interrogatoire devant Caïphe, on a d'autant plus lieu de s'en étonner, que l'interrogatoire devant Anne, si c'est en effet celui-là qu'il raconte, ne décida rien d'après son propre récit; par conséquent les motifs et l'acte de la condamnation de Jésus par le tribunal juif manquent absolument dans son évangile. Expliquer cela par le but que Jean s'était proposé de compléter les récits des autres évangélistes, c'est lui imputer une manière de faire trop absurde; car, s'il omettait ce que les autres avaient, sans indiquer qu'il ne l'omettait que parce qu'ils l'avaient, il pouvait compter qu'il ne produirait par là que de la confusion, et qu'il se donnerait l'apparence d'avoir mal rapporté les choses. Dira-t-on qu'il a regardé l'interrogatoire devant Anne comme l'interrogatoire principal, et que, pour cette raison, il a passé l'autre sous silence ? cela ne se peut, puisqu'il n'indique aucune résolution prise dans ce premier interrogatoire. Enfin, s'il savait que l'interrogatoire devant Caïphe avait été le principal, et si cependant il n'en donnait aucun détail, c'est là une manière de faire singulière au plus haut point.

Naturellement cela suscita le désir de découvrir, dans la narration du quatrième évangile, des indices qui montrassent que chez lui aussi il s'agissait d'un interrogatoire devant Caïphe. L'indice le plus frappant de la possibilité d'une identité entre les deux interrogatoires est l'identité d'une circonstance accessoire : Jean, comme les synoptiques, rapportant que, pendant l'interrogatoire décrit par lui, Pierre renia Jésus. De plus, il faut remarquer qu'après qu'il est parlé, v. 13, d'Anne, *beau-père de Caïphe*, πενθερὸς τοῦ Καϊάφα, ce dernier est désigné plus particulièrement comme l'auteur du conseil fatal de faire plutôt périr un homme que de laisser périr la nation (Joh., 11, 50) ; or, cela serait singulier, si, immédiatement après, il s'agissait d'un interrogatoire présidé non par lui, mais par Anne. Dans la description de l'interrogatoire même, il est continuellement question du palais *du grand-prêtre*, τοῦ ἀρχιερέως, et de ses demandes ; or, Jean n'applique jamais cette qualification à Anne, c'est à Caïphe seul qu'il la donne. Mais quand, de cette façon, on soutient qu'à partir du v. 15, l'évangéliste parle de quelque chose qui se passa chez Caïphe, on est arrêté par le v. 24, où il est dit, pour la première fois, que Anne envoya Jésus à Caïphe ; par conséquent, jusqu'alors, Jésus s'était trouvé devant Anne. On prit promptement son parti : on mit le v. 24 là où l'on avait besoin qu'il fût, c'est-à-dire après le v. 13, et l'on imputa à la négligence des copistes (1) la faute qui l'a fait descendre beaucoup plus bas dans nos exemplaires. Mais ce déplacement, dépourvu de toute autorité critique, devait paraître une ressource violente et arbitraire ; on a donc cherché si le v. 24, sans être réellement changé de lieu, ne serait pas susceptible d'une signification qui, pour le sens, le fît venir après le v. 13, c'est-à-dire qu'on a pris le verbe *envoya*, ἀπέστειλεν, comme un plusque-parfait. On a donc prétendu que Jean revenait ici sur ce qu'il avait oublié de remarquer dans le v. 13, à savoir que Anne avait envoyé aussitôt Jésus à Caïphe, que par conséquent l'interrogatoire décrit avait été fait par ce dernier (2). Comme on ne peut nier en

---

(1) Par exemple, Érasme, sur ce passage.

(2) Winer, *N. T. Gramm.*, § 44, 5 ; Tholuck et Lücke, sur ce passage.

général la possibilité d'une semblable énallage de temps, il s'agit seulement de savoir si elle cadre avec le style de l'écrivain et si elle est indiquée par le contexte. Quant au contexte, l'évangéliste, ayant désigné plus particulièrement Caïphe à propos de la parenté qu'il y avait entre lui et Anne, put, si rien de notable n'avait eu lieu devant ce dernier, passer immédiatement, sans autre explication, à l'interrogatoire devant Caïphe, et, revenant sur ses pas, faire remarquer cette transition à la première suspension du récit, par exemple après la conclusion de l'interrogatoire devant le grand-prêtre. Sans doute, dans ce cas, un écrivain grec correct aurait, sinon employé le plusque-parfait, du moins joint à l'aoriste un γὰρ explicatif, et montré par là que la phrase se rapportait à ce qui avait précédé. Mais notre évangéliste porte particulièrement l'empreinte du cachet de l'hellénisme, qui est de ne lier que d'une manière lâche les propositions, conformément à l'esprit de la langue hébraïque; il peut donc être revenu sur ses pas, soit même sans particule, soit, d'après la leçon ordinaire, par la particule οὖν, qui n'indique pas seulement que le récit continue, mais qui indique aussi qu'il revient sur ses pas (1). Donc, si le quatrième évangéliste raconte aussi l'interrogatoire devant Caïphe, il résulte certainement soit de l'examen de sa narration en elle-même, soit de la comparaison faite plus haut avec le récit des synoptiques, que le sien ne peut pas être complet.

Ramenés ainsi au récit des synoptiques, nous trouvons même entre eux diverses divergences. Elles existent entre les deux premiers et le troisième. D'après les deux premiers, lorsque l'on conduisait Jésus dans le palais du grand-prêtre, les docteurs de la loi et les anciens étaient déjà rassemblés, et ils le jugèrent, séance tenante, dans la nuit même; dans ce jugement, les témoins parurent d'abord, puis le grand-

---

(1) Winer, *Gramm.*, § 57, 4.

prêtre lui adressa la question décisive, dont la réponse le fit déclarer digne de mort par l'assemblée (dans le quatrième évangile aussi, l'interrogatoire se passe la nuit, sans qu'il y soit néanmoins question de la présence du grand conseil). D'après la narration du troisième évangile, Jésus n'est gardé que temporairement durant la nuit dans le palais du grand-prêtre, et il est maltraité par les serviteurs ; au point du jour, le sanhédrin se rassemble, et alors, sans l'audition préalable de témoins, le grand-prêtre hâte la condamnation par la question décisive dont il a été parlé. On pourrait trouver invraisemblable que des membres du grand conseil se fussent rassemblés dès la nuit pour recevoir Jésus, pendant que Judas était parti avec la garde, et par conséquent préférer la narration du troisième évangile, d'après laquelle ils ne se réunirent qu'au point du jour (1) ; mais Luc se prive lui-même de cet avantage, en disant que les grands-prêtres et les anciens assistèrent à l'arrestation de Jésus dans le jardin ; car ce zèle, qui les avait poussés à cette démarche, les aurait aussi poussés à tenir immédiatement séance et à prendre une prompte résolution. Cependant, même chez Matthieu et chez Marc, il y a quelque chose de singulier, c'est qu'après nous avoir raconté tout l'interrogatoire et la décision qui fut prise, ils ajoutent néanmoins (27, 1 et 15, 1) : *Dès qu'il fit jour, ils tinrent conseil :* πρωΐας δὲ γενομένης, συμβούλιον ἔλαβον. Il semblerait donc que les membres du sanhédrin se sont, sinon réunis de nouveau le matin, puisqu'ils avaient été ensemble pendant toute la nuit, du moins arrêtés seulement alors à une résolution contre Jésus, laquelle cependant avait déjà été prise, d'après ces évangélistes, dans la réunion nocturne (2) ; à moins que l'on ne veuille dire qu'à l'arrêt de mort déjà prononcé, ils joignirent le lendemain la résolution de livrer

---

(1) C'est ce que dit Schleiermacher, *Ueber den Lukas*, S. 295.

(2) Le même, l. c. ; comparez Fritzsche, sur ce passage de Matthieu.

Jésus à Pilate, ou, en d'autres termes, qu'après avoir prononcé la condamnation à mort, ils délibérèrent sur le mode d'exécution. Il faut considérer comme une lacune dans les récits de Luc et de Jean l'omission de ce qui se passa avec les *faux témoins*, ψευδομάρτυρες; car il est tout à fait vraisemblable que Jésus avait parlé de la démolition et de la reconstruction du Temple, à cause de la concordance de Jean, 2, 19, et des Actes des Apôtres, 6, 14, avec Matthieu et Marc; dès lors il est tout naturel que cette déclaration ait été articulée comme un grief contre lui devant le tribunal. Schleiermacher explique l'absence de ce point important chez Luc, en disant que le rédacteur de ce morceau dans le troisième évangile avait, il est vrai, suivi depuis le jardin la troupe qui conduisit Jésus, mais que, exclu du palais du grand-prêtre avec la plupart des autres, il ne put raconter ce qui s'y passa que par ouï-dire. Toutefois, pour ne rien anticiper, on n'admettra pas, pour l'amour de la seule particularité de la guérison du serviteur blessé, que le narrateur, dans ce paragraphe de l'évangile de Luc, ait été placé aussi près des événements. De plus, le troisième évangéliste semble ne connaître le mot sur la démolition et reconstruction du Temple que comme accusation contre Étienne et non contre Jésus, tandis que le quatrième évangéliste ne le connaît que comme déclaration de Jésus, et non comme sujet d'accusation contre lui. Ce mot ayant dû être précédemment l'objet d'explications (1), il ne reste plus rien à en dire ici.

Jésus ne répondant rien aux dépositions des témoins, le grand-prêtre, d'après les deux premiers évangélistes, le sanhédrin, d'après le troisième, sans aucune mention des témoins, lui demanda s'il prétendait être réellement le Messie (le fils de Dieu); à quoi, d'après les deux premiers, il répondit sans hésitation par les mots : *Vous l'avez dit*, σὺ εἶπας,

---

(1) T. 2, § CXII.

ot : *Je le suis*, ἐγώ εἰμι, et il ajouta que dorénavant ou immédiatement (ἀπ' ἄρτι) ils verraient le fils de l'homme surgir à la droite de la puissance divine et venir dans les nuages du ciel. D'après Luc, au contraire, il déclare d'abord que sa réponse ne lui servira de rien ; puis il ajoute que dorénavant le fils de l'homme siégera à la droite de la puissance divine. Sur quoi tous lui demandent avec anxiété s'il est donc le fils de Dieu, et il répond affirmativement. Ainsi Jésus exprime l'espérance d'arriver dès lors par sa mort à la glorieuse prérogative de siéger messianiquement à la droite de Dieu, d'après le Psaume 110, 1, que déjà, d'après Matthieu, 22, 44, il avait appliqué au Messie. Quand, d'après les deux premiers évangélistes, Jésus, après avoir dit : *Assis à la droite toute-puissante de Dieu*, καθήμενον ἐκ δεξιῶν τῆς δυνάμεως, ajoute : *Et venant sur les nuées du ciel*, καὶ ἐρχόμενον ἐπὶ τῶν νεφελῶν τοῦ οὐρανοῦ, il prédit en même temps, comme plus haut, sa venue prochaine, et il prédit positivement qu'elle sera un retour. D'après Olshausen, le mot de Matthieu, *désormais*, ἀπ' ἄρτι, ne se rapporte qu'à *assis*, etc., car il n'irait pas avec *venant*, etc., puisqu'on ne peut concevoir comment Jésus se serait dès lors représenté comme venant immédiatement. C'est dans la même intention que Neander traduit les mots ἐρχόμενον ἐπὶ τῶν νεφελῶν, par : *Marchant sur les nuées* (1). Cette traduction et celle de Olshausen sont deux évidentes falsifications du sens des mots, suggérées par des difficultés dogmatiques. Jésus ayant fait la déclaration dont il a été parlé plus haut, le grand-prêtre, d'après Matthieu et Marc, déchire ses habits, prononce que Jésus est convaincu de blasphème, et l'assemblée le reconnaît digne de mort ; de même aussi, d'après Luc, les gens assemblés remarquent qu'il n'est pas besoin de plus amples témoignages, puisqu'ils

---

(1) L. J. Chr., S. 625.

ont entendu eux-mêmes de leurs oreilles la déclaration coupable de Jésus.

La condamnation est suivie, chez les deux premiers évangélistes, de mauvais traitements exercés contre Jésus; Jean, qui ne parle pas ici de condamnation, les place après que Jésus a invoqué la publicité de son ministère; Luc les met dès avant l'interrogatoire. Ces divergences proviennent plus probablement de ce qu'on ne savait plus quand les mauvais traitements avaient été exercés, que de ce qu'ils eussent été répétés à différents temps et dans différentes circonstances. Ces mauvais traitements sont attribués expressément, par Jean à un *serviteur*, ὑπηρέτης, par Luc aux *hommes tenant Jésus*, ἄνδρες συνέχοντες τὸν Ἰησοῦν. Au contraire, chez Marc, il faut que les *quelques uns qui crachent* contre lui, τινὲς ἐμπύοντες, soient du nombre de *l'assemblée totale*, πάντες, qui venait de le condamner, puisqu'un peu plus bas l'évangéliste en distingue les *serviteurs*, ὑπηρέτας; de même aussi, chez Matthieu, qui, sans mettre un nouveau sujet, continue son récit par : *Ils commencèrent alors*, τότε ἤρξαντο, les membres mêmes du sanhédrin paraissent être ceux qui se permirent ces actes indignes; ce que, avec raison, Schleiermacher a trouvé invraisemblable, et en conséquence il a préféré la narration de Luc à celle de Matthieu (1). Les mauvais traitements consistent, d'après Jean, en un *soufflet*, ῥάπισμα, qu'un serviteur donne à Jésus à cause d'un prétendu discours irrespectueux adressé au grand-prêtre; chez Matthieu et Marc, ils consistent en crachements au visage (ἐνέπτυσαν εἰς τὸ πρόσωπον αὐτοῦ), en coups sur la tête et en soufflets; il faut ajouter (ce qui se trouve même chez Luc) qu'il fut frappé (la tête couverte) (2) et sommé, par moquerie, de prouver sa qualité

---

(1) L. c.
(2) Matthieu, qui ne dit pas que la tête eût été couverte, paraît se figurer que ce que l'on demandait ironiquement à Jésus, qui voyait, mais qui ne connaissait pas les personnes qui le maltrai-

messianique de voyant, en désignant celui qui le frappait. D'après Olshausen, l'esprit de la prophétie n'a pas jugé au-dessous de lui d'annoncer à l'avance ces grossièretés en détail, et de caractériser en même temps l'état moral que le saint de Dieu opposa à la foule profane. C'est avec raison que l'on cite ici Isaïe, 50, 6 seq. : *J'ai donné mon dos aux coups de fouet, mes joues aux soufflets, et je n'ai pas détourné ma face de la honte des crachements*, etc., τὸν νῶτόν μου δέδωκα εἰς μάστιγας, τὰς δέ σιαγόνας μου εἰς ῥαπίσματα, τὸ δὲ πρόσωπόν μου οὐκ ἀπέστρεψα ἀπὸ αἰσχύνης ἐμπτυσμάτων κ. τ. λ. (LXX); comparez Michée, 4, 14. Quant à la patience avec laquelle Jésus supporta tout cela, on cite, avec non moins de raison, le passage connu d'Isaïe, 53, 7, où est signalé le silence du serviteur de Dieu au milieu des mauvais traitements. Mais l'enchaînement de tout le paragraphe ne permet pas plus de voir dans le v. 4 et suivants du 50ᵉ chap. d'Isaïe, que dans le 53ᵉ chap. du même prophète, une prophétie relative au Messie (1); par conséquent la concordance de l'événement avec le passage aurait été ou le résultat d'un calcul humain ou purement accidentel. Ni les serviteurs ni les soldats n'auront eu dans leurs mauvais traitements l'intention d'accomplir des prophéties sur la personne de Jésus, ni lui-même n'aura eu l'affectation de se taire par un semblable motif; mais, vu la nature des circonstances, des personnes et des idées, il peut se trouver ici une coïncidence accidentelle. Cependant, quelque vraisemblable qu'il soit que, conformément à la grossière coutume de ce temps, Jésus prisonnier eût été maltraité, et entre autres maltraité de la manière que rapportent les évangélistes, on ne peut guère méconnaître que leurs descriptions sont faites d'après des prophéties que l'on rapporta à Jésus du moment qu'il fut conçu comme souffrant et maltraité.

---

taient, c'était de les nommer par leur nom. Comp. De Wette, sur ce passage.

(1) Voyez Gesenius sur ce passage.

De même, quelque conforme qu'il soit au caractère de Jésus d'avoir supporté patiemment ces mauvais traitements, et opposé un noble silence à des questions inconvenantes, les évangélistes n'auraient pas signalé cette circonstance tant de fois et avec tant d'intérêt (1), s'il ne leur avait pas importé de montrer en cela l'accomplissement des prophéties de l'Ancien Testament.

§ CXXVII.

Reniement de Pierre.

Au moment où Jésus est emmené hors du jardin, les deux premiers évangélistes rapportent que tous les apôtres prirent à l'instant la fuite; néanmoins ils disent, comme Luc et Jean, que Pierre suivit de loin, et qu'il sut se procurer le moyen d'entrer avec l'escorte dans la cour du palais du grand-prêtre. Tandis que, d'après les synoptiques, Pierre est le seul qui donne cette preuve de courage et d'attachement à Jésus, preuve qui devait bientôt être pour lui la cause de la plus profonde humiliation; le quatrième évangile lui associe Jean, et ajoute que ce fut cet apôtre qui, par sa connaissance avec le grand-prêtre, procura à Pierre l'accès dans le palais. Cette divergence a été examinée plus haut avec tout le caractère spécial que cet évangile donne à la position de Pierre vis-à-vis de Jean (2).

D'après tous les évangélistes, ce fut dans cette *cour*, αὐλή, que Pierre, intimidé par la tournure sérieuse que prenaient les affaires de Jésus, et par les serviteurs du grand-prêtre qui l'entouraient, déclara à diverses reprises qu'il ne connaissait

---

(1) Matth., 26, 63; comparez Marc, 14, 61 : *Jésus se taisait*, ὁ δὲ Ἰησοῦς ἐσιώπα.

Matth., 27, 12 : *Il ne répondit rien*, οὐδὲν ἀπεκρίνατο.

Matth., 27, 14, comparez Marc, 15, 5 : *Et il ne lui répondit pas un seul mot, de sorte que le chef s'étonna grandement,* καὶ οὐκ ἀπεκρίνατο αὐτῷ οὐδὲ ἓν ῥῆμα, ὥστε θαυμάζειν τὸν ἡγεμόνα λίαν.

Luc., 23, 9 : *Mais il ne lui répondit rien*, αὐτὸς δὲ οὐδὲν ἀπεκρίνατο αὐτῷ.

Joh., 19, 9 : *Mais Jésus ne lui fit aucune réponse*, ὁ δὲ Ἰησοῦς ἀπόκρισιν οὐκ ἔδωκεν αὐτῷ.

(2) T. 1, § LXXIII.

pas le Galiléen arrêté, afin de faire tomber un soupçon exprimé aussi à diverses reprises, à savoir qu'il était du nombre des adhérents de ce Galiléen. Ainsi que cela a été déjà indiqué, une différence peut paraître exister entre le quatrième évangile et les autres, au sujet de celui à qui appartenait le palais où arriva le reniement. Au premier abord, le récit de Jean signifie que le premier reniement (18, 17) eut lieu pendant l'interrogatoire devant Anne, car ce reniement est placé après le verset 13, où il est dit que Jésus fut conduit auprès d'Anne, et avant le verset 24, où il est dit qu'il fut conduit à Caïphe; il n'y a que les deux reniements suivants qui paraissent, d'après Jean aussi, s'être passés pendant l'interrogatoire devant Caïphe, dans son palais, puisqu'il n'en est fait mention qu'après que Jésus fut amené à Caïphe (v. 25—27), et qu'immédiatement ensuite l'évangéliste raconte qu'il fut remis à Pilate (v. 28). Mais, dans le récit même de Jean, se trouve un empêchement à admettre que le premier reniement se passa dans un lieu différent de celui où les deux autres se passèrent. Après le récit du premier reniement arrivé à la porte même du palais, qui est, ce semble, le palais d'Anne, il est dit que les domestiques allumèrent, à cause du froid, un feu de charbon; *Pierre était aussi debout avec ceux qui se chauffaient*, ἦν δὲ καὶ μετ' αὐτῶν ὁ Πέτρος ἑστὼς καὶ θερμαινόμενος (v. 18). Or, plus loin le récit du second et du troisième reniements débute presque par les mêmes mots : *Simon-Pierre était là debout à se chauffer*, ἦν δὲ Σίμων Πέτρος ἑστὼς καὶ θερμαινόμενος; on ne peut donc pas se figurer autre chose, si ce n'est qu'en disant pour la première fois que le feu de charbon fut allumé, et que Pierre s'en approcha, l'évangéliste a voulu dire que le second et le troisième reniements eurent lieu auprès de ce feu, et par conséquent, d'après la supposition faite pour le premier reniement, dans la maison d'Anne. A la vérité, les synoptiques (Marc, v. 54; Luc, v. 55) parlent aussi d'un feu allumé dans la cour de Caïphe, auquel se chauffa Pierre, seulement ils le disent assis, comme Jean le dit debout; mais il ne s'ensuit pas que Jean ait cru qu'un pareil feu eût été allumé aussi dans la cour du grand-prêtre alors régnant, car il ne parle d'un feu pareil que chez Anne, d'après la supposition que nous avons faite jusqu'à présent. Euthymius conjecture que les demeures d'Anne et de Caïphe avaient une cour commune, et qu'ainsi Pierre, après que Jésus eut été mené du premier au second, put rester auprès du même feu. Celui qui trouve trop d'artifice dans une pareille conjecture admettra plutôt que le second et le troisième reniements arrivèrent, selon Jean, non après, mais pendant le transfert de Jésus d'Anne à Caïphe (1). Ainsi, quand on suppose que Jean rapporte un interrogatoire devant Anne, la différence entre les évangiles au sujet du lieu où se fit le reniement est totale; partant de là, les uns se sont décidés en faveur de Jean, et ils ont dit que les apôtres dispersés n'avaient eu que des renseignements décousus sur ces scènes, et que Pierre, qui n'était pas de Jérusalem, n'avait même pas su dans quel palais il était entré pour son malheur; que lui, et après lui les premiers évangélistes avaient pensé que les reniements avaient eu lieu dans la cour de Caïphe, erreur rectifiée par Jean, qui connaissait mieux la ville et le palais du grand-prêtre (2). Mais, quand même on accorderait, ce qui est incroyable, que Pierre se fût imaginé faussement avoir renié dans le palais de Caïphe, Jean, qui durant ces journées était aux côtés de Pierre, l'aurait redressé certainement, et cette fausse opinion n'aurait pu prendre de la consistance. Il serait donc possible de faire la tentative inverse et d'essayer, aux dépens du

---

(1) C'est ce que fait Schleiermacher, Ueber den Lukas, S. 289; Olshausen, 2, S. 445.

(2) C'est ce que dit Paulus, l. c., S. 577 f.

quatrième évangéliste, de donner raison aux synoptiques, si nous n'avions pas trouvé la solution de cette contradiction apparente dans le paragraphe précédent, où nous avons vu que Jean, après avoir mentionné seulement que Jésus fut conduit devant Anne, parle, dès le verset 15, de ce qui se passa dans le palais de Caïphe.

Quant aux différents reniements, tous les évangélistes s'accordent à dire que, conformément à la prédiction de Jésus, ils furent au nombre de trois; mais ils diffèrent entre eux dans la description qu'ils en donnent. Examinons d'abord ce qui est relatif aux lieux et aux personnes. D'après Jean, le premier reniement se fait dès l'entrée de Pierre vis-à-vis une *portière*, παιδίσκη θυρωρός (v. 17); d'après les synoptiques, il ne se fait que dans la cour intérieure vis-à-vis une *servante*, παιδίσκη, Pierre étant assis auprès du feu (Matth., v. 69 seq. et parall.). Le second se fait auprès du feu, d'après Jean (v. 25), et aussi d'après Luc, qui du moins ne signale aucun changement de position (v. 58); chez Matthieu (v. 71) et chez Marc (v. 68 seq.), il se fait après que Pierre est entré dans l'avant-cour (πυλών, προαύλιον); d'après Jean, il se fait vis-à-vis plusieurs individus; d'après Luc, vis-à-vis un seul; d'après Matthieu, vis-à-vis une autre servante; d'après Marc, vis-à-vis la même, devant laquelle il avait renié la première fois. Le troisième reniement se fait également dans l'avant-cour, d'après Matthieu et Marc, qui ne signalent aucun changement de lieu, du second au troisième reniement; d'après Luc et Jean, qui ne signalent non plus aucun changement de lieu, il se fait sans aucun doute encore dans la cour intérieure, auprès du feu; il se fait, d'après Matthieu et Marc, vis-à-vis plusieurs assistants; d'après Luc vis-à-vis un seul; d'après Jean, vis-à-vis un parent du serviteur blessé dans le jardin. Quant aux paroles qui furent échangées dans ces occasions, les unes s'adressent tantôt à Pierre lui-même, tantôt aux assistants pour appeler l'attention sur lui. Les deux premières fois, elles signifient assez uniformément qu'il paraît être aussi un des adhérents de celui qui vient d'être arrêté; mais la troisième fois, où ces gens veulent motiver leurs soupçons contre Pierre, ils arguent, d'après les synoptiques, de son parler galiléen; d'après Jean, le parent de Malchus prétend le reconnaître pour l'avoir vu dans le jardin; et, entre ces deux manières de motiver, la première paraît aussi naturelle que l'autre paraît artificielle, car, dans cette dernière version, celui qui porte la parole étant désigné comme le parent de Malchus, cela semble fait à dessein pour qu'il fût bien compris dans le récit que Pierre était l'auteur du coup d'épée (1). Les réponses de Pierre comportent aussi quelques différences: il emploie un serment, d'après Matthieu dès le second reniement; d'après Marc, au troisième seulement; d'après les deux autres, il n'emploie de serment à aucun de ses reniements. Chez Matthieu, il y a cette gradation, qu'au troisième reniement, outre le *serment*, ὀμνύειν, il joint des *imprécations*, καταναθεματίζειν; ce qui, à côté des autres évangélistes, porte le caractère d'une amplification.

Engrener les uns dans les autres ces reniements, racontés si différemment, de telle façon qu'aucun évangéliste ne fût accusé d'avoir fait un récit, je ne dirai pas erroné, mais seulement inexact, ce fut là toute une affaire pour les harmonistes. Non seulement les interprètes surnaturalistes déjà anciens, tels que Bengel, se sont soumis à cette besogne, mais encore, tout récemment, Paulus, a pris beaucoup de peine, pour mettre en un ordre convenable et dans un enchaînement conforme aux choses les reniements racontés par les évangélistes. D'après lui, Pierre renie le Seigneur :

---

(1) Comparez Weisse, *Die evang. Geschichte*, 1, S. 609.

1° Devant la portière (premier reniement chez Jean);

2° Devant plusieurs, debout à côté du feu (second reniement chez Jean);

3° Devant une servante, à côté du feu (premier reniement chez les synoptiques);

4° Devant un individu qui n'est pas autrement désigné (second reniement chez Luc);

5° En entrant dans l'avant-cour, en présence d'une servante (second reniement chez Matthieu et Marc. Si Paulus était conséquent, il ferait ici deux reniements; car la servante qui appelle sur Pierre l'attention des assistants, était, il est vrai, d'après Marc, la même que celle du n° 3, mais, d'après Matthieu, elle était différente);

6° Devant le parent de Malchus (troisième reniement chez Jean);

7° Devant un individu qui prétend le reconnaître à son parler galiléen (troisième reniement chez Luc);

8° Ce dernier individu est aussitôt appuyé par plusieurs autres, et Pierre affirme avec plus de force qu'il ne connaît pas Jésus (troisième reniement chez Matthieu et Marc).

Cependant, lorsque, par respect pour la créance due aux évangélistes, on sépare ainsi leurs récits, on court risque de compromettre la créance plus importante due à Jésus. Celui-ci avait parlé d'un triple reniement; or, suivant qu'on sera plus ou moins conséquent dans la séparation des récits, Pierre aura renié de six à neuf fois. L'ancienne exégèse s'est tirée d'embarras par la règle : *La négation faite d'un seul coup à différentes interrogations de plusieurs, est comptée pour une seule* (1). Mais, quand même on accorderait qu'une pareille manière de compter est admissible, cependant, comme chacun des quatre narrateurs indique généra-

---

(1) Abnegatio ad plures plurium interrogationes facto uno paroxysmo, pro una numeratur. Bengel, *in Gnomon*.

lement des intervalles de temps plus ou moins longs entre les reniements isolés qu'il rapporte, il faudrait justement que chaque fois les reniements racontés par différents évanlégistes eussent été faits d'un seul coup; par exemple, un reniement de Matthieu avec un reniement de Marc, etc.; ce qui est une supposition absolument arbitraire. Aussi, dans ces derniers temps, on s'est tourné de préférence vers une autre explication, et l'on a dit : De même que dans la bouche de Jésus le mot *trois*, τρὶς, n'avait été employé que comme un nombre rond signifiant un reniement multiplié, de même, Pierre, une fois qu'il fut embarrassé au milieu de ce qu'il regardait comme des mensonges nécessaires, aura répété ces affirmations plutôt à six ou sept questionneurs soupçonneux qu'à trois seulement (1). Mais quand bien même, d'après Luc (v. 59 seq.), on estimerait à plus d'une heure la distance entre le premier reniement et le dernier, cependant il est extrêmement invraisemblable que Pierre ait été ainsi questionné par toutes sortes de gens et de tous les côtés, d'autant plus qu'il resta en liberté malgré un soupçon qu'on suppose aussi général; et, quand les interprètes décrivent l'état moral de Pierre durant cette scène comme celui d'un homme qui ne sait plus à qui entendre (2), ils donnent plutôt l'idée de l'état dans lequel tombe le lecteur en voyant s'accumuler ainsi des questions et des réponses répétées avec la même teneur, comparable aux battements sans fin et sans signification d'une pendule dérangée. C'est donc avec raison que Olshausen a écarté préjudiciellement comme stérile tout effort pour supprimer de pareilles différences; néanmoins, bientôt après, tantôt il cherche lui-même à concilier sur quelques points d'une manière forcée les divergences de ces narrations; tantôt, quand il insiste pour établir qu'il y a eu vraiment trois

---

(1) Paulus, l. c., S. 576.   (2) Hess, *Geschichte Jesu*, 2, S. 343.

reniements, il se montre moins sagace que Paulus, qui, avec raison, fait remarquer qu'il est visible que les évangélistes se sont attachés à créer justement un triple reniement. Ce qui, peut-être, arriva dans cette soirée à diverses reprises (mais non pas huit à neuf fois), fut fixé à trois fois, afin que la prédiction de Jésus, entendue dans le sens le plus rigoureux, reçût le plus strict accomplissement.

D'après tous les récits, le chant du coq, conformément à la prédiction de Jésus, amène le terme et en même temps la catastrophe de toute l'histoire du reniement. Le coq chante, selon Marc, dès après le premier reniement (v. 68), et par conséquent, pour la seconde fois après le troisième; selon les autres, il ne chante qu'une fois, après le dernier reniement. Tandis que Jean termine là son récit, Matthieu et Marc ajoutent qu'au chant du coq, Pierre se rappela la prédiction de Jésus et pleura. Mais Luc a un détail spécial, il raconte qu'au chant du coq Jésus se tourna et regarda Pierre, et que celui-ci, se ressouvenant de la prédiction de Jésus, fondit en larmes amères. D'après les deux premiers évangélistes, Pierre n'était pas dans le même local que Jésus; il se trouvait *en dehors*, ἔξω (Matth., v. 69), ou *en bas*, κάτω (Marc, v. 66), *dans la cour*, ἐν τῇ αὐλῇ, par conséquent Jésus était en dedans ou en haut dans le palais. Or, comment Jésus put-il entendre les reniements de Pierre et lui jeter un coup d'œil? Pour le dernier point, on répond ordinairement que Jésus fut dans le moment même transféré du palais d'Anne dans celui de Caïphe, et qu'en passant il jeta un coup d'œil significatif sur le faible apôtre (1). Mais Luc ne parle pas du tout de ce transfert de Jésus; et sa phrase: *Le Seigneur, se retournant, regarda Pierre*, στραφεὶς ὁ Κύριος ἐνέβλεψε τῷ Πέτρῳ, semble dire, non pas que Jésus en s'en allant regarda Pierre, mais que, lui tournant le dos,

---

(1) Paulus et Olshausen, sur ce passage; Schleiermacher, l. c., S. 289; Neander, S. 622, Anm.

il se retourna pour le regarder. Enfin la supposition que l'on fait ici n'explique pas encore comment Jésus avait eu connaissance des reniements de Pierre; car, au milieu du tumulte de cette soirée, il ne lui était pas aussi facile que Paulus le croit, d'entendre, dans l'appartement où il était, Pierre qu'on suppose parler haut dans la cour. A la vérité, cette distinction expresse entre le lieu où était Jésus, et le lieu où était Pierre, ne se trouve pas dans Luc, et, d'après lui, il se pourrait que Jésus eût été retenu quelque temps dans la cour. Mais d'une part le récit des autres est ici plus vraisemblable en soi; d'autre part, l'impression donnée par le récit que Luc lui-même fait des reniements, n'est pas, au premier aspect, que Jésus eût été tout près de Pierre. Au reste, on aurait pu s'épargner les hypothèses destinées à expliquer ce coup d'œil de Jésus, si l'on avait soumis à un examen critique l'origine de cette particularité; il aurait suffi, outre le silence des autres évangélistes, de remarquer avec combien peu de clarté le troisième évangéliste rapporte que Jésus jeta tout à coup un regard sur cette scène, derrière laquelle il était jusque-là resté, pour comprendre quelle est la valeur de ce renseignement. Quand Luc ajoute qu'au regard de Jésus, Pierre se ressouvint de ce que le Seigneur lui avait dit sur son reniement prochain, on aurait pu connaître que le regard de Jésus n'est pas autre chose que le souvenir de Pierre rendu visible et, pour ainsi dire, mis en action. Ainsi, tandis que le récit de Jean, qui est ici le plus simple, ne représente qu'objectivement, par le chant du coq, l'accomplissement de la prédiction de Jésus; tandis que les deux premiers évangélistes y joignent l'impression subjective que cette coïncidence fit sur Pierre, Luc redonne un caractère objectif à cette impression, et le souvenir douloureux des paroles du maître devient un regard qui perce le cœur de l'apôtre (1).

(1) Comparez De Wette, sur ce passage de Luc.

§ CXXVIII.

Mort du traître.

A la nouvelle que Jésus avait été condamné à mort, le premier évangile raconte (27, 3 seq.) que Judas, saisi de repentir, courut auprès des grands-prêtres et des anciens pour leur rendre les trente pièces d'argent, en leur déclarant qu'il avait trahi un innocent. Ceux-ci repoussant avec moquerie toute la responsabilité sur lui seul, Judas, après avoir jeté l'argent dans le Temple, s'en va, entraîné par le désespoir, et se pend. Avec l'argent rendu par Judas, qui, étant l'argent du sang, ne peut être déposé dans le trésor du Temple, les membres du Sanhédrin achètent le champ d'un potier pour la sépulture des étrangers. Ici l'évangéliste fait deux remarques : d'abord qu'en raison du mode même d'acquisition, ce terrain est encore nommé, de son temps, la terre du sang; en second lieu, qu'une ancienne prophétie s'est accomplie par cette série d'événements. Tandis que les autres évangélistes se taisent sur la fin de Judas, nous trouvons dans les Actes des Apôtres (1, 16 seq.) une relation qui diffère de celle de Matthieu en plusieurs points. Pierre, en proposant de compléter le nombre apostolique de douze par le choix d'un nouveau membre, trouve convenable de rapporter d'abord comment s'est fait le vide dans le cercle des apôtres, c'est-à-dire de rappeler la trahison et la fin de Judas, et il dit que le traître s'était acheté un terrain avec le prix de son crime, mais qu'il avait fait une chute dans un précipice; que son corps s'était crevé au point de laisser sortir les intestins, et que, la chose étant connue de tout Jérusalem, le terrain avait reçu le nom de ἀκελδαμὰ, c'est-à-dire de terrain du sang. Pierre remarque en outre que, par là, ont été accomplis deux passages des Psaumes.

Entre ces deux relations se trouve une double différence :

la première est relative au genre de mort de Judas; la seconde, au temps de l'acquisition du terrain et aux personnes qui la firent. Quant à la première, d'après Matthieu, c'est Judas lui-même qui se donne la mort par repentir et par désespoir; au contraire, dans les Actes des Apôtres, il n'est question d'aucun repentir du traître, et sa mort paraît non pas un suicide, mais un malheur fortuit, ou plutôt une punition infligée par le ciel. De plus, d'après Matthieu, c'est par la corde qu'il met fin à ses jours; d'après Pierre, c'est par une chute qui produit une horrible rupture de son corps.

On peut voir, dans Suicer (1) et Kuinœl, avec quelle activité les harmonistes ont travaillé de tout temps à concilier ces divergences. Ici il n'est besoin que d'en rappeler sommairement les principaux essais. Comme la divergence résidait principalement dans les mots : *Il se pendit*, ἀπήγξατο, de Matthieu, et *s'étant précipité*, πρηνὴς γενόμενος des Actes des Apôtres, la première idée qui se présenta, ce fut de voir si l'une de ces expressions ne pourrait pas se ramener à l'autre. On l'a essayé de diverses façons pour le mot ἀπήγξατο, qui a signifié tantôt les angoisses d'une mauvaise conscience (2), tantôt une maladie qui en fut le résultat (3), tantôt tout genre de mort choisi par chagrin et par désespoir (4); et alors c'était l'expression des Actes des Apôtres : *S'étant précipité*, etc., πρηνὴς γενόμενος, qui désignait précisément que le genre de mort auquel la mauvaise conscience et le désespoir avaient poussé Judas était le saut dans un précipice. Au contraire, d'autres ont essayé de faire rentrer πρηνὴς γενόμενος dans ἀπήγξατο, et ils ont prétendu que ces mots n'exprimaient rien autre chose que le résultat de l'action désignée par ἀπήγξατο, c'est-à-dire que, si le second doit être traduit par : *Il se pendit*, le premier doit l'être

---

(1) Thesaurus, s. v. ἀπάγχω.
(2) Grotius.
(3) Heinsius.
(4) Perizonius.

par : *Pendu* (1). La violence évidente de ces tentatives a engagé d'autres auteurs à ménager davantage la signification naturelle des expressions respectives; et, pour concilier les récits divergents, ils ont admis que les narrateurs rapportaient, Matthieu un acte antérieur, l'Histoire des Apôtres un acte postérieur de la catastrophe qui mit fin à la vie de Judas. Quelques uns des interprètes déjà anciens séparèrent tellement ces actes l'un de l'autre, qu'ils ne virent dans la *suspension*, ἀπήγξατο, qu'une tentative manquée de suicide à laquelle Judas échappa, soit par l'incurvation de la branche d'arbre à laquelle il voulait se pendre, soit par toute autre cause, jusqu'à ce que plus tard la vengeance du ciel l'atteignit en *le faisant tomber dans un précipice*, πρηνὴς γενόμενος (2). Mais, comme Matthieu emploie évidemment le verbe *il se pendit*, ἀπήγξατο, dans la pensée et dans l'intention de raconter la fin du traître, on a dans ces derniers temps rapproché davantage les deux actes entre lesquels les récits du premier évangile et de l'Histoire des Apôtres sont supposés se partager, et l'on a admis que Judas voulut se pendre à un arbre sur une hauteur, mais que la corde ou la branche se cassa, et qu'il roula jusqu'au fond de la vallée sur des roches aiguës et des arbrisseaux épineux qui le mirent en lambeaux (3). Mais déjà le rédacteur d'un mémoire *Sur la destinée finale de Judas*, dans la *Bibliothèque* de Schmidt (4), a trouvé singulière la fidélité avec laquelle il faudrait dans cette supposition que les deux narrateurs se

---

(1) C'est ce que portent la Vulgate et Érasme. Voyez contre toutes ces explications, Kuinoel, in *Matth.*, p. 748 seq.

(2) Œcumenius, *Sur Act. Apost.*, 1; Judas ne mourut pas par la suspension, il survécut détaché avant d'être étouffé. ὁ Ἰούδας οὐκ ἐναπέθανε τῇ ἀγχόνῃ, ἀλλ' ἐπεβίω, κατενεχθεὶς πρὸ τοῦ ἀπορρηγῆναι. Comparez Théophylacte, sur *Matth.*, 27, et Schol. Ἀπολιναρίου, dans Matthæi.

(3) C'est ce que, d'après Casaubon, disent Paulus, 3, b, S. 457; Kuinoel, *in Matth.*, 747 seq.; Viner, *b. Realw. d. A. Judas*; et, avec un demi-assentiment, Olshausen, 2, S. 455 f. Fritzsche lui-même, fatigué sans doute par le long chemin qu'il a parcouru jusqu'à ces derniers chapitres de Matthieu, se déclare satisfait de cette conciliation, et il soutient que, par ce moyen, les deux récits concordent *amicissime*.

(4) 2 Band, 2 Stück, S. 248 f.

fussent partagé le récit de cette mort ; car il ne s'agit pas d'un récit peut-être moins précis chez l'un, plus précis chez l'autre : tous deux s'expriment avec précision ; seulement l'un raconte la première partie de l'événement sans la seconde, l'autre la seconde partie sans la première ; et Hase soutient avec raison que chacun d'eux n'a connu que ce qu'il a raconté, attendu qu'autrement ni l'un ni l'autre n'auraient pu laisser de côté une moitié (1).

Après avoir vu les essais de conciliation échouer contre la première différence, nous nous demanderons si la seconde, relative à l'acquisition du terrain, est plus facile à lever. Elle consiste en ceci : Selon Matthieu, ce n'est qu'après le suicide de Judas que les membres du Sanhédrin achètent, avec l'argent qu'il a laissé, un champ (le champ d'un potier, désignation qui manque dans les Actes des Apôtres) ; au contraire, d'après les Actes des Apôtres, c'est Judas lui-même qui achète le champ, et il y est atteint par une mort hâtive. De la sorte, ce fonds paraît avoir été appelé *champ*, ἀγρός, ou *terrain*, χωρίον, *du sang*, αἵματος, d'après les Actes des Apôtres, parce que le sang du traître y fut répandu ; d'après Matthieu, parce que le sang de Jésus était attaché à l'argent qui servit à l'acheter. Ici les expressions de Matthieu sont tellement précises, qu'elles ne fournissent guère matière à des subtilités en faveur de l'autre récit ; en revanche, le verbe : *Il se procura*, ἐκτήσατο, qu'emploient les Actes des Apôtres, engagea des théologiens à en détourner la signification en faveur de Matthieu. Ce que signifie le passage des Actes des Apôtres, a-t-on dit, c'est que, par le prix de la trahison, il acquit un champ ; il l'acquit, non pas directement, mais indirectement, puisque la restitution qu'il fit de l'argent fut la cause de l'achat du terrain ; il l'acquit non pas pour soi, mais pour le Sanhé-

---

(1) L. J., § 432. Comparez Theile, *Zur Biographie Jesu*, § 33.

drin, ou pour l'utilité commune (1). Mais quelques nombreux passages que l'on puisse citer où le verbe κτᾶσθαι se présente avec la signification de *acquérir pour un autre,* il faut du moins nécessairement, dans ce cas, que l'autre personne pour laquelle on acquiert, soit signalée directement ou par allusion ; et, s'il n'en est rien, comme dans le passage des Actes des Apôtres, ce verbe conserve sa signification, qui est *acquérir pour soi-même* (2). Paulus l'a bien senti, aussi a-t-il donné une autre tournure à la chose : Judas, par sa chute horrible dans une carrière d'argile, ayant été cause que ce terrain fut vendu aux membres du Sanhédrin, Pierre a bien pu dire ironiquement qu'il s'était acquis une belle propriété, même en mourant, par la chute de son corps (3). Mais, d'une part, cette explication en elle-même est forcée; d'autre part, la phrase psalmique que le Pierre des Actes des Apôtres cite un peu plus bas : *Que son habitation devienne déserte*, γενηθήτω ἡ ἔπαυλις αὐτοῦ ἔρημος, montre qu'il s'est figuré le terrain comme étant véritablement la propriété de Judas, que la vengeance divine rendit déserte par sa mort.

Ainsi, ni l'une ni l'autre de ces différences n'est susceptible de conciliation; déjà Saumaise a avoué qu'il existait une divergence réelle entre les deux récits, et Hase, sans compromettre l'origine apostolique des deux renseignements, croit pouvoir expliquer la contradiction par l'émotion violente de ces journées, au milieu de laquelle il n'y eut qu'une chose de connue généralement, le suicide de Judas; quant au genre de mort, il courut là-dessus différents bruits, auxquels on ajouta foi. Mais dans les Actes des Apôtres il n'est nullement question d'un suicide; or, il est difficile de croire que deux apôtres, tels que Matthieu

---

(1) Voyez Kuinœl, *in Matth.*, p. 748.
(2) Voyez Schmidt, *Biblioth.*, l. c., 254 f.
(3) Paulus, 3, b, S. 457 f.; Fritzsche, p. 799.

et Pierre, si le premier évangile provient, comme on le prétend, de celui-là, et le discours dans les Actes, de celui-ci, aient été assez mal informés de la mort de leur ancien confrère, arrivée tout près d'eux, pour que l'un l'ait attribuée à un accident, l'autre à un suicide. On ne peut donc conserver le caractère apostolique qu'à un des deux récits, c'est ce qu'a bien vu l'auteur du mémoire déjà cité qui est dans la *Bibliothèque* de Schmidt. Pour choisir entre les deux, il est parti de ce principe que le plus digne de foi de ces deux récits est celui qui embellit le moins l'histoire; en conséquence il accorde la préférence à la relation des Actes des Apôtres, qui n'a pas la particularité dramatique du repentir de Judas et de sa confession de l'innocence de Jésus. Mais ici comme toujours, quand deux récits se contredisent, non seulement l'un exclut l'autre par sa présence, mais encore l'ébranle par sa chute; en abandonnant le récit qui s'appuie sur l'autorité de l'apôtre Matthieu, nous n'avons plus aucune garantie pour l'autre, qui est mis dans la bouche de l'apôtre Pierre.

Amenés à traiter de la même façon les deux récits, c'est-à-dire comme des légendes, où il s'agit d'abord d'examiner quel en est le noyau historique et jusqu'où vont les additions faites par la tradition, nous devons, pour tirer les choses au clair, considérer les points auxquels les deux récits se rattachent. Ici, nous avons un point qui est commun à tous les deux, plus deux autres points, dont chacun ne se trouve que dans un seul des récits. Ce qui est commun aux deux relations, c'est que dans Jérusalem, ou près de Jérusalem, il y avait un terrain appelé le *champ*, ἀγρὸς, ou la *terre*, χωρίον, *du sang*, αἵματος, et, dans la langue du pays, d'après les Actes des Apôtres, ἀκελδαμά. Comme deux récits d'ailleurs aussi divergents s'accordent là-dessus, et qu'en outre le rédacteur du premier évangile fait valoir que de son temps le nom de ce champ existait encore, l'existence d'un terrain ainsi dénommé ne peut guère être révoquée en doute. Cette dénomination se rapportait-elle réellement à celui qui avait trahi Jésus, c'est ce qui est déjà moins certain, car nos deux relations indiquent ce rapport d'une manière différente, l'une disant que Judas acheta lui-même cette propriété, l'autre disant qu'elle ne fut achetée qu'après sa mort, avec les trente pièces d'argent. Nous ne pouvons donc affirmer qu'une chose, c'est que de bonne heure la légende chrétienne primitive mit sans doute ce terrain du sang en un certain rapport avec le traître. Mais pourquoi ce rapport fut-il indiqué de diverses manières? Le motif en doit être cherché dans l'autre point d'appui de nos récits, c'est-à-dire dans les passages de l'Ancien Testament que les narrateurs citent comme accomplis par le destin de Judas. Remarquons que chacun d'eux cite des passages différents.

La citation dans les Actes des Apôtres est Ps. 69, 26 et Ps. 109, 8. Le dernier est un Psaume que les premiers chrétiens d'entre les Juifs ne pouvaient pas s'empêcher d'appliquer aux rapports qui avaient existé entre Judas et Jésus. Car non seulement l'auteur, qui est dit être David, et qui sans doute est de beaucoup postérieur (1), parle tout d'abord de gens qui tiennent contre lui des discours faux et empoisonnés, et qui pour son amour lui rendent de la haine; mais encore, à partir du v. 6, où les malédictions commencent, il s'adresse à une seule personne, de sorte que les interprètes juifs pensèrent à Doeg, calomniateur de David auprès de Saül, et les chrétiens naturellement à Judas. Le rédacteur des Actes des Apôtres a choisi dans ce Psaume le verset (*qu'un autre soit mis en possession de sa charge*) qui, traitant du transfert d'une charge à une autre, paraissait parfaitement convenir au cas de Judas. L'autre Psaume parle, il est vrai, d'une manière

---

(1) Voyez De Wette, sur ce Psaume.

plus indécise, de gens qui sans cause haïssent et persécutent l'auteur; mais, attribué également à tort à David, il est, pour le contenu et pour la manière, si semblable à l'autre, qu'il put en être considéré comme le pendant, et fournir, ainsi que le premier, des malédictions contre le traître (1). Si réellement Judas avec le prix de sa trahison, acheta un bien qui par la suite demeura désert à cause de sa fin affreuse dont ce terrain avait été le théâtre, il était tout naturel de lui appliquer ce passage du Psaume, qui souhaite que la *demeure* des ennemis, ἔπαυλις, soit dévastée. Mais, Matthieu n'étant pas d'accord sur ce point, il est douteux que Judas même se soit acheté ce terrain et y ait péri; il n'est guère, non plus, possible d'admettre que les Juifs aient eu en abomination le champ où le traître avait fini ses jours, au point de le laisser désert comme terre de sang. Cette dénomination avait sans doute une autre cause que nous ne pouvons plus découvrir; et les chrétiens en détournèrent le sens conformément à leurs idées. Ainsi nous devons reconnaître, non que l'application du passage psalmique et la dénomination de cette place déserte proviennent d'une véritable propriété de Judas, mais que la légende sur une propriété de Judas a été inspirée par ce Psaume et cette dénomination. En effet, du moment que les deux Psaumes susdits étaient appliqués à celui qui avait trahi Jésus, et que dans l'un d'eux se trouvait le souhait de la dévastation de sa *demeure*, ἔπαυλις (LXX), il fallait d'abord qu'il eût été en possession d'une pareille demeure, et l'on se dit qu'il l'avait achetée sans doute avec le prix de sa trahison. Ou plutôt, ce qui fit qu'on s'attacha spécialement dans ces Psaumes à la dévastation de la *demeure*, ἔπαυλις, c'est, ce semble, qu'on supposa (ce qui était facile) que la malédic-

---

(1) Des passages de ce Psaume sont ailleurs, dans le Nouveau Testament, appliqués au Messie : par exemple, verset 5, Joh., 15, 25; verset 10, Joh., 2, 17, et Joh., 19, 28 seq., vraisemblablement verset 22.

tion devait se manifester en quelque chose qui aurait été acheté avec l'argent du crime. Or, parmi les choses qui se peuvent acheter, dont les Psaumes en question font mention, se trouve au premier rang la *demeure*, ἔπαυλις. Une fois qu'on était entré dans cet ordre d'idées, le *terrain du sang*, ἀκελδαμὰ, situé dans le voisinage de Jérusalem, se présentait à souhait; et, moins on connaissait la véritable origine de ce nom et de l'horreur qui s'y attachait, plus il était facile à la légende chrétienne primitive d'en tirer parti, et de le considérer comme la *demeure désolée* du traître, ἔπαυλις ἠρημωμένη.

Au lieu de ces passages psalmiques, le premier évangile cite comme accompli par la conduite finale de Judas, un passage qu'il attribue à Jérémie, mais pour lequel on ne trouve quelque chose de correspondant que dans Zacharie, 11, 12 seq. Aussi suppose-t-on aujourd'hui assez généralement que l'évangéliste a confondu les noms (1). J'ai déjà exposé plus haut comment Matthieu, guidé par la pensée fondamentale de ce passage qui est qu'un prix, injustement modique, est donné à celui qui parle dans la prophétie, put y trouver une raison de l'appliquer à la trahison de Judas, qui, pour une misérable somme, avait également vendu son maître (2). Or, dans ce passage, Jéhovah ordonne à l'auteur de la prophétie de jeter cet indigne salaire dans la maison de Dieu, et même *ad statuarium*, אל־היוצר, et il ajoute qu'il obéit à cet ordre. Celui qui jette l'argent est, dans la prophétie, le même que celui qui parle, c'est-à-dire le même que celui qui a été estimé à un aussi bas prix; car ici l'argent est, non pas un prix d'achat, mais un salaire, par conséquent il est reçu par celui qui est estimé aussi bas, et il ne peut être rejeté que par celui-là même. Au contraire, dans l'application que fait l'évangéliste de ce

(1) Cependant voyez d'autres conjectures dans Kuinœl, sur ce passage.

(2) § CXVII.

passage, l'argent est un prix d'achat, et celui qui avait été estimé si bas est autre que celui qui prend l'argent et qui le rejette. Si celui qui avait été vendu à un aussi bas prix était Jésus, celui qui avait touché, puis rejeté l'argent, ne pouvait être que celui qui l'avait trahi. Dès lors il fut dit de ce dernier qu'il avait jeté *l'argent dans le Temple*, ἀργύρια ἐν τῷ ναῷ, ce qui correspond au membre de phrase dans le passage du prophète : *Et je les ai jetés dans la maison du Seigneur,* ואשליך אתו בית יהוה, bien que ces mots mêmes manquent dans la citation de Matthieu où tout est défiguré. Mais à côté de la *maison de Dieu*, בית יהוה, où l'argent avait été jeté, se trouve l'apposition : אֶל־חַי וֹצֵר. Les LXX traduisent ce mot par : εἰς τὸ χωνευτήριον, *dans le four du potier;* aujourd'hui on conjecture, avec raison, qu'il faut ponctuer אֶל־חַי וֹצָר, et traduire *dans le trésor* (1); le rédacteur de notre évangile s'en tint à la traduction littérale par *potier*, κεραμεύς. Mais qu'est-ce que le potier avait à faire ici? Pourquoi l'argent lui avait-il été donné? Ce sont des choses qui devaient être, pour le rédacteur du premier évangile, aussi inintelligibles que pour nous, si nous nous en tenons à la leçon ordinaire. Alors il se souvint du terrain du sang, auquel, comme nous le voyons par les Actes des Apôtres, la légende chrétienne avait donné un rapport à Judas; et ce fut pour lui une combinaison qui lui plut, que de dire que, sans doute, ce terrain du sang était celui pour lequel il avait fallu payer au *potier* les trente pièces d'argent. Mais le potier n'était pas dans le Temple, et cependant c'était dans le Temple, suivant le passage du prophète, que les pièces d'argent avaient été jetées; en conséquence, cette action fut séparée du marché conclu avec le potier. S'il fallait attribuer à Judas l'acte de jeter l'argent dans le Tem-

---

(1) Hizzig, dans : *Ullmann's und Umbreit's Studien*, 1830, 1, S. 35 ; Gesenius, dans son *Dictionnaire*. Comparez Rosenmüller, *Scholia in V. T.*, 7, 4, S. 320 ff.

ple, si donc il s'en était dessaisi, il ne pouvait plus avoir acheté lui-même le fond du potier, il fallait que d'autres eussent fait cette acquisition avec l'argent jeté. La désignation de ceux-ci se présentait d'elle-même : si Judas a jeté l'argent, il l'aura jeté à ceux dont il l'avait reçu; s'il l'a jeté dans le Temple, il sera tombé entre les mains des chefs de cet établissement : des deux façons, il sera arrivé à la possession des membres du Sanhédrin. Le but qui fut attribué à ceux-ci dans l'achat de ce fonds, fut peut-être suggéré par l'usage auquel cette place déserte servait réellement. Enfin, si Judas avait rejeté le prix de sa trahison, on dut conclure qu'il ne l'avait fait que par repentir. Faire montrer du repentir à Judas, et ainsi obtenir du traître lui-même un témoignage de l'innocence de Jésus, était aussi conforme, ou, à vrai dire, encore plus conforme aux idées de la première société chrétienne, qu'il ne l'était de faire Pilate se convertir, et Tibère proposer dans le sénat romain l'apothéose de Jésus (1). Or, comment se sera manifesté le repentir de Judas? Qu'il fût revenu au bien, non seulement on n'en savait rien, mais encore cela aurait été beaucoup trop bon pour le traître; en conséquence, le repentir devint en lui du désespoir, et on le fit périr de la mort du traître Achitophel, qui est connu par l'histoire de David, et duquel il est dit : *Il se leva, s'en alla... et se pendit*, ἀνέστη, καὶ ἀπῆλθεν... καὶ ἀπήγξατο (2. Sam., 17, 23), comme ici de Judas : *Il s'éloigna, et alla se pendre*, ἀνεχώρησε καὶ ἀπελθὼν ἀπήγξατο.

Une tradition ramenée jusqu'à Papias paraît se rattacher davantage à la seule narration des Actes des Apôtres.

---

(1) Tertull., *Apologet.*, c. 21 : Ea omnia super Christo Pilatus, et ipse jam pro sua conscientia Christianus, Cæsari tum Tiberio nuntiavit. C. 5 : Tiberius ergo, cujus tempore nomen Christianum in sæculum introivit, annuntiatum sibi ex Syria Palestina, quod illic veritatem illius divinitatis revelaverat, detulit ad Senatum cum prærogativa suffragii sui. Senatus, quia non ipse probaverat, respuit. On trouve de plus amples détails sur ce sujet rassemblés dans Fabricius, *Cod. Apocr. N. T.*, 1, p. 214 sqq., 208 seq. Comparez 2, p. 505.

OEcuménius cite, comme extrait du livre de ce collecteur de traditions, que Judas, exemple effrayant des punitions de l'impiété, était devenu démesurément gonflé ; qu'il ne pouvait plus passer là où passait un chariot ; et qu'enfin, écrasé par un chariot, son corps s'était crevé et avait laissé sortir tous ses intestins (1). Cette dernière circonstance est, sans aucun doute, une méprise sur le sens de l'ancienne légende ; car, dans l'origine, le chariot qui roule n'était pas destiné à caractériser la manière dont il avait péri, mais il servait seulement à exprimer la grosseur démesurée de son corps. Plus tard, on comprit cela, et à tort, comme si un chariot avait écrasé en passant Judas gonflé démesurément. Le fait est que la chose est racontée sans confusion malencontreuse, non seulement dans Théophylacte et dans une ancienne scholie (2) où cette tradition n'est pas ramenée formellement à Papias, mais encore dans une *Chaîne*, avec citation exacte des *Explications*, ἐξηγήσεις, de cet auteur (3).

---

(1) OEcumen., *ad. Act.*, 1 : Cela est raconté plus exactement par Papias, le disciple de Jean. Judas fut dans ce monde un grand exemple pour l'impiété ; car, gonflé dans sa chair au point de ne pouvoir passer où un chariot passait facilement, il fut écrasé par le chariot, et ses entrailles sortirent de son corps. Τοῦτο δὲ σαφέστερον ἱστορεῖ Παπίας, ὁ Ἰωάννου τοῦ ἀποστόλου μαθητής· μέγα ἀσεβείας ὑπόδειγμα ἐν τούτῳ τῷ κόσμῳ περιεπάτησεν Ἰούδας. Πρησθεὶς γὰρ ἐπὶ τοσοῦτον τὴν σάρκα, ὥστε μὴ δύνασθαι διελθεῖν, ἁμάξης ῥᾳδίως διερχομένης, ὑπὸ τῆς ἁμάξης ἐπιέσθη, ὥστε τὰ ἔγκατα αὐτοῦ ἐκκενωθῆναι.

(2) Voyez plus haut, p. 518, note 2.

(3) Dans Münter, *Fragm. Patr.*, 1, p. 17 seq. Le passage est, au reste, très semblable à celui d'OEcumenius, et il l'exagère même encore sur quelques points : « Cela est raconté plus exactement par Papias, le disciple de Jean. Il s'exprime ainsi dans le quatrième livre de son *Explication des discours du Seigneur* : Judas fut dans ce monde un grand exemple pour l'impiété ; car il devint gonflé dans sa chair au point que ni son corps, ni seulement sa tête avec le volume qu'elle avait pris, ne pouvaient passer par où un chariot passait facilement. Ses paupières, dit-on, étaient tellement tuméfiées, qu'il ne pouvait pas voir la lumière, et que ses yeux ne pouvaient pas même être aperçus à l'aide de l'instrument du médecin, etc. Ayant souffert beaucoup de tourments et de punitions, il mourut, dit-on, sur son propre champ, etc. » Τοῦτο δὲ σαφέστερον ἱστορεῖ Παπίας, ὁ Ἰωάννου μαθητής, λέγων οὕτως· ἐν τῷ τετάρτῳ τῆς ἐξηγήσεως τῶν κυριακῶν λόγων· μέγα δὲ ἀσεβείας ὑπόδειγμα ἐν τούτῳ τῷ κόσμῳ περιεπάτησεν ὁ Ἰούδας· πρησθεὶς ἐπὶ τοσοῦτον τὴν σάρκα, ὥστε μηδὲ ὁπόθεν ἅμαξα ῥᾳδίως διέρχεται, ἐκεῖνον δύνασθαι διελθεῖν, ἀλλὰ μηδὲ αὐτὸν μόνον τὸν ὄγκον τῆς κεφαλῆς αὐτοῦ· τὰ μὲν γὰρ βλέφαρα τῶν ὀφθαλμῶν αὐτοῦ (Cod. Venet. : φασὶ τοσοῦτον ἐξοιδῆσαι, ὡς αὐτὸν μὲν καθόλου τὸ φῶς μὴ βλέπειν) μηδὲ ὑπὸ ἰατροῦ διόπτρᾳ ὀφθῆναι δύνασθαι, κτλ. Μετὰ πολλὰς δὲ βασάνους καὶ τιμωρίας ἐν ἰδίῳ, φασί, χωρίῳ τελευτήσαντος· κτλ.

Le gonflement énorme de Judas, dont il est question dans ce passage, pourrait n'avoir été, dans le principe, qu'une manière d'expliquer comment son corps creva et laissa sortir ses intestins, et de même on pourrait considérer comme une explication de ce gonflement l'hydropisie dans laquelle Théophylacte rapporte qu'il tomba. Mais quand, dans le Psaume 109 que citent les Actes des Apôtres, 1, 20, on lit entre autres reproches cette phrase : *La malédiction entra comme de l'eau dans ses entrailles* (v. 18), εἰσῆλθεν (ἡ κατάρα) ὡσεὶ ὕδωρ εἰς τὰ ἔγκατα αὐτοῦ LXX, ותבא (קללה) כמים בקרבו, il se pourrait que *la maladie hydropique*, νόσος ὑδερική, eût été tirée de ce passage. De même, la description monstrueuse que le prétendu Papias fait de l'état de Judas, où il est dit que l'énorme gonflement des paupières l'empêchait de voir la lumière du jour, pourrait rappeler le v. 24 de l'autre Psaume appliqué à Judas, où, entre autres malédictions, on lit : *Que leurs yeux soient frappés de ténèbres, au point de ne pas voir*, σκοτισθήτωσαν οἱ ὀφθαλμοὶ αὐτῶν τοῦ μὴ βλέπειν ; cet empêchement de voir, du moment qu'on supposait que le corps de Judas était gonflé, devait être attribué à la tuméfaction des paupières. Ainsi, la tradition qui se rattache au chapitre Ier des Actes des Apôtres a puisé les principaux développements qu'elle a donnés à l'histoire de la fin de Judas, dans les expressions des deux Psaumes désignés, et même c'est aussi là que le passage des Actes des Apôtres a pris ce qui est dit d'un rapport entre Judas et le bien-fonds. On ne va donc pas trop loin en conjecturant qu'il est possible que même ce que les Actes des Apôtres rapportent sur la fin du traître provienne de la même source. Il peut être historiquement vrai que sa mort ait été prématurée ; mais, quand même il n'en aurait pas été ainsi, le Psaume 109, au même huitième verset, qui contenait le transfert de la *charge*, ἐπισκοπή, à un autre, lui prédisait une mort anticipée en ces mots : *Que ses jours soient en petit nombre*, γενηθήτωσαν αἱ ἡμέραι αὐτοῦ ὀλίγαι; et l'on pourrait presque croire que la mort par une chute dans un précipice est venue d'une application du verset 23 du Psaume 68, où il est dit : *Que leur table devienne... une pierre d'achoppement*, γενηθήτω ἡ τράπεζα αὐτῶν... εἰς σκάνδαλον (למוקש).

C'est donc à peine si nous savons d'une manière certaine que Judas ait succombé d'une mort violente avant le temps. Si, après sa sortie hors de la compagnie de Jésus, il rentra pour elle, comme cela était naturel, dans une obscurité où s'éteignit la connaissance historique de sa destinée ultérieure, la légende chrétienne put, sans empêchement, faire accomplir en sa personne tout ce dont les prophéties et les types de l'Ancien Testament menaçaient l'infidèle ami de David, et même elle put rattacher le souvenir de son forfait à un lieu impur, connu dans le voisinage de Jérusalem (1).

§ CXXIX.

Jésus devant Pilate et Hérode.

D'après tous les évangélistes, ce fut le matin que les autorités juives, ayant déclaré Jésus digne de mort (2), le firent enchaîner et conduire au procurateur romain Ponce-Pilate (Matth., 27, 1 seq. et parall.; Joh., 18, 28). D'après Jean, 18, 12, il avait été enchaîné dès son arrestation dans le jardin; Luc ne parle pas de liens. Ici, Jean rapporte (18, 31) que, le Sanhédrin n'ayant pas le droit d'infliger des peines capitales sans l'autorisation des Romains, ce fut cette circonstance qui les obligea à amener Jésus devant Pilate (3). Dans tous les cas, le gouvernement juif

---

(1) Comparez De Wette, *Exeget. Handb.*, 1, 1, S. 231 f. 1, 4, S. 10 f.

(2) Cette manière de procéder aurait été illégale d'après Babyl. Sanhedrin, dans Lightfoot, p. 486, où il est dit : *Judicia de capitalibus finiunt eodem die, si sint ad absolutionem; si vero sint ad damnationem, finiuntur die sequenti.*

(3) Outre la phrase de Jean : *Il ne nous est permis de mettre à mort personne*, ἡμῖν οὐκ ἔξεστιν ἀποκτεῖναι οὐδένα, cet état de choses paraît encore

devait cette fois désirer de faire intervenir les Romains, parce que leur autorité seule pouvait le mettre en sûreté contre une *insurrection dans le peuple*, θόρυβος ἐν τῷ λαῷ, qu'il craignait de voir éclater à l'occasion de l'exécution de Jésus pendant le temps de la fête (Matth., 26, 5 et parall.).

Arrivés dans le prétoire, les Juifs, par crainte d'une souillure lévitique, restèrent dehors d'après le récit du quatrième évangile; mais Jésus fut conduit dans l'intérieur du bâtiment, de sorte que Pilate était obligé alternativement de sortir quand il voulait parler avec les Juifs, de rentrer quand il interrogeait Jésus (18, 28 seq.). Les synoptiques, dans le cours de leurs récits, mettent Jésus avec Pilate et les Juifs dans un seul et même local, puisque chez eux Jésus entend directement les accusations des Juifs et y répond devant Pilate. Ils rapportent, comme Jean, que la condamnation eut lieu en plein air; ils disent qu'ensuite Jésus fut conduit dans le prétoire (Matth., 27, 27); et, d'après Matthieu, v. 19, comme d'après Jean, 19, 13, Pilate monte sur la *tribune*, βῆμα, qui, d'après Josèphe (1), était placée en plein air. Comme ils ne marquent aucun changement de lieu au sujet de l'interrogatoire, ils se sont vraisemblablement figuré que tout se passa sur cette avant-place, mais, et en cela ils diffèrent de Jean, que Jésus y était aussi.

D'après tous les évangiles, la première question de Pilate

être indiqué par une obscure tradition, sur l'explication de laquelle les interprètes ont varié, Avoda Zara f. 8, 2 (Lightfoot, p. 1123 f.): Rabh Cahna dicit, cum ægrotaret R. Ismael bar Jose, miserunt ad eum dicentes: Dic nobis, o Domine, duo aut tria, quæ aliquando dixisti nobis nomine patris tui. Dicit iis... quadraginta annis ante excidium templi migravit Synedrium et sedit in tabernis. Quid sibi vult hæc traditio? Rabh Isaac bar Abdimi dicit: non judicarunt judicia mulctativa. Dixit R. Nachman bar Isaac: Ne dicat, quod non judicarunt judicia mulctativa, sed quod non judicarunt judicia capitalia.

On peut comparer à cela ce que dit Josèphe, *Antiq.*, 20, 9, 1, *qu'il n'était pas permis à Ananus* (le grand-prêtre) *de rassembler le Sanhédrin sans la volonté du procurateur*, οὐκ ἐξὸν ἦν Ἀνάνῳ, χωρὶς τῆς ἐκείνου γνώμης καθίσαι συνέδριον. L'exécution d'Étienne faite sans le concours des Romains (Act. Ap., 7) pourrait paraître un argument là-contre; mais ce fut une exécution tumultueuse, à laquelle on se porta, peut-être parce qu'on se fiait à l'absence de Pilate. Comparez sur ce point Lücke, 2. S. 634 ff., Tholuck, *Glaubwürdigkeit*, S. 360 f.

(1) *De bell. jud.*, 2, 9, 3.

à Jésus fut : *Étes-vous le roi des Juifs*, σὺ εἶ ὁ βασιλεὺς τῶν Ἰουδαίων, c'est-à-dire le Messie? Dans les deux premiers évangiles, cette question est faite sans être amenée par une plainte des Juifs (Matth., v. 11; Marc, v. 2). Chez Jean, Pilate, sortant du prétoire, demande aux Juifs quels sont leurs griefs contre Jésus (18, 29); sur quoi, ils lui répondent avec arrogance : *Si cet homme n'était pas criminel, nous ne vous l'aurions pas livré*, εἰ μὴ οὗτος ἦν κακοποιός, οὐκ ἄν σοι παρεδώκαμεν αὐτόν. Ce langage, peu fait pour obtenir du gouverneur romain, de la façon la plus prompte, la confirmation de leur sentence, n'était propre qu'à l'aigrir (1). Pilate leur dit qu'ils peuvent le prendre eux-mêmes et le juger selon leurs lois, soit qu'il ne songeât pas à un crime emportant la mort, soit qu'il voulût se moquer des Juifs. Ils lui objectent leur incapacité de mettre à exécution des peines capitales; alors le procurateur rentre dans le prétoire et pose à Jésus la question précise : s'il est le roi des Juifs; question qui, ici non plus, n'est pas amenée d'une manière pertinente. Ce n'est que dans Luc qu'elle est motivée; lui, rapporte d'abord les accusations des membres du Sanhédrin contre Jésus, à savoir qu'il troublait le peuple et l'excitait à refuser le tribut à César, se disant même *le Christ, le roi*, Χριστὸν βασιλέα (23, 2).

Si de cette façon l'on conçoit par le récit de Luc comment Pilate put aussitôt adresser à Jésus la question : s'il était le roi des Juifs, on en comprend d'autant moins, dans cet évangile, comment, sur la réponse affirmative de Jésus, Pilate put déclarer, sans plus ample informé, aux accusateurs, qu'il ne trouvait aucun crime en l'accusé. Il devait du moins, avant de prononcer sa déclaration : *Je ne trouve aucun crime en cet homme*, οὐδὲν εὑρίσκω αἴτιον ἐν τῷ ἀνθρώπῳ τούτῳ, examiner le fondement ou la fausseté du reproche de menées séditieuses, et s'entendre avec Jésus

---

(1) Lücke pense le contraire, S. 681.

sur le sens dans lequel ce dernier se donnait pour le *roi des Juifs*, βασιλεὺς τῶν Ἰουδαίων. Dans Matthieu et dans Marc, la réponse affirmative de Jésus, qu'il est le roi des Juifs, est suivie de son silence, qui étonne Pilate, en présence des accusations accumulées des membres du Sanhédrin; il n'y est pas dit non plus que Pilate ait déclaré ne trouver aucun crime en Jésus, mais il n'y est fait mention que de la tentative du procurateur pour relâcher Jésus, en le mettant en balance avec Barabbas, sans cependant que ces évangélistes fassent comprendre ce qui détermina le gouverneur à cette démarche. Ce point est, au contraire, suffisamment clair dans le quatrième évangile. A la demande de Pilate, s'il est véritablement le roi des Juifs, Jésus répond par une contre-question, où il demande si Pilate dit cela de son propre mouvement ou par la suggestion d'autrui. Cela est, à la vérité, étrange, car on ne peut trouver qu'un accusé soit autorisé à faire une pareille question, quelque innocent qu'il se sente. Aussi a-t-on essayé de toutes les façons de donner à ces paroles un sens plus supportable. Mais la question de Jésus est trop précise pour qu'on y voie un refus de répondre à une accusation qu'il jugerait absurde (1); elle est trop peu précise pour qu'on y voie une demande à l'effet de savoir si le procurateur entend l'expression : *roi des Juifs*, βασιλεὺς τῶν Ἰουδαίων, dans *le sens romain* (ἀφ' ἑαυτοῦ), ou dans *le sens juif* (ἄλλοι σοι εἶπον) (2). Pilate ne la comprend pas non plus de la sorte, il n'y voit qu'une question peu convenable, sans en concevoir cependant d'autre dépit que de demander aussitôt, avec quelque impatience à la vérité, s'il est Juif pour avoir par lui-même connaissance d'un crime aussi spécifiquement judaïque; puis il déclare bénévolement que ce sont les Juifs et leurs magistrats qui le lui ont livré, et qu'il peut s'expliquer sur le crime qui

---

(1) Calvin, sur ce passage.   (2) Lücke et Tholuck, sur ce passage.

est mis par eux à sa charge. A cette question, Jésus donne une réponse qui, réunie à l'impression que devait produire toute sa personne, put faire naître dans l'esprit du gouverneur la conviction de son innocence; il répond que son *règne*, βασιλεία, n'est pas *de ce monde*, ἐκ τοῦ κόσμου τούτου, et, en preuve, il cite la conduite tranquille, passive, de ses adhérents lors de son arrestation (v. 36). Pilate demandant encore si Jésus, s'étant attribué une royauté, ne fût-elle pas de ce monde, se donne néanmoins pour un roi; Jésus réplique qu'il est roi, puisqu'il est né pour rendre témoignage à la vérité, et là-dessus Pilate fait la question connue : *Qu'est-ce que la vérité?* τί ἐστιν ἀλήθεια? Sans doute il est singulier de trouver, dans cette dernière tournure du dialogue, le coloris propre à Jean sur l'emploi de l'idée de la *vérité*, comme il l'a été plus haut de trouver une question peu convenable dans la bouche de Jésus; cependant on comprend, d'après ce récit, comment Pilate put sortir aussitôt et déclarer aux Juifs qu'il ne trouvait aucune faute en Jésus. Mais un autre point pourrait susciter des doutes contre cette narration de Jean. Si, ainsi qu'il le dit, l'interrogatoire se passa dans l'intérieur du prétoire, où aucun Juif ne voulut mettre le pied, qui donc entendit le dialogue du gouverneur avec Jésus, et put en garantir la vérité au rédacteur du quatrième évangile? L'explication de commentateurs déjà anciens qui disaient que Jésus lui-même avait raconté ces détails aux apôtres après sa résurrection est abandonnée comme extravagante; l'explication plus récente où l'on dit que peut-être Pilate lui-même fut la source de ces renseignements sur l'interrogatoire n'est guère moins invraisemblable; et, avant que je me décide à imaginer avec Lücke que Jésus était resté à l'entrée du prétoire, et qu'ainsi ceux qui étaient dehors ont pu, avec un peu d'attention et de silence, entendre la conversation, j'aimerais mieux invoquer les entours du gouverneur, qui, sans doute, n'était pas seul avec Jésus. Mais il serait fort possible que nous eussions ici un dialogue qui ne devrait son origine qu'aux combinaisons propres de l'évangéliste.

Avant l'épisode de Barabbas, qui suit immédiatement chez les autres, Luc a une scène qui lui est particulière. Pilate ayant déclaré ne trouver aucune faute en l'accusé, les grands-prêtres, avec leurs adhérents parmi la foule, persistent à soutenir que Jésus, par ses prédications et son enseignement, excite le peuple depuis la Galilée jusqu'à Jérusalem. Pilate, saisissant ce mot de Galilée, demande si l'accusé est un Galiléen; et, une réponse affirmative lui ayant été faite, il s'en empare comme d'une occasion bien venue pour se débarrasser d'une affaire désagréable, envoyant Jésus au tétrarque de la Galilée, Hérode Antipas, qui se trouvait à Jérusalem au temps de la fête. Le procurateur avait peut-être en outre l'intention accessoire de s'attacher (ce qui du moins fut le résultat de sa démarche) ce petit prince, en témoignant autant de respect pour sa juridiction. Hérode, dit l'évangéliste, s'en réjouit, parce que, d'après tout ce qu'il avait déjà entendu dire de Jésus, il souhaitait depuis longtemps de le voir, espérant qu'il lui ferait peut-être quelque miracle. Le tétrarque lui adressa plusieurs questions, les membres du sanhédrin l'accusèrent avec véhémence, mais Jésus ne fit aucune réponse; sur quoi, Hérode avec les gens de sa suite le traita d'une façon méprisante, et, l'ayant fait vêtir d'une robe éclatante par dérision, il le renvoya à Pilate (23, 4, seq.). Ce récit de Luc, aussi bien en lui-même que dans son rapport avec les autres évangiles, renferme plusieurs choses qui doivent exciter la surprise. Si Jésus appartenait véritablement, comme Galiléen, à la juridiction d'Hérode, ainsi que Pilate semble le reconnaître en le remettant à ce prince, comment se fit-il que Jésus, non seulement le Jésus sans péché du système orthodoxe, mais encore le Jésus soumis aux autorités établies, celui qui dit : « Rendez à César ce qui est dû à César, » refusa à Hérode la réponse qu'il lui devait ! Comment se fit-il qu'Hérode, sans autre examen, le renvoya de nouveau de sa juridiction? Dire avec Olshausen que l'interrogatoire devant Hérode montra que Jésus était né, non à Nazareth dans la Galilée, mais à Bethléem dans la Judée, c'est, d'une part, s'autoriser d'une manière illicite de l'histoire de la nativité, dont les données n'ont plus laissé aucune trace dans tout le reste de l'évangile de Luc; d'autre part, une naissance en Judée aussi accidentelle que Luc la représente, joint à ce que les parents de Jésus eurent leur domicile dans la Galilée avant et après, et que Jésus y résida lui-même, n'aurait pas fait un Juif de Jésus. Mais surtout il faut demander : Par qui donc la descendance juive de Jésus aurait-elle été connue, puisqu'il est dit de lui qu'il ne fit aucune réponse, et que cette descendance, d'après tout ce que nous savons, était ignorée des Juifs? Qu'on explique plutôt, si l'on veut, le silence de Jésus par l'indigne caractère des demandes d'Hérode, où se trahissait non le sérieux du juge, mais une simple curiosité, et son renvoi devant Pilate, parce que non seulement l'arrestation de Jésus, mais encore une partie de sa prédication, avaient eu lieu dans le domaine de Pilate. Quoi qu'il en soit, pourquoi les autres évangélistes ne disent-ils rien de tout cet épisode? On ne voit pas, surtout si l'on regarde le rédacteur du quatrième évangile comme l'apôtre Jean, comment cette omission est explicable. La réponse ordinaire que l'on fait, à savoir que Jean suppose connue soit par les synoptiques, soit d'une manière générale, la remise de Jésus à la juridiction d'Hérode, est inapplicable ici; car cette histoire, n'étant rapportée que par le seul Luc, paraît n'avoir pas été très répandue. Un autre argument, à savoir que Jean l'aura jugée trop peu importante (1), perd tout fondement

(1) Schleiermacher, *Ueber den Lukas*, S. 2.

quand on se rappelle que cet évangéliste n'a pas dédaigné de mentionner que Jésus fut conduit devant Anne, bien que cela n'eût pas été plus décisif. Surtout, ainsi que Schleiermacher en convient, le récit que fait Jean des événements est tellement cohérent, qu'on ne découvre nulle part un joint où intercaler un pareil épisode. Aussi Schleiermacher se réfugie-t-il dans une conjecture finale, à savoir que sans doute Jean n'aura pas eu connaissance de la remise de Jésus entre les mains d'Hérode, parce que cette remise se sera faite par une porte de derrière, d'un côté opposé à celui où était l'apôtre, tandis que Luc en a été informé, attendu que celui de qui il tient son récit avait une connaissance dans la maison d'Hérode, comme Jean dans celle d'Anne. De la double supposition sur laquelle cette explication repose, la première n'est qu'une échappatoire, et la seconde une fiction faite en désespoir de cause. Sans doute, si nous n'admettons pas préjudiciellement que le rédacteur du quatrième évangile est un apôtre, nous perdons le point d'appui nécessaire pour attaquer le récit de Luc, qui dans tous les cas est d'une origine très ancienne, car il est déjà question dans Justin de la remise de Jésus à Hérode (1). Cependant le silence des autres évangélistes dans un paragraphe où la concordance règne généralement sur les phases principales de l'événement, et les difficultés intrinsèques du récit de Luc, n'en offrent pas moins matière à des doutes considérables; et il reste toujours possible de conjecturer que l'anecdote ait été suggérée par le désir de faire comparaître Jésus devant toutes les juridictions qui se pourraient réunir à Jérusalem, de le faire traiter, il est vrai, avec mépris par toutes les autorités qui n'appartenaient pas à la hiérarchie sacerdotale, mais de faire reconnaître hautement ou tacitement son innocence, et de lui faire garder, à lui, un calme et une dignité toujours égale devant ces différents

(1) Dial. c. Tryph., 408.

tribunaux (1). Si tel était l'idée qu'il faudrait avoir du récit actuel, que le troisième évangéliste est seul à nous rapporter, une semblable conjecture s'appliquerait au récit où le quatrième évangéliste, également seul, nous rapporte que Jésus fut conduit devant Anne, et l'on ne pourrait objecter qu'une chose, c'est que cette scène, n'étant pas décrite en détail, ne présente aucune difficulté intrinsèque.

Ayant reçu Jésus, que Hérode lui avait renvoyé, Pilate, d'après Luc, convoqua de nouveau les membres du sanhédrin et le peuple, et déclara qu'appuyé du jugement d'Hérode qui concordait avec le sien, il voulait renvoyer Jésus avec une simple correction, et que pour cela il pouvait user de la coutume de mettre, pendant la fête de Pâques, un détenu en liberté (2). Cette circonstance, un peu abrégée dans Luc, est mise davantage en lumière chez les autres, et particulièrement chez Matthieu. C'était la *foule*, ὄχλος, qui avait qualité pour demander la mise en liberté d'un détenu; aussi Pilate, sachant bien que Jésus n'était poursuivi que par la haine des grands, chercha à faire tourner en sa faveur la disposition du peuple qui était meilleure, et, pour forcer, pour ainsi dire, la foule à délivrer Jésus, il donna au peuple assemblé à choisir entre celui que, soit par raillerie à l'égard des Juifs, soit pour les détourner d'une exécution honteuse pour eux-mêmes, il nommait Messie ou roi des Juifs, et un *prisonnier fameux*, δέσμιος ἐπίσημος, appelé Barabbas (3), que Jean désigne comme

---

(1) Voyez De Wette, *Exeg. Handb.*, 1, 2, S. 114; Theile, *Zur Biographie Jesu*, § 35.

(2) On est dans le doute sur la question de savoir si cette coutume, que nous ignorerions tout à fait sans le Nouveau Testament, était d'origine romaine ou juive. Comparez Fritzsche, Paulus, sur ce passage, et Baur dans son mémoire *Sur la signification primitive de la fête de Pâques*, etc., dans: *Tüb. Zeitsch. f. Theol.*, 1832, 1, S. 94.

(3) D'après une leçon, le nom complet de cet homme était Ἰησοῦς Βαραββᾶς, ce qui n'est remarqué ici que parce que Olshausen l'a trouvé *remarquable*. Comme *Barabba* signifie proprement *fils du père*, Olshausen s'écrie: Tout ce qui était essentiel dans le rédempteur, apparaît comme caricature dans le meurtrier! Et il trouve applicable ici le vers latin: *Ludit in humanis divina potentia rebus*. Dans cette remarque d'Olshausen, nous ne pouvons voir qu'un *lusus humanae impotentiae*.

un *brigand*, ληστής, Marc et Luc comme un homme qui avait été arrêté pour sédition et pour meurtre. Mais le plan de Pilate échoua : le peuple, excité, au dire des deux premiers évangélistes, par ses supérieurs, demanda avec une grande unanimité la mise en liberté de Barabbas, et le crucifiement de Jésus.

Matthieu rapporte une circonstance qui exerça sur Pilate une action particulière en faveur de Jésus, et qui le décida à faire tous ses efforts pour que l'exécution de Barabbas fût acceptée : c'est que la femme (1) du gouverneur le fit avertir, pendant qu'il était sur son tribunal, qu'elle avait eu un songe qui l'inquiétait, et qu'il prît garde à n'avoir rien à faire avec ce juste (27, 19). Non seulement Paulus, mais encore Olshausen expliquent ce songe comme l'effet naturel de ce que la femme de Pilate pouvait avoir entendu dire de Jésus et de son arrestation opérée la veille, à quoi l'on peut ajouter, sous forme de conjecture à l'appui de cette explication, que, d'après l'Évangile de Nicodème, elle était *pieuse*, θεοσεβής, et *judaïsante*, ἰουδαΐζουσα (2). Cependant, les songes étant considérés comme venant d'en haut dans tout le Nouveau Testament, et particulièrement dans l'évangile de Matthieu, la pensée du narrateur a été certainement que celui-ci n'avait pas été non plus sans la volonté divine, et il faut par conséquent pouvoir trouver un motif et un but de cette dispensation. Si le songe était destiné à entraver réellement la mort de Jésus, on devrait, au point de vue orthodoxe, d'après lequel cette mort était nécessaire à la félicité du genre humain, en venir à la conjecture de quelques anciens qui s'imaginèrent que ce pouvait être le diable qui avait envoyé ce songe à la femme du gouverneur, afin d'empêcher la mort expiatoire (3). Si le songe n'avait pas pour

---

(1) Dans l'évangile de Nicodème et dans les écrivains postérieurs de l'histoire ecclésiastique, elle s'appelle *Procula*, Πρόκλη. Comparez là-dessus Thilo,
Cod. Apocr. N. T., p. 522 ; Paulus, *Exeg. Handb.*, 3, b, S. 640 seq.

(2) Cap. 2, p. 520, dans Thilo.

(3) Ignat., *Ad Philippens.*, 4 : *Le dia-*

but d'empêcher la mort de Jésus, il devait être destiné uniquement ou à Pilate ou à sa femme. Mais un avertissement venant si tard ne pouvait qu'aggraver la faute de Pilate, sans être capable de le retirer d'une affaire qui était déjà à moitié faite ; quant à dire que sa femme aurait été convertie par ce rêve, comme plusieurs l'ont admis (1), cela n'est connu par aucun renseignement, et d'ailleurs ce but n'est pas exprimé dans le récit. Le fait est que, la figure de Pilate dans la narration évangélique étant représentée de manière à opposer le jugement impartial d'un païen à la haine aveugle des compatriotes de Jésus, sa femme est aussi mise en jeu et vient témoigner en faveur de Jésus, afin que la bouche d'une faible femme se joigne à celle *des enfants et des petits à la mamelle*, νηπίων καὶ θηλαζόντων (Matth. 21, 16), pour lui préparer une louange d'autant plus importante qu'elle était dictée par un songe significatif. Plus, afin de rendre celui-ci vraisemblable, on cite dans l'histoire profane de pareils songes dont les avertissements inquiétants précédèrent une catastrophe sanglante (2), plus on est porté à soupçonner qu'ici, comme dans la plupart de ces cas, le songe qui nous occupe a pu être inventé après l'événement pour en rehausser l'effet tragique.

Les Juifs, à l'interrogation répétée de Pilate, répondent en demandant avec véhémence et persistance la mise en liberté pour Barabbas et le crucifiement pour Jésus. Les deux évangélistes intermédiaires rapportent qu'il accéda aussitôt à leur requête, mais Matthieu intercale une céré-

---

ble effraie cette femme, la trouble par des songes, et essaie d'empêcher les choses de la croix, φοβεῖ δὲ τὸ γύναιον, ἐν ὀνείροις αὐτὸ καταταράττων, καὶ παύειν πειρᾶται τὰ κατὰ τὸν σταυρόν. Comparez Thilo, p. 523. Les Juifs, dans l'Évangile de Nicodème, c. 2, p. 524, attribuent le songe aux sortilèges de Jésus : *C'est un magicien... Voyez, il a* envoyé des songes à votre femme, γόης ἐστί... Ἰδοὺ ὀνειρόπεμπτα ἔπεμψε πρὸς τὴν γυναῖκά σου.

(1) Par exemple, Théophylacte. Voyez Thilo, p. 523.

(2) Voyez Paulus et Kuinœl sur ce passage ; ils rappellent en particulier le songe de la femme de César, dans la nuit qui précéda l'assassinat de son mari.

monie et un dialogue (27, 24 seq.). D'après lui, Pilate se fait donner de l'eau, se lave les mains devant le peuple, et se déclare innocent du sang de ce juste. Se laver les mains pour se déclarer innocent d'une imputation de meurtre, était une coutume spécifiquement juive, d'après 5. Mos., 21, 6 seq. (1). On a trouvé invraisemblable que le gouverneur romain eût imité ici cette cérémonie juive, et aussi a-t-on dit que ce n'était point une imitation, et que rien ne peut venir plus facilement qu'une pareille ablution, à l'esprit de quiconque veut déclarer son innocence (2). Mais, pour inventer sur-le-champ un acte symbolique sans se rattacher à une cérémonie usitée, ou même seulement pour recourir à un usage populaire étranger, il faut que celui qui fait cet acte symbolique ait un intérêt extrême à la chose qu'il veut figurer par là. Or, Pilate ne pouvait pas avoir, à beaucoup près, autant d'intérêt à prouver son innocence dans l'exécution de Jésus, que les chrétiens en avaient à faire attester de cette façon l'innocence de leur Messie. De là le soupçon que peut-être c'est à eux que l'ablution des mains de Pilate doit son origine. Cette conjecture se confirme quand nous prenons en considération la déclaration de laquelle Pilate est dit avoir accompagné cet acte symbolique : *Je suis net du sang de ce juste*, ἀθῶός εἰμι ἀπὸ τοῦ αἵματος τοῦ δικαίου τούτου. Le juge aurait-il appelé publiquement et emphatiquement *juste*, δίκαιος, celui que néanmoins il livrait au supplice le plus cruel ? C'est ce que Paulus même trouve si contradictoire en soi, qu'ici, contre la manière ordinaire de son exégèse, il admet que c'est le narrateur qui donne l'interprétation de ce qu'il pense que Pilate a voulu signifier par l'ablution. Il est étonnant qu'il ne soit pas également frappé de l'invraisemblance des paroles qui dans cette occasion sont prêtées aux Juifs. Après

---

(1) Comparez Sota, 8, 6. (2) Fritzsche, *in Matth.*, p. 808.

que Pilate s'est déclaré innocent du sang de Jésus, et en a jeté sur les Juifs la responsabilité en ajoutant ces mots : *Vous en serez responsables*, ὑμεῖς ὄψεσθε, Matthieu rapporte que *tout le peuple*, πᾶς ὁ λαὸς, cria : *Que son sang soit sur nous et nos enfants*, τὸ αἷμα αὐτοῦ ἐφ' ἡμᾶς καὶ ἐπὶ τὰ τέκνα ἡμῶν. Mais évidemment cela ne peut avoir été dit que du point de vue des chrétiens, qui, dans les malheurs fondant bientôt après la mort de Jésus à coups toujours redoublés sur la nation juive, ne virent rien autre chose que la dette du sang pour la mise à mort de Jésus. De la sorte, tout cet épisode, propre au premier évangile, est suspect au plus haut degré (1).

D'après Matthieu et Marc, Pilate fit alors fustiger Jésus, pour qu'il fût immédiatement conduit au supplice. La fustigation paraît ici tout à fait répondre au *virgis cædere*, qui, d'après l'usage romain, précédait le *securi percutere*, et à la fustigation qui, pour les esclaves, précédait le crucifiement (2). Dans Luc, elle a un tout autre caractère. Tandis qu'il est dit dans les deux premiers évangélistes : *Après avoir fait fouetter Jésus, il le leur livra pour être crucifié*, τὸν δὲ Ἰησοῦν φραγελλώσας παρέδωκεν ἵνα σταυρωθῇ, il est dit, dans Luc, que Pilate s'offrit à diverses reprises (v. 16 et v. 22), *à le relâcher après l'avoir fait fouetter*, παιδεύσας αὐτὸν ἀπολύσω ; c'est-à-dire que, tandis que chez les deux premiers évangélistes la fustigation paraît être le préliminaire de l'exécution, elle paraît chez le troisième en tenir la place et la détourner : par cette correction, Pilate veut satisfaire la haine des ennemis de Jésus, et les faire renoncer au désir de sa mise à mort. Tandis que chez Luc on n'en vient point réellement à la fustigation, parce que les Juifs ne veulent en aucune façon donner les mains à la proposition répétée

---

(1) Comparez De Wette, *Exeget. Handb.*, 1, 1, S. 234.
(2) Comparez particulièrement les passages cités par Wetstein, sur Matthieu, 27, 26.

de Pilate, Jean rapporte que Jésus fut réellement fouetté, et que Pilate, l'ayant fait revêtir d'un habit de pourpre et couronner d'une couronne d'épines, le présenta au peuple, pour essayer si cet aspect misérable, joint à la déclaration répétée de son innocence, ne ferait pas quelque impression sur les esprits irrités; mais cela fut également inutile (19, 1 seq.). Il se trouve donc entre les évangélistes, au sujet de la fustigation, une divergence que l'on ne peut pas concilier, en disant avec Paulus que la phrase de Matthieu et de Marc : *Après avoir fait fouetter Jésus, il le livra pour être crucifié,* τὸν Ἰησοῦν φραγελλώσας παρέδωκεν ἵνα σταυρωθῇ, doit être ainsi paraphrasée : Jésus qu'il avait fait fouetter tout d'abord pour le sauver, avait souffert cela inutilement, puisqu'il n'en fut pas moins livré au supplice de la croix. Mais, reconnaissant la divergence des relations, il faut seulement demander laquelle des deux a en sa faveur la plus grande vraisemblance historique. Or, bien qu'on ne puisse sans doute démontrer que la fustigation avant le crucifiement était chez les Romains un usage qui ne souffrait pas d'exception, cependant, d'autre part, ce n'est que par zèle harmonistique que l'on soutient que la fustigation avant le crucifiement n'était infligée qu'à ceux qui devaient être punis avec une rigueur particulière (1), et qu'en conséquence Pilate, qui ne voulait pas être cruel à l'égard de Jésus, ne peut l'avoir fait fouetter que dans l'intention particulière que Luc et Jean rapportent, et qu'il faut aussi supposer chez les deux premiers évangélistes. Il est, au contraire, beaucoup plus vraisemblable que dans la réalité la fustigation ne fut infligée, ainsi que les deux premiers évangélistes le rapportent, que comme préliminaire de l'exécution; mais la légende chrétienne, se complaisant à relever comme un témoignage contre les Juifs ce côté du caractère de Pilate, en vertu duquel il était supposé s'être

---

(1) Paulus, l. c., S. 647.

efforcé à diverses reprises de sauver Jésus, se servit du fait de la fustigation pour y trouver une nouvelle tentative de Pilate en faveur de Jésus. Cela ne paraît être qu'en essai dans le troisième évangile, puisque la fustigation n'y est qu'une offre de Pilate ; mais, dans le quatrième, la fustigation est réellement accomplie, et elle sert à former un acte de plus dans le drame.

A la fustigation se rattachent, dans les deux premiers évangiles et dans le quatrième, les mauvais traitements et les dérisions auxquels Jésus est en butte de la part des soldats, qui lui mettent un habit de pourpre sur le corps, une couronne d'épines sur la tête (1), et même, d'après Matthieu, un bâton dans la main, et qui, dans ce déguisement, tantôt le saluaient roi des Juifs, tantôt le battaient et le maltraitaient (2). Luc ne mentionne ici aucune dérision de la part des soldats ; mais, dans son récit de la remise momentanée de Jésus entre les mains d'Hérode, il a quelque chose de semblable, rapportant qu'Hérode, *avec ses soldats*, σὺν τοῖς στρατεύμασιν αὐτοῦ, le traita avec mépris et le renvoya à Pilate, revêtu d'un *habit éclatant*, ἐσθὴς λαμπρά. Plusieurs admettent que c'est là le vêtement de pourpre dont ensuite les soldats de Pilate revêtirent Jésus pour la seconde fois ; mais il faudra dire plutôt que ce déguisement fut mis trois fois à Jésus, si nous voulons tenir compte de Jean, et en même temps n'accuser d'erreur aucun des synoptiques. Il en fut revêtu une première fois devant Hérode (Luc) ; une seconde fois, avant que Pilate le conduisît devant les Juifs pour exciter leur compassion, par les mots : *Voilà l'homme*, ἴδε ὁ ἄνθρωπος (Joh.) ; enfin, une troisième fois après qu'il eut

---

(1) D'après les explications de Paulus, S. 649 f., il est tout à fait vraisemblable que le στέφανος ἐξ ἀκανθῶν était non une couronne d'épines piquantes, mais une couronne prise à la première haie venue, afin de faire dérision à Jésus par une *vilissima corona*, *spineola* (Plin. H. N., 21, 10).

(2) Wetstein, p. 588 seq., cite dans Philon, *in Flaccum*, un pareil déguisement mis à un homme par mépris pour un tiers. Comparez aussi Tholuck, *Glaubwürdigkeit*, S. 364.

été livré aux soldats pour être crucifié (Matthieu et Marc). Or, cela est aussi invraisemblable qu'il est vraisemblable que les évangélistes ont placé dans des temps et dans des lieux différents, et attribué à des personnes différentes, le seul et même déguisement dont ils avaient entendu parler.

Tandis que dans les deux premiers évangélistes le procès est clos dès avant la fustigation de Jésus; tandis que dans le troisième Pilate, ayant éprouvé un refus de la part des Juifs pour sa proposition de *relâcher Jésus après l'avoir fait fouetter*, παιδεύσας αὐτὸν ἀπολύσω, le livre au supplice; dans le quatrième évangile, la scène du jugement reçoit de plus amples développements. La présentation de Jésus, fouetté et dans un costume de dérision, n'ayant servi à rien, et les Juifs réclamant avec opiniâtreté sa mise en croix, le gouverneur leur crie avec colère qu'ils peuvent le prendre eux-mêmes et le crucifier, que quant à lui il ne trouve aucune faute en cet homme. Les Juifs répliquent que, d'après leur loi, il doit mourir, attendu qu'il se dit *fils de Dieu*, υἱὸς Θεοῦ. Cette remarque suscite en Pilate une crainte superstitieuse; il ramène Jésus une seconde fois dans le prétoire, et l'interroge sur son origine (voulant savoir par là si elle était réellement céleste); Jésus ne lui fait aucune réponse, et, quand le gouverneur veut l'effrayer par le pouvoir qu'il a de disposer de sa vie, il lui rappelle le pouvoir d'en haut qui lui a donné cette autorité. A la vérité, Pilate, à la suite de ces discours, s'efforça avec encore plus d'insistance qu'auparavant de délivrer Jésus; mais enfin les Juifs trouvèrent le vrai moyen de le faire accéder à leur volonté, en jetant la remarque que, s'il délivre Jésus, qui prend en face de César la position d'un usurpateur, il n'est pas *dans les intérêts de César*, φίλος τοῦ Καίσαρος. De la sorte, intimidé par la possibilité d'être desservi auprès de Tibère, il monte sur le tribunal, et, dans le dépit de ne pouvoir faire sa volonté, il demande, par dérision pour les Juifs, s'ils veulent qu'il ordonne le crucifiement de leur roi. Mais ceux-ci, maintenant la position qu'ils avaient prise en dernier lieu avec un succès aussi visible, déclarent qu'ils ne connaissent pas d'autre roi que César. Alors le gouverneur accorde que Jésus soit conduit au lieu du crucifiement. A cet effet, on lui retira, ainsi que le remarquent les deux premiers évangélistes, le manteau de pourpre, et on lui remit ses propres habits.

§ CXXX.

Crucifiement.

Les synoptiques et Jean diffèrent entre eux tout d'abord sur la manière même dont ils rapportent que Jésus se rendit au lieu du crucifiement. D'après Jean, Jésus porta lui-même la croix (19, 17); d'après les autres, on la fit porter en sa place par un certain Simon de Cyrène (Matth., 27, 32 parall.). A la vérité, les commentateurs, comme si cela s'entendait de soi, concilient ces deux renseignements, en disant que d'abord Jésus essaya de porter lui-même la croix, et qu'ensuite, comme on vit qu'il était trop épuisé pour cela, on en chargea Simon (1). Mais lorsque Jean dit: *Et, portant sa croix, il sortit pour aller à... Golgotha, où ils le crucifièrent,* καὶ βαστάζων τὸν σταυρὸν αὑτοῦ ἐξῆλθεν εἰς... Γολγαθᾶ, ὅπου αὐτὸν ἐσταύρωσαν, évidemment il ne suppose pas que dans le trajet la croix eût été ôtée à Jésus (2). Cependant, le dire si concordant des synoptiques sur la substitution de Simon paraît d'autant moins pouvoir être écarté, que l'on ne découvre pas une raison qui en aurait suggéré l'invention. Il serait possible, au contraire, que cette particularité fût demeurée inconnue dans le cercle où se forma le

---

(1) C'est ce que disent Paulus, Kuinœl, Tholuck et Olshausen, dans leurs *Comm.*; Neander, L. J. Chr., S. 634.
(2) Fritzsche, *in Marc.*, 684 : Significat Johannes, Jesum suam crucem portavisse, donec ad Calvariae locum pervenisset.

quatrième évangile, et que le rédacteur de cet évangile se fût imaginé que, conformément à l'usage général, Jésus avait été obligé de porter lui-même sa croix. Tous les synoptiques désignent ce Simon comme un Cyrénéen, Κυρηναῖος, c'est-à-dire probablement un homme venu pour la fête à Jérusalem de la ville libyenne de Cyrène, où beaucoup de Juifs habitaient (1). D'après les mêmes évangélistes, il fut par violence contraint à porter la croix, particularité qui ne prouve pas plus pour que contre l'opinion de ceux qui prétendent qu'il était favorable à Jésus (2). D'après Luc et Marc, cet homme venait directement *de la campagne*, ἀπ' ἀγροῦ, et, au moment où il voulut passer devant l'escorte du crucifiement, on l'employa pour soutenir Jésus. Marc le désigne d'une manière plus précise comme *père d'Alexandre et de Rufus*, πατὴρ Ἀλεξάνδρου καὶ Ῥούφου, qui paraissent avoir été des personnages connus dans la première communauté chrétienne (comparez Rom., 16, 13; Act. Ap., 19, 33 (?); 1. Tim., 1, 20(?); 2. Tim., 4, 14 (?)) (3).

Luc rapporte qu'une grande foule, composée particulièrement de femmes, suivit en gémissant Jésus jusqu'au lieu du supplice; mais que lui leur conseilla de pleurer sur elles-mêmes et sur leurs enfants, faisant allusion aux malheurs affreux qui allaient bientôt éclater sur elles (23, 27 seq.). D'une part, les détails sur les temps qui s'approchent sont empruntés aux discours sur la venue (Luc, 21, 23); car, de même que là il est crié : Malheur aux femmes enceintes et aux nourrissons de cette époque funeste, de même il est dit ici qu'il viendra des *jours*, ἡμέραι, où *les femmes stériles et les ventres qui n'ont point porté, et les mamelles qui n'ont point allaité*, αἱ στεῖραι, καὶ κοιλίαι αἳ οὐκ ἐγέννησαν, καὶ μαστοὶ οἳ οὐκ ἐθήλασαν, seront estimées heureuses;

(1) Josèphe, *Antiq.*, 14, 7, 2.
(2) Grotius est pour; Olshausen est contre, 2, S. 484.
(3) Comparez Paulus, Fritzsche et De Wette sur ce passage.

d'autre part ils sont empruntés à Osée, 10, 8, car la phrase : *Alors on dira aux montagnes*, etc., τότε ἄρξονται λέγειν τοῖς ὄρεσι κτλ., est presque textuellement la traduction alexandrine de ce passage.

Le lieu de l'exécution est nommé par tous les évangélistes Golgotha, ce qui est le mot chaldéen, גלגלתא ; et ils l'expliquent par le *lieu du crâne*, κρανίου τόπος, ou le *crâne*, κρανίον (Matth., v. 33 parall.). Cette dernière explication pourrait faire croire que ce lieu avait été ainsi nommé à cause de sa configuration en forme de crâne ; mais, d'après la première explication et aussi d'après la nature de la chose, il est plus vraisemblable qu'il devait son nom à l'usage auquel il servait, et aux squelettes et aux crânes des individus suppliciés qu'on y voyait. On ignore où cet endroit était situé ; sans aucun doute il était hors de la ville ; ce n'est non plus que par conjecture que l'on admet que c'était une colline (1).

Après l'arrivée de Jésus sur le lieu du supplice, Matthieu raconte, dans un ordre un peu singulier, comment les choses se passèrent (v. 34 seq.). D'abord il fait mention du breuvage offert à Jésus ; puis il dit qu'après l'avoir attaché à la croix, les soldats se partagèrent ses vêtements ; qu'ensuite ils s'assirent pour le garder. Après cela, il parle de l'inscription mise à la croix ; et ce n'est qu'alors qu'il rapporte que l'on crucifia avec lui deux voleurs, et il rapporte cela sans prétendre rappeler quelque chose qu'il aurait oublié, mais en se servant d'une particule qui indique quelque chose de consécutif (*alors*, τότε). Marc suit Matthieu ; seulement, au lieu de dire que les soldats gardèrent la croix, il dit qu'il était la troisième heure quand ils crucifièrent Jésus. Mais Luc, avec plus de raison, raconte d'abord le crucifiement des deux voleurs avec Jésus, puis le tirage au sort des vê-

---

(1) Voyez Paulus et Fritzsche, sur ce paragraphe ; Winer, *Bibl. Realw. d. A. Golgotha*.

tements. Jean suit le même ordre. Transposer les versets dans Matthieu, comme on l'a proposé (1) (34, 37, 38, 35, 36), n'est pas permis, et il faut plutôt laisser peser sur l'auteur du premier évangile l'inculpation d'avoir négligé la succession naturelle des choses, dans son désir de n'omettre aucun des faits principaux qui eurent lieu lors du crucifiement de Jésus (2).

Quant au mode de crucifiement, il n'y a plus guère de controversé que la question de savoir si, outre les mains, les pieds furent aussi cloués. La réponse affirmative est autant dans l'intérêt des orthodoxes que la réponse négative est dans l'intérêt des rationalistes. Depuis Justin-Martyr (3) jusqu'à Hengstenberg (4) et Olshausen, les orthodoxes trouvent, dans les pieds cloués de Jésus, un accomplissement de la prophétie, Ps. 22, 17, où les Septante ont traduit ὤρυξαν χεῖράς μου καὶ πόδας (*ils ont percé mes mains et mes pieds*). Mais, dans le texte original, il est à peine question de *percer*; dans tous les cas, il ne s'agit pas d'un crucifiement ; aussi ce passage n'est-il appliqué au Christ nulle part dans le Nouveau Testament. Quant aux rationalistes, il leur est, d'une part, plus aisé d'expliquer la mort de Jésus comme une simple mort apparente ; d'autre part, ce n'est qu'autant qu'il n'y avait aucune blessure aux pieds, qu'ils peuvent comprendre comment il fut en état de marcher aussitôt après la résurrection, tandis que, s'il était historiquement vrai que les pieds de Jésus eussent été aussi cloués, il faudrait en conclure que la résurrection et la faculté de marcher après cette résurrection, ou bien ont eu lieu par l'effet d'un miracle, ou bien n'ont pas eu lieu du tout. Dans ces derniers temps, ce point a été débattu contradictoirement

---

(1) Wassenbergh, *Diss. de trajectionibus N. T.*, dans *Walckenaer Scholæ in ll. quosdam N. T.*, 2, p. 31.

(2) Comparez Schleiermacher, *Ueber den Lukas*, S. 295; Winer, *N. T. Gramm.*, S. 226, et Fritzsche, *in Matth.*, p. 814.

(3) *Apol.*, 1, 35. *Dial. c. Tryph.*, 97.

(4) *Christologie des A. T.*, 1, a, S. 182 ff.

dans deux dissertations savantes et approfondies, où Paulus et Bahr ont soutenu, le premier que les pieds n'avaient pas été cloués, le second qu'ils l'avaient été (1). La première opinion peut, avant toute chose, faire valoir que, dans le récit évangélique, il n'est fait aucun usage de ce passage psalmique, qui cependant, si les pieds avaient été cloués, n'aurait guère manqué d'être saisi par les évangélistes, et que, dans l'histoire de la résurrection, à côté des marques des clous aux mains et de la blessure au côté, il n'est pas parlé de blessure aux pieds (Joh., 20, 20. 25. 27); à quoi l'autre opinion oppose, non sans fondement, le passage de Luc, 24, 39, où Jésus s'adresse aux apôtres en ces termes : *Voyez mes mains et mes pieds*, ἴδετε τὰς χεῖράς μου καὶ τοὺς πόδας μου. Dans ce passage, à la vérité, il n'est pas dit que les pieds eussent été percés, mais on ne comprendrait guère comment Jésus, simplement pour convaincre les apôtres de la réalité de son corps, serait allé montrer ses pieds. Parmi les Pères de l'Église, ceux qui, vivant avant Constantin, purent connaître le crucifiement pour l'avoir vu, tels que Justin et Tertullien, admettent que les pieds de Jésus furent cloués; cela a du poids. Quand même on exciperait de la phrase où Tertullien dit : *Qui (Christus) solus a populo tam insigniter crucifixus est* (2), pour conclure que c'est par amour pour le passage du Psaume que ces Pères ont admis que le Christ avait été exceptionnellement crucifié avec le percement des pieds, il n'en est pas moins vrai que, comme auparavant, Tertullien avait appelé le percement des pieds et des mains *l'atrocité propre de la croix (propria atrocia crucis)*; sa phrase signifie non un mode spécial de crucifiement, mais le supplice même de la croix, qui, étranger à l'Ancien Testament, fut appliqué, par exception, a

---

(1) Paulus, dans *Exeg. Handb.*, 3, b, S. 669-754; Bæhr, dans *Tholuck's liter. Anzeiger für christl. Theol.*, 1835, n° 1-6. Comparez aussi Neander, L. J. Chr. S. 366, Anm.

(2) *Adv. Marc.*, 3, 19.

Jésus. Parmi les passages des auteurs profanes, le plus important est celui de Plaute, où, pour indiquer un crucifiement exceptionnellement rigoureux, il est dit : *Offigantur bis pedes, bis brachia* (1). Il s'agit ici de savoir si l'exception consiste dans le *bis*, ce qui supposerait que l'usage habituel était de ne clouer qu'une fois les pieds comme les mains, ou si les mots *bis offigere brachia*, signifiant que l'usage habituel était de clouer les deux mains, les mots *bis offigere pedes* signifient que, par une rigueur exceptionnelle, on cloua aussi les pieds. Chacun trouvera que la première explication est la plus conforme au texte. En conséquence, il me paraît dès lors que les motifs historiques font pencher la balance du côté de ceux qui soutiennent que Jésus sur la croix eut les mains et les pieds cloués.

Ce fut avant le crucifiement, d'après les deux premiers évangélistes, qu'un breuvage fut offert à Jésus. D'après Matthieu (v. 34), ce breuvage était *du vinaigre mêlé avec du fiel*, ὄξος μετὰ χολῆς μεμιγμένον; d'après Marc (v. 23), *du vin mêlé avec de la myrrhe*, ἐσμυρνισμένος οἶνος. D'après tous les deux Jésus ne put le boire; Matthieu ajoute que ce fut après l'avoir goûté. Comme on ne comprend pas à quel effet du fiel aurait été mêlé au vinaigre, on explique ordinairement le χολή de Matthieu par le ἐσμυρνισμένος de Marc, et l'on dit qu'il faut entendre par là des ingrédients végétaux amers, par exemple de la myrrhe; alors, ou bien on lit directement *vin*, οἶνος, au lieu de *vinaigre*, ὄξος, ou bien on entend ce dernier mot d'un vin aigre (2), afin d'avoir de cette façon le breuvage stupéfiant composé de vin et de forts aromates, que d'après la coutume juive on offrait aux individus qui allaient être exécutés, pour amortir le sentiment de la douleur (3). Mais, quand même le texte

---

(1) *Mostellaria*, 2, 1.
(2) Voyez Kuinoel, Paulus, sur ce passage.

(3) Sanhedrin, f. 43, 1, dans Wetstein, p. 685 : Dixit R. Chaja, f. R. Ascher, dixisse R. Chasdam : Exeunti ut

permettrait cette leçon, et les mots cette explication, Matthieu lui-même protesterait contre ces tentatives pour effacer de son récit le véritable fiel et le vinaigre, car par là il perdrait l'accomplissement des paroles du Psaume de malheur, 69, 22, appliquées ailleurs aussi au Messie : *Et ils m'ont donné du fiel pour aliment, et pour ma soif ils m'ont abreuvé de vinaigre,* καὶ ἔδωκαν εἰς τὸ βρῶμά μου χολὴν, καὶ εἰς τὴν δίψαν μου ἐπότισάν με ὄξος (LXX). C'est incontestablement en conformité avec cette prophétie, que Matthieu pense que du fiel véritable avec du vinaigre fut donné à Jésus ; et tout ce que la comparaison avec Marc peut produire, c'est la question de savoir laquelle des deux alternatives est la plus probable, ou que le fait, tel que Marc le rapporte, ait été le fait réel que Matthieu aurait modifié pour l'accommoder à la prophétie, ou que, Matthieu ayant emprunté originellement cette particularité au passage du Psaume, Marc l'ait subséquemment modifiée pour la rendre historiquement plus vraisemblable.

Il faut, pour décider cette question, prendre aussi en considération les deux autres évangiles. En effet, tous les quatre rapportent que Jésus fut abreuvé avec du vinaigre ; et même les deux évangélistes qui disent qu'on lui présenta un breuvage de vinaigre mêlé de fiel ou de vin de myrrhe, n'en parlent pas moins plus tard d'un breuvage composé seulement de vinaigre. D'après Luc, l'acte de présenter *du vinaigre*, ὄξος προσφέρειν, fut un acte de dérision, que les soldats exercèrent contre Jésus peu de temps, ce semble, après le crucifiement, et avant l'arrivée des ténèbres (v. 36, seq.). D'après Marc, Jésus ayant crié : *Mon Dieu,* etc., un des assistants, peu avant la fin, trois heures après l'arrivée des ténèbres, lui offrit, également dans une intention dérisoire, du vinaigre à l'aide d'une éponge attachée au bout

---

capite plectatur, dant bibendum granum thuris in poculo vini, ut alienatur mens ejus sec. d. Prov. 31, 6 : Date siceram pereunti et vinum amaris anima.

d'un bâton (v. 36). D'après Matthieu, au même cri de Jésus, un des assistants lui offrit du vinaigre de la même façon, mais à bonne intention, ainsi qu'on le voit parce que les moqueurs voulaient l'en empêcher (v. 48, seq.) (1). Au contraire, chez Jean c'est au cri formel : *J'ai soif*, δυψῶ, que quelques uns trempèrent une éponge dans un vase plein de vinaigre, et l'approchèrent de la bouche de Jésus à l'aide d'une tige d'hysope (v. 29). En conséquence, on a admis trois tentatives diverses pour donner à boire à Jésus : la première avant le crucifiement avec le breuvage stupéfiant (Matthieu et Marc); la seconde après le crucifiement, où les soldats par dérision lui offrirent à boire de leur boisson ordinaire, qui était un mélange de vinaigre et d'eau appelé *posca* (2) (Luc); et enfin la troisième qui suivit l'exclamation plaintive de Jésus (Matthieu, Marc et Jean) (3). Mais, quand on veut tenir séparées des choses d'un sens différent, il faut du moins procéder avec conséquence. Si l'offre d'un breuvage rapportée par Luc, est différente de celle de Matthieu et de Marc à cause d'une différence de temps, celle de Matthieu diffère de celle de Marc par une différence d'intention, et à son tour celle que Jean rapporte n'est pas la même que celle des deux premiers synoptiques, puisqu'elle suit une tout autre exclamation de Jésus. Ainsi, nous aurions en tout cinq offres de breuvage, et nous ne pourrions du moins guère comprendre comment Jésus, après avoir eu déjà trois fois du vinaigre porté à sa bouche, aurait encore demandé à boire une quatrième fois. Il faut donc songer à des réductions; or, ce n'est pas seulement les offres de breuvage dans les deux premiers évangélistes et dans le quatrième, qui doivent être déclarées identiques à cause de la concordance du moment et du mode, mais encore il faut déclarer celle de Marc, et, par cet intermédiaire, celle des

---

(1) Voyez Fritzsche, sur ce passage.
(2) Comparez Paulus, sur ce passage.
(3) C'est ce que disent Kuinœl, *in Luc.*, p. 740 seq.; Tholuck, p. 346.

autres, identique avec celle de Luc à cause de la similitude de l'intention dérisoire. Il nous reste donc deux offres de breuvage, l'une avant le crucifiement, l'autre après; et toutes deux ont un point d'appui historique, la première dans la coutume juive d'administrer un breuvage stupéfiant aux individus qui allaient être exécutés, la seconde dans la coutume romaine en vertu de laquelle les soldats portaient avec eux leur *posca* dans les expéditions, au nombre desquelles une exécution était comptée; mais toutes deux ont aussi un point d'appui prophétique dans la prophétie du Psaume 69. Ces deux points d'appui opèrent en sens opposé: le prophétique fait douter qu'il y ait réellement quelque chose d'historique au fond du récit; l'historique fait douter que tout cela soit une fiction tissée à l'aide des prophéties.

Si nous jetons encore un coup d'œil sur les récits, nous voyons que les différences sont tout à fait de nature à pouvoir provenir d'une application différente du passage psalmique. Comme il y était question de manger du fiel et de boire du vinaigre, il paraît qu'on laissa d'abord de côté le premier point comme impossible à admettre, et que l'on trouva l'accomplissement de la prophétie en ceci : à savoir que du vinaigre fut donné à Jésus sur la croix, ce qui peut bien être historique, attendu que cela est rapporté par les quatre évangélistes. On put considérer cela soit comme un acte de compassion ainsi que font Matthieu et Jean, soit comme un acte de dérision avec Marc et Luc. De cette façon, les mots de la prophétie : *Ils m'ont donné à boire du vinaigre*, ἐπότισάν με ὄξος, se trouvaient accomplis textuellement; mais les mots : *Pour ma soif*, εἰς τὴν δίψαν μου, ne l'étaient pas encore; l'auteur du quatrième évangile put donc juger vraisemblable que Jésus avait exprimé réellement la sensation de la soif, c'est-à-dire qu'il avait crié: *J'ai soif*, διψῶ, exclamation qu'il désigne expressément comme l'accomplissement de l'Écriture, γραφή. Par ce mot

Écriture, il entend sans doute tout le passage du Psaume (comparez Ps. 22, 16); et, qui plus est, l'évangéliste, arrivant au membre de phrase : *Afin que l'Écriture s'accomplît*, ἵνα τελειωθῇ ἡ γραφή, par le membre de phrase : *Jésus voyant que tout était achevé*, εἰδὼς ὁ Ἰησοῦς ὅτι πάντα ἤδη τετέλεσται, semble presque vouloir dire que Jésus, en poussant cette exclamation, eut lui-même l'intention d'accomplir la prophétie. Mais celui qui s'abandonne à un pareil jeu typologique, ce n'est pas l'homme suspendu à la croix dans l'angoisse de la mort, c'est son biographe placé dans une position tranquille. Cependant il n'y avait là encore que l'accomplissement d'une moitié de ce verset messianique, de celle qui était relative au vinaigre; restait toujours la moitié relative au fiel, celle qui, renfermant l'idée de toute amertume, paraissait s'appliquer tout particulièrement au Messie souffrant. A la vérité, on laissa de côté comme impossible à admettre, que du *fiel*, χολή, eût été donné pour *aliment*, βρῶμα, ce qu'exigeait le passage psalmique pris à la lettre; mais il parut fort possible au premier évangéliste ou à celui qu'il suit ici, de mêler du fiel comme ingrédient avec du vinaigre, mélange que dès lors Jésus ne put boire à cause du mauvais goût. Le second évangéliste, plus occupé de la vraisemblance historique que de l'enchaînement prophétique, changea le breuvage de vinaigre et de fiel en un breuvage amer de vin et de myrrhe; en cela, il se référait à une coutume juive, et peut-être rencontra-t-il la vérité historique. Il ajouta, comme Matthieu, que Jésus le refusa, sans doute par crainte de la stupéfaction. Mais ces deux évangélistes, outre le récit du vinaigre mêlé avec le fiel, avaient encore eu connaissance du récit primitif avec le simple vinaigre; ils ne voulurent pas laisser effacer celui-ci par celui-là, et ils les mirent tous les deux à côté l'un de l'autre. Ce n'est pas que je prétende, ainsi que je l'ai déjà remarqué, nier qu'une mixtion ait été présentée à Jésus avant le crucifiement, et qu'après on lui ait encore offert du vinaigre, car la première était, ce semble, habituelle, et le second était naturel à cause de la soif qui tourmentait les crucifiés; tout ce que je veux dire, c'est que, si les évangélistes ont raconté cette circonstance, et l'ont racontée avec des tournures si différentes, ce n'est pas qu'ils sussent historiquement que cela s'était passé réellement de telle ou telle façon, mais c'est qu'ils étaient convaincus dogmatiquement que cela devait être arrivé conformément à cette prophétie, que seulement ils appliquaient diversement (1).

Pendant ou immédiatement après le crucifiement, Luc rapporte que Jésus dit : *Mon père, pardonnez-leur, car ils ne savent ce qu'ils font*, πάτερ, ἄφες αὐτοῖς, οὐ γὰρ οἴδασι τί ποιοῦσι (v. 34); intercession que tantôt on borne aux soldats qui le crucifièrent (2), et tantôt on étend aux auteurs propres de sa mort, c'est-à-dire les membres du sanhédrin et Pilate (3). Quelque conformité que cette prière ait avec les principes ordinaires de Jésus sur la nécessité d'aimer ses ennemis (Matth., 5, 44), et quelque créance que de ce côté le dire de Luc mérite intrinsèquement, cependant il faut faire remarquer, joint à son isolement, que ce mot pourrait être venu du chapitre 53 d'Isaïe qui est regardé comme messianique. Dans le dernier verset, d'où a été prise aussi la phrase : *Il a été mis au nombre des scélérats*, μετὰ ἀνόμων ἐλογίσθη, on lit : ולפשעים יפגיע, *il a prié pour les pécheurs*; ce que les LXX traduisent à tort par : *Il fut livré à cause de leurs péchés*, διὰ τὰς ἀνομίας αὐτῶν παρεδόθη, mais ce que déjà le Targum de Jonathan rend par : *pro peccatis* (il devrait y avoir *peccatoribus*) *deprecatus est.*

Tous les évangélistes sont d'accord pour dire qu'avec

---

(1) Comparez aussi Bleck, *Comm. zum Hebræerbrief*, 2, S. 812, Anm.; De Wette, *Exeg. Handb.*, 1, 3, S. 198.

(2) Kuinœl, *in Luc.*, p. 710.
(3) Olshausen, S. 484; Neander, S. 637.

Jésus furent crucifiés *deux malfaiteurs*, δύο κακοῦργοι, que Matthieu et Marc désignent comme des *voleurs*, λῃστὰς, et que sa croix était placée au milieu. Marc, si son vingt-huitième verset n'est pas interpolé, voit en cela un accomplissement littéral du passage d'Isaïe : *Il fut mis au rang des scélérats*, μετὰ ἀνόμων ἐλογίσθη; passage que, d'après Luc, 22, 37, Jésus dès le soir précédent avait cité comme une prophétie qui allait s'accomplir en sa personne. Jean ne nous raconte rien de la conduite ultérieure de ces individus crucifiés avec Jésus; les deux premiers synoptiques rapportent qu'ils éclatèrent en insultes contre Jésus (Matthieu, 27, 44; Marc, 15, 32); mais Luc raconte qu'un seul se permit ces injures, et qu'il fut réprimandé par l'autre (23, 39 seq.). Pour concilier cette dissidence, les interprètes ont supposé que sans doute d'abord les deux malfaiteurs injurièrent Jésus, mais que les ténèbres extraordinaires qui survinrent changèrent la disposition de l'un d'eux (1). Des commentateurs plus modernes ont invoqué une enallage de nombre (2). Mais il est certain que la vérité n'a été saisie que par ceux qui ont accordé une véritable dissidence entre Luc et les deux évangélistes ses prédécesseurs (3). Évidemment les deux premiers évangélistes n'ont rien su des choses plus précises que Luc rapporte sur la conduite des deux crucifiés à l'égard de Jésus. En effet, Luc, entrant dans les détails, raconte que l'un des deux malfaiteurs ayant par dérision sommé Jésus s'il était réellement le Messie de se délivrer lui et eux, l'autre lui reprocha sérieusement une pareille dérision contre un homme, et un homme innocent, dont lui coupable partageait le destin, et pria Jésus de se souvenir de lui lorsqu'il viendrait dans son *royaume*, βασιλεία; sur quoi Jésus lui promit qu'au-

---

(1) Chrysostôme et d'autres.
(2) Bèze et Grotius.
(3) Paulus, S. 763; Winer, N. T. Gramm., S. 149; Fritzsche, *in Matth.*, p. 817.

jourd'hui même il serait avec lui *dans le paradis*, ἐν τῷ παραδείσῳ. Cette scène, au premier aspect, ne présente aucune difficulté, si ce n'est l'allocation du second individu crucifié avec Jésus ; car, pour qu'un homme pendu à la croix attendît une venue future destinée à fonder le royaume messianique, il fallait tout le système d'un Messie mourant, système que les apôtres ne comprirent pas avant la résurrection, et qu'ainsi un *voleur*, λῃστής, aurait compris avant eux. Cela est tellement invraisemblable, qu'il n'est pas étonnant que plusieurs aient prétendu voir un miracle dans la conversion du voleur crucifié (1); explication qui n'en devient que plus invraisemblable quand les commentateurs, pour s'aider, admettent que cet homme était, non pas un criminel ordinaire, mais un criminel politique, et peut-être l'un des *complices en sédition*, συστασιαστῶν, de Barabbas (2). Car, si c'était un Israélite disposé à la révolte et songeant à délivrer ses compatriotes du joug romain, certes par son idée du Messie il était aussi éloigné que possible de reconnaître comme Messie un homme politiquement anéanti autant que Jésus l'était alors. On est donc conduit à se demander si l'on a ici sous les yeux une histoire véritable et non pas plutôt une création légendaire. Deux malfaiteurs avaient été crucifiés avec Jésus, c'est là tout ce que sans doute avait fourni l'histoire (ou même sans l'histoire, la prophétie d'Isaïe, 53, 12 ?). Ils étaient suspendus à côté de lui, personnages muets comme nous les voyons dans le quatrième évangile, auquel, dans la circonscription où il se forma, n'était arrivée que la simple connaissance de leur crucifiement avec Jésus. Mais, à la longue, il était impossible que la légende les laissât ainsi sans usage ; elle leur

---

(1) Voyez Thilo, *Cod. apocr.*, 1, S. 143. De plus amples renseignements sur les deux co-crucifiés se trouvent dans l'*Evangelium infantiæ arabicum*, c. 23, dans Thilo, p. 92 seq.; comparez la remarque, p. 143 ; dans l'*Évangile de Nicodème*, c. 9, 10 ; Thilo, p. 581 seq. c. 26, p. 766 seq.

(2) Paulus et Kuinœl, sur ce passage.

ouvrit la bouche, et comme, du reste, elle n'avait à rapporter que des injures de la part des assistants, elle fit aussi entrer les deux malfaiteurs dans ce concert de raillerie contre Jésus ; ce fut d'abord sans dire quels étaient leurs discours (Matthieu et Marc). Mais les deux crucifiés pouvaient être encore mieux employés. Si un Pilate avait rendu témoignage pour Jésus, si, bientôt après, un centurion romain, et même toute la nature miraculeusement soulevée, témoignèrent en sa faveur, ses deux compagnons de souffrance, bien que malfaiteurs, ne seront pas restés inaccessibles à l'impression de sa grandeur ; si l'un d'eux, d'après la forme primitive de la légende, se répandit en injures, l'autre se sera exprimé dans le sens opposé, et aura prouvé qu'il croyait en Jésus comme Messie (Luc). Dès lors, son allocution à Jésus et la réponse de ce dernier sont tout à fait dans la manière juive de penser et de parler ; car, dans les idées d'alors, le paradis était cette portion du monde souterrain qui recevait les âmes pieuses pendant l'intervalle entre la mort et la résurrection. L'Israélite demande à Dieu, et ici au Messie, une place dans le paradis et un souvenir de grâce dans le siècle futur (1) ; et au sujet d'un homme d'une piété exemplaire, on croyait qu'il pouvait introduire avec lui dans le paradis celui qui était présent à son heure de mort (2).

A la croix de Jésus fut attachée, d'après la coutume romaine (3), une *inscription*, ἐπιγραφὴ (Marc et Luc), τίτλος (Joh.), qui exposait *la cause de sa condamnation*, τὴν αἰτίαν αὐτοῦ (Matthieu, Marc) ; d'après tous les évangélistes, cette cause était exprimée par les mots : *Le roi des Juifs*, ὁ βασι-

---

(1) *Confessio Judæi ægroti*, dans Wetstein, p. 320 : ...Da portionem meam in horto Edenis, et memento mei in seculo futuro, quod absconditum est justis. Voyez d'autres passages chez le même, p. 849.

(2) Cetuboth f. 103, dans Wetstein,
p. 849 : Quo die Rabbi moriturus erat, venit vox de cœlo, dixitque : qui præsens aderit morienti Rabbi, ille intrabit in paradisum.

(3) Voyez Wetstein, sur ce passage de Matthieu.

λεὺς τῶν Ἰουδαίων. Luc et Jean rapportent que cette inscription était en trois langues, et le dernier ajoute que les autorités juives, ayant bien senti la dérision que la rédaction de cette inscription contenait contre leur nation, prièrent, mais en vain, Pilate de la changer (v. 21 seq.).

Les soldats qui avaient crucifié Jésus, et dont le nombre est fixé à quatre par Jean, tirèrent au sort le partage de ses habits, d'après le dire concordant de tous les évangélistes. Conformément à la loi romaine de *bonis damnatorum* (1), les pièces du vêtement des suppliciés appartenaient, comme *dépouilles (spolia)*, aux exécuteurs du jugement, et, en cela, le dire des évangélistes a un point d'appui historique ; mais, comme la plupart des traits de cette dernière scène de la vie de Jésus, il a aussi un point d'appui prophétique. Sans aucun doute, à la vérité, dans Matthieu, la citation du passage Ps. 22, 19, est une interpolation ; mais la même citation est incontestablement authentique dans l'évangile de Jean, 19, 24. La voici : *Afin que fût accomplie l'Écriture qui dit : Ils se partagèrent entre eux mes habits, et ils jetèrent le sort sur mon vêtement*, ἵνα ἡ γραφὴ πληρωθῇ ἡ λέγουσα (textuellement d'après les LXX), διεμερίσαντο τὰ ἱμάτιά μου ἑαυτοῖς, καὶ ἐπὶ τὸν ἱματισμόν μου ἔβαλον κλῆρον. Ici aussi les commentateurs orthodoxes assurent que l'auteur du psaume, David, guidé par une inspiration supérieure, et sous l'influence de l'enthousiasme prophétique, a choisi ces expressions figurées qui ont eu dans le Christ leur accomplissement littéral (2). Au lieu de cela, il faut dire que David ou l'auteur quel qu'il soit du psaume, étant un homme d'un esprit poétique, ne prit ces expressions que figurément au sens d'une ruine complète ; mais, dans le mode d'interprétation étroit et prosaïque des Juifs, que les évangélistes par-

---

(1) Citée par Wetstein, p. 536 ; il faut au reste comparer la correction du texte faite par Paulus, *Exeg. Handb.*, 3, b. S. 754.

(2) Tholuck, sur ce passage.

'ngeaient sans qu'il y eût de leur faute, et dont les théologiens orthodoxes, mais cela par leur faute, ne se sont pas toujours affranchis après dix-huit cents ans, on croyait devoir entendre ces expressions au sens propre, et en montrer l'accomplissement littéral dans le Messie. Maintenant, quant à la question de savoir si les évangélistes ont puisé le partage des vêtements plutôt aux renseignements historiques qui étaient à leur disposition qu'au passage prophétique qu'ils expliquèrent diversement, c'est ce que nous apprendrons par la comparaison de leurs récits. Ces récits diffèrent en ceci : D'après les synoptiques, tous les vêtements furent partagés au sort. Cela résulterait déjà de la phrase de Matthieu : *Ils se partagèrent entre eux ses vêtements, les jetant au sort*, διεμερίσαντο τὰ ἱμάτια αὐτοῦ, βάλλοντες κλῆρον (v. 35), et de la tournure semblable de Luc (v. 34); mais cela résulte, sans contestation, de celle de Marc : *Pour savoir ce que chacun en emporterait*, τίς τί ἄρῃ (v. 24). D'après Jean, au contraire, la tunique seule fut tirée au sort, les autres pièces furent distribuées sans cela (v. 23 seq.). Cette dissidence est d'ordinaire traitée beaucoup trop légèrement; on passe dessus sans rien dire, comme s'il n'y avait d'autre différence entre la narration de Jean et celle des synoptiques que la différence du plus ou moins de précision. Kuinœl, en considération du passage de Jean, traduit sans hésitation le passage de Matthieu : *Ils se partagèrent en jetant le sort*, διεμερίζοντο βάλλοντες κλῆρον, par ces mots : *Partim dividebant, partim in sortem conjiciebant.* Mais la phrase de Matthieu n'est pas susceptible de cette disjonction; le verbe διεμερίζοντο indique ce qu'ils se partagèrent, et βάλλοντες κλῆρον indique comment ils firent ce partage. D'ailleurs Kuinœl ne dit pas un mot de la phrase de Marc : *Pour savoir ce que chacun emporterait*, τίς τί ἄρῃ, parce qu'elle montre d'une manière non méconnaissable qu'ils tirèrent au sort plus d'une pièce de vêtement, tandis que, d'après Jean, l'emploi du sort fut borné à une seule pièce. Laquelle des deux relations contradictoires est la véritable ? Du point de vue actuel de la critique comparative des évangiles, on répond : Que le témoin oculaire, Jean, a raconté les choses comme elles s'étaient passées ; que les synoptiques, n'ayant appris que vaguement que les soldats avaient employé le sort lors du partage des habits de Jésus, entendirent cela, à cause de leur ignorance du véritable état des choses, comme si le sort avait été jeté sur toutes les pièces du vêtement (1). Mais déjà, Jean étant le seul qui cite expressément le passage psalmique, cela prouve qu'il y accorda une attention particulière ; de plus, la dissidence des évangélistes est de nature à correspondre de la manière la plus exacte à une différence d'interprétation de ce passage. Le Psaume parlant d'un partage des habits et d'une mise au sort des vêtements, le second membre, d'après le parallélisme hébraïque, n'est là que pour préciser le premier, et les synoptiques l'ont très bien compris quand ils ont mis l'un des deux verbes au participe. Mais celui qui ne faisait pas attention à cette particularité de la langue hébraïque, ou qui avait un intérêt à mettre en lumière chaque trait de la prophétie comme ayant reçu un accomplissement spécial, celui-là pouvait attribuer une signification d'addition à cette particule *et*, qui ne signifie cependant qu'une désignation plus précise, et de la sorte trouver, dans la mise au sort, un acte différent du partage. Alors le *vêtement*, ἱματισμὸς, לבוש, qui, dans le texte, n'est qu'un synonyme de *habits*, ἱμάτια, בגדים, dut devenir une pièce différente dont la détermination demeurait livrée à la volonté de l'écrivain, puisque le mot original ne la spécifiait en aucune façon. Le quatrième évangéliste en fit une *tunique*, χιτὼν, et, comme il crut devoir à ses lecteurs une raison pour laquelle un procédé aussi différent avait été ap-

(1) Par exemple, Theile, *Zur Biographie Jesu*, § 86, Anm. 13.

pliqué à cette pièce, il imagina que le motif de mettre au sort et non de diviser la tunique avait été qu'elle n'avait aucune couture favorable à la division (ἄῤῥαφος), et qu'elle était faite d'un seul tissu (ὑφαντὸς δι' ὅλου) (1). Ainsi, nous trouverions chez le quatrième évangéliste le même procédé que nous avons trouvé chez le premier dans l'histoire de l'entrée à Jérusalem, c'est-à-dire la réduplication d'un trait originellement simple, due à une fausse traduction du ו (*et*) dans le parallélisme hébraïque; seulement le premier évangéliste a procédé moins arbitrairement que le quatrième, car il nous a du moins épargné la recherche du motif pour lequel deux montures avaient été mises en réquisition pour un seul cavalier. Plus de cette façon le récit des évangélistes sur ce point paraît dépendant de la manière dont chacun d'eux entendit ce passage prétendu prophétique du Psaume, moins il semble qu'une sûre notion historique les ait guidés; et nous ne savons plus si, dans le partage des habits de Jésus, le sort fut employé, et si même il y eut, au pied de la croix de Jésus, un partage d'habits, quelle que soit l'assurance avec laquelle Justin invoque, justement pour cette particularité, les Actes de Pilate, qu'il n'avait jamais vus (2).

Jean ne nous apprend rien sur la conduite des Juifs qui assistèrent au crucifiement de Jésus. Luc représente le peuple comme regardant ce spectacle, et, d'après lui, ce sont seulement les *chefs*, ἄρχοντες, et les soldats qui insultent à Jésus en le sommant de se sauver s'il est Messie; à quoi il faut ajouter qu'en outre, les soldats lui offrent du vinaigre par dérision (v. 35 et seq.). Matthieu et Marc ne disent rien ici de la moquerie des soldats; mais, outre les *grands-prêtres*, ἀρχιερεῖς, les *scribes*, γραμματεῖς, et les *an-*

---

(1) Les commentateurs remarquent à ce sujet que l'habit du grand-prêtre juif était fait aussi de cette façon. Josèphe, *Antiq.*, 3, 7, 4. — L'auteur des *Probab.* a déjà émis une opinion semblable sur la dissidence dont il s'agit, p. 80 suiv.
(2) *Apol.*, 1, 35.

ciens, πρεσβύτεροι, ils font encore prononcer aux *passants*, παραπορευόμενοι, des injures contre Jésus (v. 39 seq., 29 seq.). Les expressions de ces gens se rapportent soit à des discours, soit à des actes antérieurs de Jésus; la raillerie : *Toi qui détruis le Temple, et qui en trois jours le rebâtis, sauve-toi toi-même*, ὁ καταλύων τὸν ναὸν καὶ ἐν τρισὶν ἡμέραις οἰκοδομῶν, σῶσον σεαυτὸν (Matth., Marc), se rapporte au discours analogue que l'on attribuait à Jésus; et ce reproche : *Il a sauvé les autres et il ne peut se sauver lui-même, ou qu'il se sauve lui-même*, ἄλλους ἔσωσεν, ἑαυτὸν οὐ δύναται σῶσαι, ou σωσάτω ἑαυτὸν (Matth., Marc, Luc), se rapporte à ses guérisons. D'autre part, la conduite des Juifs à l'égard du crucifié est tracée d'après le même Psaume, duquel Tertullien dit, avec raison, qu'il renferme en soi *toute la passion du Christ (totam Christi passionem)* (1). En effet, quand nous lisons dans Matthieu et dans Marc : *Et ceux qui passaient par là l'injuriaient et lui disaient en secouant la tête*, οἱ δὲ παραπορευόμενοι ἐβλασφήμουν αὐτὸν, κινοῦντες τὰς κεφαλὰς αὐτῶν καὶ λέγοντες; quand on lit dans Luc : *Et les chefs aussi bien que les soldats se moquaient de lui*, καὶ οἱ ἄρχοντες σὺν αὐτοῖς ἐξεμυκτήριζον αὐτὸν, sans doute cela n'est autre chose que le verset 8 du Psaume 22, où on lit : *Tous ceux qui me voyaient se moquaient de moi, parlaient dans leurs lèvres et secouaient la tête*, πάντες οἱ θεωροῦντές με ἐξεμυκτήρισάν με, ἐλάλησαν ἐν χείλεσιν, ἐκίνησαν κεφαλήν, LXX. Les mots que Matthieu prête aux membres du Sanhédrin : *Il se confie en Dieu; si donc Dieu l'aime, qu'il le délivre maintenant*, πέποιθεν ἐπὶ τὸν Θεὸν, ῥυσάσθω νῦν αὐτὸν, εἰ θέλει αὐτὸν, sont exactement les mêmes que le verset suivant du même Psaume : *Il a espéré dans le Seigneur; si donc le Seigneur l'aime, qu'il le délivre, qu'il le sauve*, ἤλπισεν ἐπὶ Κύριον, ῥυσάσθω αὐτὸν, σωσάτω αὐτὸν, ὅτι θέλει αὐτόν. Sans doute ces railleries, ces mouve-

(1) *Adv. Marc.*, l. c.

ments de tête des ennemis de Jésus peuvent avoir eu lieu réellement, bien que la description en soit calquée sur un passage de l'Ancien Testament; mais il n'en est pas de même des discours mis dans la bouche des moqueurs. Les paroles rapportées sont attribuées dans l'Ancien Testament aux ennemis de l'homme pieux, par conséquent les membres du Sanhédrin ne pouvaient les adopter sans par là se déclarer eux-mêmes impies, et certainement ils s'en seraient bien gardés. Seule, la légende chrétienne, une fois qu'elle eut appliqué le Psaume à la passion de Jésus, et particulièrement à ses derniers moments, put mettre aussi ces paroles dans la bouche des chefs juifs, et y trouver l'accomplissement d'une prophétie.

Les deux premiers évangélistes ne disent rien de la présence de l'un des douze au crucifiement de Jésus; ils mentionnent seulement plusieurs femmes galiléennes, dont ils nomment trois, à savoir : Marie-Madeleine, Marie, la mère de Jacques le Mineur et de José; la troisième est désignée par Matthieu comme la mère des Zébédaïdes; Marc la nomme Salomé, ce qui est la même personne d'après l'opinion ordinaire (Matth., v. 55 seq.; Marc, v. 40 seq.). D'après ces deux évangélistes, il paraît que les douze ne s'étaient pas encore rassemblés après leur dispersion lors de l'arrestation de Jésus (1). Luc, au contraire, dit que tous ceux *de la connaissance de Jésus*, πάντες οἱ γνωστοὶ αὐτοῦ, étaient présents au crucifiement (v. 49), et, dans cette expression, il faut sans doute comprendre les douze. Mais le quatrième évangile ne nomme expressément, parmi les apôtres, comme présent, que celui *que Jésus aimait*, ὃν ἠγάπα ὁ Ἰησοῦς, c'est-à-dire Jean, et parmi les femmes, outre Marie-Madeleine et Marie dite de Clopas, la propre mère de Jésus, au lieu de la mère des Zébédaïdes. De plus, tandis que, d'a-

---

(1) Justin, *Apol.*, 1, 50, et ailleurs, parle même de l'apostasie et du reniement de tous les apôtres après le crucifiement.

près les trois premiers évangélistes, les connaissances de Jésus regardent *de loin*, μακρόθεν, Jean et la mère de Jésus se seraient tenus, d'après le quatrième évangile, tout près de la croix, puisque, d'après cet évangile, Jésus, du haut de la croix, chargea Jean de le remplacer auprès de sa mère dans les soins de la piété filiale (25 seq.). Olshausen croit détruire la contradiction entre le récit synoptique et l'indication du quatrième évangile sur la position des connaissances de Jésus par rapport à la croix, en conjecturant qu'ils se tinrent d'abord au loin, et que plus tard quelques uns s'approchèrent ; mais il faut remarquer là-contre que les synoptiques parlent de cette position des amis de Jésus, justement à la fin de la scène du crucifiement et de la mort, immédiatement avant le détachement du corps ; par conséquent, ils supposent que les amis de Jésus gardèrent cette position jusqu'à la fin de la scène, ce qui est tout à fait conforme à la disposition craintive qui s'était emparée des disciples durant ces journées, et surtout à la timidité féminine. On pourrait peut-être attendre de la tendresse maternelle assez d'héroïsme pour que la mère de Jésus se fût approchée ; mais le silence complet des synoptiques, qui sont les interprètes de la tradition évangélique ordinaire, rend douteuse la réalité historique de cette particularité. Les synoptiques ne peuvent pas avoir eu connaissance de la présence de la mère de Jésus auprès de la croix, autrement ils l'auraient nommée, comme le personnage principal, avant toutes les autres femmes ; il ne paraît pas non plus qu'on ait eu quelques notions du rôle de fils que Jean aurait joué auprès d'elle après la mort de Jésus, du moins les Actes des Apôtres (1, 13 seq.) disent seulement que Marie était avec les douze en général, avec les frères de Jésus et les femmes. Que la connaissance de la présence touchante de Marie auprès de la croix et des fonctions filiales que Jésus remit à Jean, se soit perdue, c'est ce qu'il est bien moins facile de comprendre qu'il ne l'est de comprendre comment tout cela put naître dans le cercle où se forma le quatrième évangile. Figurons-nous que c'était un cercle où l'apôtre Jean jouissait d'une vénération particulière, dont nous voyons la preuve dans le soin avec lequel notre évangile le choisit parmi les trois plus intimes confidents de Jésus, pour en faire le seul apôtre bien-aimé; dès lors, pouvait-on trouver rien qui mît le sceau à cette prédilection d'une manière plus frappante, qu'une déclaration solennelle de Jésus, qui, par un dernier acte de sa volonté, laissait à Jean sa mère comme le legs le plus précieux, le substituait ainsi à sa place, et le faisait *vicaire du Christ, vicarius Christi*; sans compter qu'il était naturel de se demander, au sujet de Marie comme au sujet de l'apôtre bien-aimé, s'il était possible qu'ils se fussent éloignés des côtés de Jésus à ce moment suprême ?

Tandis que les paroles adressées par Jésus à sa mère et à l'apôtre, ne se trouvent que dans le quatrième évangile, au contraire les deux premiers évangiles sont les seuls qui aient l'exclamation : *Mon Dieu, mon Dieu, pourquoi m'as-tu abandonné?* Ἠλὶ, Ἠλὶ λαμὰ σαβαχθανί (Matth., v. 86 ; Marc, v. 34). Cette exclamation et l'état intérieur qui la dicta sont, ainsi que l'angoisse à Gethsemane, considérés par l'Église comme une partie de la souffrance expiatoire de Jésus. Mais ici comme à Gethsemane on n'a pu se dissimuler qu'il était surprenant que la simple douleur corporelle jointe à la ruine externe de sa cause eût découragé Jésus jusqu'au sentiment du délaissement de Dieu, Jésus depuis longtemps préparé à une pareille issue d'après la narration évangélique (1), tandis qu'il y a eu avant et après

---

(1) Aussi l'auteur des *Fragments de Wolfenbüttel* se sert-il de cette exclamation comme d'un argument qui montre que Jésus, par l'issue malheureuse de son destin, se trouva déçu des espérances qu'il avait entretenues, et par conséquent se crut abandonné de Dieu dans l'exécution de son plan. *Vom Zweck Jesu und seiner Jünger*, S. 153.

lui des hommes qui ont conservé leur fermeté et leur force d'esprit dans des souffrances non moins grandes. En conséquence, à la douleur naturelle du corps et de l'âme qui fut la cause propre de cette disposition morale de Jésus, l'Église a joint un délaissement de Dieu, qui se retira de son intérieur, et un sentiment de la colère divine ; infliction qui lui fut imposée au lieu de l'être aux hommes qui l'auraient réellement méritée comme punition (1). Mais nous laissons aux défenseurs de cette opinion le soin de décider comment, avec les suppositions que l'Église fait sur la personne du Christ, on peut comprendre de quelle façon Dieu délaissa l'âme de Jésus. Est-ce la nature humaine en lui qui se sera sentie ainsi délaissée? Mais alors son unité avec la nature divine aurait été interrompue, et de la sorte la base de la personnalité du Christ, d'après ce système, aurait été détruite. Serait-ce la nature divine? Mais alors la seconde personne dans la divinité se serait séparée de la première. Ce ne peut pas être, non plus, l'homme-Dieu constitué par les deux natures, qui se sentit délaissé, puisque l'homme-Dieu est justement l'union inséparable de la divinité et de l'humanité. Ainsi repoussés par la contradiction de cette explication surnaturelle vers celle qui attribue naturellement l'exclamation de Jésus aux sentiments de la souffrance corporelle, mais cependant répugnant à admettre que Jésus eût aussi complétement succombé sous le poids de cette douleur, des auteurs ont essayé d'atténuer le sens de l'exclamation. Comme ce sont les premiers mots du Psaume 22, qui est classique pour ce dernier paragraphe dans la vie de Jésus, et que ce Psaume, tout en débutant par une description lamentable de l'affliction la plus profonde, s'élève progressivement à la joyeuse espérance du salut, on a admis que Jésus ne rapportait pas ces paroles pour le sens même

---

(1) Voyez Calvin, *Comm. in harm. evv. in Matth.*, 27, 46; Olshausen, sur ce passage.

qu'elles ont, et comme dépeignant sa propre affliction, mais qu'en citant les premiers mots il citait tout le Psaume, et que même il n'avait songé dans ce Psaume qu'à la conclusion joyeuse qui le termine (1). Mais, si Jésus en faisant cette exclamation avait eu en vue les assistants afin de leur donner l'assurance du prochain triomphe de sa cause, il s'y serait pris de la manière la plus contraire au but qu'il voulait atteindre, puisque justement il aurait prononcé les paroles relatives à la plus profonde affliction, et qu'au lieu du premier verset, il en eût dû plutôt citer un du dixième au douzième, ou du vingtième jusqu'à la fin. Si par cette exclamation il avait seulement voulu faire jour à ses propres sensations, il n'aurait choisi ce verset que dans le cas où l'impression sous laquelle il se trouvait était exprimée par ce verset, et non par le verset suivant. Il faut donc avouer que cette exclamation est l'expression des sentiments mêmes de Jésus dans ce moment; mais, en faisant cet aveu, on conserve pleinement le droit de soutenir, en considération du contexte auquel elle appartient, qu'en Jésus comme dans le Psaume, le sentiment momentané de ce délaissement ne fut qu'une phase subordonnée et transitoire, et qui se changea bientôt en espoir et en confiance (2). Cependant le rapport même que l'exclamation de Jésus a avec le vingt-deuxième Psaume, peut exciter des soupçons contre la réalité historique de cette particularité (3). En effet, du moment que le Messie était conçu comme souffrant, et que ce Psaume était employé comme un type de sa passion (et il n'était pas besoin pour cela que Jésus sur la croix en eût réellement cité un passage), les premiers mots du Psaume qui ex-

---

(1) Schleiermacher, *Glaubenslehre*, 2, S. 454, Anm.
(2) Neander, L. J. Chr., S. 689; De Wette, *Exeg. Handb.*, 1, 4, S. 238.
(3) Le silence de Luc et de Jean ne nous toucherait pas assez pour nous forcer d'avoir recours à des explications telles que la suivante : Jean a tu l'exclamation, pour ne pas donner des armes à l'opinion gnostique qui admettait que l'Éon non sujet à souffrance avait dès lors abandonné Jésus. Schneckenburger, *Beiträge*, S. 66 f.

priment le sentiment de la plus profonde souffrance, durent convenir parfaitement pour être mis dans la bouche du Messie crucifié. Cela pourrait aussi offrir une explication des paroles moqueuses des assistants, qui suivent l'exclamation de Jésus (1) : *Il appelle Élie*, etc., ὅτι Ἠλίαν φωνεῖ οὗτος, κτλ. : c'est-à-dire que le désir d'avoir pour cette scène, conformément au Psaume, différents discours railleurs, aurait été servi par la similitude de son entre le אֵלִי de l'exclamation attribuée à Jésus, et le nom du prophète Élie relatif au Messie.

Les évangélistes diffèrent sur les dernières paroles qui furent entendues de la bouche de Jésus expirant. D'après les deux premiers, ce fut seulement un *grand cri*, φωνὴ μεγάλη, avec lequel il rendit l'esprit (v. 50. 37). D'après Luc, il prononça la prière : *Mon père, je remets mon esprit entre tes mains*, πάτερ, εἰς χεῖράς σου παραθήσομαι τὸ πνεῦμά μου (v. 46). D'après Jean, il ne dit que le seul mot : *C'est fait*, τετέλεσται ; sur quoi, baissant la tête, il rendit l'esprit (v. 30). Ici les deux premiers évangélistes peuvent se concilier, soit l'un avec le troisième, soit l'autre avec le quatrième, si l'on admet que ceux-ci rapportent les paroles de ce qui d'après la narration de ceux-là pourrait être considéré comme un son inarticulé arraché par la douleur. La conciliation est plus difficile entre le troisième et le quatrième. Dira-t-on que d'abord Jésus a recommandé son âme à Dieu, puis s'est écrié : C'est fait, ou *vice versa?* ces deux suppositions sont également contraires à l'intention de l'un

---

(1) D'après Olshausen, p. 495, il n'y a pas une syllabe qui indique que ces paroles aient un sens moqueur; loin de là, un frissonnement secret à ce moment pénétra au fond des cœurs, et les railleurs tremblèrent à l'idée de voir paraître Élie dans le tonnerre. Mais, comme un des assistants, voulant donner à boire à Jésus, en est empêché sous prétexte de voir *si Élie viendra le délivrer*, εἰ ἔρχεται Ἠλίας σώσων αὐτόν, ce prétexte n'est manifestement qu'une dérision ; par conséquent, le frissonnement et le tremblement n'appartiennent qu'à la disposition extra-scientifique du commentateur biblique, en vertu de laquelle il se trouve devant l'histoire de la passion comme devant un *mystère redoutable*, *mysterium tremendum*, et qui lui a déjà fait découvrir en Pilate une profondeur que les évangélistes n'attribuent nulle part à ce Romain.

et l'autre évangéliste, car les mots de Luc : *En prononçant ces paroles, il expira*, καὶ ταῦτα εἰπὼν ἐξέπνευσεν, ne ne peuvent pas se traduire comme le fait Paulus, par : *Bientôt* après avoir ainsi parlé, il expira; et Jean, ainsi que le mot seul dont il se sert suffit pour l'indiquer, a l'intention de rapporter une dernière exclamation, une exclamation qui termine la scène; seulement l'un se l'est figurée d'une façon, et l'autre d'une autre. La formule ordinaire pour la mort de Jésus étant : *Il rendit l'esprit*, παρέδωκε τὸ πνεῦμα, paraît être devenue pour Luc une remise directe que Jésus fit de son esprit entre les mains de Dieu, et avoir pris la forme de l'exclamation qu'il rapporte, en conformité avec le passage du Ps. 31, 6 : *Seigneur, je remets mon esprit entre les mains*, (Κύριε) εἰς χεῖράς σου παραθήσομαι τὸ πνεῦμά μου, LXX, passage qui s'offrait facilement à cause d'une ressemblance exacte de ce Psaume avec le vingt-deuxième (1). Au contraire, le rédacteur du quatrième évangile semble avoir puisé davantage dans la situation de Jésus l'exclamation qu'il lui attribue, lui faisant déclarer ainsi par le mot : *C'est fait*, τετέλεσται, l'achèvement de son œuvre ou l'accomplissement de toutes les prophéties, à part, bien entendu, ce qui devait encore s'achever et s'accomplir après la résurrection.

Ce ne sont pas seulement ces dernières paroles, ce sont encore les paroles prononcées auparavant par Jésus suspendu à la croix, qui ne sont pas susceptibles d'être intercalées les unes dans les autres de la façon qu'on admet communément. On compte d'ordinaire sept paroles de Jésus sur la croix; mais aucun évangéliste pris à part n'en a autant. Les deux premiers n'en ont qu'une seule, à savoir le cri : *Mon Dieu, mon Dieu, pourquoi m'as-tu abandonné?* Ἠλὶ, Ἠλὶ, λαμὰ σαβαχθανί. Luc en a trois : la prière pour les ennemis, la promesse au voleur crucifié, et la remise

---

(1) Comparez Credner, *Einleitung in das N. T.*, 1, S. 498.

de l'esprit entre les mains du Père. Jean en a également trois, mais elles sont autres ; ce sont : le discours à sa mère et à l'apôtre ; le mot : *J'ai soif*, διψῶ ; et le mot : *C'est fait*, τετέλεσται. On pourrait concevoir la prière pour les ennemis, la promesse au voleur et la recommandation de sa mère à Jean, dans cet ordre de succession ; mais déjà l'exclamation : *J'ai soif*, διψῶ, et l'exclamation : Ἠλί, Ἠλί, κτλ., s'embarrassent l'une l'autre, car elles sont suivies toutes deux d'un même acte, à savoir de l'offre de vinaigre présenté à l'aide d'une éponge mise au bout d'un bâton. Joignons à cela la complication de l'exclamation : *C'est fait*, et de la prière finale : *Mon père, je remets mon esprit entre tes mains* ; et l'on devrait bien comprendre et avouer qu'aucun évangéliste, dans les paroles qu'il attribue à Jésus sur la croix, n'a tenu compte de celles que l'autre lui attribue, ou n'en a eu connaissance ; loin de là, chacun décrit cette scène à sa façon, suivant l'idée que lui ou la légende à laquelle il puisait s'en était faite d'après telle ou telle prophétie, ou d'après toute autre considération.

Le calcul des heures suscite encore ici une difficulté particulière. Selon tous les synoptiques, les ténèbres régnèrent *depuis la sixième heure jusqu'à la neuvième heure*, ἀπὸ τῆς ἕκτης ὥρας ἕως ὥρας ἐννάτης (d'après notre manière de compter, depuis midi jusqu'à trois heures). Selon Matthieu et Marc, ce fut vers la neuvième heure (trois heures de l'après-midi) que Jésus se plaignit d'être abandonné de Dieu, et rendit l'esprit bientôt après. D'après Marc on crucifia Jésus à la *troisième heure*, ὥρα τρίτη (neuf heures du matin) (v. 25). Au contraire, d'après Jean (19, 14), ce fut vers la sixième heure, c'est-à-dire quand, d'après Marc, Jésus était déjà suspendu depuis trois heures à la croix, que Pilate commença à le juger. A moins que le cadran n'ait reculé comme au temps d'Ézéchias, c'est là une contradiction que l'on ne peut faire disparaître ni en changeant violemment la leçon, ni en invoquant la conjonction *comme*, ὡσεί, employée par Jean, ni en faisant valoir l'incapacité des apôtres à observer exactement l'heure au milieu d'impressions aussi douloureuses. Tout au plus serait-elle peut-être susceptible d'une solution, si l'on démontrait que le quatrième évangile compte les heures autrement que les autres (1).

(1) C'est ce que disent Rettig, *Exegetische Analekten*, dans *Ullmann's und Umbreit's Studien*, 1830, 1, S. 106 ff.; Tholuck, *Glaubwürdigkeit*, S. 307 ff. Comparez sur les différents essais de conciliation Lücke et De Wette, sur ce passage de Jean.

QUATRIÈME CHAPITRE.

MORT ET RÉSURRECTION DE JÉSUS.

§ CXXXI.

Prodiges lors de la mort de Jésus.

La mort de Jésus fut, d'après les récits évangéliques, accompagnée de phénomènes extraordinaires. Des ténèbres commencèrent à se répandre dès trois heures avant sa mort, et durèrent jusqu'à ce qu'il expirât (Matth., 27, 45 parall.). A l'instant de la mort de Jésus, le rideau du Temple se déchira du haut en bas, la terre trembla, les rochers se fendirent, les tombeaux s'ouvrirent, et les corps de plusieurs saints personnages défunts vinrent dans la ville et apparurent à beaucoup de personnes (Matth., v. 51, seq. et parall.). Au reste, les évangélistes se partagent très inégalement dans leurs récits de ces différents prodiges : le premier est le seul qui les contienne tous; le second et le troisième ne parlent que des ténèbres et de la déchirure du rideau; le quatrième garde le silence sur tous ces signes.

Examinons-les successivement un à un. D'abord l'*obscurité*, σκότος, qui survint, dit-on, pendant que Jésus était suspendu à la croix, ne peut avoir été une éclipse naturelle de soleil, produite par l'interposition de la lune (1), car on était alors à Pâques, c'est-à-dire au temps de la pleine lune. Mais les évangiles ne parlent pas non plus positivement d'une éclipse de soleil; les deux premiers ne se servent que

---

(1) L'évangile de Nicodème fait dire aux Juifs d'une manière tout à fait dépourvue de sens : *Une éclipse de soleil* survint comme d'habitude, ἔκλειψις ἡλίου γέγονε κατὰ τὸ εἰωθὸς, c. 11, p. 592 dans Thilo.

de l'expression générale *obscurité*, σκότος, et le troisième dit seulement avec un peu plus de précision : *Et le soleil fut obscurci,* καὶ ἐσκοτίσθη ὁ ἥλιος, phrase qui peut s'entendre de toute espèce d'obscurcissement de la lumière solaire. Rien n'empêchait donc d'attribuer cette obscurité à une cause non astronomique, mais atmosphérique, et de la faire provenir de vapeurs épaisses répandues dans l'air, vapeurs qu'il n'est pas rare de voir survenir à l'occasion de tremblements de terre (1). Sans doute de pareils obscurcissements de l'air peuvent s'étendre sur des contrées entières ; mais il n'en est pas moins vrai que, quand les évangélistes rapportent que l'obscurité se répandit *sur toute la terre,* ἐπὶ πᾶσαν ou ὅλην τὴν γῆν, c'est-à-dire, d'après l'explication la plus naturelle, sur le globe entier, cela doit être considéré comme une exagération (2). De plus, d'après l'enchaînement de leur narration, ils supposent manifestement que cette obscurité eut une cause surnaturelle ; mais cette supposition est dépourvue de fondement, attendu qu'un pareil miracle manque d'un but suffisant. Ces circonstances accessoires ne suffisant pas, cependant, pour ôter tout crédit au récit de cet événement, on se demande ce qu'il en faut croire. Les Pères de l'Église ont invoqué, à cet égard, le témoignage d'auteurs païens, parmi lesquels Phlégon était dit avoir noté cette obscurité dans ses *Chroniques,* Χρονικοῖς (3) ; mais si l'on compare le passage de Phlégon, probablement conservé dans Eusèbe, on reconnaît que l'olympiade seulement y est indiquée, que c'est tout au plus si l'année l'est, et que, dans aucun cas, la saison et le jour de cette obscurité ne le sont (4). Des modernes s'appuient d'exemples semblables empruntés à l'histoire ancienne, et

---

(1) Paulus et Kuinœl, sur ce passage; Hase, L. J., §143; Neander, L. J. Chr., S. 639 f.

(2) Comparez Fritzsche et De Wette, sur ce passage de Matthieu.

(3) Tertull., *Apologet.,* c. 21; Orig., c. Cels., 2, 33, 59.

(4) Euseb., *Can. chron. ad Ol.,* 202 ann. 4. Comparez Paulus, S. 765 ff.

Wetstein, entre autres, en a fait une riche collection. Il cite, d'après des auteurs grecs et latins, la mention des éclipses de soleil qui eurent lieu lors de l'enlèvement de Romulus, de la mort de César (1) et d'événements semblables; il rapporte des phrases exprimant l'idée que des éclipses de soleil annoncent la chute d'empires et la mort de rois; enfin il indique des passages de l'Ancien Testament (Isaïe, 50, 3; Joel, 3, 20; Amos, 8, 9; comparez Jérémie, 15, 9) et des passages rabbiniques, dans lesquels tantôt l'obscurcissement de la lumière du jour est décrit comme le deuil pris par la divinité (2), tantôt la mort de grands docteurs est comparée au coucher soudain du soleil en plein midi (3), tantôt l'idée est exprimée qu'au moment de la mort de hauts fonctionnaires du sacerdoce, le soleil s'obscurcit souvent si les derniers honneurs ne leur sont pas rendus (4). Mais, au lieu d'être des appuis pour le récit évangélique, ces parallèles sont autant de prémisses pour cette conclusion-ci : à savoir que nous n'avons ici, sous les yeux, qu'une légende chrétienne qui avait sa source dans des idées répandues, et qui voulut que la nature entière célébrât, par son deuil solennel, la mort tragique du Messie (5).

Le second prodige est le déchirement du rideau du Temple, sans aucun doute du rideau intérieur tendu devant le Saint des saints; car le mot καταπέτασμα, dont se servent les évangiles, est employé ordinairement par les LXX pour rendre le mot פרכת, qui désigne ce rideau intérieur. On crut aussi pouvoir expliquer comme un événement naturel

---

(1) *Serv. ad Virgil Georg.*, 1, 465 seq. : Constat, occiso Cæsare in Senatu pridie Idus Martias, solis fuisse defectum ab hora sexta usque ad noctem.

(2) Echa R., 3, 28.

(3) R. Bechai Cod. Hakkema : Cum insignis Rabbinus fato concederet, dixit quidam : Iste dies gravis est Israeli, ut cum sol occidit ipso meridie.

(4) Succa f. 29, 1 : Dixerunt doctores: Quatuor de causis sol deficit: prima, ob patrem domus judicii mortuum, cui exequiæ non fiunt ut decet, etc.

(5) Voyez Fritzsche, sur ce passage; comparez aussi De Wette, *Exeget. Handb.*, 1, 4, S. 238; Theile, *Zur Biographie Jesu*, § 86.

ce déchirement du rideau, et on l'attribua au tremblement de terre. Mais un tremblement de terre, ainsi que Lightfoot l'a déjà remarqué avec justesse, fendra plutôt des corps solides tels que les *rochers*, πέτραι, dont il est ensuite question, qu'il ne déchirera un rideau extensible et suspendu librement. Aussi, Paulus prétend-il que le rideau du Temple était tendu et fixé par le bas et les côtés. Mais, d'une part, cela est une pure supposition; d'autre part, si le tremblement de terre avait ébranlé les parois du Temple assez fortement pour déchirer un rideau toujours extensible, bien que tendu, un pareil ébranlement aurait bien plutôt produit la chute de quelque portion de l'édifice, ce qui, en effet, arriva, d'après le dire de l'évangile des Hébreux (1); et la difficulté resterait la même, à moins qu'on ne voulût faire, avec Kuinœl, une supposition de plus, à savoir que le rideau était vieux, et qu'un petit ébranlement suffit pour le déchirer. Dans tous les cas, les évangélistes n'ont pas songé à un pareil ordre de causes; ce qui le prouve, c'est que le second et le troisième ne parlent pas du tremblement de terre, et que le premier n'en parle qu'après le déchirement du rideau. Donc, si cet événement a véritablement eu lieu, il faut en conserver le caractère miraculeux; la divinité, en le produisant, n'aurait pu avoir d'autre but que de graver fortement dans l'esprit des contemporains juifs l'impression de l'importance de la mort de Jésus, et de fournir aux premiers prédicateurs de l'évangile quelque arme dont ils se servissent dans leurs argumentations. Mais, ainsi que Schleiermacher l'a fait remarquer, aucune mention de cet événement ne se trouve dans le reste du Nouveau Testament, soit dans les Épîtres apostoliques, soit dans les Actes des Apôtres, soit dans l'Épître aux Hébreux, dont l'auteur

---

(1) Hieron., *ad Hedib. ep.*, 149, 8 (comparez *Comm. ad h. l*) : In evangelio autem, quod hebraicis litteris scriptum est, legimus, non velum templi scissum, sed superliminare templi miræ magnitudinis corruisse.

ne pouvait guère manquer de le trouver sur son chemin ; toute trace en est effacée, à part cette sèche mention des synoptiques ; et cela n'aurait pu être, si réellement les apôtres y avaient eu un point d'appui pour leur argumentation. Il faudrait donc admettre que la divinité n'aurait pas atteint le but qu'elle avait en produisant ce miracle. Or, cela est contradictoire, donc elle ne peut avoir fait ce miracle pour ce but ; mais, comme on ne peut imaginer ni un autre but au miracle, ni une production naturelle de l'événement, il faut en conclure qu'il n'a pas eu lieu. Il est vrai que, dans l'Épître aux Hébreux, il se trouve, d'une autre façon, un rapport particulier entre Jésus et le rideau du Temple. Tandis que, avant le Christ, est-il dit dans cette Épître, les prêtres seuls entraient dans le sanctuaire, tandis que le grand-prêtre seul avait accès, une fois par an, dans le Saint des saints avec le sang de l'expiation, le Christ, en qualité de grand-prêtre éternel, est entré, à l'aide de son propre sang, *au dedans du rideau*, εἰς τὸ ἐσώτερον τοῦ καταπετάσματος, dans le Saint des saints du ciel : par là il est devenu le *précurseur*, πρόδρομος, des chrétiens ; il leur en a ouvert l'entrée à son tour, et il a fondé *une rédemption éternelle*, αἰώνιον λύτρωσιν (6, 19 seq. ; 9, 6-12 ; 10, 19 seq.). Ces métaphores sont jugées par Paulus même, tellement voisines de notre récit, qu'il trouve possible de les compter au nombre de ces fables qui, d'après le programme de Henke, doivent être considérées comme devant leur origine *au style figuré* (1) ; il ajoute que du moins le déchirement du rideau, à supposer qu'il ait eu réellement lieu, acquit une importance particulière aux yeux des chrétiens, à cause de la signification symbolique qu'on y entrevoyait et qui avait de l'analogie avec les métaphores de

---

(1) La même possibilité est accordée par Neander, mais sous la réserve de conserver quelque chose d'analogue, comme point de départ du récit (p. 640 seq.).

l'Épître aux Hébreux : à savoir que, par la mort du Christ, le rideau du culte juif avait été déchiré, et que l'accès avait été ouvert sans prêtre à chacun auprès de Dieu par l'*adoration en esprit*, προσκυνεῖν ἐν πνεύματι. Mais si, comme cela a été montré, la vraisemblance historique de l'événement en question est tellement faible ; si, au contraire, les conditions qui purent déterminer la formation du récit sans fondement historique sont tellement fortes, il est plus conséquent d'abandonner, avec Schleiermacher, le caractère historique du récit, en réfléchissant, comme dit ce théologien, qu'aussitôt que l'on commença de représenter les mérites du Christ sous les images qui dominent dans l'Épître aux Hébreux, qu'aux premiers acheminements vers cette doctrine, qu'à la première admission des païens non astreints au culte juif, et par conséquent ne participant pas aux expiations juives, de telles idées durent nécessairement entrer dans les hymnes chrétiennes (et dans les récits évangéliques) (1).

La phrase suivante : *La terre trembla, les rochers se fendirent*, ἡ γῆ ἐσείσθη καὶ αἱ πέτραι ἐσχίσθησαν, ne peut être jugée que dans l'enchaînement qu'elle a avec ce qui précède. Un tremblement de terre qui fend les rochers n'est pas un phénomène naturel inouï ; mais il a été employé aussi comme ornement poétique ou mythique de la mort de quelque homme illustre : c'est ainsi que Virgile raconte que, lors de la mort de César, non seulement le soleil s'obscurcit, mais encore que les Alpes furent agitées de mouvements inaccoutumés (2). Comme nous n'avons pu envisager que de ce dernier point de vue les prodiges antécédents, et comme d'ailleurs Matthieu étant le seul qui parle du tremblement de terre et de la rupture des rochers, cet isolement est défavorable à la réalité historique de ces

---

(1) *Ueber den Lukas*, S. 293 ; comparez De Wette, *Exeg. Handb.*, 1, 1, S. 240.
(2) *Georg.*, 1, 463 seq.

phénomènes, nous ne pouvons non plus nous en faire d'autre idée que celle que Fritzsche exprime en disant : *Messiæ obitum atrocibus ostentis, quibus quantus vir quum maxime expirasset, orbi terrarum indicaretur, illustrem esse oportebat* (1).

Le dernier prodige opéré lors de la mort de Jésus, lequel ne se trouve non plus que dans le premier évangile, est l'ouverture des tombeaux, la sortie de plusieurs morts et leur apparition dans Jérusalem. Il est particulièrement difficile de se faire une idée de ces choses. A ne considérer ce prodige qu'en lui-même, on ne comprend ni comment ces *saints* (2), ἅγιοι, de l'ancienne histoire hébraïque durent se trouver après cette résurrection (3), ni quel put être le but d'une dispensation aussi extraordinaire (4). Ce but ne gisait pas sans doute dans les ressuscités eux-mêmes, car on ne peut imaginer aucun motif qui explique pourquoi ils auraient tous ressuscité au moment de la mort de Jésus, et pourquoi chacun d'eux ne serait pas ressuscité au moment déterminé par la marche de son propre développement moral. Si, au contraire, cette résurrection avait pour but de convaincre les autres, ce résultat aurait été encore moins atteint que par le miracle du rideau déchiré ; car non seulement les Épîtres et discours des apôtres sont sans aucune allusion à cette apparition des saints, mais encore, parmi les

---

(1) Quand Hase écrit § 143 : *La terre trembla dans sa douleur pour le plus grand de ses fils*, on voit comment l'historien, en voulant conserver à cette particularité le caractère historique, devient poète involontairement ; et, quand l'auteur, dans la seconde édition, atténue sa phrase par un *pour ainsi dire*, on voit de plus que sa conscience d'historien n'a pas laissé de lui faire des reproches à ce sujet.

(2) C'est à ces personnages pieux de l'Ancien Testament, et non à des sectateurs du Christ, comme le veut Kuinoel, qu'il faut ici penser. D'après l'évangile de Nicodème, il y eut sans doute aussi des adorateurs de Jésus parmi ceux qui ressuscitèrent à cette occasion, tels sont Siméon (*ex Luca*, 2 et ses deux fils ; mais la majorité est constituée par des personnages de l'Ancien Testament, tels que Adam et Ève, les patriarches et les prophètes, aussi bien d'après cet apocryphe, que d'après l'ἀναφορὰ Πιλάτου (Thilo, p. 810), d'après Épiphane, *Orat. in sepulchrum Chr.*, 275, d'après Ignat. ad *Magnes.*, 9, et d'autres (comparez Thilo, p. 780 seq.).

(3) Comparez les différentes opinions dans Thilo, p. 783 seq.

(4) Comparez particulièrement Eichhorn, *Einl. in das N. T.*, 1, S. 436 ff.

évangélistes, Matthieu est le seul qui en parle. Une difficulté toute spéciale est créée par la position singulière que le membre de phrase : *Après la résurrection de Jésus,* μετὰ τὴν ἔγερσιν αὐτοῦ, donne à l'apparition des saints entre des phénomènes qui paraissent tenir l'un à l'autre. Rapporte-t-on ce membre de phrase à ce qui précède, alors les personnages pieux défunts ne furent que ranimés au moment de la mort de Jésus, et ils ne sortirent des tombeaux qu'après sa résurrection ; mais cela eût été un tourment pour des damnés, et non une récompense pour des saints. Au contraire, rattache-t-on le membre de phrase en question à ce qui suit, alors les ressuscités sortirent, il est vrai, des tombeaux aussitôt après avoir été ranimés lors de la mort de Jésus, mais ce ne fut qu'après sa résurrection qu'ils purent aller dans la ville, et l'on cherche vainement un motif pour expliquer ce dernier point. Lorsqu'à l'effet d'éviter ces difficultés, on déclare, sans aucune raison critique, que tout le passage est une interpolation, on a recours à un moyen violent et grossier (1). Les interprètes rationalistes s'y sont pris avec plus d'adresse, quand ils ont essayé, en écartant ce qu'il y a de miraculeux dans le récit, d'écarter les autres difficultés. Ici, comme pour la déchirure du rideau, c'est au tremblement de terre qu'ils se rattachent surtout ; ce tremblement, disent-ils, ouvrit plusieurs tombeaux, et entre autres des tombeaux de prophètes, et on les trouva vides, soit que les corps eussent été enlevés, soit que la putréfaction les eût détruits, soit que les bêtes sauvages les eussent dévorés. Après la résurrection de Jésus, ceux qui, parmi les habitants de Jérusalem, penchaient vers lui, furent remplis de pensées de résurrection ; ces pensées, jointes à la circonstance de la vacuité des tombeaux, produisirent en

---

(1) Stroth, *Sur des interpolations dans l'Évangile de Matthieu,* dans : Eichhorn's *Repertorium,* 9, S. 139. Kern n'est guère plus heureux quand il considère le passage comme une intercalation du traducteur grec, *Ueber den Ursprung des Ev. Matth.,* S. 25 and 100.

eux des songes et des visions, où ils crurent voir les pieux ancêtres déposés dans ces sépulcres (1). Mais les tombeaux trouvés vides, même quand on y joindrait la notion de la résurrection de Jésus, n'auraient guère produit de pareils songes, si les Juifs n'avaient pas, dès auparavant, entretenu l'espérance de voir le Messie réveiller les pieux Israélites défunts. Si cette espérance existait, elle pouvait bien moins suggérer des songes qu'une légende sur une résurrection de saints opérée au moment de la mort de Jésus. Aussi Hase abandonne-t-il, avec raison, l'hypothèse des songes, et il cherche à tout expliquer, d'une part à l'aide des tombeaux trouvés vides, d'autre part à l'aide de cette espérance juive (2). Cependant, quand on examine la chose de plus près, on voit que, du moment que cette idée existait, il n'était pas besoin que les tombeaux se fussent ouverts réellement pour que naquit un pareil mythe; aussi Schneckenburger a-t-il laissé de côté les tombeaux trouvés vides (3). Mais lorsque, au lieu de cela, il parle de visions que les partisans de Jésus, l'imagination échauffée par sa résurrection, eurent à Jérusalem, cela est entaché du même vice que l'explication de Hase, qui, laissant de côté les songes, maintient l'ouverture des tombeaux; car, du moment qu'on abandonne le caractère historique d'une de ces circonstances étroitement liées, il faut aussi abandonner le caractère historique de l'autre.

A la vérité, on a remarqué, non sans apparence, que l'espérance juive en question ne suffisait pas pour expliquer la formation d'un pareil mythe (4). Voici en détail quelle était cette espérance : par l'apôtre Paul (1. Thess. 4, 16; comparez 1. Cor. 15, 22, seq.) et plus précisément par l'Apocalypse (20, 4, seq.), nous savons que les premiers

---

(1) C'est ce que disent Paulus et Kuinœl, sur ce passage; ce dernier donne le nom de mythique à cette explication.
(2) L. J., § 148.
(3) Ueber den Ursprung, S. 67.
(4) Paulus, Exeg. Handb., 3, b, S. 798.

chrétiens attendaient pour le retour du Christ une résurrection des personnages pieux, qui aussitôt régneraient avec le Christ pendant mille années ; ce n'était qu'après ce laps de temps que les autres devaient aussi ressusciter ; et, pour distinguer la première résurrection de cette seconde, on l'appela *résurrection première*, ἡ ἀνάστασις ἡ πρώτη, ou *résurrection des justes*, ἡ ἀνάστασις τῶν δικαίων (Luc, 14, 14?), expresssion en place de laquelle Justin a *la sainte résurrection*, ἡ ἁγία ἀνάστασις (1). Mais cela est déjà la forme christianisée de l'idée juive ; cette dernière se rapportait, non au retour, mais à la première venue du Messie, et il ne s'y agissait que de la résurrection des Israélites (2). Et en effet, c'est au temps de la première venue du Messie que Matthieu place la mention de cette résurrection ; mais, en soi et pour soi, l'idée juive ne contient aucun motif qui explique pourquoi Matthieu rattache justement cette résurrection à la mort de Jésus ; et, dans la modification que les partisans de Jésus apportèrent à cette idée, il y aurait eu plutôt, ce semble, une raison de rattacher la résurrection des personnages pieux à sa propre résurrection ; d'autant plus que la rattacher à sa mort, c'était paraître se mettre en contradiction avec la manière ordinaire de voir des premiers chrétiens, d'après laquelle Jésus est le *premier né d'entre les morts*, πρωτότοκος ἐκ τῶν νεκρῶν (Col. 1, 18 ; Apocal. 1, 5), les *prémices de ceux qui sont morts*, ἀπαρχὴ τῶν κεκοιμημένων (1. Cor. 15, 20). Cependant nous ne savons pas si cette manière de voir était la manière générale ; et, tandis que les uns croyaient devoir à la dignité messianique de Jésus de le considérer comme le premier des ressuscités, il se présentait aussi des motifs qui pouvaient exciter d'autres à faire ressusciter quelques personnages pieux dès le mo-

---

(1) *Dial. c. Tryph.*, 113.
(2) Voyez la réunion des passages à ce relatifs, dans Schœttgen, 2, p. 570 seq., et dans Bertholdt, *Christologia*, § 35.

ment même de sa mort. D'abord il y a un motif tout extrinsèque : parmi les prodiges qui accompagnèrent la mort de Jésus, un tremblement de terre est mentionné, et, dans la description de la violence qui le signala, la *rupture des rochers*, πέτραι ἐσχίσθησαν, put suggérer facilement l'ouverture *des tombeaux*, μνημεῖα ἀνεῴχθησαν, circonstance qu'on lit aussi ailleurs dans la description de violents tremblements de terre (1); or, l'ouverture des tombeaux formait une invitation et une transition pour faire ressusciter des personnages pieux. Mais il y avait aussi un motif intrinsèque : l'idée de la mort de Jésus telle qu'elle se développa de bonne heure au sein de la communauté chrétienne, était que cette mort constituait le point véritablement capital de la rédemption, et que nommément la descente dans l'enfer qui y était jointe (1. Petr. 3, 19, seq.), avait délivré de ce lieu des personnages antécédemment défunts (2); là put se trouver un motif de faire briser, justement par la mort de Jésus, les liens du tombeau qui enchaînaient les anciens personnages pieux. En outre, joignant ainsi la résurrection des justes à la mort de Jésus, on se conformait, plus que la joignant avec sa résurrection, à l'idée juive qui voulait que la résurrection des justes accompagnât la première venue du Messie ; idée qui, au sein de certaines sociétés judaïsantes du premier christianisme, put prendre la forme du récit en question. Au lieu qu'un Paul et le rédacteur de l'Apocalypse transportaient déjà *la résurrection première*, ἡ ἀνάστασις ἡ πρώτη, dans la seconde venue du Messie, laquelle était encore dans l'avenir. En considération de cette idée, il semble que le membre de phrase : *Après la résurrection de Jésus*, μετὰ τὴν ἔγερσιν αὐτοῦ, fut ajouté comme restriction, probablement par le rédacteur même du premier évangile.

(1) Voyez les passages réunis par Wetstein.
(2) Voyez cette idée développée plus amplement dans l'Évangile de Nicodème, cap. 18 seq.

Les synoptiques terminent leur description de ce qui se passa lors de la mort de Jésus, en parlant de l'impression que cela fit sur le centurion romain qui était de garde. D'après Luc (v. 47), cette impression fut produite par *ce qui venait d'arriver*, τὸ γενόμενον ; or, comme c'était plus haut qu'il avait mentionné l'obscurité, et qu'en dernier lieu il avait dit seulement que Jésus expira en prononçant une prière à haute voix, il en résulte que l'impression fut l'effet de cette prière. De la même façon, Marc, pour ainsi dire expliquant Luc, met : *Le centurion... voyant qu'il avait expiré en jetant un si grand cri, dit : Certainement cet homme était fils de Dieu*, ὁ κεντυρίων... ὅτι οὕτω κράξας ἐξέπνευσεν, εἶπεν, ἀληθῶς ὁ ἄνθρωπος οὗτος υἱὸς ἦν τοῦ Θεοῦ (v. 39). Dans Luc, comme les dernières paroles de Jésus sont une prière, on peut comprendre peut-être comment cette fin édifiante inspira au centurion une idée favorable de Jésus; mais, dans le récit de Marc, il n'y aucun moyen de voir comment le centurion, de ce que Jésus expira en poussant un grand cri, put conclure qu'il était fils de Dieu. C'est Matthieu qui encadre le mieux l'exclamation du centurion ; suivant lui, elle fut arrachée à cet officier romain par le tremblement de terre et par les autres phénomènes qui accompagnèrent la mort de Jésus ; mais malheureusement la réalité historique de cette exclamation, appuyée sur ces prétendus prodiges, tombe avec eux. Le centurion exprime, chez Matthieu et chez Marc, la conviction que Jésus est en effet *fils de Dieu*, υἱὸς Θεοῦ, chez Luc, qu'il est *un homme juste*, ἄνθρωπος δίκαιος. Évidemment la première expression n'a pas d'autre but que de nous apprendre qu'un païen a rendu témoignage à la messianité de Jésus; mais l'officier romain ne peut pas avoir attaché à ses paroles le sens spécifique que les Juifs y attachaient, il aurait plutôt vu en Jésus un fils de dieu dans le sens païen, ou du moins un innocent mis à mort. Cela pourrait être, si la chute de tout ce que les synoptiques rapportent sur les prodiges qui accompagnèrent la mort de Jésus n'entraînait pas aussi la chute de cette dernière portion du récit; d'autant plus qu'à l'impression produite sur le centurion, Luc ajoute l'impression produite sur le reste de la foule, et la fait retourner dans la ville avec des signes de repentir et de douleur ; détail qui paraît exposer, non pas tant ce que les Juifs éprouvèrent et firent, que ce qu'ils auraient dû éprouver et faire d'après l'idée chrétienne.

§ CXXXII.

Le coup de lance dans le côté de Jésus.

Tandis que les synoptiques rapportent que Jésus resta suspendu à la croix depuis la *neuvième heure*, ὥρα ἐννάτη, c'est-à-dire environ trois heures après midi, où il expira, jusqu'au *soir*, ὀψία, c'est-à-dire jusque vers six heures du soir, sans qu'il eût été l'objet d'aucune autre mesure, le quatrième évangéliste raconte un épisode digne de remarque. Selon lui, les Juifs, pour empêcher que la permanence de la suspension des crucifiés ne profanât le sabbat suivant, qui était d'une sainteté particulière, prièrent le procurateur de leur faire briser les jambes et de les faire aussitôt enlever. Les soldats qui en furent chargés, exécutèrent cet ordre sur les deux criminels crucifiés à côté de Jésus; mais, ayant remarqué en Jésus des signes qui montraient que la mort était déjà accomplie, ils jugèrent superflue une pareille opération, et se contentèrent de lui faire, avec une lance, dans le côté, une incision d'où il sortit du sang et de l'eau (19, 34-37).

Ce fait est ordinairement regardé comme l'argument capital en faveur de la réalité de la mort de Jésus; et la preuve qui se déduit des synoptiques, est tenue pour insuffisante en comparaison du fait rapporté par Jean. D'après le calcul qui donne le plus long espace de temps, c'est-à-dire d'après celui de Marc, Jésus resta suspendu à la croix, avant de mourir, depuis la troisième heure jusqu'à la neuvième, en d'autres termes pendant six heures ; si, ainsi que cela a paru vraisemblable à plusieurs, les ténèbres survenues vers la sixième heure indiquent en même temps chez les deux autres synoptiques le commencement du crucifiement, d'après eux Jésus ne vécut que trois heures sur la croix ; et, si nous supposons que Jean compta les heures comme les Juifs, et si nous lui attribuons la même opinion sur le moment de la mort de Jésus, il faudrait, attendu qu'il ne fait prononcer à Pilate le jugement que vers la sixième heure, que Jésus n'eût guère vécu plus de deux heures sur la croix. Mais d'ordinaire le crucifiement ne tue pas aussi vite ; cela se comprend en raison de la nature du supplice, qui, n'infligeant pas des blessures considérables, ne produit pas une perte rapide de sang, et qui amène plutôt graduellement une rigidité mortelle par la seule tension forcée des membres ; on le voit par le dire même des évangélistes, d'après lesquels Jésus eut encore assez de force pour pousser un grand cri immédiatement avant le moment qu'ils regardent comme le dernier, et d'après lesquels les deux crucifiés à côté de lui étaient encore en vie après ce temps ; on le prouve enfin par les exemples de ceux qui ont passé en vie plusieurs jours sur la croix, et qui n'ont été tués que peu à peu par la faim et d'autres causes semblables d'épuisement (1). En conséquence des Pères de l'Église et des théologiens déjà anciens ont émis l'opinion, que la mort de Jésus, qui, par voie naturelle, ne serait pas survenue aussitôt, fut surnaturellement accélérée soit par lui-même, soit par la volonté

---

(1) Ce qui est relatif à ce sujet, se trouve rassemblé dans Paulus, *Exeg. Handb.*, 3, b, S. 781 ff.; Winer, *Bibl. Realwörterb.*, 1, S. 672 ff.; et Hase, § 144.

de Dieu (1). Des médecins et des théologiens plus récents ont invoqué toutes les souffrances corporelles et mentales que Jésus eut à endurer le soir et la nuit qui précédèrent son crucifiement (2); mais en même temps ils n'excluent pas, pour la plupart, la possibilité d'admettre que ce qui parut aux évangélistes l'accomplissement de la mort, ait été un simple évanouissement causé par la suspension de la circulation du sang, et que la mort n'ait été réellement produite que par le coup de lance dans le côté.

Mais ce coup de lance même, l'endroit du corps où il fut donné, l'instrument, le mode, le but, l'effet, tout cela a été de tout temps l'objet du partage des opinions. L'instrument est désigné, par l'évangéliste, sous le nom de λόγχη, ce qui peut signifier aussi bien une arme de trait légère que la lance pesante; de sorte que nous restons dans l'incertitude sur l'étendue de la blessure. La manière dont la blessure fut portée est exprimée par le verbe *blesser*, νύσσειν, ce qui signifie tantôt une lésion mortelle, tantôt une entamure superficielle, et même un coup qui n'amène pas de sang; nous ne savons donc pas jusqu'à quelle profondeur la blessure pénétra; cependant Jésus, après la résurrection, fait mettre à Thomas le doigt dans les trous des clous, et la main dans ou seulement sur la plaie du côté (Joh., 20, 27); le coup paraît donc avoir fait une plaie considérable. Néanmoins, dans cette question, ce qui importe encore le plus, c'est de connaître l'endroit de la blessure. Jean le désigne par le mot de *côté*, πλευρά. Sans doute, si le coup, porté à gauche entre les côtes, pénétra jusqu'au cœur, la mort dut s'ensuivre inévitablement; mais cette expression peut signifier aussi bien le côté droit que le côté gauche, et dans les deux côtés tout l'espace compris entre l'épaule et la hanche.

(1) Par Jésus lui-même d'après Tertullien; par la volonté de Dieu, d'après Grotius; voyez dans Paulus, S. 784. Anm.

(2) Gruner et d'autres, dans Paulus, § 782 ff.; Hase, l. c.; Neander, L. J. Chr., S. 647.

La plupart de ces points de doute se décideraient d'eux-mêmes, si l'intention du soldat, en portant le coup de lance, avait été de tuer Jésus, dans le cas où il n'aurait pas encore été mort ; avec cette intention, il aurait indubitablement frappé à l'endroit le plus mortel et enfoncé son arme le plus profondément possible, ou plutôt il aurait brisé les jambes à Jésus comme aux deux autres. Mais, comme il procéda avec lui autrement qu'avec ceux-ci, il est vraisemblable qu'il avait une autre intention à son égard, à savoir de s'assurer préalablement par le coup de lance, si sa mort était déjà accomplie, et il crut pouvoir le conclure avec sûreté à la vue du sang et de l'eau qui coulèrent de la blessure.

C'est surtout sur l'effet du coup de lance que l'on est le moins d'accord. Les Pères de l'Église, considérant que d'un cadavre il ne coule plus de sang, ont trouvé, dans le *sang et l'eau*, αἷμα καὶ ὕδωρ, versés par le corps de Jésus, un miracle, une preuve de sa nature divine (1). Des modernes, partant de la même observation, ont vu dans cette expression une figure où deux termes sont mis pour signifier une même chose, c'est-à-dire ici du sang fluide encore, signe que la mort ne s'était pas encore accomplie ou venait seulement de s'accomplir (2). Mais le sang est par lui-même un fluide ; par conséquent, le mot *eau* ajouté au mot *sang* ne peut pas signifier simplement les qualités de ce dernier, il doit désigner un mélange particulier que présentait le sang versé par la blessure de Jésus. Pour s'expliquer ce mélange, et pour avoir en même temps la plus sûre preuve de

---

(1) Orig., *c. Cels.*, 2, 36 : Le sang des autres corps morts se coagule, et il n'en coule pas de l'eau pure ; mais ce fut un miracle dans le corps de Jésus, et du sang et de l'eau s'écoulèrent de son côté. Τῶν μὲν οὖν ἄλλων νεκρῶν σωμάτων τὸ αἷμα πήγνυται, καὶ ὕδωρ καθαρὸν οὐκ ἀπορρεῖ· τοῦ δὲ κατὰ τὸν Ἰησοῦν νεκροῦ σώματος τὸ παράδοξον, καὶ περὶ τὸ νεκρὸν σῶμα ἦν αἷμα καὶ ὕδωρ ἀπὸ τῶν πλευρῶν προχυθέν. Comparez Euthymius sur ce passage : D'un corps mort, quand même on le piquerait mille fois, il n'en sortirait pas du sang. Cela est miraculeux, et montre manifestement que celui qui avait été piqué, était plus qu'un homme, ἐκ νεκροῦ γὰρ ἀνθρώπου, κἂν μυριάκις νύξῃ τις, οὐκ ἐξελεύσεται αἷμα· ὑπερφυὲς τοῦτο τὸ πρᾶγμα, καὶ τρανῶς διδάσκον, ὅτι ὑπὲρ ἄνθρωπον ὁ νυγείς.

(2) Schuster, dans *Eichhorn's Bibl.*, 9, S. 1036 ff.

mort, d'autres ont eu l'idée que l'eau mêlée au sang provenait du péricarde ouvert par la lance, dans lequel on dit que s'accumule une assez grande quantité de liquide, particulièrement chez ceux qui meurent au milieu d'une forte angoisse (1). Mais, outre que la pénétration de la lance dans le péricarde est une pure hypothèse, la quantité de ce liquide dans les cas où il n'y a pas d'hydropisie, est si petite que l'écoulement n'en frapperait pas les yeux; d'autre part, il n'y a qu'un seul petit espace, à la partie antérieure de la poitrine, où le péricarde peut être atteint de manière que le liquide qu'il contient soit versé au dehors; dans tous les autres cas, ce qui s'écoulerait s'épancherait dans l'intérieur de la cavité de la poitrine (2). Sans aucun doute, l'évangéliste part de l'observation que l'on peut faire dans toute saignée, à savoir que le sang, aussitôt qu'il a cessé d'être pénétré du principe de vie, commence à se séparer en caillot et en sérum; et, de ce que cette séparation se montrait déjà dans le sang de Jésus, il veut conclure que la vie était réellement éteinte (3). Or, c'est une autre question de savoir si cet écoulement du sang et de l'eau séparés visiblement est une preuve possible de mort, si Hase et Winer ont raison de soutenir que d'incisions un peu profondes pratiquées sur des cadavres le sang coule ainsi décomposé, ou si les Pères de l'Église ont eu raison de regarder ce phénomène comme tellement inouï qu'ils aient cru devoir en faire un miracle chez Jésus. Un anatomiste distingué m'a expliqué de la manière suivante l'état des choses (4). Pour l'ordinaire, l'intervalle d'une heure après la mort suffit pour coaguler le sang dans les vaisseaux, et dès lors il ne peut plus couler par des incisions; ce n'est qu'en des cas exceptionnels, en certains genres de morts, tels que les fièvres

---

(1) Gruner, *Comm. de morte J. Chr.*, p. 47; Tholuck, *Comm. z. Joh*, S. 518.

(2) Comparez Hase, l. c.

(3) Winer, l. c.

(4) Comparez le dire semblable d'un anatomiste dans De Wette, sur ce passage, et Tholuck, l. c.

nerveuses, l'asphyxie, que le sang conserve sa fluidité. Si l'on voulait placer le genre de mort sur la croix dans la catégorie de l'asphyxie, ce qui, cependant, ne paraît pas possible à cause du long temps que des crucifiés sont restés en vie, et, chez Jésus en particulier, à cause que l'on rapporte qu'il parla jusqu'au dernier moment ; ou, si l'on voulait admettre que le coup dans le côté a été porté assez tôt après la mort, pour rencontrer le sang encore fluide, ce qui n'est pas conforme aux relations d'après lesquelles, Jésus étant mort dès trois heures de l'après-midi, les corps ne durent être enlevés que vers six heures du soir, il serait sorti du sang, mais sans eau, et encore dans le cas où le coup aurait ouvert un vaisseau assez gros. Mais, s'il s'était écoulé environ une heure depuis la mort, et si le corps était dans l'état habituel, il ne serait rien sorti. Ainsi, du sang ou rien ; du sang et de l'eau, dans aucun cas, parce que le sérum et le caillot ne se séparent pas dans les vaisseaux du cadavre comme dans la poêlette après la saignée. Il est donc bien difficile de croire que celui qui est l'auteur de ce détail dans le quatrième évangile ait vu lui-même *du sang et de l'eau*, αἷμα καὶ ὕδωρ, sortir du côté de Jésus en signe de l'accomplissement de la mort ; mais, comme dans les saignées il avait déjà eu occasion d'observer la séparation en sérum et en caillot dans le sang que la vie abandonnait, et comme il lui importait d'avoir une preuve certaine pour la mort de Jésus, il fit couler du corps blessé ces deux parties constituantes du sang à l'état de séparation.

Au reste, l'évangéliste assure, de la manière la plus formelle (v. 35), que les choses se passèrent ainsi, et que son récit est fondé sur un témoignage oculaire. D'après quelques uns, il dit cela pour réfuter des Gnostiques docétiques qui niaient la vraie corporalité de Jésus (1) ; mais alors, à quoi

---

(1) Wetstein et Olshausen, sur ce passage ; comparez Hase, l. c.

bon parler de *l'eau*, ὕδωρ? D'après d'autres, ce fut pour montrer l'accomplissement remarquable de deux prophéties dans ce qui fut fait avec le corps de Jésus (1); mais, comme Lücke le dit lui-même, bien que Jean recherche ailleurs aussi, même en des points accessoires, un accomplissement de l'Écriture, cependant nulle part il n'y attache une importance aussi extraordinaire qu'il le ferait ici, d'après cette manière de voir. Ainsi, ce qu'il paraît toujours le plus naturel d'admettre, c'est que l'évangéliste a voulu fortifier par ces assurances la réalité de la mort de Jésus (2), et que, s'il indique l'accomplissement de l'Écriture, ce n'est qu'un développement et une explication. Nous manquons, il est vrai, d'un indice historique qui montre qu'au temps de la rédaction de l'évangile de Jean, on eût émis le soupçon que la mort de Jésus n'avait été qu'apparente; mais, avec le peu de renseignements que nous possédons sur cette époque, cela ne prouve pas que, dans le cercle où cet évangile se forma, il n'y ait pas eu véritablement lieu de combattre un soupçon qui se présentait si facilement, et que l'auteur n'ait pas eu des raisons pour présenter à ses lecteurs une preuve de la mort, comme il leur présente des preuves de la résurrection (3). Une pareille tendance est visible même dans l'évangile de Marc. Quand cet évangéliste représente Pilate, au moment où Joseph d'Arimathie lui demanda le corps de Jésus, *s'étonnant qu'il fût déjà mort*, ἐθαύμασεν εἰ ἤδη τέθνηκεν (v. 44), on peut tout à fait croire qu'il a voulu attribuer à Pilate un étonnement dont il dut souvent entendre l'expression dans la bouche de ses contemporains au sujet

---

(1) Lücke, sur ce passage.
(2) Less, *Auferstehungsgeschichte*, S. 95 f; Tholuck, sur ce passage. D'après Weisse (*Die evang Gesch.*, 1, S. 102. 2, S. 237 ff.), l'évangéliste ferait allusion à un passage de l'épître apostolique, mal entendu par lui, à savoir au vers 6 du chap. 5 de la première épître de Jean : *Jésus-Christ, qui est venu avec l'eau et avec le sang, non seulement avec l'eau, mais avec l'eau et le sang*, οὗτός ἐστιν ὁ ἐλθὼν δι' ὕδατος καὶ αἵματος, Ἰησοῦς ὁ Χριστός· οὐκ ἐν τῷ ὕδατι μόνον, ἀλλ' ἐν τῷ ὕδατι καὶ τῷ αἵματι.
(3) Comparez Kaiser, *Bibl. Theol.*, 1, S. 253.

de la rapidité si grande avec laquelle la mort de Jésus s'accomplit; et, quand il rapporte que le procurateur s'informa auprès du centurion si en effet Jésus *était déjà mort*, πάλαι ἀπέθανε, il semble vouloir, en levant les doutes de Pilate, lever en même temps ceux de ses contemporains. Ajoutons qu'il est impossible qu'il ait rien su d'un coup de lance et de l'effet qui s'ensuivit; autrement il n'aurait pas manqué de signaler cette garantie, la plus sûre de toutes, de la réalité de la mort de Jésus.

Le quatrième évangéliste rapporte à ce récit deux passages de l'Ancien Testament comme étant des prophéties. Le corps de Jésus ayant échappé au brisement des jambes, l'évangéliste voit dans cette disposition particulière un accomplissement de ce qui avait été dit, directement de l'agneau pascal, indirectement, dans son opinion, de Jésus, dont cet agneau n'était que la figure (comparez 1. Cor., 5, 7) : *Vous ne briserez pas ses os* (2. Mos., 12, 42), ὀστοῦν οὐ συντρίψετε ἀπ' αὐτοῦ, LXX. Dans le coup de lance, il voit l'accomplissement du verset 10 du chap. 12 de Zacharie, où les mots והביטו אלי את אשר דקרו, traduits avec exactitude par Jean (*Ils verront celui qu'ils ont percé*, ὄψονται εἰς ὃν ἐξεκέντησαν), et mieux que par les LXX (*Ils me verront, moi qu'ils ont percé*), sont adressés par Jean aux Israélites avec la signification qu'un jour ils se tourneront de nouveau vers celui qu'ils avaient si gravement offensé (1). Le verbe דקר, *percer*, pris au propre, exprime une action qui paraît pouvoir être dirigée plutôt contre un homme que contre Jéhovah; cette signification est encore fortifiée par la variante אליו; enfin ce qui suit dut contribuer à appuyer cette manière de voir, car le Psaume continue à la troisième personne : *Et ils le pleureront comme un enfant unique et comme un premier-né*. En conséquence, ce passage fut appliqué par les rabbins au Messie ben Joseph (fils de Jo-

---

(1) Rosenmüller, *Schol. in V. T.*, 7, 4, p. 340.

seph), qui devait être percé par l'épée dans la guerre (1), et il put être rapporté par les chrétiens, comme tant de passages dans les Psaumes de malheur, à leur Messie mis à mort, attendu que l'action de percer put s'entendre tantôt figurément, tantôt des clous qui lui percèrent les mains (et les pieds) (comparez Apoc., 1, 7), tantôt encore d'un coup de lance qui lui fut porté.

Si nous nous enquérons de la créance que mérite ce récit particulier au quatrième évangile, nous trouverons, il est vrai, que ce qu'il dit de la nécessité d'enlever les corps des suppliciés avant le commencement d'un sabbat tant solennisé, c'est-à-dire avant l'arrivée de la nuit, est d'accord avec la loi juive (5. Mos., 21, 22; Jos., 8, 29; 10, 26 seq.; une exception se voit dans 2. Sam., 21, 6 seq.) (2). Mais le brisement des jambes, *crurifragium*, ne se trouve nulle part chez les Romains joint au crucifiement : c'était une peine à part qui s'appliquait à des esclaves, à des prisonniers de guerre, etc. (3); en outre, il ne pouvait pas servir (ce que notre narrateur paraît supposer) à amener immédiatement la mort, il ne pouvait que la rendre certaine, mais plus tard, par l'effet de la gangrène qu'un pareil écrasement causerait. Enfin, quant au coup de lance, tout dépend de la question de savoir s'il est imaginable qu'un témoin oculaire se soit fait illusion sur ce qui coula de la blessure, au point de penser voir du sang et de l'eau là où il ne peut avoir coulé que du sang. Une pareille illusion ne serait pas impossible en soi; mais il faudrait presque admettre que le soldat se serait trompé de même; autrement, voyant couler du sang à la suite du coup d'épreuve, par conséquent n'ayant aucun signe de l'accomplissement de la mort, il aurait, pour plus de sûreté, brisé aussi les jambes au corps de Jésus.

(1) Voyez dans Rosenmüller, sur ce passage; Schœttgen, 2, p. 221; Bertholdt, § 17, not. 12.
(2) Comparez Josèphe, B. j., 4, 5, 2.
Sanhédrin, 6, 5, dans Lightfoot, p. 499.
(3) Voyez Juste Lipse, *De cruce*, L. 2, cap. 14.

Ainsi le récit de Jean reste incertain; et, quand même il ne serait pas une fiction d'un bout à l'autre, cependant la particularité sur laquelle le narrateur insiste avec le plus d'intérêt repose sur une illusion.

§ CXXXIII.

Ensevelissement de Jésus.

Tandis que le corps de Jésus, d'après la coutume romaine, aurait dû rester suspendu à la croix jusqu'à ce que l'atmosphère, les oiseaux carnassiers et la putréfaction l'eussent consumé (1); tandis que, d'après la coutume juive, enlevé avant le soir, il eût dû être déposé sans honneur dans le lieu de la sépulture des suppliciés (2); un personnage distingué, partisan de celui qui avait été mis à mort, demanda au procurateur, d'après les récits évangéliques, le corps, qui, conformément à la loi romaine (3), ne lui fut pas refusé, et qui lui fut remis aussitôt (Matth., 27, 57 et parall.). Cet homme, que tous les évangiles appellent Joseph et qu'ils font provenir d'Arimathie, était, d'après Matthieu, riche et disciple de Jésus; Jean ajoute qu'il n'était son disciple qu'en secret; les deux évangélistes intermédiaires le désignent comme membre honorable du haut conseil, et Luc remarque qu'en cette qualité il ne donna pas sa voix à la condamnation de Jésus; ils le représentent comme entretenant des espérances messianiques. Tandis que les synoptiques rapportent que l'ensevelissement de Jésus fut opéré par Joseph seul, et seulement avec les femmes pour spectatrices, Jean lui donne pour coopérateur Nicodème, personnage qui, ainsi que nous l'avons observé précédem-

---

(1) Comparez Winer, 1, S. 802.
(2) Sanhédrin, dans Lightfoot, p. 499.
(3) Ulpien, 48, 24, 1 seq.

ment (1), doit, au seul quatrième évangile, son introduction dans l'histoire évangélique.

Ce dernier apporte, à l'effet d'embaumer Jésus, des aromates, c'est-à-dire un mélange de myrrhe et d'aloès, dans la quantité d'environ cent livres. Vainement on s'est efforcé d'ôter au mot λίτρα, employé par Jean, la signification de la *livre* latine, *libra*, et d'y substituer un poids plus petit (2); ainsi, que l'on se contente, si l'on veut, pour cette quantité exagérée, de la remarque d'Olshausen, qui dit que l'excès fut une expression naturelle du respect de ces personnages pour Jésus. Suivant le quatrième évangile, ces deux hommes opèrent, aussitôt après que le corps est détaché de la croix, l'embaumement d'après la coutume juive, c'est-à-dire qu'ils enveloppent le cadavre avec des aromates dans des linges. Suivant l'évangile de Luc, les femmes, ayant quitté le tombeau de Jésus et étant rentrées chez elles, s'occupent de se procurer des aromates et des onguents pour pratiquer l'embaumement après le sabbat (23, 56 ; 24, 1). Suivant l'évangile de Marc, elles n'achètent les *aromates*, ἀρώματα, qu'après que le sabbat est passé (16, 1). Mais, dans l'évangile de Matthieu, il n'est pas question d'un embaumement du corps, il n'est parlé que d'un linceul blanc dans lequel on l'enveloppa (27, 59).

On a cru d'abord pouvoir concilier la divergence entre Marc et Luc, relative au temps de l'achat des aromates, en amenant l'un des deux narrateurs à dire la même chose que l'autre. Marc parut se prêter de la manière la plus facile à prendre le sens de Luc, on admit une énallage de temps, et l'on prétendit que son verbe : *elles achetèrent*, ἠγόρασαν, qui est appliqué au lendemain du sabbat, doit être pris dans le sens du plus-que-parfait, et que de la sorte il signifie, comme le dit Luc, que les femmes s'étaient procuré les aromates

---

(1) T. , § LXXIX. (2) Michaelis, *Begræbnis- und Auferstehungsgeschichte*, S. 68 ff.

dès le soir de l'ensevelissement (1). Mais contre cette conciliation, l'auteur des *Fragments de Wolfenbüttel* a déjà remarqué, avec une mauvaise humeur victorieuse, que l'aoriste, placé entre la fixation d'un moment et l'énoncé d'un but, ne peut signifier rien autre chose que ce qui fut fait vers le temps fixé pour atteindre le but proposé ; qu'ici par conséquent la phrase : *Elles achetèrent des aromates*, ἠγόρασαν ἀρώματα, placé entre : *Le jour du sabbat étant passé*, διαγενομένου τοῦ σαββάτου, et : *Pour embaumer Jésus*, ἵνα ἐλθοῦσαι ἀλείψωσιν αὐτὸν, ne peut signifier qu'un achat fait après le sabbat (2). En conséquence, Michaelis, qui a entrepris de défendre la concordance de l'histoire de l'ensevelissement et de la résurrection contre les attaques de l'auteur des *Fragments*, s'est jeté de l'autre côté, et a essayé de rendre Luc conforme à Marc. Suivant cet auteur, quand Luc écrit : *S'en étant retournées, elles préparèrent des aromates et des parfums*, ὑποστρέψασαι δὲ ἡτοίμασαν ἀρώματα καὶ μύρα, il ne veut pas dire par là qu'elles aient fait ces achats immédiatement après leur retour, c'est-à-dire le soir même du jour de l'ensevelissement ; loin de là, en ajoutant : *Elles se tinrent en repos le jour du sabbat, selon l'ordonnance de la loi*, καὶ τὸ μὲν σάββατον ἡσύχασαν κατὰ τὴν ἐντολὴν, il donne lui-même à entendre que les achats ne furent faits qu'après le sabbat, attendu qu'il n'y avait plus assez de temps pour rien acheter entre le moment où elles retournèrent du tombeau et l'arrivée du sabbat, qui commençait à six heures du soir (3). Mais quand Luc place le verbe *elles préparèrent*, ἡτοίμασαν, entre le verbe *étant retournées*, ὑποστρέψασαι, et le verbe *elles se tinrent en repos*, ἡσύχασαν, cela ne peut pas plus signifier quelque chose qui ne fut fait qu'après le repos du sabbat, que dans Marc, le

---

(1) Grotius ; Less, *Auferstehungsgeschichte*, S. 165.

(2) Voyez le 5° Fragment, dans Lessing's *viertem Beitrag zur Geschichte und Literatur*, S. 467 f. Comparez aussi sur ces divergences la Duplique de Lessing.

(3) Michaelis, l. c., S. 102 ff.

verbe *elles achetèrent*, ἠγόρασαν, placé de la même façon, ne peut signifier ce qui aurait été fait avant le sabbat. Dans ces derniers temps, on a compris, à la vérité, qu'à chacun de ces deux évangélistes il fallait laisser le sens que son texte comportait au sujet de l'achat des aromates; mais on a cru pouvoir écarter l'apparence de l'erreur d'un côté ou de l'autre, en admettant que les aromates préparés dès avant le sabbat ne suffirent pas, et que les femmes, comme le dit Marc, s'en procurèrent réellement d'autres après le sabbat (1). Mais il faudrait qu'il y eût eu une énorme consommation d'aromates: d'abord le quintal apporté par Nicodème n'aurait pas suffi; pour cette raison, les femmes auraient préparé de nouveaux aromates le soir avant le sabbat; cela n'aurait pas encore été trouvé suffisant, et le lendemain du sabbat, au matin, elles auraient encore acheté une nouvelle quantité d'aromates.

C'est en effet de cette façon qu'il faudrait, si l'on était conséquent, résoudre la seconde différence qui existe entre les deux évangélistes intermédiaires d'une part, et le quatrième de l'autre, à savoir que, d'après ce dernier, Jésus fut embaumé avec cent livres d'aromates au moment où il fut mis dans le tombeau, tandis que, d'après les deux premiers, l'embaumement fut remis après le sabbat. Or, pour la quantité, cent livres de myrrhe et d'aloès étaient plus que suffisantes; ce qui aurait manqué, ce qui aurait dû être repris après le sabbat, n'aurait pu guère être que la façon, c'est-à-dire que les aromates n'auraient pas été convenablement appliqués au corps, parce que l'arrivée du sabbat aurait interrompu l'opération (2). Mais si nous en croyons Jean, l'ensevelissement de Jésus avait été accompli le soir de sa mort, *selon la manière d'ensevelir parmi les Juifs*, καθὼς ἔθος ἐστὶ τοῖς Ἰουδαίοις ἐνταφιάζειν, c'est-à-dire *rite*, dans toutes

---

(1) Kuinœl, *in Luc.*, p. 721.

(2) C'est ce que dit Tholuck, sur ce passage.

les formes, puisqu'il avait été enveloppé dans des *linges*, ὀθόνια, *avec les aromates*, μετὰ τῶν ἀρωμάτων (v. 40); cela constituait la totalité de l'embaumement juif, auquel ainsi, d'après Jean, il ne manquait plus rien à l'égard de la forme (1). Notons encore que, si les femmes, comme le disent Marc et Luc, avaient acheté et préparé de nouveaux aromates, l'embaumement fait par Nicodème aurait été incomplet, même pour la quantité. Arrivés à ce terme, les commentateurs reconnaissent qu'en fait il ne manquait rien à l'ensevelissement tel que Jean le raconte; mais que, pour les femmes, il était comme non avenu, attendu qu'elles ne surent pas que Jésus eût été déjà embaumé par Nicodème et Joseph (2). On s'étonne d'une pareille assertion, car on lit positivement dans les synoptiques que les femmes furent témoins de l'ensevelissement de Jésus, et qu'elles virent non seulement où il fut déposé (ποῦ τίθεται, Marc), mais encore comment il fut déposé (ὡς ἐτέθη, Luc).

La troisième divergence sur ce point se trouve entre Matthieu et les autres, cet évangéliste ne parlant d'embaumement ni avant ni après le sabbat. Comme elle ne consiste que dans le silence d'un narrateur, on y a jusqu'ici donné peu d'attention, et même l'auteur des *Fragments de Wolfenbüttel* a accordé que l'embaumement juif était compris dans l'ensevelissement fait, suivant Matthieu, avec un linceul blanc. Mais, cette fois, le silence pourrait fournir un argument. Quand on lit dans le récit de l'onction faite à Béthanie ce mot de Jésus, que la femme par son action avait anticipé sur l'embaumement de son corps (Matth., 26, 12, parall.), ce mot a, il est vrai, sa signification dans tous les évangiles, mais il en a une tout à fait frappante dans Matthieu, qui, dans le reste, ne parle plus d'embaumement

---

(1) Voyez l'auteur des *Fragments*, l. c., S. 469 ff.

(2) Michaelis, l. c., S. 99 f.; Kuinœl et Lücke laissent le choix entre cette explication et la précédente.

lors de l'ensevelissement de Jésus (1). Le fait est que par là seulement semble s'expliquer d'une manière satisfaisante l'intérêt particulier que la tradition évangélique mit à cette action de la femme. Si, dans le trouble de circonstances défavorables, celui qui était honoré comme Messie ne reçut pas, lors de son ensevelissement, les honneurs de l'embaumement auquel il avait droit, le regard de ses partisans dut sans doute s'arrêter, avec une complaisance spéciale, sur un événement de la dernière période de sa vie, où une humble adoratrice lui avait rendu cet honneur de son vivant, comme si elle avait pressenti qu'il lui serait refusé après sa mort. De ce point de vue, on pourrait se représenter la différente narration de l'embaumement chez les autres évangélistes, comme un développement graduel de la légende. Dans Marc et Luc, c'est encore comme dans Matthieu, le corps de Jésus n'est pas véritablement embaumé ; mais ces évangélistes font un pas au delà du premier évangile ; ils disent que l'embaumement fut projeté, et que c'est dans cette vue que les femmes se rendirent à son tombeau le lendemain du sabbat, dessein dont l'exécution ne fut prévenue que par la résurrection. Dans le quatrième évangile, au contraire, l'onction anticipée de son vivant, et cet embaumement préparé pour le mort par les femmes, se confondirent en un véritable embaumement opéré sur le corps, ce qui n'empêcha pas, du reste, de conserver, suivant le mode de formation des légendes, le rapport qui existait entre la première onction faite pendant la vie et l'ensevelissement.

Le corps de Jésus fut aussitôt, d'après tous les évangélistes, déposé en un tombeau creusé dans le roc, qui fut fermé avec une grosse pierre. Matthieu désigne ce tombeau comme *neuf*, καινόν, et Luc et Jean précisent davantage la chose en disant que personne n'y avait encore été mis. Pour le dire en passant, on a autant de raison de se défier de ce

(1) Comparez De Wette, sur ce passage de Matthieu.

tombeau neuf que de l'âne non monté lors de l'histoire de l'entrée de Jésus à Jérusalem ; car ici, comme là, la tentation était irrésistible de se figurer, même sans cause historique, le tombeau, dépositaire sacré du corps de Jésus, comme un lieu qui n'avait été encore profané par aucun cadavre. En outre ce tombeau est l'objet d'une divergence entre les évangélistes. D'après Matthieu, c'était la propriété de Joseph, qui l'avait fait creuser lui-même dans le rocher ; et les deux autres synoptiques, en rapportant que Joseph en disposa sans plus ample formalité, paraissent partir de la même supposition. D'après Jean, au contraire, le droit de propriété de Joseph sur le tombeau ne fut pas le motif pour lequel on y mit Jésus ; mais, le temps pressant, on le déposa dans le tombeau fraîchement creusé qui se trouvait dans un jardin voisin. Ici encore, l'harmonistique a exercé ses talents des deux côtés. On prétendit amener Matthieu à concorder avec Jean, en observant qu'un manuscrit de son évangile omettait le pronom *son*, αὐτοῦ, joint à *tombeau*, μνημείῳ, et qu'une vieille traduction avait lu *qui était creusé*, ὃ ἦν λελατομημένον, au lieu de *qu'il avait fait creuser*, ὃ ἐλατόμησεν (1) ; comme s'il n'était pas vraisemblable que ces changements ont dû déjà leur existence à des efforts de conciliation. Ainsi s'est-on tourné de l'autre côté, et l'on a remarqué que les paroles de Jean n'empêchent nullement d'admettre que Joseph eût été le propriétaire du tombeau, attendu que les deux motifs, c'est-à-dire la proximité et la possession de ce tombeau par Joseph, ont pu concourir (2). Mais il n'en est pas ainsi ; la proximité, du moment qu'on en fait un motif, exclut la propriété : une maison dans laquelle j'entre au moment de la pluie à cause de la proximité, n'est pas ma maison ; il faudrait que je fusse propriétaire de plusieurs maisons, une voisine et

---

(1) Michaelis, l. c., S. 45 ff.   (2) Kuinoel, *in Matth.*, p. 786 ; Hase, § 145 ; Tholuck, *Comm.*, S. 320.

une plus éloignée, dont la dernière serait ma résidence propre. De même, un tombeau où quelqu'un dépose, à cause de la proximité, un parent ou un ami qui n'a pas de tombeau à lui, ne peut pas être la propriété de celui qui dépose, il faudrait qu'il possédât plusieurs tombeaux, et qu'il eût l'intention de mettre à loisir le mort dans un autre ; mais cela ne peut se supposer dans notre cas, car le tombeau était, avant tout autre, propre à recevoir Jésus, parce qu'il était neuf. Ainsi la contradiction subsiste, mais les deux récits ne renferment intrinsèquement aucun motif de donner la préférence à l'un ou à l'autre (1).

§ CXXXIV.

La garde du tombeau de Jésus.

Le lendemain, qui était un sabbat (2), les grands-prêtres et les Pharisiens se rendirent auprès de Pilate, d'après Matthieu (27, 62, seq.), et, rappelant que Jésus avait prédit sa résurrection après trois jours, ils le prièrent de placer une garde à son tombeau, afin que ses adhérents ne prissent pas, dans l'attente excitée par cette prédiction, l'occasion de dérober son corps, et de prétendre aussitôt qu'il était ressuscité. Pilate leur accorda leur prière ; ainsi autorisés, ils s'en vont, scellent la pierre et mettent la garde auprès du tombeau. Lorsque (car il faut le dire ici par anticipation) la résurrection de Jésus s'opéra, ce prodige et l'apparition simultanée des anges jetèrent les gardiens dans une telle

---

(1) Une confusion entre le *jardin*, κῆπος, où d'après Jean Jésus fut enterré dans le voisinage du lieu d'exécution, et le jardin de Gethsemane, où il fut arrêté, paraît avoir produit le dire de l'Évangile de Nicodème, qui rapporte que Jésus fut crucifié *dans le jardin où il souffrit l'angoisse*, ἐν τῷ κήπῳ, ὅπου ἐπιάσθη. C. 9, p. 580, dans Thilo.

(2) *Le lendemain, qui est le jour d'après la préparation*, τῇ ἐπαύριον, ἥτις ἐστὶ μετὰ τὴν παρασκευήν, est certainement une singulière paraphrase pour le sabbat, car c'est un renversement du langage ordinaire que de désigner un jour de fête comme le jour qui en suit la veille. Cependant il faut s'en tenir à cette interprétation, tant qu'on ne saura pas y échapper d'une manière plus naturelle que ne l'a fait Schneckenburger, dans sa *Chronologie de la semaine de la passion* (*Beiträge*, S. 3 ff.).

frayeur, qu'ils devinrent *comme des morts*, ὡσεὶ νεκροί; cependant ils coururent en toute hâte à la ville, et ils firent aux grands-prêtres le récit de ce qui venait d'arriver. Ceux-ci, après s'être réunis avec les anciens et avoir tenu conseil, donnèrent de l'argent aux soldats, à condition que ceux-ci diraient que les disciples avaient dérobé le corps pendant la nuit; de là vient, ajoute le narrateur, que ce bruit se répandit, et qu'il dure jusqu'aujourd'hui (28, 4. 11, seq.).

Ce récit, particulier au premier évangéliste, a suscité toute sorte de difficultés que l'auteur des *Fragments de Wolfenbüttel*, et après lui Paulus, ont mises en lumière avec le plus de sagacité (1). Les premières difficultés qui se présentent, c'est que ni les conditions qui auraient pu amener cette affaire, ni les suites qu'elle aurait dû avoir nécessairement, ne sont indiquées dans le reste du Nouveau Testament. Pour le premier point, on ne comprend pas comment les membres du sanhédrin purent arriver à savoir que trois jours après sa mort Jésus reviendrait à la vie, puisque même chez ses apôtres il ne se se trouve aucune trace d'une pareille notion. Les membres du sanhédrin disent: *Nous nous sommes souvenus que cet imposteur a dit, lorsqu'il vivait encore*, etc., ἐμνήσθημεν ὅτι ἐκεῖνος ὁ πλάνος εἶπεν ἔτι ζῶν κτλ. Cela signifie-t-il qu'ils se souviennent de l'avoir entendu parler ainsi lui-même? Mais, d'après les récits évangéliques, Jésus ne parla jamais de sa résurrection d'une manière précise en présence de ses ennemis; quant aux discours figurés qui demeuraient inintelligibles pour ses disciples intimes, ils pouvaient encore moins être compris des membres du sacerdoce juif, moins accoutumés certainement à sa manière de penser et de s'exprimer. Les membres du sanhédrin veulent-ils seulement dire qu'ils ont appris par des intermé-

---

(1) Le premier, l. c., S. 437 ff; le second dans *Exeg. Handb.*, 3, b, S. 837 ff. Comparez Kaiser, *Bibl. Theol.*, 4, S. 253.

diaires que Jésus avait fait cette promesse ? ce renseignement n'aurait pu provenir que des apôtres ; mais ceux-ci, qui, ni avant ni après la mort de Jésus, n'eurent un pressentiment d'une résurrection prochaine, ne purent faire naître ces idées chez autrui ; sans compter qu'il nous a fallu écarter, comme des fictions non historiques, toutes les prédictions de résurrection qui ont été prêtées à Jésus. D'un autre côté, si cette connaissance est incompréhensible chez les ennemis de Jésus, ce qui ne l'est pas moins, c'est le silence gardé par ses amis, par les apôtres et par les autres évangélistes, à part Matthieu, sur une circonstance aussi favorable à leur cause. A la vérité, ce sont les habitudes modernes qui ont fait dire à l'auteur des *Fragments de Wolfenbüttel*, que les apôtres auraient dû demander sur-le-champ à Pilate une lettre scellée de son sceau, constatant qu'une garde avait été placée auprès du tombeau ; il n'en reste pas moins surprenant que nulle part dans la prédication apostolique un fait aussi frappant ne soit invoqué, et que même dans les évangiles toute trace en manque, hormis le premier. Des commentateurs ont essayé d'expliquer ce silence, en disant que, le sanhédrin ayant corrompu les gardiens, il aurait été inutile d'invoquer leur témoignage pour le fait dont il s'agit (1); mais on ne sacrifie pas sans balancer la vérité à un mensonge évident, et dans tous les cas la mention de cette garde posée près du tombeau aurait été un argument victorieux dans la réponse des partisans de Jésus. C'est donc s'avouer à demi vaincu, que de se rabattre à soutenir seulement que sans doute les apôtres n'ont pas eu connaissance aussitôt de la manière dont les choses s'étaient véritablement passées, et qu'ils n'en furent informés que tardivement, lorsque cela commença à être ébruité par les gardiens (2). Car si dans le moment même les gardiens

---

(1) Michaelis, *Begræbnis-und Auferstehungsgeschichte*, S. 206; Olshausen, 2, S. 506.

(2) Michaelis, l. c.

n'annoncèrent que le vol du corps, ils n'en accordèrent pas moins ainsi implicitement qu'ils avaient été placés près du tombeau ; par conséquent, les partisans de Jésus pouvaient facilement se représenter dès lors le véritable état des choses, et prendre hardiment à partie les gardiens, qui devaient avoir été témoins de tout autre chose que du vol d'un cadavre. Mais, afin qu'on n'invoque pas peut-être l'insuffisance d'un argument que fournit le fait seulement négatif du silence, rappelons un fait positif, c'est qu'une portion des partisans de Jésus, à savoir les femmes, rapportent quelque chose qui ne se concilie pas avec la garde placée près du tombeau. Non seulement les femmes qui se rendirent au tombeau le lendemain du sabbat avaient l'intention de faire l'embaumement, et elles n'auraient pas pu avoir l'espérance de le pratiquer si elles avaient su qu'une garde avait été placée auprès, et qu'en outre la pierre en avait été scellée (1); mais encore, selon Marc, toute leur inquiétude pendant le chemin, c'est de savoir qui leur aidera à lever la pierre du tombeau. Cela prouve manifestement qu'elles n'avaient nulle connaissance des gardiens, qui, ou bien ne leur auraient pas permis de lever une pierre, quelque légère qu'elle eût été, ou bien les auraient aidées, s'ils l'avaient permis, à lever une pierre plus pesante ; dans tous les cas, leur présence aurait dispensé les femmes de s'inquiéter de la pesanteur de la pierre. Dira-t-on que les femmes ignorèrent que des gardes eussent été placés ? Cela est très invraisemblable, en raison de la sensation produite à Jérusalem par tout ce qui fut relatif à la mort de Jésus (Luc, 24, 18).

Mais, dans les termes mêmes de la narration, tout est plein de difficultés, car, d'après l'expression de Paulus, aucun des personnages qui y figurent n'agit conformément

---

(1) Olshausen perd de vue cette particularité quand il dit (l. c.) que la garde n'avait pas reçu l'ordre de mettre obstacle au parachèvement de l'embaumement de Jésus.

à son caractère. Déjà, quand on voit Pilate accorder aux chefs juifs leur demande d'une garde, je ne dirai pas sans objection, mais sans aucune moquerie, cela doit paraître singulier d'après la conduite que jusqu'alors il avait tenue à leur égard (1); toutefois admettons que Matthieu n'a fait que passer sous silence cette particularité dans sa narration, qui est sommaire. Ce qui est plus étrange, c'est que les gardiens aient accédé aussi facilement à un mensonge très dangereux avec la rigueur de la discipline romaine, à savoir que le sommeil leur avait fait négliger leur service ; d'autant plus qu'à cause de l'indisposition que le procurateur avait à l'égard du sanhédrin, ils ne pouvaient savoir jusqu'à quel point l'intercession que ce corps leur promettait, leur serait utile. Mais, surtout, ce qui est inimaginable, c'est la conduite que l'on attribue aux membres du sanhédrin. A la vérité, quand l'auteur des *Fragments* dit qu'un jour de sabbat ils ne durent ni aller trouver le gouverneur païen, ni se souiller auprès d'un tombeau, ni placer une garde, c'est mettre la difficulté sur une pointe d'aiguille; mais, dans le fait, il est impossible qu'ils se soient conduits comme on dit qu'ils le firent, quand la garde qui venait du tombeau annonça la résurrection de Jésus. Ils ajoutent foi au dire des soldats, qui déclarent que Jésus est miraculeusement sorti de son tombeau. Comment le grand conseil, dont une bonne partie était composée de Saducéens, eût-il donné créance à un pareil récit? Les Pharisiens eux-mêmes, qui en thèse admettaient la possibilité de la résurrection, ne pouvaient, vu la petite opinion qu'ils avaient de Jésus, être disposés à croire qu'il était ressuscité, d'autant plus que cette déclaration dans la bouche des gardiens, qui avaient pris la fuite, ressemblait à un mensonge inventé pour excuser un

---

(1) Olshausen encore ici continue à être sous une impression qui le remplit d'un tel frissonnement, que, suivant lui, Pilate, en recevant la communication des membres du sanhédrin, fut pénétré de sentiments indescriptibles, S. 505.

manquement au service. Tandis que les véritables membres du sanhédrin auraient dû répondre avec colère à une pareille déclaration des soldats : Vous mentez, vous avez dormi, vous avez laissé voler le corps, mais vous paierez cher cette négligence dès que le procurateur aura fait faire une enquête ; au lieu de cela, ce sont eux qui viennent prier les soldats de mentir, de dire qu'ils ont dormi et laissé voler le corps ; ils leur donnent, en outre, une bonne somme d'argent pour ce mensonge, et promettent de les excuser auprès du procurateur. On le voit, ce langage est dicté tout entier par la supposition chrétienne de la réalité de la résurrection ; supposition que l'on a tout à fait tort de transporter aux membres du sanhédrin. Il y a encore en cela une difficulté, non seulement relevée par l'auteur des *Fragments*, mais encore reconnue même par les commentateurs orthodoxes (1) : c'est que le sanhédrin est supposé avoir résolu, dans une assemblée régulière et après une délibération formelle, de corrompre les soldats et de leur suggérer un mensonge. Qu'un collége de soixante-dix hommes se soit ainsi décidé officiellement à commettre un faux, c'est, ainsi que Olshausen le remarque justement, trop contraire au décorum, au sentiment naturel des convenances qui règnent dans une pareille assemblée. On a répondu que la réunion avait été privée ; qu'il est dit seulement que les *grands-prêtres*, ἀρχιερεῖς, et les *anciens*, πρεσβύτεροι, avaient pris la résolution de corrompre les soldats, et qu'il n'est pas parlé des *scribes*, γραμματεῖς (2) ; mais de cette explication il résulterait (ce qui serait fort extraordinaire) que, dans cette réunion, ce seraient les *scribes*, γραμματεῖς, qui auraient été absents, tandis que les *anciens*, πρεσβύτεροι, auraient été absents lors de la démarche faite peu auparavant pour la même affaire auprès du procurateur, dans laquelle ne man-

---

(1) Olshausen, S. 506. (2) Michaelis, l. c., S. 198 f.

quent pas les scribes remplacés par le mot de Pharisiens, secte à laquelle la majorité des scribes appartenait. Loin de là, cela prouve clairement que le sanhédrin, attendu qu'il était incommode de le désigner chaque fois par l'énumération complète de ses parties constituantes, est désigné non rarement par la mention de quelques unes ou d'une seulement de ces parties. Si donc il reste établi que, d'après Matthieu, le grand conseil aurait résolu dans une délibération formelle de corrompre les gardiens, il n'y eut que l'irritation des premiers chrétiens, parmi lesquels naquit notre anecdote, qui put attribuer à ce collége une pareille bassesse.

On a déjà trouvé si graves les difficultés qui pèsent sur ce récit du premier évangile, que l'on a essayé d'y échapper en supposant une interpolation (1). Tout récemment cette supposition a été atténuée, et l'on a dit que cette anecdote, si elle ne provenait pas de l'apôtre Matthieu lui-même, provenait cependant d'une main qui n'était pas du reste étrangère à notre évangile, et qu'elle avait été intercalée par le traducteur grec du Matthieu hébraïque (2). La première explication est immédiatement ruinée par l'absence de toute raison puisée à la critique des textes. Quant à l'autre explication, qui suppose le caractère non apostolique de cette anecdote, elle ne pourrait autoriser à la séparer du contexte du récit entier, qu'autant que l'origine apostolique du reste serait démontrée d'ailleurs ; mais il est si peu vrai qu'il y ait incohérence avec le reste, qu'au contraire Paulus a raison de remarquer qu'un interpolateur (ou un traducteur qui ferait des intercalations) se serait difficilement donné la peine de partager ses intercalations entre trois endroits (27, 62-66 ; 28, 4. 11-15), mais qu'il les

---

(1) Stroth, dans *Eichhorn's Repertorium*, 9, S. 141.
(2) Kern, *Sur l'origine de l'évangile de Matthieu* (*Tüb. Zeitschrift*, 1834, 2, S. 100 f.), comparez 125. Comparez mon *Examen* de ce mémoire, *Jahrbücher f. w. Kritik*, nov. 1834, à la fin.

aurait condensées en un seul endroit, au plus en deux. On ne peut pas, non plus, s'en tirer à aussi bon marché que le prétend Olshausen, qui soutient que tout le récit est apostolique et conforme à la vérité; que l'évangile ne s'est trompé qu'en un point, c'est d'attribuer la corruption des gardiens à une délibération prise dans le grand conseil, tandis que très probablement l'affaire fut arrangée sous main par Caïphe seul; comme si cette assemblée du conseil était la seule difficulté du récit, et comme si, du moment qu'elle était l'objet d'une erreur, des erreurs relatives à d'autres points ne pouvaient pas aussi s'y être glissées (1)!

Paulus fait remarquer, avec raison, que Matthieu, en disant : *Et ce bruit s'est répandu parmi les Juifs jusqu'à aujourd'hui*, καὶ διεφημίσθη ὁ λόγος οὗτος παρὰ Ἰουδαίοις μέχρι τῆς σήμερον, indique lui-même qu'un bruit calomnieux propagé parmi les Juifs a été la source de son récit. Mais, quand il ajoute que les Juifs répandirent eux-mêmes le bruit qu'ils avaient mis une garde au tombeau de Jésus, et qu'elle avait laissé voler le corps, cela est autant au rebours du sens commun que la conjecture de Hase, qui suppose que le bruit en question, parti d'abord des amis de Jésus, fut ensuite modifié par ses ennemis. Quant au premier point, Kuinœl a déjà observé, avec raison, que Matthieu attribue à un bruit juif, non tout le récit du placement d'une garde, mais seulement le dire du vol du corps; on ne voit non plus aucun motif pour lequel les Juifs auraient répandu qu'une garde avait été mise au tombeau de Jésus. Paulus dit qu'on voulut par là rendre d'autant plus croyable pour les gens crédules le bruit qu'on fit courir que le corps de Jésus avait été dérobé par ses disciples; mais il aurait fallu en effet des gens bien crédules pour ne pas remarquer que

---

(1) Hase, L. J., § 145.

justement cette garde, placée auprès du tombeau, rendait invraisemblable l'enlèvement du corps par le moyen d'un vol. Paulus paraît se représenter ainsi la chose : Les Juifs ont voulu avoir des témoins pour soutenir qu'il y avait eu un vol, et pour cela ils ont imaginé la garde mise au tombeau. Mais personne ne pouvait croire, sur la foi des Juifs, que les gardiens, les yeux ouverts, eussent laissé les partisans de Jésus enlever tranquillement son corps; si, au contraire, ils n'avaient rien vu à cause du sommeil où ils étaient plongés, ils n'étaient plus témoins : ce n'était que par une conclusion que l'on pouvait arriver à penser que le corps avait été volé; or, on pouvait y arriver également sans la fiction de cette garde. Par conséquent, la particularité de la garde ne peut pas avoir appartenu au fond juif de la légende que nous examinons ici; le bruit répandu parmi les Juifs consistait, comme notre texte le dit aussi, seulement en ceci : que les disciples avaient dérobé le corps. Les chrétiens désirant réfuter cette calomnie, il se forma parmi eux la légende d'une garde mise au tombeau de Jésus, et dès lors ils purent répondre hardiment à cette calomnie par la question : Comment le corps aurait-il été détourné, puisque vous aviez mis une garde au tombeau et scellé la pierre ? Et comme une légende, ainsi que nous l'avons éprouvé nous-même dans le courant de nos recherches, n'est complètement démontrée fictive qu'autant qu'on réussit à faire voir comment elle a pu se former, même sans motif historique, de même du côté des chrétiens on chercha, tout en établissant le prétendu état des choses, à indiquer en même temps la formation de la fausse légende, en attribuant le mensonge répandu par les Juifs à une suggestion du sanhédrin et à la corruption qu'il avait pratiquée sur les gardiens. Ainsi, quand Hase prétend que la légende naquit sans doute parmi les amis de Jésus, et fut modifiée par ses ennemis, c'est justement le contraire qui est la vérité : les amis n'eurent de motif pour imaginer une garde que parce que les ennemis avaient parlé d'abord d'un vol (1).

§ CXXXV.

Première nouvelle de la résurrection.

Les quatre évangélistes s'accordent pour dire que la première nouvelle du tombeau de Jésus trouvé ouvert et vide fut apportée, le lendemain matin, après son ensevelissement, par des femmes aux apôtres; mais, dans tous les détails, ils diffèrent l'un de l'autre d'une manière qui a fourni un aliment abondant à la polémique de l'auteur des *Fragments de Wolfenbüttel*, et qui, en revanche, a donné fort à faire aux conciliateurs et aux apologistes, sans cependant que jusqu'à présent un arrangement satisfaisant soit intervenu entre les deux parties contendantes (2).

Faisons, dans les divergences relatives à l'histoire de l'ensevelissement, abstraction de la différence qui porte sur le but que les femmes avaient en allant au tombeau, les deux évangélistes intermédiaires disant qu'elles avaient l'intention d'embaumer le corps de Jésus, et les autres, qu'elles ne voulaient que faire une visite au tombeau. Nous trouvons d'abord les divergences les plus variées au sujet du nombre des femmes qui firent cette visite. D'après Luc, elles sont en grand nombre, mais en nombre indéterminé; il y compte non seulement celles qu'il désigne comme *étant venues de Galilée avec Jésus*, συνεληλυθυῖαι τῷ Ἰησοῦ ἐκ τῆς Γαλιλαίας, 23, 55, et desquelles il nomme (24, 10) Marie-Madeleine, Jeanne et Marie de Jacques, mais encore il dit que *quelques autres étaient avec elles*, τινὲς σὺν αὐταῖς (24, 1). Dans Marc, il y a seulement trois

---

(1) Comparez Theile, *Zur Biographie Jesu*, § 37; Weisse, *Die evang. Gesch.*, 2, S. 343 f.

(2) Comparez Theile, l. c.

femmes, à savoir, deux de celles que Luc nomme de son côté, mais la troisième est Salomé, au lieu de Jeanne (16, 1). Matthieu n'a pas cette troisième femme, sur laquelle les deux évangélistes intermédiaires diffèrent, mais il a seulement les deux Maries, sur lesquelles ils sont d'accord. (28, 1). Enfin Jean n'a qu'une de ces deux, Marie-Madeleine (20, 1).

Le temps où les femmes se rendent au tombeau n'est pas non plus désigné d'une manière complétement uniforme; en effet, si la phrase de Matthieu : *Le jour du sabbat étant fini et le premier de l'autre semaine commençant à peine à luire*, ὀψὲ σαββάτων, τῇ ἐπιφωσκούσῃ εἰς μίαν σαββάτων, ne constitue pas une différence (1), il n'en est pas moins vrai que la phrase de Marc : *Le soleil étant levé*, ἀνατείλαντος τοῦ ἡλίου, est en contradiction avec la phrase de Jean : *L'obscurité durant encore*, σκοτίας ἔτι οὔσης, et avec celle de Luc : *De grand matin*, ὄρθρου βαθέος.

L'état dans lequel les femmes aperçurent d'abord le tombeau peut sembler être l'objet d'une divergence entre Matthieu et les trois autres. D'après ces derniers, en s'approchant et en jetant l'œil sur le tombeau, elles aperçoivent la pierre déjà levée par une main inconnue; au contraire, le récit du premier évangéliste a paru à plusieurs signifier que les femmes avaient été elles-mêmes témoins du soulèvement de la pierre par un ange.

Les divergences relatives à ce que les femmes virent en outre, et aux sentiments qu'elles éprouvèrent au tombeau, sont plus variées. D'après Luc, elles descendent dans le tombeau, ne trouvent pas le corps de Jésus, et, surprises de cette circonstance, elles aperçoivent debout auprès d'elles deux hommes avec des vêtements rayonnants, qui leur annoncent sa résurrection. Selon Marc, qui rapporte aussi

---

(1) Comparez Fritzsche, sur ce passage, et Kern, *Tüb. Zeitschr.*, 1834, 2, S. 102 f.

qu'elles descendirent dans le tombeau, elles n'aperçoivent qu'un jeune homme en habit blanc, non pas debout, mais assis à la droite, et qui leur apprend la même nouvelle. Selon Matthieu, c'est avant de descendre dans le tombeau qu'elles sont informées de cet événement par l'ange, qui, après avoir soulevé la pierre, s'était placé dessus. Selon Jean enfin, Marie-Madeleine, sans avoir eu une apparition angélique, retourne dans la ville aussitôt qu'elle voit la pierre enlevée.

Ce n'est pas non plus de la même manière que les différents évangiles racontent comment les disciples de Jésus apprirent la première nouvelle de la résurrection. D'après Marc, les femmes, par crainte, ne disent rien à personne de l'apparition angélique qu'elles ont eue. D'après Jean, Marie-Madeleine, courant en hâte auprès de Jean et de Pierre, ne sait leur dire rien autre chose, sinon que Jésus a été enlevé du tombeau. D'après Luc, les femmes rapportent aux apôtres en général, et non à deux seulement, l'apparition qu'elles ont eue. Mais, d'après Matthieu, Jésus lui-même se présenta à elles sur leur chemin, au moment où elles voulaient se rendre auprès des apôtres, et elles purent dès lors apprendre cette nouvelle aux disciples. Les deux premiers évangiles ne disent pas qu'à la nouvelle apportée par les femmes un des apôtres soit allé lui-même au tombeau. D'après Luc, Pierre y alla, le trouva vide, et revint plein d'étonnement; et l'on voit aussi, par le 24e verset du chapitre 24 de Luc, qu'outre Pierre, d'autres apôtres y allèrent semblablement. D'après le quatrième évangile, Pierre était accompagné de Jean, qui se convainquit par là de la résurrection de Jésus. D'après Luc, Pierre fit cette visite au tombeau après avoir été informé par les femmes de l'apparition angélique ; mais, d'après le quatrième évangile, les deux apôtres allèrent au tombeau avant que Marie-Madeleine eût pu leur parler d'une apparition ;

car ce ne fut que lorsqu'elle eut fait une seconde visite au tombeau avec ces deux apôtres, et que ceux-ci furent revenus, que, d'après le quatrième évangile, se baissant pour regarder dans le sépulcre, elle vit deux anges vêtus de blanc qui étaient dans le lieu où l'on avait mis le corps de Jésus, l'un à la tête et l'autre aux pieds, et qui lui demandèrent pourquoi elle pleurait; et, comme elle se retournait, elle vit Jésus lui-même, circonstance dont il se trouve une mention incomplète dans Marc, verset 9, qui ajoute qu'elle apporta cette nouvelle à ceux qui avaient été les compagnons de Jésus.

On crut ici encore pouvoir concilier la plupart de ces discordances, en tenant séparé ce qui comportait une différence, c'est-à-dire qu'au lieu d'une seule scène racontée diversement, on produisit une variété de scènes diverses, à quoi les artifices de grammaire et autres, qui sont à l'usage de l'harmonistique, ne firent pas défaut. Afin que Marc ne contredît pas le dire de Jean, qui a : *Comme il faisait encore obscur*, σκοτίας ἔτι οὔσης, on n'eut pas honte de traduire la phrase du premier : *Le soleil étant levé*, ἀνατείλαντος τοῦ ἡλίου, par : *Le soleil allant se lever (orituro sole)* (1). On pourrait plutôt ôter la contradiction entre les autres et Matthieu, qui paraît dire que les femmes furent témoins du soulèvement de la pierre par l'ange; ce ne serait pas, il est vrai, en admettant, avec Michaelis (2), que καὶ ἰδοὺ, *voilà que*, indique un retour vers quelque chose d'antécédent, et que ἀπεκύλισε joue le rôle d'un plus-que-parfait (ce que la critique récente (3) a repoussé avec raison contre Lessing, qui voulait encore le concéder); mais ce serait peut-être, en supposant que le verbe *elle alla*, ἦλθε, verset 1,

---

(1) Kuinœl, in *Marc.*, p. 194 seq.
(2) Michaelis, L. c., S. 112.
(3) Schneckenburger, *Ueber den Ursprung des ersten kanon. Evang.*, S. 62 f. Comparez l'auteur des *Fragments de Wolfenbüttel*, dans *Lessing's viertem Beitrag*, S. 472 ff. Voyez contradictoirement *Lessing's Duplick*, Werke, Donauœsch. Ausg. 6. Thl., S. 394 f.

signifie, non que les femmes étaient arrivées, mais qu'elles étaient en chemin, cas auquel *voilà que*, καὶ ἰδού, conservant sa signification propre, pourrait indiquer quelque chose fait après le départ des femmes, mais avant leur arrivée (1). Quant au nombre et à la visite des femmes, on fit d'abord valoir que, même d'après Jean, bien qu'il ne nomme que Madeleine seule, cependant plusieurs femmes doivent être allées au tombeau, puisqu'il rapporte que, lorsqu'elle revint du tombeau, elle dit aux deux apôtres : *Nous ne savons où on l'a mis*, οὐκ οἴδαμεν ποῦ ἔθηκαν αὐτόν (2), pluriel qui indique certainement d'autres personnes passées sous silence, avec lesquelles Madeleine avait parlé de cette affaire, soit au tombeau même, soit en revenant, avant d'avoir rejoint les apôtres. Ainsi, dit-on, Madeleine alla avec d'autres femmes que nomment les autres évangélistes, l'un en plus grand nombre, l'autre en moindre nombre; mais, comme elle revient sans avoir vu l'ange que les autres femmes sont dites avoir vu, on admet qu'elle s'en retourna seule en toute hâte aussitôt qu'elle eut vu la pierre levée; ce que l'on explique par la vivacité de son caractère, attendu qu'elle avait été autrefois démoniaque (3). On ajoute que, tandis qu'elle courait à la ville, les autres femmes eurent l'apparition dont parlent les synoptiques.

On soutient que les anges apparurent à toutes dans l'intérieur du tombeau; que, si Matthieu dit qu'un ange était assis en dehors, sur la pierre, cela est un plus-que-parfait; que, lorsque les femmes arrivèrent, il s'était déjà retiré dans le tombeau, puisque, après leur conversation avec lui, les femmes sont représentées *comme sortant du sépulcre*, ἐξελθοῦσαι ἐκ τοῦ μνημείου (4); mais en cela on oublie seulement qu'entre la première allocution de l'ange et la sortie des

---

(1) De Wette, sur ce passage.
(2) Michaelis, S. 150 ff.
(3) Paulus, *Exeg. Handb.*, 3, b, S. 825.
(4) Michaelis, S. 117.

femmes hors du tombeau il y a une invitation de sa part à venir avec lui (dans le tombeau) et à considérer le lieu où Jésus avait été déposé.

D'après les deux premiers évangélistes, les femmes ne voient qu'un ange; d'après le troisième, elles en voient deux; pour cette divergence, Calvin lui-même a recours au misérable expédient d'une synecdoque, figure en vertu de laquelle il suppose qu'à la vérité tous les évangélistes savent qu'il y eut deux anges, mais que Matthieu et Marc ne font mention que de celui qui porta la parole. D'autres auteurs admettent que, parmi les femmes, les unes eurent une apparition, les autres en eurent une autre : les unes, dont Matthieu et Marc parlent, ne virent qu'un ange; les autres, dont il est question dans Luc, et qui vinrent plus tôt ou même plus tard que les femmes susdites, en virent deux (1); mais Luc rapporte que les deux mêmes Maries qui, d'après les deux premiers évangélistes, n'avaient vu qu'un ange, parlèrent aux apôtres de l'apparition de deux.

Les commentateurs prétendent en outre que les femmes revinrent en groupes séparés, de sorte que celles dont Matthieu parle purent être rencontrées par Jésus, sans qu'il eût été vu de celles de Luc, et que celles de Marc purent, par crainte, dans le commencement, garder un silence absolu, mais que les autres, et même celles-là plus tard, purent informer les apôtres (2).

D'après Luc, Pierre, sur la nouvelle qu'il reçut de plusieurs femmes, se rend au tombeau, le trouve vide, et revient saisi d'étonnement. Mais, d'après cette hypothèse, Madeleine était revenue un assez long temps avant les autres femmes et avait emmené avec elle Pierre et Jean. Il faudrait

---

(1) Michaelis, S. 146. — Déjà Celse releva cette divergence relative au nombre des anges; et Origène lui répondit que les évangélistes parlaient d'anges différents; que Matthieu et Marc entendaient celui qui avait levé la pierre; Luc et Jean, ceux qui avaient été placés pour apprendre aux femmes ce qui était arrivé, c. Cels., 5, 56.

(2) Paulus, sur ce passage de Matthieu.

donc que d'abord, sur l'annonce incomplète donnée par Madeleine que le tombeau était vide, Pierre y fût allé avec Jean ; qu'ensuite, ayant appris par les femmes l'apparition angélique, il y fût retourné une seconde fois, mais seul. Dans cet arrangement, ce qui serait surtout étonnant, c'est que, tandis que son compagnon, dès la première visite, serait arrivé à croire à la résurrection de Jésus, lui n'eût été conduit, même par la seconde visite, que jusqu'à l'étonnement. Au reste, ainsi que l'auteur des *Fragments de Wolfenbüttel* l'a très bien fait remarquer, les récits du troisième évangile sur la visite de Pierre seul, et du quatrième sur celle de Pierre et de Jean, sont tellement semblables, même dans les expressions (1), que la plupart des interprètes ne trouvent ici qu'une seule et même visite, dans laquelle Luc a seulement passé sous silence le compagnon de Pierre, hypothèse pour laquelle ils peuvent invoquer Luc, 24, 24. Mais, si la visite des deux apôtres provoquée par le retour de Madeleine est la même que la visite de Pierre provoquée par le retour des femmes, il s'ensuit que le retour des femmes n'est pas double ; or, si elles sont revenues toutes ensemble, il y a une contradiction.

Les deux apôtres étant revenus sans avoir vu un ange, Marie, qui était restée, aperçoit, en regardant dans le tombeau, tout à coup deux anges. Avec quelle bizarrerie les commentateurs qui joignent ces récits ne font-ils pas jouer pour ainsi dire les anges à cache-cache ! D'abord un

---

(1) Je mets ici le tableau dressé par l'auteur des *Fragments* (l. c., S. 477 f.) :
  1) Luc., 24, 12 : Pierre courut au tombeau, ἔδραμεν.
     Joh., 20, 4 : Pierre et Jean coururent, ἔτρεχον.
  2) Luc., verset 12 : Pierre regarda dedans, παρακύψας.
     Joh., verset 5 : Jean regarda dedans, παρακύψας.
  3) Luc., verset 12 : Pierre ne vit que les linges qui étaient par terre, βλέπει τὰ ὀθόνια κείμενα μόνα.
     Joh., versets 6, 7 : Pierre vit les linges qui étaient par terre, et le suaire qui n'était pas avec les linges, θεωρεῖ τὰ ὀθόνια κείμενα, καὶ τὸ σουδάριον οὐ μετὰ τῶν ὀθονίων κείμενον.
  4) Luc., verset 12 : Pierre retourna chez lui, ἀπῆλθε πρὸς ἑαυτόν.
     Joh., verset 10 : Pierre et Jean retournèrent chez eux, ἀπῆλθον πρὸς ἑαυτούς.

seul ange se montre à un groupe de femmes; puis deux se montrent à un autre groupe, ensuite ces deux anges se cachent aux yeux des apôtres; mais après leur départ ils reviennent se montrer. Pour se délivrer de ces éclipses dans les apparitions, Paulus a placé, avant l'arrivée des deux apôtres, l'apparition qui fut le partage de Madeleine; mais, par ce dérangement violent de l'ordre suivi par le narrateur, il n'a fait que reconnaître l'impossibilité d'intercaler de cette façon l'un dans l'autre les récits des différents évangélistes.

Madeleine, qui avait regardé dans le tombeau, se redresse, et en se tournant elle aperçoit Jésus debout derrière elle. D'après Matthieu, Jésus apparut à Madeleine et à l'autre Marie lorsqu'elles étaient déjà en chemin pour retourner à la ville, par conséquent à une certaine distance du tombeau. De la sorte, Jésus aurait d'abord apparu à Madeleine seule sur le bord du tombeau, puis il lui aurait apparu en compagnie d'une autre femme sur le chemin. Pour éviter l'inutilité de cette apparition répétée en un intervalle aussi court aux yeux d'une même personne, on s'est aidé de l'assertion précédente, à savoir que Madeleine s'était séparée dès auparavant des femmes dont Matthieu parlait (1). Mais, comme Matthieu ne parle que de deux femmes, Madeleine et l'autre Marie, c'eût été à une seule femme que, après la séparation de Madeleine, Jésus aurait apparu sur le chemin; or, Matthieu parle expressément de plusieurs (*il les rencontra*, etc., ἀπήντησεν αὐταῖς, κτλ.).

Pour échapper à ces allées et venues désordonnées des apôtres et des femmes, à cette fantasmagorie d'apparitions, de disparitions et de réapparitions des anges, et à l'accumulation sans but des apparitions de Jésus devant la même personne, toutes choses qu'entraîne cette méthode de conci-

---

(1) Kuinœl, *in Matth.*, p. 800 seq.

liation, nous devons considérer chaque évangile en lui-même, et dès lors chacun d'eux nous donne un tableau calme avec des traits simples et pleins de dignité : une visite des femmes, ou deux d'après Jean; une apparition angélique; une apparition de Jésus d'après Jean et Matthieu, et une visite d'un ou de deux apôtres d'après Luc et Jean.

Mais à ces difficultés matérielles de la méthode harmonistique d'intercalation, se joint encore une question relative à la forme, c'est de savoir comment avec des suppositions ainsi faites il arrive que, dans l'abondance des détails, chaque narrateur prenne pour lui un morceau séparé; qu'aucun n'ait toutes les visites et toutes les apparitions; que presque aucun n'ait les mêmes que son voisin; que généralement l'un en ait choisi une, et l'autre une autre. La réponse la plus plausible à cette question a été donnée par Griesbach dans un *Programme* particulier sur cet objet (1). Il a admis que chaque évangéliste avait reproduit la manière dont il avait reçu la première nouvelle de la résurrection de Jésus; que Jean l'avait reçue par Marie Madeleine, et qu'aussi ne racontait-il que ce qu'il avait appris par elle; que Matthieu (car sans doute les apôtres, étant des étrangers qui visitaient la fête, habitaient différents quartiers de la ville), que Matthieu eut la première annonce par les femmes qui en revenant du tombeau avaient eu l'apparition de Jésus lui-même, et qu'aussi ne racontait-il que ce dont elles avaient été témoins. Mais cette explication vient se briser tout d'abord contre un premier écueil : d'une part, dans Matthieu, Madeleine est parmi les femmes qui en revenant à la ville ont l'apparition du Christ; d'autre part, chez Jean, Madeleine, après sa seconde visite où Jésus lui avait apparu, va trouver, non plus Jean et Pierre seuls, mais *les disciples*, μαθητάς, en général, et leur communique

---

(1) *Progr. de fontibus, unde Evangelistæ suas de resurrectione Domini narrationes hauserint.* (*Opusc. acad. ed. Gabler,* vol. 2, p. 241 seq.).

l'apparition qu'elle avait eue, et la commission dont elle avait été chargée; de sorte que, dans tous les cas, Matthieu dut avoir connaissance de l'apparition de Jésus devant Madeleine (1). Si en outre on admet, toujours conformément à cette hypothèse, que Marc raconte l'histoire de la résurrection telle qu'il l'apprit dans la maison de sa mère vivant à Jérusalem (Act. Ap. 12, 12); que Luc la raconte telle qu'il l'avait apprise de Jeanne, nommée seule par lui, il y aura lieu de s'étonner de la ténacité avec laquelle chacun serait resté subséquemment attaché au récit que le hasard lui avait fait apprendre le premier; car la résurrection de Jésus dut être l'objet de l'échange le plus vif des récits entre ses partisans, et de la sorte les idées sur la première connaissance de cet événement durent s'égaliser. Pour lever ces difficultés, Griesbach a admis en outre que les apôtres avaient sans doute eu l'intention de comparer les récits discordants des femmes et de les mettre en ordre, mais que, Jésus ressuscité étant venu lui-même au milieu d'eux, ils avaient négligé ce soin, parce que dès lors ils avaient fondé leur croyance non plus sur le dire des femmes, mais sur les apparitions qui avaient été leur partage. Cela va contre le but même de cet auteur; car, plus de cette façon les nouvelles apportées par les femmes rentrent dans l'arrière-plan, moins on comprend comment, plus tard, chacun des évangélistes put tenir aussi obstinément à ce que par hasard telle ou telle femme lui avait raconté d'abord.

Si de la sorte le procédé d'intercalation ne conduit pas au but (2), il faut essayer du procédé éclectique, et voir si nous ne devons pas nous attacher de préférence à un des quatre récits comme particulièrement apostolique, et nous en servir pour rectifier les autres; et, comme l'authenticité

---

(1) Comparez Schneckenburger, l. c., S. 64 f. Anm.
(2) Comparez là-dessus De Wette, Exeg. Handb., 1, 1, S. 245; Ammon, Fortbildung des Christenthum zur Weltreligion, 2, 1, S. 6; Theile, Zur Biogr. Jesu, § 87.

extrinsèque est essentiellement égale pour chacun, nous nous réglerons, ici comme ailleurs, uniquement sur les qualités intrinsèques des différentes narrations.

La critique récente, discutant la question de savoir lequel des récits sur la première nouvelle de la résurrection de Jésus, a droit à être considéré comme provenant d'un témoignage oculaire, a éliminé de cette catégorie le premier évangile (1), sans que cette fois nous puissions dire, comme nous l'avons fait dans d'autres cas, que cette défaveur soit injuste; car à plus d'un égard on reconnaît que la narration du premier évangile est, dans le développement de la tradition, un pas fait au delà des autres évangiles. D'abord, la présence des femmes à l'ouverture miraculeuse du tombeau (si toutefois c'est cela que Matthieu veut dire), ne pouvait guère, si elle avait été réelle, s'effacer des autres évangiles; mais elle put très bien entrer peu à peu dans le récit par le développement spontané de la tradition. Quant au soulèvement de la pierre par l'ange, il est dû évidemment à la réflexion d'un homme qui, se demandant comment la grosse pierre aurait été enlevée du tombeau et les gardiens écartés, ne crut trouver rien de mieux à répondre que d'employer à ce double usage l'ange que lui offraient les narrations courantes sur les apparitions que les femmes avaient eues en partage. Enfin, pour orner davantage la scène, il ajouta la circonstance du tremblement de terre. Mais il est en outre dans le récit de Matthieu une particularité qui n'a rien moins qu'une apparence historique: l'ange ayant déjà annoncé la résurrection de Jésus aux femmes, et les ayant chargées d'apprendre aux apôtres qu'ils eussent à se rendre en Galilée, et que là ils verraient le ressuscité, Jésus se présenta lui-même aux femmes et les chargea de la même commission auprès des apôtres. C'est

---

(1) Schulz, *Ueber das Abendmahl*, S. 324 f.; Schneckenburger, l. c. S. 64 ff.

là une surérogation singulière. Jésus n'avait plus rien à ajouter à la teneur de la commission donnée par les anges aux femmes ; par conséquent il faudrait qu'il eût voulu seulement la fortifier encore et la rendre plus croyable. Mais les femmes n'avaient pas besoin que leur croyance fût fortifiée, puisque la nouvelle annoncée par l'ange les avait déjà rendues pleines d'*une grande joie*, χαρᾶς μεγάλης, c'est-à-dire croyantes. Quant aux apôtres, cette surabondance de témoignages était encore insuffisante pour eux, car le récit de ceux-là mêmes qui assuraient avoir vu Jésus, ne triompha pas de leur incrédulité, et il fallut qu'eux aussi le vissent par leurs propres yeux. Il semble donc que le récit de Matthieu est composé de deux relations diverses sur la première nouvelle de la résurrection, relations incorporées l'une dans l'autre, dont l'une suppose que les femmes furent informées de la résurrection de Jésus et chargées d'une commission auprès des apôtres par des anges ; l'autre, qu'elles le furent par Jésus lui-même. De ces deux relations, la dernière est évidemment postérieure.

Le privilége d'originalité, enlevé au récit de Matthieu, est, ici comme ailleurs, détourné au profit de Jean. Il y a, dit Lücke, des traits tellement caractéristiques, qu'ils ne permettent pas aux plus sceptiques de révoquer en doute l'authenticité du récit du quatrième évangile : telle est, par exemple, la phrase où l'auteur, décrivant la visite au tombeau, dit que *l'autre* disciple courut plus vite que Pierre et arriva avant lui sur le lieu de la scène. Mais en cela il y a aussi un autre côté à voir. Nous avons déjà remarqué ailleurs que ce trait est du nombre de ceux par lesquels le quatrième évangile montre d'une façon spéciale son effort pour mettre Jean sinon au-dessus, du moins à côté de Pierre (1). Nous allons maintenant examiner cela de plus près, en comparant le récit déjà mentionné de Luc sur la

(1) T. 1, § LXXIII, p. 600 et suiv.

visite de Pierre au tombeau de Jésus, avec le récit du quatrième évangile sur la visite des deux apôtres. D'après Luc (24, 12), Pierre court au tombeau : d'après Jean (20, 3, seq.), Pierre et le disciple bien-aimé courent ensemble, mais de telle sorte que ce dernier va plus vite et arrive d'abord au tombeau. Dans le troisième évangile, Pierre se baisse pour regarder dans le tombeau, et il voit les linges vides; dans le quatrième, Jean en fait autant, et voit la même chose. Tandis que le troisième évangéliste ne parle pas d'une descente dans le tombeau, le quatrième dit que Pierre y descendit d'abord et examina de plus près les linges, ensuite que Jean fit de même, et il remarque que ce dernier commença dès lors à croire à la résurrection de Jésus (1). Qu'il s'agisse ici d'un seul et même événement, c'est ce qui plus haut a été déjà rendu vraisemblable, en raison de l'analogie même des expressions. Il ne reste donc plus qu'à demander lequel des deux récits est le primitif et le plus voisin du fait. Si c'est celui de Jean, il faudrait alors que son nom se fût perdu peu à peu dans la tradition, et que la visite eût été attribuée au seul Pierre, ce qui serait facilement supposable, à cause de la considération de Pierre, qui éclipsait celle de tous les autres. On pourrait s'arrêter à cela en considérant en eux-mêmes ces deux récits parallèles; mais, quand on tient compte du but pour lequel le quatrième évangile traite, ailleurs aussi, des rapports entre Pierre et Jean, on peut concevoir le soupçon contraire. A la vérité, pour assurer la créance du récit de Jean, on fait remarquer, comme cela a été mentionné plus haut, que ce récit a un écho pour ainsi dire involontaire dans celui de Luc, qui, tout en ayant rapporté précédemment une visite de Pierre au tombeau vide, n'en fait pas moins

---

(1) Voyez dans Lücke le passage où il montre que ἐπίστευσεν a ce sens, et que l'apposition οὔπω γὰρ ᾔδεισαν τὴν γραφὴν κ. τ. λ. ne forme pas contradiction.

dire aux disciples d'Emmaüs : *Quelques uns de nous sont allés au sépulcre*, ἀπῆλθον τινὲς τῶν σὺν ἡμῖν ἐπὶ τὸ μνημεῖον (24, 24). Mais, si l'on ne veut pas admettre dans ce paragraphe du troisième évangile une réunion de récits contradictoires provenant de sources différentes (1), cela ne peut être entendu que de visites subséquentes au tombeau faites aussi par d'autres apôtres, car Pierre dans la sienne était trop évidemment supposé sans compagnon. Toutefois cette mention d'une visite de Pierre, même seul, au tombeau vide, est suspecte à son tour, car elle manque dans les deux premiers évangiles. De la sorte, on forme une échelle dans le développement de la tradition : d'abord le témoignage des femmes suffit pour certifier l'enlèvement du corps de Jésus hors du tombeau ; bientôt après, on invoqua celui des apôtres, et en particulier de Pierre ; et enfin à ce dernier on joignit Jean, avec la remarque que c'était lui, et non pas les femmes, comme le disait la narration ordinaire, qui était arrivé le premier à croire à la résurrection de Jésus (2). Ce ne fut qu'après avoir rapporté la visite des deux apôtres au tombeau et la foi naissant dans le cœur de Jean, que l'auteur du quatrième évangile put intercaler l'apparition des anges et de Jésus lui-même qui fut le partage des femmes. Au lieu de parler des femmes, il ne nomme que Marie-Madeleine, bien qu'il suppose au moins (20, 2), comme cela a été remarqué précédemment, une rencontre subséquente de Marie-Madeleine avec d'autres femmes ; cela dans d'autres circonstances pourrait être considéré comme le récit original qui en se généralisant aurait produit celui des synoptiques ; mais il se pourrait également que les autres femmes, étant moins connues, eussent disparu derrière Madeleine. La description de la scène entre elle et Jésus, que d'abord elle ne reconnaît pas, etc., fait, il

---

(1) Comparez De Wette, sur ce passage.

(2) Comparez Weisse, *Die evang. Geschichte*, 2, S. 336 f.

est vrai, honneur à la manière de l'auteur, pleine d'esprit et de sensibilité (1); toutefois il se trouve, ici comme chez Matthieu, une surérogation non historique; car les anges ne sont pas chargés d'annoncer à Madeleine, comme ils le sont chez les autres évangélistes d'annoncer aux femmes, la résurrection de Jésus et de lui donner la clef du mystère; ils lui demandent seulement : *Pourquoi pleurez-vous*, τί κλαίεις? Elle répond qu'elle pleure à cause de la disparition du corps de Jésus; mais, sans attendre une plus ample explication, elle se tourne aussitôt et voit Jésus debout. Ainsi, de même que, chez Matthieu, l'apparition de Jésus, qui d'ailleurs n'est pas l'apparition décisive, est une addition superflue à l'apparition de l'ange, de même ici l'apparition de l'ange est une vaine décoration pour amener l'apparition de Jésus.

Examinons maintenant le troisième récit, celui de Marc, pour voir si peut-être il ne serait pas le plus voisin du fait. Mais il est dans un tel état de dislocation et tellement composé de parties incohérentes, qu'il ne faut pas songer à y chercher ce caractère. Après avoir raconté d'abord que le lendemain du sabbat les femmes allèrent de bonne heure au tombeau de Jésus, et qu'elles furent informées par un ange de sa résurrection, mais que par crainte elles ne parlèrent à personne de l'apparition qu'elles avaient eue (16, 1-8), Marc continue (v. 9) comme s'il n'avait été question ni de la résurrection ni du temps où elle s'était faite : *Or Jésus, étant ressuscité le matin du premier jour de la semaine, apparut premièrement à Marie-Madeleine*, ἀναστὰς δὲ πρωῒ πρώτῃ σαββάτων ἐφάνη πρῶτον Μαρίᾳ τῇ Μαγδαληνῇ. Cette particularité ne concorde pas, non plus, avec la narration antécédente, laquelle n'est pas disposée pour signifier une apparition destinée à Madeleine en particulier; en effet, lorsque Madeleine, avec deux autres fem-

---

(1) Weisse en juge autrement, l. c., S. 355. Anm.

mes, fut informée par un ange de la résurrection de Jésus, Jésus ne pouvait pas encore lui être apparu ; plus tard, et en route pour se rendre à la ville, elle était avec les autres femmes, et, d'après Matthieu, elles eurent réellement toutes ensemble la christophanie. Est-on, pour cette raison, en droit de considérer la fin de l'évangile de Marc, à partir du v. 9, comme une addition postérieure (1)? L'affirmative est douteuse à cause de l'absence de motifs critiques décisifs, et encore plus à cause de l'interruption que cela produirait dans la conclusion, puisque l'évangile se trouverait finir par ce membre de phrase : *Car elles furent saisies de crainte*, ἐφοβοῦντο γάρ. Dans tous les cas, nous avons ici une relation que le rédacteur a composée à la hâte d'éléments de diverse nature puisés à la légende courante, éléments dont il ne sut pas disposer en maître, et qu'il incorpora sans avoir une idée claire de la marche des choses et de l'ordre où elles se succédèrent.

Le récit de Luc ne présenterait aucune difficulté spéciale, s'il n'avait pas, en commun avec les autres, un élément suspect, l'apparition angélique, et, qui plus est, l'apparition de deux anges. Qu'avaient à faire les anges dans cette scène? Matthieu dit qu'ils étaient là pour ôter la pierre du sépulcre ; mais déjà Celse a objecté que, d'après la supposition orthodoxe, le fils de Dieu ne pouvait pas avoir été contraint d'user d'un pareil secours (2) ; tout au plus aurait-il pu le juger convenable. Chez Marc et Luc, les anges paraissent plutôt être simplement chargés de donner aux femmes des informations et des commissions; mais, comme selon Matthieu et Jean, Jésus lui-même apparut immédia-

---

(1) Comme Paulus, Fritzsche, Credner, *Einleitung*, 1, § 49. Comparez contradictoirement De Wette, *Exeg. Handb.*, 1, 2, S. 499 f. Une opinion intermédiaire se trouve dans Hug, *Einleitung in das N. T.*, 2, § 69.

(2) Dans Orig., c. *Cels.*, 5, 52: Le fils de Dieu ne put, ce semble, ouvrir le tombeau, mais il eut besoin d'une autre main qui soulevât la pierre, ὁ γὰρ τοῦ θεοῦ παῖς, ὡς ἔοικεν, οὐκ ἐδύνατο ἀνοῖξαι τὸν τάφον, ἀλλ' ἐδεήθη ἄλλου ἀποκινήσοντος τὴν πέτραν.

tement après et répéta ces commissions, il était superflu d'en charger les anges. Il ne reste donc plus qu'à dire que les anges appartenaient à la décoration de la grande scène en qualité de serviteurs célestes qui devaient ouvrir au Messie la porte par où il voulait sortir, de gardes d'honneur placés sur le lieu même que celui qui avait été mis à mort venait de quitter plein de vie. Mais dès lors on se demande : Y a-t-il un pareil apparat dans la véritable cour de Dieu, ou n'existe-t-il que dans l'idée enfantine que l'antiquité s'en faisait?

En conséquence, on s'est de diverses manières donné de la peine pour transformer en apparition naturelle les anges de l'histoire de la résurrection. En cela, on partit du récit du premier évangile, et l'on fit remarquer qu'à l'ange il attribue un *regard comme un éclair*, ἰδέα ὡς ἀστραπὴ, le soulèvement de la pierre et la terreur des gardiens, et qu'il rattache un tremblement de terre à son apparition; dès lors on n'était pas loin de songer soit à un coup de tonnerre qui jeta de côté la pierre fermant le tombeau et qui renversa à terre les gardiens, soit à un tremblement de terre qui, accompagné de flammes jaillissant du sol, produisit les mêmes effets; cas auquel ce qu'il y eut de flamboyant et de tout-puissant dans le phénomène, fut pris pour une apparition angélique par les soldats de garde (1). Mais l'ange s'est assis sur la pierre levée, et, qui plus est, il a parlé avec les femmes; cette double circonstance rend l'hypothèse insuffisante. On a donc essayé de la compléter, et l'on a dit que la grande pensée de la résurrection de Jésus, qui fut provoquée dans l'esprit des femmes par la vacuité du tombeau et qui triompha peu à peu des premiers doutes, fut attribuée à un ange par les femmes d'après la manière de penser et de parler des Orientaux (2). Mais comment se fait-il que

---

(1) Schuster, dans *Eichhorn's allg. Biblioth.*, 9, S. 1034 ff.; Kuinoel, in *Matth.*, p. 799.

(2) Friedrich, *Sur les anges de l'histoire de la résurrection*, dans *Eichhorn's allg. Bibl.*, 6, S. 700 ff.; Kuinoel, l. c.

dans tous les évangiles les anges soient représentés comme revêtus d'habits blancs et rayonnants ? Est-ce encore une figure du langage oriental ? L'homme de l'Orient peut sans doute désigner une bonne pensée qui lui vient, comme une pensée inspirée par un ange; mais décrire en outre les vêtements et l'apparence de cet ange, cela dépasse la mesure du simple langage figuré, même en Orient. Dans la description du premier évangile, on pourrait peut-être s'aider de l'éclair prétendu et conjecturer que l'idée qui saisit les femmes à l'aspect de l'éclair, fut attribuée par elles à un ange qu'en raison de cet éclair elles dépeignirent comme couvert d'habits brillants. Mais, d'après les autres évangélistes, les femmes ne furent pas témoins du soulèvement de la pierre, que dans cette hypothèse on suppose jetée de côté par le coup de tonnerre ; ce fut quand elles descendirent ou regardèrent dans le tombeau, que les formes blanches des anges leur apparurent dans un calme complet. Il faut donc que quelque chose dans le tombeau ait suscité en elles la pensée d'anges habillés de blanc ; or, dans le tombeau gisaient, d'après Luc et Jean, les linges blancs qui avaient enveloppé le corps de Jésus ; ces linges, qui furent reconnus simplement pour des linges par des hommes d'un esprit plus tranquille et plus ferme, purent, dit-on, être pris facilement pour des anges par des femmes timides et exaltées, dans un sépulcre obscur et dans l'illusion de l'aube du matin (1). Mais comment se fait-il que les femmes, qui en tout cas devaient s'attendre à trouver dans le sépulcre un mort enveloppé de linges blancs, aient conçu, à l'aspect de ces linges, des pensées si singulières, et soient allées justement s'imaginer (chose qui alors était la plus éloignée de leur esprit) que ce pou-

---

(1) C'est ce que dit l'auteur d'un mémoire, dans *Eichhorn's allg. Bibl.*, 8, S. 629 ff., et dans *Schmidt's Bibl.*, 2, S. 545 f.; Bauer aussi, *Hebr. Mythol.*, 2, S. 259.

vaient être des anges qui voulaient leur apprendre la résurrection de leur maître mis à mort? Quelle singularité, ont dit d'autres commentateurs rationalistes, de s'épuiser en conjectures artificielles sur la question de savoir ce que les anges ont pu être, puisque des quatre récits, deux nous disent expressément ce qu'ils ont été, c'est-à-dire des hommes naturels; Marc appelant le sien un *jeune homme*, νεανίσκον, et Luc appelant les siens *deux hommes*, ἄνδρας δύο (1)? A ce point il faut se demander qui étaient ces hommes. Par là se trouve de nouveau ouverte toute grande la porte à l'hypothèse d'associés secrets de Jésus, qui auraient été inconnus même des apôtres : les hommes vus au tombeau auront été les mêmes que ceux qui eurent avec lui une conférence dans ce que l'on appelle l'histoire de la transfiguration, peut-être des Esséniens, qui avaient l'habitude de s'habiller de blanc, et toutes les autres suppositions de ce genre qui doivent leur origine au système de réalités historiques d'un Bahrdt et d'un Venturini, et qui sont passées de mode. Ou bien aimera-t-on mieux supposer une rencontre purement fortuite? ou enfin laissera-t-on avec Paulus la chose dans une obscurité d'où sortent toujours de nouveau les figures des associés secrets dès que l'on veut y porter quelque lumière? Mettons de côté toutes ces hypothèses; un jugement droit reconnaîtra, ici encore, une production des idées juives dans ces anges par lesquels la primitive tradition chrétienne crut devoir décorer la résurrection de son Messie. Cette explication résout en même temps, de la façon la moins artificielle, toutes les difficultés que suscitent les différences relatives au nombre et au mode d'apparition de ces êtres surnaturels (2).

---

(1) Paulus, *Exeg. Handb.*, 3, b, S. 829. 55. 60. 62.

(2) Fritzsche, *in Marc.*, sur ce passage : Nemo... quispiam primi temporis Christianis tam dignus videri poterat, qui de Messia in vitam reverso nuntium ad homines perferret, quam angelus, Dei minister, divinorumque consiliorum interpres et adjutor. — Puis il ajoute sur les différences relatives au nombre

Il en résulte encore que le procédé d'élection est aussi insuffisant que le procédé d'intercalation, et nous devons reconnaître que, dans les quatre narrations évangéliques de cette première nouvelle de la résurrection, nous n'avons sous les yeux que des récits traditionnels (1).

§ CXXXVI.

Apparitions de Jésus ressuscité en Galilée et en Judée, suivant Paul et suivant les apocryphes.

La plus importante de toutes les divergences que présente l'histoire de la résurrection, est relative à la question de savoir quel fut le théâtre principal que Jésus eut en vue pour ses apparitions après sa résurrection. Les deux premiers évangiles rapportent que Jésus dès avant sa mort dit aux apôtres en se rendant à la montagne des Oliviers : *Quand je serai ressuscité, j'irai devant vous en Galilée*, μετὰ τὸ ἐγερθῆναί με προάξω ὑμᾶς εἰς τὴν Γαλιλαίαν (Matth., 26, 32; Marc, 14, 28). La même assurance est donnée, le matin de la résurrection, aux femmes par l'ange qui ajoute : *Vous le verrez là*, ἐκεῖ αὐτὸν ὄψεσθε (Matth., 28, 7; Marc, 16, 7). Dans Matthieu, outre tout cela, Jésus lui-même charge les femmes de dire aux apôtres : *Qu'ils se rendent en Galilée, qu'ils le verront là*, ἵνα ἀπέλθωσιν εἰς τὴν Γαλιλαίαν, κἀκεῖ με ὄψονται (28, 10). En effet, Matthieu raconte aussitôt le départ des apôtres pour la Galilée, et l'apparition qu'ils eurent là de Jésus (il ne parle d'aucune autre qui ait été le partage des apôtres). Marc, après avoir décrit la confusion où l'apparition des anges avait jeté les femmes, s'interrompt d'une façon énigmatique qui a déjà été signalée plus haut, et il joint, en forme d'appendice,

---

des anges, etc.: Nimirum insperato Jesu Messia in vitam rediti miracula adjecere alii alia, quæ Evangelistæ religiose, quemadmodum ab suis auctoribus acceperant, literis mandarunt.

(1) Kaiser, *Bibl. Theol.*, 1, S. 254 ff.

quelques apparitions de Jésus qui doivent être considérées comme ayant toutes eu lieu à Jérusalem et dans les environs; car aucun changement de lieu n'est signalé entre la première, qui, suivant immédiatement la résurrection, doit être supposée nécessairement à Jérusalem, et la seconde; en outre, l'évangéliste a coupé toute connexion avec l'indication précédente d'aller en Galilée. Jean ignore toute indication d'aller en Galilée, et il rapporte que Jésus se montra aux apôtres, à Jérusalem, le soir du jour de la résurrection et huit jours après; mais dans l'Appendice qui forme le dernier chapitre se trouve la description d'une apparition sur le bord du lac de Galilée. Chez Luc au contraire, non seulement il n'y a aucune trace d'une apparition en Galilée, non seulement Jérusalem et les environs sont le seul théâtre des christophanies que rapporte cet évangile; mais encore Jésus, ayant apparu à Jérusalem, le soir après la résurrection, aux apôtres assemblés, leur fait cette injonction: *Tenez-vous à Jérusalem jusqu'à ce que vous soyez revêtus de la vertu d'en haut*, ὑμεῖς δὲ καθίσατε ἐν τῇ πόλει, ἕως οὗ ἐνδύσησθε δύναμιν ἐξ ὕψους, 24, 49 (ce que les Actes des Apôtres expriment d'une manière encore plus formelle par la construction négative: *De ne point partir de Jérusalem*, ἀπὸ Ἱεροσολύμων μὴ χωρίζεσθαι, 1, 4). Ici il y a deux questions différentes à faire: 1° Comment Jésus peut-il ordonner aux apôtres de se rendre en Galilée, et en même temps leur enjoindre de rester à Jérusalem jusqu'à la Pentecôte? 2° Comment peut-il leur promettre de se montrer à eux en Galilée, si son intention était de leur apparaître le jour même à Jérusalem et auprès de Jérusalem?

La première contradiction qui se trouve tout d'abord entre Matthieu et Luc n'a été présentée d'une manière plus incisive par personne que par l'auteur des *Fragments de Wolfenbüttel*. Si, dit-il, ce que Luc rapporte est vrai, à savoir que, dès le premier jour de la résurrection, Jésus apparut à ses apôtres dans Jérusalem, et leur commanda d'y rester et de ne pas quitter cette ville jusqu'à la Pentecôte, il est faux qu'il leur ait commandé de se rendre dans le même temps aux extrémités de la Galilée, pour s'y montrer à eux, et *vice versa* (1). Les conciliateurs ont eu l'air de considérer cette objection comme peu importante, et ils ont observé brièvement que l'injonction de rester dans une ville ne signifie pas qu'on doive y garder les arrêts, et qu'elle n'exclut pas les excursions et les voyages limitrophes; que Jésus avait voulu seulement défendre jusqu'à ce terme aux apôtres de transporter leur résidence hors de Jérusalem, et d'aller prêcher l'évangile dans toutes les parties du monde (2). Mais le voyage de Jérusalem en Galilée n'était pas une excursion, c'était, au contraire, le trajet le plus long qu'un Juif pût faire dans l'intérieur du pays; ce n'était pas non plus pour les apôtres un voyage limitrophe, c'était au contraire un voyage de retour dans leur patrie. Ce que Jésus voulut interdire aux apôtres par cette injonction, ce ne peut pas avoir été d'aller prêcher l'Évangile dans toutes les parties du monde, puisque avant l'effusion de l'esprit ils n'y sentaient aucune impulsion; ce ne peut pas non plus avoir été de transporter leur résidence hors de Jérusalem, puisqu'ils n'y étaient que passagèrement à titre de voyageurs visitant la fête; mais l'intention de Jésus doit avoir été de leur interdire un voyage qui était pour eux la chose la plus naturelle, c'est-à-dire le retour dans la Galilée, leur patrie, après la fin des jours de fête. En outre (et c'est un point sur lequel Michaëlis même confesse son étonnement), si Luc n'entend pas exclure, par l'injonction de Jésus, le voyage en Galilée, pourquoi ne dit-il pas un mot de ce voyage? Et de même, si Matthieu savait que son indication d'aller en Galilée était compatible avec l'ordre de rester

---

(1) Dans *Leissig's Beiträgen*, l. c., S. 485. (2) Michaelis, S. 259 f., Kuinoel, *in Luc.*, p. 743.

dans la capitale, pourquoi a-t-il passé sous silence cet ordre avec toutes les apparitions faites à Jérusalem? C'est certainement là une preuve évidente que chacun des deux évangélistes a suivi, au fond, une notion différente sur le théâtre des apparitions de Jésus ressuscité.

Dans cet embarras d'accorder deux ordres contradictoires donnés le même jour, la comparaison des Actes des Apôtres offrit, par la distinction des temps, un secours désiré. En effet, les Actes placent l'ordre de ne pas quitter Jérusalem, dans la dernière apparition de Jésus, quarante jours après la résurrection et immédiatement avant l'ascension. Dans la fin de l'évangile de Luc, c'est également dans la dernière entrevue terminée par l'ascension, que l'ordre en question est donné; et, quand bien même, à cause de l'extrême condensation de cette fin de l'évangile, on se croirait en droit de supposer que tout a eu lieu le jour même de la résurrection, on voit cependant, disent les auteurs dont il s'agit, par les Actes des Apôtres qui sont du même rédacteur, qu'entre le verset 43 et le verset 44 du dernier chapitre de son évangile, se trouve un intervalle de quarante jours depuis la résurrection jusqu'à l'ascension; ainsi disparaît la contradiction apparente entre ces deux indications, car il se peut très bien que celui qui avait enjoint de faire un voyage en Galilée eût défendu quarante jours plus tard, quand le voyage fut fait et qu'on fut revenu dans la capitale, de s'éloigner dès lors de la ville (1). Mais si la crainte de trouver une contradiction entre différents auteurs du Nouveau Testament ne peut pas autoriser à s'écarter de la signification naturelle de leurs expressions, on n'y est pas non plus autorisé par la crainte de la possibilité d'une contradiction entre différents écrits d'un même auteur. En effet, quand un livre a été écrit un peu plus tard qu'un autre, l'écrivain peut,

(1) Schleiermacher, *Ueber den Lukas*, S. 299 f.; Paulus, S. 910.

dans l'intervalle, avoir reçu, sur plusieurs points, des renseignements autres que ceux qu'il avait lors de la composition du premier. Nous aurons occasion, lors de l'histoire de l'ascension, de nous convaincre qu'il en est ainsi pour le paragraphe de Luc relatif à ce qui se passa après la résurrection. De la sorte disparaît tout motif d'intercaler, contre l'évidence d'un enchaînement immédiat, un intervalle de près de cinq semaines entre : *Il mangea*, ἔφαγεν, dernier mot du verset 43, et : *Il dit*, εἶπε δὲ, premier mot du verset 44; mais de la même façon disparaît aussi la possibilité de concilier, par la distinction des temps, les ordres opposés de Jésus dans Matthieu et dans Luc.

Il y a plus : quand bien même on supposerait que cette contradiction est susceptible d'être levée d'une façon quelconque, néanmoins les simples faits, tels qu'ils sont racontés par Luc, par le second évangéliste et par le quatrième, resteraient, même sans l'ordre exprès de demeurer à Jérusalem rapporté par le troisième évangéliste, inconciliables avec l'injonction que Jésus, dans Matthieu, adresse aux apôtres de se rendre en Galilée. Car, demande l'auteur des *Fragments de Wolfenbüttel*, si à deux reprises tous les apôtres l'ont vu à Jérusalem, lui ont parlé, l'ont touché et ont mangé avec lui, est-il possible que pour le voir il leur ait fallu faire le long voyage de la Galilée (1)? Les harmonistes répondent à la vérité hardiment que, si Jésus fait dire aux apôtres qu'ils le verront en Galilée, cela n'implique nullement qu'ils ne le verraient nulle part ailleurs, et entre autres qu'ils ne le verraient pas à Jérusalem (2). Mais, pourrait leur répondre à sa manière l'auteur des *Fragments*, celui qui me dit : Va à Rome, tu y verras le pape, ne peut pas penser que le pape viendra d'abord au lieu de ma rési-

---

(1) L. c., S. 486.
(2) Griesbach, *Vorlesungen über Hermeneutik des N. T., mit Anwendung auf die Leidens-und Auferstehungsgeschichte Christi, herausgegeben von Steiner*, S. 314.

dence actuelle, et là pourra être vu par moi; qu'ensuite j'aurai encore à me rendre à Rome pour l'y voir de nouveau; de même l'ange, dans Matthieu et dans Marc, si seulement il avait pressenti que le même jour Jésus apparaîtrait dans la ville de Jérusalem, n'aurait pas dit aux apôtres : Allez en Galilée, Jésus s'y montrera à vous; mais il leur aurait dit : Ayez seulement confiance, vous verrez Jésus avant la fin de la journée, ici même, à Jérusalem. A quoi bon renvoyer la rencontre à un temps plus éloigné, puisqu'une rencontre de même genre devait avoir lieu dans l'intervalle? A quoi bon faire enjoindre aux apôtres, par l'intermédiaire des femmes, de se rendre en Galilée, si Jésus prévoyait que le même jour il parlerait lui-même à ses disciples? C'est donc avec raison que la critique moderne maintient ce que Lessing a déjà fait valoir (1), à savoir qu'aucun homme raisonnable n'assigne à ses amis, par l'intermédiaire d'un tiers, pour un lieu et un temps éloignés, un rendez-vous où l'on sera heureux de se revoir, s'il est sûr de les voir dans le lieu où il se trouve, le même jour et plusieurs fois (2). En conséquence, l'ange et Jésus lui-même, lorsque le matin ils firent dire par les femmes aux apôtres de se rendre en Galilée, n'ont pu savoir que, dans la soirée du même jour, il se montrerait à ses disciples auprès de Jérusalem et à Jérusalem; il faut donc que, le matin encore, il ait eu l'intention d'aller aussitôt en Galilée, mais qu'il ait changé d'idée dans le courant de la journée. Aussi Paulus (3) trouve-t-il chez Luc une trace de ce commencement de dessein dans l'excursion que fit Jésus à Emmaüs, bourg situé dans la direction de la Galilée; quant au motif qui le détermina à changer de plan, le même commentateur conjecture (et en cela il a l'assentiment d'Olshausen) (4)

---

(1) Duplique, *Werke*, 6 Bd., S. 352.
(2) Schneckenburger, *Ueber den Ursprung des ersten kanon. Evang.*, S. 17 f.
(3) *Exeg. Handb.*, 3, b, S. 835.
(4) *Bibl. Comm.*, 2, S. 524.

que ce fut l'incrédulité des apôtres, telle qu'elle se manifesta à Jésus particulièrement lors de l'excursion à Emmaüs. C'est à Olshausen à voir comment un pareil mécompte de la part de Jésus est compatible avec l'opinion orthodoxe sur sa personne; mais, même au point de vue purement humain, on ne trouve aucune raison suffisante pour ce changement de disposition. Jésus, du moment qu'il eut été reconnu par les deux voyageurs d'Emmaüs, devait être certain que leur témoignage fortifierait assez le dire des femmes pour allumer du moins dans le cœur des apôtres quelques étincelles de foi et d'espérance, et pour les conduire en Galilée. Mais surtout, si Jésus changea d'avis et si son plan fut différent avant et après ce changement, pourquoi aucun évangéliste ne fait-il mention d'une pareille mutation, pourquoi parlent-ils tous, Luc, comme s'il ignorait complétement le plan primitif; Matthieu, comme s'il n'en connaissait pas la modification subséquente; Jean, comme si le théâtre principal des apparitions de Jésus ressuscité avait été Jérusalem, et comme s'il n'avait fait qu'apparaître une fois subsidiairement en Galilée? Pourquoi enfin Marc parle-t-il de telle façon que l'on voit clairement qu'il n'a pas su concilier la première injonction d'aller en Galilée qu'il devait à Matthieu, et les apparitions subséquentes à Jérusalem et dans les environs qu'il devait à Luc ou à tout autre, qu'il n'a pas même essayé de les fondre, et qu'il a juxtaposé ces récits tels qu'il les trouva, informes et contradictoires?

Si donc il faut, avec la plus récente critique, reconnaître, dans l'évangile de Matthieu, la contradiction qui existe entre lui et les autres au sujet du lieu des apparitions de Jésus après la résurrection, il n'est pas aussi clair qu'il faille lui donner aussi notre assentiment, quand, sans plus amples discussions, elle sacrifie la narration du premier évangile à toutes les autres (1). Posons, indépendamment de toute

(1) Comme font Schn'z, *Ueber das Abendmahl*, S. 324; Schneckenburger, l. c.

supposition sur l'origine apostolique de tel ou tel évangile, la question de savoir lequel des deux récits divergents se prête davantage à être considéré comme une modification et un développement traditionnel de l'autre; nous pouvons ici, outre la nature générale des récits, fixer notre attention sur un point isolé où ils se touchent tous deux d'une manière caractéristique : c'est l'allocution des anges aux femmes, dans laquelle il est question de la Galilée, d'après tous les synoptiques, mais d'une manière différente. Dans Matthieu, l'ange dit, en parlant de Jésus : *Il s'en va devant vous en Galilée..., je vous l'ai dit*, προάγει ὑμᾶς εἰς τὴν Γαλιλαίαν... ἰδοὺ εἶπον ὑμῖν (28, 7). Dans Marc, il dit la même chose; seulement, au lieu de la phrase finale par laquelle, dans Matthieu, l'ange veut imprimer ses paroles dans l'esprit des femmes, il ajoute : *Ainsi qu'il vous l'a dit*, καθὼς εἶπεν ὑμῖν, ce qui est leur rappeler la prédiction antécédente de Jésus sur cet objet. Maintenant, comparons ces récits, et nous verrons que le membre de phrase destiné à donner plus de force aux paroles de l'ange (*je vous l'ai dit*, εἶπον ὑμῖν) peut sans peine paraître superflu et insignifiant; qu'au contraire, le renvoi à une prédiction antérieure de Jésus peut sembler plus convenable; et c'en serait peut-être assez pour nous autoriser à conjecturer que Marc a ici le récit vrai et primitif, tandis que Matthieu a un récit de seconde main et non sans quelque malentendu (1). Ajoutons un nouveau terme à notre comparaison, c'est-à-dire le récit de Luc, où nous lisons : *Souvenez-vous de ce qu'il vous disait lorsqu'il était encore en Galilée*, etc., μνήσθητε, ὡς ἐλάλησεν ὑμῖν ἔτι ὢν ἐν τῇ Γαλιλαίᾳ, λέγων κτλ. Cela, comme la phrase de Matthieu, indique une prédiction antérieure de Jésus, non pas, il est vrai, une prédiction qui enjoignît d'aller en Galilée, mais une prédiction donnée dans ce pays.

---

(1) Aussi Michaelis, S. 443 f., regarde-t-il εἶπεν comme la leçon primitive dans Matthieu même. Comparez Weisse, *Die evang. Geschichte*, 2, S. 347 f.

Maintenant, nous nous demandons : la Galilée, nommée originairement pour désigner le lieu où avait été faite la prédiction de la résurrection, a-t-elle été prise plus tard par erreur pour la désignation du lieu où Jésus ressuscité voulait apparaître, ou *vice versa?* Pour décider cette question, il faut examiner dans laquelle de ces deux hypothèses la mention de la Galilée tient le plus étroitement au contexte. Il est évident de soi que, dans l'annonciation de la résurrection, la chose importante était de savoir si et où le ressuscité serait visible; il importait beaucoup moins, dans le cas où l'on se référait à une prédiction antécédente, de connaître où elle avait été faite. Par conséquent, en partant de cette comparaison, ce qui pourrait sembler le plus vraisemblable, c'est qu'originairement il eût été dit que l'ange avait désigné la Galilée aux apôtres comme le lieu où ils verraient Jésus ressuscité (Matthieu); mais qu'ensuite, les récits des apparitions de Jésus en Judée ayant éclipsé celle de la Galilée, on fit de la Galilée, dans l'allocution de l'ange, non plus le lieu des apparitions, mais le lieu où Jésus avait prédit sa résurrection (Luc). Entre ces deux manières, Marc tient une sorte de milieu, attendu que, changeant avec Luc, *j'ai dit*, εἶπον, en *il a dit*, εἶπεν, il rapporte ce verbe à Jésus, tout en conservant, avec Matthieu, la Galilée comme le théâtre, non pas de la prédiction antécédente, mais de l'apparition à venir de Jésus.

Faisons maintenant entrer en ligne de compte la nature générale des deux récits et la nature de la chose. Dire que Jésus, après sa résurrection, apparut réellement aux apôtres plusieurs fois à Jérusalem et dans les environs, mais que la notion s'en perdit dans la tradition qui fait le fond du premier évangile, cela est soumis aux mêmes difficultés que la pluralité des visites pascales de Jésus et de ses séjours à Jérusalem, ainsi que nous l'avons vu dans un examen précèdent (1); et ici, comme là, l'opinion contraire a toutes les apparences en sa faveur. Les apparitions de Jérusalem sont-elles spontanément, c'est-à-dire par l'extinction complète de la connaissance qu'on en avait, tombées dans l'oubli en Galilée, où, d'après cette supposition, se forma la tradition de Matthieu? C'est ce qui ne peut guère se supposer en raison de l'importance de ces apparitions qui, comme celles devant les onze assemblés et devant Thomas, renfermaient les plus sûrs témoignages pour la réalité de la résurrection, et en raison de l'influence que l'Église de Jérusalem exerça sur l'organisation des autres. Dira-t-on que l'on connaissait à la vérité, dans la Galilée, les apparitions de Jérusalem, mais que le rédacteur du premier évangile les passa sous silence à dessein pour en conserver tout l'honneur à sa province seule? C'est supposer un particularisme galiléen, une opposition des chrétiens de cette contrée contre la société chrétienne de Jérusalem, dont nous n'avons aucune trace historique. L'autre possibilité est qu'aux apparitions de la Galilée, qui, dans l'origine, étaient les seules connues, la tradition ait ajouté peu à peu un nombre de plus en plus grand d'apparitions de Judée et de Jérusalem, et que ces dernières aient fini par éclipser complétement les premières; elle prend de la vraisemblance par toute sorte de raisons. Au nombre de ces raisons, on peut compter tout d'abord le temps de l'apparition; la notion de la résurrection de Jésus était d'autant plus frappante, que ces apparitions avaient suivi de plus près son ensevelissement et son retour à la vie, tandis que, si c'était d'abord en Galilée qu'il était apparu, cette connexion immédiate n'existait plus. En outre, il était naturel de se figurer que la résurrection de Jésus avait dû être manifestée authentiquement par des apparitions dans le lieu même de sa mort. Enfin l'objection que Jésus, après sa résurrection, n'avait apparu qu'aux

---

(1) T. 1, § LVI.

sions, et même dans un coin de la Galilée, était jusqu'à un certain point parée, quand on pouvait répondre que, ressuscité, il avait paru dans la capitale au milieu de ses ennemis irrités, sans qu'ils pussent, à la vérité, ni le voir ni le saisir. Mais, du moment qu'on avait transporté plusieurs apparitions de Jésus en Judée et à Jérusalem, celles de la Galilée perdaient leur importance, et elles pouvaient ou bien être rapportées d'une manière subsidiaire et subordonnée, comme dans le quatrième évangile, ou bien être complétement omises comme dans le troisième. A ce résultat, que nous obtenons en considérant la possibilité du développement des légendes, on ne peut pas opposer, comme plus haut dans la discussion sur le théâtre de la prédication de Jésus vivant, un résultat contraire, pris du point de vue des relations et des intentions de Jésus; il nous est donc loisible, en contradiction avec la critique actuelle, de nous prononcer en faveur du premier évangile, dont la narration sur l'apparition de Jésus ressuscité se recommandera d'ailleurs par plus de simplicité et moins de difficulté (1).

Examinons maintenant en particulier les apparitions de Jésus ressuscité : le premier évangile en a deux, une le matin de la résurrection devant les femmes (28, 9 seq.), et une, sans désignation de temps, devant les onze en Galilée (28, 16 seq.). Marc en a trois, qu'il ne fait du reste que mentionner très brièvement : la première devant Marie-Madeleine, le matin de la résurrection (16, 9 seq.); une autre devant deux disciples allant à la campagne (16, 12), et une troisième devant les onze, assis à table, à Jérusalem sans aucun doute (16, 14). Luc ne raconte, il est vrai, que deux apparitions, celle devant les disciples d'Emmaüs, le jour de la résurrection (24, 13 seq.), et la dernière devant

---

(1) Weisse s'accorde aussi à reconnaître que le vrai lieu pour les apparitions de Jésus devant les apôtres est la Galilée, 2, S. 358 ff.; seulement, en conformité avec son opinion fondamentale sur les synoptiques, il donne la préférence au récit de Marc sur celui de Matthieu.

les onze et autres disciples à Jérusalem, le soir du même jour d'après 24, 36, quarante jours plus tard d'après Act. Ap., 1, 4 seq.; mais, comme les apôtres, avant l'apparition de Jésus au milieu d'eux, disent aux voyageurs d'Emmaüs au moment où ils rentrent : *Le Seigneur est véritablement ressuscité et il a apparu à Simon*, ἠγέρθη ὁ Κύριος ὄντως καὶ ὤφθη Σίμωνι, cela suppose une troisième apparition qui avait été le partage de Pierre seul. Jean a quatre apparitions semblables : la première devant Marie-Madeleine au tombeau (20, 14 seq.); la seconde que les apôtres eurent à Jérusalem, les portes fermées (20, 19 seq.); la troisième huit jours plus tard, également à Jérusalem, et dans laquelle Thomas se convainquit (20, 26 seq.); la quatrième, sans désignation de temps, sur le bord du lac de Galilée (21). Il faut aussi faire entrer en ligne de compte un renseignement de l'apôtre Paul, qui, déduction faite de la christophanie qu'il eut lui-même, raconte cinq apparitions de Jésus ressuscité, sans cependant les décrire en détail : la première devant Céphas, la seconde devant les douze, la troisième devant plus de cinq cents frères à la fois, la quatrième devant Jacques, et la cinquième enfin devant tous les apôtres (1. Cor., 15, 5 seq.).

Maintenant, comment intercaler les unes dans les autres ces différentes apparitions? Celle qui s'annonce pour être la première, c'est, chez Jean, et plus expressément encore chez Marc, l'apparition qu'eut Marie-Madeleine. — La seconde devrait être la rencontre, racontée par Matthieu, de Jésus avec les femmes revenant du tombeau; mais, comme Marie-Madeleine était parmi elles, et comme rien n'indique qu'elle eût vu dès auparavant Jésus ressuscité, nous ne pouvons, ainsi que cela a déjà été remarqué, séparer l'une de l'autre ces deux apparitions; seulement nous avons un récit incertain sur une seule et même. L'apôtre Paul, qui, dans le passage cité, parle comme s'il voulait énumérer toutes les apparitions du Christ ressuscité qui étaient à sa connaissance, omet celle dont il s'agit ; mais on peut expliquer cette omission en disant qu'il ne voulut pas invoquer le témoignage des femmes. L'ordre dans lequel il énumère ces christophanies paraît être un ordre de temps, à en juger du moins par la série des mots *puis*, εἶτα, *ensuite*, ἔπειτα, et par la conclusion *finalement*, ἔσχατον (1) ; ainsi, d'après lui, l'apparition devant Céphas aurait été la première qu'un homme aurait eue. Cela se concilierait bien avec la narration de Luc, chez qui les voyageurs d'Emmaüs sont à leur entrée informés par les apôtres restés à Jérusalem que Jésus est véritablement ressuscité et est apparu à Simon, apparition qui pourrait avoir précédé celle qu'eurent les deux voyageurs. — L'apparition immédiatement suivante devrait être, d'après Luc, celle des disciples d'Emmaüs, dont l'apôtre Paul n'aurait pas parlé, soit qu'il ne voulût rapporter que les apparitions devant les apôtres, ou, parmi les autres, celles qui avaient eu lieu devant une grande masse d'hommes, soit plutôt qu'il n'en ait rien su. Marc, 16. 12 seq., entend manifestement la même apparition ; il y a sans doute une contradiction, c'est que, tandis que, chez Luc, les apôtres réunis crient avec foi aux voyageurs d'Emmaüs : *Le Seigneur est véritablement ressuscité*, etc., ἠγέρθη ὁ Κύριος ὄντως κτλ., chez Marc, les apôtres restent incrédules, malgré la nouvelle apportée par les deux voyageurs. Mais cela dépend sans doute d'une simple exagération de Marc, qui ne veut pas abandonner le contraste entre les apparitions les plus convaincantes de Jésus et l'incrédulité persévérante des apôtres. — A l'apparition d'Emmaüs se joint immédiatement, chez Luc, l'apparition de Jésus dans l'assemblée des *onze*, ἕνδεκα, et du reste de leur troupe ; on la regarde ordinairement comme identique avec celle devant les *douze*,

---

(1) Voyez Billroth, *Commentar*, sur ce passage.

δώδεκα, que compte l'apôtre Paul, et avec celle qui, selon Jean, eut lieu, les portes fermées, le soir de la résurrection, devant l'assemblée des apôtres, où, du reste, manquait Thomas. Sans doute, ce ne serait pas une objection valable contre cette identité, que d'insister sur le mot *onze*, ἕνδεκα, de Luc, puisque, d'après Jean du moins, il n'y avait que dix apôtres présents, ni sur le mot *douze*, δώδεκα, de Paul, puisque, dans tous les cas, il faut en déduire Judas; remarquons encore que l'arrivée de Jésus est décrite d'une manière tout à fait semblable chez les deux évangélistes, qui disent l'un et l'autre : *Il parut au milieu d'eux*, ἔστη ἐν μέσῳ αὐτῶν, ou ἔστη εἰς τὸ μέσον ; remarquons que le salut de Jésus est le même des deux côtés : *Que la paix soit avec vous*, εἰρήνη ὑμῖν. Cependant, si l'on réfléchit que l'attouchement du corps de Jésus, qui, chez Jean, n'appartient qu'à l'apparition postérieure de huit jours, et l'acte de manger du poisson rôti, que Jean place encore plus tard dans l'apparition de la Galilée, sont mis par Luc dans cette apparition de Jérusalem le jour même de la résurrection, il est clair, quoi qu'on dise maintenant, que, ou bien le troisième évangéliste a confondu en une seule plusieurs particularités, ou bien le quatrième en a partagé une seule en plusieurs. Mais j'ai déjà fait observer plus haut que cette apparition de Jérusalem devant les apôtres ne pourrait pas avoir eu lieu d'après Matthieu ; car cet évangéliste fait aller les *onze*, ἕνδεκα, en Galilée, afin de voir Jésus. Marc et Luc, dans son évangile, rattachent à cette apparition l'ascension, par conséquent ils excluent toutes les apparitions postérieures. — L'apparition immédiatement suivante est celle que l'apôtre Paul dit avoir eu lieu devant cinq cents frères, et on la regarde ordinairement comme la même que celle que Matthieu place sur une montagne en Galilée (1).

---

(1) Paulus, *Exeg. Handb.*, 3, b, S. 897; Olshausen, 2, S. 544.

Mais dans cette dernière, les *onze* seuls, ἕνδεκα, sont indiqués comme présents; et de plus les entretiens que Jésus a avec eux, étant en grande partie des instructions relatives à leurs fonctions, paraissent convenir davantage à ce cercle plus étroit. — L'apôtre Paul rapporte ensuite une apparition qu'eut Jacques; il s'en trouvait aussi dans l'évangile des Hébreux une mention apocryphe que Jérôme nous a conservée; mais aussi, suivant cet apocryphe, cette apparition aurait été la première de toutes (1). — On gagnerait ainsi de l'espace pour l'apparition dans laquelle, d'après le quatrième évangile, Thomas fut convaincu huit jours après la résurrection de Jésus, et l'apôtre Paul serait en concordance parfaite, si dans le fait l'expression : *Tous les apôtres*, τοῖς ἀποστόλοις πᾶσιν (v. 7), dont il se sert pour sa cinquième apparition, signifiait une assemblée complète des onze, à l'exclusion de l'assemblée précédente où Thomas n'avait pas assisté. Mais cela est impossible; car, d'après l'hypothèse ici discutée, l'apôtre Paul avait aussi désigné cette apparition où Thomas avait été absent, comme une apparition devant *les douze*, τοῖς δώδεκα; en conséquence, par l'expression *les douze*, οἱ δώδεκα, comme par l'expression *tous les apôtres*, ἀπόστολοι πάντες, Paul entend l'assemblée générale des apôtres, à laquelle il est vrai manquait alors un membre, et il l'oppose aux individus isolés (Céphas et Jacques), desquels il venait de dire immédiatement qu'ils avaient eu chacun une christophanie. Mais si la cinquième

---

(1) Hieron., *De viris illustr.*, 2 : *Evangelium quoque, quod appellatur secundum Hebræos... post resurrectionem Salvatoris refert : Dominus autem, postquam dedisset sindonem servo sacerdotis* (cela est probablement relatif à la garde placée auprès du tombeau, que l'auteur transforme de garde romaine en garde sacerdotale; voyez Credner, *Beiträge sur Einl. in das N. T.*, S. 406 f.) *ivit ad Jacobum et apparuit ei. Juraverat enim Jacobus, se non comesturum panem ab illa hora, qua biberat calicem Domini, donec videret eum resurgentem a dormientibus* (rien de plus inimaginable qu'un pareil serment au moment où les disciples avaient perdu toute espérance; comparez là-dessus Michaelis, S. 122). *Rursusque post paululum : Afferte, ait Dominus, mensam et panem. Statimque additur : tulit panem et benedixit ac fregit, et dedit Jacobo justo et dixit ei : Frater mi, comede panem tuum, quia resurrexit filius hominis a dormientibus.*

apparition de Paul était identique avec la troisième de Jean, il n'en résulterait que plus clairement que la quatrième de Paul devant les cinq cents frères ne peut être celle de Galilée, rapportée par Matthieu. En effet, la troisième apparition de Jean eut lieu à Jérusalem, mais sa quatrième en Galilée ; de la sorte, il faudrait que Jésus et les douze se fussent rendus en Galilée après les premières apparitions de Jérusalem, et eussent eu une entrevue sur la montagne ; puis ils seraient retournés à Jérusalem, où Jésus se montra à Thomas ; puis ils seraient revenus de nouveau en Galilée, où eut lieu l'apparition sur le bord du lac ; enfin ils seraient rentrés à Jérusalem pour l'ascension. Afin d'éviter ces allées et venues sans but, et cependant de pouvoir combiner ces deux apparitions, Olshausen transporte en Galilée l'apparition devant Thomas ; mais c'est là une violence non permise par la critique : car, non seulement entre cette apparition et l'apparition précédente, que l'on convient avoir eu lieu à Jérusalem, il n'est fait mention d'aucun changement de lieu, mais encore le local de la réunion est décrit d'une façon tout à fait semblable ; enfin l'addition : *Les portes fermées*, τῶν θυρῶν κεκλεισμένων, ne permet de songer qu'à la capitale, parce que dans la Galilée, moins soulevée par la haine des prêtres contre Jésus, il n'y avait pas, pour fermer les portes, la même raison qu'à Jérusalem, à savoir, *la crainte des Juifs*, φόβος τῶν Ἰουδαίων.
— Ce ne serait donc qu'après les apparitions préalables de Judée, terminées par l'apparition qui eut lieu le huitième jour après la résurrection, qu'il nous serait possible d'intercaler les apparitions de la Galilée rapportées par Matthieu et par Jean. Ces dernières ont ceci de particulier, que l'une et l'autre s'annoncent comme la première, et, en outre celle de Matthieu, comme en même temps la dernière (1). Matthieu désigne manifestement cette apparition comme

(1) Lessing, *Duplik*, S. 449 ff.

celle à laquelle Jésus avait renvoyé les apôtres par l'ange d'abord, puis personnellement ; cela résulte non seulement de toute sa narration, mais encore de la manière dont il caractérise la *montagne* galiléenne, ὄρος, sur laquelle les onze se rendirent, et de laquelle il dit : *Où Jésus leur avait commandé de se trouver*, οὗ ἐτάξατο αὐτοῖς ὁ Ἰησοῦς. Or, on ne convient pas d'un second rendez-vous dans un pays, tout en laissant indéterminé le lieu du premier ; par conséquent, comme on ne peut pas supposer que les évangélistes, avec leurs idées de Jésus, aient admis un premier rendez-vous imprévu (1), le rendez-vous sur la montagne, ayant été convenu, doit aussi être le premier de la Galilée. Ainsi, l'apparition sur le bord du lac de Tibériade chez Jean ne peut pas être mise avant l'apparition sur la montagne, chez Matthieu ; mais elle ne peut pas non plus être mise après, car cette dernière contient un congé formel que Jésus prend de ses disciples. De plus, on ne saurait pas comment, d'après le dire même de l'évangéliste, l'apparition sur le bord du lac de Tibériade serait appelée la troisième manifestation du Christ ressuscité, φανέρωσις, devant ses *disciples*, μαθηταῖς (21, 14), s'il fallait encore qu'elle eût été précédée de celle du premier évangile. Mais, quand même elle en aurait été suivie, l'embarras que cause ce chiffre de l'évangile de Jean n'en resterait pas moins grand. A la vérité, nous devons défalquer les apparitions devant les femmes, parce que Jean lui-même raconte, mais ne compte pas l'apparition qu'eut Marie-Madeleine. Si nous comptons comme la première l'apparition devant Céphas, et comme la seconde celle d'Emmaüs, cette apparition galiléenne, qui est dite la troisième, tomberait entre celle d'Emmaüs et celle qui eut lieu devant les onze le soir de la résurrection à Jérusalem ; mais cela supposerait un déplacement d'une rapi-

---

(1) Comme Kern aussi l'accorde, *Faits principaux* (*Tüb. Zeitschrift*, 1836, 3, S. 57).

dité impossible. Il y a plus, si l'apparition devant les onze assemblés est celle où, d'après Jean, Thomas n'assistait pas, il s'ensuivrait que la troisième apparition chez Jean arriverait avant sa première. Mais peut-être, en examinant son expression : *Il apparut à ses disciples,* ἐφανερώθη τοῖς μαθηταῖς αὐτοῦ, pourrions-nous imaginer que Jean n'a compté que les apparititions qui s'opérèrent devant plusieurs disciples à la fois. Dans cette hypothèse il faudrait défalquer les apparitions devant Pierre seul et Jacques seul. Alors on compterait comme la première celle qu'eurent les deux disciples d'Emmaüs, et comme la seconde celle qu'eurent les onze assemblés le soir du jour de la résurrection ; dès lors on aurait un peu plus de commodité pour le voyage de Galilée, puisque huit jours se seraient écoulés entre l'apparition devant les onze assemblés et l'apparition devant Thomas ; mais alors celle que Jean appelle la troisième, se trouverait avant celle qui chez lui est la seconde, déduction faite de l'apparition à Marie-Madeleine. Mais, dira-t-on, le rédacteur du quatrième évangile jugea que les deux disciples rencontrés par Jésus sur le chemin d'Emmaüs formaient un groupe trop peu considérable pour qu'il comptât la christophanie dont ils jouirent, comme une *manifestation devant les disciples,* φανεροῦσθαι τοῖς μαθηταῖς. Dans cette seconde hypothèse, l'apparition devant les onze, assemblés le soir, serait la première ; dès lors les cinq cents frères à qui Jésus se montra à la fois, seraient certainement assez nombreux pour entrer en ligne de compte ; et alors, cette apparition galiléenne, dite la troisième, devrait être intercalée après l'apparition devant les cinq cents, mais toujours avant celle qu'eurent Thomas et *tous les apôtres,* ἀπόστολοι πάντες, et qui est comptée par Jean comme la seconde. Peut-être faut-il mettre plus tard l'apparition de Jésus devant les cinq cents ; de cette façon, la première apparition serait celle devant les apôtres assemblés, la seconde serait la scène de Thomas, et la troisième celle du lac de Galilée, puis enfin l'apparition devant les cinq cents. Mais alors, si l'apparition devant Thomas est, comme on le prétend, la même que la cinquième de l'apôtre Paul, celui-ci aurait déplacé les deux dernières apparitions qu'il énumère ; or, il n'avait aucune raison de le faire ; loin de là, l'apparition devant les cinq cents frères étant la plus importante, il aurait pu trouver dans cette importance une raison de la mettre la dernière. Il ne resterait donc plus qu'à dire que par le mot de *disciples*, μαθηταί, Jean avait toujours entendu une plus ou moins grande réunion d'apôtres ; qu'il n'y avait point eu d'apôtres parmi les cinq cents ; qu'il avait donc omis aussi cette apparition ; et qu'ainsi c'est avec raison qu'il compte comme troisième l'apparition sur le bord du lac de Tibériade. Mais il faudrait pour cela que celle-ci eût eu lieu avant l'apparition sur la montagne de Galilée, ce qui, comme cela a été démontré, n'est pas supposable. On voit que tous ces essais d'accommodement sont déjà, pour la plupart, suffisamment ridicules ; cependant Kerne a tout récemment enchéri là-dessus, en venant dire avec une grande assurance que Jean veut ici compter, non pas les apparitions, mais les jours auxquels les apparitions eurent lieu, de sorte que la phrase : *C'est la troisième fois que Jésus apparut à ses disciples*, τοῦτο ἤδη τρίτον ἐφανερώθη ὁ Ἰησοῦς τοῖς μαθηταῖς, signifierait : *A ce moment Jésus était apparu aux siens en trois jours différents :* à savoir quatre fois le jour de la résurrection ; puis une fois huit jours après ; enfin de nouveau, en ce moment, quelques jours plus tard (1). Au lieu de tout cela, il ne reste qu'à convenir que le quatrième évangéliste ne compte que les apparitions qu'il a lui-même racontées, et le motif en aura été, non pas sans doute que les autres, par une cause quelcon-

(1) *Faits principaux*, l. c., S. 47.

que, lui parurent moins importantes, mais qu'il les ignora complétement (1). C'est de la même façon que Matthieu, en rapportant sa dernière apparition de Galilée, montre qu'il n'a rien su des apparitions de Jérusalem rapportées par Jean; car, si, dans la première de ces deux dernières dix apôtres, dans la seconde Thomas lui-même, s'étaient convaincus de la réalité de la résurrection de Jésus, il était impossible que dans cette apparition postérieure sur la montagne de la Galilée quelques uns des onze (car suivant Matthieu les onze seulement y vinrent) eussent conservé des doutes (οἱ δὲ ἐδίστασαν, v. 17). Enfin, si sur la montagne de la Galilée Jésus avait déjà fait à ses disciples la dernière recommandation d'aller prêcher et baptiser dans toutes les parties du monde, et la promesse d'être tous les jours auprès d'eux jusqu'à la fin du siècle présent, toutes paroles qui sont celles d'un dernier adieu, il ne pourrait pas avoir donné encore une fois, plus tard, comme les Actes des Apôtres le rapportent au commencement, ces derniers ordres dans la ville de Jérusalem, ni avoir pris encore une fois congé d'eux. Au contraire, d'après la conclusion de l'évangile de Luc, cette dernière scène serait arrivée beaucoup plus tôt qu'on ne pourrait le croire d'après Matthieu; et, dans la conclusion de l'évangile de Marc, Jésus, prenant à Jérusalem congé de ses disciples le jour même de sa résurrection, prononce en partie les mêmes paroles que celles que, d'après Matthieu, il prononça en Galilée, et, dans tous les cas, plus tard que le jour de la résurrection. On voit que les deux livres composés par Luc (l'évangile et les Actes des Apôtres) diffèrent notablement l'un de l'autre au sujet de l'intervalle de temps pendant lequel Jésus se montra après sa résurrection, à tel point que, d'après le premier de ces livres, cet intervalle serait d'un seul jour, et d'après

---

(1) Comparez De Wette, *Exeget. Handb.*, 1, 3, S. 205, 210; Weisse, *Die evang. Gesch.*, 2, S. 409.

l'autre de quarante; ce n'est que plus loin que nous pourrons approfondir cette divergence.

Ainsi, les différents narrateurs évangéliques ne concordent que sur un petit nombre des apparitions de Jésus après sa résurrection; la désignation de lieu faite par l'un exclut les apparitions rapportées par les autres ; la désignation de temps faite par un autre ne laisse aucun intervalle disponible pour les narrations parallèles; le calcul d'un troisième est disposé sans aucune considération de ce que les autres disent; enfin, parmi plusieurs apparitions relatées par différents narrateurs, chacune s'annonce comme la dernière, et cependant n'a rien de commun avec les autres. Il faudrait donc fermer volontairement les yeux pour ne pas reconnaître qu'aucun des rédacteurs n'a connu ni supposé ce que l'autre rapporte ; que chacun d'eux avait, de son côté, entendu raconter la chose d'une manière différente ; qu'ainsi de bonne heure il n'y eut en circulation que des bruits incertains et diversement variés sur les apparitions de Jésus ressuscité (1).

Au reste, cela n'ébranle pas le passage de la première Épître aux Corinthiens, qui, incontestablement authentique, a été écrite vers l'an 59 après Jésus-Christ, par conséquent moins de trente ans après sa résurrection. D'après ce renseignement, nous devons croire que plusieurs membres de la première communauté encore vivants au temps de la rédaction de l'Épître, et, entre autres, les apôtres, étaient convaincus qu'ils avaient eu des apparitions du Christ ressuscité. S'ensuit-il que ces apparitions reposaient sur quelque chose de réel, c'est ce que nous examinerons plus tard. Quant au point actuel, c'est-à-dire la divergence des évangélistes, particulièrement au sujet du lieu, le passage de

---

(1) Comparez Kaiser, *Bibl. Theol.*, 1, S. 254 ff.; De Wette, l. c.; Ammon, *Fortbildung*, 2, 1, Kap. 1; Weisse, *Die evang. Geschichte*, 2, 7tes Buch.

l'apôtre Paul ne peut fournir aucun motif de décision, puisqu'il n'a décrit en détail aucune de ces apparitions.

§ CXXXVII.

Qualité du corps et de la vie de Jésus après la résurrection.

Comment nous représenterons-nous la continuation de la vie de Jésus après la résurrection, et particulièrement la nature de son corps durant cette période? Pour répondre à cette question, il nous faut parcourir encore une fois chacun des récits des apparitions de Jésus ressuscité.

D'après Matthieu, Jésus rencontre (ἀπήντησεν), le matin de sa résurrection, les femmes qui revenaient du tombeau en toute hâte; elles le reconnaissent, elles embrassent avec respect ses pieds, et il leur parle. Dans la seconde rencontre sur la montagne de Galilée, les disciples le voient (ἰδόντες), mais quelques uns conservent encore des doutes, et Jésus ici aussi leur adresse la parole. Quant à la manière dont il allait et venait, il n'en est rien dit.

Chez Luc, Jésus accoste deux disciples qui étaient sur la route de Jérusalem à Emmaüs, village voisin (ἐγγίσας συνεπορεύετο αὐτοῖς); ceux-ci ne le reconnaissent pas le long du chemin, ce que Luc attribue à un empêchement intérieur ou subjectif qu'une puissance supérieure produisit en eux (οἱ ὀφθαλμοὶ αὐτῶν ἐκρατοῦντο, τοῦ μὴ ἐπιγνῶναι αὐτόν); et ce n'est que Marc qui, resserrant cet événement en quelques mots, attribue l'aveuglement des disciples à un changement extérieur ou objectif de l'apparence de Jésus (ἐν ἑτέρᾳ μορφῇ). Tout en cheminant, Jésus s'entretient avec les deux disciples; après leur arrivée dans le village, il les accompagne, d'après leur invitation, dans leur logement; il se met avec eux à table, et suivant son habitude rompt et partage le pain. Dans ce moment tombe des yeux des disciples le bandeau qui les fermait miraculeusement, et ils le reconnaissent (1); mais dans le même moment il devient invisible pour eux (ἄφαντος ἐγένετο ἀπ' αὐτῶν). Non moins rapidement qu'il avait ici disparu, il apparaît immédiatement après dans l'assemblée des apôtres, puisqu'on dit que tout à coup il se trouva au milieu d'eux (ἔστη ἐν μέσῳ αὐτῶν), et qu'eux, effrayés de cette apparition soudaine, crurent voir un esprit. Pour leur ôter cette idée qui les inquiétait, Jésus leur montra ses mains et ses pieds, il les engagea à le toucher, afin qu'en palpant son corps, qui contenait *de la chair et des os*, σάρκα καὶ ὀστέα, ils se convainquissent qu'il n'était pas un fantôme; il se fit aussi donner un morceau d'un poisson rôti et d'un gâteau de miel, et il mangea l'un et l'autre sous leurs yeux. L'apparition qu'eut Simon est désignée par Luc avec l'expression de *il fut vu*, ὤφθη; Paul s'en sert aussi dans la première Épître aux Corinthiens, pour toutes les christophanies qu'il y énumère; et Luc dans les Actes des Apôtres résume toutes les apparitions pendant les quarante jours, par l'expression *apparu*, ὀπτανόμενος, 1, 3, et par l'expressioon *se faire voir*, ἐμφανῆ γενέσθαι, 10, 40. De la même façon, Marc exprime l'apparition devant Madeleine par *il apparut*, ἐφάνη, et l'apparition devant les voyageurs d'Emmaüs et devant les onze, par *il fut manifesté*, ἐφανερώθη. Chez Jean l'apparition sur le bord du lac de Tibériade est exprimée par *il se montra*, ἐφανέρωσεν ἑαυτὸν, et toutes les christophanies qu'il raconte, il les comprend par l'expression de *il fut manifesté*, ἐφανερώθη. Chez Marc et Luc, il est dit pour conclusion de la vie terrestre du ressuscité, qu'il fut enlevé sous les yeux des apôtres, et porté au ciel (par un nuage, d'après les Actes des Apôtres, 1, 9).

Dans le quatrième évangile, Jésus est d'abord debout

---

1) Rien n'indique dans le texte que Jésus eût été reconnu parce qu'en rompant le pain il avait découvert les trous des clous à ses mains (Paulus, *Exeg. Handb.*, 3, b, S. 882; Kuinoel, *in Luc.*, p. 734).

derrière Marie-Madeleine au moment ou celle-ci se détourne du tombeau ; elle ne le reconnait pas, bien qu'il lui adresse la parole, mais elle le prend pour le jardinier jusqu'à ce qu'il la nomme par son nom (du ton qui était si bien connu d'elle). Elle veut lui témoigner son adoration ; mais Jésus l'en empêche en lui disant : *Ne me touchez pas*, μή μου ἅπτου, et il la charge d'un message pour les apôtres. La seconde apparition de Jésus, rapportée par Jean, eut lieu dans des circonstances particulièrement remarquables. Les apôtres, par crainte des intentions hostiles des Juifs, étaient réunis, les portes fermées ; tout à coup Jésus arriva, se plaça au milieu d'eux, les salua, et leur montra ses mains et son côté, probablement sans se faire toucher, afin qu'ils reconnussent en lui le crucifié. Thomas, qui alors n'était pas présent, ne se laissant pas convaincre par le récit de ses collègues de la réalité de cette apparition, et à cette fin désirant voir et toucher lui-même les marques des blessures, Jésus accéda à son désir lors d'une apparition qui eut lieu huit jours après dans les mêmes circonstances, et il lui fit toucher les marques de clous à ses mains et la blessure à son côté. Enfin dans l'apparition du lac de Galilée, Jésus était debout sur le bord au point du jour, sans être reconnu des disciples qui se trouvaient dans le bateau ; il leur demanda du poisson, et il fut reconnu par Jean à la pêche abondante qu'il leur accorda ; de telle sorte cependant que les disciples, étant venus à terre, n'osaient pas lui demander s'il était véritablement Jésus. Puis Jésus leur distribua du pain et du poisson, dont il mangea aussi sans aucun doute, et il eut ensuite un entretien avec Jean et Pierre (1).

---

(1) Il a déjà été question plus haut (§ CXIV) de la partie de cet entretien relative à Jean. Quant à Pierre, la question trois fois répétée que lui adressa Jésus : *M'aimez-vous ?* ἀγαπᾷς ou φιλεῖς με, se rapporte, d'après la manière de voir ordinaire, à son reniement répété aussi trois fois. On lit ensuite : *Quand vous étiez jeune, vous mettiez vous-même vos habits, et vous alliez où vous vouliez ; mais quand vous serez vieux, vous étendrez vos mains, un autre vous habillera et vous mènera où vous ne voudrez pas*, ὅτε ἦς νεώτερος, ἐζώννυες σε'

Ainsi, on peut se faire deux idées principales sur la vie de Jésus après sa résurrection : ou bien on se la représentera comme une vie naturelle, complétement humaine, et par conséquent son corps aura continué à être soumis aux lois physiques et organiques ; ou bien on se représentera sa vie comme une vie déjà supérieure, surnaturelle, et son corps comme un corps surnaturel et transfiguré. Les relations évangéliques rapprochées plus haut sont de telle nature, que chacune de ces deux opinions peut s'appuyer de quelques uns des traits qu'elle renferme. La forme humaine avec ses membres naturels, la possibilité d'être reconnu par cette forme même, la persistance des marques des blessures, les actes humains de la parole, de la marche, du partage du pain, tout cela semble parler en faveur d'une vie complétement naturelle de Jésus, même après la résurrection. Si l'on conservait encore quelques doutes, et si l'on conjecturait qu'une corporalité supérieure et terrestre pourrait se donner une telle apparence et accomplir de telles fonctions, on serait réduit au silence par les deux autres circonstances

---

αυτὸν, καὶ περιεπάτεις ὅπου ἤθελες· ὅταν δὲ γηράσῃς, ἐκτενεῖς τὰς χεῖράς σου, καὶ ἄλλος σε ζώσει καὶ οἴσει ὅπου οὐ θέλει. (V. 18 seq.) L'évangéliste lui-même dit que ces paroles adressées par Jésus à Pierre *signifiaient par quelle mort l'apôtre devait glorifier Dieu,* σημαίνων ποίῳ θανάτῳ δοξάσει τὸν Θεόν. Cela indiquerait le crucifiement, qui fut le genre de mort de Pierre d'après la tradition de l'Église (Tertull., *De præscr. hær.*, 36 ; Euseb., H. E., 2, 25) ; il faudrait aussi, pour suivre l'Évangéliste, voir une allusion à ce supplice dans le mot que Jésus ajoute : *Suivez-moi,* ἀκολούθει μοι, verset 20 et verset 22 (c'est-à-dire : *Suivez-moi* au même genre de mort). Mais dans cette interprétation le trait principal : *Vous étendrez les mains,* ἐκτενεῖς τὰς χεῖρας, est justement placé de telle sorte qu'il est impossible de le rapporter au crucifiement : en effet, il est mis avant le membre de phrase où il dit que Pierre sera mené où il ne voudra pas ; au contraire, l'action de ceindre (ἄλλος ζώσει) qui, dans cette interprétation, ne peut signifier que l'action d'attacher à l'effet d'emmener, devrait être placée avant l'extension des mains sur la croix. Du moment qu'on abandonne l'interprétation que le rédacteur, comme Lücke même en convient, p. 703, a donnée aux paroles de Jésus d'après l'événement, on ne voit pas qu'elles renferment rien de plus que le lieu commun de la faiblesse de la vieillesse en opposition avec la vigueur de la jeunesse ; et le membre de phrase : *vous mènera où vous ne voudrez pas,* οἴσει ὅπου οὐ θέλεις, ne va pas au delà. Le rédacteur du 21ᵉ chapitre du quatrième évangile, ayant eu connaissance de ces paroles de Jésus, prononcées soit comme sentence, soit de toute autre façon, crut pouvoir, à la manière de l'auteur du reste de cet évangile, en faire une prédiction cachée du crucifiement de Pierre.

suivantes : à savoir qu'après la résurrection, Jésus goûta d'une nourriture terrestre et se laissa toucher. Il est vrai que, dans les mythes anciens, ces choses sont attribuées à des êtres supérieurs, par exemple l'action de manger aux trois figures célestes dont Abraham reçut une visite (1. Mos., 18, 8), et la tangibilité à Dieu luttant avec Jacob (1. Mos., 32, 24 seq.); mais il n'en faut pas moins maintenir qu'en réalité ces deux conditions ne peuvent exister que dans des êtres pourvus d'un corps matériel et organique. En conséquence, non seulement les interprètes rationalistes, mais encore des interprètes orthodoxes voient dans ces circonstances la preuve incontestable que, même après la résurrection, la vie et le corps de Jésus doivent toujours être considérés comme naturels et humains (1). On appuie encore cette assertion en remarquant que l'état de Jésus ressuscité présente absolument le même progrès que la guérison successive et naturelle d'un homme grièvement blessé. Dans les premières heures après la résurrection, disent ces auteurs, il fut obligé de se tenir encore dans le voisinage du tombeau; dans l'après-midi, ses forces sont suffisantes pour qu'il aille à Emmaüs, village voisin; et ce n'est que plus tard qu'il se trouve en état d'entreprendre le voyage plus lointain de la Galilée. Ils ajoutent que, même pour se laisser toucher, Jésus présente une gradation digne de remarque : le matin de la résurrection, il défend à Marie-Madeleine de le toucher, parce que son corps blessé était encore trop souffrant et trop endolori; mais, huit jours après, sa guérison ayant fait des progrès, il provoque lui-même Thomas à toucher ses blessures. Il n'y a pas jusqu'au petit nombre et au peu de durée des entrevues de Jésus avec ses disciples, après sa résurrection, qui ne té-

---

(1) Paulus, *Exeget. Handb.*, 3, b, S. 884 ff. L. J., 1, b, S. 265 ff.; Ammon, l. c.; Hase, L. J., § 149; Michaelis, l. c., S. 251 ff. Comparez aussi Neander, L. J. Chr., S. 650.

moignent, selon ces interprètes, qu'il avait rapporté du tombeau son corps naturel et humain ; car ce corps même devait se sentir trop faible par l'effet des blessures et des souffrances sur la croix, pour n'avoir pas besoin, après de courts moments d'activité, de plus longs intervalles de repos et de retraite.

Cependant nous avons vu que les narrations du Nouveau Testament renferment aussi des traits qui favorisent l'opinion opposée sur la corporalité de Jésus après la résurrection. Il faut donc que les auteurs qui admettent que son corps resta naturel se chargent, en interprétant les particularités qui paraissent contraires à leur manière de voir, de faire cesser la contradiction. Tout d'abord, les expressions par lesquelles les apparitions de Jésus sont ordinairement désignées, semblent indiquer quelque chose de surhumain : c'est le verbe *il fut vu*, ὤφθη, employé dans ce cas comme pour le buisson ardent, 2. Mos., 3, 2, LXX; c'est le participe *vu*, ὀπτανόμενος, signifiant l'apparition de Jésus, comme celle de l'ange, dans Tob., 12, 19; c'est le verbe *il apparut*, ἐφάνη, servant à désigner l'apparition de Jésus comme celle des anges, dans Matthieu, 1 et 2. Mais ce qui contredit plus positivement les allées et venues naturelles qui peuvent être supposées dans certaines scènes, ce sont les apparitions et disparitions soudaines dans d'autres; ce qui empêche d'admettre un corps humain ordinaire, c'est que souvent Jésus n'est pas reconnu et que même il est fait mention expresse d'une *autre forme*, ἑτέρα μορφή; enfin, ce qui paraît surtout s'opposer à la tangibilité du corps de Jésus, c'est la propriété que Jean, d'après le sens apparent des mots, lui attribue, d'entrer par les portes fermées. Mais si Marie-Madeleine prit d'abord Jésus pour *le jardinier*, κηπουρός, des commentateurs mêmes qui d'ordinaire ne redoutent nullement le merveilleux, croient pouvoir expliquer ce fait, en disant que Jésus s'était fait donner un habillement par le jardinier, qui, sans doute, avait sa résidence dans le voisinage du tombeau ; ils ajoutent qu'ici, comme sur la route d'Emmaüs, l'altération des traits de Jésus par les souffrances du crucifiement peuvent avoir contribué à cette méprise, et que Marc n'a voulu exprimer que ces deux choses, en se servant des mots : *Une autre forme*, ἑτέρα μορφή (1). Les mêmes auteurs prétendent que Jésus put se retirer de la manière la plus naturelle, sans être remarqué, au milieu de la surprise joyeuse où la reconnaissance soudaine de celui qu'on avait cru mort jeta ces deux mêmes disciples d'Emmaüs, qui, voyant un miracle en tout ce qui était arrivé dans le retour de Jésus à la vie, prirent cela pour une disparition surnaturelle (2). Suivant les mêmes auteurs, le membre de phrase : *Il parut au milieu d'eux*, ἔστη ἐν μέσῳ αὐτῶν, ou εἰς τὸ μέσον, n'indique rien de surnaturel, surtout chez Jean, où il est placé auprès du mot naturel *il vint*, ἦλθεν, *il vient*, ἔρχεται ; mais il indique seulement l'arrivée imprévue de quelqu'un dont justement on parlait sans l'attendre ; et, si les disciples réunis l'ont pris pour un *esprit*, πνεῦμα, ce n'est pas qu'il fût entré d'une manière miraculeuse, mais c'est qu'ils ne pouvaient croire à la réalité du retour du défunt à la vie (3). Enfin, il est un trait que l'on devrait regarder comme absolument incompatible avec l'opinion qui, de la vie de Jésus ressuscité, fait une vie naturelle et humaine : c'est ce que dit Jean, que Jésus *entra les portes étant fermées*, θυρῶν κεκλεισμένων ἦλθεν ; mais, depuis longtemps, des théologiens, même orthodoxes, ont interprété cette phrase de manière qu'elle ne fît plus contradiction avec l'opinion dont il s'agit. Nous ne parlerons pas des explications comme celles de Heumann,

---

(1) Tholuck, sur ce passage ; comparez Paulus, *Exeg. Handb.*, 3, b, S. 866. 884. Une semblable explication naturelle a été tout récemment empruntée à Hug par Lücke.

(2) Paulus, l. c., S. 882.
(3) Paulus, l. c., 883, 93 ; Lücke, 2, S. 684 f.

qui prétend que les *portes*, θύραι, étaient non pas celles de la maison où les apôtres étaient rassemblés, mais en général les portes dans la ville de Jérusalem, et qu'en disant qu'elles étaient fermées, les évangélistes avaient voulu seulement désigner cette heure de la nuit où l'on a l'habitude de fermer les portes; mais que la *crainte des Juifs*, φόβος τῶν Ἰουδαίων, était la cause, non pas de cette fermeture des portes, mais de la réunion des apôtres en un seul endroit. Nous irons à Calvin lui-même, qui dit que c'est une argutie, *pueriles argutiæ*, de soutenir que le corps de Jésus pénétra à travers le fer et les planches, *per medium ferrum et asseres*, que le texte n'y donne aucunement lieu, et qu'il y est dit, non pas que Jésus soit entré à travers les portes fermées, *per januas clausas*, mais seulement qu'il parut soudain au milieu de ses disciples les portes étant fermées, *quum clausæ essent januæ* (1). Cela n'empêche pas que l'entrée de Jésus, dont Jean parle ici, ne soit regardée par Calvin comme un miracle; mais dès lors ce miracle consisterait en ceci, que les portes, qui étaient fermées, s'ouvrirent soudainement à l'approche du Seigneur et au signe de sa majesté divine, *quum fores clausæ fuissent, sed quæ Domino veniente subito patuerunt ad nutum divinæ majestatis ejus* (2). Tandis que des interprètes plus modernes se contentent de conserver ici quelque chose de miraculeux dans l'entrée de Jésus, sans décider en quoi le miracle consista (3), le rationalisme a su en bannir complétement le merveilleux. Les portes fermées, disent les auteurs de cette opinion, furent ouvertes à Jésus par des mains humaines; Jean n'omet d'en parler que parce que cela s'entend de soi, et même il y aurait eu peu de goût de sa part à dire : Ils lui ouvrirent les portes et il entra (4).

---

(1) Calvin, *Comm. in Joh.*, sur ce passage, p. 363 seq., éd. Tholuck.

(2) C'est ce que dit Suicer, *Thes. s. v.*, θύρα. Comparez Michaelis, S. 265.

(3) Tholuck et Olsh., sur ce passage.

(4) Griesbach, *Vorlesungen über Hermeneutik*, S. 305; Paulus, S. 835. Comparez Lücke, 2, S. 683 ff.

Mais en interprétant de la sorte la phrase : *Il entre les portes fermées*, ἔρχεται τῶν θυρῶν κεκλεισμένων, les théologiens n'ont été nullement sans préjugé. Calvin surtout ne l'a pas été ; car, lorsqu'il dit que les papistes soutiennent une véritable pénétration du corps de Jésus à travers les portes fermées, afin de gagner que le corps de Jésus est immense et n'est contenu en aucun lieu, *ut corpus Christi immensum esse, nulloque loco contineri obtincant*, évidemment il ne se débat contre cette explication des paroles de Jean que pour ne pas donner de l'appui à la doctrine de l'ubiquité du corps de Jésus, doctrine qui est choquante pour lui. Les commentateurs plus modernes, au contraire, avaient intérêt à éviter la contradiction qui, dans nos idées, se trouve entre la composition matérielle d'un corps et sa propriété de pouvoir pénétrer sans obstacle à travers d'autres corps également matériels. Mais comme nous ne savons pas si, au point de vue des auteurs du Nouveau Testament, cela formait une contradiction, la crainte qu'elle nous inspire ne nous autorise pas à nous soustraire à la signification du texte, si ce texte veut dire que le corps de Jésus passa à travers les portes fermées. On pourrait, à la rigueur, entendre l'expression : *Les portes étant fermées*, τῶν θυρῶν κεκλεισμένων, comme désignant simplement l'état d'inquiétude où l'exécution de Jésus avait jeté les disciples. Mais des doutes contre cette interprétation s'élèvent tout d'abord, quand on voit cette particularité répétée lors de l'apparition de Jésus devant Thomas ; car, si elle ne signifiait pas plus que ce que l'on prétend, ce n'eût guère été la peine de la répéter (1). Ainsi, dans ce second cas, nous pouvons laisser de côté ce motif allégué pour expliquer la fermeture des portes ; d'autre part, remarquons que, dans la phrase, le verbe *il vient*, ἔρχεται, est immédiatement uni avec *portes*

---

(1) Voyez Tholuck et De Wette, sur ce passage.

fermées, τῶν θυρῶν κεκλεισμένων ; dès lors il devient probable que cette circonstance est destinée à déterminer la manière de venir de Jésus (1). Continuons l'examen du texte. Après avoir dit une seconde fois que Jésus vint les portes fermées, l'évangéliste dit une seconde fois encore : *Il parut au milieu d'eux,* ἔστη εἰς τὸ μέσον. Cela, étant joint au verbe *il vint,* ἦλθεν, et servant à en déterminer le sens avec plus de précision, exprime dans tous les cas l'apparition soudaine de Jésus sans qu'on eût pu le voir venir. De ces particularités prises ensemble il résulte incontestablement ceci au moins : qu'il s'agit d'une venue sans les conditions ordinaires, par conséquent d'une venue miraculeuse. Ce miracle aura-t-il consisté dans une pénétration du corps à travers les planches des portes, c'est ce que les partisans du miraculeux parmi les commentateurs nient avec une très grande assurance, en observant qu'il n'est dit nulle part que Jésus soit arrivé *à travers les portes fermées,* διὰ τῶν θυρῶν κεκλεισμένων (2). Mais, dans le fait, l'évangéliste n'entend nullement déterminer que Jésus, comme Michaëlis s'exprime, soit positivement entré dans la chambre à travers les pores du bois, son opinion est seulement que les portes étaient fermées et restèrent fermées, et que cependant Jésus parut tout à coup dans la chambre, de sorte que les murailles, les portes, bref tous les obstacles interposés ne l'avaient pas empêché d'entrer. Au lieu de nous demander, à tort, de leur montrer, dans le texte de Jean, une indication que celui-ci n'entend nullement donner, ils doivent nous demander pourquoi, si l'évangéliste a supposé l'ouverture miraculeuse des portes, il n'a pas mis ce miracle en relief. A cet égard, Calvin eut la main très malheureuse lorsqu'il s'appuya sur les Actes des Apôtres, 12, 6 seq., où il est dit que Pierre s'échappa de la prison fermée. Personne, dit-il, ne songe

---

(1) Comparez Olshausen, 2, S. 584, Anm.

(2) Ainsi s'expriment, outre Calvin, Lücke, l. c.; Olshausen, 530 f.

à soutenir qu'en ce cas les portes soient restées fermées, et que Pierre ait passé à travers les serrures et les planches. Non sans doute, personne n'y a songé ; car il est dit expressément dans ce passage, que la porte de fer de la prison qui conduisait à la ville *s'ouvrit à eux d'elle-même*, ἥτις αὐτομάτη ἠνοίχθη αὐτοῖς (v. 10). Cette remarque, vive et belle peinture qui met le miracle sous les yeux du lecteur, n'aurait certainement pas été omise les deux fois par notre évangéliste, s'il eût songé à l'ouverture miraculeuse des portes.

Tandis que le merveilleux n'est susceptible d'être ni écarté ni amoindri dans le récit de Jean, on ne vient pas, non plus à bout d'expliquer naturellement les expressions par lesquelles Luc désigne les arrivées et les départs de Jésus. Cet évangéliste, quand il dit que Jésus vient, se sert de l'expression : *paraître au milieu des disciples*, στῆναι ἐν μέσῳ τῶν μαθητῶν ; quand il dit que Jésus s'en va, il se sert de l'expression, *disparaître de devant eux*, ἄφαντος γίνεσθαι ἀπ' αὐτῶν. La coïncidence de ces expressions, quand on y joint la terreur des disciples et la méprise qui le leur fit regarder comme un esprit, ne permet guère de penser à autre chose qu'à une apparition miraculeuse. D'ailleurs, quand on pourrait encore se figurer comment Jésus entra par voie naturelle, sans être aperçu, dans une chambre remplie de monde, il n'en est pas moins impossible de se figurer comment il aurait pu se dérober, inaperçu et sans être suivi, aux deux disciples d'Emmaüs, avec lesquels il était, ce semble, seul à table (1).

Que Marc par l'expression : *Une autre forme*, ἑτέρα μορφή, entende une forme miraculeusement transformée, c'est ce qu'on n'aurait jamais dû nier (2). Mais cela a moins d'importance, car ce n'est qu'une explication que l'écrivain

---

(1) Olshausen, l. c., S. 530.   (2) Comparez Fritzsche, *in Marc.*, p. 725.

donne de la circonstance que Luc lui fournissait, mais autrement expliquée : à savoir que les deux voyageurs n'avaient pas reconnu Jésus. Si Marie-Madeleine prit Jésus pour le jardinier, cette méprise, dans l'opinion de l'évangéliste, n'est pas due à un emprunt d'habit; mais on l'expliquera, conformément à l'esprit de la narration, en admettant soit que ses yeux furent *retenus*, κρατεῖσθαι, soit que Jésus avait revêtu une autre forme, ἑτέρα μορφή ; si elle le prit pour le jardinier, c'est tout simplement qu'elle rencontra dans le jardin cet homme à elle inconnu. Les narrations évangéliques ne nous autorisent pas, non plus, à supposer que la figure de Jésus eût été altérée par les souffrances du crucifiement, et que ses blessures se soient guéries peu à peu. La phrase de Jean : *Ne me touchez pas*, μή μου ἅπτου, si elle exprimait, comme on le prétend, la crainte d'un attouchement douloureux, serait en contradiction non seulement avec Matthieu, d'après lequel Jésus le matin même du jour de la résurrection laissa embrasser ses pieds par les femmes, mais encore avec Luc, d'après lequel le même jour il provoqua les apôtres à le toucher; et dès lors on serait en droit de se demander laquelle de ces deux narrations est la véritable. Mais, dans le contexte, rien absolument n'indique que Jésus se soit défendu de *l'attouchement*, ἅπτεσθαι, à cause de la douleur que cela lui aurait causé; cette défense a pu être dictée par différents motifs : par lequel? C'est ce qu'on n'a pas encore décidé en raison de l'obscurité du passage (1).

Mais le plus singulier renversement d'idées, c'est quand on a dit que le petit nombre et le peu de durée des entrevues de Jésus avec ses disciples après la résurrection prou-

---

(1) Voyez les différentes explications dans Tholuck et dans Lücke. Ce dernier regarde comme nécessaire un changement de leçon. Quant à l'interprétation que Weisse donne de ces mots (2, S. 395 ff.), bien que je sois d'accord avec lui sur le reste de l'explication dans le contexte de laquelle ils se trouvent, je ne puis m'empêcher de la considérer comme manquée.

vaient qu'il s'était senti trop faible pour des efforts prolongés et fréquents, et qu'ainsi il avait été soumis aux lois d'une guérison naturelle. C'est tout le contraire : si de cette façon il avait eu besoin de soins corporels, il aurait dû être non pas rarement, mais toujours, auprès de ses disciples, de qui avant tous autres il avait à attendre de pareils soins. En effet, où donc se serait-il tenu dans les longs intervalles qui ont séparé ses apparitions? dans la solitude? en plein champ? dans le désert et sur des montagnes? Ce n'étaient point là des lieux où un malade pût résider, et il n'y a plus qu'à soutenir qu'il serait demeuré caché chez des associés secrets dont ses apôtres mêmes n'avaient pas connaissance. Mais tenir ainsi secrète sa véritable résidence, même devant ses disciples, à qui il ne se serait montré que rarement, et en arrangeant à dessein des apparitions et des disparitions soudaines, c'eût été un escamotage, une fausse apparence du merveilleux avec laquelle il aurait prétendu leur faire illusion; et cela nous présenterait Jésus et sa cause entière sous un jour qui, étranger aux documents que nous avons sous les yeux, n'est que le produit du reflet d'idées modernes, au reste déjà tombées dans le discrédit. Les évangélistes ne veulent pas dire autre chose, si ce n'est que Jésus ressuscité, après ces courtes apparitions parmi les siens, se retirait, comme un être supérieur, dans l'invisibilité, et en ressortait où et quand il le jugeait convenable (1).

Enfin, en supposant que Jésus soit rentré, par la résurrection, en une vie purement naturelle, comment s'en figurer la fin? Si l'on veut être conséquent, il faut le faire mourir d'une mort naturelle, plus (2) ou moins de temps après son retour à la vie. C'est aussi ce que Paulus indique, en disant que Jésus, bien qu'il se fût rétabli de l'état de

---

(1) Comparez là-dessus particulièrement Weisse, l. c., S. 339 ff.

(2) Brennecke, *Biblischer Beweis, dass Jesus nach seiner Auferstehung* noch 27 *Jahre leibhaftig auf Erden gelebt, und zum Wohle der Menschheit in der Stille fortgewirkt habe*, 1819.

rigidité semblable à la mort où l'avait jeté le crucifiement, avait eu le corps trop vivement affecté, et qu'il finit par succomber aux suites naturelles de ses souffrances et à une fièvre consomptive (1). Évidemment telle n'a pas été l'idée que les évangélistes se sont faite de la fin de leur Christ, car les uns rapportent qu'il prit, comme un immortel, congé de ses disciples, les autres qu'il monta visiblement dans le ciel. Il faudrait donc qu'avant l'ascension au plus tard, si jusque-là Jésus avait conservé un corps naturel et humain, il s'y fût opéré un changement qui le rendît capable de séjourner dans les régions célestes; il faudrait qu'il eût déposé la scorie de la corporalité grossière, et qu'il n'en eût emporté avec lui que la quintessence. Mais les évangiles ne disent nulle part qu'il soit demeuré un résidu matériel après que Jésus se fut élevé au ciel; et, comme les disciples qui furent spectateurs de son élévation se seraient nécessairement aperçus que quelque chose restait, il ne demeure plus finalement en faveur de cette opinion que l'idée de ce théologien de l'école de Tübingue, qui prétend que le résidu de la corporalité de Jésus fut le nuage qui l'enveloppa lors de l'ascension, et dans lequel ce qui était matériel en lui alla se résoudre et pour ainsi dire se vaporiser (2). Ainsi les évangélistes ne se représentent pas la fin de la vie terrestre de Jésus, après la résurrection, comme une mort naturelle; ils ne parlent, lors de l'ascension, d'aucun changement qui eût été opéré en son corps; de plus, dans l'intervalle entre la résurrection et l'ascension, ils rapportent de Jésus des choses qui sont incompatibles avec un corps naturel; donc ils se sont figuré sa vie, après sa résurrection, non comme naturelle, mais comme surnaturelle, et son corps non comme matériel et organique, mais comme transfiguré.

(1) L. c., S. 703, 925.
(2) Encore quelques mots sur la question de savoir : pourquoi les apôtres Matthieu et Jean n'ont-ils pas raconté expressément l'ascension comme les deux évangélistes Marc et Luc? dans *Süskind's Magazin*, 17, S. 165 ff.

Cette idée n'est pas, non plus, au point de vue des évangélistes, en opposition avec les particularités que les partisans de l'opinion purement naturelle de la vie de Jésus ressuscité ont coutume de faire valoir. Si Jésus but et mangea, cela ne supposait pas plus, dans le cercle d'idées dont il s'agit, un véritable besoin en lui, que le repas pris par Jéhova en compagnie de deux anges chez Abraham; la possibilité de manger n'implique pas ici la nécessité de manger. L'attouchement était la seule preuve possible contre l'objection de ceux qui auraient dit qu'un spectre sans corps avait apparu aux disciples; de plus, des êtres divins, d'après des idées antiques non seulement grecques, mais encore hébraïques (ainsi que cela résulte du passage cité plus haut, 1. Mos., 32, 24), se sont montrés tangibles, à la différence de vaines ombres; ce qui ne les assujettissait pas plus aux lois de la matière, que Jésus tangible n'y paraît assujetti quand il s'éclipse soudainement et pénètre, sans obstacle, dans des chambres fermées (1).

Une tout autre question, c'est de savoir si, à notre point de vue formé par une plus exacte connaissance de la nature, ces deux ordres de faits sont compatibles. Ici nous devrons nécessairement dire : un corps qui mange des aliments visibles, doit être visible lui-même; l'usage des aliments suppose un organisme; or, l'organisme est de la matière organisée, et celle-ci n'a pas la propriété de disparaître et de redevenir visible à volonté (2). Mais surtout, ce qui est

---

(1) Ce qu'il y a de flottant dans l'idée qui fait le fond de tout ceci, est bien exprimé par Origène, quand il dit de Jésus, c. Cels., 2, 62 : Et après la résurrection il était comme sur une limite entre le corps, tel qu'il était avant la passion, et l'âme qui paraissait dépouillée de ce corps, Καὶ ἦν μετὰ τὴν ἀνάστασιν αὐτοῦ ὡσπερεὶ ἐν μεθορίῳ τινὶ τῆς παχύτητος τοῦ πρὸ τοῦ πάθους σώματος, καὶ τοῦ γυμνὴν τοιούτου σώματος φαίνεσθαι ψυχήν.

(2) Aussi Kern confesse-t-il qu'il ne sait comment accorder cette particularité de Luc avec les autres, et qu'il la regarde comme quelque addition traditionnelle (*Faits principaux*, l. c., S. 50). Mais à quoi cela lui sert-il? reste toujours la tangibilité dont parle Jean; elle appartient, aussi bien que l'action de manger, *aux conditions de la vie terrestre, aux rapports du monde matériel,* auxquels, d'après la supposition même de Kern, le corps de Jésus ressuscité *ne devait plus être assujetti.*

tout à fait spécial, c'est que le corps de Jésus était tangible, et, au palper, faisait sentir de la chair et des os; il était donc pourvu de la propriété de résister, que possède la matière, et il la possédait, de la même façon, en qualité de corps solide. Au contraire, s'il était en état d'entrer dans des maisons et des chambres fermées sans en être empêché par l'interposition de murs et de portes, il prouvait par là que justement cette résistance de la matière solide n'était pas un de ses attributs. Ainsi, d'après les récits évangéliques, dans le même temps cette propriété lui aurait appartenu et ne lui aurait pas appartenu; donc il demeure établi que la manière dont les évangélistes représentent la corporalité de Jésus après la résurrection, est contradictoire en soi. Et la contradiction n'est pas telle, qu'elle se partage entre les différents narrateurs; non, la relation d'un seul et même évangéliste renferme ces traits contradictoires. Sans doute, le court récit de Matthieu, où il est dit : *Elles lui embrassèrent les pieds*, ἐκράτησαν αὐτοῦ τοὺς πόδας (v. 9), ne contient que le fait de la tangibilité, sans faire en même temps ressortir un fait qui soit en contradiction; inversement, chez Marc, l'expression : *En une autre forme*, ἐν ἑτέρᾳ μορφῇ (v. 12), montre quelque chose de surnaturel, sans que d'autre part le contraire soit supposé d'une manière précise. Mais il n'en est plus de même chez Luc : être palpable et manger indiquent aussi précisément une matière organique que les apparitions et disparitions soudaines indiquent le contraire. C'est surtout dans le quatrième évangile que se heurtent les membres de cette contradiction, puisque Jésus, immédiatement après avoir pénétré dans la chambre fermée à travers les murs et les portes (1), se laisse toucher par Thomas qui doute.

(1) La faculté de Jésus de pénétrer au travers des portes fermées a été jugée par plusieurs Pères de l'Église et théologiens orthodoxes comme peu compatible avec ce qui est dit, que, pour la résurrection, il eut besoin que la pierre du tombeau eût été enlevée préalablement. Aussi ont-ils soutenu la proposi-

§ CXXXVIII.

Débats sur la réalité de la mort et de la résurrection de Jésus.

La proposition : un mort est revenu à la vie, est composée de deux parties si contradictoires, que, toutes les fois que l'on veut conserver l'une, l'autre menace de disparaître. Si réellement il est revenu à la vie, on pense naturellement qu'il n'était pas tout à fait mort; mais, s'il était véritablement mort, on a de la peine à croire qu'il ait repris la vie.

Quand on se fait une juste idée du rapport entre le corps et l'âme, quand on ne les sépare pas abstraitement l'un de l'autre, quand on les comprend également dans leur identité, l'âme comme l'intérieur du corps, le corps comme l'extérieur de l'âme, on ne sait plus comment, je ne dirai pas concevoir, mais seulement se figurer le retour d'un mort à la vie. Ce que nous nommons l'âme est le centre régulateur où viennent concourir les forces et les activités du corps; sa fonction, ou plutôt l'âme même, consiste à maintenir toutes les autres élaborations dont le corps est susceptible, dans une subordination non interrompue sous l'unité supérieure de l'élaboration vitale organique qui chez l'homme est la base de la partie spirituelle; mais, une fois que ce concours a cessé, la domination est rendue, dans les différentes parties du corps, à ces autres principes inférieurs dont l'œuvre en se poursuivant produit la corruption. Du moment que l'empire leur aura été donné, ils seront peu disposés à le restituer à l'âme, leur ancienne maîtresse; ou plutôt cela est impossible, parce que, indépendamment de toute question sur l'immortalité de l'esprit

---

tion suivante : *Resurrexit Christus clauso sepulcro, sive nondum ab ostio sepulcri* revoluto per angelum lapide. Quenstedt, *Theol. didact. polem.*, 6, p. 642.

humain, l'âme en tant qu'âme (1) cesse aussitôt avec la domination et l'activité qui composent son existence; par conséquent, dans une revivification, même quand on invoquerait un miracle, il s'agirait directement de créer une âme nouvelle.

Seul, le dualisme qui est devenu populaire au sujet du rapport entre l'âme et le corps favorise l'opinion de la possibilité d'une revivification proprement dite. On s'y figure l'âme comme l'oiseau, qui, bien qu'échappé pour un temps à la cage, n'en peut pas moins être repris et ramené dans sa prison ; et c'est à de pareilles images que l'homme, qui pense avec son imagination, rattache l'idée qu'il se fait de la revivification. Mais, au point de vue même de ce dualisme, l'impossibilité logique d'une telle opération se dissimule plus qu'elle ne s'amoindrit véritablement. Car enfin, même avec la séparation la plus abstraite, on ne peut pas se représenter la coexistence du corps et de l'âme comme étant aussi indifférente et aussi inanimée que s'il s'agissait d'une boîte et de son contenu; mais la présence de l'âme produit, dans le corps, des effets qui à leur tour sont les conditions de la possibilité de cette présence. De la sorte, dès que l'âme a quitté le corps, les activités qui, d'après l'idée dualistique, sont les expressions les plus immédiates de l'influence de l'âme, y seront suspendues; en même temps, les organes de ces activités, le cerveau, le sang, etc., commenceront à interrompre leur jeu et à devenir impropres à tout mouvement; notez que l'instant même de la mort réelle sera le signal de ce changement. Si donc l'âme qui vient de s'échapper pouvait concevoir le désir ou recevoir d'un autre l'ordre de rentrer dans le corps son ancienne résidence, elle le trouverait, même après les premiers moments, inhabitable dans ses parties les plus nobles, et incapable de la servir.

(1) Dans le langage métaphysique, les Allemands appellent *âme* (*Seele*) l'esprit (*Geist*) incorporé. (*Note du traducteur.*)

Restaurer comme un membre malade les organes les plus immédiats de son activité qui ont été frappés d'inutilité par la mort, lui serait absolument impossible, attendu que, pour faire quoi que ce soit dans le corps, elle a justement besoin du service de ces organes; elle devrait donc, quand même un charme la retiendrait dans le corps, le laisser se corrompre, parce qu'elle serait hors d'état d'y exercer aucune influence; ou bien il faudrait que, ramenée par un premier miracle dans le corps, elle reçût, restaurés par un second miracle, ses organes corporels qui étaient morts; mais ce serait là une intervention immédiate de Dieu dans le cours régulier de la vie de la nature, intervention incompatible avec des idées éclairées sur le rapport de Dieu au monde.

Aussi les modernes ont-ils posé très précisément le dilemme suivant : ou Jésus n'est pas véritablement mort, ou il n'est pas véritablement ressuscité.

Le rationalisme s'est tourné de préférence du côté de la première alternative. Le peu de temps que Jésus resta suspendu à la croix, joint à la lenteur d'ailleurs connue de la mort par crucifiement; l'incertitude sur la nature et sur l'effet du coup de lance, qui peut-être n'est pas même historique, tout cela parut rendre douteuse la réalité de la mort. Si les exécuteurs du supplice ne conçurent aucun doute à cet égard, pas plus que les disciples eux-mêmes, cela s'expliquerait, non seulement par la difficulté générale de distinguer d'une mort réelle les évanouissements profonds et les engourdissements semblables à la syncope, mais encore par le peu de progrès qu'avaient fait alors les sciences médicales. D'autre part, on a du moins un exemple de la guérison d'un homme détaché de la croix, exemple qui paraît à ces auteurs rendre concevable qu'en Jésus aussi il s'était opéré un retour à la vie. Cet exemple se trouve dans Josèphe, qui rapporte que, trois personnes de sa connaissance crucifiées, et dont la délivrance fut accordée par Titus à ses prières, ayant été détachées de la croix, deux moururent, mais une réchappa (1). Josèphe ne dit pas combien de temps ces hommes restèrent suspendus. Cependant, d'après la manière dont il raconte la chose, on voit qu'il les aperçut en revenant de son expédition de Thécoa : ils furent donc sans doute crucifiés durant cette expédition même; et, comme en raison de la petite distance qui se trouvait entre ce lieu et Jérusalem, elle put être terminée en une journée, il en résulte qu'ils n'étaient pas restés suspendus tout à fait un jour entier, et peut-être moins encore. Ainsi, de trois crucifiés qui n'avaient guère été plus longtemps attachés que Jésus suspendu d'après Marc à la croix depuis neuf heures du matin jusqu'à près de six heures du soir, et qui, ce semble, en furent détachés donnant encore des signes de vie, un seul réchappa, malgré les soins médicaux les plus empressés. Il est donc bien difficile de voir comment cela rend vraisemblable que Jésus, qui fut détaché présentant déjà tous les signes de la mort, revint à la vie, complétement de lui-même, sans aucun secours médical (2).

Cependant certains auteurs soutiennent que ces deux conditions, un reste de sentiment et un traitement médical soigneux, n'ont pas manqué, même à Jésus, bien que les

---

(1) Joseph, *Vita*, 75 : Envoyé par Titus César avec Céréalis et mille cavaliers dans un certain bourg appelé Thécoa, pour examiner si de lieu était propre à recevoir une fortification, je vis, en revenant, plusieurs prisonniers crucifiés ; et, en ayant reconnu trois avec qui j'avais été lié, j'en fus affligé, et j'en informai Titus en versant des larmes. Celui-ci ordonna aussitôt de les détacher et d'en prendre tous les soins possibles. Deux succombèrent malgré le traitement, mais le troisième survécut. Πεμφθεὶς δὲ ὑπὸ Τίτου Καίσαρος σὺν Κερεαλίῳ καὶ χιλίοις ἱππεῦσιν εἰς κώμην τινὰ Θεκῶαν λεγομένην, πρὸς κατανόησιν, εἰ τόπος ἐπιτήδειός ἐστι χάρακα δέξασθαι, ὡς ἐκεῖθεν ὑποστρέφων εἶδον πολλοὺς αἰχμαλώτους ἀνεσταυρωμένους, καὶ τρεῖς γνωρίσας συνήθεις μοι γενομένους, ἤλγησα τὴν ψυχὴν καὶ μετὰ δακρύων προσελθὼν Τίτῳ εἶπον. Ὁ δ' εὐθὺς ἐκέλευσε καθαιρεθέντας αὐτοὺς θεραπείας ἐπιμελεστάτης τυχεῖν· καὶ οἱ μὲν δύο τελευτῶσιν θεραπευόμενοι, ὁ δὲ τρίτος ἔζησεν. Paulus argumente de ce passage, *Exeg. Handb.*, 3, b, S. 786, et dans l'Appendice, S. 929 ff.

(2) Bretschneider, *Ueber den angeblichen Scheintod Jesu am Kreuze*, dans: *Ullman's und Umbreit's Studien*, 1832, 3, S. 625 ff.; Hug, *Beiträge zur Geschichte des Verfahrens bei der Todesstrafe der Kreuzigung*, Freiburger Zeitschrift, 7, S. 144 ff.

évangélistes n'en parlent pas. Selon eux, Jésus, ne voyant aucun autre moyen de purifier l'idée qui dominait touchant le Messie, du mélange d'une politique terrestre, s'exposa au crucifiement, comptant qu'en inclinant de bonne heure la tête, il serait bientôt détaché de la croix, et qu'ensuite il serait guéri par des hommes instruits en médecine parmi ses associés secrets, afin d'enthousiasmer en même temps le peuple par l'apparence d'une résurrection (1). D'autres du moins n'ont pas imputé cette préméditation à Jésus, et ils ont supposé qu'il tomba en un sommeil semblable à la mort, attribuant à ses adhérents le plan, conçu à l'avance, de rappeler à la vie Jésus, jeté dans une mort apparente par un breuvage et détaché de bonne heure de la croix (2); mais les documents n'indiquent rien de tout cela, et nous n'avons aucune raison de faire ces conjectures. Des amis judicieux de l'explication naturelle, à qui répugnent ces productions monstrueuses d'un système qui remanie l'histoire sans frein ni règle, se sont contentés, pour expliquer le retour de Jésus à la vie, d'admettre, au lieu d'un reste de sentiment, la force vitale, qui même, après l'extinction du sentiment, persista dans l'intérieur de son corps plein de la vigueur de la jeunesse; au lieu de soins donnés par des mains humaines, ils ont appelé l'attention sur l'influence bienfaisante que les substances en partie huileuses appliquées sur lui durent exercer sur la guérison de ses blessures, et ils ont remarqué que l'air, chargé des émanations des aromates dans la cavité du tombeau, dut être propre à réveiller le sentiment et la conscience en Jésus (3); à quoi l'on n'hésitait pas à ajouter, comme cause du retour à la vie, l'ébranlement et le coup de tonnerre qui ouvrirent le tom-

(1) Bahrdt, *Ausführung des Plans und Zwecks Jesu.* Comparez Paulus, *Exeg. Handb.*, 3, b, 793 f.
(2) Xenodoxien, dans le mémoire: *Joseph und Nikodemus.* Comparez Klaiber's *Studien der Würtemberg. Geistlichkeit*, 2, 2, S. 84 ff.
(3) Paulus, *Exeget. Handb.*, 3, b, S. 785 ff. L. J., 1, b, S. 281 ff.

beau de Jésus le matin du jour de la résurrection (1).
D'autres ont répondu que l'air froid d'un sépulcre était ce qu'il y avait de moins capable de tirer d'un évanouissement, et que des aromates forts devaient, au contraire, dans un espace fermé, avoir une action stupéfiante et asphyxiante (2). La même action serait exercée par la foudre pénétrant dans le tombeau, si le coup de tonnerre n'était pas une pure invention des commentateurs rationalistes.

Cependant, malgré toutes ces invraisemblances de l'opinion qui veut que Jésus soit revenu d'une mort apparente à la vie par des causes naturelles, elle n'en reste pas moins dans les limites du possible; et, si le retour de Jésus à la vie était certain, nous pourrions, à l'aide de la certitude du résultat, remplir les lacunes du récit, et accéder à l'opinion dont il s'agit, toutefois en écartant toute conjecture quelque peu déterminée. Or, le retour de Jésus à la vie serait certain, s'il nous était attesté d'une manière précise et concordante par des témoins impartiaux; mais c'est justement l'impartialité des prétendus témoins de la résurrection de Jésus qui a été contestée par les adversaires du christianisme, depuis Celse jusqu'à l'auteur des *Fragments de Wolfenbüttel*. Jésus, disent-ils, ne s'est montré qu'à ses partisans; pourquoi pas à ses ennemis aussi, afin de les convaincre, et, par leur témoignage, d'ôter à la postérité toute suspicion d'un mensonge prémédité de la part de ses disciples (3)? Sans doute je fais peu de cas des répliques des apologistes à cette objection, à commencer par la réponse

---

(1) Schuster, dans : *Eichhorn's allg. Bibl.*, 9, S. 1053.
(2) Winer, *Bibl. Realw.*, 1, S. 674.
(3) Orig., *o. Cels.*, 2, 68 : Ensuite, Celse, attaquant d'une manière non méprisable ce qui est écrit, dit que Jésus, s'il voulait manifester une puissance réellement divine, devait se montrer à ses ennemis mêmes, au juge qui l'avait condamné, et à tout le monde. — 67: Car ce n'est pas pour se cacher qu'il fut d'abord envoyé. Μετὰ ταῦτα ὁ Κέλσος οὐκ εὐκαταφρονήτως τὰ γεγραμμένα κακολογῶν, φησίν, ὅτι ἐχρῆν, εἴπερ ὄντως θείαν δύναμιν ἐκφῆναι ἤθελεν ὁ Ἰησοῦς, αὐτοῖς τοῖς ἐπηρεάσασι καὶ τῷ καταδικάσαντι καὶ ὅλως πᾶσιν ὀφθῆναι. — 67: Οὐ γὰρ... ἐπὶ τοῦτ' ἐπέμφθη τὴν ἀρχὴν, ἵνα λάθῃ. Comparez l'auteur des *Fragments* dans Lessing, S. 450, 60, 92 ff.; Woolston, *Disc.* 6; Spinoza, *ep.* 23 *ad Oldenburg.*, p. 558 seq., ed. Gfrœrer.

d'Origène, qui dit : *Le Christ évita le juge qui l'avait condamné, et ses ennemis, afin de ne pas les frapper de cécité* (1), jusqu'aux opinions des modernes qui se réfutent eux-mêmes par leurs incertitudes, soutenant tantôt qu'une pareille apparition aurait forcé les ennemis de Jésus à croire, tantôt qu'ils n'auraient pas cru même après une pareille apparition (2). Cependant, à cette objection on peut opposer que les partisans de Jésus s'élèvent ici au rang de témoins impartiaux par le découragement profond dans lequel ils tombèrent, et qui, attesté avec concordance par les évangélistes, était tout à fait conforme à la nature des choses. S'ils avaient attendu une résurrection de Jésus, et si dès lors nous devions y croire sur leurs témoignages, il serait possible et peut-être vraisemblable qu'il y eût eu de leur part, sinon une tromperie préméditée, du moins une illusion à laquelle ils auraient involontairement cédé; mais cette possibilité disparaît d'autant plus que les disciples de Jésus avaient, après sa mort, perdu davantage l'espérance. Quand bien même, parmi les évangiles, aucun ne proviendrait immédiatement d'un apôtre de Jésus, cependant il est certain, par les Épîtres de Paul et les Actes des Apôtres, que les apôtres eux-mêmes ont eu la conviction d'avoir vu Jésus ressuscité. Nous pourrions donc nous en tenir aux témoignages du Nouveau Testament en faveur de la résurrection, si du moins ces témoignages étaient soit assez précis, soit concordants l'un avec l'autre, et chacun d'eux avec lui-même. Le témoignage de Paul, d'ailleurs le plus important, est, il est vrai, d'accord avec lui-même; mais il est tellement général et vague, qu'il ne va qu'à nous apprendre un fait subjectif, à savoir que les apôtres étaient convaincus de la résurrection de Jésus. Au contraire, les

---

(1) L. c. 67 : Ἐφείδετο γὰρ καὶ τοῦ καταδικάσαντος καὶ τῶν ἐπηρεασάντων ὁ Χριστὸς, ἵνα μὴ καταχθῶσιν ἀορασίᾳ.

(2) Comparez Mosheim, dans sa traduction de l'écrit d'Origène contre Celse, au passage cité; Michaelis, *Anm. zum fünften Fragment*, S. 407.

récits plus précis des évangiles, où la résurrection de Jésus semble un fait extérieur et objectif, ne peuvent, en raison des contradictions signalées, servir de témoignages ; surtout les renseignements qu'ils nous fournissent sur la vie de Jésus après sa résurrection ne sont pas cohérents et capables de nous faire comprendre la chose historiquement avec clarté ; mais ce sont des renseignements décousus (1) qui nous donnent plutôt l'idée d'une série de visions que d'une histoire suivie.

Si l'on compare avec ce récit sur la résurrection de Jésus le récit sur sa mort, précis et concordant en lui-même, on sera obligé d'incliner vers la seconde alternative du dilemme posé plus haut, et l'on contestera plutôt la réalité de la résurrection que celle de la mort. Celse est déjà entré dans cette voie, en attribuant les prétendues apparitions de Jésus après la résurrection, soit à des illusions spontanées de ses adhérents, particulièrement des femmes, en rêve ou dans la veille, soit, ce qui était encore plus vraisemblable pour lui, à une tromperie préméditée (2) ; et des modernes, entre autres l'auteur des *Fragments de Wolfenbüttel*, se sont attachés à l'imputation juive rapportée par Matthieu, à savoir que les disciples avaient dérobé le corps de Jésus, et avaient ensuite inventé d'une manière mal concordante

---

(1) Hase, L. J., § 149; *Diss.* : Librorum sacrorum de J. Chr. a mortuis revocato atque in cœlum sublato narrationem collatis vulgaribus illa ætate Judæorum de morte opinionibus interpretari conatus est C. A. Frege, p. 12 seq.; Weisse, *Die evang. Geschichte*, 2, S. 362 ff.

(2) Dans Orig., *c. Cels.*, 2, 55 : Qui a vu cela (les mains percées de Jésus, et particulièrement ses apparitions après la résurrection)? Une femme à demi folle, comme vous dites vous-mêmes, et tel autre attaché à la même superstition, ayant rêvé par l'effet d'une disposition quelconque, ou bien ayant l'imagination excitée par une opinion erronée conforme à sa propre volonté, ce qui est arrivé à des milliers d'hommes, ou bien, ce qui est plus vraisemblable, voulant frapper l'imagination des autres par ce prodige, et frayer à l'aide de ce mensonge la voie à d'autres imposteurs. Τίς τοῦτο εἶδε; γυνὴ πάροιστρος ὥς φατὶ, καὶ εἴ τις ἄλλος τῶν ἐκ τῆς αὐτῆς γοητείας, ἤτοι κατά τινα διάθεσιν ὀνειρώξας, ἢ κατὰ τὴν αὐτοῦ βούλησιν δόξῃ πεπλανημένῃ φαντασιωθείς, ὅπερ δὴ μυρίοις συμβέβηκεν· ἢ, ὅπερ μᾶλλον, ἐκπλῆξαι τοὺς λοιποὺς τῇ τερατείᾳ ταύτῃ θελήσας, καὶ διὰ τοῦ τοιούτου ψεύσματος ἀφορμὴν ἄλλοις ἀγύρταις παρασχεῖν.

les récits de sa résurrection et les apparitions qui la suivirent (1). Pour réduire à néant ce soupçon, il suffit de la remarque d'Origène, qu'un mensonge inventé par les apôtres eux-mêmes n'aurait pu leur inspirer le courage d'annoncer avec tant de constance, au milieu des plus grands dangers, la résurrection de Jésus (2); et c'est avec raison qu'encore aujourd'hui les apologistes insistent sur ce point, que l'immense révolution qui se passa dans l'esprit des apôtres, depuis le plus profond découragement et la perte de tout espoir lors de la mort de Jésus, jusqu'à la foi et à l'enthousiasme avec lesquels ils l'annoncèrent comme Messie à la Pentecôte suivante, ne s'expliquerait pas, si dans l'intervalle il n'était pas survenu quelque événement plein d'une consolation extraordinaire, et en particulier un événement qui les convainquit de la résurrection de Jésus crucifié (3). Mais cette conviction a-t-elle été due à une véritable apparition de Jésus ressuscité, et faut-il y voir un phénomène extérieur? Ce qui vient d'être dit n'en donne nullement la preuve. On pourrait, si l'on voulait rester sur le terrain du surnaturalisme, admettre peut-être avec Spinoza une vision produite miraculeusement dans l'intérieur des disciples, vision qui aurait eu pour but de leur faire comprendre, selon la portée de leur intelligence et les idées de leur temps, que par sa vie vertueuse Jésus était ressuscité de la mort spirituelle, et qu'il accordait une semblable résurrection à ceux qui suivaient son exemple (4). Weisse a un pied sur le même

---

(1) Le 5ᵉ Fragment, dans: Lessing's 4ᵗᵉʳ Beitrag; Woolston, Disc., 8.

(2) L. c., 56.

(3) Ullmann, Que suppose la fondation de l'Église chrétienne par un crucifié? Dans ses Studien, 1832, 3, S. 589 f.; (Rœhr) Briefe, Ueber den Rationalismus, S. 28, 236; Paulus, Exeg. Handb., 3, b, S. 826 f.; Hase, § 146.

(4) Spinoza, l. c.: Apostolos omnes omnino credidisse, quod Christus a morte resurrexerit, et ad cœlum revera ascenderit... ego non nego. Nam ipse etiam Abrahamus credidit, quod Deus apud ipsum pransus fuerit... cum tamen hæc et plura alia hujus modi apparitiones seu revelationes fuerint, captui et opinionibus eorum hominum accommodatæ, quibus Deus mentem suam iisdem revelare voluit. Concludo itaque Christi a mortuis resurrectionem revera spiritualem, et solis fidelibus ad eorum captum revelatam fuisse, nempe quod Christus æternitate donatus fuit, et a mortuis

terrain, quand il admet que l'esprit défunt de Jésus avait réellement mis en mouvement les apôtres demeurés sur terre; et il rappelle les apparitions d'esprits dont l'impossibilité logique n'a pas encore été démontrée (1). Pour sortir du cercle magique du surnaturel, d'autres ont cherché des occasions extérieures naturelles capables de faire naître l'opinion que Jésus était ressuscité et avait été vu en cette qualité. Ce qui donna le premier branle, dit-on par forme de conjecture, c'est que le lendemain matin, après l'ensevelissement, on trouva vide son tombeau, dont le linceul fut pris d'abord pour des anges, puis pour une apparition du ressuscité lui-même (2); mais, si le corps de Jésus n'est pas sorti de la tombe animé d'une nouvelle vie, comment donc en sera-t-il sorti? Il faudrait alors songer de nouveau à un vol, à moins que, profitant du dire de Jean, d'après lequel Jésus, à cause de la précipitation, fut déposé dans un tombeau étranger, on ne voulût supposer que peut-être le propriétaire de la fosse avait fait enlever le corps; mais les disciples auraient dû en être informés par la suite; et, dans tous les cas, le dire isolé du quatrième évangile est un appui trop faible pour qu'on insiste sur cette conjecture.

C'est avec beaucoup plus de fruit qu'on se réfère au passage de l'apôtre Paul, 1. Cor. 15, 5 seq., pour y chercher la solution de ces difficultés et le moyen de s'entendre sur les apparitions de Jésus après la résurrection (3). Paul met la christophanie qu'il eut en partage sur le même rang que les apparitions de Jésus aux jours de sa résurrection; cela

(mortuos hic intelligo eo sensu, quo Christus dixit: Sinite mortuos sepelire mortuos suos) surrexit, simul atque vita et morte singularis sanctitatis exemplum dedit, et eatenus discipulos suos a mortuis suscitat, quatenus ipsi hoc vitæ ejus et mortis exemplum sequuntur.

(1) *Die evang. Geschichte*, 2, S. 426 ff.
(2) *Essai sur la résurrection de Jésus*, dans *Schmidt's Bibliothek*, 2. 4, S. 545 ff.
(3) Voyez le mémoire cité dans *Schmidt's Bibl.*, S. 537; Kaiser, *Bibl. Theol.*, 1, S. 258 f.; Frege, l. c., p. 13.

autorise, si d'ailleurs il n'y a pas d'autre obstacle, à conclure qu'à la connaissance de l'apôtre, ces apparitions antérieures étaient de la même nature que celle qu'il avait eue. Or, pour cette dernière, telle qu'elle nous est racontée dans les Actes des Apôtres (9. 1 seq.; 22, 3 seq.; 26, 12 seq.), il n'est plus possible, après les analyses d'Eichhorn (1) et d'Ammon (2), de la considérer comme une apparition externe, objective, du véritable Christ; Neander lui-même (3) se borne à soutenir avec assurance une action intérieure du Christ sur le moral de Paul, mais ce n'est que précairement qu'il y joint l'admission d'une apparition extérieure; et même l'action intérieure qu'il suppose, il la rend lui-même superflue en rappelant les motifs qui purent, par voie naturelle, produire une semblable révolution dans les sentiments de l'apôtre : à savoir les impressions favorables que le christianisme, la doctrine des chrétiens, leur vie, leur conduite, et surtout le martyre d'Étienne, purent exciter en lui; tout cela mit son moral dans une anxiété et dans une lutte intérieure que sans doute il dompta pendant quelque temps avec violence et peut-être par un redoublement de zèle contre la nouvelle secte; mais enfin, cette tension extraordinaire dut se décharger par une crise spirituelle décisive, et il n'y a pas lieu de nous étonner que, chez un homme de l'Orient elle ait pris la forme d'une christophanie. Nous avons donc dans l'apôtre Paul un exemple qui montre que de fortes impressions produites par la jeune communauté chrétienne purent exalter jusqu'à une christophanie et à une révolution dans les sentiments, une âme ardente qui s'en était longtemps défendue; et, de la même façon, sans doute, c'est l'impression puissante produite par la grande

---

(1) Dans son *Allg. Bibliothek*, 6, 1. S. 1 ff.

(2) *Comm. exeg. de repentina Sauli... conversione*, dans ses : *Opusc. theolog.: Fortbildung des Christenth.*, 2, 1, Kap.

(3) Comparez aussi mes *Écrits polémiques*, 2tes Heft, S 52 ff.

(3) *Geschichte der Pflanzung und Leitung der christl. Kirche durch die Apostel*, 1. S. 75 ff.

personnalité de Jésus, qui a exalté jusqu'à de semblables visions ses disciples immédiats combattant avec les doutes qu'ils avaient sur sa messianité. Celui qui pense devoir et pouvoir recourir encore, pour l'explication de la christophanie de Paul, à un phénomène naturel extérieur, tel que l'éclair et le tonnerre, peut, s'il veut, essayer aussi de se faciliter, par la supposition de semblables phénomènes, l'explication des apparitions que les disciples immédiats de Jésus crurent avoir de lui après sa mort (1). Remarquons seulement une chose : l'explication donnée par Eichhorn de ce qui arriva à l'apôtre Paul a échoué en ceci, que l'auteur a conservé le caractère historique à toutes les particularités du récit du Nouveau Testament, telles que la cécité de Paul, sa guérison, la vision d'Ananias, etc., et qu'il n'a pu, comme on s'en doute, les transformer que d'une manière très forcée en choses naturelles ; de même on se rendrait impossible l'explication psychologique des apparitions de Jésus ressuscité, si l'on voulait reconnaître comme historiques tous les récits qu'en donnent les évangiles, par exemple les épreuves que Thomas fit par le palper, et celles auxquelles le ressuscité se soumit lui-même en prenant de la nourriture ; d'ailleurs ces récits, en raison des contradictions qui y ont été signalées, n'ont pas le moindre droit au caractère historique. Les deux premiers évangiles et l'apôtre Paul, qui est la principale autorité dans cette affaire, ne nous racontent rien de semblables épreuves ; et, si les christophanies, telles qu'elles flottèrent réellement devant les yeux des femmes et des apôtres, ont porté le cachet visionnaire de celle que Paul eut sur le chemin de Damas, il est tout naturel qu'une fois qu'elles eurent été admises dans la tradition, la tendance apologétique à couper court à tous les doutes sur leur réalité, leur ait donné un corps de plus en plus

---

(1) Voyez le mémoire dans *Schmidt's Bibliothek*, et Kaiser, l. c.

consistant, et les ait transformées d'apparitions muettes en apparitions parlantes, d'ombres fugitives en êtres qui mangent, de substances visibles en substances palpables.

Cependant ici surgit une différence qui paraît ruiner tout d'un coup l'application de la vision de Paul à l'explication de ces apparitions antécédentes. En effet, dit-on, l'idée que Jésus était ressuscité et avait apparu à plusieurs personnes était donnée à l'apôtre Paul comme croyance de la secte qu'il persécutait; il n'avait qu'à la recevoir dans sa conviction, et qu'à la vérifier par son imagination au point de la transformer en une expérience personnelle. Au contraire, les apôtres plus anciens que lui n'avaient sous les yeux, comme fait, que la mort de leur Messie; ils ne pouvaient prendre nulle part l'idée de sa résurrection; il fallait, si notre manière de voir est vraie, qu'ils la produisissent, condition qui paraît incomparablement plus difficile à remplir que la condition de la recevoir de seconde main, comme plus tard l'apôtre Paul. Pour prononcer là-dessus avec justesse, nous devons nous figurer avec plus d'exactitude la situation et la disposition morale des disciples de Jésus après sa mort. Dans les années que dura son association avec eux, il avait fait sur eux, d'une manière de plus en plus décisive, l'impression d'être le Messie; mais sa mort, qu'ils ne pouvaient accorder avec leurs idées messianiques, anéantit momentanément cette impression. Le premier effroi étant passé, lorsque l'impression antérieure commença à se réveiller, ils éprouvèrent spontanément le besoin psychologique de lever la contradiction que la fin de Jésus formait avec leur première opinion sur lui, et de recevoir dans leur conception du Messie le caractère de la passion et de la mort. Or, pour les Juifs de ce temps, comprendre signifiait seulement faire dériver quelque chose des saintes Écritures; les disciples de Jésus y furent donc conduits, afin de voir s'ils n'y rencontreraient pas des indications d'un Messie souffrant et mourant. Quelque étrangère que l'idée d'un pareil Messie soit à l'Ancien Testament, les disciples de Jésus n'en trouvèrent pas moins les indications qu'ils souhaitaient, dans tous les passages poétiques et prophétiques qui, tels que Is. 53, Ps. 22, représentaient les hommes de Dieu comme persécutés et courbés sous le malheur jusqu'à mourir. Aussi, ce que Luc signale comme l'occupation principale de Jésus ressuscité dans ses entrevues avec ses disciples, c'est que, *commençant par Moïse et poursuivant par tous les prophètes, il leur expliqua ce qui le regardait dans toutes les Écritures,* ἀρξάμενος ἀπὸ Μωσέως καὶ ἀπὸ πάντων τῶν προφητῶν διηρμήνευεν αὐτοῖς ἐν πάσαις ταῖς γραφαῖς τὰ περὶ αὐτοῦ; c'est surtout qu'il leur montra qu'*il fallait que le Christ souffrît tout cela,* ταῦτα ἔδει παθεῖν τὸν Χριστὸν (24, 26 seq. 44 seq.). Du moment qu'ils avaient reçu de cette façon dans leur conception du Messie l'opprobre, la souffrance et la mort, Jésus, ignominieusement supplicié, loin d'être perdu pour eux, leur était conservé; par sa mort il n'avait fait qu'entrer dans sa *gloire* messianique, δόξα (Luc, 24, 26), où invisiblement il était avec eux *toujours, jusqu'à la fin du monde,* πάσας τὰς ἡμέρας ἕως τῆς συντελείας τοῦ αἰῶνος (Matth. 28, 20). Mais, du sein de cette splendeur où il vivait, pouvait-il négliger de donner aux siens connaissance de lui-même? Et si leurs yeux, jusque-là fermés, s'ouvrirent à la doctrine d'un Messie mourant contenue dans l'Écriture, et si leur cœur était embrasé, καρδία καιομένη (Luc, 24, 32), d'un enthousiasme extraordinaire, purent-ils s'empêcher de considérer ce changement comme une influence sur eux de leur Christ glorifié, comme une *ouverture de leur esprit,* διανοίγειν τὸν νοῦν (v. 45), qui avait sa cause en lui, et même comme un discours qu'il leur avait adressé (1)? Enfin, combien n'est-il pas croyable que, chez des individus, et particulièrement chez des femmes, ces

---

(1) Comparez Weisse, l. c., S. 398 ff.

sentiments s'exaltèrent jusqu'à une véritable vision purement intérieure et subjective, tandis que, pour d'autres et même pour des assemblées entières, un objet extérieur, quelque chose de sensible à la vue ou à l'ouïe, parfois peut-être l'aspect d'une personne inconnue fit l'impression d'une manifestation ou apparition de Jésus? Ce degré de l'enthousiasme de la piété n'est pas rare, d'ailleurs, chez les sociétés religieuses, particulièrement chez celles qui sont opprimées et poursuivies. Dès lors, s'il était vrai que le Messie crucifié fût arrivé à la plus haute forme de la vie heureuse, il ne pouvait pas avoir laissé son corps dans le tombeau. Et justement, dans les passages de l'Ancien Testament susceptibles d'un rapport préfiguré à la passion du Messie, se trouvait exprimée l'espérance que : *Tu ne me laisseras pas dans le sépulcre, et tu ne souffriras point que ton saint éprouve la corruption*, ὅτι οὐκ ἐγκαταλείψεις τὴν ψυχήν μου εἰς ᾅδου, οὐδὲ δώσεις τὸν ὅσιόν σου ἰδεῖν διαφθοράν (Ps. 16, 10; Act. Ap. 2, 27); au saint mené au supplice, mis à mort et enterré, Isaïe (53, 10) avait annoncé une vie qui durerait encore longtemps après. Là était la suggestion la plus facile pour les apôtres : leur ancienne idée du Messie, qui était celle des Juifs, était *qu'il devrait vivre éternellement*, ὅτι ὁ Χριστὸς μένει εἰς τὸν αἰῶνα (Joh. 12, 34); pour eux elle avait péri dans la mort de Jésus; quoi de plus naturel que de la rétablir par l'intermédiaire de la pensée d'une véritable résurrection, et même de le faire revenir à la vie sous la forme de la *résurrection,* ἀνάστασις, attendu que la résurrection corporelle des morts était dans les attributs du Messie?

Cependant, si le corps de Jésus avait été déposé dans un endroit connu, et s'il était possible (car nous ne devons faire l'hypothèse ni d'un vol ni d'un enlèvement fortuit) de l'y chercher et de l'y montrer, on comprend difficilement comment les disciples, à Jérusalem même, et moins de deux jours après l'enterrement, purent croire et déclarer que Jésus était ressuscité, sans se réfuter eux-mêmes par le témoignage de leurs yeux en visitant le tombeau, et sans être réfutés par leurs adversaires (auxquels à la vérité ils ne paraissent pas avoir fait avant la pentecôte quelques ouvertures sur la résurrection de leur Messie) (1). C'est ici que la narration du premier évangile, écartée à tort, intervient d'une manière satisfaisante et propre à lever la difficulté. A la vérité, cet évangile rapporte aussi que Jésus ressuscité apparut à Jérusalem, mais il ne met cette apparition que devant les femmes; il ne lui attribue pas d'autre but que de préparer une entrevue subséquente, préparation au reste tout à fait superflue, de telle façon que la réalité de cette apparition a été, ainsi que nous l'avons vu plus haut, révoquée en doute et abandonnée comme une transformation postérieure de la légende sur l'apparition angélique, légende que Matthieu reçut à côté de l'autre (2). Il n'y a, dans Matthieu, qu'une apparition importante de Jésus après la résurrection, elle arriva en Galilée, où un ange et Jésus lui-même, le dernier soir de sa vie et le matin de la résurrection, enjoignent de la manière la plus expresse aux apôtres de se rendre, et où le quatrième évangile place subsidiairement aussi une *manifestation*, φανέρωσις. Il était naturel que les disciples, dispersés par la terreur qu'avait inspirée l'exécution de leur Messie, se réfugiassent dans leur patrie, la Galilée, où ils n'avaient pas besoin, comme dans la capitale de la Judée, siége des ennemis de leur Christ crucifié, de fermer les portes *par la crainte des Juifs*, διὰ τὸν φόβον τῶν Ἰουδαίων; ce fut le lieu où peu à peu ils recommencèrent à respirer librement, et où leur foi en Jésus, éteinte par la catastrophe, put se ranimer de nouveau; c'était aussi le lieu où l'idée de la résurrection de Jésus eut le loisir de se former successivement sans qu'on y pût exhumer du tombeau

---

(1) Comparez Friedrich, dans *Eichhorn's Bibliothek*, 7, S. 223.

(2) Comparez aussi *Schmidt's Bibl.*, 2, S. 548.

un cadavre qui réfutât ces suppositions hardies; et, quand cette conviction eut donné à ses partisans assez de courage et d'enthousiasme pour qu'ils se hasardassent à publier dans la capitale sa résurrection, il n'était plus possible de se convaincre soi-même du contraire par le corps de Jésus, ou d'en être convaincu par d'autres.

A la vérité, d'après les Actes des Apôtres, c'est à la pentecôte suivante, c'est-à-dire sept semaines après la mort de Jésus, que les apôtres viennent annoncer sa résurrection à Jérusalem; et, d'après la même autorité, ils en avaient été convaincus dès le surlendemain de son ensevelissement par les apparitions qui leur furent données. Mais, quand on voit les Actes des Apôtres fixer le début de l'annonciation de la nouvelle doctrine, justement au temps de la fête de l'annonciation de l'ancienne loi, peut-on hésiter à reconnaître que cette fixation repose uniquement sur des motifs dogmatiques, qu'ainsi elle est sans aucune valeur historique, et qu'elle ne nous oblige nullement à resserrer autant la durée de la préparation silencieuse qui s'opéra en Galilée? Quant au second point, sans doute le moral des disciples eut besoin d'un certain temps pour s'élever à une hauteur qui permît que tel ou tel, par les seules forces de ses croyances, se figurât apercevoir dans des visions le Christ ressuscité, et que des assemblées entières, saisies d'enthousiasme, crussent l'entendre dans tous les sons extraordinaires, le voir dans toutes les apparences frappantes qui s'offraient. Mais on n'en dut pas moins penser que celui qu'*il n'était pas possible que la mort eût retenu en son pouvoir*, καθότι οὐκ ἦν δυνατὸν κρατεῖσθαι αὐτὸν ὑπὸ τοῦ θανάτου (Act. Ap. 2, 24), n'avait passé que peu de temps dans le tombeau. Il est possible que le nombre solennel de trois ait suggéré la fixation de cet intervalle de temps; mais, si l'on ne veut pas se contenter de cette explication, on peut considérer, en partant de la notion, historique ou non, de l'enterrement de Jésus la veille d'un sabbat, qu'il y eut en cela lieu de se figurer qu'il n'était resté dans le tombeau que durant le repos du sabbat, et qu'ainsi il était ressuscité *le lendemain du sabbat au matin*, πρωΐ πρώτῃ σαββάτων; et cela put être confondu avec le nombre rond de trois, à l'aide de la manière de compter que l'on connaît (1).

Du moment que de cette façon s'était formée l'idée d'une résurrection de Jésus, ce miracle ne pouvait plus s'être opéré aussi simplement; mais il fallait qu'il fût entouré de tout l'appareil de glorification qu'offraient les opinions juives. La principale décoration qui fût au service des imaginations de ce temps, étaient des anges; il fallut donc qu'ils ouvrissent le tombeau de Jésus, qu'ils fissent la garde auprès du sépulcre vide quand il en fut sorti, et qu'ils informassent de ce qui était arrivé les femmes, qui sans doute furent supposées aller les premières au tombeau, parce que ce furent des femmes qui eurent les premières visions. C'était la Galilée, où plus tard Jésus leur apparut; dès lors on attribua à l'injonction d'un ange le départ des apôtres pour cette province, départ qui n'était pas autre chose qu'un retour dans leur patrie, précipité par la crainte; il fallut même que Jésus, dès avant sa mort et encore une fois après sa résurrection, ainsi que le dit Matthieu par un excès d'attention, leur eût prescrit de s'y rendre. Plus ces narrations se propagèrent dans la tradition, plus la différence qui existait entre le lieu de la résurrection même et le lieu des apparitions de Jésus ressuscité, dut disparaître en raison de l'incommodité qui y était inhérente; et, comme le lieu de la mort et de la résurrection était un point fixe, on transporta peu à peu les apparitions dans le lieu où la résurrection

---

(1) Le séjour de trois jours que Jonas fit dans la baleine, et qui n'est mis que dans un seul évangile en rapport avec cette fixation du temps, a-t-il eu de l'influence pour la déterminer? Faut-il en attribuer aussi au passage d'Osée cité plus haut, § cxi, p 340, dans la note, passage qui, du reste, n'est utilisé nulle part dans le Nouveau Testament?

s'était opérée, c'est-à-dire à Jérusalem, qui y était particulièrement adaptée, attendu que c'était un plus brillant théâtre, et que cette capitale avait été le siége de la première communauté chrétienne (1).

(1) Comparez avec cette explication celle de Weisse, dans le 7ᵉ chapitre de son livre cité. L'explication qu'il donne concorde avec celle qu'on vient de lire, en ce qu'il considère la mort de Jésus comme réelle, et les récits qu'on fit de son tombeau trouvé vide comme des fictions subséquentes ; elle diffère en un point que j'ai déjà signalé, à savoir, qu'il regarde les apparitions de Jésus ressuscité, non comme des phénomènes purement subjectifs et psychologiques, mais comme des faits objectifs et magiques.

CINQUIÈME CHAPITRE.

ASCENSION.

§ CXXXIX.

Dernières prescriptions et dernières promesses de Jésus.

Dans la dernière entrevue avec ses disciples, laquelle, d'après Marc et Luc, se termina par l'ascension, Jésus donna, suivant les trois premiers évangélistes (le quatrième a quelque chose de semblable dès la première entrevue), ses dernières prescriptions et ses dernières promesses, qui se rapportèrent à la fondation et à la propagation du royaume messianique sur la terre.

Quant aux prescriptions, Jésus, chez Luc (24, 47 seq.; Act. Ap., 1, 8), désigne, en prenant congé d'eux, ses apôtres pour être témoins de sa messianité, et il les charge d'annoncer en son nom, depuis Jérusalem jusqu'aux extrémités de la terre, *le repentir et la rémission des péchés*, μετάνοιαν καὶ ἄφεσιν ἁμαρτιῶν. Chez Marc (16, 15 seq.), il leur enjoint d'aller dans toutes les parties du monde porter à toute créature la joyeuse nouvelle du royaume messianique fondé par lui, ajoutant que celui qui croira et se fera baptiser sera sauvé, mais que celui qui ne croira pas sera condamné (dans le jugement messianique à venir). Dans Matthieu (28, 19 seq.), les apôtres sont également chargés d'enseigner *toutes les nations*, πάντα τὰ ἔθνη; et ici le baptême n'est pas mentionné seulement en passant, comme chez Marc, mais l'évangéliste le met en lumière, en en faisant une prescription expresse de Jésus, et en outre il le caractérise en le désignant comme un baptême *au nom du*

Père, du Fils et du Saint-Esprit, εἰς τὸ ὄνομα τοῦ πατρὸς, καὶ τοῦ υἱοῦ, καὶ τοῦ ἁγίου πνεύματος.

Or, une pareille réunion des noms du Père, du Fils et du Saint-Esprit, ne se trouve ailleurs que dans les Épîtres apostoliques et comme formule de salut (2. Cor., 13, 13 : ἡ χάρις τοῦ Κυρίου Ἰ. Χ., κτλ.); le passage cité du premier évangile est l'unique passage de tout le Nouveau Testament où elle soit employée à désigner le baptême. Dans les Épîtres apostoliques et aussi dans les Actes des Apôtres, le baptême est exprimé seulement par les mots : *Baptiser en Jésus-Christ ou au nom du Seigneur Jésus*, βαπτίζειν εἰς Χριστὸν Ἰησοῦν, εἰς τὸ ὄνομα τοῦ Κυρίου Ἰησοῦ, et d'autre façon semblable (Rom., 6, 3; Gal., 3, 27; Act. Ap., 2, 38; 8, 16; 10, 48; 19, 5). Ce n'est que dans les écrivains ecclésiastiques, tels que Justin (1), que se trouve cette triple relation à Dieu, à Jésus et à l'Esprit. En outre, la formule de Matthieu ressemble tellement au rituel de l'Église, qu'il n'y a aucune invraisemblance à admettre qu'elle ait passé de ce rituel dans l'évangile pour y être attribuée à Jésus. Mais cela n'autorise pas à rejeter du texte ce passage comme une interpolation (2); car, si l'on voulait déclarer interpolé tout ce qui, dans les évangiles, ne peut ni être arrivé à Jésus, ni avoir été fait par lui, ni avoir été dit par lui, les interpolations deviendraient beaucoup trop nombreuses. C'est donc avec raison que, de ce côté, l'authenticité de la formule baptismale a été défendue par d'autres (3). Mais les arguments qu'ils font valoir ne suffisent pas pour établir qu'elle ait été proférée de cette façon par Jésus lui-même. Les deux opinions viennent donc se concilier en une troisième, qui est que cette formule précise du baptême appartient au texte original du premier évangile, sans avoir été

---

(1) *Apol.*, 1, 61.
(2) Comme Teller, dans *Excurs.*, 2, *ad Burneti* 1. *de fide et offic. Christ.*, p. 262.

(3) L'écrit de Beckhaus, *Ueber die Aechtheit der sog. Taufformel*, 1794, a trouvé un assentiment général.

cependant proférée par Jésus lui-même en ces termes (1). Jésus, à diverses reprises, avait, durant sa vie, prédit l'extension de son royaume au delà des limites du peuple juif; peut-être aussi avait-il fait connaître que sa volonté était qu'on introduisît le baptême; et, soit que les apôtres, comme le dit le quatrième évangile, eussent baptisé dès le vivant de Jésus, soit qu'ils n'eussent fait de cette cérémonie le signe de l'admission dans la nouvelle société messianique qu'après la mort de Jésus, en tout cas il était complétement dans l'esprit de la légende d'attribuer au Christ, comme dernière volonté et au moment du dernier adieu, l'ordre de baptiser ainsi que celui d'aller dans toutes les parties du monde.

Les promesses que Jésus fit aux siens en prenant congé d'eux se bornent, chez Matthieu, où elles sont exclusivement adressées aux onze, simplement à ceci : Que lui qui, Messie glorifié, a reçu tout pouvoir au ciel et sur la terre, sera toujours invisiblement auprès d'eux, même pendant le *siècle* présent, αἰών, jusqu'à la *consommation*, συντέλεια, de ce siècle, où il sera éternellement et visiblement auprès d'eux; cela est l'exacte expression des sentiments qui se formèrent dans la première communauté chrétienne quand l'équilibre fut rétabli après les oscillations causées par la mort de Jésus. — Dans Marc, les dernières promesses de Jésus paraissent dériver de l'opinion populaire qui avait cours au temps de la rédaction de cet évangile sur les dons merveilleux des chrétiens. Parmi les *signes*, σημείοις, qui sont promis aux fidèles, il est question de *parler des langues nouvelles*, λαλεῖν γλώσσαις καιναῖς. Cela a eu réellement lieu au sein de la première communauté, dans le sens de 1. Cor., 14, mais non dans le sens déjà mystique des Act. Ap., 2 (2). De même, l'*expulsion des démons*, δαιμό-

(1) Comparez De Wette, *Exeget. Handb*., 1, 1, S. 246.
(2) Comparez Baur, dans *Tübinger Zeitschrift für Theologie*, 1830, 2, S. 75 ff.

νια ἐκβάλλειν, et la guérison des malades par la foi dans l'efficacité de l'imposition des mains d'un chrétien, ἐπίθεσις χειρῶν, tout cela peut se concevoir comme produit d'une manière naturelle. Mais la faculté de *prendre des serpents*. ὄφεις αἴρειν (comparez Luc, 10, 19), et la faculté d'avaler, sans danger, des breuvages mortels, n'ont jamais eu d'existence que dans les superstitions populaires; et ce sont les signes d'apostolat auxquels Jésus aurait attaché le moins de prix. — Dans Luc, l'objet de la dernière promesse de Jésus est la *vertu d'en haut*, δύναμις ἐξ ὕψους, qu'il enverra aux apôtres conformément à l'*annonce du Père*, ἐπαγγελία τοῦ πατρὸς, et dont ils doivent attendre la communication à Jérusalem (24, 49); et, dans les Act. des Apôt., 1, 5 seq., Jésus précise cette communication de force en l'appelant un baptême par le *Saint-Esprit*, πνεῦμα ἅγιον, qui, dans peu de jours, sera le partage des apôtres et les mettra en état de prêcher l'Évangile. — Ces passages de Luc, qui placent la communication du Saint-Esprit dans les jours qui suivirent l'ascension, paraissent contredire le quatrième évangile, qui dit que Jésus, dès le jour de sa résurrection et même lors de sa première apparition au milieu des onze, leur avait communiqué le Saint-Esprit. En effet, chez Jean, 20, 22 seq., nous lisons que Jésus, apparaissant malgré les portes fermées, souffla sur ses disciples, et leur dit : *Recevez le Saint-Esprit*, λάβετε πνεῦμα ἅγιον; à quoi il ajouta la qualification pour remettre et retenir les péchés.

Si l'on n'avait sur la communication de *l'esprit*, πνεῦμα, que ce passage, chacun croirait que les apôtres le reçurent dès lors de Jésus en personne, et non plus tard après qu'il eut été enlevé au ciel. Mais déjà, dans l'intérêt de concilier les évangiles, Théodore de Mopsueste, comme aujourd'hui Tholuck (1), a conclu que, *chez Jean*, le mot *recevez*, λάβετε, devait être pris dans le sens de *vous recevrez*,

(1) *Comm. z. Joh.*, S. 332.

λήψεσθε, parce que, *d'après Luc*, le saint esprit ne fut communiqué aux apôtres que plus tard, à la Pentecôte. Mais l'évangéliste, comme s'il voulait prévenir une pareille entorse donnée au texte, dit que Jésus joignit à ses paroles l'action symbolique de souffler; ce qui met au présent, de la manière la moins méconnaissable, l'action de recevoir l'esprit (1). A la vérité, les commentateurs savent éluder aussi cette insufflation, en disant qu'elle signifie : autant il est certain que Jésus souffle en ce moment sur les apôtres, autant il l'est que plus tard ils recevront le Saint-Esprit (2). Mais l'insufflation est un symbole d'une communication présente non moins positivement que l'imposition des mains; et, comme ceux à qui les apôtres imposaient les mains étaient immédiatement remplis de *l'esprit*, πνεῦμα (Act. Ap., 8, 17; 19, 6), nécessairement le rédacteur du quatrième évangile a dû, d'après sa narration, se figurer que dès lors Jésus avait communiqué l'esprit aux apôtres. Pour ne pas être obligés de nier, contre les paroles claires de Jean, que réellement il y eut dès la résurrection une communication de l'esprit, et pour ne pas non plus tomber en contradiction avec Luc, qui met plus tard l'effusion de l'esprit, les commentateurs admettent aujourd'hui d'ordinaire les deux choses, à savoir que l'esprit fut communiqué aux apôtres aussi bien dès lors que plus tard, et que la communication antécédente ne fut qu'amplifiée et complétée à la Pentecôte (3). En d'autres termes, comme il est question dans le dixième chapitre de Matthieu, 10, 20, de *l'esprit du Père*, πνεῦμα τοῦ πατρός, qui devait soutenir les apôtres dès leur premier voyage de mission, on admet que dès avant ce voyage, du vivant de Jésus, ils reçurent une force supérieure quelconque; qu'elle fut augmentée ici, après la résurrection; et

---

(1) Lücke, *Comm. z. Joh.*, 2, S. 686; De Wette, S. 204.

(2) Less, *Auferstehungsgeschichte*, S. 281; Kuinœl, sur ce passage.
(3) Lücke, S. 687.

que toute la plénitude de l'esprit ne fut épanchée sur eux que lors de la Pentecôte (1). Mais, comme Michaëlis l'a déjà fait remarquer, on ne voit pas en quoi consistent les différences de ces gradations, ni en particulier ce qu'aurait été l'accroissement des dons spirituels opérés lors de la communication racontée par Jean. Si, dès la première fois, les apôtres avaient reçu le don de miracle (Matthieu, 10, 1. 8) avec le don de parler devant les tribunaux sous l'influence de l'esprit du Père (v. 20), le don que Jésus leur communiqua par l'insufflation n'aurait guère pu être sans doute que l'intelligence plus juste de la spiritualité de son règne; mais ils n'avaient pas encore cette intelligence immédiatement avant l'ascension, puisqu'à ce moment ils demandèrent, suivant les Actes des Apôtres, 1, 6, si le rétablissement du royaume d'Israël serait uni à la communication de l'esprit dans les temps prochains. Admet-on que de nouvelles facultés ne furent pas données aux apôtres à chaque communication successive de l'esprit, mais que seulement la somme des facultés accordées tout d'abord fut accrue (2); alors il paraîtra singulier qu'aucun évangéliste ne mentionne, outre la communication antécédente, une augmentation subséquente, mais que chacun ne parle que d'une seule communication qui, pour lui, est la première et la dernière; car il n'y a d'exception que pour une mention fugitive que Luc fait de l'esprit qui inspirera leur défense aux apôtres accusés (12, 12); mais, comme elle n'est pas jointe, ainsi que chez Matthieu, à une mission, on ne peut la considérer que comme une allusion au temps qui suivit l'effusion postérieure de l'esprit. Tout cela prouve visiblement que juxtaposer ces trois communications et en faire trois degrés différents, c'est introduire dans les textes, par

---

(1) Voyez dans Michaelis, *Bregræbniss-und Auferstehungsgeschichte*, S. 266; Olshausen, 2, S. 533.

(2) Tholuck, l. c.

le désir de les concilier, ce qu'ils ne contiennent pas.

Ainsi le Nouveau Testament renferme trois opinions différentes sur la communication de l'*esprit*, πνεῦμα, et à deux égards elles forment une échelle ascendante. En effet, pour le temps, c'est Matthieu qui met cette communication le plus tôt, la plaçant encore dans la période naturelle de la vie de Jésus ; c'est Luc qui la met le plus tard, dans le temps qui suivit son *départ complet de la terre* ; Jean la met dans un temps intermédiaire, aux jours de la résurrection. Quant à la conception du fait en lui-même, elle est la plus simple chez Matthieu, la moins perceptible aux sens, puisque cet évangéliste ne rapporte aucun acte particulier et extérieurement visible de communication ; Jean a déjà un acte sensible dans l'insufflation ; chez Luc, dans les Actes des Apôtres, la douce insufflation est devenue un orage violent qui ébranle la maison et qui s'accompagne encore d'autres phénomènes miraculeux. Ces deux échelles sont dans un rapport inverse avec la vraisemblance historique. Quand Matthieu rapporte que l'*esprit*, πνεῦμα, qui, conçu surnaturellement ou naturellement, est toujours la force vivifiante exercée par le messianisme modifié chrétiennement, fut d'aussi bonne heure le partage des disciples de Jésus, il se réfute lui-même par le reste de son récit, où l'on voit que ces mêmes disciples, encore longtemps après la mission dont il s'agit (Matth., 10), n'avaient pas compris cette modification chrétienne, cette phase de la passion et de la mort dans l'idée du Messie ; de plus, le discours d'instruction qui précède la mission contient d'ailleurs des éléments qui n'appartiennent qu'à une époque et à des conditions postérieures ; il se peut donc facilement que la promesse en question ait reçu rétroactivement de l'événement une précocité qu'elle n'avait pas. Ce n'est qu'après la mort et la résurrection que l'on conçoit dans les disciples le développement de ce que le Nouveau Testament appelle l'*esprit saint*, πνεῦμα ἅγιον, et à cet égard le récit de Jean est plus voisin de la réalité que celui de Matthieu. Cependant il est sûr que la révolution que subit le moral des disciples de Jésus, et qui a été décrite dans le paragraphe précédent, ne s'opéra pas dans les deux jours qui suivirent le crucifiement; en cela donc, le récit de Jean ne s'approche pas autant de la vérité que celui de Luc, qui, du moins, donne l'intervalle de cinquante jours pour le développement des nouvelles vues dans l'esprit des apôtres. — L'autre échelle met les narrations dans un rapport inverse avec la vérité historique; car, plus la communication d'une force spirituelle nous est représentée par des images sensibles, plus le merveilleux s'attache au développement d'une disposition morale qui pouvait jaillir d'une source naturelle, et enfin plus la naissance d'une faculté, qui ne peut s'être formée que successivement, est décrite comme instantanée, plus aussi une pareille narration s'écarte de la vérité; et, à cet égard, Matthieu en serait le plus près, Luc le plus loin. Ainsi, reconnaissant dans le récit du dernier la tradition qui a fait le plus de progrès, nous pouvons nous étonner qu'il y ait eu ici une action en sens opposé, éloignant de la vérité cette communication pour la manière et la forme, l'en rapprochant pour le temps. Mais cela s'explique; en effet, la tradition fut induite à faire les changements dans la fixation du temps, non par une recherche critique de la vérité, recherche qui, dans le fait, devrait nous paraître étrange, mais par la même tendance qui l'induisit à représenter cette communication comme un acte miraculeux unique. Du moment que Jésus était supposé avoir accordé l'*esprit*, πνεῦμα, à ses disciples par un acte particulier, il devait paraître convenable de reporter cet acte au temps de sa glorification, c'est-à-dire soit, avec Jean, après la résurrection, soit encore mieux, avec Luc, même après l'ascension. C'est ainsi que le quatrième évangile remarque expressément que, du vivant de Jésus, le *saint esprit*, πνεῦμα ἅγιον, n'avait pas encore été donné, *parce que Jésus n'était pas encore glorifié*, ὅτι Ἰησοῦς οὐδέπω ἐδοξάσθη (7, 39).

Cette manière de concevoir l'opinion du quatrième évangile sur la communication de l'esprit est la véritable ; on en a une nouvelle confirmation en voyant qu'elle jette une lumière inattendue sur une obscurité que nous avions laissée sans éclaircissement dans cet évangile. En effet, en examinant les discours d'adieu de Jésus, nous n'avions pu décider le débat sur la question de savoir si ce que Jésus dit alors de son retour devait être rapporté au temps de sa résurrection ou au temps de l'effusion de l'esprit : ce qui paraissait trancher la question en faveur de la première alternative, c'est que ce retour était représenté comme un retour où Jésus et ses disciples devaient se revoir ; ce qui paraissait la trancher en faveur de la seconde alternative, c'est qu'il y était dit qu'alors ils ne lui adresseraient aucune interrogation, et qu'ils le comprendraient pleinement. Cette contradiction est levée de la manière la plus satisfaisante, s'il est vrai que l'opinion du narrateur ait été que la communication de l'esprit s'était opérée aux jours de la résurrection (1). A la vérité, on pourrait être disposé à croire que cette communication, étant jointe, chez Jean, à la nomination formelle des disciples au rang d'apôtres, et à la remise du plein pouvoir pour pardonner et retenir les péchés (comparez Matth., 18, 18), conviendrait mieux à la fin qu'au commencement des apparitions de Jésus ressuscité, et à une assemblée plénière des apôtres qu'à une assemblée où manquait Thomas. Mais admettre à cause de cela, avec Olshausen, que l'évangéliste, uniquement pour abréger, place la communication de l'esprit dès la première apparition, tandis qu'elle appartient réellement à une entrevue postérieure,

---

(1) Comparez Weisse, *Die evang. Geschichte*, 2, S. 418.

c'est ce qui reste toujours une explication arbitraire que rien n'autorise. Au lieu de cela, il faut reconnaître que le rédacteur du quatrième évangile a considéré cette première apparition de Jésus comme l'apparition principale, et celle qui eut lieu huit jours après, comme une apparition subsidiaire en faveur de Thomas. L'apparition du chapitre vingt et un n'est pas autre chose qu'un appendice que le rédacteur, lorsqu'il écrivait l'évangile, ou ignorait, ou n'avait pas présent à l'esprit.

§ CXL.

L'ascension considérée comme phénomène surnaturel et naturel.

Nous avons, dans le Nouveau Testament, sur l'ascension de Jésus, trois récits qui, pour le détail et pour le pittoresque, forment une échelle de gradation. Marc, dans son dernier paragraphe, qui, du reste, est très bref et coupé court, dit seulement que Jésus, après avoir parlé pour la dernière fois avec ses disciples, fut élevé au ciel (ἀνελήφθη), et qu'il alla s'asseoir à la droite de Dieu (16, 19). Dans l'évangile de Luc, le tableau n'est guère plus développé; il y est dit que Jésus mena ses disciples *hors de la ville jusqu'à Béthanie*, ἔξω ἕως εἰς Βηθανίαν, et que, leur ayant donné sa bénédiction en étendant les mains, il se sépara d'eux (διέστη), et fut élevé au ciel (ἀνεφέρετο); sur quoi, les disciples l'adorèrent et s'en retournèrent à Jérusalem, tout remplis de joie (24, 50 seq.). Luc développe cela davantage dans l'introduction des Actes des Apôtres; sur la montagne des Oliviers, où il donna à ses disciples ses derniers ordres et ses dernières promesses, Jésus fut devant eux élevé au ciel (ἐπήρθη), et reçu dans une nuée qui le déroba à leurs regards. Les disciples le suivirent des yeux, à mesure que la nuée l'emportait loin d'eux dans le ciel; tout à coup deux hommes vêtus de blanc se présentèrent devant eux et détournèrent leurs regards de ce spectacle, en leur assurant que le même Jésus qui avait été enlevé d'avec eux au ciel, en descendrait de la même manière qu'il y était monté; sur quoi, ils retournèrent satisfaits à Jérusalem (1, 1—12).

La première impression que produit ce récit est évidemment qu'il s'agit d'un événement miraculeux, d'un enlèvement véritable de Jésus dans la région céleste, séjour de Dieu, et que ce miracle est confirmé par des anges. C'est aussi ce que des orthodoxes anciens et récents soutiennent avec raison. Il ne reste qu'à nous demander si nous pouvons aussi nous tirer des difficultés qu'il y a à concevoir un pareil phénomène. La première difficulté capitale est de savoir comment un corps tangible, qui a encore de *la chair et des os*, σάρκα καὶ ὀστέα, et qui prend des aliments matériels, convient à une résidence céleste? comment il peut seulement se soustraire assez à la loi de la pesanteur pour être capable de s'élever à travers les airs? et comment Dieu a pu donner par un miracle au corps de Jésus une faculté si contraire à la nature (1)? La seule chose que peut-être on peut dire ici, c'est que les parties grossières que, même après la résurrection, le corps de Jésus renfermait encore, se dissipèrent avant l'ascension, et qu'il n'y eut que la quintessence de sa corporalité, qui, enveloppe de l'âme, s'éleva en même temps jusqu'au ciel (2). Mais, comme les disciples qui étaient présents à l'ascension ne remarquèrent pas qu'un résidu de son corps fût demeuré, cela conduit, soit à l'absurdité signalée plus haut d'une vaporisation du corps de Jésus sous forme de nuée, soit au travail de purification admis par Olshausen, qui, inachevé même après la résurrection, ne se serait complété qu'au moment de l'ascension; travail de

---

(1) Gabler, dans *Neuest. theol. Journal*, 3, S. 457, et dans la préface aux *Opusc. acad. de Griesbach*, p. xcvi. Comparez Kuinœl, *in Marc.*, p. 222
(2) Seiler, dans Kuinœl, l. c., S. 223.

purification qui, dans les derniers temps, aurait eu rapidement de bien singulières alternatives de rétrogradation, puisque, dans cette hypothèse, Jésus aurait eu un corps immatériel lorsqu'il passa à travers les portes fermées, puis immédiatement un corps matériel lorsque Thomas le palpa, enfin derechef un corps matériel lorsqu'il s'éleva au ciel.

— La seconde difficulté gît en ceci : c'est que, d'après une juste idée du monde, le séjour de Dieu et des bienheureux auquel Jésus est supposé s'être élevé, ne doit pas être cherché dans les régions supérieures de l'atmosphère, ni en général dans aucun lieu déterminé ; cela appartient uniquement aux connaissances bornées que l'enfance des peuples avait sur les espaces inter-cosmiques. Celui qui veut arriver à Dieu et à la sphère des bienheureux, celui-là, nous le savons, fait un détour superflu, quand, à cet effet, il croit devoir prendre son essor vers les couches supérieures de l'air ; et plus Jésus était familier avec Dieu et avec les choses divines, moins il aura été disposé à faire ce détour, et moins Dieu le lui aura fait faire (1). Il faudrait donc admettre que Dieu se serait accommodé à l'idée que les hommes avaient alors du monde, et dire : Pour convaincre les disciples du retour de Jésus dans le monde supérieur, Dieu, bien que ce monde en réalité n'existe nullement dans les hautes régions de l'atmosphère, disposa néanmoins le spectacle d'une pareille élévation (2). Mais ce serait faire de Dieu un acteur qui arrange une illusion.

L'explication naturelle étant un essai pour nous soustraire à ces difficultés et à ces absurdités, nous devons l'accueillir volontiers (3). Dans les relations évangéliques de

---

(1) Comparez Paulus, *Exeg. Handb.*, 3, b, S. 924 ; De Wette, *Religion und Theologie*, S. 161.

(2) Kern, *Faits principaux* (*Tüb. Zeitschr.*, 1836, 3, S. 58). Comparez Steudel, *Glaubenslehre*, S. 323, qui fait de l'ascension une vision que Dieu opéra dans les apôtres. Comparez là-contre mes *Écrits polémiques*, 1, S. 152 ff.

(3) Telle que Paulus, en particulier, la donne, l. c., S. 910 ff. L. J., 1, b, S. 318 ff.

l'ascension, elle distingue ce qui fut vu de ce qui fut conclu par le raisonnement. A la vérité, quand il est dit dans les Actes des Apôtres : *Il fut élevé au ciel à leurs yeux*, βλεπόντων αὐτῶν ἐπήρθη, il semble que l'élévation est représentée comme un fait vu par les spectateurs. Mais, suivant les commentateurs rationalistes, le verbe *il fut élevé*, ἐπήρθη, n'indique pas que Jésus s'éleva au-dessus du sol, il signifie seulement que Jésus, pour bénir les disciples, se redressa de toute sa hauteur, et de la sorte leur parut plus élevé. Aussitôt ils empruntent à la conclusion de l'évangile de Luc le verbe *il se sépara*, διέστη, ils prétendent qu'il signifie que Jésus, en prenant congé de ses disciples, s'était mis à une certaine distance d'eux. Ils ajoutent qu'une nuée, comme sur la montagne de la transfiguration, s'interposa entre Jésus et les disciples, et, jointe aux nombreux oliviers de la montagne, le déroba à leurs regards ; et que, sur l'assurance de deux hommes inconnus, ils prirent cela pour un enlèvement de Jésus dans le ciel. Mais au verbe *il fut élevé*, ἐπήρθη, Luc (Act. Ap.) joint immédiatement qu'*une nuée le reçut*, νεφέλη ὑπέλαβεν αὐτόν ; il faut donc que l'élévation serve ici à préparer la réception de Jésus dans le nuage ; mais elle n'y servirait pas s'il s'agissait d'un simple redressement du corps, elle n'y sert qu'autant qu'elle exprime l'élévation de Jésus au-dessus du sol, car ce n'était que dans ce cas qu'une nuée pouvait se placer au-dessous de lui pour le porter et l'envelopper ; ce qui est contenu dans le verbe ὑπέλαβεν, *suscepit*. De même, on dit que l'action de *s'écarter d'eux*, διέστη ἀπ'αὐτῶν, eut lieu *au moment de la bénédiction donnée à eux par Jésus*, ἐν τῷ εὐλογεῖν αὐτὸν αὐτούς ; mais personne n'ira, en donnant la bénédiction à un autre, s'éloigner de lui ; au contraire, il paraît très convenable que Jésus, en donnant sa bénédiction aux apôtres, ait été enlevé et que d'en haut il ait encore étendu sur eux ses mains qui les bénissaient. L'explication naturelle de la disparition au sein de la nuée tombe ainsi d'elle-même; mais, quand Paulus suppose que les deux personnages vêtus de blanc étaient des hommes naturels, on voit percer encore avec une force nouvelle dans cette hypothèse l'opinion de Bahrdt et de Venturini qu'il dissimule mal, à savoir que plusieurs péripéties principales de la vie de Jésus, particulièrement depuis son crucifiement, ont été l'œuvre d'associés secrets. Et Jésus lui-même, quel aura été son sort ultérieur dans cette hypothèse, après qu'il eut pris ce dernier congé de ses disciples? Imaginerons-nous avec Bahrdt une loge d'Esséniens où il se serait retiré après avoir accompli son œuvre? et avec Brennecke, pour soutenir que Jésus travailla longtemps encore dans le mystère au bien de l'humanité, invoquerons-nous son apparition à l'effet de convertir Paul, apparition qui, si l'on prend historiquement le récit des Actes des Apôtres, est unie à des circonstances et à des effets qu'aucun homme naturel, même membre d'un ordre secret, ne pourrait produire? Ou bien admettra-t-on avec Paulus, qu'aussitôt après cette dernière entrevue le corps de Jésus, déjà souffrant, succomba aux lésions qu'il avait éprouvées? Mais, puisqu'il était encore si dispos dans l'entrevue avec ses disciples, cette mort ne peut être arrivée assez tôt pour que les deux hommes qui s'avancèrent en eussent été témoins, et d'ailleurs dans ce cas ils n'auraient nullement parlé d'une façon conforme à la vérité. Dira-t-on qu'il vécut encore quelque temps? Il faudrait alors qu'il eût eu l'intention de demeurer, depuis ce moment jusqu'à sa mort, dans le mystère d'une société secrète; les deux personnages habillés de blanc y auraient appartenu, et ils auraient, lui le sachant sans aucun doute, persuadé aux disciples qu'il avait été enlevé au ciel. C'est une manière de concevoir les choses dont un homme doué d'un sens droit se détourne, ici comme toujours, avec répugnance.

§ CXLI.

Insuffisance des récits sur l'ascension de Jésus. Conception mythique de ces récits.

Parmi toutes les histoires de miracles du Nouveau Testament, l'ascension était ce qui méritait le moins une pareille dépense d'une sagacité aussi peu naturelle; car la valeur historique de ce récit n'a que des garanties extrêmement faibles, je ne dirai pas pour nous qui, n'admettant pas que Jésus soit ressuscité, n'admettons pas non plus qu'il soit monté au ciel, mais en elle-même et pour les théologiens de tous les partis. Matthieu et Jean, qui, dans l'opinion ordinaire sont les deux témoins oculaires parmi les évangélistes, n'en parlent pas; Marc et Luc sont les seuls qui la rapportent; et dans le reste du Nouveau Testament on ne trouve rien qui y fasse une allusion précise. Mais c'est justement cette absence de l'ascension dans le reste du Nouveau Testament que nient les commentateurs orthodoxes. Quand Jésus, dans Matthieu (26, 64) assure devant le tribunal, que dorénavant on verra le fils de l'homme assis à la droite de la puissance de Dieu, les commentateurs orthodoxes disent que cela suppose une élévation, par conséquent une ascension au ciel; quand Jésus dit chez le quatrième évangéliste (3, 13), qu'aucun n'est monté au ciel excepté le fils de l'homme venu du ciel, et quand une autre fois (6, 62) il annonce aux disciples qu'ils le verront un jour monter là où il avait été précédemment; enfin, quand le matin après la résurrection il déclare qu'il n'est pas encore monté auprès de son père, mais qu'il s'y élèvera incessamment (20, 17), il ne peut pas, disent ces commentateurs, y avoir d'allusion plus manifeste à l'ascension. De même, quand les apôtres, dans les Actes, parlent si souvent de l'élévation de Jésus à la droite de Dieu (2, 33; 5, 31, comparez 7, 56), et quand Paul le représente comme *monté au-dessus de tous les cieux*, ἀναβὰς ὑπεράνω πάντων τῶν οὐρανῶν (Éph. 4, 10), et Pierre, comme *étant allé dans le ciel*, πορευθεὶς εἰς οὐρανόν (1. Petr. 3, 22), il ne peut pas être douteux qu'ils n'aient tous connu l'ascension (1). Mais, à l'exception peut-être du seul passage de Jean, 6, 62, qui parle de *voir monter le fils de l'homme*, θεωρεῖν ἀναβαίνοντα τὸν υἱὸν τοῦ ἀνθρώπου, tous ces passages ne contiennent en général que son élévation au ciel, sans indiquer qu'elle eût été un fait extérieur visible, et vu par les disciples. Bien plus, quand nous trouvons dans 1. Cor. 15, 5 seq., que Paul, sans aucune interruption ou indication d'une différence quelconque, réunit l'apparition qu'il eut et qui fut de beaucoup postérieure à l'ascension supposée, avec les christophanies qui précédèrent cette époque, on doit douter, non seulement que toutes les apparitions qu'il énumère, outre la sienne, appartiennent au temps qui précède l'ascension (2), mais encore que l'apôtre ait su qu'il y avait eu une ascension, phénomène extérieur qui avait clos la carrière terrestre de Jésus ressuscité. Quant au rédacteur du quatrième évangile, comme son langage est généralement figuré, le verbe *vous verrez*, θεωρῆτε, ne nous oblige pas plus que le verbe *vous verrez*, ὄψεσθε, au sujet des anges qui montent et qui descendent au-dessus de sa tête, 1, 52, à penser qu'il ait su que Jésus eût visiblement monté au ciel, ascension dont il ne dit rien à la fin de son évangile.

Les commentateurs se sont donné toute la peine imaginable pour expliquer l'absence d'un récit de l'ascension dans le premier et le quatrième évangile, d'une manière qui ne nuisît ni à l'autorité de ces livres, ni à la valeur historique de ce fait. On prétend que les évangélistes qui n'en parlent

---

(1) Seiler, dans Kuinoel, l. c., S. 224; Olshausen, S. 591 f. Comparez Griesbach, *Locorum N. T. ad ascensionem Christi in cœlum spectantium sylloge*, dans ses : *Opusc. acad.*, ed. Gabler, vol. 2, p. 484 seq.

(2) Schneckenburger, *Ueber den Ursprung u. s. f.*, S. 19.

pas, ont ou jugé inutile ou impossible de raconter l'ascension. Ils ont jugé inutile ce récit, soit en lui-même, à cause de la moindre importance de l'événement (1), soit en raison de la tradition évangélique par laquelle il était généralement connu (2); on soutient en particulier que Jean le suppose existant déjà dans Marc et Luc (3); et enfin on dit que, l'ascension n'appartenant plus à la vie terrestre de Jésus, ils l'ont omise dans leurs écrits, qui n'étaient consacrés qu'à la description de cette vie (4). Mais la vie de Jésus, et surtout la vie énigmatique qu'il mena après être sorti du tombeau, exigeait nécessairement une conclusion définitive telle que l'ascension. Connue généralement ou non, importante ou peu importante, il suffisait de l'intérêt esthétique que même l'écrivain non instruit met à donner une conclusion à son récit, pour que tout rédacteur d'évangile qui en avait connaissance finît son livre en la rapportant, ne fût-ce que sommairement, afin d'éviter l'impression singulière que le premier évangile, et encore plus le quatrième, produisent par le vague où leur narration mal terminée laisse le lecteur. En conséquence, des auteurs prétendent que le premier et le quatrième évangéliste ont regardé comme impossible de rapporter l'ascension de Jésus au ciel, parce que les témoins oculaires, quelque long que fût le temps qu'ils tinrent leurs yeux fixés sur lui, ne purent que le voir planer dans les airs au sein de la nuée, sans le voir entrer dans le ciel et prendre place à la droite de Dieu (5). Mais dans l'ordre d'idées des anciens, pour qui le ciel était plus voisin que pour nous, l'ascension au sein des nuées passait pour une véritable ascension au ciel,

---

(1) Olshausen, S. 593 f.
(2) Fritzsche lui-même, fatigué à la fin de son travail, écrit, *in Matth.*, p. 835 : Matthæus Jesu in cœlum abitum non commemoravit, quippe nemini ignotum.
(3) Michaelis, l. c., S 352.

(4) Dans le mémoire : *Pourquoi tous les évangélistes n'ont-ils pas raconté expressément l'ascension de Jésus ?* dans *Flatt's Magazin*, 8, S. 67.
(5) Dans le dernier mémoire cité. *Flatt's Magazin.*

comme nous le voyons par les récits sur Romulus et Élie.

Il est donc impossible de nier que ces évangiles n'ont pas connu l'ascension. Mais en faire un reproche au premier évangile, et y trouver avec la critique récente une preuve qu'il n'est pas d'origine apostolique (1), cela est d'autant moins opportun ici que l'événement en question est suspect, non seulement par le silence de deux évangélistes, mais encore par le défaut de concordance entre ceux qui le rapportent. Marc n'est pas d'accord avec Luc; bien plus, ce dernier n'est pas d'accord avec lui-même. D'après la relation de Marc, il semble que Jésus, du repas même dans lequel il apparut aux onze, par conséquent d'une maison de Jérusalem, prit son essor vers le ciel; car les phrases: *Il apparut aux onze pendant qu'ils étaient à table, et il leur reprocha... puis il leur dit... Or, le Seigneur, après leur avoir parlé, fut élevé dans le ciel*, etc., ἀνακειμένοις... ἐφανερώθη· καὶ ὠνείδισε... καὶ εἶπεν... Ὁ μὲν οὖν Κύριος, μετὰ τὸ λαλῆσαι αὐτοῖς, ἀνελήφθη κτλ., tiennent étroitement ensemble, et ce n'est que par violence qu'on introduit entre elles un changement de lieu et un intervalle de temps (2). Sans doute on ne se figure pas très bien une ascension au ciel qui part d'une chambre, aussi Luc dit-il qu'elle eut lieu en plein air. Dans son évangile, il rapporte que Jésus alla avec ses disciples *jusqu'à Béthanie*, ἕως εἰς Βηθανίαν; dans les Actes des Apôtres, au contraire, il place la scène sur *la montagne appelée des Oliviers*, ὄρος τὸ καλούμενον ἐλαιῶνα; cette différence de désignation ne peut pas être imputée à Luc comme une contradiction avec lui-même, car Béthanie tenait à la montagne des Oliviers (3). Mais il faut lui imputer la grave discordance qui est relative à la fixation du temps: dans son évangile, comme dans celui de

---

(1) Schneckenburger, l. c., S. 19 f.
(2) Comme, par exemple Kuinoel, p. 208 seq. 217.
(3) Cependant comparez De Wette, sur les Act. Ap., 1, 12.

Marc, il semble que l'ascension eut lieu le jour même de la résurrection ; mais, dans les Actes des Apôtres, il est expressément remarqué que les deux événements furent séparés par un espace de quarante jours. Nous avons déjà noté que cette dernière fixation de temps a dû parvenir à Luc dans l'intervalle qui s'écoula entre la rédaction de l'évangile et celle des Actes des Apôtres. Plus on se racontait des apparitions diverses de Jésus ressuscité, et plus on les mettait dans des lieux différents, moins aussi le court espace d'un jour suffisait pour ce que le ressuscité avait fait sur la terre ; si le temps plus long qui devint nécessaire fut fixé à quarante jours juste, cela eut son motif dans le rôle que ce nombre joue, comme on sait, dans la légende juive et aussi dans la légende chrétienne. De même que le peuple d'Israël avait passé quarante ans dans le désert, Moïse séjourné quarante jours sur le mont Sinaï, lui et Élie jeûné quarante jours, et Jésus lui-même, avant la tentation, habité dans le désert pendant un temps non moins long, sans nourriture, de même que tous ces états intermédiaires mystérieux, toutes ces périodes de transition avaient pour limite le nombre quarante, de même ce nombre s'offrait tout particulièrement pour fixer l'intervalle mystérieux entre la résurrection et l'ascension (1).

Quant à la description de la scène en elle-même, l'évangile de Marc et celui de Luc ne parlent ni de nuages ni d'anges ; on pourrait attribuer ce silence à la brièveté de leurs narrations. Mais, comme Luc, à la fin de son évangile, décrit d'une manière suffisamment circonstanciée comment les disciples adorèrent Jésus enlevé au ciel, et, remplis de joie, retournèrent à la ville, il aurait sans aucun doute signalé l'assurance donnée par les anges, comme le motif

---

(1) Voyez t. 1, § LV, et les auteurs qui y sont cités, p. 461, note. Paulus se réfère à un calcul réglé sur Daniel, *Exeg. Handb.*, 3, h. S. 923 ; mais cela me paraît trop artificiel.

immédiat de leur joie, s'il en avait eu connaissance lors de la rédaction de son premier écrit. Il semble donc que ce trait du tableau s'est peu à peu formé dans la tradition, afin que les honneurs célestes ne manquassent pas non plus à ce dernier moment de la vie de Jésus, et afin que le témoignage insuffisant des hommes sur son élévation au ciel fût confirmé, du moins par la bouche de deux témoins divins.

Ainsi ceux-là mêmes qui connaissaient une ascension de Jésus ne s'en figuraient pas de la même manière les circonstances. De cette divergence revenons à la divergence plus essentielle dont cette conclusion de la vie de Jésus a été l'objet entre les évangélistes; il est évident qu'on se fit deux idées principales de cette conclusion, les uns se la représentant comme une ascension visible, les autres non (1). Matthieu fait prédire à Jésus devant le tribunal qu'il sera élevé à la droite de la puissance divine (26, 64); il lui fait assurer après sa résurrection qu'il a reçu *tout pouvoir dans le ciel et sur la terre,* πᾶσα ἐξουσία ἐν οὐρανῷ καὶ ἐπὶ γῆς (28, 18), cependant il ne parle pas d'une ascension visible; loin de là, il met dans la bouche de Jésus cette assurance-ci : *Je suis toujours avec vous jusqu'à la fin du monde,* ἐγὼ μεθ' ὑμῶν εἰμι πάσας τὰς ἡμέρας ἕως τῆς συντελείας τοῦ αἰῶνος (v. 20). Évidemment l'idée qui a dicté tout ceci, c'est que Jésus, dès la résurrection, sans aucun doute, est monté invisiblement auprès du Père, qu'invisiblement aussi il est toujours auprès des siens, et que du sein de cette retraite qui le cache aux yeux, il se manifeste en des christophanies, toutes les fois qu'il le juge nécessaire. On reconnaît la même manière de voir dans l'apôtre Paul, lorsqu'il met sans difficulté l'apparition qu'il eut du

---

(1) Comparez là-dessus particulièrement Ammon, *Ascensus J. C. in cœlum historia biblica.* Dans ses *Opusc. nov.* p. 43 seq. *Fortbildung des Christenthums,* 2, 1, S. 13 ff.; Kaiser aussi, *Bibl. Theol.,* 1, S. 83 ff.; De Wette, *Exeg. Handb.,* 1.1, S. 217; Weisse, *Die evang. Gesch.,* 2, S. 375 ff.

Christ, déjà élevé au ciel, sur le même rang que les apparitions antécédentes (1. Cor., 15). Le rédacteur du quatrième évangile et les autres écrivains du Nouveau Testament ne supposent non plus que ce qui devait être nécessairement supposé d'après la phrase messianique : *Assieds-toi à ma droite*, κάθου ἐκ δεξιῶν μου, Ps. 110, 1, à savoir que Jésus s'était élevé à la droite de Dieu, mais sans rien déterminer sur le mode de cette élévation, ni sans se la figurer comme un phénomène visible. Toutefois, l'imagination des premiers chrétiens devait être fort tentée d'en faire aussi un spectacle brillant. Une fois qu'on se fut représenté le Messie Jésus comme arrivé à un but aussi élevé, on voulut aussi le voir prendre son essor pour s'y rendre. Comme, d'après Daniel, on attendait que son retour futur du haut du ciel serait une descente visible au sein des nuées, cela suggérait spontanément de se figurer son départ pour le ciel comme une ascension visible sur un nuage ; et, quand Luc fait dire aux deux hommes habillés de blanc qui s'approchèrent des disciples après l'enlèvement de Jésus : *Ce même Jésus, qui a été enlevé d'avec vous au ciel, en descendra de la même manière que vous l'y avez vu monter*, οὗτος ὁ Ἰησοῦς, ὁ ἀναληφθεὶς ἀφ' ὑμῶν εἰς τὸν οὐρανὸν, οὕτως ἐλεύσεται, ὃν τρόπον ἐθεάσασθε αὐτὸν πορευόμενον εἰς τὸν οὐρανὸν (Act. Ap., 1, 11), on n'a qu'à renverser cette phrase pour avoir la formation de l'idée de l'ascension de Jésus ; car on fit cet argument : Il faut bien que Jésus soit monté au ciel de la même façon qu'il en descendra un jour (1).

Cette considération principale rejette sur le second plan les précédents bibliques que l'ascension de Jésus a dans l'enlèvement d'Énoch (1. Mos., 5, 24 ; comparez Sir., 44, 16 ; 49, 16 ; Hébr., 11, 5), et particulièrement dans l'as-

---

(1) C'est ce que dit aussi Hase, L. J., § 150.

cension d'Élie (2. Reg., 2, 11; comparez Sir., 48, 9; 1. Macc., 2, 58), ainsi que les apothéoses grecque et romaine d'un Hercule et d'un Romulus. On ne sait si les rédacteurs des second et troisième évangiles en ont eu connaissance; le récit sur Énoch est trop vague; quant à Élie, le char flamboyant avec les chevaux de feu ne cadrait pas avec l'esprit plus doux du Christ. Au lieu de cela, la montagne qui le dérobe aux yeux, et l'enlèvement au ciel qui interrompt la conversation d'adieu, peuvent sembler avoir été empruntés à la narration relativement moderne dont l'enlèvement de Moïse fut l'objet; narration qui, du reste, a, sur d'autres points, de notables différences (1). Peut-être aussi l'histoire d'Élie fournit-elle l'explication d'un trait du récit des Actes des Apôtres. En effet, quand Élie, avant d'être enlevé au ciel, fut supplié par son serviteur Élisée de lui laisser son esprit, πνεῦμα, en double mesure, le prophète ne lui accorda l'accomplissement de sa prière qu'à cette condition-ci : *Si tu me vois enlever d'avec toi, il en sera ainsi; sinon, cela n'arrivera pas*, ἐὰν ἴδῃς με ἀναλαμβανόμενον ἀπό σου, καὶ ἔσται σοι οὕτως· καὶ ἐὰν μὴ, οὐ μὴ γένηται (v. 9 seq., LXX). Cela pourrait faire comprendre pourquoi Luc (Act. Ap., 1, 9) attache de l'importance à cette circonstance : *Qu'il fut enlevé à leurs yeux*, βλεπόντων αὐτῶν ἐπήρθη; c'est que, conformément au précédent d'Élie, cela était nécessaire pour que les disciples reçussent l'esprit de leur maître.

(1) Josèphe, *Antiq.*, 4, 8, 48, dit de Moïse : *Embrassant Éléazar et Josué, et leur parlant encore, une nuée s'abat soudainement sur lui, et il disparaît dans un ravin*, ἀσπαζομένου δὲ καὶ τὸν Ἐλεάζαρον αὐτοῦ καὶ Ἰησοῦν, καὶ προσομιλοῦντος αὐτοῖς ἔτι, νέφους αἰφνιδίου ὑπὲρ αὐτοῦ στάντος, ἀφανίζεται κατά τινος φάραγγος. Josèphe ajoute que Moïse écrivit à dessein qu'il était mort, afin qu'un ne pût soutenir, en raison de sa vertu éminente, qu'il s'était rendu auprès de la Divinité, πρὸς τὸ Θεῖον. Mais Philon, *De vita Mosis. Opp.*, ed. Mangey, vol. 2, p. 179, suppose que l'âme seule de Moïse s'éleva au ciel.

DISSERTATION FINALE.

SIGNIFICATION DOGMATIQUE DE LA VIE DE JÉSUS.

§ CXLII.

Passage nécessaire de la critique au dogme.

Les résultats de la recherche que nous avons menée à terme ont maintenant anéanti, ce semble, la plus grande et la plus importante partie de ce que le chrétien croit de Jésus, détruit tous les encouragements qu'il puise dans cette croyance, tari toutes les consolations. Le trésor infini de vérité et de vie, qui depuis dix-huit siècles alimente l'humanité, paraît dissipé sans retour, toute grandeur précipitée dans la poussière, Dieu dépouillé de sa grâce, l'homme de sa dignité, et le lien rompu entre le ciel et la terre. La piété se détourne avec horreur d'un attentat si affreux ; et, dans la certitude infinie qu'elle se donne de sa croyance, elle prononce que, malgré tous les efforts d'une critique téméraire, tout ce que l'Écriture dit et l'Église croit au sujet du Christ demeure éternellement vrai, et qu'il n'est pas possible d'en sacrifier une syllabe. Ainsi, à la conclusion de la critique dont l'histoire de la vie de Jésus a été l'objet, se pose le problème de rétablir en dogme ce qui a été détruit en critique.

Ce problème semble d'abord n'être qu'une sommation que le fidèle adresse au critique, sans être un problème qui relève de l'un ou de l'autre en particulier; le croyant, comme croyant, n'a pas besoin du rétablissement de la croyance, puisqu'elle n'a pas été anéantie en lui par la critique; le critique, comme critique, n'en a pas besoin, parce qu'il peut supporter cet anéantissement. Il semblerait donc que le critique, si, de l'incendie allumé par lui, il tentait de sauver au moins le dogme, entreprendrait une œuvre mensongère à son point de vue, puisque, par accommodement pour la croyance, il traiterait comme un joyau précieux ce qui pour lui n'a pas de valeur, et une œuvre superflue pour le croyant, puisqu'il s'efforcerait de conserver une chose qui n'est nullement compromise pour celui qui la possède.

Mais, en examinant les choses de plus près, on voit qu'il en est autrement. Le doute, ne fût-il pas développé, est inhérent à toute croyance qui n'est pas encore de la science; le chrétien le plus croyant n'en a pas moins la critique, reste caché de l'incrédulité, ou mieux, germe négatif du savoir; et ce n'est que par la compression constante de ce germe que naît la croyance, qui de la sorte est aussi en lui, dans le fond, une croyance restaurée. Mais, de même que le croyant est, en soi, sceptique ou critique, de même le critique est, en soi, croyant. Du moment qu'il se sépare de celui qui ne croit qu'à la nature, et de l'esprit fort, du moment que sa critique a sa racine dans l'esprit du dix-neuvième siècle et non dans l'esprit des siècles précédents, il est rempli de respect pour toute religion; en particulier, il sent que le fond intrinsèque de la plus haute religion, de la religion chrétienne, est identique avec la vérité philosophique la plus haute; et, par conséquent, après avoir uniquement signalé dans le courant de la critique le côté qui sépare sa conviction de la foi à l'histoire chrétienne, il sentira le besoin de faire également valoir le côté de l'identité.

De plus, notre critique, bien qu'exécutée en détail, ne s'en réduit pas moins devant la conscience, en présence de laquelle elle se trouve, à un simple scepticisme non développé, auquel la conscience du croyant oppose un veto également simple, qui permet à l'objet de la foi de se développer de nouveau dans toute sa plénitude. Mais, par là, la critique n'est qu'écartée, elle n'est pas vaincue ; et l'objet de la croyance, restant toujours sans moyen terme, n'a pas subi un travail véritablement médiateur. La critique étant obligée d'attaquer de nouveau cette absence de moyen terme, il semble que l'œuvre qu'elle avait accomplie recommence, et que nous sommes rejetés au point de départ de nos recherches. Cependant on aperçoit une différence qui fait faire un pas de plus à la discussion. Jusqu'à présent, le thème sur lequel la critique s'était exercée était la donnée chrétienne, telle qu'elle est consignée, en qualité d'histoire de Jésus, dans les documents évangéliques ; maintenant que le doute l'a compromise, elle se replie sur elle-même, et cherche dans l'intérieur des âmes croyantes un asile où elle existe non plus comme simple histoire, mais comme histoire réfléchie sur elle-même, c'est-à-dire comme dogme et confession. Le dogme, il est vrai, se présentant sans moyen terme, suscite contre lui, comme contre tout ce qui est dépourvu de moyen terme, la critique, dont le travail est négatif et médiateur ; dès lors elle est, non plus critique historique comme jusqu'à présent, mais critique dogmatique ; et ce n'est qu'après les avoir traversées toutes deux, que la croyance a été l'objet d'une élaboration véritablement médiatrice, ou, en d'autres termes, est devenue de la science.

Ce second stade, qu'il faut que la croyance parcoure, devrait dans le fait être, comme le premier, l'objet d'un travail spécial ; ici il ne sera que dessiné dans ses traits principaux, afin que la critique historique en s'interrompe pas sans jeter un regard vers son dernier but, qu'elle ne peut trouver qu'au delà de la critique dogmatique.

§ CXLIII.

Christologie du système orthodoxe.

Conserver sans moyen terme le fond dogmatique de la vie de Jésus et le développer sur ce terrain, telle est la doctrine orthodoxe du Christ.

Elle se trouve déjà avec ses traits principaux dans le Nouveau Testament. La racine de la foi en Jésus fut qu'il était ressuscité. Celui qui avait été mis à mort, quelque grand qu'il eût été dans sa vie, ne pouvait pas, pensait-on, avoir été le Messie; sa résurrection miraculeuse n'en prouvait que plus fortement qu'il l'avait été. Délivré du royaume des ombres par ce miracle, en même temps élevé au-dessus de la sphère de l'humanité terrestre, il était maintenant transporté dans les régions célestes, et il avait pris son siége messianique à la droite de Dieu (Act. Ap., 2, 32 seq.; 3, 15 seq.; 5, 30 seq. et ailleurs). Dès lors, sa mort parut une portion principale de son rôle messianique: d'après Isaïe, 53, il l'avait soufferte pour les péchés du peuple et de l'humanité (Act. Ap., 8, 32 seq.; comp. Matth., 20, 28; Joh., 1, 29. 36; 1. Joh., 2, 2); son sang, versé sur la croix, agissait comme celui que le grand-prêtre lançait contre le couvercle de l'arche d'alliance au jour de la fête de la réconciliation (Rom., 3, 25); il était l'agneau pur, dont le sang rachète les croyants (1. Petr., 1, 18 seq.), le grand-prêtre éternel et sans péché, qui par l'offrande de son propre corps a opéré en une seule fois ce que les prêtres juifs n'étaient pas en état d'opérer par un nombre infini de sacrifices d'animaux (Hebr., 10, 10 seq. et ailleurs). Mais dès lors le Messie, élevé maintenant à la droite de Dieu, ne pouvait pas avoir été un homme ordinaire; non seulement il avait été oint avec l'esprit de Dieu en plus grande proportion qu'aucun prophète (Act.

Ap. 4, 27; 10, 38) et avait prouvé par des signes et des miracles sa qualité d'envoyé divin (Act. Ap. 2, 22); mais encore, suivant les idées qu'alors on était autorisé à s'en faire, ou bien il avait été engendré surnaturellement par le Saint-Esprit (Matthieu et Luc, 1), ou bien il était descendu comme sagesse et verbe de Dieu en un corps terrestre (Joh. 1). Comme dès avant son apparition sur la terre il avait résidé au sein du Père dans la majesté divine (Joh. 17, 5), c'était spontanément qu'en descendant au milieu de l'humanité, et surtout en se livrant à une mort ignominieuse, il subissait une humiliation pour le bien de l'humanité (Phil. 2, 5 seq.). Jésus ressuscité et monté au ciel viendra un jour réveiller les morts et les juger (Act. Ap. 1, 11. 17. 31) : aussi dès à présent, ayant part au gouvernement du monde (Matth. 28, 18), il veille sur la société chrétienne (Rom. 8, 34; 1. Joh. 2, 1); et, de même qu'il participe maintenant au gouvernement du monde, de même il a participé déjà à la création (Joh., 1, 3. 10; Col., 1, 16 seq.). En outre, tous les traits particuliers qui, dans l'opinion populaire, appartenaient à l'image du Messie, furent transportés sur Jésus avec les changements qui furent jugés de nécessité ou de convenance; et l'imagination, une fois excitée, inventa de nouveaux récits.

Quelle abondance de pensées pleines de félicité et de grandeur, d'encouragement et de consolation, la première communauté chrétienne ne puisait-elle pas dans les idées qu'elle se faisait de son Christ! La mission du Fils de Dieu dans le monde, le sacrifice que pour le monde il avait fait de sa vie, ont réconcilié le ciel et la terre (2. Cor., 5, 18 seq.; Eph., 1, 10; Col., 1, 20); ce sacrifice suprême a assuré aux hommes l'amour de Dieu (Rom., 5, 8 seq.; 8, 31 seq.; 1. Joh., 4, 9), et leur a ouvert les espérances les plus joyeuses. Si le Fils de Dieu est devenu homme, les hommes sont ses frères, comme tels enfants de Dieu, et cohéritiers du Christ au trésor de la félicité divine (Rom. 8, 16 seq. 29). Le rapport de servitude des hommes à Dieu, tel qu'il existait sous l'ancienne loi, a cessé ; l'amour a pris la place de la crainte des châtiments dont l'ancienne loi menaçait (Rom., 8, 15 ; Gal., 4, 1 seq.). Les croyants sont rachetés de la malédiction de la loi, parce que le Christ s'est livré pour eux à sa vindicte, en souffrant un genre de mort sur lequel la loi avait mis sa malédiction (Gal., 3, 13). Dorénavant nous ne sommes plus astreints à l'impossible, c'est-à-dire à accomplir toutes les exigences de la loi (Gal., 3, 10 seq.), obligation à laquelle l'expérience montre qu'aucun homme ne satisfait (Rom., 1, 18-3, 20), à laquelle, en raison de sa nature pécheresse, nul homme ne peut satisfaire (Rom., 5, 12), et qui ne fait qu'enfoncer sans cesse plus profondément celui qui cherche à y satisfaire, dans la lutte la plus malheureuse avec lui-même (Rom., 7, 7 seq.) ; mais celui qui a foi dans le Christ, qui se fie en la vertu expiatrice de sa mort, celui-là est reçu en la grâce de Dieu ; ce n'est pas par ses œuvres et par ses propres efforts, c'est gratuitement par la grâce spontanée de Dieu que l'homme qui s'y abandonne devient juste devant Dieu ; ce qui exclut en même temps toute élévation due à l'individu (Rom., 3, 31 seq.). Le croyant n'étant plus lié par la loi mosaïque, à laquelle il est mort avec le Christ (Rom., 7, 1 seq.), le sacrifice éternel et pleinement satisfaisant du Christ ayant supprimé les sacrifices et le service sacerdotal du judaïsme (Hebr.), la barrière qui séparait les Juifs et les Païens est tombée; ces derniers, jadis placés loin de la théocratie à laquelle ils étaient étrangers, abandonnés de Dieu et sans espérance dans le monde, ont été appelés à la nouvelle alliance, et un libre accès leur a été ouvert auprès du Dieu paternel ; de sorte que dorénavant les deux parties de l'humanité, séparées jadis par des sentiments hostiles, sont, en paix l'une avec l'autre, membres du corps du Christ, et ouvrières de l'édifice spirituel de sa société (Eph., 2, 11 seq.). Mais, avoir en la mort du Christ cette foi justifiante, c'est au fond mourir en même temps spirituellement avec lui, c'est-à-dire mourir au péché ; et, comme, du sein de la mort, le Christ est ressuscité à une vie nouvelle et immortelle, de même celui qui croit en lui, ressuscitera de la mort du péché à une nouvelle vie de justice et de sainteté, dépouillera le vieil homme et en revêtira un nouveau (Rom., 6, 1 seq.). Le Christ lui-même lui vient en aide avec son esprit, qui remplit d'une énergie spirituelle ceux qu'il anime, et les affranchit de plus en plus de la servitude du péché (Rom., 8, 1 seq.). Ce n'est pas spirituellement seulement, c'est aussi corporellement que ceux en qui l'esprit du Christ réside, seront animés par lui, attendu qu'à la fin de ce monde Dieu par le Christ ressuscitera leurs corps, comme il a ressuscité le corps du Christ (Rom., 8, 11). Le Christ, que les liens de la mort et du monde souterrain n'ont pu retenir (Act. Ap., 2, 24), a vaincu l'un et l'autre pour nous, et enlevé aux croyants la crainte de ces dominateurs suprêmes de tout ce qui est fini (Rom., 8, 38 seq.; 1. Cor., 15, 55 seq.; Hebr., 2, 14 seq.). Sa résurrection, qui est ce qui donne à sa mort la vertu expiatrice (Rom., 4, 25), est en même temps la garantie de notre propre résurrection future, de notre participation au Christ dans une vie à venir, dans son royaume messianique, à la félicité duquel il introduira tous les siens lors de son retour (1. Cor., 15). Dans l'intervalle, nous pouvons être assurés que nous avons en lui auprès de Dieu un intercesseur qui, ayant éprouvé par lui-même la faiblesse et la fragilité de la nature humaine, qu'il avait même revêtue, et dans laquelle il avait été en butte à toutes les tentations sans cependant pécher jamais, sait de combien d'indulgences et de secours nous avons besoin (Hebr., 2, 17 seq.; 4, 15 seq.).

Les chrétiens sentirent de bonne heure le besoin de comprendre dans des formules précises les trésors que renfermait la foi au Christ. Ils le vantèrent comme le *Christ mort, mais de plus ressuscité, assis à la droite de Dieu, et intercédant pour nous,* Χριστὸς ὁ ἀποθανών, μᾶλλον δὲ καὶ ἐγερθείς, ὃς καὶ ἔστιν ἐν δεξιᾷ τοῦ Θεοῦ, ὃς καὶ ἐντυγχάνει ὑπὲρ ἡμῶν (Rom., 8, 34); ou, plus exactement, il fut appelé *Jésus-Christ le Seigneur, qui est de la race de David par rapport à la chair, mais qui, par rapport à l'esprit de sainteté, a été déclaré fils de Dieu en puissance par sa résurrection d'entre les morts,* Ἰησοῦς Χριστὸς ὁ Κύριος, γενόμενος ἐκ σπέρματος Δαυὶδ κατὰ σάρκα, ὁρισθεὶς υἱὸς Θεοῦ ἐν δυνάμει κατὰ πνεῦμα ἁγιωσύνης ἐξ ἀναστάσεως νεκρῶν (Rom., 1, 3 seq.); et les vérités suivantes, *sans contredit grand mystère de la piété,* ὁμολογουμένως μέγα τῆς εὐσεβείας μυστήριον, furent posées : *Dieu a été manifesté dans la chair, il a été justifié par l'esprit, il est apparu aux anges, il a été prêché parmi les Gentils, cru dans le monde et élevé dans la gloire,* Θεὸς ἐφανερώθη ἐν σαρκί, ἐδικαιώθη ἐν πνεύματι, ὤφθη ἀγγέλοις, ἐκηρύχθη ἐν ἔθνεσιν, ἐπιστεύθη ἐν κόσμῳ, ἀνελήφθη ἐν δόξῃ (1. Tim., 3, 16).

La formule baptismale (Matth., 28, 19) offrait, par la réunion du père, du fils et de l'esprit, une espèce de cadre où la nouvelle croyance avait à se disposer. Il en résulta dans l'Église des premiers siècles ce que l'on appelle la règle de la foi, *regula fidei*, qui se trouve chez les différents Pères (1), sous des formes diverses, tantôt plus en abrégé, tantôt avec plus de développement, avec des expressions tantôt plus populaires, tantôt plus subtiles. C'est sous sa forme populaire qu'elle a été finalement consignée dans ce qu'on nomme le symbole des Apôtres. Ce symbole, dans sa rédaction telle qu'elle a été reçue aussi par l'Église évangélique, signale, dans le second article qui est le plus

---

(1) Iren., *Adv. Hær.*, 1, 10; Tertull., *De præscr. Hær.*, 13, adv. Prax., 2, de veland. virg., 1; Orig., *De principp.* proœm., 4.

détaillé, les points suivants que l'on doit croire touchant le Fils : et (credo) *in Jesum Christum, filium ejus (Dei patris) unicum, Dominum nostrum; qui conceptus est de Spiritu Sancto, natus ex Maria Virgine; passus sub Pontio Pilato, crucifixus, mortuus et sepultus, descendit ad inferna; tertia die resurrexit a mortuis, ascendit ad cœlos, sedet ad dextram Dei patris omnipotentis; inde venturus est judicare vivos et mortuos.*

A côté de cette forme populaire de la confession de foi au sujet du Christ, il s'en forma en même temps une élaboration théologique plus précise, provoquée par les différences et les débats qui se manifestèrent de bonne heure sur des points isolés. Le thème fondamental de la foi chrétienne est que *le verbe est devenu chair*, ὁ λόγος σὰρξ ἐγένετο, que *Dieu a été manifesté dans la chair*, Θεὸς ἐφανερώθη ἐν σαρκί; il fut compromis de tous les côtés, les uns contestant la divinité, les autres l'humanité, d'autres la vraie réunion des deux natures.

A la vérité, ceux qui supprimaient, comme les Ébionites, la divinité, ou, comme les Gnostiques docétiques, l'humanité du Christ, se séparaient trop décidément de la communauté chrétienne, qui, de son côté, arrêta le principe : *qu'il fallait que le médiateur de Dieu et de l'homme les réunît tous les deux en amitié et en harmonie par une affinité propre pour l'un et l'autre, et qu'en représentant l'homme à Dieu, il révélât Dieu à l'homme*, ἔδει τὸν μεσίτην Θεοῦ τε καὶ ἀνθρώπων διὰ ἰδίας πρὸς ἑκατέρους οἰκειότητος εἰς φιλίαν καὶ ὁμόνοιαν τοὺς ἀμφοτέρους συναγαγεῖν, καὶ Θεῷ μὲν παραστῆσαι τὸν ἄνθρωπον, ἀνθρώποις δὲ γνωρίσαι τὸν Θεόν (1). Mais, quand on ne fit que nier la plénitude de l'une et de l'autre nature; quand Arius soutint que ce qui était devenu homme dans le Christ était un être divin, mais créé et subordonné au Dieu suprême; quand le même, tout en attri-

(1) Iren., *Adv. Hær.*, 3, 18, 7.

buant au Christ un corps humain, supposa que la place de l'âme avait été tenue par cet être supérieur; quand Apollinaire fit véritablement humains non seulement le corps, mais encore l'âme de Jésus, et se borna à faire intervenir l'être divin à la place de l'*entendement*, νοῦς, troisième principe admis chez l'homme par les philosophes, une apparence chrétienne manquait moins à de telles opinions. Cependant la conscience de l'Église repoussa l'idée arienne d'un Dieu inférieur devenu homme en Jésus, donnant pour raison, entre autres moins importantes, que de cette façon l'image de la divinité n'aurait pas pu être contemplée dans le Christ (1); elle repoussa l'opinion d'Arius et d'Apollinaire sur une nature humaine du Christ dépourvue, soit de l'*âme* humaine, ψυχή, soit de l'*entendement* humain, νοῦς, par ce motif, entre autres, que ce ne fut que par la réunion avec une nature humaine entière et complète que celle-ci put être rachetée dans toutes ses parties (2).

Non seulement on pouvait rejeter dans l'ombre l'une ou l'autre des deux faces de l'essence du Christ, mais encore on pouvait errer sur leur réunion avec lui, et derechef l'erreur pouvait être en sens opposé. L'enthousiasme dévot de plusieurs crut ne pas pouvoir serrer assez étroitement les liens nouvellement formés entre le ciel et la terre; ils ne voulurent plus distinguer la divinité et l'humanité; et, attendu que le Christ avait paru comme une seule personne, ils ne reconnurent aussi en lui qu'une seule nature, celle du fils de Dieu devenu chair. D'autres, plus retenus, furent choqués d'un pareil mélange de la divinité et de l'humanité; ce leur parut un sacrilège de dire qu'une mère humaine avait enfanté Dieu; ils prétendirent qu'elle n'avait mis au monde que l'homme, dont le fils de Dieu avait fait choix

---

(1) Athanas., *contra Arianos orat.*, 2, 33.

(2) Gregor. Naz., *Or*, 51, p. 740 B.: Ce qui ne peut être pris, ne peut être guéri; mais ce qui a été uni à Dieu, est sauvé, τὸ γὰρ ἀπρόσληπτον ἀθεράπευτον· ὃ δὲ ἥνωται τῷ Θεῷ, τοῦτο καὶ σώζεται.

pour lui servir de temple, et qu'en Christ il se trouvait deux natures, unies, il est vrai, quant à l'adoration, mais restant toujours distinctes quant à l'essence. L'Église pensa que ces deux manières compromettaient le mystère de l'incarnation : si l'on maintenait une séparation permanente entre les deux natures, on détruisait l'union de la divinité et de l'humanité, union qui est le point vital le plus intime du christianisme ; si l'on admettait un mélange, aucune des deux natures, par sa qualité propre, n'était susceptible d'union avec l'autre, par conséquent on n'obtenait pas non plus une véritable unité. En conséquence, on condamna les deux opinions, pour la seconde Eutychès, pour la première Nestorius avec moins de justice ; le symbole de Chalcédoine établit la vraie et pleine humanité du Christ, dont celui de Nicée avait déjà établi la vraie divinité, et il fixa la réunion des deux natures en une seule personne indivise (1). Et lorsque plus tard un dissentiment analogue à celui qui avait éclaté sur la nature du Christ éclata sur sa volonté, il fut semblablement

---

(1) Nous déclarons tous unanimement confesser un seul et même fils, notre Seigneur Jésus-Christ; parfait en divinité, parfait en humanité; Dieu véritablement, et homme véritablement avec une âme raisonnable et un corps; consubstantiel au Père par la divinité, et consubstantiel à nous par l'humanité; semblable à nous en tout, excepté dans le péché; engendré du Père avant les siècles selon la divinité, engendré dans les derniers jours, pour nous et pour notre salut, de Marie vierge, mère de Dieu selon l'humanité; le seul et même Christ, fils, seigneur, fils unique, manifesté en deux natures sans confusion, sans mutation, sans division, sans séparation; la différence de nature n'étant nullement détruite par l'union, loin de là la qualité de chaque nature étant conservée, et concourant en une seule personne et une seule hypostase; non partagé ou divisé en deux personnes, mais un seul et même fils, unique, Dieu verbe, notre Seigneur Jésus-Christ Ἕνα καὶ τὸν αὐτὸν ὁμολογεῖν υἱὸν τὸν Κύριον ἡμῶν Ι. Χ. συμφώνως ἅπαντες ἐκδιδάσκομεν, τέλειον τὸν αὐτὸν ἐν θεότητι, καὶ τέλειον τὸν αὐτὸν ἐν ἀνθρωπότητι, θεὸν ἀληθῶς καὶ ἄνθρωπον ἀληθῶς τὸν αὐτὸν ἐκ ψυχῆς λογικῆς καὶ σώματος, ὁμοούσιον τῷ πατρὶ κατὰ τὴν θεότητα, καὶ ὁμοούσιον τὸν αὐτὸν ἡμῖν κατὰ τὴν ἀνθρωπότητα, κατὰ πάντα ὅμοιον ἡμῖν χωρὶς ἁμαρτίας· πρὸ αἰώνων μὲν ἐκ τοῦ πατρὸς γεννηθέντα κατὰ τὴν θεότητα, ἐπ' ἐσχάτων δὲ τῶν ἡμερῶν τὸν αὐτὸν δι' ἡμᾶς καὶ διὰ τὴν ἡμετέραν σωτηρίαν ἐκ Μαρίας τῆς παρθένου τῆς θεοτόκου κατὰ τὴν ἀνθρωπότητα, ἕνα καὶ τὸν αὐτὸν Χριστὸν, υἱὸν, κύριον, μονογενῆ, ἐκ δύο φύσεων ἀσυγχύτως, ἀτρέπτως, ἀδιαιρέτως, ἀχωρίστως γνωριζόμενον· οὐδαμοῦ τῆς τῶν φύσεων διαφορᾶς ἀνῃρημένης διὰ τὴν ἕνωσιν, σωζομένης δὲ μᾶλλον τῆς ἰδιότητος ἑκατέρας φύσεως, καὶ εἰς ἓν πρόσωπον καὶ μίαν ὑπόστασιν συντρεχούσης· οὐκ εἰς δύο πρόσωπα μεριζόμενον ἢ διαιρούμενον, ἀλλ' ἕνα καὶ τὸν αὐτὸν υἱὸν καὶ μονογενῆ, θεὸν λόγον, κύριον Ι. Χ.

décidé que, dans le Christ, en tant que Dieu-homme, il fallait admettre deux volontés distinctes, non pas contraires, mais subordonnées, l'humaine à la divine (1).

En comparaison des débats sur l'être et l'essence du Christ, l'autre côté, c'est-à-dire la doctrine de son œuvre, se développa avec une tranquillité relative. L'idée la plus compréhensive de cette œuvre, c'est que le fils de Dieu, en revêtant la nature humaine, l'a sanctifiée et divinisée (2); et en cela on signala particulièrement le don d'immortalité (3). Du côté moral, on établit que cela signifiait que Dieu avait provoqué les hommes de la façon la plus efficace à la réciprocité d'amour en les prévenant par la preuve d'amour qui est dans l'envoi de son fils (4). Mais, dans ce seul grand effet de l'apparition du Christ, on signala des points isolés : on appela l'attention sur sa doctrine salutaire, sur son exemple élevé (5), et surtout on attacha de l'importance à la mort violente qu'il avait soufferte. L'idée de la substitution, qui était déjà donnée dans le Nouveau Testament, fut développée davantage : tantôt la mort de Jésus fut considérée comme une rançon qu'il avait payée au diable pour l'humanité, que le péché avait mise en la puissance du malin esprit ; tantôt on prétendit que le Christ, se chargeant de la dette due par l'humanité, l'avait, par sa mort, payée à Dieu, qui avait été mis en état de remettre, sans faire tort à sa véracité, les peines dont il avait menacé le péché (6).

(1) Le sixième synode œcuménique de Constantinople établit : deux volontés naturelles non contraires,.... mais sa volonté humaine obéissant... et subordonnée à sa volonté divine et absolue, δύο φυσικὰ θελήματα οὐχ ὑπεναντία,... ἀλλ' ἑπόμενον τὸ ἀνθρώπινον αὐτοῦ θέλημα... καὶ ὑποτασσόμενον τῷ θείῳ αὐτοῦ καὶ πανσθενεῖ θελήματι.

(2) Athanas., *De incarn.*, 54 : Il s'est humanisé, afin que nous fussions divinisés : αὐτὸς ἐνηνθρώπησεν, ἵνα ἡμεῖς θεοποιηθῶμεν. Hilar. Pictav., *De trin.*, 2, 24 : Humani generis causa, Dei filius natus ex virgine est... ut homo factus ex virgine naturam in se carnis reciperet, perque hujus admixtionis societatem sanctificatum in eo universi generis humani corpus existeret. Voyez d'autres expressions de ce genre dans Münscher, *Dogmengesch.*, publiée par Colln, 1, § 97, note 10.

(3) Voyez dans Münscher, § 96, note 5, p. 423 seq.

(4) Augustin., *De catechis. ru.lib.*, 7.

(5) Voyez Münscher, § 96.

(6) Le même, § 97.

Anselme, dans son livre intitulé : *Cur Deus homo*, a élaboré cette dernière idée, et en a fait la théorie connue de la satisfaction, par laquelle en même temps la doctrine de l'œuvre de rédemption du Christ fut mise dans le rapport le plus étroit avec la doctrine de sa personne. L'homme doit à Dieu une complète obéissance ; mais le pécheur (et tous les hommes le sont) dérobe à Dieu le devoir et l'honneur dont il est tenu envers lui. Or, Dieu, en raison de sa justice, ne peut supporter l'offense faite à son honneur ; donc, ou bien l'homme doit rendre volontairement à Dieu ce qui est de Dieu, et même lui donner pour satisfaction plus qu'il ne lui a ôté ; ou bien Dieu doit ôter violemment à l'homme ce qui est de l'homme, c'est-à-dire le priver, par punition, du bonheur pour lequel il est créé. L'homme n'est pas en état de remplir la première alternative ; car, vu que, pour ne pas tomber dans le péché, il doit à Dieu tout ce qu'il peut faire de bien, il ne peut avoir aucun bien de reste pour couvrir par cet excédant le péché commis. D'un autre côté, ce qui empêche Dieu de se procurer satisfaction par des peines éternelles, c'est son immuable bonté, en vertu de laquelle il veut réellement conduire au bonheur l'homme qui y est destiné ; mais la justice divine s'y oppose, à moins que satisfaction ne soit fournie pour l'homme, et qu'en proportion de ce qui a été dérobé à Dieu, il ne lui soit donné quelque chose de plus grand que tout, excepté Dieu. Or, cela est Dieu lui-même ; et, comme, d'autre part, l'homme seul peut satisfaire pour l'homme, il faut que ce soit un Dieu-homme qui donne la satisfaction. Cette satisfaction, à son tour, ne peut consister dans une obéissance active, dans une vie sans péché, ce que tout être raisonnable, pour lui-même, doit à Dieu ; mais accepter la mort, salaire des péchés, c'est à quoi l'être sans péché n'est pas tenu ; et ainsi la satisfaction pour le péché des hommes consiste dans la mort de l'homme-Dieu, dont la récompense profite à l'humanité, attendu que lui, étant un avec Dieu, ne peut être personnellement récompensé.

Ce système doctrinal de l'ancienne Église sur la personne et l'œuvre du Christ a passé aussi dans les confessions de l'Église luthérienne, dont les théologiens l'ont développé avec plus d'art encore (1). Quant à la personne du Christ, ils maintinrent l'union des natures divine et humaine en une seule personne : dans l'acte de cette union, *unio personalis*, qui coïncida avec la conception, ce fut la nature divine du fils de Dieu qui reçut la nature humaine dans l'unité de sa personnalité; l'état d'union, *unio personalis*, ne fut, selon eux, ni essentiel, ni, non plus, simplement accidentel, ni mystique ou moral; encore moins verbal seulement; mais ce fut une union réelle et surnaturelle, éternelle dans sa durée. En vertu de cette réunion avec la nature divine, des priviléges particuliers appartiennent à la nature humaine en Christ : c'est, et ce semble d'abord un défaut, d'être impersonnelle en soi, et de n'avoir une personnalité que dans la réunion avec la nature divine; c'est en outre l'impeccabilité et la possibilité de ne pas mourir. Outre ces priviléges spéciaux, la nature humaine, dans sa réunion avec la divine, en a quelques uns qu'elle emprunte à cette dernière. En effet, le rapport des deux natures n'est pas inanimé et extérieur, mais c'est une pénétration réciproque, περιχώρησις; ce n'est pas la réunion de deux planches collées ensemble, mais c'est comme celle du feu et du métal dans le fer brûlant, ou comme celle du corps et de l'âme dans l'homme. Cette communion des natures, *communio naturarum*, se manifeste comme communication des propriétés, *communicatio idiomatum*, en vertu de laquelle la nature humaine participe au privilége de la divine, et la

---

(1) Comparez *Form. Concord., Epit. et Sol. decl.* VIII, p. 605 seq. et 761 seq. ed. Hase; Chemnitz, *De duabus naturis in Christo libellus, et loci theol.*, loc. 2, *de filio*; Gerhard, II, Th. 4, p. 640 seq. (ed. 1615); Quenstedt, *Theol. didact. polem.*, P. 3, c. 3. Comparez De Wette, *Bibl. Dogm.*, § 64 seq.

nature divine à l'œuvre de l'humaine dans ce qui est relatif à la rédemption. Ce rapport est exprimé dans les propositions touchant la personne et les propriétés, *propositionibus personalibus et idiomaticis*. Les premières sont des propositions où le concret de l'une des natures, c'est-à-dire une nature en tant que conçue dans la personne du Christ, est affirmé du concret de l'autre ; par exemple : *le second Adam est fils du Très-Haut*, 1. Cor., 15, 47. Les secondes sont des propositions dans lesquelles, ou bien des déterminations de l'une ou de l'autre nature sont transportées sur toute la personne (*genus idiomaticum*), ou bien des œuvres de toute la personne le sont à l'une ou à l'autre nature (*genus apotelesmaticum*) ; ou bien enfin des attributs d'une nature le sont à l'autre, ce qui n'est possible que de la nature divine à la nature humaine, mais non réciproquement (*genus auchematicum*).

Le Christ, en parcourant avec sa personne pourvue de deux natures les différentes phases de l'œuvre de rédemption, a, d'après l'expression des dogmatiques appuyée sur Phil. 2, 6 seq., passé par un double état, l'état d'abaissement et l'état d'exaltation, *status exinanitionis et exaltationis*. Sa nature humaine, dans sa réunion avec la divine, entra, lors de la conception, dans la copossession de propriétés divines ; mais, durant sa vie terrestre, elle n'en fit aucun usage continu ; en conséquence, cette vie terrestre de Jésus, jusqu'à la mort et l'ensevelissement, est considérée comme un état d'abaissement avec différentes stations ; mais à partir de la résurrection ou même de la descente aux enfers, commença l'état d'exaltation, qui atteignit sa plénitude par le siège pris à la droite du Père, *sessio ad dextram patris*.

Quant à l'œuvre du Christ, la dogmatique de notre Église lui attribue une triple fonction. Comme prophète, il a révélé aux hommes, sous la sanction de miracles, la vérité suprême, le décret divin de rédemption, et il est encore sans cesse occupé de l'annoncer. Comme grand-prêtre, il a d'une part rempli la loi à notre place par sa conduite irréprochable (*obedientia activa*); d'autre part il a satisfait par sa passion et par sa mort à la peine qui était notre rétribution (*obedientia passiva*), et il continue à intercéder pour nous auprès du Père. Comme roi enfin, il régit le monde et en particulier l'Église, qu'il conduira des luttes de la terre à la gloire du ciel, et qu'il parachèvera par la résurrection et le jugement dernier.

§ CXLIV.

Polémique contre la doctrine de l'Église touchant le Christ.

Déjà les Réformés n'allèrent pas aussi loin que les Luthériens dans la doctrine de la personne du Christ, et ils n'accordèrent pas la dernière conséquence et la plus hardie que ceux-ci avaient tirée de la réunion de la divinité et de l'humanité, à savoir la communication des propriétés, *communicatio idiomatum*. Les dogmatiques luthériens eux-mêmes ne pensèrent pas que les propriétés de la nature humaine se transmissent à la divine, et de cette dernière il est quelques propriétés dont ils n'admirent pas la transmission à la nature humaine, par exemple l'éternité (1); ce qui suscita les réformés à objecter que la communication des propriétés devait être réciproque et complète, ou qu'elle n'existait pas; que du reste la communication même unilatérale des propriétés d'une nature infinie à une nature finie n'anéantissait pas moins dans son essence celle-ci que celle-là, s'il fallait qu'il y eût participation des qualités (2). Les dogmatiques luthériens cherchèrent à se couvrir en di-

---

(1) Voyez le Discours joint au *locus de pers. et offic. Chr.*, dans Gerhardt, t. v., p. 719 seq.

(2) Voyez Gerhardt, II. th. 4, p. 685 seq.; Marheinecke, *Instit. symb.*, § 74, seq.

sant qu'ils n'admettaient la participation d'une nature aux propriétés de l'autre que dans les limites où son caractère le permet, *uti per suam indolem pot st* (1); mais c'était en même temps anéantir, par le fait, la communication des propriétés, *communicatio idiomatum;* et il faut ajouter que depuis Reinhard elle a été presque complétement abandonnée même par les dogmatiques orthodoxes.

Mais la racine simple de cet échange compliqué de propriétés, c'est-à-dire la réunion des natures divine et humaine en une seule personne, est frappée elle-même de contradiction. Les Sociniens la niaient, parce que deux natures, dont chacune constitue déjà par elle-même une personne, ne peuvent se réunir en une seule personne, surtout quand elles possèdent des propriétés aussi opposées que dans le cas actuel, où l'une est immortelle et l'autre mortelle, l'une est sans commencement, l'autre a commencé dans le temps (2). Les rationalistes leur accordent leur assentiment, faisant encore observer en particulier, d'une part, que les formules de l'Église par lesquelles cette réunion est, dit-on, déterminée, ne sont presque absolument que négatives, et ne donnent pas une idée de la chose, d'autre part qu'un Christ qui, avec l'aide d'une nature divine résidant en lui, aurait résisté à l'esprit du mal et se serait conservé sans péché, ne pourrait servir de modèle véritable à l'homme, qui manque d'un pareil appui (3).

Ce qu'il y a d'essentiel et de solide dans les objections

---

(1) Reinhard, *Vorles. über die Dogm.*, S. 354. Conformément au principe soutenu par les Réformés contre les Luthériens: *Nulla natura in se ipsam recipit contradictoria*, Plank, *Gesch. des protest. Lehrbegriffs*, Bd 6, S. 782.

(2) *Fausti Socini de Christi natura disputatio. Opp. Bibl. Fr. Pol.*, 1, p. 784; *Catech. Racov.* Q. 96 seq. Comparez Marheinecke, *Instit. symb.*, 96. Spinoza, *ep.* 21 ad *Oldenburg, Opp.* ed. Gfrœrer, p. 556, dit aussi: Quod quædam ecclesiæ his addunt, quod Deus naturam humanam assumpserit, monui expresse me, quid dicant, nescire: imo, ut verum fatear, non minus absurde mihi loqui videntur, quam si quis mihi diceret, quod circulus naturam quadrati induerit.

(3) (Rœhr) *Briefe über den Rationalismus*, S. 378 ff.; Wegscheider, *Inst. theol.*, § 128; Bretschneider, *Handb. der Dogm.*, 2, § 137 ff.; Kant aussi, *Relig. innerhalb der Granzen der blossen Vernunft*, 3tes Stück, 2ter Abschn. b.

des rationalistes contre cette doctrine, n'a été résumé par personne avec plus de vigueur que par Schleiermacher (1); et ici, comme en plusieurs points, sa critique négative en a fini avec le dogme de l'Église. Avant tout, il trouve un grave sujet de doute dans l'expression : *nature divine* et *nature humaine;* cette expression met l'humanité et la divinité sous une même catégorie, et, qui plus est, sous la catégorie de nature, ce qui essentiellement ne signifie qu'un être borné, et conçu en opposition avec d'autres. Ensuite, tandis que d'ordinaire une seule nature est commune à plusieurs individus ou personnes, il faudrait ici, au rebours, qu'une seule personne participât à deux natures différentes; or, si une personne est une unité vivante qui persiste, tandis que la nature est l'idée des lois d'après lesquelles les états vitaux procèdent, on ne peut comprendre comment deux systèmes, absolument différents, d'états vitaux peuvent concourir en un seul point central. Ce qui, d'après Schleiermacher, rend surtout manifeste cette impossibilité logique, c'est la supposition d'une double volonté en Christ, à laquelle, si l'on était conséquent, on devrait adjoindre un double entendement; et, comme l'entendement et la volonté constituent la personnalité, la division du Christ en deux personnes serait décidée. A la vérité, on prétend que les deux volontés veulent toujours la même chose; mais, d'une part, c'est alors une unité morale, et non personnelle; d'autre part, cela n'est pas même possible pour les volontés divine et humaine; car une volonté humaine qui, essentiellement, ne veut que des choses individuelles, et l'une en raison de

---

(1) *Glaubenslehre,* 2, §§ 96-98.—En reconnaissant cette critique de Schleiermacher comme parfaitement juste, je me mets en opposition directe avec le jugement de Rosenkranz, qui (*Jahrb. für wiss. Kritik,* 1831, Dec., S. 985 41) ne peut retenir la mauvaise humeur que lui cause la manière théologiquement pauvre et philosophiquement mesquine du morceau où *Schleiermacher cherche à saper le dogme fondamental de la foi chrétienne,* celui de l'incarnation de Dieu. La confusion de laquelle ce jugement dépend se découvrira d'elle-même plus loin.

l'autre, ne peut pas plus vouloir ce que veut une volonté divine dont l'objet est l'ensemble universel dans son développement qu'un entendement humain qui procède d'un objet à un autre ne peut penser ce que pense l'entendement divin qui embrasse tout à la fois par intuition. D'où il résulte en même temps sans difficulté qu'une communication des propriétés entre les deux natures n'est pas admissible.

La doctrine de l'œuvre du Christ n'échappa pas, non plus, à une semblable critique. Nous laisserons de côté ce qui, quant à la forme, a été objecté contre la division de cette œuvre en trois fonctions; mais nous rappellerons que, dans sa fonction de prophète, ce qui a été surtout attaqué, ce sont les idées de révélation et de miracle; et l'on a dit qu'elles n'étaient compatibles, ni, en dehors de l'homme, avec l'ordre de Dieu et du monde, ni, au dedans de l'homme, avec les lois de la faculté de connaître qui lui a été départie; qu'il était impossible que le Dieu parfait eût créé une nature qui de temps en temps eût besoin d'une intervention extraordinaire du Créateur, et en particulier une nature humaine qui ne pût atteindre sa destination par le développement de ses dispositions innées; qu'il était impossible que l'être immuable agît sur le monde tantôt d'une façon, tantôt d'une autre, tantôt médiatement, tantôt immédiatement, mais qu'il agissait d'une manière toujours égale, c'est-à-dire immédiatement pour lui et sur l'ensemble, médiatement pour nous et sur les choses individuelles; qu'admettre une interruption, par l'intervention immédiate de Dieu, dans l'enchaînement de la nature et dans le développement de l'humanité, ce serait renoncer à tout usage rationnel de la pensée; que, dans le cas particulier dont il s'agit, on ne peut pas même reconnaître avec certitude le caractère de révélation et de miracle, parce que, pour être assuré que certains phénomènes ne sont pas provenus des forces de la nature et des facultés de l'esprit humain, il faudrait en avoir une connaissance parfaite, et savoir jusqu'où ces forces et ces facultés s'étendent, connaissance que l'homme ne peut pas se flatter de posséder (1).

Mais ce qui souleva la difficulté capitale, ce fut, dans la fonction de grand-prêtre attribuée à Jésus, la doctrine de l'expiation. La couleur tout humaine que le système d'Anselme donnait à la conduite de Dieu à l'égard de l'homme pécheur, était ce qui devait provoquer d'abord des objections. De même qu'il sied bien à l'homme de pardonner les offenses sans se venger, de même, dit Socin, Dieu peut pardonner sans satisfaction les offenses que les hommes lui font par leurs péchés (2). A cette objection Grotius répondit que ce n'était pas par suite, en quelque sorte, d'une offense personnelle, mais que c'était pour conserver intact l'ordre du monde moral, ou en vertu de sa justice directrice, *justitia rectoria*, que Dieu ne pouvait pardonner les péchés sans satisfaction (3). Cependant, même en admettant qu'une satisfaction soit nécessaire, on ne voit pas que la mort de Jésus en soit une. Tandis qu'Anselme, et plus décidément encore Thomas d'Aquin (4), parlaient d'une satisfaction surabondante, *satisfactio superabundans*, Socin nia que le Christ eût supporté un châtiment même égal à celui que les hommes auraient mérité; car les hommes auraient mérité, chacun en particulier, la mort éternelle, par conséquent il aurait fallu que la mort éternelle fût soufferte par autant de rédempteurs que de pécheurs; au lieu que le seul Christ n'avait souffert que la mort temporelle, et encore comme introduction à la gloire suprême, et que cette mort avait atteint non sa nature divine, de sorte qu'on pût dire que sa souffrance avait été d'une valeur infinie, mais sa nature

---

(1) Spinoza, *Tract. theol. pol.*, c. 6, p. 183, ed. Gfœrer, et *ep.* 23 *ad Oldenburg.*, p. 558 seq. *Briefe über den Rat.*, 4ter, 5ter, 6ter, 12ter. Wegscheider, §§ 11, 12. Schleiermacher, §§ 44, 47.

(2) *Prælect. theol.*, c. 15.

(3) Dans l'ouvrage : *Defensio fidei cath. de satisfactione Chr. adv. F. Socinum.*

(4) *Summa*, P. 3, Q. 48, A. 2.

humaine. Pour échapper à cette objection déjà faite anciennement, Duns Scott (1), par opposition à Thomas, avait pris un moyen terme que, dans les temps modernes, Grotius et les Arminiens ont pris entre les orthodoxes et les Sociniens; ce fut de dire qu'en lui-même le mérite du Christ avait été fini comme la nature humaine, sujet de ce mérite, et par conséquent qu'il n'avait pas suffi à la satisfaction due pour les péchés du monde, mais que Dieu par pure grâce l'avait accepté comme suffisant. De cette concession il suivait que Dieu pouvait se contenter d'une satisfaction incomplète, et de la sorte laisser une partie de la dette sans satisfaction, et il s'ensuivait nécessairement aussi qu'il était en état de la remettre tout entière. Mais, indépendamment de toutes ces déterminations de détail, l'idée fondamentale fut attaquée elle-même, et l'on soutint que c'était transporter grossièrement les conditions d'un ordre inférieur dans un ordre plus élevé, que d'admettre que quelqu'un pût prendre pour lui la peine qu'un autre avait méritée par son péché; que des transgressions morales n'étaient pas des obligations transmissibles; qu'il n'en était pas de ces transgressions comme des dettes d'argent, où le créancier tient peu à savoir qui les lui paie, pourvu qu'en définitive elles lui soient payées; qu'au contraire, la peine du péché a cela d'essentiel, qu'elle ne peut être infligée qu'à celui qui se l'est attirée (2). Si donc ce qu'on appelle l'obéissance passive du Christ ne peut pas avoir eu une vertu de substitution, l'obéissance active possède encore moins cette vertu, puisque, en qualité d'homme, il était déjà, pour lui-même, tenu d'y satisfaire (3).

Quant à la fonction royale du Christ, l'espérance de le voir un jour venir juger le monde diminua, dans le senti-

---

(1) *Comm. in sentt.*, L. 3. *Dist.*, 19.
(2) Outre Socin, voyez surtout Kant, *Relig. innerhalb der Grænzen der blossen Vernunft*, 2tes Stück, 1ter Abschn., c.
(3) Tœllner, *Der thætige Gehorsam Christi untersucht*, 1768.

ment des chrétiens, à mesure qu'ils crurent davantage que chaque individu était, aussitôt après la mort, traité selon ses œuvres; ce qui dut faire considérer comme superflu le jugement général dont il s'agit (1).

§ CXLV.

Christologie du rationalisme.

Les rationalistes, à la place du dogme de l'Église touchant le Christ, sa personne et son œuvre, dogme qu'ils rejetaient comme contradictoire en soi, inutile et même dommageable au vrai sentiment de la religion morale; les rationalistes, dis-je, établirent une doctrine qui, en évitant ces contradictions, devait cependant faire encore de Jésus une apparition divine en un certain sens, le mettre même, tout bien considéré, beaucoup plus haut, et renfermer, en outre, les mobiles les plus efficaces de la piété pratique (2).

Suivant eux, Jésus reste un envoyé divin, un favori spécial, un nourrisson de la divinité, en ce sens que, par la dispensation de la Providence pourvu d'une somme privilégiée de dons spirituels, il avait été mis au sein d'un peuple et dans un temps, et dirigé dans une carrière de vie, où se réunirent les conditions les plus favorables au développement de ce qu'il devait être un jour; en ce sens surtout qu'il fut soumis à un genre de mort qui rendit possible son retour à la vie dont dépendait le succès de toute son œuvre, et que les circonstances concoururent à réaliser cette résurrection apparente. Ainsi, tandis qu'à l'égard des dons naturels et de la destinée extérieure du Christ, le rationalisme croit, dans l'idée qu'il s'en forme, ne pas rester essentiellement en arrière de l'opinion orthodoxe, attendu qu'il en fait l'homme

---

(1) Wegscheider, § 199.
(2) Comparez, pour ce qui suit, sur- toutes *Lettres sur le rationalisme*, p. 372 seq.; Wegscheider, §§ 128, 133, 140.

le plus sublime qui ait jamais foulé la terre, un héros dans la destinée duquel la Providence s'est glorifiée; il croit, à l'égard du développement interne et de l'activité spontanée de Jésus, dépasser essentiellement la doctrine de l'Église. Le rationalisme, prétendant que le Christ de l'Église est un automate sans liberté dont l'humanité se comporte entre les mains de la divinité comme un instrument inanimé, qui agit avec une perfection morale parce qu'il ne peut pas pécher, et qui, pour cette raison, ne peut ni avoir un mérite moral, ni être l'objet du respect et de l'adoration; le rationalisme, dis-je, assure que Jésus reçut seulement de Dieu les conditions naturelles de ce qu'il devait devenir, et que, s'il s'éleva réellement à cette hauteur, cela fut le résultat de sa propre activité spontanée; qu'il acquit son admirable sagesse par une application judicieuse des forces de son entendement et par un emploi consciencieux des secours qui étaient à sa disposition; qu'il se donna sa grandeur morale en cultivant soigneusement les dispositions qui étaient en lui, en domptant ses penchants sensuels et ses passions, et en obéissant aux plus délicates suggestions de sa conscience; et que c'est uniquement en cela que réside ce que sa personnalité a d'élevé et son modèle d'encourageant.

Quant à l'œuvre de Jésus, il s'est avant tout acquis des droits à la reconnaissance de l'humanité, en lui communiquant une doctrine religieuse à laquelle, en raison de sa pureté et de son excellence, on a justement attribué une certaine force, une certaine dignité divine, et en l'expliquant et la fortifiant de la façon la plus efficace par l'exemple sublime de sa propre conduite. Cette fonction de prophète est, chez les sociniens et les rationalistes, le point essentiel de son œuvre, auquel ils ramènent sans cesse tout le reste, et en particulier ce que la doctrine de l'Église comprend dans la fonction de grand-prêtre. L'obéissance appelée active n'a, on le conçoit ici, de valeur que comme exemple; mais la mort même de Jésus ne produit, suivant ces auteurs, la remise des péchés que moyennant l'amélioration du pécheur, soit que cette mort, mettant le sceau à sa doctrine et étant le type du dévouement au devoir, excite le zèle pour la vertu, soit que, étant la preuve de l'amour de Dieu pour les hommes, de son penchant à pardonner à celui qui se corrige, elle relève le courage moral (1).

Si le Christ n'a ni été ni fait plus que ne le suppose cette doctrine rationaliste, on ne voit pas comment la piété arrive à y trouver l'objet qui l'occupe, et la dogmatique, à établir sur lui des propositions spéciales. Aussi des rationalistes conséquents ont-ils, dans le fait, avoué que ce que la dogmatique orthodoxe appelle christologie, n'entre aucunement comme partie intégrante dans le système rationaliste, attendu que ce système repose sur une religion que le Christ a enseignée, mais non sur une religion dont il soit l'objet; qu'il ne sert de rien d'appeler la christologie doctrine du Messie, puisque cette doctrine ne fut qu'une aide destinée aux Juifs; mais que, prise même dans un sens plus élevé en tant que doctrine de la vie, des œuvres et de la destinée de Jésus, elle n'appartient pas au système de la foi, vu que des vérités religieuses générales ne sont pas plus liées à des opinions sur la personne de celui qui les a exprimées pour la première fois, que les propositions philosophiques du système de Leibnitz et de Wolf, ou de celui de Kant, ou de celui de Fichte, ou de celui de Schelling, ne sont liées avec les opinions qu'on doit se faire de la personne de leurs auteurs; que ce qui regarde la personne et l'œuvre de Jésus appartient seulement à l'histoire de la religion, et non à la religion, et ne peut être attribué à la doctrine religieuse que comme un préambule destiné à en être l'introduction historique, ou comme une conclusion

---

(1) Voyez les diverses opinions dans Bretschneider, *Dogm.*, 2, S. 353; *Systematische Entwicklung*, § 107.

destinée à l'éclaircir (1). Aussi déjà Henke, dans ses *Linéaments*, a-t-il supprimé la christologie en tant que partie intégrante de la dogmatique, et en a-t-il fait une sous-division de l'anthropologie.

Mais, par là, le rationalisme se met en contradiction ouverte avec la foi chrétienne, puisqu'il cherche à rejeter sur le second plan, et même à bannir de la dogmatique, ce qui en est le point essentiel et la pierre angulaire, à savoir la doctrine du Christ. En même temps, l'insuffisance du système rationaliste s'y montre d'une manière décisive, puisqu'il ne remplit pas les deux conditions que doit remplir toute doctrine de foi, c'est-à-dire donner d'abord l'expression adéquate à la foi qui est l'objet de la doctrine, puis placer cette expression en un rapport avec la science, n'importe qu'il soit positif ou négatif. Or, ici les rationalistes, dans leurs efforts pour mettre la foi en harmonie avec la science, en ont faussé l'expression; car un Christ, qui n'est qu'un homme distingué, est, à la vérité, conçu sans difficulté, mais il n'est pas celui en qui l'Église croit.

§ CXLVI.

Christologie éclectique. Schleiermacher.

Éviter ces deux inconvénients, et concevoir la doctrine du Christ de manière que, sans dommage pour la foi, la science n'ait pas à lui déclarer la guerre (2), tel a été le but des efforts de ce théologien. D'une part, il avait complaisamment accueilli et même aiguisé la critique négative du rationalisme contre la doctrine de l'Église; d'autre part il s'était efforcé de conserver la portion essentielle, perdue pour le rationalisme, du christianisme positif : aussi a-t-il

---

(1) Rœhr, *Briefe*, S. 36, 405 ff.
(2) Schleiermacher, *Ueber seine Glaubenslehre*, an D Lücke. Zweites Sendschreiben. Studien, 2, 3, S. 484 ff.

été, dans ces derniers temps, pour beaucoup d'esprits, le sauveur qui les a tirés d'un surnaturalisme étroit et d'un rationalisme vide. Schleiermacher réalise cette simplification de la foi en ne partant ni, comme les protestants, de la doctrine de l'Écriture, ni non plus, comme les catholiques, des décisions de l'Église; car des deux façons il aurait un fond développé et précis qui, formé dans les siècles antérieurs, s'embarrasserait nécessairement avec la science actuelle; mais il part de la conscience chrétienne, de l'expérience interne que chacun fait en soi-même sur ce que lui donne le christianisme, et de la sorte il obtient des matériaux qui, dépendant du sentiment, sont moins précis, et qui par conséquent sont plus susceptibles de recevoir, par le travail dialectique, une forme capable de satisfaire aux exigences de la science.

Comme membre de la communauté chrétienne (tel est le point de départ de la christologie de Schleiermacher (1)), j'ai conscience de l'anéantissement de ma peccabilité et de la participation à une perfection absolue, c'est-à-dire je sens dans cette association les influences qu'un principe sans péché et parfait exerce sur moi. Ces influences ne peuvent provenir de l'association chrétienne, en ce sens qu'elles soient le résultat de l'action réciproque de ses membres l'un sur l'autre, car le péché et l'imperfection résident dans chacun d'eux, et le concours d'êtres impurs n'a jamais produit quelque chose de pur. Il faut donc que cela soit dû à l'influence d'une personne qui, d'une part, a possédé cette impeccabilité et cette perfection comme des qualités propres, et qui, d'autre part, est, avec l'association chrétienne, dans une relation en vertu de laquelle ces qualités peuvent se communiquer de lui à elle; or, comme l'association chrétienne ne peut pas avoir existé comme telle avant cette communication, cette personne a dû être

---

(1) Glaubenslehre, 2, §§ 92-105.

son fondateur. En tant que chrétiens, nous sentons que quelque chose est opéré en nous; et, par la conclusion générale de l'effet à la cause, nous concluons de cette opération à l'influence du Christ, et de cette influence à sa personne, qui doit avoir eu la faculté de produire cette opération.

Entrons dans le détail, et nous trouvons que ce que nous puisons dans l'association chrétienne, c'est plus de force pour sentir dans quel rapport notre conscience de Dieu nous met à l'égard de la sensibilité, c'est-à-dire qu'il nous devient plus facile de briser la domination de la sensibilité, de rapporter au sentiment religieux toutes les impressions que nous recevons, et d'en faire dériver toutes les œuvres. D'après ce qui a été dit plus haut, cela est l'effet du Christ sur nous, du Christ qui nous communique la vertu de sa conscience de Dieu, nous délivre de la servitude de la sensibilité et du péché, et ainsi est le rédempteur. Le chrétien, sentant que la communication avec son rédempteur a fortifié en lui sa conscience de Dieu, sent en même temps que les empêchements qu'il éprouve dans sa vie naturelle et sociale ne sont pas des empêchements d'avoir la conscience de Dieu; ils n'interrompent pas la félicité dont il jouit dans les profondeurs de sa vie religieuse; ce que l'on appelle d'ordinaire mal et infliction divine, n'est pas pour lui mal et infliction; et, comme c'est le Christ qui l'en a délivré en le recevant en participation de sa félicité, l'œuvre d'expiation lui appartient comme l'œuvre de rédemption. — C'est aussi dans ce sens qu'il faut entendre la doctrine de l'Église touchant la triple fonction du Christ. Il est prophète, car il ne pouvait attirer à lui l'humanité autrement que par la parole, c'est-à-dire en se manifestant lui-même, de sorte que l'objet principal de sa doctrine a été justement sa personne. Il est grand-prêtre et en même temps victime; car lui, être sans péché, de l'existence duquel aussi aucun mal ne pouvait naître, est entré en la communauté de la vie de l'humanité pécheresse, et s'est chargé des maux qui s'y engendrent, pour nous recevoir aussitôt dans la communauté de la vie exempte de péchés et bienheureuse, c'est-à-dire pour supprimer en nous et pour nous le péché et le mal, et pour nous présenter purs devant Dieu. Enfin il est roi, car il apporte ses bénédictions à l'humanité sous la forme même d'un corps social dont il est la tête.

Maintenant, ce que le Christ opère révèle ce qu'il a été. Si nous lui devons la vertu toujours croissante de notre conscience de Dieu, il faut que cette conscience ait eu en lui une vertu absolue ; de sorte que cette conscience ou Dieu sous la forme de cette conscience était ce qui seul agissait en lui, et tel est le sens de ce que dit l'Église, à savoir que Dieu s'est fait homme en Christ. De plus, si le Christ produit en nous la victoire de plus en plus complète sur la sensibilité, il faut que celle-ci ait été complétement vaincue en lui ; la sensibilité, dans aucun moment de sa vie, n'a pu disputer la victoire à sa conscience de Dieu ; jamais il n'a pu y avoir en lui ni hésitation, ni lutte, c'est-à-dire la nature humaine en lui était impeccable, et impeccable au sens le plus étroit ; car, en vertu de la prépondérance essentielle que les forces supérieures avaient en lui sur les inférieures, il lui était impossible de pécher. Tandis que, par cette propriété de son être, il est le type idéal duquel la société fondée par lui ne peut que s'approcher incessamment sans pouvoir jamais le dépasser, il faut cependant (autrement il ne pourrait y avoir entre lui et nous aucune véritable communauté) qu'il se soit développé sous les conditions ordinaires de la vie humaine ; il faut que l'idéal suprême soit entré complétement dans le temps et dans l'histoire, et qu'aussi chacune des phases historiques qu'il a parcourues ait porté le caractère de l'idéal suprême ; et tel est le sens propre de la formule de l'Église, où il est dit que les natures divine et humaine se sont réunies dans lui en une seule personne.

L'expérience interne du chrétien permet de développer jusqu'à ce point, et pas au delà, la doctrine du Christ; doctrine qui, dans ces termes, ne contredit pas non plus la science, suivant Schleiermacher. Le surplus qui se trouve dans le dogme de l'Église (et c'est là justement ce que la science ne peut s'empêcher d'attaquer), par exemple l'engendrement surnaturel de Jésus et ses miracles, les faits de la résurrection et de l'ascension, les prédictions de son retour pour le jugement dernier, ne peuvent pas être posés comme de véritables parties intégrantes de la doctrine du Christ; car celui dont l'influence donne en nous toute force à notre conscience de Dieu peut avoir été le Christ, quand bien même il n'aurait pas ressuscité corporellement et ne serait pas monté au ciel, etc.; aussi croyons-nous ces faits, non parce qu'ils ont été déposés dans notre expérience interne, mais seulement parce qu'ils se trouvent dans l'Écriture; nous les croyons donc, non religieusement et dogmatiquement, mais seulement par voie historique.

Certes, cette christologie est une très belle élaboration, et, comme nous le verrons plus tard, elle a fait tout ce qu'il était possible de faire pour rendre concevable la réunion de la divinité et de l'humanité dans le Christ, en tant qu'individu (1); mais, si elle croit avoir satisfait aux deux conditions de laisser à la foi sa plénitude et à la science son intégrité, il faut dire qu'elle se trompe sur ces deux points (2).

Le premier point contesté par la science est la formule où il est dit que l'idéal suprême a eu une manifestation

---

(1) Ici encore je me trouve en contradiction avec Rosenkrantz, qui (l. c.) appelle la *christologie* de Schleiermacher une élaboration tourmentée.

(2) Cela a été aussi déjà senti par les auteurs des jugements les plus dignes de mention qui ont été portés sur le système de Schleiermacher. Comparez Brauiss, *Ueber Schleiermacher's Glaubenslehre*; H. Schmid, *Ueber Schl. Glaubensl.*, S. 263 ff.; Baur, *Die christl. Gnosis*, S. 626 ff. et l'examen fait par Rosenkranz, et déjà cité.

temporelle et historique dans le Christ. Schleiermacher lui-même n'a pas ignoré que c'était là un point dangereux. A peine a-t-il posé cette formule, que déjà il s'objecte à lui-même combien il est difficile de penser que l'idéal suprême ait eu une réalisation complète dans un individu historique, car nous ne trouvons jamais ailleurs la réalisation de cet idéal dans une apparition unique, nous ne la trouvons que dans un cycle d'apparitions qui se complètent réciproquement. A la vérité, l'auteur remarque que le caractère suprême du Christ ne s'était nullement étendu aux mille relations de la vie humaine; que le Christ n'a pas dû nécessairement le porter dans toutes les sciences, dans tous les arts, dans toutes les aptitudes qui se développent au sein de la société humaine, et qu'il ne l'a porté que dans le domaine de la conscience de Dieu. Mais, comme Schmid l'a observé avec raison, cela ne change rien à la question, attendu que notre conscience de Dieu, dans son évolution et dans sa manifestation, est soumise aux conditions de la limitation et de l'imperfection; et, si l'on prétend admettre, ne fût-ce que dans ce domaine, la réalisation de l'idéal suprême en un individu historique, on ne le peut sans rompre les lois de la nature par la supposition d'un miracle. Cela ne fait nullement reculer Schleiermacher; et il pense que c'est ici le seul lieu où la foi chrétienne puisse donner place au miracle, vu que la formation de la personne du Christ ne peut être comprise que comme le résultat d'un acte divin de création. Il est vrai que ce théologien borne l'empire du merveilleux à la première entrée du Christ dans la série des existences temporelles, et qu'il suppose son développement ultérieur soumis à toutes les conditions de l'existence finie. Mais cette concession ne peut guérir la solution de continuité que l'assertion antécédente cause dans l'idée entière que la science se fait du monde; et rien ne peut moins la réparer que de vagues analogies telles que la suivante : de même qu'il est possible encore aujourd'hui que la matière se forme en globe sphérique et commence à tourner dans l'espace infini, de même la science doit aussi accorder qu'il y a dans le domaine de la vie spirituelle un phénomène que nous ne pouvons expliquer que comme le principe et le commencement d'un développement spirituel supérieur (1).

Cette comparaison rappelle aussi l'argument que Braniss a surtout fait valoir, à savoir qu'il serait contraire aux lois de tout développement de se figurer le point de départ d'une série comme le terme le plus considérable, et par conséquent de se représenter ici que le Christ, fondateur de la vie totale qui a pour but de fortifier la vertu de notre conscience de Dieu, ait eu la possession absolue de cette vertu, possession absolue qui n'est que le terme infini du développement de la vie totale fondée par lui. A la vérité, Schleiermacher accorde aussi, dans un certain sens, une perfectibilité du christianisme, mais une perfectibilité qui, ne dépassant pas l'essence du Christ, se borne à sa manifestation, c'est-à-dire que la limitation et l'imperfection des conditions où le Christ a vécu, de la langue dans laquelle il s'est exprimé, de la nationalité au sein de laquelle il a été placé, ont modifié sa manière de penser et d'agir, mais ne l'ont modifiée que du côté extérieur, laissant à l'intérieur le véritable caractère de l'idéal suprême; et, si dorénavant la chrétienté, continuant son évolution dans la doctrine et dans la vie, rejette de plus en plus les limites temporelles et nationales au milieu desquelles Jésus agit et parla, ce n'est pas dépasser le Christ, c'est exposer plus complétement au dehors son essence interne. Mais, ainsi que Schmid l'a démontré à fond, un individu historique n'est que ce qui paraît de lui, son essence interne est reconnue dans ses

---

(1) 2tes Sendschreiben.

paroles et dans ses actes. A son caractère spécial appartiennent les limitations qu'y apportent le temps et le peuple au milieu desquels il vit; et le fond essentiel qui reste derrière ces manifestations extérieures est non l'essence de cet individu, mais la nature humaine générale qui se réalise en tel ou tel homme, sous les conditions d'individualité, de temps et de circonstances. Aller au delà de la manifestation historique du Christ, c'est donc s'élever non pas à l'essence du Christ, mais à l'idée de l'humanité en général; et, si l'on prétend encore que c'est le Christ dont l'essence se révèle lorsque, rejetant les conditions de temps et de nation, on développe ce que sa doctrine et sa vie renferment d'essentiel, il ne serait pas difficile, à l'aide de pareilles abstractions, de représenter aussi un Socrate comme l'homme au delà duquel, de cette façon, il n'est pas possible de s'élever.

Mais tandis que ni un individu en général, ni un point de départ historique en particulier ne peuvent avoir, outre leur caractère propre, le caractère de l'idéal suprême, les lois de l'existence humaine, dans le Christ conçu précisément comme homme, ne sont pas non plus compatibles avec l'idéal suprême dont Schleiermacher lui attribue la qualité et le développement. L'impeccabilité, en tant qu'impossibilité de pécher, telle qu'on la suppose dans le Christ, est une propriété tout à fait inconciliable avec la nature humaine, attendu que la possibilité de pécher est inhérente à l'homme, en vertu de son libre arbitre que meut la sensibilité aussi bien que la raison. Et si le Christ avait été exempt, comme on le prétend, de toute lutte intérieure, de toute hésitation entre le bien et le mal, il n'aurait pas été complétement un homme comme nous; car, chez l'homme, l'action et la réaction entre la force spirituelle interne en général et les impressions du monde, aussi bien qu'entre la force religieuse et morale supérieure en particulier, et l'activité spirituelle de la sensibilité, se manifestent nécessairement comme une lutte et un combat (1).

Si en ce sens la christologie dont il s'agit ne satisfait pas à la science, d'autre part elle ne satisfait pas non plus à la foi. Nous laisserons de côté les points où, en place des déterminations de l'Église, elle sait du moins offrir des substitutions acceptables, sur lesquelles cependant on pourrait débattre la question de savoir si elles donnent une compensation complète (2). Mais là où le désaccord avec la foi est le plus criant, c'est quand Schleiermacher soutient que les faits de la résurrection et de l'ascension n'appartiennent pas essentiellement à la croyance chrétienne. Or, d'une part, la foi à la résurrection du Christ est la pierre fondamentale sans laquelle la communauté chrétienne n'aurait pu s'élever; et, d'autre part, aujourd'hui encore, le cycle des fêtes chrétiennes, qui est la représentation extérieure du sentiment chrétien, ne pourrait pas recevoir de mutilation plus mortelle que par la suppression de la fête de Pâques; et surtout le Christ mort ne pourrait pas être dans la foi de la communauté ce qu'il y est, s'il n'était pas en même temps le Christ ressuscité.

Ainsi, la doctrine de Schleiermacher touchant la personne et la condition du Christ, se montre doublement insuffisante à l'égard de la foi de l'Église et à l'égard de la science; et celle de l'œuvre du Christ va nous montrer que, pour ne pas satisfaire davantage aux exigences de la foi de l'Église, il n'était pas nécessaire de contredire ainsi les principes de la science, et qu'il était possible de suivre une voie plus aisée. En effet, c'est uniquement en concluant de l'expérience interne du chrétien comme effet à la personne du Christ comme cause, que Schleiermacher édifie sa christologie; or, cette base n'est pas solide;

(1) Schmid, l. c.   (2) Comparez Rosenkranz, l. c., S. 935 ff.

car on ne peut prouver que cette expérience interne ne soit susceptible d'être expliquée qu'autant qu'un tel Christ a réellement vécu. Schleiermacher a senti la difficulté; il a remarqué lui-même que l'on pourrait dire que l'excellence relative de Jésus n'avait été pour la communauté qu'une occasion de tracer un idéal de perfection absolue, idéal qui, transporté sur le Christ historique, donnait sans cesse dorénavant une force et une vie nouvelle à la conscience de Dieu, que cette communauté possédait; ajoutant que ce qui coupait court à cette remarque, c'était que l'humanité pécheresse n'avait pas, en vertu de la connexion de la volonté et de l'entendement, la faculté de produire un type sans tache. Mais, ainsi qu'on l'a remarqué avec une justesse frappante, quand Schleiermacher fait la supposition d'un miracle sur la naissance de son Christ véritable, nous pourrions réclamer le droit de faire une supposition semblable pour la naissance de l'idéal d'un Christ au sein de l'âme humaine (1). Cependant, il n'est pas même vrai que la nature humaine pécheresse soit incapable de produire un type sans péché. Si par cet idéal on n'entend que l'idée générale de la perfection, il est certain que le sentiment de l'imperfection et de la peccabilité implique l'idée de ce qui est parfait et sans péché, aussi nécessairement que le sentiment du fini implique l'idée de l'infini; ces deux idées sont la condition l'une de l'autre, et même l'une n'est pas possible sans l'autre. Si, au contraire, par cet idéal il s'agit de dessiner une image concrète de ce type dans ses traits particuliers, on peut accorder qu'un individu pécheur et une époque pécheresse ne réussiront pas à produire cette image sans tache; mais une pareille époque, n'étant pas placée elle-même au-dessus de cette imperfection, n'en a pas la conscience; et, si l'image n'a été qu'esquissée, si elle laisse encore beaucoup de latitude au jeu de la lumière, il se peut

---

(1) Baur, l. c., S. 653.

aisément qu'un siècle postérieur et devenu plus sagace la considère encore comme sans tache aussi longtemps qu'il sera disposé à la voir sous le jour le plus favorable.

Il y avait un reproche qui irritait démesurément Schleiermacher, c'était de lui dire que son Christ était, non pas historique, mais idéal. Nous voyons maintenant quelle est la valeur de ce reproche; il est injuste s'il s'adresse à l'intention de Schleiermacher, car ce théologien croyait fermement que le Christ avait réellement vécu tel qu'il le construisait; mais il est juste quant à la question historique, car un tel Christ ne peut jamais avoir eu d'existence que dans l'idée métaphysique; il est vrai qu'en ce sens le système de l'Église serait exposé, et avec plus de force, au même reproche, attendu que l'existence de son Christ est encore beaucoup moins possible. Enfin ce reproche est juste, au sujet de la conséquence du système avec lui-même; car, pour opérer ce que Schleiermacher fait opérer au Christ, il n'est besoin que d'un Christ idéal, et même nul autre n'est possible d'après les principes de ce théologien touchant le rapport qui existe entre Dieu et le monde, entre le surnaturel et le naturel. Or, de ce côté, le reproche atteint spécifiquement la doctrine de foi dressée par Schleiermacher, car, du moins d'après les prémisses de la doctrine de l'Église, un Christ historique est également possible et nécessaire.

§ CXLVII.

Christologie expliquée symboliquement. Kant. De Wette.

Ainsi a échoué la tentative de réunir en Christ l'idéal suprême et la manifestation dans le temps et dans l'histoire. Dès lors ces deux éléments se séparent: le second se dépose comme un résidu naturel; le premier s'élève comme une pure sublimation dans l'éther du monde des idées. Historiquement, Jésus ne peut pas avoir été autre chose qu'un personnage à la vérité excellent, mais néanmoins soumis aux limites qui bornent tout ce qui est fini. Par le moyen des qualités éminentes qu'il possédait, il remua le sentiment religieux avec tant de puissance, que ce sentiment fit de lui l'idéal de la piété; car, en général, un fait historique, et une personne historique, ne peuvent devenir la base d'une religion positive qu'en étant portés dans la sphère de l'idéal (1).

Déjà Spinoza a fait cette distinction, en soutenant que pour la félicité il était nécessaire de connaître non le Christ historique, mais le Christ idéal, à savoir l'éternelle sagesse de Dieu, qui s'est manifestée en toute chose, particulièrement dans le cœur humain, et surtout à un degré éminent en Jésus-Christ, et qui seule enseigne aux hommes ce qui est vrai et faux, bon et mauvais (2).

D'après Kant aussi, ce n'est pas une condition nécessaire au salut que de croire qu'il y a eu jadis un homme qui, par sa sainteté et son mérite, a satisfait aussi bien pour lui que pour tous les autres; que la raison ne nous en dit rien; mais que c'est un devoir imposé généralement aux hommes, de s'élever à l'idéal de la perfection morale qui est déposé dans la raison, et de se fortifier, en le contemplant, dans la pratique de la vertu; que l'homme n'est tenu qu'à cette croyance morale, et non à la croyance historique (3).

Partant de là, Kant cherche à interpréter dans le sens de cet idéal les traits particuliers de la doctrine de la Bible et de l'Église touchant le Christ. C'est l'humanité, ou en gé-

---

(1) C'est ce que dit Schmid, l. c., S. 267.

(2) *Ep.* 21 *ad Oldenburg. Opp. ed. Gfrœrer*, p. 556 : ... Dico, ad salutem non esse omnino necesse, Christum secundum carnem noscere; sed de æterno illo filio Dei, h. e. Dei æterna sapientia, quæ sese in omnibus rebus, et maxime in mente humana, et omnium maxime in Christo Jesu manifestavit, longe aliter sentiendum. Nam nemo absque hac ad statum beatitudinis potest pervenire, utpote quæ sola docet, quid verum et falsum, bonum et malum sit.

(3) *Religion innerhalb der Grænzen der blossen Vernunft*, drittes Stück, 1te Abthl. VII.

néral l'être cosmique raisonnable dans toute sa perfection morale, qui seule peut faire qu'un monde soit l'objet de la providence divine et le but de la création. Cette idée d'une humanité aimée de Dieu est en lui de toute éternité, elle procède de son essence, et en ce sens elle n'est pas une chose créée, elle est son fils inné, le verbe par lequel, c'est-à-dire pour l'amour duquel tout a été fait, et en qui Dieu a aimé le monde. Comme cette idée de la perfection morale n'a pas l'homme pour auteur, mais a pris place en lui sans que l'on comprenne comment sa nature a pu en être susceptible, il est permis de dire que ce type primitif est descendu vers nous du haut des cieux, qu'il a revêtu l'humanité; et cette réunion avec nous peut être considérée comme un état d'abaissement du fils de Dieu. Cet idéal de la perfection morale, tel que le comporte un être cosmique dépendant de besoins et de penchants, ne peut être conçu par nous que sous la forme d'un homme; et même, comme nous ne pouvons nous faire aucune idée de la puissance d'une force, non plus que de la disposition morale, qu'à la condition de nous la figurer luttant avec des obstacles, et triomphant bien qu'assaillie de toute part, cet idéal se présentera à nous sous la forme d'un homme prêt non seulement à accomplir lui-même tout devoir humain, et, par sa doctrine et par son exemple, à propager autant que possible le bien autour de lui; mais encore, en dépit des séductions les plus actives, à accepter, pour le plus grand avantage du genre humain, toutes les souffrances, jusqu'à la mort la plus ignominieuse.

Cette idée a, pour la pratique, sa réalité complétement en elle-même; et il n'est besoin d'aucun exemple emprunté à l'expérience, pour qu'elle devienne pour nous un type obligatoire, car elle a déjà dans notre raison ce caractère d'obligation. De plus, cet idéal demeure essentiellement limité à la raison, attendu qu'aucun exemple ne peut lui être adéquat dans l'expérience extérieure, laquelle ne révèle pas l'intérieur des sentiments et n'en donne qu'une assurance douteuse. Cependant comme tous les hommes devraient se conformer à cet idéal, et par conséquent le peuvent, il reste toujours possible que dans l'expérience, c'est-à-dire l'histoire, vienne un homme qui, par sa doctrine, sa conduite et sa souffrance, offre un modèle qui plaise complétement à Dieu. Mais aussi, dans cette manifestation de l'homme-Dieu, ce n'est pas ce qui tombe sous les sens, ou ce qui peut-être reconnu par l'expérience, qui serait, à proprement parler, l'objet de la foi nécessaire au salut, mais ce serait l'idéal déposé dans notre raison, idéal que nous attribuerions à cette manifestation de l'homme-Dieu, parce que nous la trouverions conforme à cet idéal; et toujours nous ne l'attribuerions que dans les limites que permet l'observation extérieure. Comme nous tous, bien qu'engendrés naturellement, nous nous sentons obligés, et par conséquent en état de donner nous-mêmes de tels modèles, nous n'avons aucune raison de voir dans cet homme exemplaire un homme engendré surnaturellement. Les miracles ne lui sont pas non plus nécessaires pour justifier sa mission ; il ne faut, outre la foi morale à l'idéal, qu'une chose, c'est qu'il soit constaté historiquement, que sa vie y a été conforme; et cela suffit pour que le monde ait foi en lui comme exemple de l'idéal.

Maintenant, celui qui, se sentant une pareille disposition morale, peut avec raison se fier assez en lui-même pour penser qu'au milieu de tentations et de souffrances comme celles qu'on se représente dans le type de l'humanité en épreuve de sa disposition morale, il resterait invariablement attaché et fidèlement semblable à ce type, un tel homme, seul, a qualité pour se regarder comme un objet de la complaisance divine. S'il veut s'élever à une pareille disposition, l'homme doit sortir de l'homme, dépouiller le vieil homme, crucifier sa chair ; réformation qui est essentiellement jointe à une série de douleurs et de souffrances. Ces afflictions, le vieil homme les a méritées comme des châtiments ; mais c'est le nouveau qu'elles frappent ; car l'homme régénéré qui les accepte, est devenu nouveau, sinon physiquement dans son caractère empirique et comme être sensible, du moins moralement dans ses sentiments changés et comme être intelligible. De cette façon, le changement de sentiment l'a mis dans la disposition morale qui était celle du fils de Dieu ; par conséquent, ce qui était à proprement parler une substitution de l'homme nouveau pour l'ancien, peut être considéré, si l'on personnifie l'idée, comme une substitution du fils de Dieu, et l'on peut dire que, comme notre substitut, il porte lui-même la coulpe du péché pour les hommes, pour tous ceux qui croient pratiquement en lui ; que, comme notre rédempteur, par la passion et la mort il satisfait à la justice suprême ; et que, comme notre intercesseur, il nous permet d'espérer que nous paraîtrons justifiés devant le juge ; car la souffrance à laquelle l'homme nouveau, en mourant pour le vieil homme, doit incessamment se soumettre dans sa vie, est figurée dans le représentant de l'humanité comme une mort soufferte une fois pour toutes (1).

Kant, comme Schleiermacher, dont la christologie rappelle à plusieurs égards celle de Kant (2), ne va, non plus, que jusqu'à la mort du Christ dans l'élaboration à laquelle il soumet la christologie de l'Église. Quant à la résurrection et à l'ascension, il dit qu'elles ne peuvent pas être utilisées pour la religion dans les limites de la seule raison, parce qu'elles conduiraient à la matérialité de tous les êtres de l'univers. Cependant, d'un autre côté, il revient à ces faits, et en argumente comme de symboles d'idées rationnelles,

---

(1) L. c. 2tes Stück, 1ter Abschn., 3tes Stück, 1ter Abtblg.

(2) Comme Baur le fait voir, *Christl. Gnosis*, S. 660 ff.

comme d'images qui peignent l'entrée dans le séjour de la félicité, c'est-à-dire dans la communion avec tous les bons. Mais, à l'encontre de ce symbolisme, Tieftrunk a déclaré, avec encore plus de précision, que sans la résurrection l'histoire de Jésus finirait en une catastrophe pénible ; que l'œil se détournerait, avec tristesse et répugnance, d'un événement où le modèle de l'humanité tomberait victime d'une fureur profane, et où la scène serait close par une mort aussi imméritée que douloureuse ; qu'il fallait que cette histoire fût couronnée par l'accomplissement d'une attente vers laquelle chacun se sent moralement attiré d'une manière irrésistible, c'est-à-dire par le passage en une immortalité rémunératrice (1).

De la même façon, De Wette a attribué à l'histoire évangélique, comme à toute histoire, et en particulier à l'histoire de la religion, un caractère symbolique, idéal, en vertu duquel elle est l'expression et l'image de l'esprit humain et de ses aptitudes. L'histoire de la conception miraculeuse de Jésus, dit ce théologien, représente l'origine divine de la religion ; les récits de ses miracles figurent la force indépendante que possède l'esprit humain, et la doctrine sublime de la confiance spirituelle que l'homme prend en lui-même ; sa résurrection est le type de la victoire de la vérité, le signe avant-coureur du triomphe qui s'accomplira un jour, du bien sur le mal ; son ascension est le symbole de la splendeur éternelle de la religion. Les idées fondamentales religieuses que Jésus a énoncées dans sa doctrine, se manifestent avec autant de clarté dans son histoire. Son histoire est l'expression de l'enthousiasme dans le courageux ministère de Jésus et dans la victorieuse puissance de son apparition ; de la résignation, dans sa lutte avec la méchanceté des hommes, dans la mélancolie de ses

---

(1) *Censur des christl. protestantischen Lehrbegriffs*, 3, S. 180.

avertissements, et, avant tout, dans sa mort. Le Christ sur la croix est l'image de l'humanité purifiée par le sacrifice; nous devons tous nous crucifier avec lui, afin de renaître avec lui à une nouvelle vie. Enfin, l'idée de la dévotion est le ton dominant de l'histoire de Jésus, car chaque moment de sa vie est consacré à la pensée de son père céleste (1).

Déjà antérieurement, Horst avait exprimé, avec une clarté particulière, cette vue symbolique de l'histoire de Jésus. Tout ce qu'on raconte du Christ, dit cet auteur, est-ce histoire véritable? Cette question peut maintenant nous être passablement indifférente, et d'ailleurs nous ne sommes plus en état de la résoudre. Il y a plus, si nous voulons être francs avec nous-mêmes, nous avouerons que la partie éclairée de nos contemporains ne voit plus que des fables dans ce qui était de l'histoire sacrée pour l'antique foi des chrétiens; les récits de la naissance surnaturelle du Christ, de ses miracles, de sa résurrection, de son ascension, doivent être rejetés comme étant en contradiction avec les lois de notre faculté de connaître. Mais, si on les conçoit, non plus avec l'entendement seul comme de l'histoire, mais comme de la poésie avec le sentiment et l'imagination, on trouvera que rien n'est arbitraire dans ces récits, et que tout y a ses attaches dans les profondeurs de l'esprit humain, et dans les points par lesquels il touche à la divinité. Vue sous ce jour, l'histoire du Christ permet qu'on y rattache tout ce qui est important pour la conscience religieuse, vivifiant pour une âme pure, attrayant pour un sentiment délicat. Cette histoire est une belle et sainte poésie de l'humanité générale, où se réunissent tous les besoins de notre instinct religieux; et cela est à la fois le plus grand honneur du christianisme et la plus grande preuve de sa valeur universelle. L'histoire de l'évangile est, au fond, l'histoire de la nature humaine

---

(1) *Religion und Theologie*, 2ter Abschnitt, Kap. 3. Comparez *Bibl. Dogm.* § 255; *Kirchliche*, § 64 ff.

ramenée à une conception idéale, et elle nous montre dans la vie d'un individu ce que l'homme doit être, ce qu'il peut véritablement devenir en s'unissant à lui et en suivant sa doctrine et son exemple. Ce n'est pas nier que Paul, Jean, Matthieu et Luc aient vu des faits et une histoire certaine dans ce qui ne peut plus nous paraître dorénavant qu'une fiction sacrée. Mais, à leur point de vue, cela était fait sacré, histoire sacrée, justement par le même motif qui fait qu'aujourd'hui, à notre point de vue, cela est mythe sacré, fiction sacrée. Il n'y a de changées que les manières de voir: la nature humaine, et en elle l'instinct religieux, restent toujours les mêmes. Ces hommes, dans le monde où ils vivaient, avaient besoin, pour ranimer les dispositions religieuses et morales dans le cœur de leurs contemporains, d'histoires et de faits dont le fond essentiel était cependant constitué par des idées. Ces faits ont vieilli pour nous, ils sont devenus douteux, et ce n'est que pour les idées qui y reposent, que les récits qui les contiennent restent un objet de respect (1).

Au nom de la conscience de l'Église, il fut objecté tout d'abord qu'au lieu du trésor de réalité divine que la foi trouve dans l'histoire du Christ, cette explication substituait une collection d'idées vides et de vaines notions idéales, et qu'au lieu d'accorder une actualité consolante, elle bornait tout à une possibilité écrasante. En place de la certitude que Dieu s'est réellement une fois réuni à la nature humaine, c'est une pauvre compensation que de dire que l'homme doit être animé de sentiments divins; en place de la tranquillité que procure aux fidèles la rédemption opérée par le Christ, ce n'est pas un équivalent que de leur mettre sous les yeux l'obligation de se racheter eux-mêmes du péché. Par cette conception théologique, l'homme se trouve rejeté du monde concilié où le met le christianisme, dans un

---

(1) *Ideen über Mythologie u. s. w.*, dans *Henke's neues Magazin*, 6, S. 454 ff. Comparez *Henke's Museum*, 3, S. 455.

monde non réconcilié, d'un monde de bonheur dans un monde de malheur; car là où il faut encore accomplir la réconciliation, où il faut encore atteindre la félicité, là le règne de l'hostilité et du malheur n'a pas cessé. Il y a plus, l'espérance de sortir jamais complétement de cet état est illusoire d'après les principes mêmes de cette conception, qui n'admet qu'une approximation infinie vers l'idée; or, ce qui ne peut s'atteindre que par un progrès infini, n'est pas, dans le fait, en état d'être atteint.

Mais ce n'est pas la foi seule, c'est aussi la science qui, dans son élaboration la plus récente, a trouvé insuffisant ce point de vue. Elle a reconnu que, faire des idées une simple possibilité à laquelle ne corresponde aucune actualité réelle, c'est les supprimer, de même que c'est réduire au fini l'infini que d'en faire ce qui reste toujours au delà du fini; elle a compris que l'infini a son existence dans la production et la suppression alternatives des existences finies; que l'idée a sa réalisation dans la totalité de ses manifestations; que rien ne peut naître qui n'existe déjà en soi; et que, pour l'homme aussi, on ne peut exiger qu'il se réconcilie avec Dieu et qu'il s'associe au sentiment divin, qu'autant que cette réconciliation et cette association sont, en elles-mêmes, déjà accomplies.

§ CXLVIII.

Christologie de l'École spéculative.

Déjà Kant avait dit que le bon principe est invisiblement descendu du haut du ciel au sein de l'humanité, non pas seulement à une certaine époque, mais depuis l'origine du genre humain; et Schelling posa le principe, que l'incarnation de Dieu est une incarnation de toute éternité(1). Mais,

(1) *Vorlesungen über die Methode des akademischen Studiums*, S. 192.

tandis que par cette expression le premier n'avait entendu que la disposition morale implantée dès l'origine au cœur de l'homme avec l'idéal qui la dirige, et la possibilité d'y atteindre qui lui est ouverte, le dernier entendait, par le fils de Dieu fait homme, le fini lui-même tel qu'il tombe sous la conscience de l'homme, et qui, dans sa distinction d'avec l'infini, avec lequel il n'est pas moins identique, paraît comme un Dieu souffrant et soumis aux conditions temporelles.

Dans la plus récente philosophie, cela a été développé de la manière suivante (1). Si Dieu est dit esprit, il en résulte déjà, comme l'homme est aussi esprit, qu'en soi l'un et l'autre ne sont pas différents. La connaissance de Dieu en tant qu'esprit comporte quelque chose de plus; la propriété essentielle de l'esprit est, en se différenciant lui-même, de rester identique avec lui-même, de se posséder lui-même dans un autre que lui-même. Cela implique que Dieu n'est pas un infini inaccessible qui réside obstinément en dehors et au-dessus du fini, mais qu'il y pénètre, et que la nature finie, c'est-à-dire le monde et l'esprit humain, n'est qu'une aliénation qu'il fait de lui-même, et de laquelle il ressort éternellement pour rentrer, éternellement aussi, dans l'unité avec lui-même. L'homme n'a pas de vérité, en tant qu'esprit fini et se tenant à sa nature finie; Dieu à son tour n'a point de réalité en tant qu'esprit infini et se renfermant dans son infinité; l'esprit infini n'est esprit réel que quand il s'ouvre aux esprits finis, de même que l'esprit fini n'est vrai que quand il s'enfonce dans l'infini. La vraie et réelle existence de l'esprit n'est donc ni Dieu en soi ni l'homme en soi, mais elle est le Dieu-homme; elle n'est ni son infinité seule, ni sa nature finie seule, mais elle est le mouve-

---

(1) *Hegel's Phænomenologie des Geistes*, S. 564 ff.; *Vorlesungen über die Philos. der Relig.*, 2, S. 234 ff.; Marheinecke, *Grundlehren der christl. Dogmatik*, S. 174 ff.; Rosenkrantz, *Encyclopædie der theol. Wissenschaften*, S. 88 ff. 448 ff. Comparez mes *Écrits polémiques*, 8tes Heft, S. 70 ff.

ment par lequel il se donne et se retire de l'une à l'autre, mouvement qui du côté divin est la révélation, du côté humain la religion.

Si Dieu et l'homme sont un en soi, et si la religion est le côté humain de cette unité, cette unité doit naître pour l'homme dans la religion, tomber sous sa conscience, et devenir de la réalité. Sans doute, aussi longtemps que l'homme ne sait pas encore qu'il est esprit, il ne peut pas non plus savoir que Dieu est homme ; tant qu'il sera encore esprit naturel, il déifiera la nature ; quand il sera devenu esprit sujet à la loi, époque où il ne maîtrise sa naturalité que par le dehors, il posera, en face de lui, Dieu comme législateur. Mais quand une fois, dans les frottements de l'histoire du monde, cette naturalité et cette loi auront compris, la première sa corruption, la seconde son malheur, celle-là sentira le besoin d'avoir un Dieu qui l'élève au-dessus d'elle-même, et celle-ci d'en avoir un qui descende jusqu'à elle. Du moment que l'humanité est assez mûre pour faire sa religion de cette vérité : que Dieu est homme et que l'homme est de race divine, il faut, comme la religion est la forme sous laquelle la vérité devient la propriété de la conscience commune, que cette vérité, apparaissant comme une certitude sensible, apparaisse aussi d'une manière intelligible à tous, c'est-à-dire il faut qu'il surgisse un individu humain que l'on sache être le Dieu présent. Ce Dieu-homme renfermant en un seul être l'essence divine qui réside du côté de l'infini, et la personnalité humaine qui réside du côté du fini, on peut dire de lui qu'il a l'esprit divin pour père et une mère humaine. Sa personnalité se réfléchissant non en elle-même, mais dans la substance absolue, ne voulant rien être pour elle-même, mais ne voulant être que pour Dieu, il est sans péché et parfait. Homme d'essence divine, il est la puissance qui domine la nature, et il fait des miracles ; mais, étant Dieu en une manifestation humaine, il est dépendant de la nature, soumis aux besoins et aux souffrances qu'elle impose : il se trouve dans l'état d'abaissement. Faudra-t-il aussi qu'il paie à la nature le dernier tribut? La nécessité où est la nature humaine de subir la mort n'empêche-t-elle pas d'admettre qu'elle soit une, en soi, avec la nature divine? Non : l'homme-Dieu meurt, et il montre par là que s'incarner a été pour Dieu une chose sérieuse, et qu'il n'a pas dédaigné de descendre jusqu'aux profondeurs les plus infimes de la nature finie, parce qu'il sait le moyen de sortir même de cet abîme et de reprendre le chemin vers lui-même, parce qu'il peut, même après s'être aliéné le plus complétement, rester identique avec lui-même. Il y a plus : l'homme-Dieu, étant l'esprit qui s'est réfléchi dans son infinité, est opposé aux hommes qui sont renfermés dans leur nature finie; il en résulte une opposition et une lutte qui déterminent que la mort de l'homme-Dieu sera violente et donnée par la main des pécheurs, de sorte qu'à la souffrance physique se joindra la souffrance morale que causent l'ignominie et l'imputation de crime. Dieu trouvant ainsi le chemin du ciel jusqu'au tombeau, il faut qu'à son tour l'homme puisse trouver le chemin du tombeau jusqu'au ciel : la mort du prince de la vie est la vie de l'être mortel. Déjà, par le seul fait de son entrée dans le monde en sa qualité d'homme-Dieu, Dieu s'est montré réconcilié avec le monde; mais il est allé plus loin : en effaçant par la mort sa naturalité, il a signalé la voie par laquelle il effectue éternellement la réconciliation, et cette voie, c'est que, s'aliénant jusqu'à prendre la naturalité, et supprimant cette aliénation, il demeure, par cette alternative éternelle, identique avec lui-même. La mort de l'homme-Dieu n'étant que la suppression de son aliénation, est, dans le fait, élévation et retour vers Dieu; par conséquent, la mort est essentiellement suivie de la résurrection et de l'ascension.

L'homme-Dieu, qui, pendant sa vie, se trouvait, en face de ses contemporains, un individu différent d'eux et perceptible aux sens, est soustrait à leur vue par la mort; il entre dans leur imagination et leur souvenir: l'unité, mise en lui, de la divinité et de l'humanité, devient, de la sorte, propriété commune de la conscience; et la chrétienté doit répéter en elle spirituellement les phases de sa vie, qu'il a, lui, parcourues corporellement. Le fidèle, se trouvant déjà au sein de la nature, doit mourir, comme le Christ, à la nature, mais seulement intérieurement, comme lui mourut extérieurement; il doit se faire crucifier et enterrer spirituellement, comme le Christ corporellement, afin que, par la suppression de sa naturalité, il reste, en tant qu'esprit, identique avec lui-même, et participe à la béatitude et à la gloire du Christ.

§ CXLIX.

Dernier dilemme.

Par là, de l'idée de Dieu et de l'homme dans leurs rapports réciproques, est sortie, ce semble, par voie transcendante, la vérité de la conception que l'Église se fait du Christ; et nous sommes ramenés, bien que par un chemin inverse, au point de vue de l'orthodoxie. En effet, tandis que là la vérité des conceptions de l'Église touchant le Christ était déduite de l'exactitude de l'histoire évangélique, ici l'exactitude de l'histoire est déduite de la vérité des conceptions. Ce qui est rationnel est réel aussi; l'idée n'est pas seulement une possibilité à la façon de Kant, c'est aussi une actualité existante; donc l'idée de l'unité des natures divine et humaine, ayant été démontrée être une idée rationnelle, doit avoir aussi une existence historique. L'unité de Dieu avec l'homme, dit en conséquence Marheineke (1), s'est

(1) *Dogmatik*, § 326.

réalisée manifestement en la personne de Jésus-Christ; en lui, d'après Rosenkranz (1), était concentrée la puissance divine sur la nature, il ne pouvait pas agir autrement que miraculeusement, et l'opération de miracles, qui nous paraît étrange, lui était naturelle. La résurrection, dit Conradi (2), est la suite nécessaire de l'accomplissement de sa personnalité ; elle doit si peu nous surprendre, qu'au contraire nous devrions être surpris qu'elle n'eût pas eu lieu.

Mais cette déduction lève-t-elle donc les contradictions qui se sont manifestées dans la doctrine de l'Église touchant la personne et l'œuvre du Christ? On n'a qu'à comparer, avec le blâme que Rosenkranz a exprimé dans son examen de la critique faite par Schleiermacher de la christologie de l'Église, avec ce que cet auteur a mis en place dans son *Encyclopédie;* on trouvera que les propositions générales de l'unité des natures divine et humaine ne rendent pas le moins du monde plus concevable l'apparition d'une personne en qui cette unité aurait existé individuellement d'une manière exclusive. Si je puis me figurer que l'esprit divin, s'aliénant et s'abaissant, est l'esprit humain, et l'esprit humain, rentrant en lui-même et s'élevant au-dessus de lui-même, est l'esprit divin, je ne puis pas pour cela imaginer comment la nature divine et la nature humaine auraient formé les parties intégrantes, distinctes et cependant réunies, d'une personne historique. Quand je vois que l'esprit de l'humanité, en vertu de son unité avec l'esprit divin, prend de plus en plus, dans le cours de l'histoire, le caractère de puissance dominant la nature, cela est tout autre chose que de concevoir un individu pourvu d'une semblable puissance pour exécuter des actes individuels volontaires. Enfin, s'il est vrai que la suppression du caractère naturel soit la résur-

(1) *Encyclopædie*, S. 160.
(2) *Selbstbewusstsein und Offenbarung*, S. 295 f. Comparez Bauer, dans les *Recens. des L. J., Jahrbücher f. wiss. Kritik*, 1836, mai, S. 699 ff.

rection de l'esprit, on n'en déduira jamais qu'un individu soit ressuscité corporellement.

Ainsi nous serions retombés au point de vue de Kant, que nous-même nous avons trouvé insuffisant ; car, si l'idée n'a pas de réalité, elle est une possibilité vide et un vain idéal. Mais supprimons-nous donc toute réalité de l'idée ? Nullement ; nous ne supprimons que la réalité qui ne découle pas des prémisses (1). Si l'on attribue de la réalité à l'idée de l'unité des natures divine et humaine, est-ce à dire qu'il faille qu'elle soit devenue réelle en une fois, dans un individu, comme jamais elle ne l'avait été auparavant, et comme jamais elle ne le sera à l'avenir ? Ce n'est pas là le procédé par lequel l'idée se réalise ; elle ne prodigue pas toute sa richesse à une seule copie pour être avare envers toutes les autres (2) ; elle ne s'imprime pas complétement dans cette copie unique, pour ne laisser jamais dans toutes les autres qu'une empreinte incomplète ; mais elle aime à déployer ses trésors dans une variété de copies qui se complètent réciproquement, dans une alternative d'individus qui viennent et qui passent à leur tour. Et n'est-ce pas là une vraie réalité de l'idée ? L'idée de l'unité des natures divine et humaine n'est-elle pas, si j'en conçois l'humanité comme la réalisation, une idée réelle dans un sens infiniment plus élevé que si je limite cette réalisation à un individu ? Une incarnation éternelle de Dieu n'est-elle pas plus vraie qu'une incarnation bornée à un point dans le temps ?

Telle est la clef de toute la christologie. Le sujet des attributs que l'Église donne au Christ est, au lieu d'un individu, une idée, mais une idée réelle, et non une idée sans réalité, à la façon de Kant. Placées dans un individu, dans un Dieu-homme, les propriétés et les fonctions que

---

(1) Comparez à ce sujet mes *Écrits polémiques*, 3 Heft, S. 68 ff. 125.

(2) Il faut comparer l'explication donnée dans le cahier cité de mes *Écrits polémiques*, p. 119.

l'Église attribue au Christ se contredisent ; elles concordent dans l'idée de l'espèce. L'humanité est la réunion des deux natures : le Dieu fait homme, c'est-à-dire l'esprit infini qui s'est aliéné lui-même jusqu'à la nature finie, et l'esprit fini qui se souvient de son infinité. Elle est l'enfant de la mère visible et du père invisible, de l'esprit et de la nature. Elle est celui qui fait des miracles ; car, dans le cours de l'histoire humaine, l'esprit maîtrise de plus en plus complétement la nature au dedans comme au dehors de l'homme, et celle-ci, en face de lui, descend au rôle de matière inerte sur laquelle son activité s'exerce (1). Elle est l'impeccable, car la marche de son développement est irréprochable ; la souillure ne s'attache jamais qu'à l'individu, elle n'atteint pas l'espèce et son histoire. Elle est celui qui meurt, ressuscite et monte au ciel ; car, pour elle, du rejet de sa naturalité procède une vie spirituelle de plus en plus haute ; et du rejet du fini qui la borne comme esprit individuel, national et planétaire, procède son unité avec l'esprit infini du ciel. Par la foi à ce Christ, particulièrement à sa mort et à sa résurrection, l'homme se justifie devant Dieu ; c'est-à-dire que l'individu lui-même, en vivifiant dans lui l'idée de l'humanité, participe à la vie divinement humaine de l'espèce (2), surtout si l'on considère que la seule voie pour arriver à la véritable vie spirituelle est la négation de la naturalité et de la sensibilité, lesquelles sont déjà elles-mêmes la négation de l'esprit, de sorte que c'est la négation de la négation.

Cela seul est le fond absolu de la christologie, dont la

---

(1) Voyez aussi, là-dessus, une explication dans mes *Écrits polémiques*, 3, S. 166.

(2) Cela suffit pour réfuter le reproche que Schaller (*der historische Christus und die Philosophie*, S. 64 ff.) a fait à la manière de voir ici exposée, à savoir qu'elle enseignait une unité de Dieu avec l'homme, seulement substantielle, mais non personnelle. L'unité qui, en soi, existe dans la disposition de l'esprit, est de tous temps dans les individus suivant les différentes proportions de leur développement religieux ; par conséquent, l'unité substantielle est devenue, à différents degrés, union personnelle.

forme historique est l'unique cause qui le fait paraître tenir à la personne et à l'histoire d'un individu. Schleiermacher a eu tout à fait raison quand il a dit qu'il sentait que l'opinion de l'école spéculative ne laissait guère à la personne historique du rédempteur plus que l'opinion des Ébionites ne lui avait laissé jadis (1). L'histoire sensible de l'individu, dit Hegel, n'est que le point de départ pour l'esprit. La foi, commençant par la sensation, a devant elle une histoire temporelle; ce qu'elle tient pour vrai, c'est l'événement extérieur ordinaire; et la manière de le certifier est la manière historique, juridique, qui constate un fait par la certitude des sens et par la confiance morale qu'inspirent les témoins. Mais l'esprit trouve, dans ces données extérieures, l'occasion de faire tomber sous sa conscience l'idée de l'humanité une avec Dieu, et dès lors il contemple, dans l'histoire dont il s'agit, le mouvement de cette idée; désormais, l'objet est complétement transformé : d'empirique et sensible, il est devenu spirituel et divin; et l'esprit prend sa raison d'y croire, non dans l'histoire, mais dans la philosophie. En cessant d'être histoire sensible pour passer dans le domaine de l'absolu, cette histoire cesse en même temps d'être essentielle; elle descend à une place secondaire au-dessus de laquelle est le terrain propre de la vérité spirituelle; elle devient un rêve lointain qui, n'ayant d'existence que dans le passé, ne participe pas, comme l'idée y participe, à la perpétuité de l'esprit toujours présent à lui-même (2). Déjà Luther a mis les miracles corporels au-dessous des miracles spirituels, qui, suivant lui, sont les grands et vrais miracles. Eh quoi! nous prendrions à quelques guérisons opérées en Galilée un plus haut intérêt qu'aux miracles de la vie morale et de l'histoire du monde, qu'à la domination

---

(1) *Zweites Sendschreiben.*
(2) *Vorlesungen über die Philosophie der Religion*, 2, S. 263 ff. Comparez la réunion des différents énoncés de Hegel sur la personne du Christ et l'histoire évangélique dans mes *Écrits polémiques*, 3 Heft, à partir de la page 76.

croissant immensément de l'homme sur la nature, qu'à la puissance irrésistible de l'idée à laquelle les masses de substance inerte et sans idée, quelque vastes qu'elles soient, ne peuvent pas opposer une résistance durable? Des aventures isolées, insignifiantes au fond, seraient de plus de valeur pour nous que l'universalité des événements, uniquement parce qu'ici nous supposons, sans la comprendre, une marche conforme aux lois de la nature, et que là nous supposons le contraire? Ce serait contredire en face ce qu'il y a de meilleur dans la conscience de notre temps, dont Schleiermacher a dit avec justesse et d'une façon définitive : L'intérêt de la piété ne peut plus faire naître le besoin de concevoir un fait de telle sorte que dans la dépendance de Dieu il cessât d'avoir ses conditions dans l'enchaînement de la nature, attendu que nous ne pensons plus que la toute-puissance divine se manifeste avec plus de grandeur dans l'interruption de l'ordre naturel que dans la marche régulière de cet ordre. De même, si nous concevons l'incarnation, la mort et la résurrection, le *duplex negatio affirmat*, comme la circulation éternelle, comme la pulsation à jamais renouvelée de la vie divine, quel intérêt particulier peut s'attacher à un fait isolé qui n'a d'autre valeur que de représenter symboliquement ce mouvement éternel? Dans la christologie, notre temps veut être conduit à l'idée dans le fait, à l'espèce dans l'individu ; une dogmatique qui, dans le Christ, s'arrête à lui comme individu, est, non pas une dogmatique, mais un sermon.

§ CL.

Essais de conciliation, Conclusion.

Si, dans tous les cas, la christologie scientifique doit s'élever au-dessus de Jésus en tant que personne historique, il est un point en vue duquel il faudra toujours qu'elle revienne à lui. A la tête de tous les actes, et par conséquent des actes qui appartiennent à l'histoire de l'humanité, sont placés des individus qui réalisent l'idée substantielle (1). En général, toutes les différentes directions dans lesquelles les trésors de la vie divine se déploient au sein de l'humanité, telles que l'art, la science, etc., sont occupées par d'illustres individus (2); en particulier sur le terrain de la religion, au moins dans le domaine du monothéisme, toutes les époques nouvelles, toutes les rénovations caractéristiques dépendent de personnages éminents. Seul, le christianisme serait-il exception à ce type? La création spirituelle la plus puissante n'aurait-elle pas d'auteur assignable, et ne serait-elle que le résultat de la rencontre de forces et de causes disséminées?

La critique, qui n'a jamais prétendu nier cette face des choses, a été provoquée à la mettre particulièrement en lumière, et elle l'a été par des voix différentes qu'elle a entendues avec plaisir (3). Cette réflexion place Jésus dans la catégorie des individus doués de hautes facultés, dont la vocation, dans les différents domaines de la vie, est d'élever le développement de l'esprit à des degrés supérieurs; individus que nous désignons d'ordinaire par le titre de génies dans les branches extra-religieuses, et particulièrement dans celles de l'art et de la science. Ce n'est pas sans doute encore ramener le Christ dans ce qui est, à proprement parler, le sanctuaire chrétien, ce n'est que le placer dans la chapelle d'Alexandre Sévère, à côté d'Orphée et d'Homère, où il se trouve non seulement à côté de Moïse,

(1) Hegel, *Rechtsphilosophie*, § 348, S. 443.
(2) Comparez mes *Écrits polémiques*, 3, S. 70.
(3) Ullmann, dans son *Examen de la Vie de Jésus, theol. Studien u. Kritiken*, 1836, S. 813 ff., et dans *Antwortschreiben*, S. 26 ff.; Schweizer, *das Leben Jesu von Strauss, im Verhæltniss zur Schleiermacher'schen Dignitæt des Religionstifters, theol. Stud. u. Kr.* 1837, S. 465; Schaller, *Der historische Christus u. die Philosophie*, S. 96 ff. Comparez en même temps mes *Écrits polémiques*, l. c., S. 149 ff.

mais encore à côté de Mahomet, et où même il ne doit pas dédaigner la compagnie d'Alexandre et de César, de Raphaël et de Mozart. Ce rapprochement inquiétant disparaît cependant en partie par deux raisons : la première, c'est qu'entre les différents domaines où peut se développer la force créatrice du génie, fille de la divinité, le domaine de la religion non seulement est placé d'une manière générale en tête de tous les autres, mais encore remplit pour tous les autres l'office du centre à l'égard de la circonférence ; car, dans la religion seule, l'esprit divin tombe immédiatement sous la conscience de l'esprit humain, tandis que dans tous les autres domaines il n'y tombe que médiatement et par l'intermédiaire de pensées, d'images, de couleurs, de tons, etc. Aussi peut-on dire du fondateur de religion dans un tout autre sens que du poëte, du philosophe, etc., que Dieu se manifeste en lui. La seconde raison, c'est que, même dans le domaine religieux, le Christ, étant l'auteur de la plus haute religion, dépasse les autres fondateurs de religion.

Mais, en admettant que le Christ, au point culminant de la vie spirituelle, sur le terrain de la communion la plus intime de l'être divin et humain, est le plus grand parmi tous ceux dont le génie créateur s'est développé sur le même théâtre, cela, dira-t-on, n'est valable que pour les temps qui se sont écoulés. Quant à l'avenir, nous n'avons, ce semble, rien qui nous garantisse qu'il ne viendra pas un autre qui, bien que non attendu par la chrétienté, égale ou même surpasse le Christ. De même que Thalès et Parménide ont été suivis de Socrate et de Platon, et que sur le terrain même de la religion Moïse l'a été du Christ, de même qu'il est possible dans toutes les autres branches d'admettre que l'avenir engendrera des génies égaux ou même supérieurs aux génies déjà produits, de même il semble qu'une possibilité semblable n'est pas contestable sur le terrain de la religion. Sans doute tout peuple a ses époques réglées où il grandit, fleurit et décroît, et il y a un moment à partir duquel on n'a plus droit d'attendre des manifestations supérieures dans les différents départements de sa vie spirituelle, et où l'âge d'or est suivi de l'âge d'argent, de l'âge d'airain, etc.; mais le type de l'évolution d'une nation en particulier ne peut pas être opposé là où il s'agit de la religion, bien commun de plusieurs peuples. Ce qui est vrai, c'est que ni dans les limites qui circonscrivent un peuple, ni même indépendamment de ces limites, il n'est permis de dire que les génies qui se suivent dans une branche, soient toujours nécessairement plus grands que ceux qui ont précédé; leur différence est souvent une différence de qualité, sans être en même temps une différence de quantité; c'est ainsi qu'il n'est guère possible de soutenir que Sophocle ait été un plus grand poëte qu'Homère, et César ou Napoléon un plus grand capitaine qu'Alexandre. Cependant l'exactitude sera ici plus grande à reconnaître que les génies postérieurs ne sont pas placés au-dessus des génies antérieurs en vertu des facultés qui leur ont été départies, ou de leurs œuvres personnelles, et qu'ils le sont parce qu'ils ont eu à utiliser et à élaborer non seulement l'héritage des hommes éminents qui les ont précédés dans leur spécialité, mais encore en général les conquêtes spirituelles des siècles qui se sont écoulés jusqu'à eux. Sans doute on ne dira pas que Napoléon est un plus grand génie militaire que César; pourtant il a résolu des problèmes stratégiques plus élevés, qui, au temps de César, n'étaient pas encore posés ou qui n'étaient pas solubles par manque de moyens. On ne voudra pas, non plus, soutenir ni que Shakespeare ait été un plus grand génie poétique qu'Homère ou Sophocle, ni que ses ouvrages l'emportent par la perfection de l'art sur ceux des deux Grecs; pourtant, comme le poëte anglais a travaillé sur un développement plus avancé de la conscience de l'humanité, comme il avait à résoudre des problèmes plus profonds ou du moins plus compliqués, il est, à ce point de vue, placé plus haut; de la même façon, Goëthe serait, à son tour, placé au-dessus de Shakespeare. Dans tous les cas, ce génie postérieur serait plus voisin des générations subséquentes, plus analogue au degré de leur développement spirituel, et plus propre par conséquent à leur servir de type et de point d'attache. Il en résulterait qu'un génie religieux qui, par supposition, surgirait dans l'avenir, quand bien même il ne serait pas doué de facultés plus hautes, aurait pourtant plus d'affinité que le Christ avec les âmes pieuses des âges suivants.

Cependant il y a des domaines où nous contestons, sans hésiter, la possibilité que quelque chose de supérieur ou même d'égal à ce qui a déjà été produit se produise jamais, non seulement dans les limites d'un peuple déterminé, mais encore dans l'humanité en général. La sculpture en est là dans le domaine de l'art. Le sculpteur même doué des plus éminentes facultés ne peut pas raisonnablement espérer de surpasser ou même d'atteindre l'art antique. Sans doute cela tient non pas tant aux facultés du peuple grec, qu'aux circonstances extérieures qui favorisaient en Grèce la contemplation des beautés du corps humain d'une manière dont le retour n'est plus concevable. Établirons-nous maintenant que les circonstances de l'humanité actuelle et future, où l'entendement et la réflexion font reculer la vie de l'imagination et du sentiment, ces foyers incontestablement producteurs de la religion, rendent également inconcevable une production ultérieure sur le domaine de la religion? cela serait grave; car, au moins dans l'exemple choisi, l'extinction de la force productive est accompagnée d'une diminution de l'intérêt pour un art qui, incapable de rivaliser pour la valeur du fond spirituel avec la poésie, par exemple, est incapable aussi de procurer à l'humanité plus avancée la même satisfaction suprême qu'il procurait aux Grecs.

Ainsi, pour couper par la racine la possibilité inquiétante dont nous parlons, il faudrait, par le caractère propre de la personnalité et de la création religieuse de Jésus luimême, démontrer qu'on ne peut concevoir quelque chose de plus élevé, et puis, par la nature des choses, démontrer qu'on ne peut concevoir non plus un législateur religieux qui lui soit même égal.

Pour le premier point, l'opposition entre l'humain et le divin, telle que, déposée en toute conscience humaine, elle eut les caractères les plus tranchés dans la conscience du peuple israélite, s'était, d'après les trois premiers évangiles, résolue dans la conscience de Jésus, au point qu'il connaissait Dieu comme son père, la cause de Dieu comme la sienne, qu'il avait le sentiment de reconnaître complétement le père, et qu'il confondait sa volonté dans la volonté divine. D'après le quatrième évangile, il énonça expressément son union avec le père, et il se donna comme sa manifestation visible. Le double récit des synoptiques et de Jean montre que ce n'était pas une pure allégation de la part de Jésus, que ce n'était pas même un essor passager de son âme dans certains moments d'exaltation, mais que, toute sa vie, toutes ses paroles, toutes ses actions étaient pénétrées et animées de ce sentiment. La religion est la vie donnée, dans le sein de l'esprit humain, au rapport entre Dieu et l'homme; au plus bas degré de la vie religieuse est l'ignorance inerte qui n'a pas conscience de cette différence; puis viennent les religions naturelles et les religions de la loi, où la distinction se développe de plus en plus, et où sont tentés des essais imparfaits de conciliation; enfin la lutte cesse et la conciliation est complète, quand la conscience prend possession de l'unité spirituelle, possession qui est en conséquence le terme du développement religieux, le degré suprême qui ne peut être dépassé. Donc, si cette unité existait dans le Christ, jamais en aucun temps il ne sera possible de s'élever au-dessus de lui en matière de religion, malgré tous les progrès que, dans d'autres branches de la vie spirituelle, par exemple dans la philosophie, dans l'étude et la domination de la nature, etc., on a déjà faits, et fera sans doute encore au-dessus du niveau de son époque, dont il partagea aussi les bornes à l'égard de ces différentes branches de nos connaissances.

Mais est-il donc vrai que le sentiment et la conscience immédiate de soi-même, laquelle est le premier siége et le premier foyer de la religion, soient aussi complétement indépendants des autres aptitudes spirituelles et de leur degré d'évolution suivant les siècles, en particulier du développement que prennent l'entendement de l'homme et la vue du monde qui en résulte? Personne ne voudra soutenir que le terme suprême de la religion, c'est-à-dire l'unité du divin et l'humain dans la conscience immédiate de soi-même, aurait pu être atteint dans le sein du polythéisme; et cependant, pour arriver de là au monothéisme, il a fallu, non pas que le sentiment fût exalté, mais que la pensée prît plus de rigueur et que la vue du monde s'agrandît. De même, dans le sein du monothéisme, les idées d'anges médiateurs, d'un diable qui résiste aux conseils divins, d'une intervention extraordinaire de Dieu qui ne concourt pas avec son action ordinaire et régulière et qui la croise non rarement, d'un monde qui aurait commencé dans le temps et qui serait destiné à finir un jour, toutes ces idées, qui appartiennent aux siècles où la pensée donne un corps aux objets, ne peuvent pas être sans une réaction perturbatrice sur le sentiment au sein duquel doit s'accomplir l'unité religieuse du divin et de l'humain; par conséquent, des époques et des degrés de culture intellectuelle qui élimineront cette scorie, devront aussi produire une forme plus pure de cette unité.

Cependant cette unité est le point essentiel qui a été compris par le Christ, et au-dessus duquel la piété, par sa nature, ne peut pas s'élever. Tous les développements ultérieurs de la religion devront se borner davantage à la forme; par conséquent, à l'avenir comme jusqu'à nos jours, les progrès religieux ne pourront plus, même de loin, porter le caractère d'époque qu'a eu le pas gigantesque que Jésus a fait faire à l'humanité dans la carrière de son évolution religieuse. Depuis lors, non plus, l'unité de Dieu et de l'homme ne s'est manifestée dans aucune conscience humaine avec ce caractère suprême, avec cette puissance créatrice, au point de pénétrer et de transfigurer toute une vie, comme chez lui, uniformément et sans perturbation appréciable. Ainsi la proposition, que le point de départ d'une série dans les domaines de la vie spirituelle peut être conçu comme le terme le plus grand, a sa justesse, non pas en ce sens qu'il soit le terme le plus grand absolument dont l'œuvre ne serait plus susceptible de perfection à aucun égard, mais en ce sens, qu'une idée possède d'ordinaire le plus de force à sa première manifestation et pénètre le plus souvent ses premiers apôtres d'une toute-puissance qui les transforme en ce qu'on a appelé dans ces derniers temps des *figures plastiques*.

Mais pourquoi, bien que le Christ ne doive être suivi de personne qui le dépasse, pourquoi ne penserait-on pas qu'un homme ou même plusieurs peuvent atteindre après lui et par lui le même degré absolu de la vie religieuse ? Que l'on n'objecte pas que, s'ils atteignent ce degré par lui, ils sont, par cela seul, placés au-dessous de lui; car, dans le domaine religieux comme dans le domaine moral, nul ne peut rien accomplir pour un autre, mais le second, le troisième, le dixième qui réalisent en eux quelque disposition morale ou quelque œuvre, ont à exécuter le même travail spirituel que le premier. On prend des motifs de se rassurer encore plus extérieurs et qui ne méritent pas en vérité une réfutation, quand on se dit que, pour la fondation du royaume de Dieu sur la terre, un seul homme-Dieu est nécessaire, et que même la pluralité d'hommes-dieux irait contre le but ; car l'un affaiblirait nécessairement l'impression de l'autre, le ferait descendre du rang d'absolu et d'incomparable au rang de simplement relatif, et obscurcirait aux yeux des hommes l'unité de la révélation et la destination de l'humanité à un seul royaume de Dieu (1). D'après une autre tournure donnée à la chose, la chute d'Adam et le désaccord où elle a mis l'humanité, par rapport à son idée, sont le motif pour lequel le genre humain ne put atteindre qu'une fois, et dans un seul de ses individus, ce type primitif qui est le sien, cette représentation achevée de la personnalité du verbe divin sous la forme d'une personnalité créée (2). Mais l'explication ultérieure de cette pensée laisse la chose aussi obscure que le commencement qu'on assigne ; et le système entier, dépendant d'une chute qui, en tant qu'action imputable au genre humain, aurait pu être évitée, est sans base. Évidemment il y a une difficulté particulière à donner la preuve demandée ; mais, dans le fait, on se tourmente ici avec des songes vains, et l'on se bat avec des ombres, car il s'agit non d'aucune expérience prise dans la réalité, mais de possibilités abstraites. La religion n'a pas plus à s'inquiéter de ces subtilités de l'entendement, qu'un homme raisonnable ne se laisse effrayer par les calculs de la possibilité d'une rencontre de la terre avec une comète qui parcourt son orbite dans l'espace. A la réflexion qui s'inquiète, on doit imposer silence tant qu'elle n'est pas en état de démontrer dans la réalité une personne qui, à l'endroit de la religion, ait le courage et le droit de se placer à côté de Jésus.

(1) Kern, *Faits principaux* (*Tüb. Zeitschr*., 1836, 2, S. 33 f.).

(2) Weisse, *Die evang. Geschichte*, 3, S. 536.

Écartant donc les notions d'impeccabilité et de perfection absolue, notions auxquelles il ne peut être satisfait, nous concevons le Christ comme celui dans la conscience duquel l'unité du divin et de l'humain a surgi pour la première fois et avec énergie, au point de ne laisser, dans son moral entier et dans sa vie entière, qu'une valeur infiniment petite aux empêchements de cette unité, et qui, en ce sens, est unique et sans égal dans l'histoire du monde, sans cependant que la conscience religieuse, conquise et promulguée par lui pour la première fois, ait pu dans le détail se soustraire à la purification et à l'extension, résultat du développement progressif de l'esprit humain (1).

(1) Que l'on compare pour ce paragraphe final mon mémoire : *Vergæn-gliches und Bleibendes im Christenthum, im 3ten Hefte des Freihafens für 1838.*

FIN DU SECOND ET DERNIER VOLUME.

TABLE
DU SECOND VOLUME

DEUXIÈME SECTION.
Histoire de la vie publique de Jésus.
(SECONDE PARTIE).

NEUVIÈME CHAPITRE. — Miracles de Jésus.

§		
§ LXXXIX.	Jésus considéré comme opérant des miracles.....	3
§ XC.	Les démoniaques considérés en général..........	12
§ XCI.	Expulsions des démons par Jésus considérées isolément..	28
§ XCII.	Guérisons de paralytiques. Jésus a-t-il considéré certaines maladies comme des punitions.....	58
§ XCIII.	Guérisons de lépreux.........................	70
§ XCIV.	Guérisons d'aveugles.........................	79
§ XCV.	Guérisons involontaires.......................	101
§ XCVI.	Guérisons à distances.........................	111
§ XCVII.	Guérisons pendant les jours de Sabbat..........	131
§ XCVIII.	Résurrections des morts.......................	144
§ XCIX.	Anecdotes du lac..............................	185
§ C.	Multiplication miraculeuse des pains	210
§ CI.	Jésus transforme l'eau en vin..................	233
§ CII.	Jésus maudit un figuier stérile................	248

DIXIÈME CHAPITRE. — Transfiguration de Jésus; son dernier voyage à Jérusalem.

§		
§ CIII.	Transfiguration de Jésus considérée comme phénomène miraculeux...............................	265
§ CIV.	Conception naturelle du récit sous diverses formes.	269
§ CV.	Histoire de la transfiguration considérée comme mythe..	276

§ CVI.	Renseignements divergents sur le dernier voyage de Jésus à Jérusalem....................	287
§ CVII.	Divergences des évangiles relativement au point d'où Jésus fit son entrée à Jérusalem.........	294
§ CVIII.	Détails de l'entrée. But et réalité historique de cette solennité............................	300

TROISIÈME SECTION.

Histoire de la passion, de la mort et de la résurrection de Jésus.

PREMIER CHAPITRE. — Rapport entre Jésus et l'idée d'un Messie souffrant et mourant; ses discours sur la mort, la résurrection et le retour.

§ CIX.	Jésus a-t-il prédit avec précision sa passion et sa mort?................................	315
§ CX.	Considérations générales sur la prédiction de Jésus au sujet de sa mort; rapport de cette prédiction avec les idées juives sur le Messie; déclarations de Jésus sur le but et les effets de sa mort.....	324
§ CXI.	Déclarations précises de Jésus sur sa résurrection future...............................	337
§ CXII.	Discours figurés où l'on prétend que Jésus a prédit sa résurrection.........................	341
§ CXIII.	Dicours de Jésus sur sa venue. Critique des différentes explications........................	355
§ CXIV.	Origine des discours sur la venue...............	373

DEUXIÈME CHAPITRE. — Machinations des ennemis de Jésus; trahison de Judas; dernier repas avec les apôtres.

§ CV	Développement de la position de Jésus à l'égard de ses ennemis........................	390
§ CXVI.	Jésus et celui qui le trahit	398
§ CXVII.	Différentes opinions sur le caractère de Judas et sur les motifs de sa trahison.................	407
§ CXVIII.	Disposition du repas de la Pâque	415
§ CXIX.	Renseignements divergents sur l'époque du dernier repas de Jésus........................	421

§ CXX	Divergences relatives à ce qui se passa lors du dernier repas de Jésus....................	435
§ CXXI.	Prédiction de la trahison et du reniement.......	446
§ CXXII.	Établissement de la cène....................	456

TROISIÈME CHAPITRE. — Retraite sur le mont des oliviers; arrestation, interrogatoire, condamnation et crucifiement de Jésus.

§ CXXIII.	Angoisses de Jésus dans le jardin............	463
§ CXXIV.	Du quatrième évangile par rapport aux événements qui se passèrent à Gethsemane. Du discours d'adieu dans cet évangile, et de l'annonce de l'arrivée des Grecs......................	474
§ CXXV.	Arrestation de Jésus........................	490
§ CXXVI.	Interrogatoire de Jésus devant le grand-prêtre....	498
§ CXXVII.	Reniement de Pierre........................	507
§ CXXVIII.	Mort du traître...........................	516
§ CXXIX.	Jésus devant Pilate et Hérode................	529
§ CXXX.	Crucifiement.............................	545

QUATRIÈME CHAPITRE. — Mort et résurrection de Jésus.

§ CXXXI.	Prodiges lors de la mort de Jésus..............	573
§ CXXXII.	Le coup de lance dans le côté de Jésus.........	585
§ CXXXIII.	Ensevelissement de Jésus....................	594
§ CXXXIV.	La garde du tombeau de Jésus	601
§ CXXXV.	Première nouvelle de la résurrection...........	610
§ CXXXVI.	Apparitions de Jésus ressuscité en Galilée et en Judée, suivant Paul et suivant les Apocryphes..	629
§ CXXXVII.	Qualité du corps et de la vie de Jésus après la résurrection	650
§ CXXXVIII.	Débats sur la réalité de la mort de Jésus.........	666

CINQUIÈME CHAPITRE. — Ascension.

§ CXXXIX.	Dernières prescriptions et dernières promesses de Jésus	685
§ CXL.	L'ascension considérée comme phénomène surnaturel et naturel...........................	694
§ CXLI.	Insuffisance des récits sur l'ascension de Jésus. Conception mythique de ces récits...........	699

DISSERTATION FINALE. — Signification dogmatique de la vie de Jésus.

§ CXLII.	Passage nécessaire de la critique au dogme......	707
§ CXLIII.	Christologie du système orthodoxe	710
§ CXLIV.	Polémique contre la doctrine de l'Église touchant le Christ.	722
§ CXLV.	Christologie du rationalisme..................	728
§ CXLVI.	Christologie éclectique. Schleiermacher.........	731
§ CXLVII.	Christologie expliquée symboliquement. Kant. De Wette.............................	741
§ CXLVIII.	Christologie de l'école spéculative............	749
§ CXLIX.	Dernier dilemme........................	753
§ CL.	Essais de conciliation. Conclusion.............	758

FIN DE LA TABLE DU SECOND VOLUME.

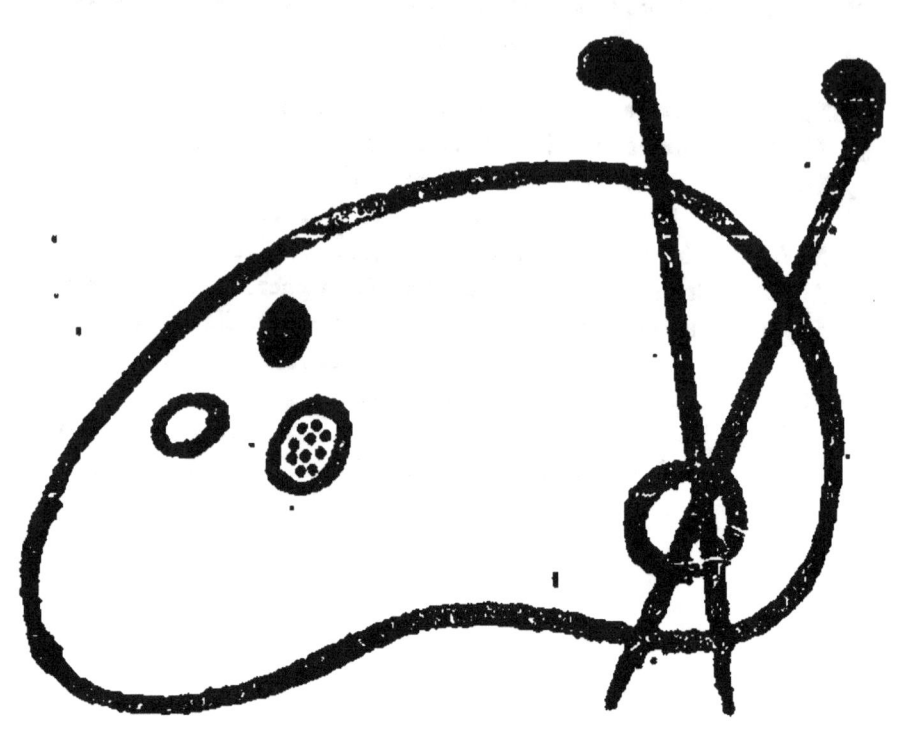

Original en couleur

NF Z 43-120-8

www.ingramcontent.com/pod-product-compliance
Lightning Source LLC
Chambersburg PA
CBHW071657300426
44115CB00010B/1237